TRAITÉ GÉNÉRAL

DE LA

RESPONSABILITÉ

OU DE

L'ACTION EN DOMMAGES-INTÉRÊTS

EN DEHORS DES CONTRATS

Paris. — Imprimerie de J. Dumaine, rue Christine, 2.

TRAITÉ GÉNÉRAL

DE LA

RESPONSABILITÉ

OU DE

L'ACTION EN DOMMAGES-INTÉRÊTS

EN DEHORS DES CONTRATS

COMPRENANT :

La responsabilité civile des délits prévus ou non prévus par les lois pénales,
et des quasi-délits ; les conditions essentielles de l'action en dommages-intérêts ;
la solidarité entre les auteurs du même fait dommageable ;
la compétence ; le mode de saisir de l'action
les tribunaux, soit civils, soit de répression ; les preuves ;
les règles concernant l'exécution des condamnations sur les biens et sur la personne ;
la prescription ; la responsabilité du fait d'autrui et celle des choses
que l'on a sous sa garde ; la responsabilité des pères, instituteurs, maîtres
et commettants, de l'aubergiste, du voiturier et des compagnies de chemins de fer
en particulier; des conseils de surveillance de sociétés anonymes
et en commandite ; la responsabilité de l'État et les règles
de la compétence administrative et judiciaire, la responsabilité des communes,
etc., etc.

Par M. A. SOURDAT

DOCTEUR EN DROIT,

CONSEILLER A LA COUR D'APPEL D'AMIENS.

DEUXIÈME ÉDITION, REVUE ET AUGMENTÉE

TOME PREMIER

PARIS

IMPRIMERIE ET LIBRAIRIE GÉNÉRALE DE JURISPRUDENCE

COSSE, MARCHAL et BILLARD, Imprimeurs-Éditeurs,

LIBRAIRES DE LA COUR DE CASSATION,

Place Dauphine, 27.

1872

AVANT-PROPOS

Le principe de la responsabilité civile des fautes commises en dehors de la formation et de l'exécution des contrats est inscrit dans le Code Napoléon, mais il n'y reçoit presque aucun développement.

Cependant il n'est peut-être pas, dans le droit, de principe plus fécond que celui-ci, et dont les applications soient plus nombreuses, plus variées.

Dans une société avancée en civilisation, tant d'intérêts se croisent et s'enchaînent, tant de relations s'établissent, tant de rapports nouveaux se forment chaque jour entre les hommes, que le droit de chacun, sans cesse en contact avec les entreprises d'autrui, reçoit de fréquentes atteintes. L'activité même de ces rapports contribue à les rendre plus dangereux, en même temps que les intérêts froissés sont plus susceptibles et plus irritables.

De là une propension plus grande à demander la réparation du moindre préjudice, et le magistrat, chargé d'appliquer à chaque espèce le principe de la responsabilité, se trouve environné des difficultés les plus grandes. Que d'appréciations délicates, quelle réserve dans cette part qu'il faut faire à la faiblesse humaine, aux circonstances de la faute, à l'intention plus ou moins perverse, au préjudice plus ou moins grave, à la nature et à l'importance du droit méconnu! Aussi, malgré la simplicité apparente du principe et la multitude des applications qui en sont faites chaque jour, la doctrine s'arrête en hésitant presque à chaque fait nouveau.

Il importe donc de lui tracer des règles sûres en précisant, de la manière la plus simple et la plus complète, les véritables bases de la responsabilité, ses causes, son étendue, et en faisant connaître ensuite les principales applications des principes ainsi posés.

Le nombre et la variété des décisions déjà rendues fournissent sans doute d'utiles éléments pour la réalisation de cette dernière tâche. Mais c'était une laborieuse entreprise que de chercher, dans ces immenses résultats de la jurisprudence, la trace du principe fondamental et des règles qui déterminent sa portée véritable, ses justes limites.

Nous avons essayé de le faire.

Il nous a paru aussi qu'il ne suffisait pas de faire connaître les conditions essentielles de la responsabilité et de l'action à laquelle elle donne lieu. Nous avons voulu réunir dans un même cadre tout ce qui concerne la mise en exercice de cette action pour la déclaration du droit, et sa réalisation par l'exécution de la condamnation. C'est ainsi que nous avons été conduit à traiter, dans des chapitres spéciaux, de la compétence, du mode de saisir de l'action les tribunaux civils et de répression, des preuves, de la solidarité, de l'exécution des condamnations sur les biens et la personne, enfin de la prescription. Ce plan a été suivi, tant en ce qui concerne la responsabilité des faits personnels, qu'en ce qui concerne la responsabilité du fait d'autrui.

Dans la partie traitant de ce dernier point, se trouve compris tout ce qui concerne la responsabilité des pères, des instituteurs, des maîtres et commettants, celle de l'aubergiste et du voiturier.

L'industrie des transports est, aujourd'hui, en grande partie, concentrée entre les mains des compagnies de chemins de fer. En conséquence, nous avons dû, cette fois, consacrer un chapitre spécial à ces grandes entreprises qui ont leur législation particulière, à côté des règles du droit commun, auquel elles sont soumises toutes les fois qu'il n'y a pas été dérogé.

Notre attention a été également attirée par les lois qui, en 1856 et 1867, ont organisé sur des bases nouvelles les diverses sociétés commerciales et défini la responsabilité des membres des conseils de surveillance ou des administrateurs dans les sociétés en commandite et anonymes. — Un exposé doctrinal de cette législation et de la jurisprudence qui s'est formée depuis 1856 sur les questions qu'ont soulevées les deux lois précitées, font l'objet du chapitre IX du 2e volume.

Dans le cadre de cet ouvrage, entrait naturellement la responsabilité de l'État à raison du dommage causé par ses agents (1). Ce sujet n'avait pas été traité, avant nous, d'une manière approfondie et complète. Il exige des développements spéciaux, car il présente, soit quant au fond du droit, soit quant à la compétence, des difficultés contre lesquelles sont venues souvent se briser des prétentions légitimes, mais qui, pour se faire jour, avaient pris une mauvaise voie.

La responsabilité des communes, dérivant de la loi du 10 vendémiaire an 4, s'est aussi présentée à nous comme un complément de ce traité général de la responsabilité. Nous lui avons donc fait une place qui n'est pas sans importance. Dans les circonstances critiques où notre société s'est trouvée et se trouve encore, ce sujet présente un intérêt constant d'actualité.

Ce peu de mots suffit pour faire comprendre le but

---

(1) Quant à la responsabilité personnelle des fonctionnaires publics des divers ordres et des officiers ministériels, nous nous proposons de la traiter à part.

et l'intérêt de l'ouvrage. Nous l'avons donné au public, il y a quelques années, avec l'espoir qu'il y trouverait les traces d'un travail consciencieux. L'accueil qui lui a été fait alors, nous a encouragé à le compléter par de nouvelles études.

Le livre, tel que nous le publions aujourd'hui, a été mis au courant de la législation et de la jurisprudence, dont nous n'avons cessé de suivre pas à pas les développements. Indépendamment de ce qui concerne les chemins de fer et les sociétés dont nous venons de parler, tout ce qui a trait à la contrainte par corps a été complétement remanié, à raison de la loi du 22 juillet 1867.

De même nous avons noté, en indiquant leur portée et leurs conséquences par rapport à notre matière, la loi du 15 avril 1871, qui interdit de porter l'action civile à raison des imputations dirigées contre les fonctionnaires publics, devant toute autre juridiction que le jury et séparément de l'action publique ; — la loi du 12 mai suivant, qui règle le droit de revendication des propriétaires d'objets pillés à la faveur de l'insurrection de la Commune de Paris et les délais de la prescription ; — enfin celle du 6 septembre 1871 relative aux indemnités à réclamer pour dommages causés par la dernière guerre.

Malgré les nombreuses modifications qu'ont apportées à l'œuvre primitive ces éléments nouveaux, nous avons conservé, autant que possible, pour faciliter les recherches, l'ordre des numéros formant la division de la précédente édition. Les additions faites dans le cours de l'ouvrage ont été, par ce motif, rangées sous des numéros complémentaires (69 *bis*, 71 *ter*, etc.). — Mais il nous a fallu nécessairement changer cette ancienne classification à partir du chapitre VIII de la deuxième partie, concernant les chemins de fer, et les deux éditions ne correspondent plus à partir du n° 1030.

Que l'on nous permette un dernier mot. Depuis l'époque où cette étude a paru, la jurisprudence a consacré plusieurs des solutions que nous avions proposées ou défendues. Nous avons eu la satisfaction de voir la Cour de cassation elle-même revenir sur certains points de sa jurisprudence et donner à notre opinion la consécration de son autorité. C'est ce que l'on verra, par exemple, au n° 446 pour la question de savoir si le possesseur non annal évincé par un autre détenteur de fait, peut exercer l'action en réintégrande. (V. un arrêt du 12 déc. 1853, cité n° 462, note 1); — au n° 730 pour la compétence reconnue aux tribunaux administratifs à l'effet de régler les dommages *permanents* causés à la propriété par les travaux publics, alors qu'ils ne constituent pas une expropriation proprement dite ; — au n° 1425 par rapport au délai de la prescription de l'action en responsabilité contre les communes résultant de la loi du 10 vendémiaire an 4, etc.

Nous n'avons pas, sans doute, la prétention de croire que ce livre ait exercé une influence appréciable sur ces décisions ; mais nous sommes heureux de constater que notre doctrine sur ces divers points reposait sur la vérité juridique et que celle-ci s'est fait jour avec le temps et la réflexion.

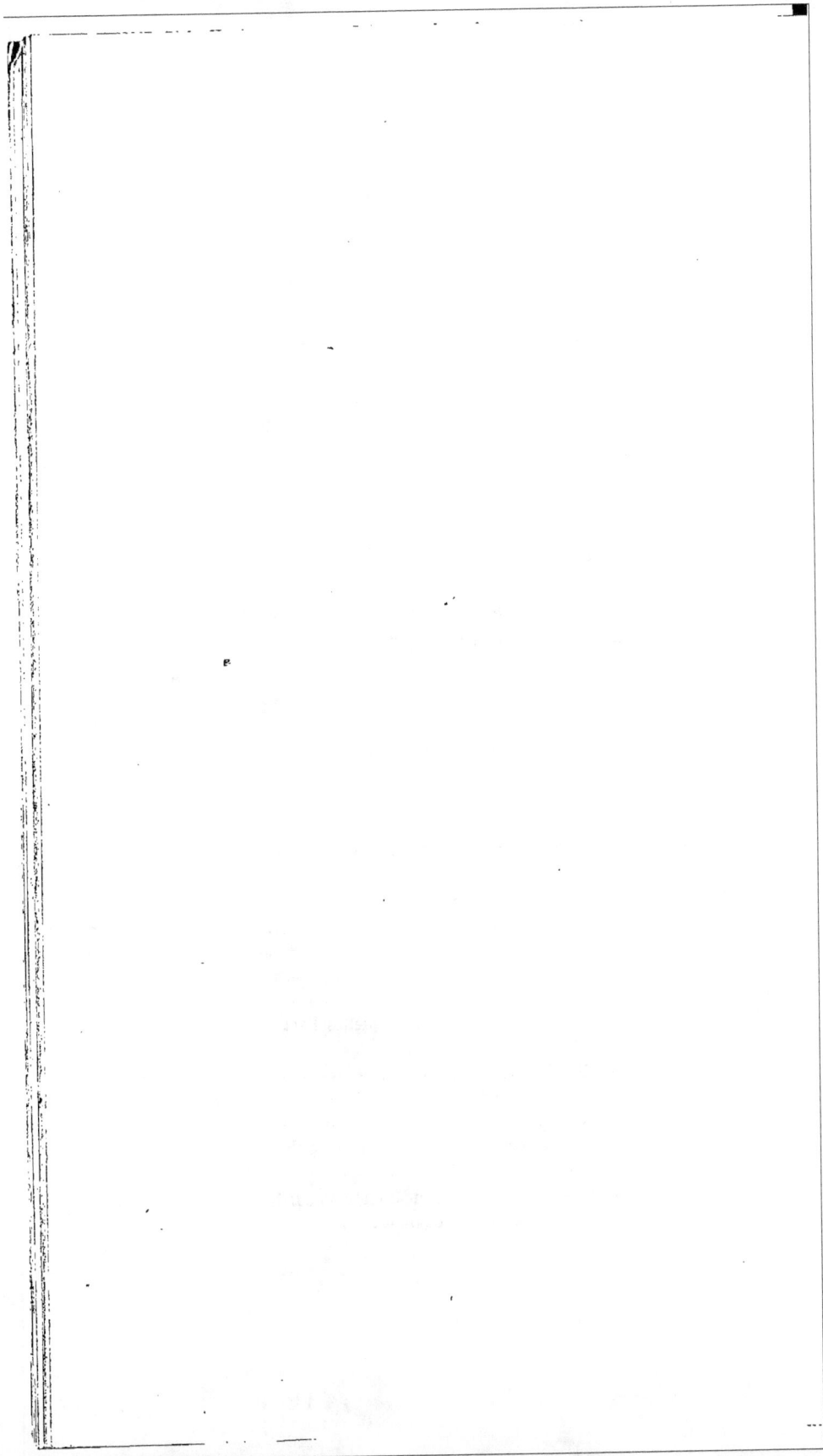

TABLE GÉNÉRALE DES MATIÈRES

CONTENUES DANS LES DEUX VOLUMES.

PREMIÈRE PARTIE.

RESPONSABILITÉ QUE L'ON ENCOURT PAR SON FAIT PERSONNEL.
— DÉLITS. — QUASI-DÉLITS.

LIVRE Ier.

RESPONSABILITÉ RÉSULTANT DES DÉLITS.

TITRE Ier.

RESPONSABILITÉ RÉSULTANT DES DÉLITS ATTEINTS PAR LA LOI PÉNALE.

TITRE II.

RESPONSABILITÉ RÉSULTANT DES DÉLITS QUI NE SONT PAS ATTEINTS PAR LA LOI PÉNALE.

LIVRE II.

RESPONSABILITÉ A RAISON DES QUASI-DÉLITS.

APPENDICE.

DEUXIÈME PARTIE.

DE LA RESPONSABILITÉ A RAISON DU FAIT D'AUTRUI
ET DES CHOSES QUE L'ON A SOUS SA GARDE.

LIVRE Iᵉʳ.

RESPONSABILITÉ A RAISON DU FAIT D'AUTRUI.

LIVRE II.

RESPONSABILITÉ A RAISON DES CHOSES QUI NOUS APPARTIENNENT OU QUI SONT SOUS NOTRE GARDE.

APPENDICE.

Addition au numéro 1305.

FIN DE LA TABLE GÉNÉRALE DES MATIÈRES.

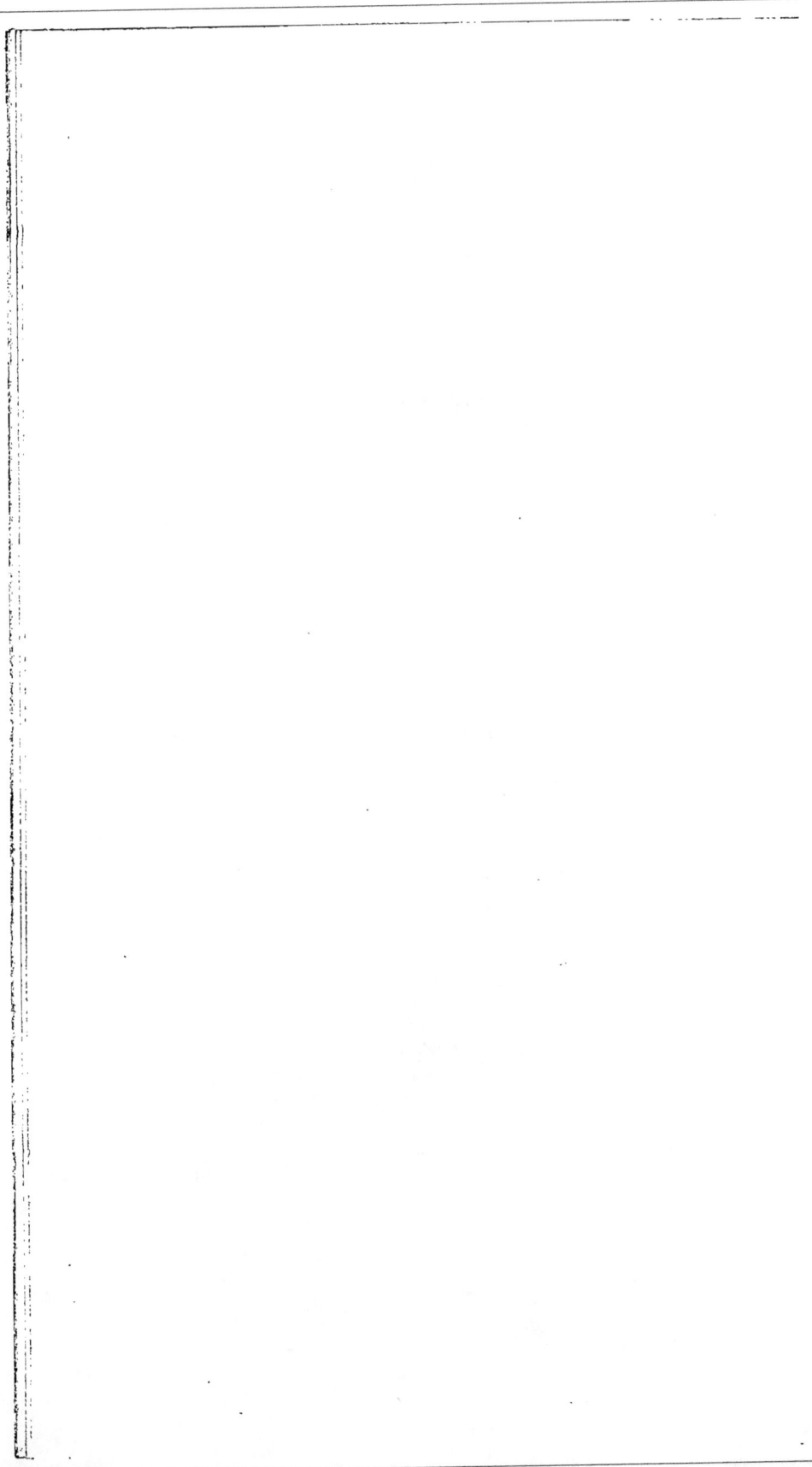

TRAITÉ GÉNÉRAL

DE LA

RESPONSABILITÉ

OU DE

L'ACTION EN DOMMAGES-INTÉRÊTS

EN DEHORS DES CONTRATS

INTRODUCTION

Sommaire

1. On entend par responsabilité, l'obligation de réparer le préjudice résultant d'un fait dont on est l'auteur direct ou indirect. Nous disons l'auteur direct ou indirect, car ce n'est pas seulement de son fait personnel que l'on répond, c'est aussi du fait d'autrui dans les cas prévus par la loi, et même du dommage causé par les choses qui sont sous notre garde.

2. La responsabilité est *pénale* ou *civile*. La responsabilité pénale consiste à subir une peine afflictive ou infamante. C'est la réparation du préjudice causé à la société dans l'ordre moral.

La responsabilité civile consiste à réparer, au moyen d'une indemnité *pécuniaire*, le dommage que l'on a causé

I.

aux individus. Cette réparation, on le comprend, est plus ou moins complète, suivant qu'elle est plus ou moins analogue avec le préjudice causé et la nature du délit.

3. Le principe de la responsabilité civile est exprimé de la manière la plus générale dans l'art. 1382, C. Nap. « Tout « fait quelconque de l'homme, qui cause à autrui un dom- « mage, oblige celui par la faute duquel il est arrivé à le « réparer. »

4. Comme nous le disions en tête de ce livre, il n'est peut-être pas de principe en droit dont la fécondité soit plus grande et les applications plus fréquentes; de principe surtout dont l'apparence soit plus simple et qui donne lieu à plus de difficultés, quand il s'agit de l'adapter aux faits. On en jugera par la suite.

5. Nous ne traitons pas ici de la responsabilité pénale, de cette expiation d'un acte illicite réclamée au nom de la société tout entière. Nous nous occupons des actes préjudiciables incriminés ou non par la loi pénale au point de vue seulement de l'intérêt privé et de la responsabilité civile. Cependant, comme il existe des règles spéciales sur la naissance et la poursuite de l'action en réparations, quand il s'agit d'actes qualifiés et punis par les lois criminelles, nous avons dû traiter séparément de la responsabilité de ces délits.

6. Quant aux fautes dont il résulte un préjudice pour autrui et qui ne sont point incriminées par la loi pénale, elles se divisent en trois catégories :

1° Celles des personnes qui manquent aux engagements des conventions, comme un vendeur qui ne délivre pas la chose vendue, un emprunteur qui ne restitue pas la chose prêtée;

2° Celles qui ne constituent pas des infractions aux conventions, mais des faits nuisibles commis avec l'intention de nuire, comme si, pendant un procès tendant au délaissement d'un héritage, le détenteur le dégrade en haine du véritable propriétaire, ou comme si l'on se rend coupable de stellionat; on les nomme délits civils;

3° Enfin, les faits nuisibles commis sans intention de nuire, par imprudence ou négligence, comme si un objet jeté par inadvertance sur l'héritage du voisin y blesse un particulier; on nomme ces fautes quasi-délits.

Quant à la première espèce, celle des fautes commises dans l'exécution d'une convention, et à la responsabilité qui en résulte, il est clair que nous n'avons pas non plus à nous en occuper ici; elles rentrent dans la matière des contrats ou obligations (1).

Nous ne traitons ici que de la responsabilité qui résulte des délits et quasi-délits. C'est la principale espèce des obligations qui se forment sans convention et par suite d'un fait personnel à celui qui se trouve obligé, d'après la définition de l'art. 1370, C. Nap.

7. La responsabilité encourue à raison du fait d'autrui prend elle-même sa source réelle ou présumée dans un fait imputable à la personne responsable, soit que cette personne ait commandé l'acte préjudiciable, soit qu'elle ait omis de l'empêcher ou de le prévenir en veillant sur celui qui s'en est rendu coupable. Dans le premier cas, il peut y avoir délit; dans le second, l'on n'aperçoit qu'une négligence qui se classe au rang des quasi-délits. Il en est de même de la responsabilité à raison des choses et des animaux.

8. Dans la première partie de cet ouvrage, nous traitons de la responsabilité civile résultant des *délits*, incriminés ou non par la loi pénale, et des *quasi-délits*, c'est-à-dire des faits qui nous sont personnels. Les principes sur la responsabilité du fait d'autrui, des choses et des animaux, et l'examen approfondi de leurs applications, font l'objet d'une seconde partie. L'importance de cette matière, la nécessité de présenter dans leur ensemble toutes les dispositions qui s'y rattachent, nous faisaient une loi de la traiter à part, au lieu de la faire entrer dans le cadre de la première division.

9. Les actes préjudiciables, émanés des fonctionnaires et des officiers publics, forment une classe nombreuse, à laquelle s'applique aussi le principe de la responsabilité.

En ce qui concerne particulièrement les officiers ministériels, on peut certainement ranger dans la catégorie des délits et des quasi-délits les fautes par eux commises dans l'exercice de leurs fonctions. Bien qu'il intervienne souvent entre eux et la partie qui use de leur ministère un contrat de mandat exprès ou tacite, et qu'ils soient soumis à l'action qui en résulte, cependant les obligations qui leur sont imposées découlent plus immédiatement d'une loi générale et antérieure au contrat, de telle sorte, que les infractions qu'ils y commettent et la responsabilité qui en résulte sont indé-

---

(1) V. Domat, liv. 2, tit. 8.

pendantes de ce contrat. L'obligation naît donc d'un fait
illicite, personnel à celui qui est obligé et l'on peut la
ranger dans la classe des obligations *ex delicto*, ou *quasi ex
delicto*, suivant la nature de l'infraction.

Mais l'examen des faits qui donnent lieu à la responsabilité de ces officiers, comme à celle des fonctionnaires publics,
et l'étude des principes qui la régissent exigent des développements étendus. Là se rencontrent des difficultés particulières. Elles tiennent, soit aux devoirs qui leur sont im-
posés par des règlements spéciaux qu'il est nécessaire de
connaître d'abord, soit à la nature et au mode de leur action.
Nous nous occuperons donc de ce sujet dans une troisième
partie qui se rattachera aux deux premières par les idées
fondamentales, mais qui forme, à elle seule, un traité à
part, important par sa spécialité, et qui ne sera publié que
plus tard.

PREMIÈRE PARTIE

RESPONSABILITÉ QUE L'ON ENCOURT PAR SON FAIT PERSONNEL. — DÉLITS. — QUASI-DÉLITS

LIVRE Ier

RESPONSABILITÉ RÉSULTANT DES DÉLITS.

TITRE Ier

RESPONSABILITÉ RÉSULTANT DES DÉLITS ATTEINTS PAR LA LOI PÉNALE

CHAPITRE Ier

ÉLÉMENTS DE LA RESPONSABILITÉ

Sommaire

10. Parmi les actes illicites qui sont susceptibles de nuire, il en est, avons-nous dit, qui causent à l'ordre social un

trouble tel que le législateur a dû y attacher une peine, dont
les magistrats chargés du ministère public auraient à poursuivre l'application. Ces infractions sont désignées par le Code
pénal, suivant leur gravité, sous les noms de *crimes*, *délits*
et *contraventions*. Dans la langue du droit, on les comprend
fréquemment sous le nom générique de *délits*, que leur donnait le Code de brumaire an 4.

11. En considérant les délits, sous le rapport des intérêts auxquels ils portent atteinte, on peut les ranger en deux
classes qui les embrassent tous : 1° les faits qui portent atteinte à la personne ou aux droits personnels d'autrui, c'est-
à-dire à la sûreté, à la liberté, à l'honneur et à la considération des personnes, et à leurs droits civils et politiques ;
2° les faits nuisibles à la propriété ou aux droits réels, c'est-
à-dire les dégradations et autres atteintes à la chose d'autrui, le trouble apporté à la possession ou à la jouissance de
ses autres droits réels.

12. Quelle que soit la classification à laquelle appartiennent les délits, l'application de la peine qu'ils ont encourue
ne peut être poursuivie que par le représentant de la société,
l'officier du ministère public (C. instr. cr., art. 1 et 4) dont
l'action est complétement indépendante de celle de la partie
lésée (1).

Mais l'application de la peine ne suffit pas toujours pour
la réparation du délit, au point de vue du dommage éprouvé
par les particuliers. Ceux-ci peuvent en demander la réparation pécuniaire. Il leur est donné, à cette fin, une action civile, parallèle à l'action publique, qui, n'ayant aucune influence sur cette dernière (C. inst. cr., art. 1, 3, 4; C. pén.,
art. 10, *v.* la note précédente), en dépend, au contraire,
sous plusieurs rapports (C. inst. cr., art. 2, 3°; art. 3. *Infrà*,
n°ˢ 217-223 et suiv., 231 et suiv.).

Nous ne nous occupons point ici de l'action en répression
et de la responsabilité pénale encourue par l'auteur d'un délit. Ce serait l'objet d'un traité de droit criminel. Notre but
est uniquement d'étudier l'infraction au point de vue de la
réparation purement civile qu'elle entraîne.

13. Pour cela, il ne suffit pas d'apprécier ses conséquences nuisibles. L'idée complexe du délit doit être divisée. Il y

---

(1) Il existe quelques exceptions, par exemple, pour le délit d'injure,
pour l'adultère.

a à considérer d'une part la volonté de l'agent telle qu'elle s'est révélée dans l'acte coupable ; ce que nous appellerons la *personnalité* des actes; puis, d'une autre part, la gravité du préjudice, qui se modifie de mille manières, c'est la *réalité* du dommage.

Dans une théorie élevée du droit criminel, on a placé le principe de la responsabilité pénale dans une offense à la morale que la conscience nous révèle, ou à l'ordre social. Et remarquez que, sous un certain rapport, le trouble apporté à l'ordre social est un délit moral, puisque ce trouble est la violation d'un devoir, celui de l'homme envers la société (1).

Cette idée sert aussi de base à la responsabilité civile. Celle-ci suppose également une atteinte à l'ordre moral, qui constitue la violation d'un devoir de l'homme en société (C. Nap., 1382), mais il faut, de plus, que cette faute ait eu pour conséquence de causer à autrui un dommage appréciable en argent (2).

Tels sont les deux éléments nécessaires et constitutifs de la responsabilité ; elle n'existe que là où on les trouve réunis.

14. Maintenant, quels sont les faits qui présentent les caractères de la faute ? A quels signes les reconnaître ? Et quant au dommage, quelles devront être son importance et sa nature pour pouvoir contribuer à engendrer la responsabilité ? L'étude de ces questions fait l'objet d'une grande partie des développements de ce livre, car elles se présentent successivement dans les divers ordres de faits que nous aurons à examiner, délits, quasi-délits, faits personnels ou non (V. nos 412 à 442, 642 à 680, 751, etc.).

Dans ce moment, nous n'avons à nous occuper que des délits prévus par la loi pénale. Placés à ce point de vue, cherchons d'abord à déterminer les caractères de la faute.

A cet égard, il est évident que la qualification des actes humains par la loi pénale est ici décisive, en ce sens que toute infraction à la loi pénale que chacun est tenu de connaître et de respecter, quelle que soit sa gravité en morale et dans le for intérieur, constitue une faute, qui motive suffisamment une demande de dommages-intérêts. Les tribu-

---

(1) M. Rossi, *Traité de dr. pén.*, t. 1. — MM. Chauveau et F. Hélie, *Th. du C. pén.*, t. 1.

(2) V. *infrà*, nos 49, 62.

naux ne pourraient se refuser à la prononcer, en se fondant sur le caractère de l'acte. Le législateur a déterminé lui-même ce caractère. Il n'appartient pas au juge de l'apprécier autrement.

Par suite, la loi pénale en incriminant un fait peut ouvrir une action en dommages-intérêts qui n'existait pas auparavant. Ainsi le décret-loi du 17 février 1852 sur la presse a défendu et puni la publication de certains procès (art. 17 et 18). Avant cette loi, le compte rendu était licite ; c'était l'exercice d'un droit. Aujourd'hui, c'est une infraction punissable, il y a faute et la partie lésée a une action de dommages-intérêts.

Mais l'acte, poursuivi d'abord comme délit qualifié, peut être reconnu non punissable, comme ne réunissant pas les caractères indiqués par la loi pénale. Dans ce cas, la faute qui donne naissance à la responsabilité civile ne disparaît pas nécessairement. L'acte préjudiciable peut constituer un délit civil (V. nᵒˢ 412 et suiv.), ou bien un quasi-délit (V. nᵒ 642), suivant qu'il aura été commis, avec ou sans intention de nuire.

15. La volonté arrêtée de nuire n'est point, en effet, une condition essentielle de la faute. Elle ne l'est même pas quand il s'agit de l'application des peines proprement dites. À la vérité, c'est un élément nécessaire du *crime*, et aussi de la plupart des *délits*, par exemple du vol, de l'escroquerie. Cependant d'autres faits, qui n'impliquent qu'imprudence ou négligence, sont, à cause de leur gravité, rangés parmi les délits, et punis de peines correctionnelles : tel est l'homicide par imprudence. Pour les simples contraventions, on ne s'attache quelquefois qu'à la matérialité de l'acte. Le fait existe ou n'existe pas ; s'il existe, il entraîne nécessairement une condamnation, à moins que l'agent ne fût privé de son libre arbitre. Car c'est le fait matériel que l'on cherche ici à réprimer et à prévenir. L'acte en lui-même est d'ordinaire indifférent au point de vue de la morale pure. Il constitue seulement une légère atteinte à l'ordre social. Tel est, en général, le fait d'avoir contrevenu aux règlements légalement faits par l'autorité administrative et municipale (C. pén., 471, 15ᵒ) ; tel est aussi le fait d'avoir négligé d'écheniller (C. pén., 471, 8ᵒ) ; d'avoir chez soi de faux poids dont on ne fait aucun usage (C. pén., 479, 5ᵒ). Cependant, il est un grand nombre de contraventions qui supposent une volonté malfaisante, ou une imprudence coupable.

L'art. 479, C. pén., nous en fournit plusieurs exemples.
(§ 1, 2 et 9.)

Dans tous les cas, la volonté de l'agent exerce une influence notable sur sa responsabilité. Ce n'est pas qu'en s'at-
tachant à la perversité de l'acte, l'on puisse élever la somme
des dommages-intérêts au delà du préjudice causé. Mais ne
peut-on pas au contraire atténuer la réparation à cause de
la bonne foi de l'agent ? C'est ce qu'il paraît difficile de nier
en principe. La conscience se révolte aussi bien à l'idée d'un
châtiment trop sévère qu'à l'idée d'une injustice qui n'est
pas réparée. Dumoulin le reconnaît : « *Dico tamen in delic-*
« *tis condemnationem simplicis culpæ moderandam, quia*
« *non debet culposus æque teneri ac dolosus* » (1). Mais ceci
ne doit être appliqué qu'avec la plus grande réserve.

16. Le défaut d'intention et de volonté peut enfin être
tel que tout délit disparaît. Celui qui n'a pas son libre arbitre et la conscience de ses actes, le fou, l'homme en état
de démence ou d'imbécillité, n'est pas responsable devant la
loi pénale. (C. pén., 64.) Mais en est-il de même en ce qui
concerne la responsabilité purement pécuniaire ou civile? La
réparation du dommage que le fou aura pu causer pourra-t-
elle être poursuivie sur ses biens personnels ?

La même question se présente à l'égard du mineur qui
n'a pas l'âge de discernement.

Mais où avons-nous trouvé le principe de la responsabilité
même purement civile ? Dans une faute, dans un acte coupable, imputable à son auteur. La raison philosophique aussi
bien que le texte de l'art. 1382 le disent assez haut. Donc,
quand le fondement de l'imputabilité des actions humaines,
c'est-à-dire la conscience, la volonté, le discernement font
totalement défaut ; quand une faute imputable à l'agent ne
peut en aucune façon être considérée comme ayant donné
lieu directement ou indirectement au dommage causé, n'en
a été l'occasion éloignée ou prochaine ; dans tous ces cas, la
responsabilité manque de base. Ainsi, le fou, l'insensé, l'enfant qui n'a pas encore le discernement seront affranchis de
tout recours, même sur leurs biens.

Il n'y a point à cela d'injustice. Qu'on ne s'étonne pas de
ce que l'auteur du dommage, que l'on peut supposer être
riche, ne sera pas obligé de réparer le préjudice qu'il aura
causé à un plus pauvre que lui, peut-être.

---

(1) *Tractat. de eo quod interest*, n° 158.

Remarquons-le, il n'y a pas ici de raison de faire retomber le dommage sur l'un plutôt que sur l'autre. C'est un cas fortuit ! de même, dit Ulpien, que si une tuile se détache du toit, et donne la mort à un passant.

« Quærimus, si furiosus damnum dederit, an legis Aqui-
« liæ actio sit? Et Pegasus negavit : quæ enim in eo culpa
« sit cum suæ mentis non sit ? Et hoc est verissimum. Ces-
« sabit igitur Aquilia actio quemadmodum si quadrupes
« damnum dederit, aut si tegula ceciderit. Sed et si infans
« *damnum* dederit idem erit dicendum (L., 5, § 2, D. *ad*
« *leg. Aquil.*).

« Infans vel furiosus si hominem occiderint, lege Corne-
« liâ non tenentur, cum alterum innocentia consilii tuetur;
« alterum fati infelicitas excusat.» (L., 12, D., *ad leg. Corn.
de Sic.)

L'humanité pourra donc suggérer des dispositions toutes facultatives. La loi n'a pas dû les rendre obligatoires (1).

Décidez de même pour un enfant sans discernement.

17. Quant au mineur, même au-dessous de seize ans, mais ayant agi avec discernement, nous pensons, avec Delvincourt, qu'il encourt la responsabilité civile : *quod si impubes id fecerit, Labeo scribit, quia furti tenetur, teneri et Aquiliâ eum; et hoc puto verum si sit jam injuriæ capax.* (L. 5, § 2, D. *ad Leg. Aquil.*) L'art. 1310, C. Nap., d'ailleurs, déclare que le mineur n'est point restituable contre les obligations résultant de son délit ou de son quasi-délit ; l'art. 67, C. pén., lui impose même une responsabilité pénale, en modérant toutefois les peines ; et la jurisprudence décide que le mineur, acquitté pour avoir agi sans discernement, peut être condamné aux frais et aux amendes, auxquelles on n'attribue que le caractère de simples réparations civiles (2).

---

(1) V. Delvincourt, t. 3, p. 682, note 7; Zachariæ, t. 3, p. 190 ; Pothier, *Obl.*, n° 118; Proudhon, *Usuf.*, t. 3, 1525, 1526 ; Bruxelles, 3 juillet 1830 ; Dall., *Resp.*, n° 49 et les motifs d'un arr. de la C. de cass., rej., 1er avr. 1848, S. 320 ; — Merlin, *Rép.*, v° *Démence*, § 2, n° 4, et *Blessé*, § 3, n° 4, décide le contraire, en se fondant sur un arrêt du 10 sept. 1683, que cite également Denizart, v° *Démence*. Nous ne pouvons souscrire à cette opinion adoptée cependant par M. Larombière, t. 5, p. 701 et par un arrêt de Montpellier, 31 mai 1866, D.67. 2.3.

(2) Cass., 22 sept. 1836, S. 37.1.501 ; 18 fév. 1841, S. 42.1.189 ; 25 mars 1843, S. 614 ; 13 mars 1844 ; S. 366. — C'est un point que nous n'avons pas cru devoir admettre, comme on le verra *infrà*, n°s 116 et 117.

Ce ménagement pour la faiblesse de l'âge, consacré par l'art. 57, ne devrait-il pas être étendu à la fixation des indemnités ? Nous le pensons. Car si la réparation se proportionne au préjudice causé elle se mesure aussi à la faute d'où il résulte. Or il est clair que la faute est moins grande de la part d'un enfant. Au reste, la question de savoir si l'agent avait le discernement, comme aussi quelle est l'étendue de la faute et comment elle doit influer sur la fixation de la réparation, l'appréciation de ces questions, disons-nous, est abandonnée entièrement à la sagesse des magistrats.

18. Le prodigue auquel a été donné un conseil judiciaire conserve, évidemment, la responsabilité de ses délits. Sa raison est, sans doute, légèrement altérée ; on peut dire qu'il n'a pas la plénitude de ses facultés, mais c'est surtout au point de vue des intérêts pécuniaires, de la gestion de sa fortune ; c'est, du reste, uniquement à ce point de vue que la loi s'en occupe. L'état du prodigue, tel qu'il est présumé par la loi, ne suppose point l'altération du sens moral, de la conscience et l'absence de volonté. Ce serait, au reste, une question de fait à décider dans chaque espèce. Il pourrait arriver qu'une personne, qu'il conviendrait d'interdire, n'eût été effectivement pourvue que d'un conseil judiciaire. Il est clair qu'en ce cas le fait devrait prévaloir. Tout ce que nous devons établir ici, c'est que l'état civil du prodigue, pourvu d'un conseil, ne le décharge pas nécessairement de la responsabilité de ses délits.

19. L'individu qui se trouve en état d'ivresse ne saurait invoquer, comme excuse, l'altération de ses facultés. Elle a été précédée d'une faute grave, qui doit être considérée comme ayant été la cause immédiate du dommage causé. Elle ne saurait donc excuser l'agent (1).

20. Aux principes qui viennent d'être exposés se rattachent des questions dont l'examen se place naturellement ici.

La première est celle de savoir si les dommages-intérêts,

---

(1) C. Nap., 1383 ; Delvincourt, t. 3, p. 682, not. 7, édit. de 1819 ; Merlin, *Rép.*, v° *Quasi-délit*, XII, et v° *Excuses*, nos 3 et 4. — Une ordonnance de François Ier, du 31 août 1536, porte que si quelqu'un commet un crime dans l'ivresse, il sera puni de la peine due au délit et de plus pour raison de l'ivresse, à l'arbitrage du juge. V. Despeisses, t. 2, tit. 12, partie 1, n° 4. — Le Code prussien, 1re part., tit. VI, art. 40, dit : « Celui qui se met dans un état où il ne dispose pas librement « de ses facultés, répond du dommage qu'il a causé dans cet état. »

dus par suite d'un délit, peuvent encore être réclamés quand le délit est amnistié. Chacun sait que l'amnistie ne détruit pas, ne peut pas détruire le caractère intrinsèque de l'acte incriminé. Elle ne fait pas qu'un délit soit un acte innocent, cependant elle abolit la poursuite, l'action publique; abolit-elle en même temps l'action privée?

Les principes ordinaires du droit civil et criminel conduisent à la négative, mais on sent que des raisons d'un autre ordre ont pu faire naître quelques doutes; la question, d'ailleurs, a été résolue en sens divers dans les actes d'amnistie eux-mêmes, par les pouvoirs dont ils émanaient.

En droit, l'on a même soutenu que l'amnistie éteint, en général, les actions civiles résultant des faits qu'elle a couverts, que si la grâce, faite par le souverain, ne doit pas blesser les droits particuliers, et n'a pas, en principe, plus d'influence sur les intérêts civils, que les transactions des parties n'en ont sur les poursuites du ministère public, on ne peut du moins se dissimuler que des inconvénients même très-graves résulteraient de la faculté d'exercer des actions privées à raison des faits amnistiés. L'amnistie a pour but de faire cesser des divisions entre les partis, de ramener le calme par l'indulgence. Or, ces actions perpétueraient les souvenirs des mêmes fautes, des mêmes débats, entretiendraient les haines et renouvelleraient peut-être les troubles que le souverain a voulu éteindre. L'intérêt général doit ici l'emporter sur l'intérêt particulier. Donc, quand la loi d'amnistie n'aura pas fait réserve expresse des actions civiles, elles devront être considérées comme abolies, aussi bien que l'action publique. Telle est l'opinion soutenue par M. Legraverend (1). Il s'appuie sur un arrêt du Parlement de Paris du 8 mars 1659, rendu sur les conclusions conformes de M. Bignon, avocat général (2).

On dit, dans le sens contraire, qu'une séparation profonde doit exister entre les deux ordres d'actions au point de vue des effets de l'amnistie. Les raisons d'intérêt public, de conciliation générale, que l'on met en avant dans le premier système, n'ont aucune valeur quand il s'agit, non plus de savoir si l'on frappera d'une répression pénale des actes qui se rattachent plus ou moins aux dissentiments politi-

(1) T. 2, p. 698.
(2) J. des aud., t. 1, liv. 10, chap. 12, p. 772.

ques, mais d'apprécier des faits qui ont porté préjudice à des individus; de savoir à qui appartient la faute, de ceux-ci ou des auteurs du dommage, et sur qui elle doit retomber en définitive. Or, les auteurs du dommage ne seraient excusables que si des provocations, des actes contraires aux lois, les avaient poussés aux violences qu'ils ont commises. Et c'est ce qui n'arrive pas ordinairement; c'est ce que le juge et non le législateur doit apprécier. De plus, si l'on suppose qu'à l'époque de la promulgation de l'amnistie, des jugements aient déjà été obtenus contre les auteurs du dommage, l'amnistie ne pourrait en arrêter l'exécution, sans porter atteinte à des droits irrévocablement acquis (1).

Ce dernier système seul est véritablement conforme à l'ancienne jurisprudence. Voici comment s'exprime Rousseau de Lacombe (2) : « Les lettres d'abolition, rémission et pardon, ne tournent point à l'intérêt de la partie civile, ni d'aucune autre; c'est pourquoi ces lettres portent : *Satisfaction préalablement faite à la partie civile si fait n'a été.* Le prince fait grâce, mais sauf le droit d'autrui. Le roi accorde quelquefois des lettres d'abolition à une ville, à une province ou à une communauté d'habitants... on appelle aussi cette grâce *amnistie.* Cette grâce n'agit point en connaissance de cause. Il faut aveuglément suivre ce qui est ordonné par ces lettres. » La même règle est ainsi formulée par d'autres : « le prince n'est jamais censé, par les grâces qu'il accorde, vouloir préjudicier à un tiers (3). »

Cependant, on a des exemples d'amnisties où l'action civile fut expressément abolie comme l'action publique. C'est ce qui eut lieu dans l'amnistie accordée à la suite de l'émeute de Bordeaux, en 1649 (4). Et c'est à cause de la disposition expresse de l'édit qui fut donné à cette occasion, qu'intervint l'arrêt du Parlement de Paris du 8 mars 1659, sur lequel s'appuie à tort M. Legraverend.

En nous reportant maintenant aux nombreuses lois d'am-

---

(1) MM. Mangin, n° 446, *Traité de l'act. publ.*; Carnot, *Obs. prél.*, chap. des demandes en révision, n° 7, *in fine*; Rauter, *Dr. crim.*, n° 868; Lesellier, *Traité de Dr. crim.*, n° 2162; Dalloz, v° *Amnistie*, n° 138; Faustin Hélie, *Th. du C. inst. crim.*, t. 3, p. 772.
(2) *Mat. crim.*, 3° part., chap. 14, n°° 10 et 24.
(3) Imbert, *Pract.*, t. 3, chap. 17; Muyars de Vouglans, *Instit. au dr. crim.*, 3° part., chap. 4, p. 74; Jousse, *Just. crim.*, t. 2, n° 79.
(4) Prost de Royer, v° *Amnistie*, p. 658.

nistie, rendues depuis 1791, nous trouverons, comme nous le disions plus haut, la question tranchée, tantôt d'une manière, tantôt d'une autre. La loi du 3 septembre 1792, qui abolit tous procès criminels et jugements depuis le 14 juillet 1789, sous prétexte des lois relatives aux grains et aux biens communaux, réserve expressément, dans l'art. 3, les droits à la propriété et les dommages-intérêts. Le décret du 26 avril 1814 (art. 6) réservait également, en termes exprès, l'exercice des actions civiles des particuliers. Cette condition a été reproduite dans la plupart des actes d'amnistie qui se sont succédé depuis lors. On peut voir notamment les ordonnances du 13 janvier 1815, du 2 août 1830, du 8 et du 30 mai 1837. La loi du 30 mai 1851, sur la police du roulage, art. 30, est conçue dans le même esprit. Le décret du 15 janvier 1852, celui du 30 janvier même année et le décret impérial du 19 décembre 1860 portant amnistie en matière de contraventions forestières ou de pêche fluviale, pour délits et contraventions en matière de police de la navigation et de pêches maritimes, et en matière de presse, font réserve expresse des droits des tiers notamment de l'action civile en dommages-intérêts (1). Au contraire, la loi des 22 août-2 septembre 1793 interprétative du décret des 14-15 septembre 1791, déclare expressément que les actions tant civiles que publiques sont comprises dans l'amnistie qu'elle prononce. L'arrêté du 25 thermidor an 8, tit. 1er, art. 2, contient une disposition semblable. Enfin, le décret du Gouvernement provisoire du 29 février 1848 porte simplement : « Toutes condamnations pour faits politiques et « pour faits de presse, sous le dernier règne, sont annulées. « *Toute poursuite commencée est abolie.* »

21. Ces lois spéciales ne tranchent donc pas la question d'une manière définitive. On conçoit parfaitement que l'amnistie étant avant tout une mesure gouvernementale doit, en général, être exécutée selon les intentions du pouvoir qui l'accorde et suivant les nécessités du moment. Cependant, il est permis de poser à l'avance des principes qui devront être, autant que possible, respectés par le législateur.

A cet égard, nous pensons avec la majorité des auteurs que l'amnistie ne touche qu'à l'action publique, ne décharge que des poursuites criminelles. Les attentats contre les individus et les propriétés particulières sont moins facilement

---

(1) *Conf.*, trib. corr. de la Seine, 20 fév. 1861 ; D. 62.3.7.

excusés par l'entraînement des circonstances que les attentats contre l'être un peu abstrait qui constitue le corps social. Tel est du moins l'état de nos mœurs et l'effet de l'ignorance des masses.

C'est au nom du corps social que l'amnistie est donnée, dès lors il est naturel qu'elle respecte l'action privée. Celle-ci, dans l'état normal des choses est indépendante de l'action publique, elle ne tombe pas dans le même domaine. Elle a lieu pour des faits qui ne seraient pas même atteints par les lois pénales. Il importe donc peu que ces lois soient momentanément suspendues à l'égard de certains faits. Le principe de la responsabilité civile n'en doit pas moins subsister.

Ainsi dans le silence du décret d'amnistie, on doit toujours considérer les intérêts civils des particuliers comme réservés, et l'exercice des actions privées comme maintenu. C'est ainsi que la loi du 22 août 1793, interprétative du décret de l'assemblée nationale du 14 septembre 1791, fut jugée nécessaire pour que les tribunaux appliquassent aux tiers les effets de l'amnistie prononcée par ce décret. La Cour de cassation a décidé plusieurs fois depuis que l'amnistie n'anéantit pas l'action civile, si l'acte qui l'accorde ne le déclare pas expressément (1).

Un avis du conseil d'État, du 25 mars 1810, concernant les délits forestiers détermine ainsi qu'il suit les effets de l'amnistie : 1° quoique l'ordonnance d'amnistie soit conçue en termes généraux, elle n'est point applicable à des abus et malversations entraînant d'autres peines que les délits amnistiés; 2° en vertu de l'amnistie, les détenus sont mis en liberté et toutes poursuites cessent. Mais elle ne peut préjudicier à la réparation civile du délit; ainsi la démolition d'un bâtiment construit en contravention aux règlements de police n'en sera pas moins poursuivie aux frais du délinquant, car cette réparation n'est point une peine. L'amnistie ne peut pas davantage nuire aux droits d'un tiers tel que la partie civile (2). -

22. Une loi d'amnistie peut cependant atteindre jusqu'à ces actions. Les circonstances peuvent justifier la rétroactivité qui en résulte. Les droits des particuliers sont entière-

---

(1) Arrêts des 8 fév. 1817, Bull. off., n° 9; 21 oct. 1830, Bull. off., n° 235; rej., 19 mai 1848, S. 513 et 9 fév. 1849, S. 240; *Adde*, ord. cons. d'État, 17 mai 1833, aff. Galline et Comp.
(2) M. Cotelle, *Tr. des procès-verbaux en mat. administ.*, p. 394.

ment dans le domaine de la loi, expression de la puissance
publique à son plus haut degré de souveraineté (1).

Mais le pouvoir exécutif seul ne pourrait, en aucun cas,
empiéter de la sorte sur les droits des tiers sans violer tous
les principes du droit constitutionnel. La raison d'Etat ne
peut le conduire jusque-là ; car, en présence d'une nécessité
impérieuse pour réclamer de pareilles mesures, le concours
du pouvoir législatif serait obtenu sans difficulté.

23. La *grâce* diffère de l'amnistie en ce qu'elle ne s'applique qu'à des individus déterminés, tandis que l'amnistie
est une mesure générale. Elle en diffère encore en ce que
l'amnistie efface le crime lui-même, empêche la poursuite
et la condamnation, tandis que la grâce suppose une condamnation déjà prononcée ; c'est de l'exécution de la peine
seulement qu'il est fait remise. La grâce n'efface même pas
les effets accessoires de la peine, par exemple, la dégradation
civique, la mort civile, quand elle était encourue, et les incapacités qui en résultaient (2).

Agissant dans un cercle plus étroit, la grâce doit avoir des
effets plus restreints encore que l'amnistie, en ce qui concerne les droits des tiers. Il est hors de doute qu'elle ne saurait les atteindre. Jousse (3) et Pothier (4) nous enseignent
que ce principe était reconnu dans l'ancien droit. Les lettres de grâce ou d'abolition n'ont jamais eu d'effet que du
souverain au condamné. Ces lettres de grâce portaient même
cette condition expresse à remplir par le condamné qu'il
satisferait la partie civile (5). En conséquence, le gracié ne
devait point être élargi tant qu'il n'avait pas acquitté les réparations civiles. En effet, la remise de la peine suffit aux
exigences de l'équité et de l'humanité. Rien ne justifierait
ce renversement par le pouvoir exécutif de droits acquis à

---

(1) Nous ne prétendons pas dire d'une manière absolue que les
citoyens n'aient d'autres droits que ceux qu'ils tiennent de la loi. Nous
voulons dire seulement que la législation positive pourra toujours modifier les droits, et qu'il faudra s'y conformer. Du reste, une loi qui
blesse les principes d'éternelle justice et ceux qui servent de base à la
société même, est toujours une mauvaise loi.

(2) Rej., 10 avr. 1849, S. 49, 311 ; Montpellier, 17 août 1847, S. 47,
2, 583. — MM. Durant, t, 1, 240 note ; Legraverend, t. 2, chap. 18,
n° 5 ; Proudhon, *Lsuf.*, t. 4, 2023.— Cass., 30 janv. 1862. D. 199.

(3) Sur *l'art.* 19, tit. 16, de l'ord. de 1670.

(4) Procéd. crim., sect. 7.— V. aussi *Dict. de Ferrière*, t. 2, p. 80 ;
Journ. des aud., t. 1, liv. 8, chap. 45 et 47.

(5) Jousse, *ibid.*

des particuliers qui ne dépendent que de la loi. En conséquence, l'on a décidé que la grâce accordée, à un condamné
à une peine n'emportant pas mort civile, n'entraîne pas remise des frais de justice criminelle (1). Et la solution doit
être la même par rapport à une amnistie accordée à des *condamnés* politiques ou autres comme celle du 16 août 1859,
puisqu'elle n'est en réalité qu'une grâce. Les frais dus par
ces condamnés peuvent, malgré la mesure dont il s'agit,
être réclamés par les agents du Trésor.

24. Ici se termine ce que nous avions à dire sur le premier des éléments de la responsabilité, *la moralité de l'acte*.
Il nous reste à parler de la *réalité du dommage*. Ce sera le
complément de ce chapitre. Mais nous nous contenterons de
mentionner ici ce point, pour ne pas rompre l'ordre logique
des idées. On en trouvera le développement dans les chapitres 2, 3 et 4 qui vont suivre : car il se lie étroitement à la
question de savoir qui a qualité pour intenter l'action au
moyen de laquelle s'exerce le droit de la partie lésée, et
quelle est la mesure de la réparation. On évitera, de cette
manière, des répétitions inutiles.

CHAPITRE II

DE L'ACTION EN RESPONSABILITÉ. — SA NATURE. — A QUI ELLE APPAR-
TIENT. — CONDITIONS RELATIVES AU DOMMAGE SOUFFERT.

Sommaire.

(1) Nancy, 21 nov. 1845, S. 46.2.417.

25. L'action en responsabilité civile contre l'auteur d'un
délit est purement personnelle et mobilière. Elle a pour but
d'obtenir l'accomplissement de l'obligation qui naît du délit,
obligation qui consiste à réparer le dommage que le délit a
causé à la partie plaignante, et qui se résout toujours en une
somme d'argent. — On la nomme action en dommages-intérêts, action en réparations civiles.

Elle est, disons-nous, purement personnelle, dans le sens
juridique du mot (C. pr., art. 2, 50 § 1, 59 § 1); et c'est
en se plaçant à un point de vue plus métaphysique que juridique, qu'on a remarqué que cette qualification d'action
personnelle convient mieux encore à l'action publique dirigée principalement contre le coupable même. L'action privée l'est plutôt contre l'objet de l'obligation naissant du délit; elle n'a pour but que d'obtenir cet objet. C'est pourquoi
elle n'est pas attachée à la personne du coupable. Elle est
donc éteinte si cette obligation est accomplie, même par un
tiers. Elle peut même être acquittée forcément par ce tiers,
s'il n'est pas subrogé aux droits du créancier (1).

A la vérité, en matière de presse, il est interdit d'ouvrir
ou annoncer publiquement des souscriptions ayant pour objet d'indemniser des amendes, frais, dommages-intérêts prononcés par des condamnations judiciaires (L. 27 juill. 1849,
art. 5).—Mais la loi ne défend que la publication d'une semblable souscription, et non pas le fait de la souscription ou
du paiement par un tiers.

Nous verrons plus loin (n°s 213 et suiv.) que l'action dont
nous nous occupons peut être poursuivie, soit devant les
tribunaux civils, soit devant les tribunaux criminels ou de
répression, en même temps que l'action publique. Dans ce
dernier cas, le demandeur en réparation prend le nom de

---

(1) C. Nap., 1236. — Rauter, *Droit criminel*, t. 2, n° 662.

partie civile. Les règles que nous allons développer sont généralement applicables, quelle que soit la juridiction saisie de la cause. C'est pourquoi nous nous servirons indifféremment, pour désigner la personne au profit de laquelle l'action est exercée, du nom de partie civile ou partie lésée, et de demandeur en dommages-intérêts.

26. L'action appartient exclusivement à la partie qui a souffert des suites du délit. C'est le principe toujours proclamé par les différentes lois qui ont défini et réglé cette action.

La loi des 16-20 septembre 1791, tit. 5, art. 1, disait : « Tout particulier qui se prétendra lésé par le délit d'un « autre particulier pourra porter plainte. »

Le Code du 3 brumaire an 4, art. 6, s'exprime d'une manière plus exacte encore : « L'action civile a pour objet la « réparation du dommage que le délit a causé. Elle appar-« tient à ceux qui ont souffert de ce dommage. »

Enfin, le Code d'instruction criminelle porte : —Art. 1er. « L'action en réparation du dommage causé par un crime, « par un délit ou par une contravention, peut être exercée « par tous ceux qui ont souffert de ce dommage.—Art. 63. « Toute personne qui se prétendra lésée par un crime ou « délit, pourra en rendre plainte et se constituer partie ci-« vile devant le juge d'instruction. »

On le voit, c'est à la personne lésée, à celle qui a souffert un dommage par l'effet du délit, que l'action civile est réservée.

27. De ce principe, et de ce que cette action n'a trait qu'à des intérêts purement privés, il suit qu'elle ne peut être intentée par le ministère public ; que celui-ci ne peut point, en sa qualité, réclamer des dommages-intérêts.

En règle générale, le ministère public intervient dans les questions civiles, non par voie d'action, c'est-à-dire comme partie principale, mais seulement par voie de réquisition, comme partie jointe, comme magistrat chargé d'éclairer les juges en émettant son avis sur les procès dont ils sont saisis (L. 24 août 1790, tit. 8, art. 2; L. 20 avril 1810, art. 46). Peu importe qu'il s'agisse d'un intérêt plus ou moins général. Sans doute l'Etat, comme l'une des parties dont il se compose, un département, une commune, peuvent avoir à souffrir des conséquences matériellement préjudiciables d'un délit, mais le ministère public n'est pas chargé de faire valoir les droits de cette nature appartenant au corps social. L'Etat ou le département a pour représentant de ses intérêts

civils, le préfet ; la commune agit par l'organe de son maire
(C. proc., art. 69). A la vérité, le § 4 de l'art. 69, C. proc.
civ., portait que le roi, pour ses domaines, sera représenté
par le procureur de l'arrondissement. Mais cette disposition
spéciale, qui tenait à d'anciennes traditions, n'était pas
même une exception à la règle que nous avons posée. Le
procureur du roi cessait, en pareil cas, et momentanément,
son rôle d'agent du ministère public pour prendre celui de
mandataire particulier de la personne royale, et n'agissait
plus alors que comme partie purement privée. D'ailleurs, sous
la monarchie constitutionnelle, il avait été dérogé à l'art. 69,
C. proc. civ., par les lois du 8 nov. 1814 et du 2 mars 1832 ;
elles ont été reproduites par le s.-c. du 12 déc. 1852, portant (art. 22) que les actions concernant la dotation de la
couronne et le domaine privé sont dirigées par et contre
l'administrateur de ce domaine.

28. Une exception plus réelle à notre principe a été consacrée en matière forestière. Le ministère public agit dans
l'intérêt de l'État, des communes et des établissements publics, comme partie civile. Il peut, aussi bien que l'administration des forêts, et à son défaut, requérir les restitutions
et dommages-intérêts (1). Il en est de même à l'égard des
réparations civiles pour délits de pêche, poursuivies dans l'intérêt de l'État (L. 15 avril 1829, art. 5, 36, 61).

29. Du principe que l'action en réparation civile n'a pour
objet qu'un intérêt purement privé, et ne peut être exercée
que par la partie lésée, et à son profit, il suit encore : que
les tribunaux ne pourraient prononcer d'office des dommages-intérêts à raison d'un délit. La condamnation d'office ne
peut être prononcée que dans les matières qui touchent à
l'ordre public. Il faut nécessairement que la partie lésée ait
conclu à l'allocation des dommages-intérêts, sans quoi le jugement qui les aurait prononcés serait entaché du vice
d'*ultra petita* (2).

30. Et qu'un tribunal, en prononçant des peines contre

---

(1) L. 30 avr. 1790, art. 8. — Arrêtés, 28 vend. an 5, art. 1 et 3 ;
19 vent. an 6, art. 1 et 5. — C. inst. cr. 182. — C. for., 159, 184. —
Cass., 20 mars 1830, D. 175 ; 8 mai 1835, D. 272 ; 27 janvier 1837,
D. 508.

(2) Cass., 16 janv. 1808, Dall., *Abus de confiance*, p. 63 ; 9 août
1811, Dall., *Obligat.*, p. 782, n° 10, 1re édit.

un délinquant, ne pourrait le condamner au paiement d'une somme d'argent au profit des pauvres qui ne sont point en cause et à qui le délit en lui-même n'a causé aucun préjudice (C. pén., 51). On a vu, cependant, la partie plaignante requérir, et des tribunaux prononcer de pareilles condamnations. C'était un moyen détourné et illégal d'aggraver la peine prononcée par la loi contre le délinquant. Mais il n'appartient pas aux tribunaux de suppléer de la sorte à l'insuffisance de la loi (1).

30 *bis*. Il est admis, au contraire, que le tribunal saisi d'une demande en dommages-intérêts au nom d'une personne lésée réclamant pour elle-même et de son chef la réparation entière du dommage, peut étendre l'effet de sa décision à d'autres membres de la famille, notamment aux enfants de cette personne, lorsqu'ils sont à sa charge, et que les mesures prises à leur égard sont ainsi la conséquence des obligations naturelles et légales que sa qualité lui impose.

Ainsi une mère dont le fils avait été tué en duel a pu obtenir, à titre de réparation, une rente viagère réversible sur la tête de deux autres fils majeurs, mais frappés d'aliénation mentale, dont le défunt était le soutien, aussi bien que d'elle-même : et cela bien que ces derniers n'eussent pas figuré dans l'instance.

On n'a vu là ni une violation de l'art. 51, C. pén., dont la disposition qui prohibe l'application des dommages-intérêts à une « *œuvre quelconque* » est essentiellement restrictive ; — ni une infraction à la règle que nul en France ne plaide par procureur, puisque la mère avait agi dans l'espèce en son nom personnel et que la réversibilité de la rente sur la tête de ses fils n'était qu'un mode d'exécution de la réparation qui lui était accordée. Cette réparation eût pu, en effet, consister en un capital une fois payé qui aurait assuré aussi bien que la rente viagère les secours réclamés par la mère en sa qualité et destinés à pourvoir aux charges de famille qui lui incombaient et que le défunt l'aidait à acquitter.

La Cour de cassation s'est d'ailleurs appuyée pour rejeter le pourvoi, sur un argument d'analogie fourni par les art. 1121 et 1973, C. Nap. L'arrêt attaqué, a-t-elle dit, con-

---

(1) Cass., 17 flor. an 9, Dall., *Obligat.*, p. 781, n° 5. ; Cass., 16 nov. 1821 ; Dall., *Act. civ. et publ.*, p. 204.

sacre simplement, en lui donnant la sanction judiciaire, le
droit attribué aux parties par ces deux textes, de faire con-
tractuellement, en même temps qu'elles stipulent pour elles-
mêmes, une stipulation pour autrui (1).

Cette doctrine, équitable en fait et qui évite un circuit d'actions, nous paraît acceptable. Il est cependant plus régulier
et plus sûr, en pareil cas, de mettre en cause tous ceux qui,
ayant souffert le préjudice, ont, par conséquent, un droit
personnel à l'indemnité.

31. L'action en réparation du dommage causé par le délit est attribuée d'une manière très-générale, par les art. 1
et 63, C. inst. cr., à ceux qui ont souffert de ce dommage.
Cependant, toute espèce de préjudice éprouvé à l'occasion
d'un délit donnera-t-il ouverture à l'action en responsabilité
contre son auteur ? C'est ce qu'il convient d'examiner.

Ce qui va être dit se rapporte au second élément de la
responsabilité, la *réalité* du dommage. Nous avions réservé
cette matière en terminant le chap. 1er (V. n° 24). Nous
pensons qu'elle se place plus convenablement ici, puisque
cette condition essentielle de la responsabilité se réfère particulièrement aux droits du demandeur qui exerce l'action.

32. Le principe fondamental reconnu par la doctrine et
la jurisprudence, c'est qu'un intérêt direct et un droit actuel et certain peuvent seuls servir de base à une action de
cette nature. M. Merlin l'avait formulé en ces termes :
« Pour être admis à rendre plainte, il faut avoir à la fois un
intérêt direct et un droit formé de constater le délit lorsqu'il
existe, et d'en poursuivre la réparation contre le délinquant (2). » Ce principe a toujours été suivi et ne saurait
être contesté (3).

33. L'intérêt doit être direct, et c'est ce que nous avons
déjà exprimé en disant que la lésion devait être personnelle.
Mais un dommage matériel, pécuniaire, n'est pas le seul
qui donne ouverture à l'action en réparations civiles ; un
intérêt moral suffit. Ainsi des dommages-intérêts peuvent
être réclamés par un fils pour la mort de son père, par une

---

(1) Rej., 20 fév. 1863, D. 64.1.99.
(2) Merlin, *Quest.*, v° *Quest. d'état*, § 1, p. 554.
(3) Legraverend, *Lég. crim.*, t. 1, p. 195; MM. Chauveau et Faustin
Hélie, *Th. du C. pén.*, t. 1, p. 274 ; M. Faustin Hélie, *Th. du C. inst.
crim.*, t. 2, p. 321 ; Rej., 29 août 1834, D. 413.

femme pour celle de son mari ou de son enfant (L. 10 vend.
an 4, tit. 4, art. 6). Quelquefois, un intérêt matériel peut
être joint à l'intérêt moral : le père était le soutien de la
famille, ou bien le fils nourrissait sa mère (1). Mais si, au
contraire, le meurtre est tombé sur un enfant ou sur un
vieillard qu'il fallait nourrir, que sa faiblesse et ses infirmités
rendaient à charge sous le rapport pécuniaire, faudra-t-il déclarer le fils ou la mère non recevables ? Non, s'écrie M. Dupin dans un éloquent réquisitoire, car on pourrait, en pous-
sant le raisonnement dans ses conséquences, aller jusqu'à
leur dire que, loin de leur nuire, on leur a rendu service !
Evidemment ce serait méconnaître la morale du droit, mettre l'argent à la place des affections, à la place de l'honneur. Celui qui exerce la poursuite en pareille matière, selon la belle expression de la loi romaine, *causam agit dolo-
ris* (2). De la part d'un fils, d'une veuve, se porter partie
civile est même quelquefois un devoir, soit pour aider l'action du ministère public, soit pour suppléer à sa mollesse
et à son inertie. Quoi qu'il en soit, c'est au moins un droit.
On trouve toujours un objet à l'action civile dans l'injure
morale soufferte, « laquelle, en haine du délit, se résout en
« dommages-intérêts pécuniaires. » La veuve, le fils, la
mère, « ont droit à des dommages-intérêts, pour ce seul
« tort qu'ils ont souffert dans leur relation sociale » (3).

On a dit, en sens contraire, que l'argent ne saurait être
le prix de la douleur. Nous répondrons que ce n'est pas tant
une réparation efficace que l'on entend donner à la partie
lésée, qu'un complément de satisfaction que l'on exige du
coupable. L'application de la peine suffit à la vindicte publique, mais la personne blessée dans ses affections, dans sa
réputation, a le droit d'exiger une compensation particulière
à sa souffrance ; on la lui donne en argent faute de pouvoir
faire mieux (4).

34. C'est par la même raison que la jurisprudence accorde au mari l'action en dommages-intérêts contre le com-

---

(1) Rej., 20 fév. 1863, D. 64.1.99. — Bourges, 23 janv. 1867, D.
67.2.197.
(2) *Réquis. dans l'affaire des pharmaciens de Paris.* V. n° 48.—
Observ. sur la lég. crim., p. 216.
(3) Rauter, n° 133.
(4) *Junge*, MM. Hélie et Chauveau, *Th. du C. pén.*, 1, 276 ; Legraverend, 1, 170.

plice de sa femme condamnée pour adultère (1), ou même contre l'individu simplement reconnu coupable d'avoir entretenu avec une femme mariée des relations scandaleuses, bien que le délit d'adultère ne soit pas légalement établi (2), et enfin contre la femme elle-même, au cas de séparation de corps et de biens prononcée contre elle pour ces faits (3).

Nous pensons également que l'homme qui, en épousant une femme, aurait été trompé sur sa filiation, auquel on aurait caché l'état adultérin ou incestueux de celle-ci, aurait droit en principe à des dommages-intérêts contre les auteurs de cette fraude, sauf l'appréciation des circonstances et du préjudice réellement éprouvé (4).

34 *bis.* En cette matière, d'ailleurs, une grande réserve est imposée au juge; il ne peut être permis de spéculer sur des faits de cette nature. Et quand ils sont l'objet de poursuites au criminel, l'action de la partie civile doit être admise avec d'autant moins de facilité que sa présence et son concours aggravent la position de l'accusé, qui se trouve en présence de deux adversaires au lieu d'un, et qui peut redouter les attaques passionnées qu'enfante l'intérêt personnel.

35. Le préjudice moral existe et nous ouvre une action dans certains cas où l'offense s'adresse directement à une tierce personne. Tantôt elle doit être censée faite à nous-mêmes, bien qu'en apparence elle soit dirigée contre un tiers; cela dépend de l'intention qu'on y aura mise; tantôt les liens étroits qui nous unissent à l'offensé nous rendent l'injure commune avec lui.

36. Le premier point n'a jamais été contesté : *Aut per semetipsum fit injuria aut per alias personas ; per semetipsum cùm directo cui patrifamilias vel matrifamilias fit injuria ; per alias cùm per consequentias fit* (L. 1, § 3, D. de

---

(1) Rej., 5 juin 1829, D. 263. — Rej., 22 sept. 1837, S. 38.1.331, D. 38.1.7. — Aix, 27 janv. 1829, S. 29.2.140. — Poitiers, 4 fév. 1837, S. 37.2.374. — Orléans, 15 juill. 1837, S. *ibid.* — *Conf.* de Vatimesnil (*Encycl. du droit*), v° *Adult.,* n° 57 ; — *Th. C. pén.,* 6 p. 270 et 4, p. 360, n° 1495, 4° édit. — Dall., v° *Adult.,* n° 125. — *Contrà,* Bedel, *Tr. de l'ad.,* p. 106. — Carnot, *C. pén.,* t. 2, p. 182.

(2) Besançon, 14 mars 1850, S. 51.2.171. — *J. du Pal.,* 50.2.543.

(3) *Th. C. pén.,* 4° éd., t. 4, n° 1495. — *Arg.,* Besançon, 10 juillet 1866, D. 66.2.135.

(4) Rej., 12 déc. 1854, D. 55.1.53.

Fam. lib.). Et Voët enseigne expressément que, de même que l'on peut injurier par soi-même et par le moyen d'autrui, l'on peut être injurié dans sa personne et dans la personne d'autrui. Par exemple, que l'injure peut être faite à l'abbé et à tout le monastère dans la personne d'un seul moine, à la famille dans la personne d'un de ses membres, quand l'injure s'attaque à l'honneur de la communauté ou de la famille (L. 47, tit. 10, n° 6).

37. Mais, de plus, on admet que le préjudice moral nous ouvre une action dans certains cas où le délit s'adresse directement à un tiers. Suivant M. Legraverend, le père de l'offensé peut porter plainte, tant en son nom qu'au nom de son fils, pour raison du délit commis contre son fils qui est sous sa puissance, parce que l'offense qui est faite aux personnes qui sont sous notre puissance est censée faite à nous-mêmes. Il en est de même du tuteur et du curateur à l'égard de l'offense faite à leur mineur (1). M. Faustin Hélie décide, au contraire, sans distinction, que si l'action est recevable à l'égard des délits commis au préjudice des personnes placées sous notre puissance, ce n'est que parce que nous exerçons leurs droits, nous les représentons en justice; qu'ainsi la poursuite doit être exercée en leur nom (*Th. C. instr. cr.*, t. 2, p. 320).

Nous sommes cependant portés à suivre l'opinion de M. Legraverend pour ce qui concerne le père; la plainte ne devrait pas être déclarée non recevable parce qu'elle serait formulée en son nom seul. Nous irions même plus loin et nous admettrions avec la Cour de Montpellier qu'un père peut, dans certains cas, se porter partie civile à raison d'outrages ou autres délits commis vis-à-vis de ses enfants majeurs, car, ainsi que le dit l'arrêt (2), avec juste raison, « l'estime et la « considération qui s'attachent à la conduite honnête et « irréprochable des père et mère, et de leurs enfants, « sont un patrimoine commun de la famille, dont la con- « servation et la garde sont spécialement confiées par la « morale et la loi à la surveillance et à la sollicitude pater- « nelles. » Mais, à l'égard du tuteur, c'est en effet parce qu'il exerce les actions du mineur qu'il pourra porter plainte en son nom; car il est clair que toute offense faite au mineur

---

(1) T. 1, p. 170.
(2) Montpellier, 12 nov. 1855, D. 56.2.140.

ne va pas rejaillir nécessairement sur lui. Cela peut être vrai dans certaines circonstances qui révéleraient l'intention d'offenser le tuteur personnellement, mais cela ne peut être posé en principe, surtout à l'égard des délits qui n'atteignent que la personne physique. A l'égard du curateur, ses relations avec le mineur sont encore moins intimes. Il n'exerce point les actions qui lui compètent, il donne seulement son autorisation. Il ne pourrait introduire une action en dommages-intérêts, ni au nom du mineur, ni en son nom personnel, si ce n'est dans la circonstance particulière où l'offense lui serait réellement adressée.

Un fils ne pourrait porter plainte au nom de son père; mais, en cas d'homicide, il peut agir en son nom personnel.

38. Le mari peut toujours intenter une action à raison de l'offense faite à sa femme (M. Rauter, n° 686), parce qu'elle est évidemment faite à lui-même à cause des liens intimes qui les unissent; il éprouve toujours un préjudice par suite des faits qui en causent à sa femme. On comprend que nous parlons uniquement des offenses dirigées contre la personne de la femme. A l'égard des délits contre ses propriétés, l'action civile qui en résulterait serait exercée par la femme, ou en son nom par le mari, suivant les règles ordinaires établies par le Code civil, au titre *du Contrat de mariage;* de même que les actions civiles qui naîtraient des délits contre les propriétés des mineurs seraient exercées par le tuteur, d'après les règles établies au titre *de la Minorité.*

La femme ne peut agir à raison de l'injure que reçoit son mari (1). Elle n'est point chargée de protéger son mari; et s'il est vrai que l'injure faite à ce dernier rejaillit jusqu'à un certain point sur elle-même, ce n'est pas elle que la loi charge de poursuivre la réparation de cette double offense. Elle ne pourrait le faire sans l'autorisation de son mari; il est plus naturel que celui-ci agisse personnellement.

39. Le maître peut-il poursuivre en son nom la réparation du préjudice causé à ses domestiques dans leur service? Oui, s'il souffre personnellement des entraves apportées à l'exécution de ses ordres, si la chose est soustraite ou

---

(1) *Instit.*, liv. 4, tit. 4, § 2; Denizart, v° *Injure*, n° 21; Legraverend, 1, p. 170.

détériorée par suite du délit, si l'injure qui, en apparence, ne s'adresse qu'aux serviteurs, est en réalité dirigée contre lui (1).

40. Une corporation, une communauté, un ordre, peuvent être blessés par le délit dirigé contre un de leurs membres; ce délit peut atteindre le corps tout entier; mais cela ne se conçoit guère que pour les délits d'injure. En pareil cas, l'action appartient au corps, à l'ordre lui-même (2).

41. Cette faculté de se porter partie civile sur la poursuite d'un délit dirigé principalement contre un tiers n'est pas, comme on le voit, une dérogation véritable à la règle posée n° 26; il y a toujours un intérêt personnel en jeu de la part du plaignant.

42. Si l'intérêt de la partie lésée doit être direct, il faut réciproquement que le préjudice dont elle se plaint prenne directement sa source dans le délit dont elle poursuit la réparation civile. Il ne s'agit pas seulement de les rattacher l'un à l'autre par certains traits vagues et mal définis. Les dommages qui ne se rattachent au fait incriminé que d'une manière éloignée n'en sont plus la suite nécessaire et peuvent avoir d'autres causes. Or, l'auteur du délit, malgré le peu de faveur qu'il mérite, ne peut être tenu de réparer le dommage qui ne découle pas positivement de son fait, qui n'est pas démontré tel (3).

43. Prenons quelques exemples :

Quand un individu est l'objet d'une poursuite criminelle, celui qui aurait été poursuivi antérieurement pour le même crime et reconnu innocent pourrait-il se porter partie civile?

Si l'on recherche exactement quelle est la cause du dommage, on reconnaîtra qu'il ne résulte pas du crime même, qu'il n'est pas concomitant avec lui. Il a pris sa source dans des faits postérieurs. Les poursuites exercées contre le premier inculpé sont le fait du ministère public et non du vrai coupable. Comment celui-ci en serait-il responsable? On dira peut-être qu'en se dénonçant lui-même, le coupable aurait

---

(1) M. Carnot, *Sur l'art. 1 du C. d'inst. crim.*, n° 36, est plus absolu.

(2) L. 26 mai 1819, art. 4; L. 25 mars 1822, art. 15 et 16; M. Faustin Hélie, *Th. du C. inst. crim.*, t. 2, p. 352.

(3) Rauter, *Droit criminel*, n° 133. — V. *infrà*, n°s 105 et suiv., de nouveaux développements sur ce point.

évité à un innocent ces poursuites mal fondées. Mais, en gardant le silence, il n'a violé tout au plus qu'un devoir moral, une obligation de conscience, et n'a pas porté une atteinte directe au *droit* d'autrui. Si l'on eût poursuivi plusieurs personnes successivement, il se trouverait donc en présence de trois ou quatre parties civiles. Tous les tâtonnements, toutes les investigations du ministère public seront donc à sa charge. L'injustice de ce résultat auquel il faudrait cependant arriver nous paraît évidente (1).

À la société seule, agissant par l'organe du ministère public, la personne faussement accusée pourrait être fondée à demander des réparations, et ce droit a été réclamé pour elle par des publicistes et des jurisconsultes éminents (2). Déjà, vers la fin du xviiie siècle, Voltaire le demandait avec des accents faits pour étonner un monde jusque-là plus occupé, ce semble, de châtier énergiquement et d'épouvanter le crime, que d'assurer à l'innocence les moyens de se faire rendre justice. « Si un jour les lois humaines adoucissent en France quelques usages trop rigoureux, sans pourtant donner des facilités au crime, il est à croire qu'on réformera aussi la procédure dans les articles où les rédacteurs ont paru se livrer à un zèle trop sévère. L'ordonnance criminelle ne devrait-elle pas être aussi favorable à l'innocent que terrible au coupable? En Angleterre, un simple emprisonnement fait mal à propos est réparé par le ministre qui l'a ordonné; mais, en France, l'innocent qui a été plongé dans les cachots, qui a été appliqué à la torture, n'a nulle consolation à espérer, nul dommage à répéter contre personne, quand c'est le ministère public qui l'a poursuivi. Il reste flétri pour jamais dans la société. L'innocent flétri! et pourquoi? parce que ses os ont été brisés! Il ne devrait exciter que la pitié et le respect! La recherche des crimes exige des rigueurs, c'est une guerre que la justice humaine fait à la méchanceté. Mais il y a de la générosité et de la compassion jusque dans la guerre. Le brave est compatissant. Faudrait-il que l'homme de loi fût barbare? » (3) Malgré ces

---

(1) *Junge*, MM. Rauter, no 133; Chauveau et Hélie, t. 1, p. 274. — V. cependant M. Faustin Hélie. *Th. du C. inst. crim.*, t. 2, p. 345.

(2) Merlin, *Rép.*, vo *Réparation civile*, § 4; *Quest. de dr.*, vo *Réparations civiles*, § 3 bis; Dupin, *Observ. sur la lég. crim.*; Chauveau et Hélie, *loc. cit.*

(3) *Siècle de Louis XV*, chap. 41.

réclamations éloquentes, et l'adhésion qui leur est donnée en principe par de bons esprits, la loi positive n'a considéré jusqu'ici ces erreurs du ministère public que comme le résultat inévitable de la poursuite active, énergique et prompte des délits qui troublent l'ordre social. La répression de pareils faits est une nécessité publique d'une trop haute importance pour qu'on ait osé l'entraver par la crainte de faire supporter au Trésor des dommages-intérêts (1).

Quoi qu'il en soit, d'ailleurs, l'auteur du fait incriminé ne doit pas être responsable des poursuites dirigées à tort contre un tiers. Ce n'est point là une conséquence immédiate du délit.

44. Voici une autre hypothèse : un incendie, en consumant un bâtiment, a occasionné des dégradations à la maison voisine où l'on avait placé des pompes, ou bien dont on a abattu un mur pour arrêter la propagation du feu. Le propriétaire peut-il se porter partie civile sur la poursuite dirigée contre l'auteur de l'incendie? Non, car le dommage qu'il éprouve est plutôt la conséquence des moyens de préservation employés par les tiers que la suite du délit et le fait du délinquant. Si, cependant, la maison endommagée faisait corps avec l'édifice incendié, de telle sorte qu'elle dût nécessairement souffrir de l'incendie de celle-ci, il faudrait bien considérer le dommage comme résultant directement du délit. La liaison de l'effet à la cause serait alors intime et immédiate. Les circonstances auront, en pareil cas, une grande importance.

---

(1) Cass., 17 sept. 1825, aff. de la Marie-Madeleine, D. 26, 1, 35. L'arrêt du Parlement de Toulouse qui avait condamné Jean Calas ayant été cassé par arrêt du Conseil du Roi du 4 juin 1764, et l'innocence de Calas reconnue par un autre arrêt des Requêtes de l'Hôtel du 9 mars 1765, le Roi voulut que le Trésor public indemnisât cette famille, et indépendamment de la remise de l'amende et des dépens, ordonnée par l'arrêt, lui fit don d'une somme de 3,000 livres. Mais ce fut là une décision gracieuse et exceptionnelle qu'expliquent les circonstances particulières de cette célèbre affaire.

Cette question a été soulevée de nouveau lors de la discussion de la loi du 29 juin 1867 sur la révision des procès criminels et correctionnels. M. Maurice Richard avait proposé d'accorder une indemnité au condamné qui aurait obtenu sa réhabilitation. Mais cet amendement, appuyé par MM. Jules Favre et Ollivier, a été combattu par M. le Garde des sceaux et repoussé par le Corps législatif. (Séance du 11 mai 1867.)

D'après la loi suisse (Berne), l'accusé acquitté peut obtenir des dommages-intérêts. V. aff. Demme et Trumpy, Gaz. des trib., 8 nov. 1864.

On a proposé à cet égard une autre distinction. Le propriétaire de la maison voisine, a-t-on dit, n'a pas d'action résultant de l'art. 1er, C. instr. crim., avec ses avantages particuliers, savoir : le for criminel, la jonction à l'action publique; mais il aurait du moins une action civile ordinaire, par exemple, de quasi-délit, qui pourrait être poursuivie devant les tribunaux civils (Rauter, *Dr. crim.*, n° 133).

Il faudrait, pour que ce système fût admis, que l'action résultant des quasi-délits fût régie, par rapport à la nature du dommage qui lui donne la naissance, par d'autres principes que l'action résultant des délits. Telle n'est pas notre opinion (V. n°s 642 et suiv.). Selon nous, l'action dérivant du quasi-délit a pour condition essentielle un dommage direct et immédiat, aussi bien que l'action *ex delicto*. D'ailleurs, d'où naîtrait, dans le cas que suppose M. Rauter, une action de quasi-délit contre l'auteur du dommage? Si le feu a été mis volontairement, s'il y a crime d'incendie, comment ce crime se transforme-t-il en quasi-délit par rapport à ceux qui ont souffert de ses conséquences? De deux choses l'une : ou le dommage et l'action en réparation dérivent du fait incriminé, et dès lors il y a lieu à l'action civile *ex delicto*, ou ils n'en dérivent pas, et l'action n'a point de base; l'action n'existe que contre d'autres individus, contre les vrais auteurs du dommage.

45. La seconde des deux conditions indiquées, n° 32, comme essentielles à l'exercice de l'action qui nous occupe, c'est que le droit soit formé, c'est-à-dire, que le préjudice existe *actuellement;* car il ne suffit pas d'alléguer un dommage possible, que l'on puisse prévoir avec plus ou moins de probabilité dans l'avenir. Il faut que le préjudice soit *certain,* et comment serait-il certain s'il n'est pas *actuel?* Ces deux conditions n'en font qu'une; elles se complètent l'une par l'autre.

46. Il faut, en troisième lieu, que le délit sur lequel on la fonde, ait porté atteinte à un *droit acquis,* et ne constitue pas la simple violation d'une obligation imposée par la loi, dans un intérêt général (1).

47. Les principes qui viennent d'être posés n°s 32, 45 et

_____

(1) *Conf.* Agen, 7 août 1854, D. 56.2.172.

46, dominaient la Cour de cassation lorsqu'elle rendit son important arrêt sur le pourvoi des courtiers de commerce. Cet arrêt juge que la chambre syndicale des courtiers de commerce, chargée, par les lois de son institution, de représenter les intérêts généraux de la compagnie (1), ne doit pas être reçue à se porter partie civile sur les poursuites dirigées contre un de ses membres, pour infraction aux règles de sa profession; par exemple, en ce qu'il aurait accordé des remises de droit de courtage, ou se serait intéressé personnellement à des actes de commerce. En vain dirait-on que ces actes pouvaient nuire à la compagnie, en aliénant la confiance du public, en monopolisant les profits aux mains de quelques membres, en faisant baisser le prix des charges. La Cour n'a pas cru qu'il y eût dans ces faits atteinte portée à un *droit acquis*, qu'il y eût préjudice *direct* et *actuel*, et dès lors l'action n'était pas recevable. C'est ce qu'avait également jugé la Cour de Paris; le pourvoi contre son arrêt fut donc rejeté (2).

Jousse professait déjà cette même doctrine, dans son *Traité de la justice criminelle*, où il s'exprime en ces termes : « Une corporation a intérêt à ce qu'aucun de ses membres ne la déshonore par une conduite scandaleuse, mais ce n'est qu'un intérêt *indirect*, et par cette raison, un arrêt de la Tournelle du parlement de Paris, du 16 décembre 1741, rendu sur les conclusions de M. l'avocat général Joly de Fleury, a déclaré abusive une procédure faite par l'official de Nevers, sur une accusation intentée par le chapitre de Tannay, contre un de ses membres, pour dérèglement et scandale dans sa conduite, parce que ce délit ne regardait que le ministère public. De même, il a été jugé, par arrêt du 18 octobre 1661, que des maîtres de communauté n'étaient pas recevables à accuser des jurés de prendre de l'argent des aspirants à la maîtrise, et que cette action n'appartient qu'au ministère public (3). » A plus forte raison les individus appartenant à une profession libre, ne formant pas une corporation reconnue, tels que les artistes drama-

---

(1) Les attributions de la Chambre syndicale sont réduites, par la loi du 18 juillet 1866, à un pouvoir disciplinaire sur les courtiers inscrits sur une liste dressée par le tribunal de commerce, auxquels certains actes sont réservés. V. les art. 2, 3 et 4 de cette loi. — L'arrêt que nous indiquons n'en conserve pas moins sa valeur doctrinale.

(2) Rej., 29 août 1834, D. 413.

(3) *Tr. de Just. crim.*, t. 1, p. 565 et 566.

I.   3

tiques (1), les commis de magasin (2), n'ont ni qualité ni droit au fond à actionner l'auteur d'une brochure dans laquelle leur profession est attaquée d'une manière générale et sans qu'ils soient désignés nominalement.

48. Au contraire, celui qui exerce une profession lucrative soumise à des conditions réglées par la loi, n'est-il pas directement et actuellement lésé par l'exercice illégal qu'en font d'autres personnes sans se soumettre à ces conditions?

Ainsi, d'après les art. 33 et 36 de la loi du 21 germinal an XI, la vente des médicaments est exclusivement attribuée aux pharmaciens reçus et munis d'un diplôme. Ils ont donc un intérêt direct et actuel, un droit acquis, à empêcher la vente des remèdes, faite par des individus sans titre légal.

C'est, à la vérité, dans l'intérêt général de la salubrité publique, plutôt que dans l'intérêt mercantile des pharmaciens, que ces prohibitions ont été posées. C'est pourquoi le ministère public peut et doit agir d'office. Mais l'intérêt public n'exclut pas l'intérêt privé. Aussi, le Code d'instruction criminelle autorise à se porter parties civiles, ceux qui ont été lésés par un crime ou délit soumis à l'action publique. Puis, le privilége est une compensation des études préparatoires, longues et coûteuses, et des frais de charge. Il a pour but d'assurer une juste rémunération, qui soit une garantie de leur capacité pour les membres de cette profession. L'intérêt public est donc ici l'associé de l'intérêt privé, et ne rend que plus favorable la mise en action des droits protecteurs de ce dernier. Quant au dommage, il existe et résulte directement de la vente des remèdes secrets. Toute concurrence est nuisible. Chaque opération de ce genre est une soustraction des bénéfices d'un membre de la corporation. Le préjudice est donc actuel. Il peut être difficile de l'apprécier, mais c'est à la partie lésée à faire la preuve, et à fournir des éléments d'appréciation. Cela ne rend pas son action non recevable. C'est ainsi que l on a reconnu ce droit d'action, comme parties civiles, aux médecins contre les charlatans, aux courtiers réels contre les courtiers marrons, aux avoués contre les postulants, aux commissaires-priseurs contre les notaires ou huissiers qui s'immisceraient dans les ventes de

---

(1) Trib. de la Seine, 19 août 1863, D. 63.3.67.
(2) Trib. de la Seine, 9 juill. 1862, D., 62.3.64. Cons. sur une quest. anal., Angers, 4 mars 1870, D. 70.2.56.

meubles qui sont réservées aux premiers. Tel est le système consacré solennellement par la Cour de cassation (1).

Cependant, la Cour de Bourges (2), celle de Paris (3) et celle de Rouen (4), ont décidé la question en sens contraire, et c'est celui qu'a adopté l'auteur de la *Théorie du Code d'instruction criminelle* (5). La Cour de Rouen s'était fondée sur les difficultés d'apprécier le préjudice éprouvé. Mais la Cour de cassation a répondu, avec raison, que la difficulté d'apprécier un dommage ne rend pas non recevable l'action en réparation.

49. M. Faustin Hélie soutient, à son tour, qu'il n'y avait dans ces espèces aucune lésion éprouvée, du moins aucun préjudice appréciable. « Les plaignants ne justifiaient pas d'un intérêt *direct* et *personnel*, et d'un droit *actuel*. Les plaignants, qui n'étaient que quelques-uns des pharmaciens de leur résidence, alléguaient que les remèdes vendus par les prévenus avaient dû les empêcher de vendre des médicaments. Mais cette lésion n'était pas justifiée. Elle ne pouvait consister que dans l'appréciation du montant des bénéfices qu'ils auraient pu faire sur les médicaments que la concurrence les avait empêchés de vendre. Or, était-il certain que les personnes qui avaient acheté les remèdes prohibés en auraient acheté d'autres? Était-il certain que ces personnes eussent pris chez les plaignants si elles eussent acheté? Il fallait donc, pour arriver à la lésion prétendue, traverser une triple hypothèse. Il fallait supposer qu'il y avait eu concurrence, que cette concurrence avait été nuisible, enfin qu'elle avait nui personnellement au plaignant. »

Qu'il y ait, dans la vente des remèdes secrets, concurrence pour les pharmaciens légalement établis, que cette concurrence soit nuisible, et que toute vente opérée par des charlatans leur cause un préjudice actuel, c'est ce qui ne nous paraît point douteux. Ce n'est pas là ce qu'on peut appeler une hypothèse. La certitude morale, la plus complète, sur la réalité du préjudice, existe pour nous, comme elle a existé pour la Cour suprême. Mais, dans l'espèce sur laquelle a statué l'arrêt qui nous occupe en ce moment, était-il démon-

---

(1) Cass., 1er sept. 1832 et Cass., ch. réun., 15 juin 1833, S. 458.
(2) 17 mars 1831, *J. du P.*, xxiii, p. 1340.
(3) 19 mai 1832, S. 32.1.569.
(4) 2 janv. 1833, S. 33.1.458.
(5) T. 2, p. 374.

tré que le préjudice avait été souffert par les plaignants personnellement ? Sur ce point, la critique dirigée contre l'arrêt que nous venons de rapporter nous semble fondée. Le nombre des pharmaciens de Paris est très-considérable, et quelques-uns seulement avaient intenté l'action. Rien ne prouvait qu'ils eussent personnellement et directement éprouvé une lésion quelconque. L'objection ne pourrait pas être faite, si tous les pharmaciens se fussent réunis pour actionner le délinquant. La corporation en masse, comprenant nécessairement tous les individus lésés par le délit, ne saurait plus être repoussée pour défaut d'intérêt personnel. Car peu importe la répartition à faire entre les demandeurs du montant des dommages-intérêts réclamés. Cette question est sans influence sur le jugement à prononcer contre l'auteur du délit.

Conformément au système que nous défendons, la Cour de Paris elle-même a jugé que le directeur privilégié pour l'établissement d'un théâtre, dans une localité déterminée, peut se porter partie civile contre les entrepreneurs d'établissements rivaux et non autorisés (1). Et cette jurisprudence s'est affirmée depuis par des arrêts rendus en faveur : des commissaires-priseurs du département de la Seine contre un courtier de Paris pour une vente de marchandises par lui faite au préjudice de leurs priviléges (2), d'une corporation de courtiers contre des représentants de commerce qui usurpaient leurs fonctions (3), des médecins de Lyon contre des somnambules ou autres personnes exerçant illégalement l'art de guérir (4). — La Cour de Toulouse a également décidé en principe que l'action en dommages-intérêts pouvait être exercée par les membres d'une compagnie d'officiers ministériels tels que les huissiers contre ceux d'entre eux qui, par un mode illicite d'exercer leur profession, auraient causé aux autres un préjudice réel et appréciable (5).

50. La question de savoir si la nature du dommage, dont une partie prétend avoir souffert, peut donner lieu à une

---

(1) Paris, 26 juill. 1833, D. 33.2.183.
(2) Paris, 30 janv. 1852, S. 52.2.65 et à l'égard des com. pris. du Havre, Rouen, 15 avril 1861, rapporté avec l'arrêt de Cass. du 18 nov. 1862, D. 529 et Cass., 11 fév. 1863, D. 69.
(3) Lyon, 23 déc. 1862, *Droit* du 16 janv. 1863.
(4) Lyon, 26 janv. 1859. D. 59.2.4 et 23 juin 1859, D. 60.2.77. — Rej., 31 mars 1859, D. 190 et 18 août 1860, D. 463.
(5) Toulouse, 18 janv. 1866, D. 66.2.6.

action en réparations civiles, n'est pas abandonnée à la discrétion entière des juges du fond. Du moins, il y a des distinctions à faire. Sans doute, leur pouvoir est souverain pour déclarer l'existence ou la non-existence du fait préjudiciable, comme aussi pour déclarer l'étendue du dommage souffert. Ils peuvent même décider que ce dommage est nul, n'a aucune valeur saisissable, et sur ce point, on se pourvoirait en vain devant la Cour de cassation. Mais, quand le fait qui porte atteinte aux droits d'autrui est reconnu constant, ainsi que son caractère délictueux, la question de savoir si la personne qui se prétend lésée est recevable à demander des dommages-intérêts, comme ayant cet intérêt direct et actuel, qui seul donne aptitude à l'action, ainsi que nous l'avons reconnu, est une question de droit dont la Cour de cassation peut connaître. Là s'arrête le pouvoir discrétionnaire des tribunaux. Car l'intérêt, et par conséquent, la qualité ou l'aptitude pour exercer l'action, sont indépendants à la fois du *quantum* du dommage souffert; et de la difficulté d'appréciation qu'il présente ; ce qu'il faut chercher, c'est la nature du trouble apporté aux droits personnels et au droit de propriété de ceux qui se plaignent, et ses rapports plus ou moins immédiats avec le fait reconnu constant.

Ainsi, dans l'espèce que nous avons analysée, n° 48, on se demandait si les pharmaciens de Paris pouvaient invoquer, dans leur intérêt privé, le privilége dont la loi les investit, dans le but d'assurer la salubrité publique, par la préparation convenable des médicaments ; s'ils pouvaient trouver dans la loi, qui ne permet qu'aux pharmaciens reçus et gradués la vente des remèdes de toute espèce, la base d'une action civile. C'était là une question de droit que la Cour de cassation a retenue avec juste raison.

Dans le procès des courtiers de commerce (V. n° 47), la Cour de cassation a décidé que leur compagnie n'avait pas un intérêt actuel et formé, et n'avait pas droit à une indemnité. En cela, elle ne nous paraît pas avoir excédé sa compétence ; elle a donné aux faits leur qualification légale. C'était assurément se renfermer dans les limites de son institution.

51. Enfin, dans l'espèce rapportée n° 43, la question de savoir si un individu poursuivi à tort pour un crime peut obtenir des dommages-intérêts contre le vrai coupable, lorsqu'il est connu, rentre dans les attributions de la Cour de cassation ; car il s'agit de décider si le préjudice éprouvé par

l'homme innocent, poursuivi pour un crime qu'il n'a pas commis, est la suite immédiate et directe du crime. Il n'y a point ici d'appréciations ou constatations de faits ; il faut seulement rapprocher des circonstances bien connues et bien simples, dont nous venons de parler, les principes de droit qui déterminent les éléments et l'étendue de la responsabilité.

En se reportant à l'arrêt de la Cour de cassation du 19 juill. 1832, qui a statué sur l'affaire (1), on pourrait être tenté de croire qu'il a décidé tout le contraire ; mais un examen attentif fait bientôt voir qu'une autre question était alors à juger. Le pourvoi n'avait pas pour objet de faire casser une condamnation à des dommages-intérêts. Il portait sur la condamnation pénale prononcée contre l'accusé ; et se fondait sur la présence de la partie civile au procès criminel. La question était uniquement de savoir si l'admission du plaignant comme partie civile devant la Cour d'assises, bien qu'on lui eût opposé le défaut d'intérêt direct, avait vicié la procédure, et devait entraîner la nullité de l'arrêt de condamnation. Il a été décidé : « Que le Code d'instruction criminelle, en accordant, par ses art. 1, 2, 3 et 63, la faculté de se constituer parties civiles à ceux qui se prétendent lésés par un crime ou par un délit, sauf les charges qui leur sont imposées par la loi, a, par cela même, laissé aux tribunaux saisis de l'action publique la faculté d'estimer s'il y a lieu d'admettre leur intervention. » C'était dire que la présence au procès d'une partie civile, quand même elle serait ensuite reconnue mal fondée, n'est pas une cause de nullité du jugement. La pensée que révèle l'arrêt du 19 juill. 1832 s'était déjà dévoilée dans un autre arrêt du 4 mars 1830 (Devill. et Carr., *Coll. nouv.*, t. 4, p. 464), qui porte : « Attendu que l'action du ministère public pour la poursuite des crimes et l'action civile étant indépendantes l'une de l'autre, le défaut d'intérêt de la partie civile ne peut vicier la procédure criminelle dans laquelle elle est intervenue. » Comme on le voit, ces deux arrêts ont statué, non pas sur le pouvoir des tribunaux ordinaires pour apprécier en lui-même le droit d'une partie qui se prétend lésée à obtenir des dommages-intérêts, mais uniquement sur la question de savoir s'ils sont juges souverains de la recevabilité de

(1) S. 32.1.496.

l'action civile portée concurremment avec l'action publique devant les tribunaux criminels, et si la présence au procès d'une partie civile, reconnue plus tard mal fondée, vicie la procédure et entraîne la nullité des débats.

52. Sur cette question nous ne saurions partager l'avis de la Cour suprême. Les deux actions, en droit, sont indépendantes l'une de l'autre, rien de plus vrai ; mais en ce sens que l'action publique n'est pas arrêtée par le silence de la partie lésée, et réciproquement. Les tribunaux civils sont toujours ouverts à celle-ci quand le ministère public n'agit pas. Mais, en fait, l'action civile n'est pas sans influence sur l'exercice et les résultats de l'action publique, quand elles s'exercent simultanément devant les mêmes juges. Nous verrons plus loin (nos 286 et suiv.) que la partie civile participe, dans une certaine mesure, à l'exercice de l'action publique. Incontestablement, elle est là pour soutenir, pour activer les poursuites. L'accusé a deux adversaires au lieu d'un. A côté de l'impartialité calme du ministère public, il trouve les emportements de l'intérêt privé, qui demande vengeance et la poursuit avec l'intelligente ardeur de la passion. L'intérêt légitime de la défense exige donc impérieusement que l'on n'admette pas aux débats criminels une partie qui n'a pas droit d'y figurer. Le législateur n'a pu abandonner un intérêt de ce genre au pouvoir souverain des juges du fond, à l'exclusion de la Cour régulatrice. L'art. 408, C. inst. crim., porte qu'il y aura nullité s'il a été omis ou refusé de prononcer sur une ou plusieurs demandes de l'accusé tendant à user d'une faculté ou d'un droit accordé par la loi, encore que la peine de nullité ne fût pas textuellement attachée à l'absence de la formalité dont l'exécution aura été demandée. Ce que la loi dit ici d'une simple formalité ne doit-il pas s'entendre, à plus forte raison, d'un droit aussi important que celui d'écarter une partie civile qui se présente indûment au procès ? Et si la nullité résulte de ce qu'il a été omis ou refusé de prononcer sur les demandes, ne résulte-t-elle pas nécessairement aussi de ce qu'il aura été mal prononcé, car le résultat est absolument le même ? A la vérité, l'art. 63, C. inst. crim., dit : « Toute personne qui se prétendra lésée.... pourra se constituer partie civile.... » Mais ceci ne peut être entendu que d'une lésion susceptible de produire une action. Or, l'art. 1er, même Code, n'accorde l'action qu'à ceux qui ont souffert du dommage, c'est-à-dire qui ont éprouvé ce préjudice personnel, direct, actuel, réunissant,

en un mot, toutes les conditions que nous avons reconnues nécessaires (1).

53. L'action civile résultant d'un délit est transmissible aux héritiers (*Inst.*, L. 4, t. 12, § 1; L.1, D., *De privatis delictis*, § 1).

Cela ne peut souffrir aucune difficulté quand elle est basée sur un délit contre les biens du défunt. L'héritier qui devient propriétaire des biens est lésé directement. D'ailleurs, l'action fait partie de l'hérédité qu'il recueille, et comme cette action n'était pas exclusivement attachée à la personne du défunt, l'héritier peut l'exercer à son profit.

Dans ce cas aussi, l'action n'étant que la représentation de la chose en tout ou en partie, se transmet non-seulement à l'héritier proprement dit, mais à tout successeur aux biens, à titre universel ou particulier, comme la chose elle-même, et en suivant le même ordre de dévolution.

54. Il en est autrement quand il s'agit de la réparation d'un délit qui portait atteinte à la personne du défunt. Du moins, il faut distinguer si c'est le délit lui-même qui a causé la mort. La veuve et les enfants d'un homme assassiné, qui demandent contre le meurtrier des dommages-intérêts, puisent leur droit dans le préjudice qu'ils éprouvent directement. Ce n'est pas en qualité d'héritiers qu'ils agissent, mais comme ayant été lésés dans leurs affections, dans leurs intérêts propres, comme exerçant leur action personnelle. Ainsi, peu importe qu'ils aient ou non succédé aux biens. « La veuve peut demander l'intérêt civil pour l'homicide de son mari, nonobstant sa renonciation à la communauté, sans que, pour cet intérêt, elle soit tenue aux créanciers de son mari, non plus que les enfants qui ont renoncé à la succession. Cet intérêt n'est pas demandé en qualité d'héritiers, *Sed jure sanguinis et ex vindictâ* » (L. 10, D. *De Sepulch. viol.*) (2)

55. C'est pour cela que l'art. 16, tit. 12, de la *Coutume de Cambray* portait : « Que les deniers provenant de *la paix de l'homicide* ne sont sujets à payer les dettes de l'occis. » Aujourd'hui encore, il serait juste de décider que,

___

(1) *Junge*, M. Faustin Hélie, t. 2, p. 325.
(2) Legrand, *Sur la cout. de Troyes*, art. 12, gloss. 4, n° 3; *Diction. de Ferrière*, t. 2, p. 80 ; Ricard, *Sur l'art.* 237 *de la cout. de Paris*; Arrêt du Parlem. de Paris, du 3 avr. 1865, *J. des aud..*, t. 2, p. 528 Merlin, *Rép.*, v° *Répar. civ.*, § 6.

entre les enfants héritiers de leur père, si, à l'un d'eux a été
adjugée une somme pour réparation du tort qui lui a été
fait, il n'est pas tenu de le rapporter à ses frères cohéritiers,
parce qu'il a plutôt poursuivi, comme le disait Chopin (*Cout.
de Paris*, L. 2, t. 2, n° 26), la vengeance de l'injure que
l'argent; et, comme ajoute le même auteur : « Quant à ce
qu'il a reçu, il ne l'a reçu comme héritier » (*Conf.*, Carnot,
sur l'art. 1, C. inst. crim., n° 37). Ce n'est pas une action
qu'il ait trouvée dans la succession. Elle a pris naissance
dans sa personne, immédiatement. Elle a pris naissance
en même temps dans celle des autres cohéritiers, et toujours directement. Ce que chacun a reçu, c'est à raison du
préjudice qu'il a souffert personnellement; il n'a aucun
compte à en faire aux autres, sauf à eux à intenter une action
semblable dans leur intérêt particulier, et dans la mesure
du préjudice matériel et moral qu'ils auront respectivement
éprouvé.

56. L'action appartient d'abord à la veuve et aux enfants,
et à leur défaut, aux autres héritiers. « N'y ayant pas d'enfants, et à leur défaut, aux autres héritiers. N'y ayant pas
d'enfants, la veuve doit être préférée pour la poursuite...,
aux père et mère; car elle y a le principal intérêt, à cause
de la perte et de la dissolution de son mariage (1) ».

Dans l'ancien droit, les enfants naturels, bien qu'ils ne
succédassent aucunement, étaient reçus à se porter parties
civiles contre le meurtrier de leur père. Mais on ne les y admettait qu'autant qu'il n'y avait pas d'enfants légitimes qui
se fussent rendus eux-mêmes parties (*Dictionnaire de Ferrière, loc. cit.*). Ainsi, bien qu'à raison des liens du sang
l'exercice de l'action ne leur fût pas dénié, les enfants légitimes étaient préférés. Le Code civil s'est tellement écarté
des anciens principes sur cette matière, il a tellement rapproché la condition des enfants naturels de celle des enfants
légitimes, puisqu'il les admet à succéder concurremment
avec ceux-ci (2), qu'il est impossible de maintenir la distinction, par rapport au droit de se porter partie civile, qui vient
d'être signalée. Il faudrait admettre les enfants naturels en
concurrence avec les enfants légitimes, pour la portion qui

---

(1) Legrand, *loc. cit.*, n° 5; L. 1, *D. de Rit. nupt.*
(2) C. Nap., 757. — A la vérité, l'art. 756 porte que les enfants naturels ne sont point héritiers. Mais le droit qui leur est reconnu sur les
biens de leurs père et mère décédés est un véritable droit de succession.

leur est dévolue dans la succession. Quant aux autres héritiers du sang, à l'exception de la veuve, ils ne viendraient
qu'à défaut, par les enfants naturels, d'exercer l'action qui
leur appartient : *jure sanguinis et ex vindictâ*, suivant l'expression de Legrand et de Paul.

57. Quand le délit qui porte atteinte à la personne physique n'est pas la cause du décès, et que la partie lésée est
morte sans avoir porté plainte, l'héritier peut-il agir en
dommages-intérêts? Dans l'ancien droit, on décidait négativement sur l'autorité des lois romaines, à moins que l'héritier n'eût éprouvé un tort direct et personnel, auquel cas, il
devait agir en son nom (Jousse, *Tr. de just. crim.*, t. 2,
p. 633, 11ᵉ quest.). M. Faustin Hélie pense que cette règle
ne doit plus être observée. Notre législation ne connaissant
plus d'autre réparation que la réparation pécuniaire, et tous
les délits pouvant également donner lieu à des dommages-intérêts, la distinction entre les délits contre la propriété et les délits contre la personne, doit être proscrite.
Les uns et les autres ouvrent le même droit, un droit à une
indemnité pécuniaire. L'action par laquelle les dommages-
intérêts sont réclamés, fait donc partie de la succession du
défunt, si celui-ci n'a fait aucun acte qui implique sa renonciation. Elle peut donc être exercée par les héritiers (1). Ceci
nous semble parfaitement exact.

58. Mais, quand le délit ne porte atteinte qu'à la personne
morale, n'en est-il pas autrement? L'action publique, et à
plus forte raison, l'action civile, en cas de *diffamation* ou
d'*injures*, par la voie de la presse ou par tout autre moyen
de publication, n'a lieu que sur la plainte de la partie qui se
prétend lésée (L. 26 mai 1819, art. 1, 4 et 5 combin.). Or,
si la personne diffamée est décédée sans avoir porté plainte,
mais avant que la prescription fût accomplie, ses héritiers
ont-ils le droit de poursuivre l'auteur de l'injure ou de la
diffamation?

Les lois romaines le leur refusaient (L. 1, § 1, *D. De
priv. del.*; L. 15, § 14, *D. De Injur.*); et cette règle était
suivie dans notre ancienne jurisprudence. « Dans cette espèce d'action, dit Jousse, il s'agit moins de réparer un dommage reçu que de venger un affront; celui qui est mort sans
se plaindre est censé, par son silence, avoir remis l'offense
qui lui a été faite » (*Tr. de Just. cr.*, t. 3, p. 633).

(1) *Th. du C. d'inst. crim.*, t. 2, p. 360.

Nous pensons qu'il en est encore de même aujourd'hui quant à l'action publique seulement (1), mais non quant à l'action civile. Nous adoptons à cet égard la solution que nous exposerons avec plus de développement n° 65, relativement à une question qui présente des rapports intimes avec celle-ci.

59. Quand l'action a été intentée par le défunt, nul doute que le droit de la poursuivre ne passe aux héritiers (2). Mais quel ordre de dévolution suivra-t-elle? Et nous ferons la même question, quant au bénéfice de la condamnation obtenue par la partie lésée, de son vivant?

Partant de cette idée, que la réparation civile a le caractère d'une peine (V. *infrà*, n° 136), on décidait autrefois que si celui qui a obtenu une réparation civile vient à décéder avant d'en être payé, l'action ne suit pas l'ordre des successions, mais passe indistinctement à ceux qui étaient attachés à l'offensé par les liens les plus étroits. Ainsi, le fils y succède, quoiqu'il ne soit pas héritier ; la veuve y a part quoique non commune en biens, etc. (3).

Aujourd'hui, que la réparation civile n'a plus le caractère d'une peine, on ne suivrait pas ces décisions. Du moment que l'action a été mise en mouvement, et surtout, lorsqu'elle a produit ses effets en faveur de l'offensé, lorsque la condamnation a été prononcée de son vivant, la créance résultant du jugement s'est confondue avec ses autres biens ; elle passe avec eux à ses héritiers. La loi ne considère ni la nature, ni l'origine des biens, pour en régler la dévolution, dit l'art. 732, C. Nap., et cette règle est vraie dans le cas qui nous occupe, bien qu'elle ait pour cause un ordre d'idées différent. Si, dans certains cas, l'action appartient à un parent qui n'est pas héritier, par exemple, au fils qui renonce, à la veuve d'un homme assassiné, et n'appartient pas à ceux qui recueillent la succession, c'est parce que l'action n'a pas pris naissance dans la personne du défunt, et qu'elle n'existe pas pour celui qui le représente.

---

(1) V. cep. l'art. 29 du projet de loi sur la presse, adopté par le Corps législatif dans sa séance du 24 mai 1870, *J. off.* du 25.
(2) *Inst.*, liv. 4, tit. 12, § 1er; M. Mangin, *Act. publ.*, t. 1, n° 127; Montpellier, 22 déc. 1825, D. 26.2.72.
(3) Loisel, *Instit. cout.*, liv. 3, t. 3, n° 22; *Cout. de Lille*, art. 24; Louet, lett. D., n° 1, et R, n° 5.

60. Reste à savoir maintenant si les héritiers du défunt peuvent encore exercer une action quand le délit n'est commis qu'après la mort de leur auteur, par exemple, en cas de diffamation contre sa mémoire.

Cette question est complexe. Plusieurs hypothèses se présentent.

61. Tout le monde reconnaît d'abord que, si la diffamation s'adresse à la personne même qui intente l'action, bien qu'elle semble dirigée contre le défunt, l'action est recevable. En effet, nous avons vu que l'injure ne consiste pas toujours en un fait personnellement dirigé contre celui qui se plaint. D'après nos lois, il n'est pas nécessaire que la personne injuriée soit désignée nominativement. On ne peut pas faire par une voie détournée ce qu'il est défendu de faire ouvertement (1). Nul doute, par conséquent, que si l'injure dirigée contre votre père, votre aïeul, votre époux, décédé, s'adresse réellement à vous, une action ne vous soit ouverte (2). C'est ce qu'a jugé la Cour royale de Paris, saisie de l'appel d'un jugement rendu sur la plainte des héritiers de la duchesse de Tourzel, contre le gérant du journal *le Censeur*. « Considérant que l'action en diffamation appartient à tous ceux qui sont attaqués, soit directement, soit indirectement, dans des écrits imprimés et publiés ; que les faits diffamatoires imputés à la mémoire d'une personne décédée donnent à ses représentants le droit d'en demander la réparation, lorsque les faits sont de nature à porter atteinte à leur honneur et à leur considération, et qu'ils ont été publiés *dans cette intention ;* que les écrits formant l'objet de la plainte ont été publiés dans le but de diffamer les membres actuels de la famille de la duchesse de Tourzel ; que notamment ils leur attribuent une spoliation coupable, et présentent ses héritiers comme détenant illégalement une fortune acquise par des moyens honteux et criminels... Confirme » (3).

Ici l'injure s'adressait ouvertement aux héritiers. Ils étaient dénommés dans les articles poursuivis. Mais peu im-

---

(1) M. Chassan, *Délits de la presse*, p. 343 et 350.
(2) L. 17 mai 1819, art. 13, 14, 16, 18 et 19; Chassan, *loc. cit.*; de Grattier, *Comment. des lois de la presse*, t. 1, p. 343; M. Faustin Hélie, *Th. du Cod. d'inst. crim.*, t. 2, p. 365; Trib. correct. de la Seine, 19 juin 1839, Perier frères, *le Droit* et *la Gazette des Trib.*, 20 juin 1839 ; et Paris, 14 août 1839, Dall., v° *Inst. crim.*, n° 103.
(3) 11 juill. 1836, *J. du Pal.*, t. 27, p. 1507.

porte que le trait soit plus ou moins habilement caché, et le but atteint d'une manière indirecte et détournée. « L'outrage à la mémoire des morts, a dit le tribunal de la Seine, dans un jugement qui mérite de fixer l'attention, peut, en certains cas, constituer un outrage direct à la famille, et l'autoriser à demander réparation d'une injure personnelle ; il faut alors prouver que l'*intention* d'outrager la famille et de lui porter préjudice résulte clairement des faits et des circonstances, des expressions et surtout de leur rapport naturel et direct aux membres de la famille » (1).

62. Mais si la diffamation ne s'attaque qu'à la mémoire d'un mort, sans que l'intention de l'écrivain ait été de la diriger contre ses héritiers personnellement, refuserons-nous une action à ceux-ci pour venger la mémoire de leur auteur ? « Est-il vrai, dit M. Chassan, que la loi n'a point voulu couvrir de sa protection la froide poussière du tombeau ? Le nom que nous laissons après nous, et que nous léguons à nos enfants, à nos proches, à nos amis, pourra-t-il être impunément outragé ? N'y a-t-il pas là aussi des intérêts à garantir, des espérances à protéger, une communauté de souvenirs, véritable propriété de famille, qu'il faut défendre contre les atteintes de la méchanceté ? »

En principe théorique, il est difficile de refuser au fils le droit de défendre la mémoire de son père outragé. Il y a des affections légitimes qui ne devraient pas être attaquées impunément. Comment ces blessures morales n'obtiendraient-elles pas une réparation comme celles du corps ? Voët reconnaît qu'elles y ont le même droit (2). L'action destinée à les protéger n'est-elle donc pas reconnue par nos lois ?

Remarquez qu'il ne s'agit pas seulement d'une action tendant à faire appliquer une peine. Quand même la loi n'aurait pas prononcé de peine contre celui qui diffamerait la mémoire d'un mort, il nous resterait à rechercher si ses représentants ont le droit d'intenter une action en réparations civiles, et si les principes généraux ne conduisent pas à le décider ainsi.

Toutefois, l'action civile est assez intimement liée à l'action publique pour qu'il soit utile de jeter un coup d'œil rapide sur la première de ces questions.

(1) Jug. du trib. correct. de la Seine, 19 avril 1826, La Chalotais; Devill. et Car., *Coll. nouv.*, 8.2.223. *Arg.* Cass., ch. réunies, 1er mai 1867, D. 129.
(2) Liv. 47, tit. 10, n° 5. Chassan, p. 352.—V. n° 33.

63. A cet égard les opinions se partagent.

Pour soutenir que la diffamation contre une personne décédée ne peut, même sur la plainte de la famille, donner lieu à l'application d'aucune peine, on a dit :

L'injure qui ne s'attaque qu'à la mémoire d'un mort n'est pas réprimée par la loi. Il n'y a pas ici d'intérêt à défendre. On ne peut admettre que l'âme, au delà du tombeau, éprouve une atteinte quelconque d'une attaque de ce genre. Après la mort, la personne a disparu, et c'est la personne que la loi veut protéger ; il faut que sa considération soit en jeu (1). C'est pour cela que la diffamation ne peut être poursuivie que sur la plainte de la personne diffamée (2). Pour que la répression soit poursuivie, il faut donc le consentement de l'offensé ; et ce consentement ne peut plus être donné. Comment interpréter le silence du tombeau ? comme une adhésion à la poursuite ou comme le signe d'une prudente réserve, d'un pardon généreux ? Qui se chargera de faire un pareil interrogatoire ? le ministère public ? Il est sans action, puisqu'il n'est pas saisi par la plainte de la personne diffamée. Les héritiers ? mais qui leur a donné mission de se plaindre au nom du défunt ? On dit qu'ils ont intérêt à défendre sa mémoire. Cet intérêt ne suffit pas pour leur donner action devant les tribunaux criminels. D'abord, cet intérêt n'est pas toujours réel. Dans le droit romain, on avait érigé en présomption légale que l'héritier souffre toujours et nécessairement de l'outrage à la mémoire de son auteur. « Quoties funeri testatoris vel cadaveri fit injuria, siquidem « post apertam hæreditatem fiat, dicendum est hæredi quo « dammodo factam ; SEMPER enim hæredis interest defuncti « existimationem purgare » (L. 1, § 6, D. *De Injuriis*). Mais ce principe a disparu de nos lois. Il est évident que toutes les imputations dirigées contre un mort ne sont pas de nature à rejaillir sur ses héritiers. Et dans le cas contraire, le préjudice dont ils se plaignent est-il bien sérieux ? Aujourd'hui, chacun est fils de ses œuvres. Les enfants ne sont plus frappés pour le crime de leur père. Si, au point de vue des affections et du prestige, l'honneur des vivants se lie aux traditions du passé, la libre appréciation des actes de

---

(1) M. Taulier, t. 4, p. 592.
(2) L. 26 mai 1819, art. 3, 4, 5 ; L. 8 oct. 1830, art. 5 ; M. Chassan, *Tr. des Délits de la presse*, p. 353.

ceux qu'ils continuent ne saurait les compromettre dans l'ordre de la raison, de la vérité et de la justice.

Au surplus, l'intérêt, le droit même ne suffisent pas pour créer au profit de quelqu'un une action judiciaire. Il faut avoir, en outre, l'aptitude de l'action établie par la loi. Or, nous l'avons vu, l'aptitude n'existe que chez la personne offensée. Si la loi avait voulu établir un système de répression pour de pareils faits, elle aurait organisé l'action des héritiers. A qui appartient, en effet, cette action ? A tous les membres de la famille, ou à ceux qui succèdent ? Quand il y a plusieurs héritiers, l'un d'eux sera-t-il libre d'agir seul ? s'arrêtera-t-on au 12e degré ? Ces questions ne sont pas résolues par la loi, et cependant elles ne peuvent être résolues que par elle.

La morale publique, si elle est offensée par les attaques dirigées contre un mort, réclame plus hautement encore un jugement impartial et libre sur les actes de ceux qui ne sont plus. Il faut que l'*histoire*, la presse et la parole jugent les grandeurs de la tombe, et, par là, puissent contenir les vivants. Enfin, la loi ne prononce pas textuellement de peine pour la diffamation contre les morts. Il n'est pas possible de la suppléer (1).

64. On a répondu que si, à la vérité, l'intérêt qu'une personne peut avoir à ce que la mémoire du défunt ne soit pas couverte d'infamie, ne suffit pas pour autoriser la plainte, la qualité de fils, d'époux, de représentant, complète ce qui manquait au plaignant pour avoir l'aptitude d'action. Les personnes de cette catégorie ne sont pas exclues de l'action par les termes de la loi. L'art. 5 de la loi du 26 mai 1819 porte, au contraire, que la poursuite aura lieu sur la plainte de la partie qui se prétendra lésée, et non pas limitativement de la personne diffamée. A quoi bon s'enquérir des intentions du défunt ? La plainte portée par son représentant, qui est le seul juge compétent, établit la présomption que le défunt se plaindrait lui-même s'il était encore de ce monde. L'honneur des familles est un patrimoine non moins pré-

(1) Chassan, *loc. cit.*; Taulier, *loc. cit.*; Faustin Hélie, *Th. du Code d'inst. crim.* t. 2, p. 361; Dall., *Presse-outrage*, n° 1128 et *Inst. crim.*, n° 103. — Trib. corr. de la Seine, 19 avril 1826, V. p. 45, note 1.— Paris, 19 mars 1860, rapp. avec l'arr. de cass., D. 60.1.201. — Rennes, 2 nov. 1865 et Angers, 28 mai 1866, rapp. avec les arr. de ss., D. 67.1.129.

cieux que celui des biens matériels. La loi n'avait pas besoin
d'autoriser expressément un fils à défendre la mémoire de
son père. Ce droit, il le tient de la nature. Il suffit que la
loi positive ne le lui ait pas enlevé pour qu'il puisse l'exercer. Rien ne s'oppose à ce qu'on applique ici la fiction légale
d'après laquelle il est la continuation de son auteur. Enfin,
quant à la peine, l'objection tirée du silence de la loi est une
véritable pétition de principe. La loi n'est pas muette, puisqu'elle punit, dans les art. 13 et 18 de la loi du 17 mai 1819,
la publication d'un fait qui porte atteinte à l'honneur ou à
la considération de la personne à laquelle il est imputé, sans
distinguer si cette personne est morte ou vivante, et si c'est
elle ou son représentant qui en poursuit la réparation.

Enfin cette limite imposée à la diffamation ne peut en aucun cas devenir une gêne pour l'histoire proprement dite,
l'histoire impartiale et sérieuse. Le juge, en effet, ne confondra jamais la bonne foi de l'écrivain qui ne cherche que
la vérité et qui, dans l'intérêt supérieur de la morale et de la
justice, flétrit le vice et le crime qu'il dévoile, avec la « malignité du pamphlet, » et ne constatera le délit que là où il
rencontrera l'intention de nuire, élément indispensable de
la diffamation punissable.

Cette opinion est professée par MM. Garnier-Dubourgneuf (1), Carnot (2), Mangin (3), et la jurisprudence des
tribunaux l'avait plusieurs fois admise (4), lorsque la Chambre criminelle de la Cour de cassation est venue l'appuyer
de son autorité sur un pourvoi formé dans l'intérêt de la
loi (5) et poser les bases d'une jurisprudence qu'elle a maintenue depuis (6).

65. Sans adopter tous les motifs que l'on a fait valoir à
l'appui du premier de ces systèmes, et que nous avons cru

---

(1) *Code de la presse*, p. 100.
(2) *Sur l'art.* 87 *du Code pén.*, t. 1, p. 309, n° 6.
(3) *Act. publ.*, t. 1, p. 267, n° 127.
(4) Trib. correct. de la Seine, 8 nov. 1836, aff. Cheron; *Gaz. des
Trib.*, 9 nov. 1836.—Trib. correct. de la Seine, 16 fév. 1848, aff. Martin (du Nord) C. *la Démocratie pacifique*; *Gaz. des Trib.*, 18 fév. 1848.
—On peut consulter un arrêt de la Cour de cassation du 24 avril 1823;
J. du Pal., t. 17, p. 1056, aff. Clause et le réquisitoire de M. de Mar-
changy. Mais la question dans cette espèce était régie par des principes
spéciaux.
(5) Dans l'aff. des héritiers Rousseau C. Mgr Dupanloup, év. d'Orléans, Cass., 24 mai 1860, D. 201.
(6) Cass., 23 mars 1866, D. 67.1.129.

devoir rapporter comme éléments de la discussion, nous le regardons comme seul conforme à la législation actuellement existante. Nous ne voyons pas, soit dans les textes mêmes, soit dans les travaux préparatoires des diverses lois sur la presse, que l'on ait songé à protéger la réputation de ceux qui ne sont plus, et qu'une action soit donnée en leur nom à leurs descendants comme curateurs à leur mémoire. Aucune peine n'a été prononcée pour un fait de ce genre (1). Donc, pas d'action publique que la plainte des héritiers puisse provoquer et mettre en mouvement; par suite, pas d'action civile que l'on puisse rattacher à la poursuite criminelle à porter devant les mêmes tribunaux. Dira-t-on que la diffamation s'attaque aux héritiers eux-mêmes, indirectement, implicitement, par suite de leur seule qualité de descendants, de membres de la famille du personnage outragé? C'est bien là, sans doute, ce que l'on veut dire en parlant de l'intérêt des héritiers, on entend qu'ils sont personnellement offensés (2). Mais on oublie donc qu'il n'existe pas de délit sans intention (3). Pour être punissable, la diffamation doit avoir été dirigée intentionnellement contre le plaignant (4). Et c'est tout le contraire que nous supposons. Donc, pas de peine à prononcer, pas d'action publique, pas d'action civile concomitante dans l'intérêt et au nom du défunt, parce que la loi n'a point prononcé de peine, n'a donné mandat à personne d'agir en son nom. Pas de peine à prononcer non plus, pas d'action civile jointe à l'action publique dans l'intérêt des héritiers, parce que le délit d'injures n'existe pas à leur égard.

La loi, dites-vous, ouvre l'action à la partie qui se prétendra lésée (L. 26 mai 1819, art. 5). Or, la lésion existe par rapport à l'héritier; l'action lui appartient donc. Mais

---

(1) Garnier-Dubourgneuf, C. de la presse, p. 98.
(2) Soit que l'on adopte la présomption légale du droit romain qui déclarait l'héritier toujours et nécessairement atteint par l'injure faite au défunt; soit que l'on distingue entre les imputations celles qui sont de nature à porter atteinte à la considération des membres de la famille survivante; le second système, comme le premier, accorde l'action sur le fondement de l'intérêt démontré ou présumé.
(3) De Grattier, Comm. des lois sur la presse, t. 1, p. 179; Chassan, p. 373, n° 7. — Jug. du trib. correct. de la Seine, 19 avril 1826, La Chalotais. V. supra, n° 61. Cass., 12 août 1842, S. 749; et rej., 16 mars 1850, S. 481.
(4) M. Faustin Hélie, Th. du C. d'inst. crim., t. 2, p. 366, 368, 369. —Conf. Morin, Journ. du Dr. crim., 1860, n° 6997.

I.   4

cette interprétation de l'art. 5 de la loi du 26 mai 1819 est-elle exacte? Ces mots, la partie qui se prétendra lésée, veulent-ils dire autre chose que la personne diffamée, la personne contre laquelle le délit a été commis? Remarquez que les art. 2, 3 et 4 de la même loi n'accordent expressément l'action du ministère public que sur la requête ou l'autorisation des corps, des personnes qui se croiront offensés. Ici, pas d'ambiguïté, pas de doute; c'est l'offensé, personnellement, qui doit se plaindre. La loi a-t-elle changé tout à coup de système, en passant à l'art. 5? Une simple modification de la rédaction ne saurait nous le faire admettre. D'ailleurs, l'art. 17 de la loi du 25 mars 1822 porte d'une manière formelle et indiscutable : « la poursuite n'aura lieu... que « sur la plainte ou à la requête... du *particulier* qui *se croira* « *diffamé ou injurié*. » Or, cette loi, conçue dans le même esprit que celles de 1819 auxquelles elle se réfère, donne au besoin à l'art. 5 de celle du 26 mai une interprétation doctrinale qui subsiste malgré les changements postérieurs de la législation de la presse (1).

Au surplus, ces mots, la partie lésée, doivent s'entendre d'une manière conforme aux principes généraux établis par rapport aux actions qui naissent des délits. Or, il est nécessaire, pour pouvoir porter plainte, pour pouvoir se porter partie civile, et mettre en mouvement la double action qui résulte des faits punissables, il est nécessaire, dis-je, que la lésion soit le résultat direct d'un délit. Comment donc fonderais-je une plainte sur un fait qui ne constitue pas un délit à mon égard? Sans doute, sur la plainte que je formerai, moi, qui me prétends lésé, le tribunal sera valablement saisi. Mais il aura toujours le droit d'examiner si j'ai qualité pour suivre l'action que j'ai portée devant lui; si je suis recevable, non-seulement en la forme, mais au fond; si j'ai l'aptitude légale pour requérir une condamnation. Or, l'héritier, je le répète, n'a pas cette aptitude légale, s'il n'est pas personnellement diffamé. Son intérêt n'est pas suffisant pour lui ouvrir le for criminel.

Une dernière raison qui, suivant nous, domine tout ce débat et doit être décisive : c'est la nécessité de maintenir la

---

(1) La loi du 6 octobre 1830 abrogeait expressément l'art. 17 de la loi de 1822, à raison du changement de compétence qu'elle transférait du tribunal correctionnel à la Cour d'assises. Mais la loi de 1830 est elle-même abrogée par le décret du 17 fév. 1852, art. 23.

prérogative toujours reconnue à l'historien de dire la vérité à l'égard des morts et de les juger librement. Et, par historien, nous entendons tout écrivain qui, dans un but sérieux, pour l'utilité de la société ou dans son intérêt personnel et légitime, non dans un but de malignité ou d'indiscrète curiosité, aurait publié des faits exacts.

Or, si vous pouvez invoquer contre lui les art. 13 et 18 de la loi du 17 mai 1819, cette liberté lui est ôtée. Elle disparaîtrait devant la faculté de poursuivre donnée à l'héritier.

Quoi! n'est-il pas certain qu'à l'égard des vivants la seule allégation, ou imputation, d'un fait qui porte atteinte à l'honneur ou à la considération d'une personne est une diffamation punissable? — Que l'erreur et la bonne foi ne suffisent pas pour excuser l'auteur de la publication? — Que la vérité des faits ne le protège pas davantage, puisque la preuve n'en est même pas recevable, toutes les fois que l'imputation n'est pas dirigée contre des dépositaires ou agents de l'autorité ou des personnes ayant agi dans un caractère public et pour des faits relatifs à leurs fonctions (1)? — Or, les actes d'un simple particulier peuvent se trouver mêlés à des faits qui intéressent la nation ; — les actes de la vie privée d'un fonctionnaire peuvent quelquefois avoir une influence marquée sur ses actes publics ; — et d'autres fois il ne sera pas possible de distinguer les démarches qu'il aura faites en telle ou telle qualité, de dire si elles appartiennent à la vie privée ou aux fonctions du dépositaire d'un pouvoir civil, militaire ou religieux (2).

Et pourtant, l'unique loi que l'on invoque est la même ; il faut donc appliquer à l'imputation dirigée contre la mémoire des morts la règle faite pour protéger les vivants.

Mais, comme la raison nous crie que cette règle ne peut être identique pour les deux cas, on arrive forcément à des distinctions arbitraires, entre l'historien proprement dit et l'auteur de mémoires ou de recueils d'anecdotes (3), le journaliste, ou bien encore, l'homme qui, dans une polémique où sa personne est directement engagée, aura cherché des

---

(1) Loi du 26 mai 1819, art. 20 ; Décr. du 17 févr. 1852, art. 28.
(2) Voir par exemple l'affaire jugée par la Cour de Paris le 19 mars 1860 ; D. 60.1.201.
(3) M. le conseiller Plougoulm, rapport sur le pourvoi (aff. des héritiers Rousseau) ; D. 60.1.201.

armes pour sa défense dans la vie d'un tiers qui n'est plus
et dont on lui oppose la conduite.

L'intention criminelle, dit-on encore, la volonté de nuire
à celui dont on publie les actions, est un élément indispensable du délit, et, pour l'historien impartial et véridique, cette
intention n'existe pas; il n'a donc jamais à craindre une
condamnation comme diffamateur?

Cette doctrine même admise en théorie serait-elle toujours appliquée en fait? — L'écrivain n'aurait-il pas à redouter bien des poursuites passionnées et téméraires? Mais
est-elle exacte en droit? — Nous ne le pensons pas. Car,
encore une fois, il faut appliquer la loi comme on l'applique
sur la plainte des vivants. Or, l'art. 13 de la loi de 1819
n'exige pas à coup sûr que l'objectif spécial de l'écrivain,
que son unique but ait été de nuire à celui qui se prétend
diffamé. Il suffit que l'allégation des faits diffamatoires, vrais
ou faux, ait été volontaire et que l'on ne puisse se mépren-
dre sur le caractère de ces faits. L'outrage résulte nécessairement de leur nature même et de leur publication (1).

Allons encore plus loin. L'intention de nuire peut être
dans certaines circonstances parfaitement légitime et innocente. Comment flétrir le mal sans nuire à son auteur? Il
en est ici à l'égard des morts comme de la publication des
prévarications d'un fonctionnaire. La preuve faite dans les
conditions voulues par la loi (2) fait disparaître le délit. Si
le besoin de la paix dans la société exige qu'on interdise
certaines attaques, même fondées, pendant la vie, le moment
où la vérité sera dite librement doit arriver un jour. Il n'arriverait jamais dans le système que nous combattons.

Tout ceci devient plus manifeste encore en présence de la
disposition nouvelle et si rigoureuse introduite dans la loi
du 11 mai 1868, et qui porte : « Art. 11. Toute publication
« dans un écrit périodique relative à un fait de la vie privée
« constitue une *contravention* punie d'une amende de 500 fr.
« La poursuite ne pourra être exercée que sur la plainte de
« la partie intéressée. »

Ici plus de distinction entre le fait et l'intention, la bonne
ou la mauvaise foi, l'exactitude ou l'erreur; il s'agit d'une

---

(1) *Conf.* Dalloz, *Presse*, nos 878. 880.—Paris, 4 mars 1837.—*Ibid.*,
n° 883.—Cass., 20 nov. 1864; S. 65.1.102.
(2) Loi du 26 mai 1819, art. 20; Décr., 17 fév. 1852, art. 28.

contravention (1). Eh bien! ce texte est parfaitement applicable à la mémoire des morts en vertu des mêmes raisonnements que nous avons reproduits et combattus par rapport à la loi de 1819!

Ne faut-il pas reconnaître au contraire que ces lois ne sont faites que pour protéger l'honneur des vivants et que si c'est une lacune de la loi, il n'appartient qu'au législateur de la combler?

Les Chambres réunies de la Cour de cassation semblent du reste avoir hésité à consacrer la jurisprudence de la Chambre criminelle. Saisies de la question par le pourvoi formé par les héritiers Leprince contre l'arrêt d'Angers du 28 mai 1866, que nous avons cité n° 63, elles ont évité de la trancher en déclarant « qu'en fait, les propos diffamatoires sur « lesquels reposait la plainte avaient été adressés à la fille « même du défunt... avec la menace d'une responsabilité « pour elle, à raison des faits allégués; — qu'ainsi, l'outrage « *dirigé contre la mémoire du défunt* retombait nécessai- « rement sur les enfants,... *était devenu un fait personnel...* « et avait pour résultat de les léser (2). »

Cette décision, fondée sur des circonstances particulières et conforme, en cela, à celle que nous avons donnée n° 61, laisse donc subsister la doctrine que nous défendons.

66. Mais si l'héritier, en dehors de ce cas spécial, ne peut mettre en mouvement l'action publique au nom du défunt, comme curateur à sa mémoire, faut-il en conclure que toute voie judiciaire lui soit fermée? N'est-il aucun moyen d'arrêter la calomnie que l'on répand de bonne foi, peut-être(3), sur la mémoire de son auteur, et qui retombe incontestablement sur lui? De ce qu'on n'a pas pensé à l'outrager directement, lui, que le pamphlétaire ne connaît peut-être pas, qu'il oublie ou qu'il dédaigne, s'ensuit-il qu'il n'ait droit à aucune *réparation?* Il ne lui reste donc qu'à souffrir en silence; on pourra peut-être se contenter de le repousser dans l'ombre, avec affectation, pour avoir la liberté de tout dire?

(1) V. la discussion de la loi du 11 mai 1868, et notamment *Moniteur* du 7 mars.
(2) Cass., 1er mai 1867; D. 129.
(3) La calomnie, considérée au point de vue de la loi pénale, implique la mauvaise foi du calomniateur. Mais nous prenons ici ce mot dans le sens vulgaire d'accusation imméritée.

Cela ne doit pas être.

Le principe de l'art. 1382, C. Nap., est toujours debout. Les héritiers s'adresseront aux tribunaux civils. Là, ne s'agite qu'une seule question. Les héritiers éprouvent-ils un préjudice réel de la diffamation dirigée contre leur auteur ?

Si ce préjudice n'existe pas, ils n'ont point d'intérêt, point d'action. Nous ne trouvons nulle part écrite la présomption légale du droit romain (1). Mais, incontestablement, le préjudice existera dans la plupart des cas. Qui peut nier que la honte imprimée à la mémoire d'un mari, d'un père, ne retombe sur sa veuve, sur ses enfants ? Ils portent son nom, que l'on veut flétrir ; ils détiennent sa fortune, que l'on prétend mal acquise. L'injure, en pareil cas, ne leur devient-elle pas en quelque façon personnelle ?..... Car, on l'a dit avec raison, il n'y a pas à distinguer « l'honneur que nous « tirons de nos propres actions et celui qui nous a été légué « par nos pères. Nous ne pouvons être armés pour dé- « fendre l'un et désarmés pour venger l'autre (2). » L'action est donc recevable. « Qui pourrait se familiariser avec cette idée ? A peine un père de famille aurait fermé les yeux, sa réputation deviendrait du domaine public ! On pourrait l'outrager, le déchirer impunément ! Il serait permis d'insulter à sa cendre, à la douleur de son vieux père, de sa femme, de ses jeunes enfants ! On pourrait dire du soldat,

---

(1) V. n° 63.—S'il s'agissait, non plus d'obtenir des dommages-intérêts à raison d'un préjudice que l'on prétendrait avoir éprouvé, mais de mesures préventives destinées à empêcher toute atteinte à la mémoire du défunt, on pourrait admettre plus facilement l'action et surtout l'intervention des héritiers. C'est ce qu'a fait, avec juste raison, le tribunal civil de la Seine dans une affaire relative à la publication de lettres intimes de Benjamin Constant.— « Le Tribunal :—En ce qui touche l'intervention de la dame d'Estournelles :—Attendu que le droit de veiller au respect dû à la mémoire des membres d'une famille est un devoir pieux qui appartient incontestablement aux parents de la personne décédée ;—Qu'à ce titre, la dame d'Estournelles a un juste et légitime intérêt à s'opposer à toute publication fâcheuse pour la mémoire de Benjamin Constant ; — Que cet intérêt est plus certain, lorsqu'il ne s'agit pas de documents relatifs à l'homme politique et au publiciste, mais de lettres intimes, et qui ne s'appliquent qu'à la vie privée ;—Qu'en l'état, l'intervention est donc recevable ; — Par ces motifs : — Le Tribunal reçoit la dame d'Estournelles intervenante. » — Trib. civ. de la Seine, 8 août 1849 ; *Gaz. des Trib.*, 9 août.

(2) M. Dufaure, plaidoirie pour les héritiers du prince Eugène C. Perrotin ; *Gaz. des Trib.*, 18 juin 1857.

qu'il fut un lâche ; du général, qu'il fut un chef de brigands ; de l'ambassadeur, qu'il fut un missionnaire de troubles et de divisions ; du négociant, qu'il fut sans honneur et sans foi ;... et tout cela sans preuve aucune ! que dis-je ? malgré la preuve du contraire, offerte et rapportée par la famille en deuil ! Que la conduite d'un citoyen soit jugée après sa mort, je le veux ; j'avouerai même qu'elle ne peut souvent l'être qu'à cette époque ; mais dans ce jugement suprême soyez équitable et ne calomniez pas » (1). À défaut de la juridiction criminelle, qui ne peut connaître que de délits caractérisés, les tribunaux civils sont ouverts pour protéger ces graves et légitimes intérêts.

67. Pour décider le contraire, il faudrait admettre que le préjudice causé par la voie de la presse ne donne jamais lieu à une action en responsabilité, qu'autant que la publication d'où résulte le dommage constitue un délit puni par les lois spéciales de cette matière. C'est une idée que le tribunal correctionnel de la Seine a exprimée dans les motifs d'un des jugements par lui rendus, sur la question qui nous occupe (2). « Attendu que François d'Épinay-Saint-Luc est un personnage public, tombé depuis longtemps dans le domaine de l'histoire, qui, comme tel, a dû subir les appréciations diverses des historiens ; que, pour ce qui est de l'impartialité et des convenances, les écrivains, *tant qu'ils ne commettent pas d'infraction qualifiée par la loi pénale, ne relèvent que de la critique littéraire* et de l'opinion publique, déboute, etc. »

Dans le fait, et à raison des appréciations assez diverses des historiens sur le caractère du personnage, ce jugement a pu être bien rendu. Remarquez, d'ailleurs, que l'action était portée devant un tribunal correctionnel, qui, suivant nous, était incompétent. Le plaignant ne prétendait pas que l'écrivain eût voulu le diffamer personnellement. Mais admettre en principe qu'à défaut d'infraction à la loi pénale, l'écrivain ne relève que de la critique littéraire, c'est méconnaître les véritables limites de la liberté d'écrire et de parler.

---

(1) M. Dupin, *Observ. sur la lég. crim.*, p. 279, 280. — M. Dupin conclut dans ce passage qu'il existe au profit des héritiers une action criminelle. Nous citons ses paroles comme servant à démontrer l'*existence* de l'action, tout en lui attribuant une autre *nature*.

(2) 14 janv. 1848 (aff. d'Epinay-St-Luc C. Alexandre Dumas), *Gaz. des Trib.*, des 8 et 15 janv.

Que si, le publiciste ou le romancier, dénaturant les faits, présente un homme historique sous un caractère immoral ou odieux, fait d'un brave soldat et d'un honnête homme un vil spadassin et un bas courtisan, valet complaisant des débauches de son maître, ceci n'est plus de l'histoire ni même du roman; ce n'est plus un jugement légitime ou tolérable, c'est du mensonge, c'est de la calomnie d'autant plus dangereuse qu'elle s'adresse à des esprits moins sérieux, moins éclairés, et à un plus grand nombre de lecteurs pris dans toutes les conditions sociales.

Le système de ce jugement est une négation de l'art. 1382, C. Nap., ou bien il suppose que les lois sur la presse consacrent une dérogation profonde à ce principe fondamental : or cette dérogation existe-t-elle en effet? C'est une question que l'enchaînement des idées nous conduit à examiner ici.

68. Remarquons d'abord qu'elle n'avait pas été soulevée et sérieusement discutée pour ce qui concerne les *actions en réparation* des faits d'injure et de diffamation contre de simples particuliers. En ce cas, la preuve des faits diffamatoires n'étant pas accordée (L. 26 mai 1819, art. 20), le principe de la liberté de la presse n'est en aucune façon intéressé à cette distinction entre les deux actions. Peu importe aux intérêts généraux du pays que la publication soit alors poursuivie comme constituant un délit proprement dit, ou simplement comme fait dommageable, ne donnant lieu qu'à une action purement civile. Au fond, et d'après les dispositions de la loi, toute allégation ou imputation d'un fait qui porte atteinte à l'honneur ou à la considération de la personne ou du corps auquel le fait est imputé, est une diffamation, aux termes de l'art. 13 de la loi du 17 mai 1819. Or, toute diffamation est assurément répréhensible; le défaut d'intention coupable peut lui retirer le caractère d'un délit punissable; mais il ne s'ensuit pas que l'imprudence et la légèreté qui, en toute autre matière, constituent une faute et ouvrent une action en réparation, soient pour les écrivains sans aucune conséquence (1). De quel droit viendraient-ils réclamer un bill d'indemnité? Pourquoi ce privilège en leur faveur?

Aussi, hâtons-nous de le dire, c'est à l'occasion de pour-

_____

(1) *Conf.*, Dall., *Presse*, n° 1115.

suites pour diffamation contre des fonctionnaires publics que la question fut agitée sous l'empire de la législation anté-rieure à 1848. Ainsi, un prévenu de diffamation par la voie de la presse contre un fonctionnaire public, acquitté par la déclaration de non-culpabilité faite par le jury, pouvait-il être condamné par la Cour d'assises à des dommages-inté-rêts comme ayant porté contre ce fonctionnaire des inculpa-tions imméritées, et par là un dommage dont il devait répa-ration? Ici, la déclaration du jury, qui avait éteint l'action publique et enlevé au fait tout caractère de criminalité, ne détruisait-elle pas dans son principe même l'action en répa-ration civile?

On disait, pour l'affirmative, que : la législation spéciale qui régit la presse a élevé cette institution au rang d'une sorte de ministère public de l'opinion, destiné à soumettre à un contrôle rigoureux les actes publics des fonctionnaires qui sont comptables envers la société de tout ce qu'ils font dans l'exercice de leurs emplois. Ainsi, la limite du droit de la presse ne se trouve légalement que dans la vérité, la démonstration juridique des faits imputés au fonctionnaire. Les faits présentés comme diffamatoires sont-ils prouvés, non-seulement l'écrivain est à l'abri de toute peine, mais il a rempli un devoir civique. L'acquittement du prévenu qui a justifié de ses allégations, le dispense donc de toute respon-sabilité soit *pénale*, soit *pécuniaire*, puisque le dommage éprouvé par le fonctionnaire, résultant de la publication de ses actes, est la conséquence de l'exercice d'un droit et pres-que de l'accomplissement d'un devoir. Le jury est seul juge de la question de savoir si réellement l'*écrivain* a exercé ses droits; l'acquittement prononcé par lui décide souveraine-ment. Et soumettre de nouveau à la Cour d'assises l'appré-ciation du dommage, dès qu'il existe un tort susceptible d'être réparé, c'est faire revivre sous une autre forme la question d'intention, c'est doublement violer la loi, tant sous le rap-port du délit qui ne comporte pas cette distinction entre le fait et l'intention, que sous le rapport de la juridiction qui est spéciale, et ne peut être transportée d'un juge à un autre (L. 26 mai 1819, art. 20).

Ces raisonnements étaient combattus avec force. — Où voyez-vous, disait-on, pour les délits de la presse une excep-tion au principe général d'après lequel la Cour d'assises a le droit de prononcer des dommages-intérêts contre l'accusé acquitté? Cette exception n'est écrite nulle part. — Résulte-t-elle virtuellement d'une incompatibilité qui existerait en matière de presse entre l'acquittement pour le délit et la réparation pour le dommage? Nullement, ce serait établir une confusion morale entre le fait et l'intention ; dans le délit de diffamation contre les fonctionnaires publics cette confusion ne doit pas exister. Le délit peut être jugé susceptible d'atténuation ou d'excuse, et cette appréciation est suffisante pour justifier la déclaration négative du jury. Elle n'implique pas nécessairement l'idée d'un droit exercé par l'écrivain, d'un devoir civique qu'il aurait rempli. Donc cette déclaration négative n'implique pas contradiction nécessaire avec une appréciation de faute de la part de la Cour d'assises et une condamnation à des dommages-intérêts. — D'un autre côté, la déclaration du jury étant formulée par une simple négation, on ignore si elle est fondée ou sur le défaut d'intention coupable de la part du prévenu, ou sur l'innocence de l'écrit lui-même. Car, ici comme ailleurs, ces deux faits sont distincts et divisibles. Que l'écrit ne réunisse pas les caractères de la diffamation, que les imputations qu'il renferme aient pu paraître exactes à celui qui les a produites, il y aura acquittement. Mais le fait matériel n'en subsiste pas moins avec le préjudice qu'il a causé et le caractère d'une faute, ce qui entraîne une condamnation en dommages-intérêts.

La Cour de cassation a constamment jugé dans ce dernier sens : « Attendu qu'il ne résulte ni d'un texte formel de la législation sur la presse, *ni du caractère spécial de ces délits,* aucune dérogation à la disposition générale de l'art. 358, C. d'instr. crim. qui confère aux Cours d'assises le droit de condamner l'accusé acquitté à des dommages-intérêts envers la partie civile ; — *Qu'en cette matière comme en toute autre,* il y a lieu de distinguer entre *l'intention* propre à constituer le *délit,* au point de vue de l'action publique, et le *tort* susceptible de *réparation,* au point de vue de l'action civile ; — Qu'en effet, la déclaration simplement négative du jury, et qui peut être fondée, soit sur ce que le prévenu n'est pas l'auteur de l'écrit incriminé, soit sur ce que cet écrit ne présente pas les caractères du délit de diffamation, soit enfin sur l'absence de toute intention de nuire, n'exclut pas la légèreté, la faiblesse, l'imprudence, par suite desquelles un préjudice aurait été porté à autrui ; — Qu'il suit de là que, si cette déclaration, en ce qui concerne le prévenu de diffamation envers un fonctionnaire public, n'implique pas né-

cessairement la preuve des faits diffamatoires, elle n'implique
pas davantage la certitude que le prévenu ayant cédé uniquement à une impulsion approuvée par la loi, doit être
affranchi de toute réparation comme de toute peine » (1).

69. Cette controverse a été tranchée par la Constitution de
1848. Un décret du Gouvernement provisoire, du 22 mars
1848, avait décidé que l'action civile pour diffamation contre
un fonctionnaire public ne pourrait être portée que devant
la Cour d'assises. « Considérant, est-il dit dans le préam-
bule, que le débat entre le fonctionnaire et le citoyen touche
nécessairement à des intérêts publics, et ne peut dès lors être
jugé que par le jury ; que si un préjudice, un dommage, résulte d'une attaque déclarée injurieuse ou diffamatoire, c'est
la Cour d'assises seule qui doit prononcer. »

« Art. 1er. Les tribunaux civils sont incompétents pour
connaître des diffamations, injures ou autres attaques dirigées par la voie de la presse ou par toute autre voie de publication, contre les fonctionnaires ou contre tout autre citoyen
revêtu d'un caractère public, à raison de leurs fonctions ou
de leur qualité. Ils renverront devant qui de droit toute action en dommages-intérêts fondée sur des faits de cette
nature.

« Art. 2. L'action civile résultant des délits commis par
la voie de la presse ou par toute autre voie de publication,
contre les fonctionnaires ou contre tout citoyen revêtu d'un
caractère public, ne pourra, dans aucun cas, être poursuivie
séparément de l'action publique. Elle s'éteindra de plein droit
par le seul fait de l'extinction de l'action publique. »

Les termes de ce décret pouvaient paraître exclure l'existence d'une action civile, à raison de toute publication qui ne
constituerait pas un délit caractérisé ; mais le contraire résulte clairement de la Constitution de 1848, qui porte :

« Art. 83. La connaissance de tous les délits politiques et
de tous les délits commis par la voie de la presse appartient
exclusivement au jury. Les lois organiques détermineront la
compétence en matière de délits d'injures, de diffamation
contre les particuliers.

« Art. 84. Le jury statue *seul* sur les dommages-intérêts
réclamés pour FAITS ou délits de presse. »

---

(1) Rej., 5 avril 1839, S. 529 ; 27 fév. 1835, S. 454 ; et 23 fév. 1837,
S. 628.

Ainsi, d'après ces dispositions, le jury devait statuer sur les dommages-intérêts réclamés, non-seulement à raison des délits, mais encore des *faits* de presse, c'est-à-dire des écrits diffamatoires qui perdent aux débats le caractère de délits punissables, mais qui, ayant causé un préjudice matériel ou moral, donnent lieu à réparations civiles. L'art. 84 de la Constitution de 1848 a consacré manifestement l'existence de la double action à laquelle peut donner lieu tout acte dommageable, même en matière de presse. Seulement, en cas de diffamation contre un fonctionnaire public à raison de ses fonctions, la compétence changeait. Une attribution spéciale était faite au jury. La loi présumait l'intention criminelle et l'existence d'un *délit*; elle exigeait dans tous les cas d'offense un débat public, solennel, devant la Cour d'assises. Et pour que la complexité de la déclaration du jury ne fût jamais un prétexte, soit de décharger l'écrivain de toute réparation pécuniaire, alors même que l'intention seule aurait paru chez lui excusable, soit de le condamner, au contraire, au paiement de dommages-intérêts, lorsque le jury aurait considéré sa justification comme complète, c'est au jury lui-même qu'était attribué le droit de fixer la réparation pour *fait* de presse, de statuer sur l'action civile qui naît de la faute constatée, mais non délictueuse.

Il faut remarquer, en outre, que le décret du Gouvernement provisoire, par cela même qu'il ne déclarait l'incompétence des tribunaux civils qu'à l'égard des faits de diffamation contre des agents du pouvoir, et la Constitution de 1848, en n'attribuant au jury la fixation des dommages-intérêts que dans ce même cas, ont consacré d'une manière certaine, quoique implicite, l'existence d'une action civile reconnue par la législation antérieure, action s'exerçant devant les tribunaux civils, au profit des particuliers diffamés, soit que les écrits poursuivis renferment les délits de diffamation et d'injures définis par la loi répressive, soit, au contraire, que la partie lésée n'impute au défendeur qu'un acte dommageable, une simple faute.

La Constitution de 1848 n'existe plus aujourd'hui; mais le décret du 17 février 1852, dont l'art. 25 renvoie aux tribunaux correctionnels les délits de la presse (1), attribués antérieurement au jury, n'apporte aucune modification au

(1) V. aussi le décret du 31 déc. 1851.

droit définitivement reconnu à la partie qui se trouve lésée par une publication. Loin de là, par suite de la suppression de la juridiction spéciale des Cours d'assises, ce décret fait disparaître la base fondamentale du système qui repoussait l'action civile indépendante (1).

69 *bis*. Telle est la législation actuelle. Mais au moment même où nous écrivons, un projet de loi sur le jugement des délits de presse adopté par le Corps législatif dans la séance du 24 mai 1870 consacre le système opposé. Allant plus loin que la Constitution de 1848, et revenant au décret du Gouvernement provisoire, il porte, article 29, que, dans le cas prévu par ce décret, « l'action civile ne pourra être pour- « suivie séparément de l'action publique. Elle s'éteindra de « plein droit par le seul fait de l'extinction de cette action. »

Il a été d'ailleurs parfaitement établi dans la discussion et par le rejet de deux amendements que l'acquittement du prévenu, alors même que la preuve des faits diffamatoires n'aurait pas été rapportée, ne laissait aucune ouverture à l'action en dommages-intérêts (2).

Si cette disposition est définitivement érigée en loi, il ne restera qu'à s'incliner. Nous regardons quant à nous comme regrettable cette dérogation si profonde au droit commun. Elle privera évidemment dans beaucoup de cas le fonctionnaire injustement outragé des réparations dues par un écrivain de bonne foi peut être, mais tout au moins imprudent et léger. Ce privilége accordé aux journalistes ne nous paraît justifié ni par la logique, ni par l'intérêt social.

70. Nous revenons maintenant à la question qui seule nous occupe en ce moment et qui nous a forcé à cette longue digression.

Les héritiers d'une personne décédée qui se plaignent d'un préjudice résultant d'attaques contre la mémoire de leur auteur ont donc incontestablement une action devant les

---

(1) La Cour de cassation a décidé que le décret du 22 mars 1848 est resté en vigueur, malgré le changement de juridiction, en tant qu'il interdit, dans le cas spécial qu'il prévoit, d'exercer l'action civile séparément de l'action publique. Rej. 29 mai 1854, D., 55.1.64, et 14 janv. 1861, D., 372. Mais le principe reconnu par l'art. 84 de la Constitution de 1848 n'en subsiste pas moins, savoir qu'une action civile peut rester ouverte au fonctionnaire alors qu'il n'y a pas *délit*, mais simple *fait* ou quasi-délit.

(2) Journ. off. des 20, 21 et 25 mai 1870.

tribunaux civils, dans le cas où le délit de diffamation n'existant pas à leur égard, ils ne peuvent utilement saisir les tribunaux correctionnels (1). Et remarquons que, dans le cas même où la personne décédée serait attaquée à raison de fonctions publiques dont elle aurait été revêtue, les héritiers ne sont offensés que comme particuliers, par suite des liens qui les unissent à leur auteur mort. Ces liens sont purement privés ; la poursuite ne peut jamais être soumise qu'aux règles concernant la diffamation contre les particuliers.

71. Encore une observation pour épuiser ce sujet. — Dans une action de ce genre, la nature de la faute imputée à l'écrivain et donnant lieu à dommages-intérêts ne doit-elle pas différer de la faute constitutive de la diffamation contre un homme vivant?

Je m'explique. — Pendant la vie d'un homme, la preuve des faits diffamatoires n'est pas autorisée quand il s'agit d'imputations dirigées contre lui comme particulier, en dehors de l'exercice des fonctions publiques dont il a pu être revêtu (2). Mais, après sa mort, il ne doit plus en être de même. Sa vie privée ne restera pas murée pour les investigations de la postérité. L'histoire ne peut demeurer muette en présence d'un tombeau. Sans doute, il faut réprimer la calomnie. La loi ne protége pas le mensonge. Nul ne peut revendiquer le droit d'altérer la vérité au gré de certains systèmes ou de certaines passions. Ne vous faites pas les interprètes de la postérité et les hérauts de l'histoire, si vos écrits ou vos paroles peuvent être convaincus de mauvaise foi, ou seulement de légèreté. — Mais comment prononcer une condamnation contre l'écrivain qui n'aurait publié que la vérité? Comment sa responsabilité serait-elle engagée par un jugement basé sur les faits? On l'a dit avec raison, il faut qu'un moment vienne où la vérité puisse être dite tout entière. Les équitables sentences portées contre les morts servent à contenir les vivants. Tout ce que l'on peut dire à ceux qui se constituent les juges de semblables causes, c'est : Ne calomniez pas! — Quant aux héritiers, s'ils éprouvent un préjudice dans leur honneur, dans leur considération, ils ne

---

(1) La jurisprudence est aujourd'hui fixée dans ce sens. V. jug. du trib. de la Seine du 24 juill. 1857 et arrêt conf. Paris, 17 avril 1858, D., 60.2.109; aff. des hér. du prince Eugène C. l'éditeur des *Mémoires du duc de Raguse.*
(2) Sauf au cas prévu par l'art. 25 de la loi du 26 mai 1819.

doivent s'en prendre qu'au malheur de leur naissance, et non pas à l'historien.

Ici peut-être on nous eût fait encore une objection sous l'empire des lois antérieures au 17 février 1852. Vous ne pouvez éviter, nous eût-on dit, de porter devant le jury l'action dont vous parlez, car c'est devant lui que doit être faite la preuve des faits diffamatoires. Les tribunaux civils, pas plus que les tribunaux correctionnels, ne sont compétents pour recevoir une preuve de ce genre.

La conséquence de ceci eût été d'exclure entièrement l'action des héritiers, puisque nous lui avons reconnu le caractère d'une action purement civile, et que le jury ne devait connaître de ces sortes d'actions qu'en cas de diffamation contre des hommes ayant agi avec un caractère public, et de diffamation poursuivie par la voie criminelle.

Aujourd'hui cette objection ne pourrait plus nous être faite. Cependant les changements que subit la législation de la presse sont assez fréquents pour que la discussion de cette question ne soit pas tout à fait dénuée d'intérêt. Nous avons jugé devoir la maintenir ici.

Voici donc ce que nous aurions répondu :

L'intervention du jury, garantie politique pour l'écrivain, lui assurant l'exercice en toute sécurité, de ce droit de censure publique qu'on a cru devoir confier à la presse, n'est plus nécessaire dans le cas qui nous occupe. Pendant la vie du fonctionnaire attaqué, l'influence dont il jouit, le prestige qui s'attache à ses fonctions, le pouvoir réel qu'il exerce à un degré plus ou moins éminent, la protection dont le couvre le Gouvernement, et les liens qui le rattachent aux grands corps de l'Etat ou aux administrations publiques, ont paru exiger, de la part du juge de la plainte, des garanties d'indépendance complète vis-à-vis du pouvoir. — M. Siméon, dans son rapport à la Chambre des pairs, sur la loi du 8 octobre 1830, qui rendait à la Cour d'assises la connaissance des délits de la presse, expliquait en ces termes comment l'intervention du jury avait été jugée nécessaire en cas de diffamation contre les Cours, les tribunaux, et autres corps constitués, et contre les dépositaires ou agents de la force publique : « de peur que la protection que le Gouvernement doit à toutes ces personnes et leur qualité pèse trop dans la balance, on y met le contre-poids du jury » (1).

_____

(1) Séance du 17 sept. 1830, *Monit.* du 18.

Mais la qualité, le prestige, le pouvoir réel du fonctionnaire, disparaissent avec lui. Ils ne sont plus à craindre après sa mort. Admettez surtout qu'un certain nombre d'années ait passé sur sa tombe, notre génération si oublieuse en aura-t-elle gardé la mémoire? Et quelle influence exerceraient ces souvenirs devant la justice?

Le *contre-poids du jury* n'est donc plus nécessaire.—Cela est si vrai que dans les procès en diffamation contre la mémoire d'une personne décédée, et qui sont rappelés ci-dessus, les héritiers ont toujours poursuivi devant les tribunaux correctionnels, et c'est devant eux que le débat sur la vérité des faits imputés à leur auteur s'est engagé, sans que les prévenus aient songé à demander le renvoi à la Cour d'assises (1). — Or, dès que le jury est exclu, qu'importe si l'on procède devant un tribunal correctionnel, ou devant ce même tribunal jugeant au civil, comme nous pensons que cela doit avoir lieu lorsqu'il n'y a pas délit de diffamation contre les héritiers?

La nature de la juridiction compétente n'est donc, pas plus que la nature de l'action, la base solide d'une objection contre notre théorie. Nous ne pouvons qu'y persister.

71 *bis*. Une dernière remarque quant à la publication des faits de la vie privée. Ces faits, en principe, n'appartiennent pas à l'histoire ou si l'on veut à la discussion publique, pas plus en ce qui concerne les morts qu'en ce qui concerne les vivants. La plus grande réserve est commandée à l'écrivain, tant par les convenances et la loyauté que par l'esprit de la loi (2).

Toutefois, comme nous l'avons dit plus haut (3), toute allusion à un acte de la vie privée ne peut constituer invariablement une faute. Il est souvent difficile de distinguer ceux qui sont du domaine de l'existence officielle d'un fonctionnaire et ceux qui doivent rester dans l'ombre du foyer domestique. Ici, par conséquent, il faut laisser aux tribunaux un droit d'appréciation assez large, leur permettre de tenir compte de la bonne foi, de l'intention, du but surtout que s'est proposé l'écrivain. Que celui qui aura spéculé sur

---

(1) V. aff. Perier, Martin (du Nord), n° 64, et d'Epinay-Saint Luc, n° 67.

(2) V. l'art. 11 de la loi du 11 mai 1868.

(3) N° 71.

la malignité et le scandale supporte les conséquences de sa faute. Que l'homme consciencieux et qui n'agit que dans un intérêt moral et sérieux ne soit point privé de la liberté d'écrire.

71 *ter*. Pour résumer, en la terminant, cette longue discussion nous répéterons qu'à notre avis :

1° La loi du 17 mai 1819 ne punit correctionnellement que la diffamation envers une personne vivante (1).

2° Mais que les faits imputés à un individu décédé peuvent, suivant les circonstances et dans l'intention de l'auteur, constituer le délit de diffamation envers ses parents ou héritiers.

3° En ce qui concerne la vie publique des hommes d'Etat ou des fonctionnaires décédés, l'écrivain peut être condamné civilement à des dommages-intérêts envers ses représentants si les faits allégués par lui sont inexacts, alors même qu'il aurait agi sans intention de nuire aux héritiers, puisque le quasi-délit suffit toujours pour motiver l'action.

4° Et quant aux faits de la vie privée, que leur publication fût-elle conforme à la vérité, si elle cause préjudice aux héritiers, donne également ouverture de leur part à l'action civile, sauf aux tribunaux à apprécier la gravité de la faute reprochée à l'écrivain.

72. Maintenant, à qui appartiendra l'action dans le cas où elle est admissible?

S'il y a délit de diffamation contre la famille, c'est à ceux de ses membres contre lesquels elle sera dirigée de saisir les tribunaux correctionnels (2).

Si l'action doit être simplement portée aux tribunaux civils, c'est l'intérêt qui donne le droit. Le fait d'avoir recueilli la succession n'est pas déterminant. L'héritier renonçant peut poursuivre le meurtre ou l'injure du défunt et recevoir la réparation. Les créanciers ne peuvent rien prétendre sur les sommes qui en proviennent ; ce ne sont pas des effets de la succession (3).

A l'inverse le fait d'appartenir à la famille par le sang ne donne pas nécessairement droit à l'action. Quelquefois un descendant éloigné sera sans intérêt. Au contraire, un léga-

(1) Et qu'il en est de même de l'art. 11 de la loi du 11 mai 1868.
(2) *Conf.*, Faustin Hélie, *Inst. crim.*, t. 2, p. 364.
(3) Duparc-Poul., *P. de droit*, 4, p. 17. — Lebrun, *Success.*, liv. 4, ch. 2, sect. 4, n° 43.—Toullier, 4, n° 316.

I.   5

taire universel qui recueillerait une fortune prétendue mal
acquise en aurait un très-réel. S'il y a plusieurs héritiers,
l'un d'eux sera donc bien libre d'agir seul.

73. Dans les cas indiqués n°⁵ 53 et suivants, où l'action
en dommages-intérêts peut être formée par les héritiers et
successeurs de la personne lésée, peut-elle l'être également
par ses créanciers ?

L'art. 1166 C. Nap. porte que les créanciers peuvent
exercer tous les droits et actions de leurs débiteurs, à l'exception de ceux qui sont *exclusivement attachés à sa personne*. Nous entendons, par ces derniers mots, les droits
qui, soit d'après leur nature, soit d'après une disposition
spéciale de la loi, soit même l'analogie résultant d'une disposition de cette espèce, ne peuvent être exercés que par le
débiteur, ou, du moins, ne peuvent l'être contre sa volonté
par une autre personne. Nous rangeons dans cette dernière
classe, non-seulement les actions en dommages-intérêts pour
injure, diffamation (L. 26 mai 1819, art. 5) et calomnie (1),
mais encore toutes les actions en dommages-intérêts à raison de délits contre la personne. — « Ces actions, nommées
en droit romain *actiones vindictam spirantes*, ont moins
pour objet une indemnité pécuniaire que la réparation d'un
tort moral. Le silence gardé par l'offensé contient remise
implicite de l'injure, et s'oppose à ce que toute autre personne que le ministère public puisse, contre sa volonté (2),
intenter une action qui, par cela même, n'a plus de fondement » (3). — Au contraire, peuvent être exercées, par les
créanciers, toutes les actions en dommages-intérêts naissant
de délits contre les propriétés (4).

Il est certain, d'ailleurs, que l'indemnité une fois obtenue
par celui qui avait droit de la réclamer, devient, comme le
reste de son patrimoine, le gage de ses créanciers. Ceux-ci
peuvent donc former saisie-arrêt entre les mains des débi-

---

(1) Legraverend, t. 1, p. 51 et 52 ; Delvincourt, t. 2, p. 146, not. 9,
et p. 375, not. 9.

(2) Ajoutons : ou les héritiers qui le représentent à cet égard ; v. n°⁵
53, 57 et suiv. et n° 72.

(3) Zachariæ, Aubry et Rau, t. 3, p. 82.—Conf., Dalloz, v° *Obligat.*,
p. 502, n°⁵ 15 et 17 ; Duranton, t. 10, n°⁵ 557 et 559 ; M. Larombière,
Oblig., t. 5, p. 724 ; Demolombe, t. 25, p. 71, n° 82.

(4) Zachariæ, p. 338, not. 28 ; Duranton, t. 10, p. 558 et 559 ; Dall.,
Obligat., p. 502, n°⁵ 15 et 17.

teurs ou prendre telle autre mesure susceptible de leur faire attribuer en paiement la somme représentative de cette indemnité (1).

74. La partie lésée peut céder son intérêt à un tiers (2). Dans l'ancienne jurisprudence, ce principe n'avait point été admis sans contestation. On craignait la collusion du cessionnaire avec l'accusé pour faire disparaître les preuves et mettre obstacle à l'action publique. En conséquence on avait établi plusieurs conditions restrictives à l'exercice de l'action par le cessionnaire. Ainsi, on ne lui adjugeait pas de dommages-intérêts au delà du prix de la cession. — Si les juges présumaient quelque fraude, ils autorisaient le cédant à se constituer partie civile en remboursant le prix de la cession. Le cessionnaire était tenu de donner caution des dommages-intérêts et des frais, et sujet à la contrainte par corps (3). Nos lois modernes n'ont reproduit aucune disposition de ce genre. On craindrait moins aujourd'hui la collusion entre le cédant et le cessionnaire que l'esprit de vengeance qui serait la cause de la cession. — Mais l'existence seule d'un traité de ce genre avertirait les juges et le ministère public, et leur permettrait de déjouer l'intrigue, de quelque nature qu'elle fût.

Le cessionnaire exerce tous les droits de la partie civile, mais l'action ne doit pas être intentée en son nom personnel ; le délinquant n'est pas obligé envers lui, mais envers la partie qui a souffert du délit. Le cessionnaire ne peut agir qu'en cette qualité, comme étant aux droits du véritable créancier, et comme *procurator in rem suam*.

L'art. 1699 du C. Nap. est applicable à une cession de ce genre (4). L'inculpé pourrait toujours se faire tenir quitte de l'action par le cessionnaire en lui remboursant le prix de la cession avec les frais et les intérêts.

Mais, s'il n'use pas cette faculté, les dommages doivent être fixés comme ils le seraient sur la demande de la partie lésée agissant elle-même. Le cessionnaire est investi de tous ses droits et la représente entièrement. Les tribunaux, cependant, en appréciant équitablement le montant de l'in-

---

(1) Amiens, 21 déc. 1869, aff. Delarbre; S., 70.2.37.
(2) Jousse, *Tr. de l'instr. crim.*, t. 1, p. 590; Rauter, n° 686; Zachariæ, t. 2, p. 335, not. 12; M. Faustin Hélie, t. 2, p. 465.
(3) M. Faustin Hélie, *loc. cit.*
(4) L. 22 et 23, Cod. *Mandati*; Rauter, n° 686.

demnité, éviteront de favoriser des spéculations déloyales où la cupidité serait seule en jeu (1).

CHAPITRE III.

DES PERSONNES CONTRE LESQUELLES L'ACTION PEUT ET DOIT ÊTRE DIRIGÉE.

Sommaire.

---

(1) V. Mangin, *Act. publ.*, n° 128. — M. Larombière, *Obligat.*, t. 5 p. 725.

75. Nous avons dit par qui l'action en responsabilité civile pouvait être intentée. Nous allons voir maintenant contre qui elle doit être dirigée.

Naturellement, c'est contre l'auteur du délit, quel qu'il soit, que la personne lésée doit diriger la demande en dommages-intérêts. L'agent doit, en général, supporter toutes les conséquences de sa faute (1). Nous verrons cependant que d'autres personnes sont quelquefois responsables de la réparation pécuniaire, due à raison des fautes d'autrui.

---

(1) Remarquez que si le délit a été commis par plusieurs personnes, le demandeur n'est pas obligé de les mettre toutes en cause simultanément. L'action dirigée contre l'un des coauteurs est toujours valablement intentée à son égard, sauf les recours contre les autres s'il y a lieu. Cass., 23 août 1869, D. 464. — Sur la question de solidarité entre les coauteurs, V. *infrà*, nos 142 et suiv., 473 et suiv., 704 et suiv.

C'est une modalité des principes de la responsabilité; nous en traiterons plus tard avec développement (V. n°s 750 et suiv.). En ce moment, nous n'examinons les conséquences du délit que par rapport à son auteur ou à ceux qui le représentent.

76. L'action publique pour l'application de la peine ne peut être dirigée que contre le prévenu, et par conséquent, elle s'éteint par la mort de celui-ci. — Au contraire, l'action civile, pour la réparation du dommage, se donne et contre le prévenu et contre ses représentants; c'est la disposition littérale de l'art. 2, C. d'instr. crim. La dette des dommages-intérêts grève les biens du délinquant dès le jour où le délit a été commis. L'obligation s'est formée sans convention, mais n'en subsiste pas moins à la date du fait qui lui a donné naissance. Le jugement qui vient ensuite la constater en reporte rétroactivement l'existence à l'époque du délit; il en résulte que les biens du défunt n'ont été transmis aux héritiers qu'avec la charge de cette obligation, et toutes voies de droit sont ouvertes contre eux pour la faire reconnaître et exécuter.

77. Ceci avait fait quelque difficulté dans l'ancien droit (2), avant le Code de brumaire an 4, dont l'art. 7 dispose, comme l'art. 2, C. d'instr. crim., que l'action civile peut être exercée contre les héritiers. Suivant Denisart (3), l'action en dommages-intérêts ne pouvait pas être intentée contre l'héritier du délinquant, mais seulement continuée, si elle avait été introduite du vivant de son auteur. — C'est là un souvenir du droit romain qui n'autorisait l'action contre les héritiers, qu'autant que la *litiscontestatio* avait été formée avec le délinquant, de son vivant. — Mais le sentiment contraire avait fini par prévaloir. Jousse dit simplement : « La demande à fin d'intérêt civil peut être intentée tant contre l'auteur du crime que contre ses héritiers » (1). — Muyart de Vouglans est plus explicite. Après avoir rapporté la controverse qui existait sur ce point entre les auteurs, il ajoute : « Mais aucune de ces opinions n'a été suivie par les derniers arrêts

---

(1) Catellan, liv. 7, chap. 1 ; Serres, *Instit. au droit franç.*, liv. 4, tit. 12 ; Merlin, *Rép.*, v° *Délit*, § 9, n° 5, et *Quest.*, v° *Révocat. de donation*, § 2, plaidoyer du 3 août 1814.
(2) V° *Délit*, § 2, n° 3.
(3) *Idée de la just. crim.*, p. 27, en tête du *Comment. de l'ordonn. de 1670*.

rapportés par Brodeau ; et l'on s'est conformé sur ce point à l'équité canonique qui veut que l'héritier, qui a profité des biens du coupable, soit tenu de décharger la conscience de ce dernier, lequel, en commettant le crime, est censé avoir contracté pour la réparation de l'intérêt civil, dont sa mort ne le décharge point, non plus que de ses autres dettes. C'est aussi le sentiment de Coquille sur la coutume du Nivernais..., etc. » (1).

78. L'action civile est la seule qui puisse être exercée contre les héritiers de l'auteur d'un délit. Toute condamnation qui présenterait le caractère d'une peine proprement dite, et non plus d'une simple réparation civile, devrait être refusée si elle était poursuivie contre eux. Ainsi l'amende ne peut être poursuivie ni prononcée contre l'héritier du défunt, bien que ce soit une peine purement pécuniaire et qui n'affecte que les biens (2). Car, d'une part, si l'amende grève les biens du coupable, c'est toujours à titre de peine et dans le seul but d'obtenir de lui personnellement l'expiation poursuivie par la société. S'il meurt avant la prononciation du jugement, ce but est manqué, et la condamnation à cette peine, prononcée contre l'héritier, serait inutile et par conséquent injuste. D'ailleurs, et c'est une conséquence rationnelle de ces principes, l'action pour l'application de l'amende n'appartient qu'au ministère public et par conséquent elle s'éteint, comme toute action publique, par la mort du prévenu (C. instr. crim., 2). Donc la condamnation ne peut être requise et par conséquent prononcée contre l'héritier (3).

79. Cette doctrine est sans aucune difficulté en ce qui touche les amendes prononcées par le Code pénal. Mais certaines administrations civiles ont prétendu que les amendes, poursuivies à leur requête en vertu de lois spéciales, pouvaient être prononcées contre les héritiers.

La régie des contributions indirectes et celle des douanes,

___

(1) *Inst. au droit crim.*, p. 68 ; V. aussi Décrétales, chap. 14, *de Sepulturis*.
(2) Carnot, *C. instr. crim.*, art. 2, *obs. add.*, n° 7.
(3) Jousse, *Traité de la just. crim.*, t. 1, p. 72 ; MM. Chauveau et Faustin Hélie, t. 1, p. 255 et 4° éd., p. 210 ; Bourguignon, *Sur l'art.* 2 *du C. d'instr. crim.*; Merlin, *Rép.*, v° *Délit*, § 9, n° 2 ; Cass., 8 mess. an 8, *ibid.*; Dalloz, *Action civile*, p. 216 ; Cass., 9 déc. 1813, S. 14. 1.94.

notamment, ont soutenu qu'une amende dont la poursuite leur est confiée ne peut pas être considérée comme une peine proprement dite ; qu'elle n'est qu'une réparation du dommage que la contravention a causé au trésor ; qu'ainsi, l'action qui tend à y faire condamner le prévenu n'est pas une action publique, mais seulement une action civile ; que dès lors on ne peut pas lui appliquer l'art. 2, C. d'instr. crim., portant que l'action publique, pour l'application de la peine, s'éteint par la mort du prévenu ; qu'il faut, au contraire, lui appliquer cette autre disposition du même article, que l'action pour la réparation du dommage peut être exercée contre le prévenu ou contre ses représentants. Enfin, la régie se fonde sur l'art. 35 de la loi du 1er germinal an 13, semblable à l'art. 20, titre 13, de la loi des 6-22 août 1791, sur les douanes, qui porte « que les propriétaires des marchandises sont responsables civilement du fait de leurs facteurs, agents, serviteurs, en ce qui concerne les confiscations, amendes et dépens ». Puisque les maîtres, a-t-on dit, sont responsables de leurs domestiques pour ce qui concerne l'amende, c'est donc que, en pareille matière, celle-ci n'est pas considérée comme une véritable peine, mais comme une simple réparation civile.

Mais M. Merlin a démontré que cette prétention était inadmissible, et que si la nature de la peine indique, de la part du législateur, le désir de procurer au Trésor une indemnité analogue au dommage que la contravention aurait pu lui faire éprouver, l'amende prononcée en pareil cas n'en conserve pas moins le caractère essentiel d'une véritable peine. — Ainsi, 1° si les amendes pour contravention aux lois fiscales n'étaient que des réparations civiles, elles ne seraient pas fixes, elles devraient même disparaître complétement dans les cas nombreux où la contravention n'a pas été suivie de dommage réel, parce qu'elle a été réprimée à temps et que, par exemple, les marchandises ont été saisies. — 2° Elles devraient être poursuivies devant les tribunaux civils, et non devant les tribunaux correctionnels qui ont, cependant, seuls le droit de les prononcer (1). — 3° Elles ne pourraient pas être poursuivies par le ministère public,

---

(1) Sauf pour certaines contraventions en matière de douanes prévues par les lois du 4 germinal an 2, tit. 6, art. 12, 13 et s.; du 14 fructidor an 3, art. 10, etc.; mais ce sont là des exceptions qui ne détruisent pas ce raisonnement. V. au surplus *infrà*, n° 199.

qui n'a pas qualité pour intenter les actions civiles appartenant au Trésor. — Peu importe que la régie ait le pouvoir de requérir l'application des amendes dont le recouvrement lui est particulièrement confié. L'art. 1er, C. d'instr. crim., porte, il est vrai, que l'action, pour l'application de peines, n'appartient qu'aux fonctionnaires auxquels elle est attribuée par la loi. Mais il y a ici dérogation à cette disposition par une loi spéciale. C'est comme partie civile que la régie poursuit les amendes et confiscations, mais son action, en pareil cas, n'en est pas moins une action publique, et non une action en dommages-intérêts.

80. J'ajoute au raisonnement de M. Merlin, que si, par exception, la loi confie à certains fonctionnaires, faisant partie de telle ou telle administration, les droits qui n'appartiennent en règle générale qu'aux officiers du ministère public, il n'y a là rien d'incompatible avec l'art. 1er, C. d'instr. crim., puisqu'il exige seulement une attribution de la loi.

Quant à la raison tirée des lois du 6 août 1791 et du 1er germinal an 13, elle est facile à réfuter. Ces lois, en déclarant les propriétaires des marchandises et autres produits soumis aux droits responsables des amendes encourues par leurs préposés, n'établissent pas une règle de responsabilité civile, et par conséquent il n'y a rien à en conclure par rapport au caractère de l'amende.

Les propriétaires des objets soumis aux droits et introduits en contrebande sont censés complices de la fraude. Il y a présomption légale qu'elle s'est opérée par leurs ordres et de leur consentement : voilà pourquoi la loi les frappe en même temps que les prévenus. Puis la chose elle-même est en quelque sorte le gage de l'amende, le fisc a un droit réel sur cette chose ; les propriétaires doivent donc être tenus du paiement. Mais ce n'est pas comme responsables civilement, car la responsabilité civile ne pèse pas seulement sur les propriétaires, mais encore sur les pères et mères, maîtres et commettants. S'il s'agissait d'un cas de responsabilité civile, toutes ces classes de personnes seraient tenues de l'amende. Mais les propriétaires seuls en sont frappés. C'est parce que l'on veut les punir aussi. La peine cesse d'être personnelle au prévenu. C'est une exception au droit commun, mais cela ne change pas le caractère de l'amende (1).

_____

(1) Merlin, *Rép.*, v° *Délit*, t. 9, v° *Tabac*, n° 9, et *Responsabilité*

81. La Cour de cassation a adopté cette doctrine dans plusieurs arrêts, où elle décide notamment que l'action pour l'application de l'amende étant une peine, s'éteint par la mort du contrevenant (1), que les poursuites exercées contre une femme mariée devant le juge de paix pour contravention aux lois sur les douanes, ont lieu sans qu'il soit besoin de provoquer l'autorisation du mari ou de justice, attendu que ces sortes d'actions sont du domaine de la juridiction répressive (2); enfin qu'en matière de contributions indirectes et d'octroi, l'amende étant une peine, dans le sens de l'art. 9 du C. pén., l'exécution en peut être poursuivie contre le condamné, par la voie de la contrainte par corps, bien que le jugement ne renferme pas de disposition expresse à cet égard (3). Mais d'autres arrêts, et bien plus nombreux, admettent qu'en matière de contraventions fiscales, l'amende n'a d'autre caractère que celui d'une réparation civile, d'où la conséquence qu'elle pourrait être poursuivie contre les héritiers directement (4). — Les raisons décisives, que nous avons développées ci-dessus, ne nous permettent pas d'adopter cette solution, bien que ces raisons semblent avoir aujourd'hui peu de chances de triompher.

La jurisprudence de la Cour de cassation nous paraît en ceci exagérer outre mesure les conséquences d'une idée vraie, à savoir que l'amende en ces matières a été choisie comme moyen spécial de réprimer la contrebande et la

---

civile des délits; MM. Chauveau et Faustin Hélie, *Th. du C. pén.,* t. 1, p. 251, 253; 4e éd., p. 240, et Faustin Hélie, *Th. du C. d'instr. crim.,* t. 2, p. 239 et t. 3, p. 512. — Cependant, M. Merlin, dans un autre article de son *Répertoire,* v° *Appel,* sect. 2, § 10, semble admettre que l'amende en matière de douanes n'est pas une peine. Il en refuse toutefois la poursuite contre les héritiers. Voy. encore, *infrà,* n°ˢ 778 à 780.

(1) Cass., 8 ou 28 messid. an 8, S.1.1.309; Dalloz, *Act. civ. et publ.,* p. 246; Cass., 9 déc. 1813, S. 14.1.94; Merlin, v° *Tabac,* n° 9. — V. aussi Besançon, 21 déc. 1854, S. 55.2.181. — Amiens, 16 mai 1868. S. 68.2.139.

(2) Cass., 26 avril 1865. D. 267.

(3) Cass., 14 fév. 1842, S. 381.—V. aussi *infrà,* n° 199.

(4) On trouve ce principe énoncé dans les arrêts qui suivent : 1° en matière de douanes, Cass., 6 juin 1811, S. 16.1.304; Rej. 17 déc. 1831, S. 32.1.272; Cass., 5 oct. 1832, S. 737; 21 août 1837, S. 798; 30 mars 1841, S. 653; 18 mars 1842, S. 465; 13 mars 1844, S. 366; Rej., 1er avril 1848, S. 320; Rej., 11 déc. 1863, D. 64.1.200.—2° en matière de contributions indirectes, Cass., 11 oct. 1834, *Journ. du droit crim.,* 1834, p. 314; 1er oct. 1842, S. 43.1.252; Rej., 15 oct. 1840, S. 996; Cass., 4 déc. 1863, D. 64.1.195.

fraude, afin d'indemniser autant que possible le Trésor des moyens employés pour le frustrer ; c'est pour cela qu'elle se cumule avec les autres peines prononcées pour les délits de rébellion, coups ou blessures et autres qui peuvent être commis en même temps que les contraventions fiscales par les contrebandiers (1); qu'une responsabilité spéciale est établie contre ceux qui sont présumés avoir intérêt à la fraude, et que la régie est investie des droits de poursuite et de transaction.

Mais l'amende n'en est pas moins établie pour *punir* les contrevenants (2); elle se cumule aussi avec le paiement des droits (3); donc elle n'en tient pas lieu et n'est pas une simple réparation d'un préjudice qui souvent n'existe pas ; il faut donc reconnaître qu'elle conserve en ces matières son caractère répressif (4).

82. Des difficultés du même genre se présentent à l'égard des amendes prononcées par la loi pour délits forestiers. — Envisagée par rapport au délinquant lui-même, il n'est pas douteux que l'amende ne soit réellement une peine tout à fait distincte des dommages-intérêts, restitutions ou indemnités. Ces dernières condamnations sont toujours prononcées par la loi, à part et en outre de l'amende (C. for., art. 6, 34, 45, 46, 72, 206). Aussi les art. 72 et 206 du même Code, conformes en ceci au droit commun, n'étendent la responsabilité civile des pères, maris et maîtres, qu'aux restitutions et dommages-intérêts. Il suit de là que les héritiers du délinquant ne sont pas tenus de l'amende encourue par leur auteur, s'il est décédé avant le jugement de condamnation.

Mais le doute s'élève par rapport aux héritiers des personnes qui, n'ayant pas elles-mêmes commis le délit, sont cependant responsables de l'amende. — Ainsi, l'article 6 du C. forest. porte que les gardes sont responsables des délits qui ont lieu dans leurs triages, et passibles des amendes et indemnités encourues par le délinquant lorsqu'ils n'ont pas dûment constaté les délits. On veut par là punir la négligence des gardes, mais, en définitive, ce n'est pas un délit qui leur

---

(1) Loi des 6-22 août 1791, tit. 13, art. 20; loi du 28 avril 1816, art. 238.
(2) V. décret 1er germinal an 13, art. 4, 7, 19.
(3) *Ibid.*, art. 35 et loi des 6-22 août 1791, tit. 13, art. 14.
(4) Cass., 26 avril 1865, D. 267. Amiens, 16 mai 1868, D. 99; S. 139.

soit reproché, et ce n'est pas sans doute une peine proprement dite dont la loi a voulu les frapper. Elle paraît avoir établi contre eux un mode particulier de responsabilité civile par extension de l'article 1383 du C. Nap., et pour indemniser le Trésor du préjudice que lui a causé le défaut de poursuites contre le délinquant, et le non-recouvrement de l'amende : c'est donc une action civile que l'administration intente contre eux, bien qu'elle soit poursuivie devant le tribunal correctionnel, à raison de la juridiction spéciale établie par l'art. 171 du C. forest. Or, l'action civile résultant même d'une faute purement personnelle au délinquant, résultant d'un crime, d'un délit qualifié, se donne contre les héritiers. Donc, les héritiers du garde passible de l'amende, dans le cas prévu par notre article, pourront être poursuivis (1).

83. L'art. 46 du même Code déclare que les adjudicataires sont responsables et contraignables par corps au paiement des amendes et restitutions encourues pour délits et contraventions commis, soit dans la vente, soit à l'ouïe de la cognée par des facteurs, gardes-ventes, ouvriers bûcherons, voituriers, et autres employés par les adjudicataires. — Ici nous ne pensons pas que la loi ait établi un cas de responsabilité purement civile; si l'adjudicataire est responsable de toutes les amendes encourues pour délits commis, soit dans la vente soit à l'ouïe de la cognée par ses facteurs, gardes-ventes, etc., et autres employés, ce n'est plus uniquement en vue d'établir une surveillance efficace, c'est aussi parce que la loi le considère comme ayant ordonné ou laissé commettre les délits, qui ont dû l'être à son profit : c'est donc une peine qui lui est infligée personnellement.

84. L'art. 45 est conçu en d'autres termes; il porte : « Les adjudicataires, à dater du permis d'exploiter, et jus-« qu'à ce qu'ils aient obtenu leur décharge, sont responsa-« bles de tout délit forestier commis dans leur vente et à « l'ouïe de la cognée, si leurs facteurs et gardes-ventes n'en « font leurs rapports, lesquels doivent être remis à l'agent « forestier dans le délai de cinq jours. » On voit que l'amende n'est pas expressément mise par cet article à la charge de l'adjudicataire. Mais la Cour de cassation a décidé que

---

(1) Mangin, *Procès-verbaux*, p. 257, n° 134; M. Meaume, *Comment. du Code forest. sur l'art.* 6; Cass., 30 juill. 1829, *ibid.*, note; 4 mai 1832, D. 210; 20 juin 1834, D. 366; 4 juill. 1834, D. 373; 21 sept. 1837; M. Meaume, *ibid.*

celui-ci en est directement passible dans ce cas ; que l'auteur du délit étant demeuré inconnu par la faute de l'adjudicataire ou, ce qui est la même chose, de ses agents, il est présumé par la loi l'avoir lui-même commis (1). L'amende serait donc ici encore une véritable peine, infligée en vertu d'une présomption légale. Il faut en conclure qu'elle ne pourrait pas être poursuivie contre les héritiers, si elle n'avait pas été prononcée contre l'adjudicataire de son vivant.

85. L'amende présente également le caractère d'une peine dans l'hypothèse prévue par l'art. 29 du C. forest., à l'égard des agents qui auraient permis ou toléré, de la part des adjudicataires, des changements ou additions à l'assiette des coupes, ce qui constitue le délit d'*outrepasse*. Ils sont punis, « dit la loi, de la même amende que les adjudicataires. » C'est donc concurremment avec les adjudicataires qu'ils encourent l'amende, et non pas seulement à leur défaut. C'est donc aussi une véritable peine que la loi impose ici à leur complicité ou, du moins à une négligence extrêmement grave et à l'oubli des règlements de leur service. Or, dès qu'il s'agit de l'application d'une peine, il faut appliquer aussi les principes que nous avons posés plus haut, relativement à la non-responsabilité des héritiers (V. n° 78).

86. Les art. 29, 30, 34, 35, 36, 37, 38, 39, 40, 42, 43, du même Code, établissent diverses amendes pour abatage d'arbres réservés, coupes de nuit, écorcement, et autres délits commis par les adjudicataires de coupes eux-mêmes. Dans aucun cas la loi ne porte que ces peines pourront être poursuivies contre les héritiers, à moins qu'ils ne fussent personnellement adjudicataires, et du reste, il n'existe aucune autre raison de s'écarter ici du droit commun. Quant aux dommages-intérêts et restitutions des arbres coupés en délit, ou de leur valeur, qui doivent toujours être réclamés (art. 34 et 198), la loi les distingue soigneusement de l'amende ; ils ne se rattachent qu'à une obligation purement civile.

87. La caution qui aurait payé l'amende à la décharge de l'adjudicataire aurait évidemment son recours contre celui-ci et contre ses héritiers. Il n'est question, entre eux, que de l'exécution d'un contrat. Il arrivera rarement, du reste, que le Trésor ait à poursuivre ces amendes contre les héritiers,

---

(1) Cass., 8 mai 1835 et 23 avril 1836, ch. réun. ; S. 36.1.426.

attendu que le paiement est assuré par le cautionnement que l'adjudicataire doit fournir (art. 24).

87 *bis*. Quant aux amendes en matière de timbre et d'enregistrement elles ont principalement le caractère de réparations civiles (1). Cela résulte de leur nature, car elles ont pour but de réprimer des fraudes ou de réparer des négligences et omissions dans la perception des droits qui s'appliquent aux contrats et à la transmission des biens ; aussi c'est au tribunal civil seul qu'il appartient de les prononcer (2); en ce qui concerne le droit en sus perçu à titre d'amende pour simulation dans un traité de transmission d'office, l'art. 11 de la loi des finances du 25 juin 1841 est formel et porte : « Les « parties, *leurs héritiers* ou *ayants cause* sont solidaires pour « le paiement de cette amende (3). »

87 *ter*. Mais celles que la loi prononce contre les officiers publics pour infractions diverses aux règles de leur profession, telles que celles portées contre les notaires par la loi du 25 ventôse an 11, art. 12, 13, 16, 17, 23, 53, etc. et l'art. 68 du C. de com., — contre les officiers ministériels rédacteurs d'actes irréguliers par l'art. 1030 du C. de proc. civ., — contre les huissiers qui ont signifié des copies illisibles, par l'art. 2 du décret du 19 août 1813, etc, — bien qu'étant prononcées par les tribunaux civils (4), ont un caractère disciplinaire et pénal et dès lors sont personnelles au contrevenant (5). Elles ne peuvent donc être poursuivies contre les héritiers sauf au cas où l'infraction est du fait de l'héritier lui-même, comme dans le cas prévu par l'article 59 de la loi du 25 ventôse an 11.

88. Dans le cas où un jugement de condamnation à des dommages-intérêts aurait été obtenu contre le prévenu, de son vivant, soit qu'il eût statué en même temps sur l'action publique et sur l'action civile, soit qu'il eût trait seulement aux réparations pécuniaires, il n'y a aucune difficulté à ce que l'exécution de ce jugement se poursuive contre les représentants du condamné. L'art. 877 du C. Nap. porte que les

---

(1) Cass., 30 juin 1814, S. 261 ; Rej., 12 août 1856, D. 362 ; Dall., v° *Enreg.*, n° 6197, et v° *Peine*, n° 749.
(2) L. 22 frim. an 7, art. 33 à 40 et 64.—Loi 28 avril 1816, art. 76.
(3) Duvergier, *Coll. des lois*, 1841, p. 415.
(4) L. 25 vent. an 11, art. 53 ; décrets 30 mars 1808, art. 103, et 14 juin 1813, art. 73; Cass., 21 avril 1836, D. 315.
(5) Cass., 9 déc. 1813, *B. cr.*, n° 258.

titres exécutoires contre le défunt sont pareillement exécutoires contre l'héritier personnellement. Néanmoins, les créanciers ne peuvent en poursuivre l'exécution que huit jours après la signification de ces titres à la personne ou au domicile de l'héritier. Ces formalités devraient être observées dans le cas qui nous occupe.

89. Quant à l'amende, bien que l'héritier n'en soit pas responsable quand le prévenu meurt avant la condamnation, cependant, si l'amende avait été prononcée par un jugement passé en force de chose jugée avant le décès de l'agent, son héritier n'en serait-il pas tenu? N'est-ce pas pour le Trésor une créance définitivement acquise qui pèse sur les biens du défunt, et dont les héritiers ne peuvent éluder le paiement?

On pourrait dire que la peine, ne devant frapper que le coupable, si celui-ci meurt avant le paiement de l'amende, bien que sa condamnation soit prononcée, l'héritier ne doit pas en être tenu ; que le but de la peine est manqué, puisque le coupable, n'éprouve aucun des inconvénients qui en résultent, et que c'est, au contraire, l'innocent qui les subit.

Nous pensons néanmoins que ces raisons ne doivent pas prévaloir : en effet, du moment que la condamnation est prononcée, il ne peut plus dépendre du débiteur d'en éviter l'accomplissement : l'exécution dépendrait donc de la mauvaise volonté d'un condamné, d'une faute nouvelle de sa part, qui consisterait à retarder le paiement, ou de la tolérance de l'administration qui ne se serait pas hâtée de l'exiger? Une raison encore plus décisive, c'est que le Trésor ne poursuit plus ce paiement par action publique. C'est une action purement privée qu'il dirige désormais, soit contre le condamné, soit contre les héritiers, en qualité non-seulement de représentants de la personne, mais de successeurs aux biens. Il y a là maintenant une dette ordinaire qui s'est transmise aux héritiers comme toutes les autres dettes de la succession. Il est vrai que cette dette a eu pour cause un délit, mais elle n'en grève pas moins l'hérédité d'une manière définitive. La discussion du C. d'inst. crim. au Conseil d'État doit lever à cet égard toute espèce de doute, car la question y fut examinée et positivement résolue dans ce sens (séance du 31 mai 1808). M. de Cessac demande si l'héritier est affranchi du paiement de l'amende et des autres condamnations pécuniaires. MM. Cambacérès et Treilhard répondent que l'art. 2 n'atteint que l'action publique. M. Merlin distingue entre le cas où l'amende est prononcée et celui où elle ne l'est pas. « Dans le premier cas, dit-il, la condamnation doit avoir ses effets ; dans le deuxième, la mort du prévenu, le faisant réputer innocent, empêche qu'aucune peine, même pécuniaire, puisse lui être appliquée. » M. Cambacérès dit que c'étaient-là les vrais principes. « L'observation de M. Merlin, ajoute-t-il, lèvera les doutes et fixera le sens de l'article. Il sera bien entendu que le jugement qui prononce l'amende recevra son exécution nonobstant la mort du condamné (1). »

Les lois romaines étaient même plus rigoureuses. Elles reconnaissaient bien que le décès du prévenu éteint toute espèce de peines, mêmes pécuniaires. « Civilis est constitutio « pœnalibus actionibus hæredes non teneri (D. 1, 1, *De* « *privatis delictis*). Est certissima juris regula ex maleficiis « pœnales actiones in hæredem rei non competere. » (*Inst.* IV, 12, § 1, et l. 3, D., *De Regulis juris*, § 1.) Cependant, il en était autrement quand l'accusé n'était mort qu'après la *litis-contestatio* : « Pœnales autem actiones quas suprà « diximus si ab ipsis principalibus personis fuerint contes- « tatæ et hæredibus dantur, et in hæredes transeunt » (*Ibid.*). Cette règle tenait à la rigueur du système formulaire, et à ce principe, qu'une fois le procès lié par la *litis contestatio*, la position des parties était irrévocablement fixée, et que le demandeur devait obtenir par le jugement tout ce qu'il aurait eu si l'affaire eût été vidée à ce moment solennel. Mais cette règle devait tomber avec le système auquel elle se rattachait, et elle a toujours été proscrite dans la jurisprudence française, comme l'enseigne Boutaric : « La distinction entre le cas où il y a eu et celui où il n'y a pas eu contestation en cause avec le défunt, ne convient point à notre usage ; que le coupable décède avant ou après la cause contestée, l'action pénale est éteinte, et l'héritier n'en est point tenu (2). »

Si le défunt avait souscrit volontairement une soumission de payer l'amende à laquelle il a été condamné, il n'y aurait aucune difficulté ; car il en serait résulté une sorte de novation qui aurait effacé le caractère pénal de la dette. Le

---

(1) Locré, 25, p. 118. *Junge* Bourguignon, *Sur l'art. 2 du C. d'inst. crim.*, n° 1 ; MM. Chauveau et Faustin Hélie, t. 1, p. 256 ; Merlin, *Rép.*, v° *Délit*, § 9, n° 3, et v° *Amende*, § 5.
(2) *Instit.*, liv. 4, tit. 12. — Voyez aussi Serres, *Instit. au droit franç.*, tit. *De perpet. et temp. act.* ; Muyart de Vouglans, *Lois crim.*, part. 2, liv. 1, tit. 1, § 3, n° 3.

paiement serait poursuivi en vertu de ce contrat qui constituerait une obligation purement civile.

90. La confiscation du corps du délit, des objets particuliers produits ou instruments du délit, prononcée par l'art. 11 du C. pén. est aussi une peine : à tel point qu'elle ne peut être prononcée que lorsqu'elle est autorisée par un texte formel de la loi (1). Et bien qu'elle ait principalement pour but de frapper « un objet déterminé, l'instrument ou le fruit du délit » (2), elle ne peut cependant être prononcée qu'à la suite d'un jugement régulièrement rendu contre l'auteur du délit (3).

Telle est la règle générale ; mais elle reçoit exception dans des cas prévus par certaines lois spéciales. C'est ainsi que la loi du 22 août 1791, tit. 10, art. 23, ordonne la confiscation des marchandises dont l'entrée est prohibée, dans le cas même où la nullité du procès-verbal ne permet pas de constater le délit et de prononcer une autre condamnation contre le propriétaire ou introducteur de ces marchandises. La loi du 19 brumaire an 6, sur la garantie des matières d'or et d'argent, prononce également, dans tous les cas, la confiscation des ouvrages marqués de faux poinçons. Cependant, en principe, un prévenu, renvoyé des fins de la plainte, ne peut être condamné à la confiscation des objets saisis, car il implique contradiction qu'un prévenu soit acquitté et frappé en même temps d'une peine. Mais, en pareil cas, le procès est fait, en quelque sorte, à la chose elle-même, en même temps qu'à celui qui s'en sert ou qui l'introduit ; et c'est par mesure de police qu'on la fait disparaître, quand même l'introducteur ne peut être condamné. La confiscation n'a pas le caractère d'une condamnation personnelle ; elle serait plutôt *réelle*, s'il était permis d'employer cette expression.

Il suit de là que la confiscation d'un objet saisi pour contravention à une loi prohibitive de ce genre pourrait être

---

(1) MM. Hélie et Chauveau, t. 1, p. 265, et 4ᵉ éd. p. 221, 222.
(2) *Ibid.*
(3) M. Carnot, *Sur l'art. 2 du C. d'inst. crim.*, soutient, à l'égard du crime de fausse monnaie, que la confiscation n'est qu'une indemnité pour le Trésor du dommage causé par l'émission de fausse monnaie. Ceci pourrait être vrai jusqu'à un certain point, quand il s'agit de ce crime en particulier ; mais à l'égard de tous les autres objets d'une contravention, qui souvent n'ont pas de valeur pécuniaire, et surtout dont l'existence ne cause pas de préjudice au Trésor, on ne peut pas considérer la confiscation du corps du délit comme une indemnité.

I.   6

prononcée contre les héritiers du contrevenant, même après le décès de celui-ci. Comme héritiers de l'introducteur, ils sont propriétaires de l'objet saisi tant que la confiscation n'en a pas été prononcée, et c'est pourquoi la poursuite est dirigée contre eux, comme elle le serait contre des tiers à qui l'introducteur l'aurait transmise. Mais aucune autre peine ne peut être prononcée contre eux, puisqu'ils ne sont point coupables de la contravention. C'est, comme nous venons de le dire, par mesure de police que la confiscation de l'objet sera prononcée (1).

91. Il en est de même de la confiscation de substances nuisibles, telles que les comestibles et boissons corrompus ou falsifiés (2), d'objets dangereux, comme les armes prohibées (3), et de la destruction d'un ouvrage édifié en contravention (4). Car c'est la possession ou l'existence même de ces objets qui constitue une atteinte à l'ordre public, dès lors c'est à la chose que la loi s'applique. Ainsi, l'amende à laquelle un propriétaire a été condamné à raison de constructions élevées par lui contrairement à des règlements de grande voirie, est personnelle à ce propriétaire et ne peut être réclamée à l'acquéreur de sa propriété. Mais la démolition des ouvrages qui constituent cette contravention doit être poursuivie contre cet acquéreur (5).

92. Des questions analogues à celles qui viennent d'être traitées se présentent, en ce qui touche le remboursement des frais. Les articles 162, 194 et 368, C. d'instr. crim., et les articles 52 et 55, C. pén., veulent que tout jugement de condamnation, rendu contre le prévenu ou l'accusé, le condamne en même temps aux frais de la poursuite. Nous dirons en détail, au chapitre suivant (nᵒˢ 113 et suiv.), quelles conditions sont nécessaires pour que les frais soient mis ainsi à la charge de la personne poursuivie. Il nous suffit de constater ici que cette condamnation étant l'accessoire et la conséquence de la condamnation principale à la peine portée contre le délit, ne peut être prononcée dans le cas où la peine

---

(1) Merlin, *Rép.*, vᵒ *Délit*, § 9, nᵒ 4 ; *Quest.*, vᵒ *Delit*, § 1 ; *Tabac*, nᵒ 9; Bourguignon, *Sur l'art. 2 du C d'inst. crim.*, nᵒ 2 ; Cass., 9 prair. an 9, et 9 déc. 1813; F. Hélie, *inst. crim.* 3, p. 518, 519.

(2) L. 27 mars 1851, art. 1 et 5. L. 5 mai 1855.

(3) C. pén. art. 314; L. 24 mai 1834, art. 1, 2, 3 et 4. Rej, 26 mars 1835; D. 152; S. 630.

(4-5) C. d'État 14 fév. 1861, D. 61.3.73.

elle-même ne pourrait pas l'être, et notamment quand le prévenu vient à mourir avant que le jugement soit devenu irrévocable (1).

93. A plus forte raison ne pourrait-elle pas être prononcée, en pareil cas, contre les héritiers. Cette condamnation manquerait totalement de base, puisqu'elle n'est que l'accessoire de la condamnation principale, et qu'elle ne peut être poursuivie que par action publique, ou du moins par une action liée à l'action publique, qui s'éteint avec celle-ci par la mort du coupable.

94. Mais que déciderons-nous si le jugement a acquis force de chose jugée avant le décès? La condamnation aux peines prononcées contre l'auteur du délit est inexécutable. Doit-il en être de même de la condamnation aux frais? Doit-on, au contraire, considérer la condamnation aux frais comme une simple indemnité due au Trésor, indemnité qui peut être poursuivie par la voie civile contre les héritiers du condamné aussi bien que les dommages-intérêts ordinaires?

En supposant que la condamnation aux frais pût être considérée comme une peine pécuniaire, ce que nous avons dit plus haut de l'amende nous obligerait à décider également que le recouvrement des frais peut être poursuivi contre l'héritier. Ces deux peines seraient évidemment de la même nature. L'on sait même, que primitivement, les amendes étaient destinées à couvrir les frais de justice criminelle ; d'où vient que, dans l'ancien droit, et jusqu'à la loi du 18 germinal an 7, ces frais restaient à la charge du Trésor public (2) qui percevait les amendes et le produit des confiscations générales prononcées contre les coupables (*Ordonn. de* 1670, tit. 25, art. 17). L'assimilation parfaite entre les effets de la condamnation à l'amende et ceux de la condamnation aux frais, au regard des héritiers, ne saurait donc être douteuse dans cette première hypothèse. Mais il y a plus. En réalité, la condamnation aux frais n'est pas une peine proprement dite (3). Il suffirait, pour s'en convaincre, de

---

(1) Déc. min., 13 mai 1823, M. de Dalmas, *Tr. des frais de just. crim.*, p. 379 ; Carnot, *Inst. crim.*, art. 2, nos 20 et 21 ; MM. Chauveau et Faustin Hélie, t. 1, p. 307.

(2) Ou du seigneur haut justicier quand il s'agissait des poursuites de sa juridiction. Legrand, *Cout. de Troyes*, art. 120, gl. 1, nos 3, 4 et 5.

(3) Cass., 25 mars 1843, S. 614, et 6 mars 1846, S. 509.

remarquer que la partie civile, quand elle succombe, y est elle-même condamnée (C. instr. crim., art. 194 et 368). Ce n'est assurément pas à titre de peine proprement dite, mais bien comme une simple indemnité envers le Trésor des avances par lui faites à l'occasion d'une poursuite que la partie civile a souvent provoquée, à laquelle, du moins, elle s'est jointe et a prêté son concours, et qui est, en définitive, reconnue mal fondée. Mais qu'elle soit prononcée contre le prévenu ou contre la partie civile, la condamnation aux frais conserve évidemment le même caractère. Ce sont les mêmes dispositions qui la prononcent, et rien dans la loi n'établit entre elles une distinction de nature. Dans l'un et l'autre cas, ce n'est que la réparation du dommage causé par les poursuites ; ce sont de véritables dommages-intérêts au profit du trésor ; et c'est uniquement le besoin et le désir de soulager l'Etat d'une charge très-pesante qui fit adopter la loi du 18 germinal an 7, laquelle introduisait dans la législation cette règle nouvelle, qui ne passa pas sans difficulté. Au reste, un avis du conseil d'Etat du 23 fructidor an 13, approuvé le 26 (V. n° 95), a résolu la question dans ce sens (1). Il est donc certain que l'héritier est responsable des condamnations aux frais prononcées du vivant du défunt, par un jugement passé en force de chose jugée.

95. Cependant, on s'est demandé s'il en serait de même dans le cas où le condamné serait mort avant la notification de l'arrêt définitif, par exemple, avant la notification de l'arrêt de la Cour de cassation qui rejette son pourvoi, par conséquent, avant l'exécution. La question a été décidée par l'avis du conseil d'Etat, du 23 fructidor an 13, que nous venons de citer. Dans l'espèce sur laquelle le conseil a été appelé à statuer, l'arrêt de rejet avait été rendu avant la mort du condamné, bien qu'il ne fût parvenu au greffe que depuis. Ainsi, la condamnation était devenue définitive pendant la vie du condamné ; seulement, elle n'avait pu être exécutée, ni même notifiée. Le conseil d'Etat, auquel fut soumise la question qui nous occupe, fit précéder son avis de motifs très-développés. Il considère d'abord que la mort après le jugement affranchit le condamné de la peine, mais laisse subsister l'action pour les réparations civiles ; que la con-

---

(1) Merlin, *Rép.*, v° *Frais de procès crim.*, n° 4; MM. Hélie et Chauveau, t. 1, p. 282; Dalmas, *Frais de justice*, introd., p. xxii; Cass., 25 mars 1843, S. 614, et 6 mars 1846, S. 509.

damnation n'en était pas moins définitive, quoique l'arrêt de
la Cour de cassation ne fût pas connu dans le lieu où était
détenu le condamné au moment du décès de celui-ci ; que le
jugement n'ayant pu être exécuté, par rapport à la peine,
n'a pas produit les effets qui sont la conséquence de la peine,
comme la mort civile, mais que le remboursement des frais
n'étant qu'une indemnité accordée au fisc, qui ne dépend
pas de l'exécution ou de la non-exécution du jugement, peut
être poursuivi comme l'indemnité due aux plaignants et
accusateurs privés.

Cet avis consacre la doctrine admise par nous, que les frais
et dépens doivent être considérés comme réparation civile,
et non pas comme une peine. Il ne contredit point ce que
nous avons dit de la nature accessoire de cette sorte de réparations, qui est la conséquence de la peine, et ne peut être
prononcée qu'avec elle.

Quant à la question principale qu'il avait pour but de
trancher, nous pensons qu'elle a été bien résolue. Pour que
la condamnation subsiste et produise tous les effets dont elle
est susceptible, par rapport aux biens, nous ne voyons aucune nécessité que la notification en ait été faite au condamné, de son vivant. C'est une formalité qui n'ajoute rien
à la force intrinsèque du jugement ; c'est un préliminaire
de l'exécution, voilà tout. Il suffit donc que l'arrêt soit notifié
aux héritiers sur lesquels s'exécute la condamnation aux
frais. La condamnation à la peine principale, qui entraînait
celle-ci comme accessoire, n'en a pas moins frappé le défunt,
bien qu'il l'ait ignoré ; il en a été virtuellement atteint.

96. Ces raisons se trouvent reproduites dans un arrêt de
la Cour de cassation du 16 janvier 1811, que M. Merlin cite
comme en ayant fait l'application à la question que nous
venons d'examiner (1). Mais, à notre avis, cette espèce n'é-
tait pas le moins du monde celle que prévoit et sur laquelle
statue l'avis du conseil d'État précité.

Le 17 messidor an 13, arrêt de la Cour de justice criminelle du département de l'Ardèche, qui condamne Etienne
Ponton à vingt ans de fers et au remboursement des frais de
la procédure avancés par le Trésor. Etienne Ponton se pourvoit en cassation contre cet arrêt et meurt. Peu de temps
après, la Cour de cassation, ignorant son décès, prononce

_____

(1) *Rép.*, v° *Frais de procéd. crim.*, n° 4.

sur son recours et le rejette. En conséquence, la régie poursuit contre les héritiers d'Etienne Ponton le recouvrement des frais auxquels il a été condamné. Cette prétention était évidemment mal fondée. Le condamné étant mort avant la prononciation de l'arrêt de la Cour de cassation, était mort dans l'intégrité de ses droits. Le jugement de condamnation était tombé de plein droit (1). Le rejet du pourvoi n'aurait pas dû, régulièrement, être prononcé après sa mort, et, par conséquent, la condamnation aux frais s'évanouissait avec la peine dont elle est l'accessoire. Le tribunal civil de Rouen avait jugé en ce sens, mais la Cour suprême cassa son jugement par cet arrêt du 16 janvier 1811.

Il ne nous paraît pas bien rendu.

M. Carnot (2) dit « que l'arrêt est dans les principes, parce que ce n'est que la peine proprement dite que l'art. 2 du Code d'instruction criminelle considère comme non avenue, et non les condamnations civiles telles que les dommages-intérêts, restitution et frais. »

Mais cette raison est sans aucune force par rapport aux frais, puisqu'ils sont l'accessoire de la peine et que les deux condamnations s'évanouissent en même temps. M. Carnot, qui reconnaît à la condamnation aux frais le caractère accessoire dont nous parlons, est ici en contradiction avec lui-même.

Au surplus la jurisprudence de la Cour de cassation est aujourd'hui fixée dans le sens de notre opinion (3).

97. Que déciderions-nous si le condamné était mort dans les délais de l'appel ou du recours en cassation, mais avant d'avoir manifesté l'intention de se pourvoir devant la juridiction supérieure? Le jugement sera-t-il considéré comme définitif par cela seul que le condamné n'a pas interjeté appel? L'héritier aura-t-il au moins la faculté de former lui-même l'appel ou le recours en cassation, afin de faire tomber la condamnation principale dans son intérêt personnel?

Ou bien le jugement sera-t-il considéré comme non avenu, comme au cas que nous venons d'énoncer. M. Carnot (4)

---

(1) Décis. du garde des sceaux du 13 mai 1823; Dalmas, p. 380; MM. Hélie et Chauveau, 1, 307.

(2) Art. 2, n° 24. Mais v. le n° 27.

(3) Cass., 11 mars 1842 ; Bull. 59; Rej. 17 janv. 1860, D. 200, et 18 déc. 1862. D. 63.1.112. voy. d'ailleurs, *infra*, n°ˢ 267 et s.

(4) *Art. 2 du C. d'inst. crim.*, n° 27.

adopte ce dernier système. Suivant lui, le jugement n'est pas irrévocable et ne peut le devenir. C'est comme s'il n'était pas intervenu de condamnation. M. Faustin Hélie (1) dit également que l'action publique étant éteinte par la mort du prévenu, les condamnations accessoires à la peine tombent en même temps, et que pour opérer cette extinction, il suffit que le décès du condamné ait lieu dans les délais de l'appel ou du pourvoi.

On peut sans doute objecter à cette doctrine qu'un jugement une fois rendu conserve son existence et tous ses effets, tant qu'il n'est pas régulièrement mis à néant par une sentence supérieure : Qu'à la vérité, tant que celui qu'il condamne est dans le délai pour le faire réformer cette existence et ces effets sont soumis à une condition ; mais que si la condition ne s'accomplit pas, par une raison quelconque, même par la mort du condamné, le jugement acquiert toute l'autorité de la chose jugée : Que s'il en est autrement en cas de contumace quand le condamné meurt dans les cinq années de grâce (C. Nap. 31), c'est une exception, une règle toute particulière, qui ne peut tirer à conséquence. Qu'ainsi, pour faire tomber le jugement et la condamnation aux frais, il faudrait donc que les héritiers pussent former eux-mêmes l'appel ou le recours en cassation, et que ce droit ne paraît pas leur être donné.

Nous pensons cependant que la solution ci-dessus doit être admise. La condamnation aux frais n'est que l'accessoire de la peine prononcée. Pour que cette double condamnation subsiste, il faudrait qu'elle fût irrévocable. Or, elle ne l'est pas, tant que les délais de l'appel ou du pourvoi ne sont pas expirés (C. instr. crim., 203, § 2). Il faut, en effet, de deux choses l'une : ou admettre les héritiers à interjeter appel pour faire statuer sur l'innocence ou la culpabilité de leur auteur, ce qui est inutile puisqu'il est décédé et que la peine encourue par lui ne saurait être exécutée; que d'ailleurs, il est de principe qu'un procès criminel ne peut être dirigé contre un homme mort ; qu'ainsi l'action publique est totalement éteinte : — Ou bien, on doit décider que le prévenu est mort *integri statûs*, et c'est là le parti le plus rationnel.

Il est aussi le plus conforme à la jurisprudence actuelle que nous venons d'indiquer (2).

---

(1) *Th. C. inst. crim.*, 3, p. 511, 519 et 520.
(2) N° 96. V. aussi n° 267.

98. Mais ceci ne s'applique qu'aux frais dont la condamnation est prononcée au profit du Trésor public et non à ceux qui sont prononcés au profit de la partie civile. En ce qui touche la condamnation aux frais envers le Trésor, le jugement est anéanti.

En ce qui touche les frais auxquels le prévenu aurait été condamné envers la partie civile, quand il y en a une en cause, il en est autrement. Ici, la condamnation aux frais n'est plus l'accessoire de la peine, mais des dommages-intérêts qui peuvent être prononcés contre les représentants du coupable. Il suffit, pour qu'elle puisse avoir lieu contre eux, que leur auteur ait commis envers la partie civile une faute, et qu'il soit obligé à la réparer. En pareil cas, ils ont réellement succombé dans la poursuite dirigée par la partie civile et peuvent être directement condamnés aux frais. Or, par cela même que l'action subsiste tout entière contre eux, elle subsiste aussi pour eux. Ils peuvent se faire décharger en appel et ont la faculté d'appeler comme la partie civile pourrait le faire si le prévenu avait été acquitté à tort, ou si l'on avait refusé d'allouer à la partie civile les dommages-intérêts auxquels elle avait droit.

Ils pourront même, s'ils triomphent sur l'appel, obtenir à titre de dommages-intérêts, contre la partie civile, le remboursement des frais auxquels ils sont condamnés définitivement et directement envers le Trésor. Il est juste qu'ils obtiennent de cette manière, et autant qu'il est possible, le bénéfice assuré au prévenu acquitté par les articles 162, 194 et 368, C. inst. crim.

99. Si, pendant l'instance suivie devant les tribunaux correctionnels ou de police, le prévenu ou l'accusé décédait avant qu'aucun jugement de condamnation fût prononcé contre lui, la partie civile devrait être renvoyée à se pourvoir devant les tribunaux civils. Ceux-ci auraient alors à décider la question de savoir qui doit supporter, en définitive, les frais faits sur l'action publique devant le tribunal de répression (V. n° 121). Car, devant ce tribunal, la partie civile, qu'elle succombe ou non (V. n°s 122 et 123), est toujours tenue des frais vis-à-vis du Trésor. En conséquence, tous ceux faits par le ministère public, même sur une poursuite que le décès du prévenu a arrêtée, sont à la charge de la partie civile. Mais le tribunal civil, en prononçant sur les dommages-intérêts de la partie civile, doit prononcer sur ces frais et les

mettre à la charge des héritiers, à titre de réparation, s'ils succombent dans le procès qui leur est intenté.

100. Quand l'accusé ou le prévenu a été acquitté, et qu'il est démontré par là qu'il était poursuivi à tort, les personnes qui ont donné lieu à cette poursuite encourent une responsabilité pénale ou simplement civile, suivant les circonstances.

L'art. 373, C. pén. porte : « Quiconque aura fait par écrit « une dénonciation calomnieuse contre un ou plusieurs indi- « vidus, aux officiers de justice ou de police administrative ou « judiciaire, sera puni d'un emprisonnement de six mois à un an, et d'une amende de 100 fr. à 3,000 fr. » Et l'art. 358, C. d'inst. crim. ouvre à l'accusé une action civile fondée sur les mêmes bases : « L'accusé acquitté pourra obtenir des dom- « mages-intérêts contre son dénonciateur pour fait de « calomnie... Le procureur général sera tenu, sur la réqui- « sition de l'accusé, de lui faire connaître le dénonciateur. » Ces dispositions sont parfaitement justes : car l'accusé traduit devant un tribunal criminel a souffert une atteinte grave à sa considération, à son honneur, ordinairement à sa liberté. Par suite, il a souffert dans son crédit, dans ses biens. Ce préjudice, quand il a été causé à tort, doit être réparé. Il importe aussi à la société en général que les citoyens ne soient pas exposés à des poursuites mal fondées, par suite de dénonciations trop légères. Elles se multiplieraient si elles restaient impunies, et la paix des familles en serait troublée.

Quand il y a calomnie, c'est-à-dire quand la fausseté de l'inculpation était connue du dénonciateur qui agissait dans l'intention de nuire, les peines portées par l'art. 373, C. pén. doivent lui être appliquées, et il doit être, en outre, condamné aux dommages-intérêts.

Si la dénonciation a été faite sans intention coupable, mais seulement avec légèreté, l'action civile est seule ouverte au prévenu.

L'art. 358, C. d'inst. crim., dit même simplement que « l'accusé acquitté *pourra* obtenir des dommages-intérêts « contre ses dénonciateurs, pour fait de calomnie. » Ainsi, de ce que l'accusé aurait été acquitté, il ne suivrait pas nécessairement qu'il dût obtenir une réparation. Il n'est pas nécessaire pour dénoncer un fait à la justice d'en avoir toutes les preuves en main, il suffit d'avoir des motifs graves de soupçonner la personne que l'on désigne aux poursuites des magistrats. « Mais si le dénonciateur s'est déterminé imprudemment à imputer à un individu un délit dont il est

innocent, il lui doit la réparation du dommage que les poursuites ont occasionné (1). »

101. Enfin la partie civile qui succombe doit être condamnée
aux frais comme le serait, en pareil cas, le prévenu. Nous
reviendrons sur ce sujet (n°s 122 et suiv.).

CHAPITRE IV.

ÉTENDUE DE LA RESPONSABILITÉ.—NATURE DE LA RÉPARATION.

Sommaire

---

(1) MM. Mangin et F. Hélie, *De l'instr. écrite*, n° 74.

102. Les anciens auteurs distinguaient les réparations civiles proprement dites des dommages-intérêts. Par réparations civiles ils entendaient principalement la réparation d'un
tort causé à un individu dans sa personne, son honneur et sa
considération. Le mot dommages-intérêts était ordinairement
réservé pour indiquer le dédommagement dû à celui qui a
souffert une perte dans sa fortune (1). Il y avait encore cette
différence que, par réparations civiles ou intérêts civils, on
n'entendait que les dédommagements qui avaient pour
cause un délit, tandis que, par dommages-intérêts, on dési-
gnait toute espèce d'indemnité, par exemple, celle adjugée
à l'accusé contre son accusateur, et celle due à raison d'une
faute, même purement civile, et de la violation d'un contrat (2).

Aujourd'hui, cette dernière distinction est la seule admise,
car on donne le nom de réparations civiles aux indemnités
dues à raison de toute espèce de délit, soit que l'offensé en
ait éprouvé un préjudice matériel, et dans ses biens, soit
qu'il n'en ait éprouvé qu'un préjudice purement moral dans
son honneur et sa réputation et l'on se sert également dans
tous ces cas, du mot de dommages-intérêts pour désigner
cette indemnité.

Mais parmi les indemnités qui sont dues à raison d'un
crime, d'un délit ou d'une simple contravention, les unes
consistent particulièrement dans le fait de remettre les choses
au même état qu'avant l'atteinte portée à l'objet même ou
le trouble à la jouissance ; ainsi, la remise en possession de
la chose volée, la restauration des clôtures détruites pour
s'introduire dans une maison, la réparation des dégradations
commises sur une route par anticipation, creusement de

---

(1) Denizart, v° *Répar. civ.*, n° 17; Muyart de Vouglans, p. 305. —
Cependant le mot dommages intérêts était employé aussi dans le sens
général que nous lui donnons. V. *Ordonn. de* 1539, art. 88.
    (2) Denizart, *ibid.*; Muyart de Vouglans, p. 304 et 305; v° *Répar.
civ.*, *in princip.*

fossés ou de rigoles, etc. C'est à ce genre d'indemnités que l'on applique aujourd'hui le nom de *restitutions* ou *réparations*, par opposition aux *dommages-intérêts* qui comprennent toute espèce de préjudice, matériel ou seulement moral, principal et accessoire. « Ainsi, celui qui plaide sur la propriété d'un brevet d'invention en concluant contre ses adversaires demandera une somme à titre de dommages-intérêts pour le rembourser de ses voyages, pertes de temps, soins de toute nature que lui a occasionnés le procès, en tenant compte aussi du préjudice moral, tel que l'impression qui sera restée dans les esprits que son droit est contestable, etc. (1) » On trouve cette distinction entre les restitutions ou réparations et les dommages-intérêts formellement exprimée dans plusieurs textes de lois; on peut citer celle du 10 vend. an IV, sur la police intérieure des communes. Les articles 1 et 5 du titre 5 sont ainsi conçus : « Art. 1er. Lorsque, par « suite de rassemblements ou attroupements, un citoyen « aura été contraint de payer, lorsqu'il aura été volé ou pillé « sur le territoire d'une commune, tous les habitants de la « commune seront tenus de la *restitution*, en même nature, « des objets pillés et choses enlevées par force, ou d'en payer « le prix sur le pied du double de leur valeur, au cours du « jour où le pillage aura été commis. — Art. 5. Le tribu- « nal civil du département réglera le montant de la *réparation* « et des *dommages-intérêts*, dans la décade, au plus tard. »

103. Toute espèce de délit qui entraîne, pour autrui, un préjudice appréciable donne ouverture à une action en dommages-intérêts ; c'est ce que nous avons supposé jusqu'à présent comme un principe constant, et telle est, en effet, la pratique universelle de nos tribunaux.

Cependant, l'article 51, C. pén., semble apporter une restriction à ce droit : « Quand il y aura lieu à restitution, « porte cet article, le coupable pourra être condamné, en « outre, envers la partie lésée, à des indemnités. » Résulte-t-il de là que les tribunaux ne puissent allouer des dommages-intérêts qu'au cas seulement où il y a lieu à restitution proprement dite?

Ce serait établir sans aucun fondement raisonnable une restriction singulière à l'étendue des réparations civiles que la partie lésée est en droit d'exiger. L'on ne comprendrait

(1) M. Cotelle, *Traité des procès-verbaux*, p. 257.

pas que la victime d'un guet-apens, qui n'aura échappé à ses assassins que couverte de blessures, privée peut-être de l'usage d'un membre, ne pût réclamer des dommages-intérêts que l'on obtient pour le moindre vol ou bris de clôtures. Il est évident que l'article 51 n'est qu'énonciatif, et telle est la décision unanime des criminalistes (1).

104. En matière de délits, comme lorsqu'il s'agit de l'exécution des obligations contractuelles, les dommages-intérêts doivent être la représentation du préjudice éprouvé et du gain dont on a été privé, *lucrum cessans et damnum emergens*. Tel est le principe général; mais il présente quelques difficultés dans l'application.

Au titre : *des Obligations conventionnelles*, la loi a tracé, dans les articles 1146 et suivants, C. Nap., des règles qui modifient assez profondément le principe que nous venons de formuler; ainsi, l'art. 1150 porte que si ce n'est point par le dol du débiteur que l'obligation n'est pas exécutée, celui-ci, n'est tenu que des dommages-intérêts qui ont été prévus ou que l'on a pu prévoir par le contrat; et, d'après l'article 1151, dans le cas même où l'inexécution de la convention résulte du dol du débiteur, les dommages-intérêts ne doivent comprendre, à l'égard de la perte éprouvée par le créancier et du gain dont il a été privé, que ce qui est une suite immédiate et directe de l'inexécution de la convention.

105. Ces articles, écrits en vue des obligations conventionnelles, ne sont pas directement applicables aux dommages-intérêts encourus en raison d'un délit, par conséquent en dehors de toute convention, cependant, pourquoi l'analogie qui peut exister entre l'hypothèse qu'ils prévoient et celle qui nous occupe ne nous les ferait-elle pas prendre pour guide? Il existe une liaison intime entre le dol ou la fraude commise dans l'exécution d'un contrat et la faute qui caractérise toujours les délits proprement dits. Quelquefois ce dol contractuel, s'il est permis d'employer cette expression, constituera en même temps un délit qualifié, et se nommera banqueroute, escroquerie, abus de blanc-seing ou de confiance, etc. D'autres fois il ne sera pas rangé dans la classe des délits prévus par la loi pénale, mais, au fond, il n'y aura pas de différence sensible; le principe sera le même, l'élé-

(1) Bourguignon, t. 3, p. 40; Locré, *Lég. franç.*, t. 29, p. 89; Rauter, *Droit crim.*, n° 133.

ment constitutif sera identique dans les deux cas : un fait illicite commis avec intention de nuire. D'autres fois encore le délit qualifié ne constituera point la violation d'un contrat; on peut donner pour exemples les atteintes à la sûreté, à la vie des personnes. Dans ce cas, l'intention coupable n'est pas un élément nécessaire du délit; il peut y avoir seulement imprudence, négligence; par exemple, en cas d'homicide, blessures, coups involontaires. Mais, en pareil cas, l'importance de la lésion conduit aisément à appliquer aux réparations qu'elle entraîne les règles établies pour la réparation des fautes les plus graves de l'ordre purement civil; et quand même il ne s'agirait que du dommage causé par une de ces contraventions qui ne supposent pas nécessairement une intention malfaisante, n'est-ce pas une faute lourde, que l'on peut assimiler au dol, de se mettre en contradiction avec la loi pénale et les règlements émanés de l'autorité publique, lois et règlements que tout citoyen est tenu de connaître? N'est-ce pas une faute lourde de procurer, par cette infraction même, un préjudice à autrui? Ne trouvons-nous pas ainsi, dans les délits de tout ordre, la base d'une responsabilité semblable à celle qui résulte du dol apporté dans l'exécution d'un contrat? L'étendue de la responsabilité dans le premier cas ne doit-elle pas être au moins égale à celle de la responsabilité encourue dans le second?

Pour notre compte, nous n'hésitons point à adopter ici la règle tracée par l'art. 1151, C. Nap. Ainsi, les dommages-intérêts qui sont dus à raison d'un délit qualifié doivent comprendre, à l'égard de la perte éprouvée par la partie lésée et du gain dont elle a été privée, tout ce qui est une suite immédiate et directe du délit, et pas autre chose. Ils doivent comprendre tous les dommages dont ce délit a été la cause prochaine, mais non ceux qui n'en sont qu'une suite éloignée, et qui peuvent avoir d'autres sources, dont le délit qui a été commis n'a peut-être été que l'occasion et nullement la cause efficiente. C'est l'impossibilité que l'on éprouve presque toujours de discerner ces différentes sources du dommage qui a fait établir la règle ancienne, reproduite exactement dans l'art. 1151, C. Nap., et qui convient évidemment à la matière des délits autant qu'à celle des contrats.

106. Dumoulin formule cette règle dans une hypothèse qui nous convient parfaitement, celle où un locataire a mis le feu à la maison par malice. Il est clair que l'incendiaire, locataire ou non, est tenu de réparer le dommage qu'il a causé. Seu-

lement, en outre de l'action qui naît *ex delicto*, si l'incendiaire est locataire de la maison, il peut être poursuivi par l'action résultant du contrat, l'action *locati*. Ces deux actions tendront toutes deux au même but ; elles auront la même efficacité ; elles entraîneront une responsabilité aussi étendue l'une que l'autre. Or, que dit Dumoulin : « *Et adhuc in doloso intelligitur venire omne detrimentum tunc et proximè secutum, non autem damnum posteà succedens* ex novo casu *etiam occasione dictæ combustionis, sinè quà non contigisset, quia istud est damnum* remotum, *quod non est in consideratione* (1). »

Ainsi, supposons que le feu ayant été mis à mes bâtiments, mes bœufs et mes chevaux de labour ont péri. L'auteur de l'incendie doit m'indemniser de tout ce qu'il m'en coûtera pour faire rétablir ces bâtiments et me procurer le même nombre de bœufs et de chevaux, et s'ils sont devenus plus chers, s'il m'a fallu du temps, des démarches, des déplacements pour me les procurer, il en est tenu.

Mais leur perte m'a empêché de cultiver mes terres ; c'est déjà une suite plus éloignée de l'incendie dont j'ai été victime. Ce défaut de culture de mes terres et les frais d'achat d'autres bestiaux m'ont empêché de payer mes dettes. Mes créanciers ont fait saisir et vendre mes autres biens à vil prix. L'incendiaire en sera-t-il tenu ?

Suivant la doctrine de Pothier, sur l'hypothèse duquel nous calquons à dessein la nôtre, on ne doit pas comprendre, dans les dommages-intérêts, ceux qui résulteraient de la saisie et de la vente de mes biens, car ce dommage n'est qu'une suite indirecte et éloignée de l'incendie, et il n'y a pas une relation nécessaire, quoique la perte de mes bâtiments et de mes bestiaux ait influé sur le dérangement de ma fortune. Ce dérangement peut avoir eu d'autres causes ; il est probable qu'il existait antérieurement, et que les pertes que j'ai éprouvées n'ont fait que le précipiter (2). Quant à la perte soufferte par le défaut de culture des terres, elle est une suite moins éloignée et plus directe du délit. Cependant, si nous suivons Pothier, nous déciderons que l'agent n'en doit pas être tenu, du moins en entier, car le défaut de culture n'est pas une suite nécessaire de la perte des bestiaux ; je pouvais

_____

(1) Dumoulin, *Tractat. de eo quod interest*, n° 179.
(2) Pothier, *Obligat.*, nos 166 et 167 ; Toullier, t. 6, n° 286, *Conf.* Demolombe, t. 24, nos 600 et suiv.

acheter d'autres bestiaux, faire cultiver mes terres par des voisins ou des gens à gages, les affermer, etc. Mais il est évident que tout cela dépend des circonstances, et qu'elles pourront être telles que le défaut de culture soit réellement la suite du délit. Puis, l'article 1151 n'exige pas que le dommage soit la conséquence nécessaire du délit, c'est-à-dire une conséquence que l'on n'a pas pu éviter, il veut seulement qu'il en soit une suite immédiate et directe, c'est-à-dire qu'il ait sa cause efficiente et principale dans le délit; que le dommage n'ait pas pu être évité sans employer des moyens extraordinaires dont l'omission ne constituerait pas une négligence de la part de la personne lésée.

107. Ajoutons que lorsque la demande en dommages-intérêts est fondée sur un délit, on doit se montrer sévère à l'égard de celui qui l'a commis, et apprécier d'une manière moins rigoureuse les pertes qui en sont résultées pour la victime de ce délit. Quand un contrat a été formé, on peut, jusqu'à un certain point, s'attendre que l'autre partie commettra des infractions, on peut se défier de la mauvaise foi trop ordinaire parmi les hommes. Dès lors les moyens de remédier aux suites de l'inexécution des conventions, même en cas de dol, ont pu entrer jusqu'à un certain point dans les prévisions de la partie lésée. Quand il y a délit, quand un préjudice a été causé en dehors de toute convention, il se présente d'une manière beaucoup plus imprévue, il peut causer une plus grande perturbation dans les affaires de la victime, et, d'un autre côté, le fait dommageable en lui-même est ordinairement entaché d'un caractère de perversité beaucoup plus grave que lorsqu'il s'agit d'une infraction aux contrats; la réparation doit être exigée avec plus de rigueur.

On doit aussi tenir compte de la nature diverse des délits. Les uns, comme les coups et blessures causés par imprudence (C. pén., 320), peuvent être commis sans mauvaise intention. D'autres impliquent une volonté dépravée; ils doivent entraîner, pour leurs auteurs, une sévérité beaucoup plus grande. On appréciera donc la valeur du dommage d'une manière plus large dans ce dernier cas ; mais, en principe, on le voit, nous sommes parfaitement fondé à adopter, pour la mesure des dommages-intérêts dus à raison d'un délit, la règle de l'art. 1151 du Code Nap. Nous y trouvons un principe depuis longtemps éclairci et déterminé par la doctrine et la jurisprudence. C'est un guide sans lequel on marcherait au hasard.

I.

7

On opposera peut-être à cette théorie les considérants d'un arrêt de rejet de la Cour de cassation, du 20 janvier 1826 (1) : mais ce serait leur donner une portée qu'il n'ont réellement pas ; car on comprend très-bien que la Cour de cassation n'ait pas vu une violation de la loi dans la disposition d'un arrêt qui refusait d'appliquer l'article 1151 à un cas pareil. Il est évident que cet article n'a pas eu pour objet immédiat de régler les conséquences d'un délit. Mais la doctrine peut, à défaut de toute autre règle, s'attacher au principe exprimé dans cet article, sauf à l'appliquer plus ou moins rigoureusement, suivant les circonstances. En le faisant, il est certain qu'elle ne court aucun risque de s'égarer, et qu'à son tour elle n'aura encouru le reproche de violation d'aucune loi.

108. D'après ce qui a été dit plus haut, on a compris déjà que, si quelque négligence et surtout une faute plus grave de la partie lésée avait augmenté le dommage, le délinquant ne devrait pas être tenu de cette aggravation. Du moins, les tribunaux arbitreront jusqu'à quel point la faute de l'un et celle de l'autre sont intervenues comme élément dans la perte, et feront supporter à chacun la valeur, proportionnellement à ce qui lui est imputable.

Supposons qu'un mur ait été abattu en partie pour commettre un vol, la brèche doit être fermée aux frais du délinquant. Mais le propriétaire lésé n'a intenté son action qu'après un assez long espace de temps, et n'a pris l'initiative d'aucune réparation ; dans l'intervalle, les eaux d'un torrent ou d'un orage ayant pénétré par la brèche dans son terrain y ont causé des ravages. Il y a de son côté négligence imputable ; il aurait dû agir plus tôt, et le dégât survenu est en partie son ouvrage, est une conséquence assez indirecte, assez éloignée du délit primitif, pour que le délinquant soit affranchi de payer tout ou partie du montant de ces derniers dégâts.

Mais la jurisprudence s'est montrée sévère à l'égard du délinquant, dans l'application de ce point de droit. Un arrêt de la Cour d'appel de Paris (2), sanctionné par la Cour de cassation (3), a décidé que si la cause du dommage, avec toutes ses conséquences, se trouve primitivement dans le délit, l'imprudence de la partie lésée, qui aurait pu empêcher pos-

_____

(1) D. 162.
(2) 6 août 1850, S. 50.2.404.
(3) 12 mai 1851, S. 349.

térieurement telles ou telles conséquences de ce délit, et qui ne l'a pas fait, ne fait point disparaître et n'atténue même pas la responsabilité de l'agent et des autres personnes à qui incombe la réparation.

Il est donc difficile de poser une règle bien précise en ce qui concerne l'influence de la *faute commune* sur l'action de la partie qui a souffert des conséquences de cette faute.

C'est au juge du fait qu'il appartient d'apprécier les circonstances et de décider si les torts respectifs sont de nature à faire perdre à l'une tout recours contre l'autre (1). Ainsi, deux industriels qui avaient publié réciproquement des écrits de nature à déprécier leurs produits, ont été déclarés non recevables dans leur action en dommages-intérêts (2).

108 *bis*. Au contraire l'homme qui dans un duel a donné la mort ou fait des blessures à son adversaire peut être condamné à des réparations soit envers celui-ci soit au profit de sa famille (3). Et cela dans le cas même où l'acquittement prononcé par les tribunaux de répression sur les poursuites dirigées contre l'auteur de l'homicide ou des blessures aurait dépouillé le fait de tout caractère criminel ou délictif. Il est évident que le duel constitue dans tous les cas un acte *illicite*, une faute contraire aux lois de la religion, de la morale et de la société, de nature par conséquent à engendrer une responsabilité.

Supposons que celui qui a reçu la mort fût l'offensé, que son adversaire eût refusé tout autre genre de satisfaction, qu'il ait même profité sciemment d'une supériorité marquée dans le maniement des armes, tout le monde comprend qu'il y a de la part de ce dernier un véritable crime, malgré la distance que peuvent mettre entre ce fait et un assassinat ordinaire, les préjugés sociaux et les chances quelque restreintes qu'elles soient d'un combat inégal.

Mais dans l'hypothèse même, où c'est l'offensé qui a donné la mort, où il y aurait égalité dans l'adresse et les forces, en un mot, dans les circonstances les plus favorables, le duel n'en reste pas moins un acte coupable, une atteinte profonde à l'ordre public, « à ce principe que dans une société régulière nul ne doit se faire justice à soi-même. »

_____

(1) Cass., 18 mai 1843. *Journal du Dr. crim.*, n° 3419.
(2) Riom, 23 nov. 1832, D. 53.2.137 ; Bru C. Larbaud.
(3) Rej., 29 juin 1827, S. 463 ; Dall. *Duel*, n° 105. Arrêt de la Cour d'assises de la Seine, 25 nov. 1862, rapporté aff. ***Dillon***, D. 64.1.99.

En vain opposerait-on à la recevabilité de l'action soit du blessé lui-même, soit des représentants de celui qui aurait perdu la vie, l'acceptation par lui faite des éventualités du duel. La convention de se battre ainsi est nulle d'une nullité radicale comme éminemment contraire à l'ordre public et aux bonnes mœurs (1).

En vain aussi l'auteur de l'homicide prétendrait-il qu'il s'est trouvé dans un cas de légitime défense. Le danger qu'il a couru était volontaire ; la défense était sans nécessité (2).

Et enfin au point de vue de la *faute commune* qui nous occupe spécialement, rien encore qui puisse créer une fin de non-recevoir. Qu'il y ait eu faute des deux parts dans la convention même de duel, c'est incontestable. Mais le dommage n'existe que d'un seul côté. Dans l'acte qui le réalise, dans sa cause *immédiate* et *directe* il est le fait d'une seule partie. Donc pas de compensation possible entre les deux fautes primitives, causes moins prochaines, ni entre des demandes réciproques qui ne sauraient se produire comme dans l'espèce de l'arrêt de Riom que nous venons de rapporter (3).

On pourra seulement trouver dans les circonstances du fait, notamment dans la provocation si elle vient de la victime, des motifs de réduire le montant de l'indemnité.

109. L'art. 1146 du C. Nap. porte que les dommages-intérêts ne sont dus que quand le débiteur est en demeure de remplir son obligation. Ceci n'est pas applicable aux dommages-intérêts qui sont dus pour un fait portant préjudice à autrui (4). Lorsqu'il s'agit de faits semblables, et qui se commettent en dehors des contrats, chacun est tenu pour averti de ne les pas commettre. Nous n'avons pas besoin, et il ne nous est pas possible de mettre les autres en demeure de ne pas nous nuire. Il y a de leur part, en ce sens, obligation de ne pas faire, et la règle d'analogie se trouve dans l'art. 1145 qui porte : « Si l'obligation est de ne pas faire, « celui qui y contrevient doit les dommages-intérêts par le « seul fait de la contravention. »

---

(1) C. Nap., art. 6 et 1133. V. les motifs des arrêts : Cass., 22 juin 1837 ; Dall., *Duel*, n° 107 ; Cass., ch. réunies, 15 déc. 1837, 2 fév. et 11 déc. 1839. Dall., *ibid*, n°s 108 et 109.

(2) Mêmes arrêts.

(3) N° 108.

(4) Rej. 8 mai 1832, S. 398 ; D. 176 ; Rej., 31 mai 1865, D. 66.1.26.; Demol., t. 24, n° 545.

Quant aux intérêts moratoires, il n'y a pas en général à s'en occuper, et la règle de l'art. 1153 portant qu'ils ne sont dus que du jour de la demande est également inapplicable ici. Cette règle n'est faite que pour les obligations qui consistent à payer une certaine somme. Or, dans la matière qui nous occupe, l'obligation primitive était, comme nous venons de le dire, de ne pas faire, c'est-à-dire de ne pas nuire à autrui. De l'infraction commise naît l'obligation de réparer, et le jugement qui constate cette obligation doit liquider l'indemnité au montant du préjudice total que subit la partie lésée jusqu'au jour de la sentence définitive (1).

Rien n'empêcherait cependant que dans ce règlement qui rentre d'une manière absolue dans les pouvoirs du juge, celui-ci ne distinguât dans l'indemnité une dette principale et des intérêts dont il fixerait le point de départ (2).

110. Les dommages-intérêts, avons-nous dit, ne devront représenter que le préjudice qui sera la suite *immédiate* et *directe* du délit. Voici une seconde limitation :

Nous avons vu plus haut, n° 45, que celui-là seul était recevable à demander des dommages-intérêts à raison d'un délit, qui en avait éprouvé un dommage *actuel* et *certain*. Il suit de là que, dans l'étendue des dommages-intérêts, on ne peut comprendre que la représentation du préjudice certainement et actuellement éprouvé. Les tribunaux ne pourraient les allouer comme représentation d'un dommage *éventuel*, *possible* et qui, par son éloignement, se complique peut-être dans son origine de plusieurs autres causes. Ainsi, selon nous, celui qui se plaint d'une contrefaçon ne pourrait pas obtenir de dommages-intérêts à raison du préjudice possible, mais non encore réalisé, que lui causerait peut-être la contrefaçon et le procès qu'il soutient, en laissant du doute sur son procédé, sur la réalité de son invention, en lui enlevant, par conséquent, des clients. Cela peut entrer dans les prévisions d'un spéculateur, mais cela n'est pas certain. Les clients ne s'éloigneront-ils pas parce que le procédé sera reconnu imparfait, et non parce que des contrefacteurs l'auront imité,

---

(1) Colmar, 20 déc. 1854, D. 56.2.287. Remarquons, tout en approuvant la solution de cet arrêt, que sa rédaction est vicieuse. C'est le délit et non le jugement qui crée l'obligation.

(2) Dijon, 16 mai 1853 et rej. 27 déc. 1853 ; D. 54.1.143, *Comptoir l'Unité de Chaumont c. Brevelet et C⁰*; rej. 14 janv. 1856. D. 82 et 1ᵉʳ mai 1857, D. 271.

ou parce que la mode changera? Qui pourrait à l'avance
saisir la cause effective de ces événements? Et s'ils ne se
réalisaient pas, malgré les craintes du plaignant, le condamné aurait donc payé la valeur d'un préjudice qui n'existe
pas ; et quel moyen lui resterait-il pour se faire rembourser
de ce paiement de l'indu? Aucun assurément. Au contraire,
si plus tard le dommage se réalisait, celui qui en est victime
pourrait en réclamer la réparation. Il ne serait pas même
nécessaire pour cela qu'il eût fait ses réserves en obtenant
le premier jugement. Sa demande aurait un objet nouveau,
quoique fondée sur la même cause.

111. A l'égard des restitutions ou réparations, c'est-à-dire
de la remise des choses au même état qu'avant le délit, et de
la restauration des dégradations matérielles qu'elles ont subies, il ne peut pas y avoir grandes difficultés. Les tribunaux
doivent d'abord ordonner la cessation du délit, et la destruction de ce qui peut en résulter, enfin, tout ce qui constitue la
réparation proprement dite (1). Ainsi, un mur ou une partie
d'édifice ont été renversés, détruits, pour pénétrer dans l'intérieur et y commettre un vol, ou dans tout autre but (2), la
brèche doit être fermée aux frais du délinquant.

112. Les frais de la procédure, ou la représentation de ce
qu'il en a coûté pour découvrir et poursuivre le coupable,
sont évidemment une conséquence directe du délit, et l'équivalent d'un préjudice actuel et certain soit pour le Trésor
public, soit pour la partie civile. La condamnation aux dépens, prononcée contre le coupable, est donc une mesure
parfaitement juste. Nous avons vu ailleurs (*suprà*, n° 92) que
la charge des dépens devait être considérée comme une réparation purement civile, bien qu'elle soit revêtue d'un caractère particulier (3). Ceci nous conduit à examiner avec
détail dans quelles circonstances le prévenu et la partie civile
peuvent être condamnés aux frais.

113. A l'égard du prévenu, c'est seulement lorsqu'il succombe, lorsqu'il est condamné (4), c'est-à-dire lorsqu'il subit

---

(1) Cass., 24 janv. 1834, D. 181, S. 264.
(2) Le C. pén. (art. 437) punit de la réclusion quiconque aura volontairement détruit ou renversé, par quelque moyen que ce soit, en
tout ou en partie, des édifices ou... constructions qu'il savait appartenir
à autrui.
(3) Cass., 6 mars 1846, S. 509.
(4) Art. 368, 162 et 194, C. inst. crim. combinés.

l'application d'une peine (1); ne fût-ce d'ailleurs que sous un des chefs de prévention s'il y avait connexité entre les diverses incriminations (2).

114. Il résulte de là que l'accusé absous, c'est-à-dire qui a été reconnu pour l'auteur du fait incriminé, mais qui n'est pas condamné, soit parce qu'il est amnistié, soit parce que le fait ne constitue ni crime, ni délit (C. inst. crim. 364), ne peut devenir passible des frais. Cette condamnation accessoire manque, dans ce cas, d'une base sur laquelle elle puisse être appuyée. Et du moment que la peine n'est pas prononcée, il est reconnu, par cela même, que la poursuite était mal fondée, par conséquent elle ne doit plus être à la charge du prévenu. M. Carnot le reconnaît : « Que ce soit par voie d'acquittement, d'absolution ou de renvoi (3), dit-il, que le prévenu ou l'accusé gagne sa cause, il ne peut être condamné au remboursement des frais avancés par le Trésor public, attendu que, de quelque manière que le jugement ait été prononcé, il en résulte que l'accusé ou le prévenu ne s'était pas rendu coupable d'un délit punissable, et que ce n'est que des délits punissables dont il peut être fait des poursuites en matière criminelle, correctionnelle ou de police (4). »

Cela est surtout incontestable dans le cas où l'affaire est portée devant les tribunaux correctionnels ou de police simple, puisque, devant ces tribunaux, l'action civile étant nécessairement liée à l'action publique, lorsqu'une déclaration de non-culpabilité met fin à cette dernière action, l'action civile qui s'y rattache n'a plus de base (5).

Cette raison particulière, tirée des règles de la compétence des tribunaux de police, n'a aucune force à l'égard des actions portées devant la Cour d'assises. Là, ni l'absolution ni l'acquittement n'empêchent la Cour de prononcer, contre l'accusé, des dommages-intérêts (V. *infrà*, n° 227). Mais les autres motifs donnés à l'appui de notre décision conservent

---

(1) Quand même le prévenu n'aurait fait la justification de son innocence qu'à l'audience, en produisant les pièces qui la démontrent, il ne doit point supporter les frais (Cass., 6 mars 1846, S. 509).
(2) Rej. 3 fév. 1855, D. 89.
(3) Renvoi prononcé par le juge d'instruction ou la chambre des mises en accusation.
(4) C. pén., t. 1, p. 64.
(5) V. les considérants de l'arrêt de cassation du 6 mars 1846, S. 509.

toute leur puissance, et doivent amener le même résultat, quelle que soit la juridiction où comparaisse le prévenu.

115. La jurisprudence de la Cour de cassation a cependant varié sur ce point. Elle a d'abord décidé dans le sens que nous indiquons (1); depuis, elle a jugé que l'accusé absous et non acquitté devait être condamné aux frais, par la raison qu'il est alors convaincu d'un fait préjudiciable qui avait dû provoquer contre lui des poursuites judiciaires (2). Toutefois, un système moins rigoureux, qui se trouve consacré par plusieurs décisions, reconnaît aux tribunaux le pouvoir de décharger l'accusé de cette condamnation aux frais, sauf à examiner si l'accusé ne les a pas occasionnés par son fait, auquel cas ils doivent être mis à sa charge, à titre de dommages-intérêts (3). Nous pensons, avec MM. Chauveau et Faustin Hélie (4), que ces restrictions sont inconciliables avec le texte de la loi qui exige une *condamnation* à la peine principale pour qu'il y ait condamnation aux frais. Cette condition a été jugée tellement rigoureuse que, d'après la doctrine des auteurs, la condamnation aux dépens doit se trouver dans le jugement même qui prononce la peine, et ne pourrait être le résultat d'un jugement postérieur qui ne prononcerait pas d'autre condamnation; de telle sorte que, si un tribunal avait omis de prononcer sur les dépens en appliquant la peine, le prévenu ne pourrait en être tenu (5). A plus forte raison doit-il en être ainsi lorsque la condamnation principale n'est pas possible, et n'est pas formulée en vertu des dispositions de la loi. Il ne serait pas exact d'assimiler complétement les frais dont le condamné est tenu, à des dommages-intérêts, pour en conclure que, dans tous les cas où il n'est pas acquitté, le prévenu doit supporter les dépens. S'il y a identité de nature entre les frais et les dom-

---

(1) 14 déc. 1809, *J. du Pal.*, à sa date.

(2) 22 avr. 1830, S. 303; 9 déc. 1830, D. 31.1.57; 2 juin 1831, *Journ. du droit crim.*, art. 629, 714, 760, D. 223; Rej., 21 août 1845, S. 720.

(3) 14 mai 1824, Dall., *Acquittement*, p. 169; 7 janv. 1830, D. 30, 1.49; 30 juill. 1831, D. 31.1.294, S. 31.1.410; 16 et 22 déc. 1831, 4 janv. 1833; *J. de droit crim.*, art. 793, 1064, S. 32.1.232; 24 fév. 1832, D. 32.1.480; 26 mai 1837, S. 489; Cass., 10 mai 1843, *Journ. crim.*, t. 15. p. 216.; Conf. F. Hélie, *Instr. crim.*, t. 9, p. 299.

(4) T. 1, p. 297, et 4ᵉ édition, p. 242.

(5) Legraverend, chap. 19, p. 688; Dalloz, *Jugements et arrêts*, p. 665, nᵒ 17, 1ʳᵉ éd.

mages-intérêts, en ce sens que les uns et les autres ne constituent qu'une réparation civile, il n'y a pas identité de cause ou d'origine. Les dommages-intérêts sont la suite immédiate du fait préjudiciable, l'accusé en est tenu, même quand ce fait n'est pas punissable : les frais sont plutôt la conséquence immédiate de la poursuite qui n'est pas le fait de l'accusé. On ne peut les considérer comme la suite directe et nécessaire du fait préjudiciable, si la poursuite est mal fondée, et c'est ce qui a lieu lorsque l'accusé est absous aussi bien que lorsqu'il est acquitté. Dès lors le fait de la poursuite ne peut lui être imputé, et les dépens ne doivent point rester à sa charge (1).

115 bis. Si le fait reconnu constant est prescrit, l'accusé est renvoyé des fins de la plainte ; c'est encore un cas d'absolution ; il ne doit donc pas, suivant nous, supporter les frais (2).

Mais dans des espèces où le fait poursuivi comme crime avait été ramené à la nature de simple délit par la déclaration négative du jury sur une circonstance aggravante, et se trouvait dès lors couvert par la prescription de 3 ans, la jurisprudence a décidé que l'accusé n'en était pas moins passible des frais (3), le ministère public ayant dû faire purger l'accusation, laquelle reposait sur un fait réellement commis par l'accusé (4).

Nous ne pouvons adopter ces décisions en présence du texte si formel de l'art. 194, C. instr. crim. On se fonde sur cette raison que le prévenu a, dans ce cas, motivé les poursuites et que s'il échappe à la peine, il a encouru la responsabilité de la procédure.

La règle posée par la loi disparaît dans ces distinctions. Même au cas d'acquittement il peut se faire que l'accusé ait commis une faute et que le ministère public ait été bien fondé à le poursuivre ; — que d'ailleurs les preuves de son innocence n'aient été par lui rapportées qu'à l'audience ; — et cependant il ne saurait être passible des frais antérieurs pas plus que de ceux du jugement qui le décharge.

---

(1) Chauveau et Faustin Hélie, 1, 296 ; 4e éd., p. 242.
(2) Un arrêt de rej. 24 fév. 1832, S. 457, porte que la Cour qui ne le condamne pas ne viole aucune loi. Conf. Dalloz, v° Frais, nᵒˢ 976 à 979.
(3) Rej., 21 août 1845, D. 374, S. 719.
(4) Rej., 17 déc. 1846, D. 47.4.281, et dans le même sens, Cass., 9 fév. 1834, D. 83 ; Conf. Théorie C. pén., 4e éd., p. 243.

115 *ter*. La question est plus délicate au premier abord en ce qui concerne les contumax, attendu que l'art. 478, C. instr. crim., dispose d'une manière en apparence absolue que « le contumax qui, après s'être représenté, obtiendrait son « renvoi de l'accusation sera toujours condamné aux frais « occasionnés par sa contumace. »

Comment faut-il entendre cette disposition ? — Nous admettons bien que l'accusé fugitif est frappé par elle « d'une sorte de peine » à raison de son défaut d'obéissance à la loi et à l'appel de la justice, et qu'elle s'applique à tout contumax contre lequel une procédure a été dirigée alors même qu'il serait arrêté ou se représenterait avant qu'un arrêt ait statué sur la contumace et par exemple dans les dix jours qui suivent la publication de l'ordonnance de se représenter, rendue par le président de la Cour d'assises (1). Ainsi l'accusé supportera dans tous les cas les frais de cette procédure et de l'arrêt qui interviendrait sur la contumace.

Mais quant à ceux de la procédure contradictoire qui a lieu devant la Cour d'assises lorsqu'il s'est représenté, où serait la raison de distinguer ? N'est-il pas dans la situation de tout autre accusé ? occasionne-t-il des dépenses particulières à l'Etat ? Nullement. — Et dès lors s'il est acquitté ou absous, les frais de ce jugement ne doivent pas être mis à sa charge ; il n'est pas condamné, il ne succombe pas (2). Si telle eût été la volonté du législateur il n'eût pas dit que l'accusé supporterait les frais occasionnés par sa contumace, mais bien qu'il supporterait tous les frais de la procédure quel qu'en fût le résultat.

115 *quater*. Si l'acquittement résulte de ce que l'accusé est en démence, il est constant qu'il ne doit pas être passible des frais (3).

115 *quinquies*. Mais il en est autrement s'il n'échappe à la peine que par un moyen tiré d'une excuse légale qui suppose l'intervention du juge, comme au cas où l'un des auteurs d'un crime de fausse monnaie procure l'arrestation de ses complices (C. pén. 138). « L'utilité de la poursuite, dit « M. F. Hélie, est alors démontrée par la déclaration de

---

(1) C. inst. crim., 465, 466, 467 ; Cass., 2 déc. 1830, S. 31.1.17 ; F. Hélie, *Inst. crim.*, t. 9, p. 346.
(2) *Contrà*, Cass., 9 fév. 1854, D. 83.
(3) Cass., 10 mai 1843, *Journal du D. crim.*, t. 15, p. 216.

« culpabilité qui en a été la suite (1). » — D'ailleurs l'art. 138, C. pén., autorise à placer le révélateur sous la surveillance de la police.

116. La même question se présente à l'égard de l'individu âgé de moins de 16 ans, quand il est reconnu l'auteur du fait incriminé, mais acquitté comme ayant agi sans discernement (C. pén., 66).

Elle nous paraît devoir être décidée comme la précédente, et par les mêmes raisons. Le défaut de discernement exclut l'intention criminelle, et l'acquittement est plein et entier, bien que le fait matériel soit reconnu constant. Le fait tel qu'il a été commis est toujours déclaré non punissable par la loi ; la condamnation à la peine n'existe pas, la condamnation ne peut être prononcée. A la vérité, les juges peuvent ordonner que le mineur sera détenu dans une maison de correction ; mais cette détention n'est pas une peine, elle n'a d'autre caractère que celui d'une correction domestique ; « ce qui le prouve jusqu'à l'évidence, c'est que la loi a mis au choix des juges de rendre l'enfant à sa famille ou de le renfermer dans une maison de correction, d'où il suit que cette dernière mesure ne doit être prise dans l'esprit de la loi pénale que dans le cas où la famille n'offre aucune garantie pour l'amendement du jeune prévenu. En définitive, il n'est pas possible de soutenir que ce prévenu a succombé, lorsqu'il est, non pas seulement absous, mais, selon les termes formels de l'art. 66, C. pén., pleinement acquitté. Comment concilier cet acquittement avec les termes de l'art. 368, C. instr. crim. (2) ? »

117. Cependant, la Cour de cassation a toujours jugé que le mineur de 16 ans, reconnu pour l'auteur du fait incriminé, *devait* être condamné aux frais (3). Malgré l'autorité de ses arrêts, il appartient à la doctrine de soutenir les principes les plus vrais. Ils finiront peut-être par triompher.

---

(1) *Th. C. pén.*, 4ᵉ éd., t. 1, p. 244 ; Cass., 24 juill. 1840, *Bull. cr.*, n° 212.

(2) Chauveau et Faustin Hélie, 1, 298 ; 4ᵉ éd., p. 244.

(3) Rej., 25 fév. 1808, Dalloz, *Jugements et arrêts*, p. 660, n° 3 ; Cass., 6 août 1813 et 19 mai 1815, Dalloz, *Acquittement*, p. 170, et S. 15.1.230 ; 27 mars 1823, S. 252 ; 17 juill. 1823 ; Dalloz, *Acquittement*, p. 171 ; 13 janv. 1827, D. 373 ; 12 fév. 1829, D. 149 ; 5 janv. 1832, D. 156, et S. 232 ; 22 sept. 1836, S. 37.1.501 ; 25 mars 1843, S. 614. Cass., 19 déc. 1856 ; D. 57.5.181, col. 1 ; Cass., 7 juillet 1864, *Bull. cr.*, 174 ; *Junge* Legraverend, 1, 609.

Dans ses arrêts, la Cour pose en principe que la *déclaration de culpabilité*, quelle qu'en soit la forme, suffit pour motiver la condamnation aux frais. Mais la loi ne porte pas que ces frais seront supportés par l'accusé *déclaré coupable*, mais bien par le *condamné*. Or, le mineur, qui agit sans discernement, est acquitté. S'il est déclaré coupable, ce n'est que dans la forme, car une culpabilité réelle serait incompatible avec l'acquittement. Cette déclaration de culpabilité est uniquement le résultat de la position des questions, telle que le prescrit le Code instr. crim., art. 337 à 340. Il ne faut donc pas s'en tenir là, mais considérer uniquement la sentence rendue en définitive. Or, cette sentence est un acquittement.

118. On ne comprend pas que la jurisprudence ait hésité sur une autre question, dont la solution est basée sur les mêmes principes. Un prévenu en matière de police simple ou correctionnelle est condamné; il doit supporter les frais. Le ministère public appelle *à minimâ*, mais son appel est rejeté. Il est évident que les frais de l'appel ne peuvent être mis à la charge du prévenu, puisque c'est le ministère public qui a succombé. Il a cependant été jugé, même par des arrêts rendus dans l'intérêt de la loi, que le condamné devait les supporter (1). Mais cette erreur a été proscrite par des décisions plus récentes (2).

119. Si le condamné a lui-même interjeté appel, il en est autrement. Les frais sont à sa charge, même dans le cas où la peine aurait été diminuée, car il n'en est pas moins condamné. La sentence dont il appelait est confirmée quant au fond. Il n'est pas possible de faire des distinctions et de ne lui imposer qu'une partie des frais (3).

120. Si le tribunal avait omis de prononcer la condamnation aux frais, l'accusé ne pourrait en être tenu de plein droit, car la loi exige que cette condamnation fasse partie du jugement. Si elle a été omise, l'on ne peut pas exercer de

---

(1) 31 déc. 1813, 4 et 27 sept. 1824, Dalloz, *Jugem. et arrêts*, p. 660, n° 4, notes.
(2) 22 nov. 1828, ch. réun., D. 29.1.26 ; 19 fév. 1829, D. 29.1.158; Legraverend, ch. 19, p. 676 et 677 ; Carnot, t. 3, p. 92 et 93; Dalloz, *loc. cit.*, p. 660, n° 6, texte; MM. Chauveau et Faustin Hélie, 1, 301, et 4ᵉ éd., p. 246.
(3) Cass., 3 nov. 1826; D. 27.1.76, Prévost ; 2 fév. 1827, D. 380; 22 août 1828, D. 399 ; 25 avr. 1833, D. 226 ; *Th. C. pén.*, p. 246.

poursuites contre lui à raison de ce chef. On ne peut suppléer le silence du juge (1).

121. Dans le cas prévu, n° 93, où l'accusé et le prévenu sont décédés avant que le jugement de condamnation ait été rendu, nous avons dit que la condamnation aux frais ne pouvait pas être prononcée contre les héritiers. Mais ceci ne s'entend que de la condamnation au profit du Trésor public, et non des frais réclamés par la partie civile, qui pourra faire entrer dans le calcul des dommages-intérêts qu'elle demandera aux tribunaux civils, contre les héritiers, le montant des dépens qu'elle aurait exposés devant les tribunaux de répression, avant le décès. En effet, dans les rapports du prévenu avec la partie civile, la question des frais et dépens n'est plus soumise aux seuls principes que nous venons d'indiquer.

122. D'après le C. d'instr. crim. (2), la partie civile, lorsqu'elle succombe, doit être à son tour condamnée aux frais, même envers la partie publique (3). Or, dans quelles circonstances la partie civile doit-elle être réputée avoir succombé dans son action et avoir encouru la condamnation aux dépens?

Lorsqu'une peine est infligée à l'accusé, l'on ne peut pas dire que la partie civile ait succombé, quand même ses conclusions à fins civiles auraient été rejetées ; c'est le condamné qui succombe. La peine prononcée contre lui est, sous un certain rapport, la réparation du dommage qu'il a causé, et le ministère public est l'organe de la partie civile sur ce chef. Il paraît donc conforme à l'esprit de la loi de ne pas faire supporter les frais à la partie civile (4), à moins qu'il n'en eût été fait exclusivement dans l'intérêt de l'action civile, et qui n'auraient présenté aucune utilité pour la poursuite de l'action publique, ce qui arrivera rarement. Ceux-là devraient rester à la charge de la partie civile. Pour ceux qui ont trait

---

(1) Legraverend, 1, 609.

(2) Art. 162, 194, 368 ; Ordonn. de 1670, tit. 1, art. 6 ; tit. 25, art. 16 et 17; tit. 26, art. 14 et 16. — Voy. sur l'historique de ces dispositions, *suprà*, n° 94.

(3) Ceci n'est pas toujours la conséquence d'un délit. Le plaignant peut avoir été de bonne foi. Pour intenter une poursuite trop légère, on n'est pas un calomniateur. Ainsi, ce que nous allons dire est également vrai quand on n'a qu'un quasi-délit à reprocher à la partie civile.

(4) MM. Chauveau et Hélie, 1, 306, et 4e éd., p. 248 ; Cass., 15 nov. 1861 ; D. 64.1.46.

à la constatation du délit, le condamné qui succombe doit les supporter.

A l'inverse, si la partie civile a obtenu des dommages-intérêts, encore bien que l'accusé soit absous ou acquitté, elle n'a certainement pas succombé. Au contraire, elle triomphe dans son action et n'est pas tenue des frais (1).

La règle est donc ici la même qu'à l'égard du prévenu. La partie civile n'est tenue des frais que lorsqu'elle succombe.

123. Cependant, le décret du 18 juin 1811, article 157, veut que, dans tous les cas, elle soit personnellement tenue des frais d'instruction, expédition et signification du jugement, sauf son recours contre les prévenus ou accusés qui sont condamnés, et contre les personnes civilement responsables du délit. Cette responsabilité est en opposition manifeste avec le texte précis des articles 162, 194 et 368, C. instr. crim. Il en résulte naturellement que la disposition du décret ne devrait pas être suivie ; mais la Cour de cassation a jugé plusieurs fois que ce décret avait force de loi (2). C'est le résultat du système adopté par la Cour de cassation sur les décrets impériaux.

Sans vouloir contester cette jurisprudence (3), nous pensons qu'elle n'implique pas nécessairement le maintien de l'art. 157 du décret de 1811, en tant qu'il contrarie le Code d'instr. crim. (4). On a fait remarquer avec raison que la nouvelle promulgation du Code, en 1832, avait eu, à son tour, pour effet, d'abroger les dispositions des lois antérieures qui auraient modifié quelques-uns de ses articles, car le législa-

---

(1) MM. Chauveau et Faustin Hélie, 1, 305, 4° éd., p. 247.— Rej., 22 janv. 1830, S. 31.1.332. De même si sur plusieurs accusés l'un est acquitté et les autres condamnés. Rej., 17 août 1861 ; *Bull.* 186.

(2) Cass., 27 mai 1819, S. 347 ; 29 janv., 31 juill. et 12 nov. 1829, *J. du Pal.*, à leur date.

(3) Elle a été consacrée plusieurs fois à la tribune. — Voy. notamment au *Monit.*, séance du 11 nov. 1848 ; il s'agissait du décret du 17 mars 1808.

(4) La Cour, dans les arrêts, énonce qu'il n'y a aucune contradiction entre l'art. 157 du décret et les art. 162 et 194, C. d'instr. crim., puisque la partie civile obtient réellement la condamnation aux dépens contre le coupable : seulement elle est tenue d'en faire l'avance envers le Trésor. Mais cette avance devient quelquefois un paiement définitif, par suite de l'insolvabilité du condamné, et la partie civile se trouve obligée de supporter seule les frais faits pour la vindicte publique. C'est en quoi il y a contradiction entre l'art. 157 du décret et le Code, qui n'oblige à supporter les frais que la partie qui succombe.

teur, s'il eût voulu les maintenir, aurait changé la rédaction des articles du Code auxquels ces lois particulières se rapportaient.

Il semble, à la vérité, que le décret de 1811 a été consacré expressément par le paragraphe introduit à la suite de l'art. 368 du Code, où l'on voit que : « l'accusé ou la partie civile « qui *succombera* sera condamné aux frais envers l'Etat et « envers l'autre partie. *Dans les affaires soumises au jury*, « la partie civile qui n'aura pas succombé ne sera jamais te- « nue des frais. Dans le cas où elle en aura consigné, en « exécution du décret du 18 juin 1811, ils lui seront resti- « tués. » De ces mots, dans les affaires soumises au jury, peut-on conclure, par un argument *à contrario*, que l'abrogation bien formelle du décret de 1811, contenue dans cet article, ne doit pas s'étendre aux matières de police simple et correctionnelle, et que les mots : en exécution du décret du 18 juin 1811, donnent une nouvelle vie à toutes les autres dispositions de cet acte, qui pouvaient être illégales?

Nous ne le pensons pas. On a très-bien fait voir que la nouvelle promulgation des articles 162 et 194 est incompatible avec l'existence de l'article 157 du décret. Ce n'est pas par ignorance que le législateur, dans la nouvelle rédaction du Code, a maintenu ces deux articles, puisque le décret de 1811 était sous ses yeux, comme le prouve l'article 368, pour les affaires soumises au jury. Elle n'est qu'implicite à l'égard des affaires de police simple et correctionnelle. Mais il suffit qu'aucune restriction n'ait été introduite dans la rédaction des articles 162 et 194, pour que ceux-ci soient exécutés dans toute leur étendue, et tels qu'ils sont conçus. Or, non-seulement aucune restriction n'a été formulée, mais l'intention de l'établir ou de la maintenir ne s'est fait jour nulle part, lors des travaux préparatoires de la révision du Code. Tout au contraire, le législateur a ajouté les deux nouveaux paragraphes de l'article 368, afin de proscrire l'application de l'article 157 du décret de 1811. La commission de la Chambre des pairs s'en est expliquée formellement par l'organe de son rapporteur. « On a demandé, disait M. de Bastard, que, « dans tous les cas où une partie civile n'a pas succombé, « elle ne pût jamais être passible des frais qu'elle aurait « avancés, car vous savez que toute partie civile est obligée « d'avancer les frais, lorsque c'est à sa requête que l'on pour- « suit un individu qu'elle prétend avoir commis un crime à « son préjudice. Si la partie civile gagne son procès, c'est-à-

« dire, si l'individu accusé de crime est condamné, cet in-
« dividu, s'il est solvable, paie tous les frais. Mais il avait été
« établi par la jurisprudence que la partie civile était tenue
« de payer ces frais à l'État, si la partie condamnée n'était
« pas solvable. C'est cet état de choses qu'on a proposé de
« changer. On a demandé que *jamais* la partie civile qui n'a
« pas succombé ne fût tenue des frais. Il a fallu, de plus,
« régler quelque chose pour les frais avancés par la partie
« civile, et, par une disposition spéciale, il a été dit que les
« frais lui seraient restitués (1). » Ce passage révèle, de la
part du législateur, l'intention bien arrêtée d'abolir, d'une
manière générale, la jurisprudence et l'article du décret réglementaire, d'après lesquels la partie civile qui n'avait point
succombé était cependant tenue des frais. Le renvoi que le
paragraphe final de l'article 368 fait au décret de 1811 ne
peut pas avoir pour effet de restreindre aux causes du grand
criminel ce principe de justice et d'équité établi par le législateur. Ce renvoi n'a pour but et pour effet que de consacrer
l'article 160 du décret de 1811, qui assujettit la partie civile
à la consignation préalable des frais (2). Il est impossible
d'admettre une distinction entre les matières de police et les
matières criminelles sous ce rapport. Le principe est le même
dans les deux cas. Si la poursuite a été imprudente, elle a
pour cause la légèreté ou la passion ; l'accusé sort vainqueur
de la lutte, et la partie civile est condamnée aux frais. Si
l'action est justifiée par la condamnation du coupable, la société doit être chargée des frais, en échange du service que
lui a rendu le dénonciateur ou plaignant, qui, à ses risques
et périls, a poursuivi le délinquant. On a fait remarquer,
d'ailleurs, que la société ne gagnerait rien à ce système inique. Que la responsabilité trop étendue de la partie civile

---

(1) *Moniteur* du 13 mars 1832, MM. Chauveau et Hélie, 1, 291,
4e éd., p. 238.

(2) Cette obligation de consigner les frais imposée à la partie civile
met une entrave assez notable au droit de citer en justice les individus
dont on croit avoir éprouvé un dommage. C'était une modification profonde au droit de citation directe établi par les art. 145 et 182, C. instr.
crim. Aussi, un grand nombre de tribunaux avaient refusé d'appliquer
cette disposition et d'ordonner des consignations qui n'étaient pas prescrites par la loi. Pour faire cesser la divergence qui s'était manifestée
dans la jurisprudence, la disposition du décret fut sanctionnée par ce
paragraphe additionnel en 1832.

Nous renvoyons au chap. 8, nos 309 et suiv., le détail de tout ce qui
est relatif à la consignation des frais par la partie civile.

devait détourner de prendre cette qualité ; que, par suite, le nombre des procès d'office dont l'État supporte tous les frais devait s'augmenter (1). Ajoutons qu'il est de l'intérêt public que les moyens de découvrir et de punir les auteurs d'une atteinte à l'ordre social soient aussi multipliés que possible : priver le ministère public du concours de la partie civile, c'est lui enlever un auxiliaire utile (2).

Voici une dernière considération qui est décisive. Le 3ᵉ paragraphe de l'article 368, porte « que si la partie civile qui « n'a pas succombé avait consigné les frais, en exécution du « décret du 18 juin 1811, ils lui seront restitués. » Or, cette disposition, non-seulement ne peut pas être restreinte aux affaires soumises au jury, mais ne peut, en aucune façon, s'y appliquer. Car, d'après les termes de l'art. 160 du décret du 18 juin 1811, c'est uniquement dans les affaires de police simple ou correctionnelle que la consignation des frais par la partie civile doit avoir lieu (V. n° 311). Dire que les frais consignés par la partie civile lui seront restitués quand elle ne succombera pas, c'est donc dire que les tribunaux correctionnels et de police prononceront cette restitution, autrement l'article n'aurait pas de sens. Mais c'est dire en même temps que ces tribunaux ne peuvent condamner la partie civile, personnellement, aux frais. Il y aurait contradiction à lui rendre le montant de sa consignation, pour la laisser poursuivre par le Trésor, tandis que la consignation a précisément pour but d'assurer le remboursement à l'État des frais exposés par lui. Par conséquent, aussi, on ne peut la condamner à faire ce remboursement quand elle ne les a pas consignés. En un mot, toutes les fois que la partie civile ne succombe pas, elle est déchargée des frais (3).

En tout cas, la rédaction de l'art. 368 comprend positivement les affaires correctionnelles qui auraient été soumises au jury, en vertu d'une disposition particulière de la loi (4), et les soustrait à l'empire du décret dont il s'agit (5).

---

(1) M. de Dalmas, p. 388.
(2) *Junge* Carnot, *Suppl. au comm. du Cod. d'instr. crim.*, 1834, p. 165 ; Dalmas, 387 et 388.
(3) MM. Mangin et Faustin Hélie, *Traité de l'instr. écrite*, etc., n° 64.
(4) Comme cela avait lieu, par exemple, en matière de presse ; V. aussi, L. du 28 juill. 1848, sur les clubs, art. 16 ; MM. Mangin et Faustin Hélie, n° 64.
(5) Un arrêt de rejet du 1ᵉʳ déc. 1855, *Bull.*, n° 283 et Dall., 1856,

I.   8

124. Quand l'affaire est portée devant la Cour de cassation, la partie civile court des dangers plus grands encore. L'art. 436, C. inst. crim., au chapitre *des Demandes en cassation*, est ainsi conçu : « La partie civile qui succombera dans son « recours, soit en matière criminelle, soit en matière cor- « rectionnelle ou de police, sera condamnée à une indemnité « de 150 fr. et aux frais envers la partie acquittée, absoute, « ou renvoyée. La partie civile sera, de plus, condamnée en- « vers l'État, à une amende de 150 fr., ou de 75 fr. seule- « ment si l'arrêt ou le jugement a été rendu par contumace « ou par défaut. Les administrations ou régies de l'État et « les agents publics qui succomberont ne seront condamnés « qu'aux frais et à l'indemnité. » Ainsi, la partie civile dont le recours en cassation est rejeté, non-seulement est con- damnée aux frais du procès devant la Cour suprême, envers la partie acquittée, mais, de plus, elle encourt la condam- nation à 150 fr., envers la même partie, à titre d'indemnité pour le fait seul du pourvoi, et sans préjudice aucun des dommages-intérêts qui pourraient être réclamés à raison des poursuites antérieures.

Le condamné qui s'est pourvu en cassation, et dont le pourvoi a été rejeté, est simplement tenu des frais, et nulle- ment d'une indemnité envers la partie civile. L'intérêt et les droits de la défense ne permettaient point d'aggraver ainsi la peine.

Dans le même cas de pourvoi du condamné, la partie civile qui s'est bornée à intervenir devant la Cour de cassation pour soutenir le mérite de l'arrêt, ne peut être condamnée, si le pourvoi triomphe, qu'à supporter les frais de son interven- tion. Ces frais lui sont exclusivement personnels ; mais, en les mettant à sa charge, l'arrêt de cassation fait obstacle à ce

---

1.177, décide contrairement à la doctrine que nous venons de dévelop- per, que quand l'accusé est acquitté, la partie civile doit toujours être condamnée aux frais envers l'État, alors même qu'elle a obtenu des dommages-intérêts contre l'accusé ; sauf son recours contre ces derniers, pour le remboursement de ces dépens, remboursement qui n'est alors accordé qu'à titre également de dommages-intérêts et que la Cour d'as- sises est libre d'admettre ou de refuser suivant les cas.

C'est là sans doute une application de l'art. 157 du décret de 1811, mais non de l'art. 368, C. instr. crim., que vise cependant l'arrêt. L'in- justice de cette solution est évidente, surtout quand la partie civile n'a pas provoqué la poursuite et s'est constituée lorsque le ministère public avait porté d'office le procès à l'audience.

qu'elle puisse les faire entrer en ligne de compte dans ses conclusions en dommages-intérêts devant la Cour de renvoi.

Il en est de même de la personne civilement responsable du délit. Si elle succombe dans son recours en cassation contre l'arrêt par lequel elle a été condamnée aux dommages-intérêts en ladite qualité, elle n'est pas passible envers la partie civile intervenante de l'indemnité fixée par l'article 436 (1).

124 *bis.* Dans le cas où la partie civile, au lieu de donner suite à son pourvoi, s'en désiste devant la Cour de cassation, on ne peut la considérer comme *succombant* dans le sens de l'art. 436, et dès lors elle ne doit pas être condamnée à l'indemnité de 150 fr. envers le prévenu. — Elle est seulement tenue des frais, car le désistement entraîne toujours soumission explicite ou virtuelle de les payer (2).

Mais ce ne sont évidemment que les frais faits jusqu'à ce désistement ou jusques et y compris l'arrêt à rendre sur le pourvoi, si le ministère public lui-même avait usé de ce recours.

Si la cassation était prononcée à la requête du procureur général, les frais ultérieurs ne pourraient tomber à la charge de la partie civile qui n'est plus en cause.

Et à plus forte raison doit-on le décider ainsi quand la partie civile ayant accepté le jugement ou l'arrêt rendu sur l'appel et qui l'a déboutée de ses prétentions en acquittant le prévenu, le ministère public seul a interjeté appel ou a formé un pourvoi en cassation ; — elle est étrangère aux frais du pourvoi. Ne pouvant plus profiter de la décision ultérieure, n'étant plus en cause, comment les frais pourraient-ils continuer à être à sa charge ?

La Cour d'Orléans a cependant décidé, par application des articles 66, C. instr. crim., et 157 du décret de 1811, que la partie civile était, dans cette dernière hypothèse, responsable de tous les frais jusqu'à la solution définitive du procès, bien que toute action en dommages-intérêts dût lui être déniée devant la Cour de renvoi, par application du principe de la chose jugée (3). A la vérité l'espèce de cet arrêt présentait

---

(1) Cass., 23 avril 1840 ; S. 41.1.313.
(2) Cass., 13 avril 1854, *Bull. cr.*, n° 108 ; 20 déc. 1855, *Bull.*, n° 407 ; rej., 18 sept. 1856, *Bull.*, n° 315.
(3) Orléans, 27 août 1860, D. 60.2.207.

cette circonstance singulière que malgré l'absence de pourvoi de sa part, la partie civile, après la cassation prononcée à
la diligence du ministère public seul, était intervenue spontanément devant la Cour de renvoi pour le paiement des frais;
son intervention fut déclarée recevable malgré les conclusions
du prévenu et du ministère public.

Mais l'interprétation donnée par la Cour d'Orléans aux
textes que nous venons de citer est manifestement erronée.
L'art. 66, C. instr., et l'art. 157 du tarif de 1811 ne rendent la partie civile responsable des frais que pour l'instance
où elle figure et qui se termine pour elle par tout jugement
ou arrêt qui ayant repoussé sa demande acquiert par son
acquiescement l'autorité de la chose jugée à son égard et la
met définitivement hors de cause. Son droit est dès lors épuisé
et son intervention n'est plus recevable.

125. L'Etat, alors même qu'il s'agit d'un délit public, ne
se constitue pas partie civile. La poursuite aux fins de l'application de la peine absorbe et domine celle des dommages-
intérêts : *Fiscus nec dat, nec recipit*. Il en résulte que l'Etat
n'est pas tenu des dépens qu'il a causés à l'accusé, même
renvoyé de la plainte (1).

126. Cependant l'Etat, représenté par certaines administrations, poursuit quelquefois la réparation réelle d'un préjudice pécuniaire. C'est une réclamation domaniale. Il peut
dès lors être condamné aux frais dans le cas où il succombe.
C'est ce que porte expressément l'article 158 du décret réglementaire du 18 juin 1811 : « Sont assimilés aux parties
« civiles, toute régie ou administration publique, relative-
« ment aux procès suivis, soit à sa requête, soit même d'of-
« fice et dans son intérêt; les communes et les établisse-
« ments publics, dans les procès instruits ou à leur requête,
« ou même d'office, pour crimes ou délits commis contre
« leurs propriétés. »

Cet article ne s'applique qu'aux administrations qui régissent des biens spéciaux et qui perçoivent des rétributions,

---

(1) *Conf.*, Cass., 21 nov. 1861, *Bull.*, 244.—L'officier de police judiciaire qui a exercé les poursuites, ne serait passible de dommages-
intérêts que par suite d'une prise à partie. Jusqu'à preuve contraire, on
le considère comme ayant agi dans l'intérêt public et par suite de la
nécessité que lui imposaient ses fonctions. Cependant l'art. 413, C. instr.
crim., permet de laisser à la charge du juge d'instruction la procédure
annulée par suite d'une faute très-grave de sa part. V. M. Rauter,
Droit cr. franç., n° 683.

taxes et amendes dont le produit est affecté à certaines dépenses spéciales : telles sont la régie des douanes, celle de l'enregistrement et des domaines, celle des forêts, des droits réunis, des postes, la caisse d'amortissement, et l'administration des domaines de la couronne.

Il est d'autres administrations qui poursuivent les délits en leur nom et par le ministère de leurs préposés, mais dans l'intérêt direct de l'Etat et de la vindicte publique ; les frais de poursuite sont alors supportés directement par le Trésor public : telles sont l'administration des corps militaires et les autorités civiles ou judiciaires qui dépendent immédiatement des divers ministères (1).

A l'égard des établissements publics qui possèdent des biens ou des revenus, et qui, à l'instar des communes, sont assimilés aux parties civiles, on peut citer la banque de France, les hospices, les fabriques des églises, etc.

127. Dans les affaires portées devant la Cour de cassation, l'art. 436, C. instr. crim., déclare « que les administrations « ou régies de l'Etat et les agents publics qui succomberont, « seront condamnés aux frais et à l'indemnité » (V. *suprà*, nᵒ 124), comme parties civiles. Seulement, ils sont affranchis de l'amende de 75 ou 150 fr. envers l'Etat (*ibid.*, même art. 436).

128. Aux termes de l'art. 3, § 1, du décret du 18 juin 1811, « ne sont point compris sous la dénomination de frais de « justice criminelle, les honoraires des conseils ou défenseurs « des accusés, même de ceux qui sont nommés d'office, non « plus que les droits et honoraires des avoués dans les cas où « leur ministère serait employé. »

Ainsi, dans les poursuites dirigées d'office par le ministère public, l'administration de l'enregistrement n'a point à faire d'avances pour ces droits et honoraires (2) qui ne peuvent en aucun cas retomber à la charge de l'Etat. — Cette prohibition s'étend aux poursuites dirigées à la requête des administrations publiques, bien qu'elles se portent parties civiles, car elles représentent l'Etat, et les frais mis à leur charge retomberaient sur le Trésor. D'un autre côté ces administrations ne sont pas forcées de se servir d'officiers ministériels,

---

(1) Legraverend, t. 1, p. 613.—Rej., 4 juill. 1861, *Bull.*, nᵒ 141.
(2) V. même décret, art. 1ᵉʳ.

car le ministère public est chargé, concurremment avec leurs agents, de diriger et de soutenir les poursuites.

Les parties civiles ordinaires peuvent également se passer d'avoués (1), et le prévenu n'étant pas *obligé* non plus d'en avoir un, les parties civiles ne sont pas tenues nécessairement de le payer en cas d'acquittement. Cette obligation n'existe d'une manière absolue que par rapport aux frais de justice proprement dits; cependant, une circulaire du ministre de la justice du 10 avril 1813 porte que, *en général*, lorsqu'il y a partie civile en cause, celle-ci et le prévenu ne peuvent prendre de conclusions à fins civiles que par le ministère d'avoués (2). Si le ministère d'avoués était nécessaire quand le prévenu ou la partie lésée prennent des conclusions à fins civiles, ce ne serait pas *en général*, ce serait toujours; et il y aurait des avoués attachés aux tribunaux correctionnels, ce qui n'est pas, comme l'avoue M. Legraverend (3); mais il est au contraire certain qu'aucune disposition de la loi n'exige le ministère des avoués devant ces tribunaux, si ce n'est aux termes de l'art. 185, C. instr. crim., quand le prévenu ne comparaît pas. Il est vrai que la loi du 27 ventôse an 8, articles 93 et 94, instituait des avoués près les Cours criminelles, et que les art. 112 et 113 du décret du 6 juillet 1810 autorisaient les avoués près les tribunaux de première instance et d'appel à exercer leur ministère près les Cours d'assises; mais ces dispositions, qui tiennent à un ordre de choses en grande partie aboli, ne paraissent pas entraîner l'obligation pour les parties civiles de se faire représenter par un avoué; cependant, la Cour d'Orléans a jugé le contraire (4).

Mais il peut être utile au prévenu comme à la partie civile de se faire assister d'un avoué, et rien n'empêche alors les juges de faire entrer dans le calcul des dommages-intérêts qui peuvent être dus, soit par le condamné à la partie civile, soit par la partie civile au prévenu, les frais que l'un ou l'autre ont été induits à faire pour leur défense, et, suivant les circonstances, d'adjuger une somme fixe en représentation de ces frais ou de compenser les dépens comme en matière civile.

---

(1) Rouen, 7 juin 1849, S. 50.2.449.
(2) Legraverend, 2, p. 340.
(3) *Loc. cit.*
(4) Arr. 5 mai 1829, S. 30.2.39.

La jurisprudence a cependant varié sur ce point. On a jugé longtemps que les frais dus aux avoués devaient toujours être payés par la partie qui avait employé leur ministère (1). — Mais la Cour de cassation décide maintenant que les parties peuvent recourir à ces officiers quand l'intérêt de leur défense l'exige et qu'aucun texte n'excepte leurs honoraires des dépens auxquels la partie qui succombe doit être condamnée (2) : que l'action en dommages-intérêts portée devant les tribunaux de répression accessoirement à l'action publique n'est toujours qu'un débat à fins civiles auquel les dispositions du tarif civil de 1807 sur les matières sommaires deviennent applicables entre le prévenu et la partie civile, dans les cas non prévus à leur égard par le tarif criminel ; sauf le cas où l'intervention de l'avoué serait reconnue *frustratoire* par le juge taxateur, à raison des circonstances particulières de la cause (3).

129. Tel est l'ensemble de la législation sur le paiement des frais de justice.

Le système de la loi n'a pas échappé aux critiques. Quelques-uns ont pensé que l'obligation imposée aux condamnés d'opérer le remboursement de ces frais, était inique, parce que, disaient-ils, la justice est une dette de l'Etat.

Ce principe, parfaitement juste, ne conduit point aux conséquences que l'on voudrait en tirer. Sans doute, la justice est une dette de l'Etat, en ce sens qu'il doit en assurer la répartition et l'exercice partout et pour tous. Mais l'administration de la justice criminelle entraîne des frais ; sur qui doivent-ils retomber en définitive ? sur la société ou sur le coupable qui y donne lieu ? Personne ne devrait hésiter sur cette question. Mais, pour rester dans les limites du juste, il est indispensable de restreindre le montant des frais mis à la charge du coupable à la somme rigoureusement nécessaire pour l'instruction du procès. Celle-là seule représente le dom-

---

(1) C. instr. crim., 190 et 204 ; décr., 18 juin 1811, art. 157 et 158 ; circ. min., 10 avril 1813 ; Cass., 29 oct. 1824, S. 25.1.178 ; Cass., 31 janv. 1833, D. 265 ; 2 avril 1836, S. 656 ; 7 avril 1837, S. 38.904 ; 29 juill. 1851, D. 202 ; Cass., 26 janv. 1836, D. 382.

(2) C. instr. crim., 162, 194, 368.

(3) Cass., 12 mars 1852, D. 52.5.293, n° 11 ; 15 avril 1853, D. 53.5. 240, n° 4 ; Rej., 23 janv. 1858, D. 58.5.199 ; Cass., 27 juin 1861 et 9 juin 1864, D. 64.1.453 et 454.—*Conf.*, Aix, 19 juin 1857, D. 58.2.68 ; Bourges, 13 mai 1864, D. 64.2.128. — *Adde*, Rej., 3 avril 1868, S. 69. 1.143.

mage réel et direct qu'il a causé sous ce rapport à la société. En appliquant ici les règles posées ci-dessus (nᵒˢ 42, 105 et suiv.), on reconnaîtra qu'il est indispensable de défalquer la valeur de tous les actes inutiles et frustratoires, et de ceux dont la nullité procède non du fait des prévenus, mais de celui du juge. C'est ainsi que des assignations de témoins inutiles, des expertises qui ne seraient pas rigoureusement nécessaires ne devraient point être mises à sa charge (1).

Nous dirons de la partie civile ce que nous venons de dire du condamné ; si elle succombe, il est juste qu'elle supporte les frais d'une poursuite témérairement provoquée par elle et dans son intérêt. Mais si, au contraire, elle obtient gain de cause, si le coupable est convaincu et condamné, il est impossible de faire payer à la partie civile les dépens du service qu'elle a rendu à la société entière.

130. En principe, les tribunaux ont un pouvoir discrétionnaire pour évaluer la quotité des dommages-intérêts.

L'art. 51, C. pén., avant la révision de 1832, apportait à ce pouvoir une limitation. Il était conçu en ces termes : « Quand il y aura lieu à restitution, le coupable pourra être « condamné en outre, envers la partie lésée, si elle le re-« quiert, à des indemnités dont la détermination est laissée « à la justice de la Cour ou du tribunal, lorsque la loi ne « les aura pas elle-même réglées, sans que la Cour ou le « tribunal puisse, du consentement même de ladite partie, « en prononcer l'application à une œuvre quelconque, et *sans* « *qu'elles puissent jamais être au-dessous du quart des res-* « *titutions.* »

On a fait disparaître, en 1832, cette dernière phrase, et donné aux tribunaux une latitude pleine et entière pour la fixation des dommages-intérêts (2).

131. Mais, comme on le voit, l'article 51 réserve encore l'effet des dispositions spéciales qui prescrivent formellement de prononcer des indemnités dans les cas qu'elles prévoient, et en fixent elles-mêmes la valeur.

Ces dispositions sont assez nombreuses.

---

(1) MM. Chauveau et Hélie, t. 1, p. 286.
(2) Le Code autrichien détermine, comme il suit, les éléments de la réparation à prononcer dans un cas de délits contre la personne : — Art. 1325. « Celui qui fait une blessure à autrui lui doit les frais de « guérison, le gain perdu ou à perdre, et même une indemnité pour ses « souffrances. »—Art. 1326. « Si la personne blessée a été défigurée, on « lui doit encore un dédommagement, surtout lorsque c'est une femme. »

Ainsi, aux termes des articles 114, 117 et 119, C. pén., lorsqu'un fonctionnaire public, un agent ou un préposé du Gouvernement, aura ordonné ou fait quelque acte attentatoire à la liberté individuelle, les dommages-intérêts qui pourraient être prononcés contre lui, seront réglés, eu égard aux personnes, aux circonstances, et au préjudice souffert, mais sans qu'en aucun cas, et quel que soit l'individu lésé, les dommages-intérêts puissent être au-dessous de 25 francs pour chaque jour de détention illégale et arbitraire, et pour chaque individu. Les dommages-intérêts seront prononcés et réglés de la même manière contre les fonctionnaires publics chargés de la police administrative ou judiciaire, qui auront refusé où négligé de déférer à une réclamation légale tendant à constater les détentions illégales et arbitraires, et qui ne justifieront pas les avoir dénoncées à l'autorité supérieure.

Ainsi encore l'art. 29, C. forest., porte : « Qu'en cas d'a-« batage, par l'adjudicataire, d'arbres non compris dans « l'adjudication, si ces bois sont de meilleure nature ou « qualité que ceux de la vente, il paiera l'amende comme « pour bois coupés en délit, et une somme double à titre de « dommages-intérêts. » — L'art. 40, que : « La coupe et « la vidange des ventes seront faites dans les délais fixés par « le cahier des charges, à peine d'une amende de 50 à 500 « francs, et en outre des dommages-intérêts, dont le mon-« tant ne pourra être inférieur à la valeur estimative des « bois restés sur pied ou gisant sur les coupes. »

Les art. 33, 34, 36, 37, 39 du même Code prévoient les délits d'abatage d'arbres réservés, d'écorcement ou pelage des arbres sur pied, de traite des bois par d'autres chemins que ceux désignés au cahier des charges, et les contraventions aux conditions du cahier des charges relativement au mode d'abatage des arbres et au nettoiement des coupes. Ces délits sont punis d'amende, mais les articles que nous venons de citer ajoutent toujours : *sans préjudice des dommages-intérêts*.

Bien que cette disposition ne soit pas absolument impérative, on a conclu de l'ensemble et de la combinaison de ces divers articles, que la responsabilité pénale, résultant, à la charge des adjudicataires, de tout délit commis dans l'étendue du sol forestier dont ils prennent momentanément possession, n'était pas la seule qui leur fût imposée nécessairement, et que les dommages-intérêts devaient, dans tous les cas, s'ajouter à l'amende. En cas d'abatage d'arbres réservés notamment, la jurisprudence décide que l'amende et la *restitution* des arbres ou leur valeur ne sont pas une réparation suffisante de l'atteinte portée, dans le présent et l'avenir, à la propriété forestière ; que les tribunaux correctionnels sont dans l'obligation de prononcer la condamnation accessoire aux dommages-intérêts, comme conséquence et complément de la condamnation principale, et que le jugement qui refuserait d'allouer à l'administration forestière les dommages-intérêts par elle réclamés, doit être cassé (1).

Enfin, l'art. 202 de ce même Code, placé sous le titre, *des Peines et Condamnations pour tous les bois et forêts en général*, dispose : « Dans tous les cas où il y aura lieu à adjuger des dommages-intérêts, ils ne pourront être inférieurs à l'amende simple prononcée par le jugement. »

Nous citerons encore l'art. 6, tit. 5, de la loi du 10 vendémiaire an 4, sur la police intérieure des communes. Dans les cas prévus par cette loi, « les dommages-intérêts ne pourront jamais être moindres que la valeur entière des objets pillés et choses enlevées. »

132. Dans les cas très-nombreux où aucune disposition spéciale de la loi n'oblige les tribunaux à prononcer nécessairement des dommages-intérêts, ils décident s'il en est dû, d'après l'examen des circonstances et des considérations de fait qui échappent à la censure de la Cour de cassation.

Cependant, comme celle-ci a toujours le droit d'apprécier les conséquences légales des faits déclarés constants par les juges du fond, elle pourra connaître de la question de savoir si la nature de la faute et celle du préjudice souffert engendraient une action en responsabilité au profit de la partie lésée : par exemple, si telle ou telle perte éprouvée par le demandeur est bien une conséquence immédiate et directe du délit (2), ou bien si le préjudice éprouvé est actuel ou certain (V. n° 45).

Quant à la quotité des dommages, la fixation en demeurera le plus souvent dans le domaine des juges du fond, parce qu'elle sera le résultat d'appréciations purement de fait.

Cependant, il pourrait arriver que la question de savoir

(1) Cass., 23 juill. 1842, S. 43.1.148 ; 23 nov. 1844, S. 45.1.280 ; 23 août 1845, S. 717 ; 5 mars 1847, S. 748 ; 26 mai 1848, S. 49.1.73 ; M. Meaume, 1, n° 181.
(2) V. *supra*, n° 42 ; Domat, liv. 3, tit. 5, sect. 2, n° 4.

d'après quelles bases ils doivent être évalués, dépendît d'un principe de droit. En voici un exemple : dans un procès qui avait pour origine des entreprises sur un cours d'eau, on prétendait que le juge du fond avait violé le principe que tous les Français sont égaux devant la loi, parce qu'en renvoyant un haut fonctionnaire d'une plainte vexatoire portée contre lui, et en lui adjugeant des dommages-intérêts, le tribunal déclarait que le préjudice résultant d'une pareille plainte avait reçu des fonctions éminentes dont l'inculpé était revêtu, une aggravation de nature à influer sur l'étendue de la réparation. Ainsi, c'était la Charte à la main que l'on discutait les bases d'évaluation adoptées par le tribunal. La question de droit était donc engagée. Sans aucun doute, une fois admis en principe que la dignité même des fonctions demandait à être efficacement maintenue par une réparation pécuniaire plus considérable, et qu'il n'y avait rien en cela de contraire à l'exercice des droits entre les citoyens, ceci, dis-je, une fois admis, c'était aux juges du fond à fixer définitivement le chiffre de cette réparation. Mais le principe lui-même était contestable, et la Cour suprême était, à notre avis, régulièrement appelée à statuer sur ce point. Cependant, elle a jugé le contraire : « Attendu que, d'après les art. 66, 159, 191 et 214, C. inst. crim., les tribunaux correctionnels peuvent, en renvoyant les prévenus de la plainte, statuer sur les dommages-intérêts dont l'appréciation est abandonnée à la prudence des magistrats ; que, dès lors, en adjugeant au défendeur des dommages-intérêts portés à la somme de...., le tribunal..... quels que soient ses motifs, a statué dans le cercle de ses attributions, et qu'en cela il n'a point violé l'art. 1er de la Charte constitutionnelle..... Rejette (1). »

132 *bis*. Du principe que les tribunaux apprécient souverainement le dommage et l'étendue de la réparation, il suit qu'ils peuvent accorder soit une somme fixe une fois payée, soit une rente ou annuité.

Et comme le dommage peut cesser ou se restreindre dans un temps donné, ils peuvent également réduire l'indemnité dans ces prévisions. Ainsi, dans une affaire jugée par la Cour de Dijon, l'on a maintenu la disposition d'un jugement qui allouait à une femme dont le mari avait été tué, une rente

----

(1) 9 déc. 1830, D. 31.1.379.

avec condition que cette rente serait réduite de moitié si la
veuve convolait à un second mariage (1).

133. Les tribunaux civils peuvent, en général, prendre,
dans l'intérêt d'une partie lésée, toutes les mesures provi-
soires commandées par l'urgence. Mais, devant les tribunaux
de répression, cette règle est-elle admise ? Par exemple, la
personne blessée par suite du délit d'autrui peut-elle réclamer une provision pour pansement ? L'ordonnance de 1670,
titre 12, le permettait ; mais ses dispositions ont été abrogées
par l'art. 594 du Code du 3 brumaire an 4. Sous l'empire de
ce Code, les tribunaux ne pouvaient rien adjuger au plaignant
avant le jugement définitif. Le Code d'instruction criminelle
de 1808, après avoir dit, dans son art. 188, que l'opposition
à un jugement rendu par défaut en matière correctionnelle
emportera de droit citation à la première audience ; que cette
opposition sera comme non avenue si l'opposant n'y comparaît pas, et que le jugement rendu sur l'opportunité ne
pourra être attaqué par la partie qui l'aura formée, si ce n'est
par la voie de l'appel, ajoute : « Le tribunal pourra, s'il y
« échet, accorder une provision ; et cette disposition sera
« exécutoire nonobstant l'appel (2). » Cette disposition de
l'art. 188 n'est pas reproduite par l'art. 154, en ce qui concerne les matières de la compétence du tribunal de simple
police. Toutefois, l'analogie évidente nous porte à croire que
le juge de police pourrait, dans les mêmes circonstances, adjuger une provision. La loi a voulu, par là, remédier à l'inconvénient résultant, pour la partie civile, du retard qu'apporterait, par des défauts successifs, un adversaire négligent
ou de mauvaise foi.

Mais cette disposition de l'art. 188 ne peut être étendue
aux jugements contradictoires. La même raison n'existe plus,
et alors la règle que le criminel tient le civil en état reçoit
son application (3). L'appel remet en question la culpabilité
du prévenu et le tribunal ne peut faire prévaloir sa décision
quant aux dommages-intérêts sur la condamnation *principale* relative à la peine. L'effet de la première est suspendu
comme celui de la seconde. En un mot, aucun texte n'autorise les juges à prononcer l'exécution provisoire ; l'art. 188
est spécial et ne peut être étendu d'un cas à un autre.

Quand le jugement est souverain ou en dernier ressort,

---

(1) Dijon, 23 nov. 1866, D. 67.2.13.
(2) V. Merlin, *Rép.*, v° *Blessé*, p. 209 et 210.
(3) Paris, 13 août 1856, D. 57.2.1.

rien ne s'oppose, au contraire, à ce que les tribunaux, en prononçant la condamnation pénale, remettent à statuer sur la réparation civile en ordonnant, par exemple, que les dommages-intérêts seront donnés par état (1). — Ils peuvent aussi accorder immédiatement une provision dans les limites du préjudice dès lors reconnu constant et susceptible d'évaluation. Cette situation est tout autre que celle dont nous venons de parler.

134. Ce que nous avons dit jusqu'ici se rapporte à l'étendue de la réparation civile. Parlons maintenant de sa nature.

Toute obligation de faire ou de ne pas faire, dit l'art. 1142, C. Nap., se résout en dommages-intérêts. Tel est le principe général, *Nemo potest cogi ad factum*. La réparation doit consister en une somme d'argent.

Cependant, l'art. 1143 ajoute que le créancier, ou, ce qui est la même chose dans la matière que nous traitons, la partie lésée peut demander que ce qui aurait été fait en contravention soit détruit, et qu'il peut être autorisé à le faire détruire lui-même aux frais du délinquant. Mais cela revient à dire que la destruction opérée, il en réclamera le prix contre ce dernier. C'est donc encore revenir à l'application de l'art. 1142. De même, l'art. 1144 dit que le créancier peut, en cas d'inexécution d'une obligation de faire, être autorisé à exécuter lui-même l'obligation, *aux dépens* du débiteur ; de sorte que, dans toutes les hypothèses, celui-ci n'est tenu de payer qu'une somme d'argent ; le juge, en condamnant le prévenu à exécuter des actes d'une autre nature ou à s'en abstenir, prononcerait de véritables peines non prévues par la loi, il excéderait ses pouvoirs. Ainsi, lorsqu'une maison a été incendiée, on ne peut pas forcer l'auteur de l'incendie à la rebâtir dans son premier état(2).

Par suite du même principe, il a été jugé qu'un tribunal n'a pas le droit d'ordonner qu'une domestique ne pourra habiter dans une commune désignée, pendant un certain temps, si elle refuse de rentrer chez son maître (3), ni de prescrire la proclamation hors du lieu de ses séances, et dans

---

(1) *Conf.*, rej , 7 juill. 1855, D. 376.—V. nos 264 et s., ch. 7.
(2) Une semblable condamnation aurait, d'ailleurs, l'inconvénient de dépasser souvent la véritable limite des dommages-intérêts. Le propriétaire de la maison reconstruite profiterait de la différence entre le neuf et le vieux : ce qui ne lui est pas dû. Voy. Nancy, 9 août 1849 et Paris, 3 janv. 1850, S. 51.2.129.
(3) Cass., 23 août 1810; Dalloz, *Compétence*, p. 444.

plusieurs communes du voisinage, d'un jugement par lequel il prononce une condamnation (1). Ce serait aggraver et modifier la peine établie par la loi et commettre un excès de pouvoirs.

134 *bis*. Mais la jurisprudence reconnaît aux tribunaux le droit de faire défense à l'auteur d'un acte nuisible de continuer à le commettre. — C'est ce qui a lieu fréquemment par rapport aux faits de concurrence illicite entre commerçants, et d'usurpation déloyale de noms, enseignes, vignettes ou autres signes de fabrication. Cette jurisprudence trouve sa base dans les art. 1382 et 1143, C. Nap., et aussi dans l'art. 1036, C. proc., qui autorise les tribunaux à prononcer des *injonctions*, c'est-à-dire l'ordre de faire cesser un acte contraire à l'ordre public ou aux droits privés. — La sanction de ces injonctions et défenses se trouve, comme nous venons de le dire, dans les dommages-intérêts qui seraient prononcés en cas de refus de les observer (2) et qui sont indépendants des peines qui pourraient être prononcées en vertu de la loi du 5 juillet 1844 sur les brevets d'invention et de celle du 23 juin 1857 sur les marques de fabrique.

Dans le cas de publication d'un écrit portant atteinte à la considération d'une personne, la partie lésée peut demander la rectification d'un fait inexact, la suppression d'un passage injurieux, indépendamment de toute réparation pécuniaire (3).

En cas de refus, les tribunaux prononceraient des dommages-intérêts et pourraient même autoriser la saisie des exemplaires qui seraient publiés sans contenir les rectifications prescrites (4).

134 *ter*. — La confiscation spéciale, soit du corps du délit, soit des choses produites par le délit, soit de celles qui ont servi ou qui ont été destinées à le commettre, est une peine proprement dite, comme nous l'avons déjà fait remarquer ci-dessus, n° 90.

---

(1) Cass., 7 juill. 1808, S. 10.1.85.
(2) Paris, 21 janv. 1850, D. 51.2.123; 6 mars 1851 et 19 janv. 1852, D. 52.2.265; Lyon, 21 août 1851 et Bordeaux, 9 fév. 1852, D. 52.2.265; Paris, 29 déc. 1852, D. 53.2.163. — *Conf.*, Dalloz, *Industrie*, n°s 358 et suiv. Voir notamment, n° 367, un arrêt de la Cour de Paris du 18 janv. 1844.
(3) Paris, 17 avril 1858, D. 60.2.109 (aff. des héritiers du prince Eugène C. Perrotin, édit. des *Mém. du duc de Raguse*).
(4) Même arrêt.

Néanmoins, la loi du 5 juillet 1844 sur les brevets d'invention, par une disposition tout à fait exceptionnelle (art. 49), porte que « la confiscation des objets reconnus contre-« faits, et le cas échéant, celles des instruments ou ustensiles « destinés spécialement à leur fabrication, seront, même en « *cas d'acquittement*, prononcées contre le contrefacteur, le « recéleur, l'introducteur ou le débitant. — Les objets con-« fisqués seront remis au propriétaire du brevet, sans pré-« judice de plus amples dommages-intérêts et de l'affiche du « jugement s'il y a lieu. »

Cette dérogation aux règles de la compétence tient à ce que, comme nous l'avons déjà dit, pour une matière qui offre avec celle-ci quelque analogie (1), en pareil cas, le procès est fait en quelque sorte à la chose, en même temps qu'à la personne, et la remise des objets saisis au titulaire du brevet n'est, au point de vue de la loi, qu'une restitution qui lui est faite en vertu d'un droit de propriété (2). Lui seul, d'ailleurs, a droit de fabriquer et de vendre les produits qui sont l'objet de son brevet; c'est donc à lui seul qu'on doit les rendre pour les utiliser (3).

Une disposition identique se trouve dans l'art. 14 de la loi du 23 juin 1857 sur les marques de fabrique et de commerce.

134 *quater.* — La loi du 5 juillet 1844, comme on vient de le voir, autorise le tribunal à ordonner l'affiche de son jugement.

La loi du 27 mars 1851 sur les fraudes dans la vente des marchandises permet également d'ordonner l'affiche et l'insertion dans les journaux aux frais du condamné; — la même mesure est admise par l'art. 26 de la loi du 26 mai 1819 en cas de condamnation pour délits commis par voie de publication; — enfin l'art. 10, C. proc., dit que le juge de paix pourra d'*office*, c'est-à-dire par mesure de police, en cas de trouble à son audience, condamner les parties à l'amende avec affiches du jugement.

Dans ces divers cas, l'affiche semble être une sorte de *peine* accessoire à la condamnation.

Mais l'art. 1036, C. proc., dispose d'une manière plus

---

(1) N° 90.
(2) Et. Blanc, *De la Contrefaçon*, p. 677.
(3) Exposé des motifs à la Ch. des pairs, par M. Cunin-Gridaine, Dall., *Brev. d'inv.*, p. 551.—V. au surplus, *infrà*, n° 263.

générale que les tribunaux pourront ordonner l'affiche et l'impression de leurs jugements.

C'est donc une mesure qui peut être prise sur la demande de la partie civile devant les tribunaux de répression et de toute partie intéressée devant les autres juridictions.

C'est alors à titre de réparations civiles et comme complément des dommages-intérêts que cette publication est ordonnée (1).

Il suit de là que, lorsque le tribunal saisi est incompétent pour prononcer des dommages-intérêts, soit à raison de l'acquittement du prévenu, comme les tribunaux de police simple et correctionnelle (2), soit à raison des règles spéciales de son institution, comme un conseil de guerre (3), il ne peut prescrire l'affiche de son jugement.

Jusqu'ici nous avons parlé de publications faites aux frais du condamné. Mais la partie qui a obtenu un jugement a-t-elle, dans tous les cas, le droit de le faire imprimer ou afficher à ses propres dépens? C'est une question qui s'est présentée et que les tribunaux ont plusieurs fois résolue négativement. « Attendu que la publicité par voie d'affiches étant une peine prononcée contre celui qui succombe, elle doit être restreinte dans les limites et dans les formes dans lesquelles elle a été prononcée (4)...» — Et en ce qui concerne spécialement les délits de presse : « Attendu que le décret... du 17 févr. 1852 » portant (art. 17) que le jugement rendu en matière de délit de presse pourra être publié, « ... n'a eu pour but que de déterminer les choses permises ou prohibées eu égard à la répression; mais que ses dispositions spéciales ne sauraient être étendues de telle manière que, annulant les dispositions générales de la loi civile, elles pussent laisser porter, sans en avoir le droit, préjudice à autrui... Attendu que le tribunal... avait autorisé A... à faire insérer la décision *par extrait* dans le *Messager de Provence ;* que c'est le jugement entier qui a été publié...; qu'il y a là pour la considération de M... quelque chose de plus grave et de

---

(1) Rej., 3 juin 1868, D. 381 ; 25 avril 1862, D. 63.5.123, n° 1 ; 31 mai 1864, D. 361.—*Conf.*, Paris, 16 déc. 1857, sous Cass., 7 mai 1858, D. 260. Il n'y a pas eu de pourvoi contre cette partie de l'arrêt.—Faustin Hélie, *Th. du C. pén.*, 4e éd., p. 265, t. 1.

(2) V. n°s 257 et 274.

(3) V. n° 215.—*Conf.*, 7 fév. 1857, D. 134.

(4) Paris, 1er juin 1831, S. 31.2.205, D. 31.2.219, et 23 fév. 1839, D. 39.2.85.

plus compromettant que ne l'aurait été l'insertion telle que la justice l'avait ordonnée, etc. (1) »

Ces décisions renferment des appréciations de faits que nous n'avons pas à critiquer. Mais nous ne pensons pas qu'en principe on puisse refuser à la partie le droit de publier un jugement, en matière criminelle ou civile. La publicité en cette matière est de l'essence de nos institutions. Le droit pour la presse périodique de reproduire les décisions judiciaires est incontestable (2). La partie qui y a intérêt doit pouvoir aussi les reproduire à ses frais ; c'est un droit qui lui appartient puisque la loi ne le lui a pas retiré. Toutefois, nous le reconnaissons, ce droit trouve sa limite dans l'intérêt de la partie adverse. Si la publication est faite sans motif sérieux et à dessein de nuire, si elle cause un tort grave au condamné, soit par la profusion des exemplaires distribués, soit par le mode de publicité, tel que l'affichage dans des conditions insolites, ou telle autre circonstance analogue, la partie aura excédé son droit et pourra, à son tour, encourir des dommages-intérêts (3).

134 *quinquies.* Une autre mesure autorisée par l'art. 1036 C. proc., c'est la *suppression des écrits* qui seraient injurieux, diffamatoires ou calomnieux pour les parties en cause.

L'art. 23 de la loi du 17 mai 1819 dispose que les discours prononcés ou les écrits produits devant les tribunaux ne donneront lieu à aucune action en diffamation ou injure. « Pourront néanmoins, » ajoute cet article, « les juges saisis « de la cause, en statuant sur le fond, prononcer la suppres- « sion des écrits injurieux ou diffamatoires, et condamner « qui il appartiendra en des dommages-intérêts...; pourront « les faits diffamatoires étrangers à la cause donner ouver- « ture, soit à l'action publique, soit à l'action civile des par- « ties lorsqu'elle leur aura été réservée par les tribunaux, et, « dans tous les cas, à l'action civile des tiers. »

Cette suppression constitue encore un mode spécial de réparation au profit de la partie lésée. Devant les tribunaux civils, elle n'est soumise à aucune condition particulière.

---

(1) Aix, 6 déc. 1867, S. 69.2.135.
(2) Décr. du 17 fév. 1852, art. 17. Rennes, 27 janv. 1868, S. 68.2. 69.—Rousset, *Code des lois sur la presse*, n° 646.
(3) V. *infrà*, n° 439. *Conf.*, Aix, 6 fév. 1857, D. 57.2.133.—Toutefois, cet arrêt distingue entre l'insertion dans les journaux et l'affiche qu'il considère comme un fait illégal.

I.   9

Mais quand la cause est portée devant un tribunal de police simple ou correctionnelle, elle ne peut, aussi bien que les dommages-intérêts dont elle est l'accessoire ou l'une des formes diverses, être prononcée au cas d'acquittement suivant la règle déjà plusieurs fois formulée (1).

135. En règle générale, l'offensé ne peut plus demander qu'il lui soit fait réparation d'honneur, même quand il s'agit du délit d'injure ou diffamation (2). Le Code pénal prévoit un seul cas où cette condamnation doit être prononcée ; c'est quand l'outrage est adressé à des magistrats de l'ordre administratif ou judiciaire, à un officier ministériel ou agent de la force publique dans l'exercice de leurs fonctions (C. pén., art. 222 à 227). La réparation d'honneur constitue, dans ce cas, une peine qui ne peut être prononcée que sur la réquisition du ministère public, et à l'application de laquelle la partie civile n'a pas le droit de renoncer (3). Si le condamné retarde ou refuse, il peut être contraint par corps.

136. Dans l'ancien droit, la réparation civile étant la punition d'un délit grave et souvent capital, était mise au rang des peines (4). D'après la doctrine des auteurs et la jurisprudence, la faveur que mérite celui qui obtient la réparation avait fait tenir pour principe que l'action qui en naît, à son égard, ne se confond pas avec les autres biens, et qu'elle demeure tellement attachée à la personne qu'aucun événement ne peut en empêcher ni suspendre l'application. Ainsi, divers arrêtés avaient décidé que la réparation civile n'était pas saisissable (5) ni compensable. La compensation, disait-on, est une fiction qui ne peut s'exercer sur une dette pénale, car il est de l'essence des peines de ne pouvoir être acquittées par équipollence ni par fiction ; elles doivent être subies telles qu'elles ont été prononcées (6).

---

(1) Cass., 2 mai 1851, S. 367 (aff. Bonaparte de Canino C. d'Arlincourt).

(2) M. Fr. Taulier, t. 4, p. 589 ; Carnot, art. 161, n° 7 ; Merlin, v° *Répar. d'honn.*; Cass., 16 pluv. an 10 ; Dalloz, *Organ. judic.*, p. 30 et 8 juill. 1813, *J. du P.*, à sa date.

(3) Cass., 28 mars 1812, *Bull.*, n° 77 ; 8 juill. 1813, *J. du P.*, à sa date ; MM. Chauveau et Hélie, 4.379.

(4) Muyart de Vouglans, p. 303.

(5) Basnage, sur l'art. 143, *Cout. de Normandie* ; Muyart de Vouglans, p. 304 ; *Dict. des arrêts*, t. 3, p. 845, n° 15, v° *Intérêt* ; Denizart, *Rép. civ.*, n° 4.

(6) Muyart de Vouglans, p. 304 ; arrêts du 15 mars 1664. V. *Dict. des arrêts*, v° *Rép. civ.*, n° 2 ; du 1er mars 1742 et 14 avril 1766, De-

137. Aujourd'hui, cette jurisprudence n'a plus d'autorité, et les principes s'opposent à ce qu'elle soit suivie. D'abord, quant à l'insaisissabilité, elle n'existe qu'à l'égard des choses que la loi a déclarées insaisissables par une disposition formelle, et la réparation civile n'y est pas comprise (1). Et pour ce qui touche la compensation, il faut remarquer que c'est un moyen légal d'extinction des obligations. Toutes les fois, donc, qu'une loi expresse ne vient pas soustraire telle ou telle créance à son action, la compensation doit produire tous ses effets. Or, il n'existe pas de loi qui affranchisse de la compensation les dommages-intérêts adjugés en matière criminelle. La loi romaine décide même formellement le contraire. La loi 10, § 2, D. *de Compensationibus*, dit : *Quoties ex maleficio oritur actio, ut puta ex causâ furtivâ cœterorumque maleficiorum, de eâ pecuniario agitur, et compensatio locum habet* (2). On objecte que des créanciers pourraient donc se livrer à des excès de toute sorte envers des débiteurs insolvables, pour se venger de ce qu'ils ne sont pas payés, et que, au moyen de la compensation, qu'opposerait le créancier condamné à des dommages-intérêts, cette indemnité serait illusoire, et le débiteur n'aurait pas de moyen efficace de se défendre de ces actes répréhensibles. En supposant que des créanciers fussent quelquefois assez injustes pour se porter, contre leur débiteur, à des voies de fait ou à des injures, dans le but de se venger de leur insolvabilité, ce ne serait pas une raison pour établir, en dehors de la loi, une exception aux principes de la compensation. Si la condamnation à des dommages-intérêts n'est plus aujourd'hui une peine, il en existe, au contraire, de véritables destinées à réprimer les délits de toute nature contre les personnes, et dès que les injures ou voies de fait dirigées par un créancier contre son débiteur, prendraient un certain caractère de gravité, elles tomberaient sous l'application de ces dispositions répressives (3). Si l'on découvrait, d'ailleurs, dans la conduite du créancier, la pensée de se venger

---

nizart, *Décis. nouv.*, v° *Domm.-intérêts*, § 6, n° 3, et v° *Répar. civile*, n° 10.

(1) Merlin, v° *Rép. civ.*, § 4, n° 7.
(2) Merlin, v° *Rép. civ.*, § 5, n°ˢ 6 et 7.
(3) V. Code pén., liv. 3, tit. 2, chap. 1, et spécialement les art. 302, 309, 311, 330 et suiv., 341 et suiv., 376.—V. aussi art. 434, 436, 440 et suiv., 471 11°, 475 8°, et la loi du 17 mai 1819, art. 19 et 20.

par de mauvais traitements de l'infortune de son débiteur,
le juge saisi de la plainte de celui-ci pourrait élever la somme
des dommages-intérêts de manière à déjouer ces odieux calculs. On ne peut donc pas dire que l'offensé se trouve sans
défense à la merci de son créancier, et, la réparation civile
étant ordinairement l'équivalent du dommage éprouvé par
le plaignant dans sa fortune, il est tout simple que les sommes dues à ce titre se compensent avec les créances que le
condamné possède lui-même contre la partie lésée.

138. Le principe que, la réparation civile avait le caractère d'une peine, produisait encore d'autres conséquences
par rapport à la transmission de l'action; nous nous en sommes occupé au chap. 2, *suprà*, n° 59.

139. Il avait fait également obstacle à la validité des transactions entre le prévenu et l'offensé. Dans le droit germani-
que, qui domine aux premiers siècles de notre monarchie,
l'indemnité due à la partie lésée constituait toute la peine
attachée au crime. Mais bientôt le fisc prit une part dans les
compositions ou amendes. Cet intérêt fiscal, joint à l'intérêt
social de ne pas laisser impunis les crimes graves, fit introduire des mesures restrictives de la faculté qu'avaient primitivement les parties de s'accommoder sans jugement. Le
ministère public n'existant pas alors, les deux actions publique et privée se trouvant concentrées dans la main de l'offensé, il fallut mettre obstacle à l'abandon de la seconde
pour maintenir la première, et ne pas laisser le crime impuni. Mais peu à peu la poursuite exercée dans l'intérêt public, par des magistrats spécialement chargés de représenter
la société tout entière, se détache de l'action privée pour la
réparation du dommage. L'indépendance des deux actions
étant une fois reconnue en principe, la libre faculté de transiger sur l'action civile, reparaît comme conséquence. « Quoi-
« que, par le droit romain, il ne fût pas permis à un accu-
« sateur de se désister de son accusation sans encourir les
« peines du sénatus-consulte Turpillien (1), néanmoins,
« parmi nous, il est permis à la partie civile de se désister
« impunément de sa poursuite; ce qui paraît régulier, puis-
« qu'elle ne poursuit que son intérêt civil, et qu'il est per-
« mis à chacun de renoncer à ce qui a été introduit en sa
« faveur (2). La partie civile qui a été offensée peut, en tout

---

(1) *Tot. titul.*, D. *ad S. C. Turpil.*
(2) Du Rousseau de Lacombe, *Tr. des mat. crim.*, p. 162.

« temps, transiger avec l'auteur du délit... ce qui est fondé
« sur ce que cette partie ne poursuit que son intérêt civil,
« et qu'il est permis à chacun de renoncer à son droit (1). »
L'ordonnance de 1670 consacre formellement cette faculté;
et pourtant la transaction avait encore pour effet d'arrêter
l'action publique à l'égard de tous les délits qui n'emportaient
pas peine afflictive. C'est ce qui résulte de l'art. 19, tit. 25,
de cette ordonnance; il porte : « Enjoignons à nos procu-
« reurs et à ceux des seigneurs de poursuivre incessamment
« ceux qui seront prévenus de crimes capitaux ou auxquels
« il écherra peine afflictive, nonobstant toutes transactions
« et cessions de droits faites par les parties. Et, à l'égard de
« tous les autres, seront les transactions exécutées sans que
« nos procureurs ou ceux des seigneurs puissent en faire
« aucune poursuite (2). »

Aujourd'hui, l'indépendance des deux actions est établie
d'une manière plus positive encore par les art. 1, 2, 3 et 4,
C. inst. crim.; et l'art. 2046 du C. Nap. porte : « On peut
« transiger sur l'intérêt civil qui résulte d'un délit. » Mais
ces sortes de conventions n'ont aucune influence sur l'action
publique.

« La transaction n'empêche pas la poursuite du ministère
« public, » ajoute le second paragraphe de l'art. 2046; et
l'art. 4, C. inst. crim. : « La renonciation à l'action civile
« ne peut arrêter ni suspendre l'exercice de l'action publi-
« que (3). »

De plus, la transaction, entre la partie civile et le prévenu,
ne peut, surtout quand elle n'a pas été notifiée au ministère
public, mettre la partie civile à l'abri d'une condamnation
aux frais faits même sur l'appel du prévenu (4).

En matière de faux la transaction est sujette à une restriction particulière édictée par l'art. 249, C. proc. civ. ainsi
conçu : « Aucune transaction sur la poursuite du faux inci-
« dent ne pourra être *exécutée* si elle n'a été homologuée en
« justice, après avoir été communiquée au ministère public,

---

(1) Jousse, *Tr. de la just. crim.*, t. 1, p. 604.
(2) *Junge*, Muyart de Vouglans, *Inst. au dr. crim.*, p. 44.
(3) *Ord. de* 1670, tit. 25, art. 19; Du Rousseau de Lacombe, *loc.
cit.* et 3e part., ch. 1er, p. 301 et suiv.; Muyart de Vouglans, *loc. cit.*
et *Lois crim.*, p. 590; Jousse, *loc. cit.*; Denizart, v° *Rép. civ.*, n° 18;
Legraverend, t. 1, p. 62.
(4) Dalmas, p. 291; Duranton, 18.400. V. *infrà*, n°s 314 et suiv.

« lequel pourra faire à ce sujet telles réquisitions qu'il ju-
« gera à propos. »

On admet généralement que la transaction intervenue
dans ce cas est valable entre les parties dès que le contrat
est formé et avant même que l'homologation ait été obte-
nue(1). L'exécution seule de la convention est subordonnée
à cette mesure qui permet au ministère public d'examiner
s'il y a lieu d'exercer une poursuite criminelle et de saisir
ainsi « les falsifications d'actes que l'on tenterait de sous-
« traire aux yeux de la justice (2) » par une collusion des
parties en cause.

140. Ici se place la question de savoir si l'obligation contractée par un accusé ou un prévenu en faveur de la partie
plaignante, pour obtenir son désistement, ne devient pas une
obligation sans cause quand le prévenu est acquitté.

M. Carnot la décide affirmativement (3). Mais, selon nous,
il est dans l'erreur. Quand cette obligation présente le caractère de transaction sur procès, elle est valable. « Les transactions sont tellement licites, dit Jousse (4), que, une somme
que l'accusé se serait obligé de payer à l'offensé en conséquence d'une transaction faite avec lui, ne pourrait être répétée, quand même, sur la plainte de la partie publique, les
parties seraient mises hors de cour. » Denisart dit de même :
« La transaction est exécutée quel que soit l'événement du
procès (5). » Et cela est juste; car l'action civile est indépendante de l'action publique, à tel point qu'elle peut être
exercée séparément et que les tribunaux civils pourraient
rendre un jugement différent de celui des tribunaux criminels. La transaction a les mêmes effets que le jugement. A
la vérité, si l'action portée aux tribunaux civils se trouve
exister simultanément avec l'action publique, elle doit être
suspendue. Mais il est possible qu'elle ait été jugée auparavant, et le jugement ne subsiste pas moins, malgré les décisions en sens contraire du tribunal criminel. Puis la transaction n'a pas le même caractère solennel qu'une instance

---

(1) Boncenne, *Procéd.*, t. 4, p. 142; Mangin, *Act. publ.*, p. 56,
n° 30 ; Faustin Hélie, *Th. du Code d'inst. crim.*, t. 2, p. 461 ; Bruxelles,
12 fév. 1830, *J. du P.*, t. 23, p. 167.
(2) Faustin Hélie, *ibid.*
(3) *Sur l'art. 3, obs. add.*, n° 4.
(4) *Just. crim.*, t. 1, p. 605.
(5) V° *Répar. civ.*, n° 18.

civile, l'art. 3, C. d'instr., ne s'y applique pas, et, d'un autre côté, comme elle présente toujours quelque chose d'aléatoire, comme la partie civile abandonne des droits qui ont un certain fondement, puisque le ministère public a jugé à propos de suivre, malgré le désistement du plaignant, on ne pourrait pas dire que la transaction fût *sans cause*. Ajoutons que l'acquittement du prévenu n'est presque jamais incompatible avec la condamnation à des dommages-intérêts. Or, la *cause* de la transaction doit être censée exister, à moins que le jugement criminel ne fût absolument incompatible avec l'idée d'une faute quelconque de la part du prévenu : ce qui est rare.

141. Il peut se présenter diverses questions résultant du passage d'une législation à une autre, quant à la nature et à l'étendue de la réparation civile.

En ce qui touche la peine, il est admis que le crime commis sous l'empire d'une loi plus sévère doit être puni de la manière fixée par la loi nouvelle intervenue avant le jugement. Si, au contraire, la peine était primitivement plus douce, on doit continuer à l'appliquer. La raison sur laquelle s'est fondée cette théorie, est, qu'au premier cas, il serait injuste et inconséquent d'appliquer des peines que le législateur a trouvées trop sévères. Mais si la nouvelle loi aggrave, au contraire, la pénalité, il serait encore injuste et contraire à l'humanité de punir le coupable d'une peine qui ne lui était point connue au moment où il a commis le délit. L'exception au principe tutélaire de la rétroactivité ne pourrait en ce cas se justifier.

En est-il de même quant à la réparation civile, en supposant qu'une loi nouvelle vînt la modifier ? Un auteur a proposé à cet égard une distinction. « La loi nouvelle devra s'appliquer même aux actes antérieurs, si elle ne change le droit ancien que pour augmenter la satisfaction qui a paru insuffisante ; il ne faut point, en effet, que la mauvaise foi ni la négligence jouissent en quelque sorte d'une prime qu'il n'a pu être dans l'intention de la loi ancienne de leur accorder. Mais il est évident que la loi nouvelle ne peut nuire à des tiers, ni renverser des jugements ou des transactions. Si la loi nouvelle diminue, au contraire, l'indemnité accordée, il y aurait quelques raisons de l'appliquer également aux actes antérieurs. Mais je pense que l'attente formée par l'offensé, conformément à la loi ancienne, mérite plus d'égards que la crainte de laisser peser sur le délinquant un surcroît de dommages-intérêts, peut-être inutile, mais qu'il pouvait éviter (1).» M. Merlin, au contraire, décide que pour l'action civile résultant des délits et quasi-délits, comme pour les quasi-contrats, on doit appliquer aux faits antérieurs, en ce qui concerne le fond, les lois sous l'empire desquelles ils se sont passés (2). Nous adoptons cette solution, beaucoup plus conforme que la précédente, aux principes sur la rétro-activité.

CHAPITRE V.

DU MODE D'OBLIGATION DES PERSONNES RESPONSABLES D'UN MÊME DÉLIT.
— SOLIDARITÉ.

Sommaire.

(1) M. Blondeau, *Dissert.*, dans Sirey, 9.2.277 et 286 9°.
(2) *Rép.*, v° *Effet rétroactif*, sect. 3, §§ 8 et 11.

sion, le condamné qui a payé aurait-il son recours contre ses complices?

142. L'art. 55, C. pén., porte : « Tous les individus con-
« damnés pour un même crime ou pour un même délit se-
« ront tenus, solidairement, des amendes, des restitutions,
« des dommages-intérêts et des frais (1). »

Cette disposition est fondée sur ce que chacun des auteurs d'un délit a, autant qu'il était en lui, causé tout le dommage qui en résulte (2), et que sa part dans la réparation comme dans la perpétration du crime est indivisible.

143. A nos yeux, ce système est parfaitement rationnel en ce qui concerne les réparations civiles et même les frais qui n'en sont, sous certains rapports, qu'une partie constitutive. La réparation est due tout entière par celui dont la faute a causé le dommage. Et cette obligation incombe évidemment à chacun des coauteurs. D'ailleurs, la partie lésée ne doit point souffrir de ce que le délit a été commis par plusieurs au lieu d'un seul ; et, cependant, si la condamnation n'était pas solidaire, l'insolvabilité de quelques-uns des condamnés retomberait tout entière sur la partie civile. Cette dernière serait moins bien traitée que si les insolvables n'eussent point pris part au délit collectif.

144. Le principe de la solidarité nous paraît moins facile à justifier dans son application à l'amende, qui, comme toutes les peines, devrait être individuelle, et qui perd ce caractère lorsque l'un des condamnés est insolvable (3).

---

(1) V. l'art. 27 de la loi du 3 mai 1844 qui renferme pour les délits de chasse une disposition spéciale.

(2) Pothier, *Procéd. crim.*, sect. 5, art. 2, § 6 ; *Obligat.*, n° 268.

(3) En matière fiscale, il n'y a lieu qu'à une condamnation solidaire à la même amende contre tous ceux qui ont concouru à une même in-

Néanmoins, la loi est formelle, elle doit être observée ; la critiquer sur ce point, ce serait d'ailleurs nous écarter de notre sujet.

145. « Tous les individus condamnés pour un même « *crime* ou pour un même *délit*, » dit l'art. 55. Ces mots crimes et délits ont, dans le Code pénal, un sens particulier. Ils sont limitatifs ; il s'ensuit que notre article n'est point applicable aux contraventions de police. Il est impossible d'en douter, si l'on considère que l'art. 55 est placé au livre 1er du Code qui traite des peines en matière criminelle et correctionnelle, et dans le chapitre intitulé, *Des peines et autres condamnations qui peuvent être prononcées pour crimes ou pour délits*. C'est au livre 4 qu'il est question des contraventions de police et des peines qu'elles encourent. Le chapitre 1er, intitulé *Des peines*, contient des dispositions semblables à celles des art. 52, 53 et 54, sur la contrainte par corps, et la préférence accordée pour le paiement aux dommages-intérêts et restitutions sur l'amende prononcée au profit de l'Etat (art. 467, 468, 469). Il n'y est pas fait mention de la solidarité : c'est une preuve que le législateur n'a pas entendu la prononcer (1).

Aussi, la plupart des auteurs décident-ils d'une manière absolue que les juges ne peuvent point la suppléer en matière de simples contraventions (2), et la Cour de cassation s'est prononcée dans ce sens (3).

Cependant, M. Duranton pense que dans l'art. 55 le mot délit a un sens général qui comprend même les contraventions (4). Mais les raisons que nous venons de déduire ne nous permettent pas de partager son avis, du moins en ce qui concerne l'amende et les frais.

Ajoutons que la solidarité appliquée à l'amende est une

---

fraction. L'amende, en pareil cas, frappe sur le fait matériel de la contravention, abstraction faite du nombre des délinquants (Cass., 19 août 1836, D. 38.1.48).—Voyez, au surplus, nos observations sur la nature de cette amende, *suprà*, nᵉˢ 79 et suiv.

(1) A la différence de la loi du 19-22 juill. 1791 (tit. 2, art. 42), qui portait : « Les amendes de la police correctionnelle et *municipale* se- « ront solidaires entre les complices. »

(2) Toullier, 11, n° 151 ; Chauveau et Faustin Hélie, 1, p. 263 et 306, et 4ᵉ éd., p. 220 ; Dalloz, *Amende*, p. 388 ; *Encyclop. du droit*, v° *Amende*, nᵒˢ 46 et 47 ; Carnot, *Code pén.*, t. 1, p. 192, n° 2.

(3) Cass., 12 mai 1849, S. 608.

(4) T. 11, n° 194.

peine, et les peines ne peuvent être étendues par voie d'analogie et d'interprétation (1).

146. Quant aux frais, ils ne font point partie constitutive de la peine, mais ils en sont l'accessoire, et doivent suivre le même sort.

La comparaison de la législation intermédiaire avec le Code pénal fait voir clairement que le silence de ce Code sur la solidarité, en matière de contraventions, est toute volontaire. Les art. 1 et 2 de la loi du 18 germinal an 7 portaient expressément que la solidarité des frais serait prononcée en matière criminelle, correctionnelle et de police. Les rédacteurs du Code avaient ce texte sous les yeux. Ils ont reproduit la disposition au chapitre des condamnations pour crimes et délits. S'ils ne l'ont pas reproduite au livre 4 du Code pénal, c'est qu'ils ont entendu l'abroger.

A la vérité, le décret réglementaire du 18 juin 1811 (art. 156) reproduit exactement la loi du 1ᵉʳ germinal an 7, et, en conséquence, la Cour de cassation, suivant sa jurisprudence ordinaire, applique la solidarité aux matières de simple police (2). Suivant nous, ce règlement n'a pu déroger à la loi, et l'on devrait, surtout depuis la nouvelle promulgation du Code pénal (3), l'entendre d'une manière conforme aux explications que nous venons de donner (4). Ainsi, la condamnation solidaire aux frais devrait être purement facultative pour les tribunaux de simple police, et sous la condition que les dépens seraient expressément alloués au plaignant à titre de dommages-intérêts, comme cela a lieu en matière purement civile (5).

147. En ce qui concerne les dommages-intérêts ou restitutions, la solidarité peut, suivant nous, être prononcée indistinctement en matière de contraventions de police, comme

---

(1) La loi des 28 sept.-6 oct. 1791, tit. 2, art. 3 (Code rural), porte que l'indemnité et l'amende sont dues solidairement par les délinquants. Ce n'est là qu'une exception écrite dans une loi spéciale.

(2) Cass., 22 niv. an 13; Dalloz, vᵒ *Obligations*, p. 783, nᵒ 15, *Arg.*; Cass., 7 juill. 1827, *J. du Pal.*, à sa date; Cass., 7 janv. 1830; D. 30.1.54; Cass., 12 mai 1819, S. 608; Carnot, *Sur l'art. 162 du C. d'instr. crim*, nᵒ 8, approuve cette jurisprudence, mais il est revenu sur cette opinion dans son *Commentaire du Code pénal* (sur l'art. 55). V. aussi Cass., 26 déc. 1857, *Bull.*, 415.

(3) L. 28 avr. 1832, art. 104.

(4) Chauveau et Faustin Hélie, 1, 306.

(5) Rej., 11 juin 1839, S. 601; Cass., 28 fév. 1848, S. 311. Boncenne, t. 2, p. 545; Merlin, *Rép.*, vᵒ *Dépens*. — V. aussi *infrà*, nᵒ 480.

lorsqu'il s'agit de crimes ou de délits ; car, ainsi que nous le verrons (*inf.*, nᵒˢ 473 et suiv.), elle pourrait l'être en matière purement civile ; à plus forte raison en est-il ainsi, lorsque le fait dommageable est en même temps frappé par la loi pénale, ce qui lui imprime un caractère de gravité supérieure. L'art. 55, bien que restrictif dans ses expressions, n'est point un obstacle à ce qu'il en soit ainsi, une disposition expresse aurait été nécessaire pour l'amende et pour les frais ; dès lors, celle qu'il renferme ne peut être étendue au delà du cas qu'elle prévoit expressément ; mais elle est surabondante pour ce qui concerne les restitutions et réparations. A leur égard, le principe de la solidarité est posé ailleurs que dans le Code pénal. Peu importe donc si ce Code est resté muet sur ce point, au livre *des Contraventions.* Il en résulte simplement que l'application des principes généraux reste entièrement libre. Seulement il existe quelques différences entre la solidarité résultant expressément de l'art. 55 et la solidarité qui peut être prononcée en toute matière. Nous les signalerons un peu plus bas (nᵒ 489).

148. La solidarité ne peut avoir lieu qu'entre individus condamnés pour un même crime, ou pour un même délit, c'est-à-dire pour un même fait.

On ne pourrait donc la prononcer entre des individus coupables de faits différents compris dans la même plainte, ou dans le même acte d'accusation. Celui qui n'aurait été condamné que pour un seul de ces délits, ne devrait supporter qu'une part proportionnelle (1). La Cour de Paris a trèsbien appliqué ces principes dans une espèce où il s'agissait de contrefaçon d'un tableau. Un certain nombre d'individus étaient poursuivis pour l'avoir reproduit, les uns par la sculpture, les autres par la gravure ou la peinture sur porcelaine, et d'autres pour en avoir débité les exemplaires contrefaits. Il a été jugé que la *solidarité* ne devait pas être prononcée entre ceux qui n'avaient pas commis ce délit conjointement, qui n'étaient pas fabricants et débitants du même objet. L'arrêt est du 16 février 1843 (2).

---

(1) Chauveau et Faustin Hélie, 1, 262 ; Cass., 1ᵉʳ niv. an 13, Dalloz, vᵒ *Oblig.*, 10, 783, nᵒ 14 ; Cass., 22 avr. 1813, D. *ibid.*, nᵒ 15 ; Rej., 20 janv. 1843, S. 225 ; Cass., 30 janv. 1846, S. 271 ; Cass., 2 avr. 1846, S. 720.

(2) S. 43.2.129. *Conf.*, 10 nov. 1855, D. 56.2.29 et 15 juill. 1864, *Bull.*, 186.

Il en serait ainsi quand même deux accusations distinctes auraient été réunies pour être jugées par un même arrêt (1).

A plus forte raison encore, si une accusation embrasse plusieurs chefs et porte sur plusieurs individus, on ne peut condamner solidairement, soit aux frais de toute la procédure, soit aux dommages-intérêts réclamés par une partie plaignante, des accusés qui, non convaincus sur un ou plusieurs chefs, le sont sur un ou plusieurs autres (2). Ils ne sont plus condamnés pour le même fait.

On ne pourrait surtout accorder à un plaignant des dommages-intérêts solidaires, à raison d'un fait reconnu constant, contre des accusés non convaincus d'en être auteurs ou complices (3), à moins que les accusés acquittés n'eussent profité du délit, comme un mari dont la femme serait condamnée pour vols qui auraient tourné au bénéfice de la communauté (4).

149. Mais la solidarité n'en doit pas moins être prononcée, bien que la culpabilité de tous les prévenus ne soit pas la même, qu'ils aient pris au fait incriminé une part moins active les uns que les autres, et que les peines prononcées contre eux soient différentes. L'article 55 n'admet pas de semblables distinctions (5).

150. L'accusé acquitté, s'il est condamné à des dommages-intérêts (V. infrà, n° 245), peut y être condamné solidairement avec ceux qui subissent une peine. Il succombe sur ce chef, il est dans les termes de l'article 55. D'ailleurs, nous l'avons dit, en matière civile, la solidarité des dommages-intérêts peut toujours être prononcée (V. suprà, n° 147).

151. Il y a en ceci une différence remarquable entre les frais et les dommages-intérêts proprement dits. L'accusé acquitté ne pourrait être condamné aux frais, ainsi qu'il a été dit ailleurs (suprà, n°ˢ 113, 114 et s.), puisque c'est un ac-

---

(1) Cass., 24 nov. 1820 et 30 janv. 1846, Dalloz, v° *Jugements et arrêts*, p. 668, n° 3, et S. 271.
(2) Cass., 1ᵉʳ niv. an 13, Dalloz, v° *Jugements et arrêts*, p. 669 ; Cass., 2 avr. 1846, S. 720.
(3) Cass., 1ᵉʳ niv. an 13, Dalloz, v° *Obligations*, p. 783, n° 14.
(4) Rej., 22 janv. 1830, S. 31.1.332.
(5) Règlem. du 18 juin 1811, art. 156 ; Muyart de Vouglans, *Lois crim.*, p. 88 ; Legraverend, 1, 609 ou 646, suiv. les éd. ; Chauveau et Faustin Hélie, 262 ; Bourguignon, *sur l'art.* 55 ; Lesellyer, *Tr. de dr. crim.*, t. 2, n° 678 ; Dalloz, v° *Jugements et arrêts*, p. 668 ; *Encyclop. du droit*, v° *Amende*, n° 42 ; Cass., 8 oct. 1813, Dalloz, *loc. cit.*; Cass., 2 mars 1814, D. 292 ; Rej., 3 nov. 1827, D. 28.1.8.

cessoire de la peine; du moins, il faudrait que le jugement déclarât expressément que les frais sont mis à sa charge à titre de dommages-intérêts : car ce n'est plus alors qu'un mode de réparation civile, et un moyen de la fixer à un taux facile à déterminer (1).

152. Dans le cas même où le délit ne serait point la suite d'un concert réfléchi entre les prévenus, la solidarité devrait être prononcée (2). On a dit que, dans cette hypothèse, la complicité n'existait pas ; qu'il n'y avait là que des actes isolés ayant concouru accidentellement à un même fait, et qu'il était douteux que la loi eût voulu lier par une commune responsabilité des prévenus qui sont étrangers les uns aux autres (3). Mais il nous semble que si les prévenus ont commis le délit ensemble, au même lieu, dans le même temps, envers les mêmes personnes, on est parfaitement dans les termes de la loi. Il y a plus que complicité entre eux, ils sont coauteurs. Dès lors, chacun doit la réparation de tout le dommage (4).

153. Ces mots de l'article 55, « condamnés pour un même « crime, » comprennent évidemment les complices. Remarquons, toutefois, que suivant une opinion qui paraît fondée en principe général et en équité, le complice ne devrait pas être tel à l'égard des circonstances aggravantes qu'il aurait ignorées. En pareil cas, il ne devrait encourir que la peine attachée au crime en lui-même, dégagé des circonstances auxquelles le complice aurait été déclaré étranger. Quant aux dommages-intérêts, il n'y serait condamné solidairement avec l'auteur du crime que dans les limites de la complicité, à raison du préjudice qui en est résulté (5). Mais la jurisprudence de la Cour de cassation, établie par de nombreux arrêts, et sanctionnée par l'adhésion de la plupart des auteurs, repousse cette atténuation de la peine comme étant incompatible avec le texte de l'art. 63 C. pén. (6). Toutefois, cette

---

(1) Arg. de l'arrêt de cassation du 28 fév. 1848, S. 311.
(2) Cass., 8 oct. 1813, Dalloz, v° *Jugements et arrêts*, p. 668, n° 2 ; Cass., 2 mars 1814, S. 124 ; *Encycl. du droit*, v° *Amende*, n° 44.
(3) MM. Chauveau et Faustin Hélie, 1, 262.
(4) Voy. les considérants d'un arrêt de la Cour d'Aix, du 14 mai 1825, S. 27.1.236.
(5) Leselyer, *Tr. de droit crim.*, t. 2, n°s 681 et 705.
(6) Cass., 18 janv. 1828, *Bull.*, n° 16 ; 18 juin 1829, *Bull.*, n° 135 ; 8 janv. 1835, *Bull.*, n° 4 ; 24 mars 1838, *Bull.*, n° 79 ; Carnot, *Sur l'art. 59 du Code pén.*, n° 12 ; Bourguignon, *Jur. des Cod. crim. sur*

disposition rigoureuse n'a d'effet nécessaire que par rapport à l'application de la peine proprement dite. La fixation des dommages-intérêts n'est point ici enlevée à la libre appréciation du tribunal, surtout lorsque l'action civile est intentée séparément de l'action publique. Aussi la Cour d'appel de Paris a-t-elle jugé que le recéleur poursuivi par la voie civile n'est tenu des dommages-intérêts qu'à raison des objets par lui recélés, et non à raison de *tous* les objets volés par l'auteur direct des délits (1).

154. Doit-on aussi considérer comme tombant sous l'application de l'art. 55 les personnes condamnées comme civilement responsables ? L'art. 156 du décret du 18 juin 1811 le décide expressément par rapport aux frais. « La condam-« nation aux frais sera prononcée dans toutes les procédures « solidairement, contre tous les auteurs et complices du « même fait, et contre les personnes *civilement responsables* « du délit. » Ceci nous paraît conforme à l'esprit et au texte de l'art. 55, et nous n'hésitons pas à étendre cette solution aux dommages-intérêts. La personne civilement responsable n'est-elle pas condamnée avec le délinquant et les complices pour le même fait ? Ne doit-elle pas être tenue de la même manière que les prévenus pour tout ce qui concerne la réparation civile ? Pour ce qui concerne plus particulièrement les frais, l'art. 194 C. d'inst. crim., qui ordonne de les mettre à la charge du prévenu en cas de condamnation, ajoute qu'ils seront aussi prononcés contre la personne civilement responsable. Or, il en est nécessairement ainsi, non-seulement devant les tribunaux de police correctionnelle, mais devant toutes les juridictions (V, n° 792). Et n'est-il pas tout aussi évident que la personne civilement responsable, qui est tenue des frais avec le prévenu et en son lieu et place, est tenue de la même manière que lui sous la même modalité qui affecte l'obligation principale ?

155. La solidarité existe de plein droit contre tous les individus condamnés pour un même fait. Il n'est pas nécessaire qu'elle soit prononcée par le jugement (2). La loi ne dit pas

---

l'art. 59, n° 1; Rauter, n° 119; Boitard, *Leçons sur le Code pén.,* p. 289; MM. Chauveau et Faustin Hélie, t. 2, p. 122, 125, 138, 139.
(1) Paris, 18 fév. 1837, S. 37.2.482.
(2) *Encyclop. du droit,* v° *Amende,* n° 45; Carnot, *Sur l'art.* 55; Cass., 26 août 1813, rapp. par M. Carnot; Leséllyer, t. 2, n° 677. — Cass., 1er août 1866, S. 396, et 19 fév. 1867, S. 172.

que tous les accusés déclarés coupables du même fait seront condamnés solidairement, mais bien que tous ceux condamnés pour un même fait seront tenus solidairement des amendes et restitutions. Ainsi, c'est la loi elle-même qui, de la condamnation, fait découler la solidarité.

Remarquez que la loi est impérative, et qu'ainsi le juge ne pourrait se mettre en contradiction positive avec ses prescriptions. La Cour suprême casserait inévitablement un arrêt qui condamnerait les auteurs et complices d'un même délit aux dommages-intérêts et aux frais, par égales portions entre eux (1).

156. Ne suit-il pas de là que les condamnés devraient être tenus solidairement, encore bien que leur condamnation ne résultât pas du même jugement ? S'il n'est pas nécessaire que la solidarité soit expressément prononcée, si elle a lieu de plein droit, la condamnation ne doit-elle pas produire cet effet, alors même qu'elle résulte de deux décisions distinctes ?

Cette conséquence ne découle pas inévitablement du principe auquel on voudrait la rattacher. Du moins, le sort de celui qui a été jugé le premier est définitivement fixé au moment même de la condamnation. Il répugnerait que des événements postérieurs et extrinsèques, comme la mise en cause d'un autre individu, vinssent modifier sa position, aggraver sa peine et la condamnation civile. Ce serait violer la règle *non bis in idem*, et d'une manière d'autant plus étrange que ce serait la condamnation prononcée contre une autre personne qui viendrait ajouter à celle qu'il a subie une première fois. C'est dans ce dernier sens que se sont prononcées la doctrine et la jurisprudence (2).

Rien ne s'opposerait, au contraire, à ce que l'individu condamné postérieurement fût déclaré solidaire avec ceux de ses complices qui auraient été déjà jugés (3).

157. Tout en ordonnant que la solidarité au profit de la partie civile aura lieu contre les individus condamnés pour un même fait, le tribunal pourrait fixer la part dont chacun

---

(1) Cass., 7 juill. 1827, D. 298; *J. du P.*, à sa date.
(2) MM. Carnot et Bourguignon, *Sur l'art.* 55; Chauveau et Faustin Hélie, 1, 263 ; Lesellyer, *Tr. du droit crim.*, t. 2, n° 680 ; *Encyclop. du droit*, v° *Amende*, n° 48; Dalloz, v° *Jugements et arrêts*, p. 669, n° 7; Cass., 26 août 1813, *J. du P.*, à sa date.
(3) Lyon, 5 janv. 1821, S. 25.2.45, *déc. impl.*

serait tenu l'un envers l'autre, soit dans les dépens, soit dans les dommages-intérêts. En effet, la solidarité n'est qu'une garantie pour le trésor et pour la partie civile contre l'insolvabilité ou le mauvais vouloir de l'un ou de l'autre des condamnés. C'est un cautionnement qui leur est imposé réciproquement par la loi ; mais comme la solidarité ne s'oppose nullement à ce que des amendes différentes soient prononcées contre eux, suivant leur degré de culpabilité, elle n'empêche pas davantage que le montant des dépens ou des dommages-intérêts soit réparti d'une manière inégale, proportionnelle au degré de culpabilité et à l'étendue du dommage causé par chacun, si l'on peut s'en rendre compte.

158. Ceci posé, l'on se demande ce qui arrivera dans le cas où le tribunal aurait omis cette répartition. Si l'un des condamnés solidaires avait effectué seul la totalité du paiement, aurait-il un recours contre ses complices, et dans quelle proportion ?

Et, d'abord, aurait-il un recours ? Un arrêt de Lyon du 5 janvier 1821 a décidé que non. « Attendu que si la condamnation solidaire rendait tous les condamnés coobligés de l'administration (1), il ne s'ensuit pas que Laracine, contre lequel les condamnations ont été exécutées, puisse exercer son recours contre ses coaccusés ; qu'il serait contraire à la saine raison, à la morale, de fonder, sur une cause honteuse, illicite et criminelle, une obligation civile ; attendu que telle a été la législation de presque tous les peuples, entre autres des Romains, comme on le voit par la loi 3, D., *Si mensor falsum modum dixerit*, qui s'exprime ainsi : « Si duobus « mandavero et ambo dolosè fecerint adversùs singulos in « solidum agi poterit ; sed altero convento, si satisfecerit, in « alterum actionem denegari oportebit. » Et dans la loi 1, § 14, D., *De tutelâ et rationibus distrahendis*, ainsi conçue : « Planè si ex dolo communi conventus præstiterit tutor, « neque mandandæ sunt actiones, neque utilis competit, « quia proprii pœnam subit, quæ res indignum eum fecit ut « a cæteris quid consequatur doli participibus ; nec enim « ulla societas maleficiorum, nec communicatio justa damni « ex maleficio est, etc. » (2).

A notre avis, cet arrêt ne doit point faire jurisprudence.

---

(1) Il s'agissait d'un délit de contrebande.
(2) S. 25.2.45.

Voici nos raisons : d'abord, le Code Napoléon n'a point fait de
distinction entre les obligations solidaires, d'après les différentes causes qui leur impriment cette modalité. Ainsi, que
la solidarité soit conventionnelle ou légale, ses effets doivent
être exactement semblables. On ne peut créer de nouvelles
règles pour la solidarité légale sans empiéter sur le domaine
du législateur. Or, les art. 1213 et 1214, C. Nap., sont formels. L'obligation solidaire se divise de plein droit entre les
débiteurs. Celui qui a payé la dette en entier peut répéter
contre les autres la part et la portion de chacun d'eux. Peut-
on déroger à ces dispositions sous prétexte que la loi ne parle
que des obligations *contractées* solidairement, c'est-à-dire où
la solidarité est le résultat de la seule convention ? Mais ne
faudra-t-il pas encore sous-distinguer entre les divers cas de
solidarité légale, entre ceux où l'obligation naît du délit, et
ceux où elle naît d'un quasi-délit ou d'une faute quelquefois
simplement présumée (C. Nap., art. 1033 et 1734) ? Quelle
raison, dans ce dernier cas, de refuser au codébiteur qui a
payé en entier, son recours contre les autres ? On n'a plus
ici à faire valoir les droits de la morale outragée. Aucun
motif, par conséquent, pour obliger l'un ou l'autre à supporter seul la dette commune, dont il aura plu au créancier
de lui demander la totalité.

Ainsi, la raison de distinguer ne se trouve pas dans ce
fait, que la solidarité naît d'une disposition de la loi. Se
trouve-t-elle dans la cause de l'obligation ? Cette cause est-
elle illicite ? Nous ne le pensons pas, malgré la citation des
deux lois romaines sur lesquelles on s'appuie. Ces lois n'ont
aucun trait à la question ; elles régissent une hypothèse toute
différente de celle où la Cour de Lyon les a appliquées. Dans
les deux espèces qu'elles ont prévues, il s'agit d'une personne
condamnée seule pour un méfait auquel plusieurs ont concouru. Le créancier ne s'est adressé qu'à elle. Lorsqu'elle
aura exécuté la condamnation, pourra-t-elle se faire indemniser par les autres ? Non, répond le jurisconsulte : *Quia
proprii delicti pœnam subit.* Elle ne supporte pas la part des
autres ; elle n'a pas à s'en faire décharger. Elle porte la peine
de son propre délit, et ne peut invoquer ce même délit pour
poursuivre en justice ceux qui ont concouru à le commettre.
Cette réunion, cette association dans le méfait, ne lui donne
aucun droit, aucune *action* contre eux. Ce n'est pas elle,
c'est la partie lésée seule qui aurait pu poursuivre les complices à raison du même fait. Mais, dans notre hypothèse,

n'oublions pas que chacun des accusés a été condamné, et ils l'ont tous été solidairement. Or, la solidarité prononcée doit-elle produire quelques effets entre eux? N'en produira-t-elle qu'au profit de la partie civile? Mais si le jugement avait réparti entre les condamnés la somme des dommages-intérêts, tout en prononçant la solidarité, il faudrait bien que cette disposition fût exécutée, même dans le cas où le Trésor et la partie civile, usant du bénéfice de la solidarité, auraient poursuivi l'un d'eux seulement et en auraient obtenu le paiement... Si, au contraire, le jugement de condamnation n'a rien statué à cet égard, l'on doit penser qu'il a entendu faire jouir les condamnés du bénéfice que leur assurent les principes généraux exprimés dans les art. 1213 et 1214. Il ne s'agit plus alors d'exercer une *action* qui prendrait sa source dans un fait illicite. L'action en recours naît du paiement fait par un seul à la décharge des autres, en exécution d'un jugement commun; elle naît surtout de la disposition de la loi d'après laquelle la dette solidaire se divise de plein droit entre les coobligés. Ce n'est donc plus le cas de dire: *Proprii delicti pœnam subit.... nulla societas maleficiorum.* La peine du délit, c'est la condamnation solidaire. Vous l'aggravez en obligeant le condamné à en supporter seul le paiement intégral. D'un autre côté, ce n'est pas du délit même, c'est du paiement effectué que naît l'action récursoire. Ce n'est pas non plus le délit, à proprement parler, c'est le jugement qui a établi entre les condamnés cette espèce de communauté d'intérêts qui constitue la solidarité, et dont les conséquences sont déterminées dans les art. 1213 et 1214. L'obligation n'a donc plus cette honteuse origine qui paralyse l'exercice du droit, ou plutôt qui détruit toute espèce de lien. Ainsi la différence des espèces doit faire écarter de la discussion les deux lois citées par la Cour de Lyon.

Nous pourrions, au contraire, invoquer en faveur de notre système une disposition précise qui, dans le dernier état du droit romain, assurait aux codébiteurs solidaires la répartition du paiement. La novelle 99, chap. 1er, leur permettait de forcer le créancier à diviser son action et ses poursuites entre les codébiteurs solvables et présents, lesquels étaient seulement obligés de supporter la part des insolvables et des absents.

Mais toutes ces lois sont aujourd'hui sans autorité en France. La solution de la question dépend entièrement de l'interprétation à donner à l'art. 1213 combiné avec l'art.

1133, C. Nap. Or, nous croyons avoir montré que ce dernier article était ici sans influence et sans application. Il serait impossible dès lors de faire supporter à un seul la totalité d'une condamnation prononcée contre plusieurs (1).

159. Maintenant, si le recours est admis, dans quelle proportion s'exercera-t-il? La dette se divisera-t-elle nécessairement en autant de parts viriles qu'il existe de condamnés solidaires; ou sera-t-il permis de rechercher, d'après les faits et circonstances, quelle est la part que chacun doit supporter? — Ainsi, l'art. 1216, C. Nap., porte que si l'affaire pour laquelle la dette a été contractée solidairement ne concernait que l'un des coobligés solidaires, celui-ci sera tenu de toute la dette vis-à-vis des autres. Peut-on invoquer cet article quand la solidarité naît d'une condamnation prononcée à raison d'un délit? Les complices ou agents inférieurs pourront-ils s'en servir contre le principal intéressé et l'instigateur de l'entreprise criminelle; dire que ce dernier en aurait recueilli tout le fruit; que sur lui seul doit retomber tout

---

(1) V. dans ce sens, Pothier, *Obligat.*, n° 282. Un arrêt de rejet du 11 fév. 1863 a refusé au complice d'une femme adultère, condamné solidairement avec elle à des dommages-intérêts envers le mari et qui en avait payé intégralement le montant, le recours qu'il prétendait exercer contre cette femme sur ses biens dotaux (Dall., 1863.1.334). Mais cette décision particulière est fondée sur le principe de l'inaliénabilité de la dot.
« Attendu que la dot mobilière, à l'égard des tiers, est inaliénable
« comme la dot immobilière; que, s'il est apporté une exception à ce
« principe pour le cas où la femme a été condamnée à des dommages-
« intérêts à raison d'un délit ou d'un quasi-délit (V. *infrà*, n° 172), cette
« exception ne peut être invoquée que par celui contre qui a eu lieu le fait
« qui a déterminé la condamnation à ces dommages-intérêts et non par
« celui qui, comme Th...., a été l'auteur ou le complice du fait délictueux;
« —Que la dette de la fe G.... envers Th.... *a une source purement civile,*
« puisqu'elle provient de la *subrogation* qui s'est opérée par le paie-
« ment intégral, de la part de Th...., de la somme à laquelle il avait été
« condamné conjointement et solidairement avec la fe G.... Qu'ainsi, à
« raison d'une dette de cette nature, la dot mobilière n'était point alié-
« nable, etc. » Cet arrêt, comme on le voit, reconnaît avec nous que la dette du condamné envers son codébiteur solidaire a sa cause dans le *paiement* ou, ce qui est la même chose, dans le jugement qui a ordonné ce paiement et dans la loi qui établit entre eux le principe de la répartition, que cette cause est civile et ne doit pas se confondre avec le délit. Cette cause n'est pas illicite puisqu'elle a sa base dans la loi. Aussi, n'est-ce pas l'action récursoire en elle-même qui a été refusée par cet arrêt au sr Th.... contre la fe G...., mais le droit à l'exercer au moyen d'une exécution pratiquée sur les biens dotaux de celle-ci, question toute différente de la première.

le poids de la peine pécuniaire, et non sur celui qui s'est loué peut-être pour un salaire modique ?

Une pareille défense serait tolérable tout au plus lorsqu'il s'agit de certaines matières fiscales où le délit n'est pas, aux yeux du plus grand nombre, entaché d'une immoralité réelle. Elle ne peut être admise en principe. Il est impossible de permettre aux individus coupables d'un même crime ou d'un même délit de venir discuter de la sorte le plus ou moins d'intérêt pécuniaire que chacun d'eux pourrait avoir à sa perpétration. C'est alors qu'apparaîtrait véritablement l'immoralité. Il serait odieux de discuter en présence de la justice le bénéfice présumé d'un vol ou de tout autre délit. Évidemment ici, les moyens d'attaque et de défense ne seraient puisés que dans des faits également honteux pour les diverses parties, le débat ne serait donc pas toléré.

Puis la cause de l'obligation de chacun est dans l'étendue du dommage causé, aussi bien que dans la culpabilité de l'accusé. Ces deux éléments seuls doivent être pris en considération. — L'intérêt moins grand que l'un ou l'autre pouvait avoir à la perpétration du crime ou du délit, loin de l'excuser, aggrave sa culpabilité, augmente l'immoralité de l'action. Il est impossible de prendre cet intérêt pour base de la répartition des condamnations pécuniaires.

Dans tous les cas, et quant aux autres circonstances qui sont de nature à faire peser sur l'un des condamnés une part plus ou moins forte dans le paiement définitif, c'est au juge qui prononce la condamnation solidaire à les apprécier et à fixer tout d'abord la part de chacun. On ne peut opérer cette répartition *à posteriori* sans revenir sur la chose jugée, sans reviser une sentence définitivement rendue. Ainsi, quelle que soit la cause du silence gardé par le tribunal à cet égard, la division s'opère de plein droit, et d'une manière égale, d'après le nombre des condamnés, la portion des insolvables restant à la charge de ceux qui sont en état de payer (C. Nap., 1213, 1214).

160. Les règles dans le détail desquelles nous venons d'entrer sont appliquées de la même manière par les Cours d'assises et par les tribunaux de police correctionnelle (1).

---

(1) Et même par les tribunaux de simple police, mais en ce qui concerne les dommages-intérêts seulement. Voy. *suprà*, n°s 145 et 147.

161. Il y a toutefois une différence qui tient à la nature de ces deux juridictions. — Les Cours d'assises statuent toujours en dernier ressort, aussi bien en ce qui touche les intérêts civils qu'en ce qui touche l'application de la peine. Au contraire, en matière de police, la partie civile a le droit d'interjeter appel du chef des intérêts civils, quand même le ministère public acquiescerait au jugement. Les juges du second degré, saisis par le seul appel de la partie civile, peuvent constater l'existence du délit et déclarer la culpabilité du prévenu acquitté en première instance, afin de prononcer contre lui une condamnation en dommages-intérêts (C. inst. crim., art. 202). Ce n'est point là violer la chose jugée, puisque le premier jugement n'était pas en dernier ressort ; et le prévenu ne peut se plaindre de cette déclaration de culpabilité, puisque les juges n'en déduisent l'application d'aucune peine. Il profite du silence du ministère public, en ce qui a trait à l'action publique. Mais ce silence ne peut nuire aux droits de la partie civile qui saisit régulièrement le juge supérieur par son appel (V. *infrà*, n° 266). Et, dans un cas pareil, nul doute que la solidarité ne dût être prononcée contre les prévenus, s'il s'en trouvait plusieurs (1); de même que le juge d'appel pourrait prononcer la solidarité si le tribunal du premier degré avait omis de le faire ou s'était borné à condamner les coprévenus chacun pour sa part (2).

162. Nous avons dit plus haut que la condamnation solidaire au paiement des dommages-intérêts était toujours facultative pour les juges, lors même qu'il s'agissait d'une action purement civile et d'un fait préjudiciable non prévu par le Code pénal (n° 147). Il n'est donc point douteux que la réparation d'un délit, poursuivie devant les tribunaux civils, ne puisse être mise solidairement à la charge de ses auteurs, aussi bien que lorsqu'elle est poursuivie par la voie criminelle jointe (3).

Mais il reste à savoir si le tribunal civil saisi de la demande en réparation du préjudice causé par un fait qualifié crime ou délit est obligé de prononcer la solidarité contre ceux qui s'en sont rendus coupables, et si la solidarité n'a même pas

---

(1) Rej., 15 juin 1844, S. 45.1.73.
(2) Rej., 19 juill. 1855, D. 376.
(3) C'est-à-dire devant les tribunaux de répression en même temps que l'action publique.

lieu de *plein droit*, comme lorsque l'affaire est portée devant le tribunal criminel.

Il paraît, au premier aspect, difficile de croire que l'art. 55, C. pén., ait statué en vue de la juridiction devant laquelle la cause serait portée, et ait voulu faire dépendre la règle qu'il consacrait de la question de savoir par quelles voies l'on arriverait à la condamnation. Le principe est posé dans cet article de la manière la plus absolue ; et, bien évidemment, il s'agit ici d'une règle du fond, qui pourrait être indépendante des formes ; car notre article a pour but de créer une modalité qui affecte l'obligation elle-même, de déterminer la force du lien de droit qui rassemble les auteurs du délit. On a donc fait une objection bien peu solide à ceux qui veulent appliquer l'art. 55 indistinctement, quand on a dit que les règles de la procédure criminelle étant étrangères aux matières civiles, bien qu'une action ait pour objet la réparation d'un délit, du moment qu'elle est poursuivie par la voie civile et devant les tribunaux civils, les principes du droit civil doivent lui être appliqués de préférence (1). Pour être classée dans nos Codes, sous le même titre que les articles relatifs à la poursuite et à la répression des délits, cette disposition ne peut être considérée comme une simple règle de procédure. Il faudrait, pour être conséquent, en dire autant de l'art. 2, C. d'instr. crim., portant que l'action en réparation civile peut être exercée contre les héritiers du coupable, et que la prescription de l'action civile s'opère par le même laps de temps que l'action publique. Personne, cependant, ne confondra ces dispositions avec des règles de pure forme. Mais d'autres raisons nous conduisent à penser que l'art. 55 n'a d'application obligée qu'aux jugements rendus par les tribunaux de répression.

163. Les tribunaux civils ne peuvent déclarer un individu coupable d'un crime, d'un délit, ou d'une contravention, à proprement parler, de manière que l'on puisse déduire de cette déclaration des effets rigoureux qui ne sont attachés que par le Code pénal à une condamnation que le législateur suppose naturellement prononcée par les tribunaux criminels. Ce n'est point que la solidarité en elle-même soit une peine, puisque nous admettons qu'elle peut être prononcée en matière purement civile ; mais l'obligation de la pronon-

---

(1) M. Legraverend, t. 1, p. 609.

cer, ou plutôt son existence de plein droit, sa concomitance nécessaire avec le jugement de condamation rendu contre plusieurs pour un même fait, affecte, dans le cas prévu par l'art. 55, un certain caractère pénal qui ne saurait être transporté dans une autre matière, et résulter d'un jugement purement civil (1).

On rencontrerait, d'ailleurs, d'autres difficultés dans le système contraire. D'abord le caractère du fait préjudiciable ne serait pas toujours exactement déterminé. Il faudrait donc distinguer les cas où le jugement même l'aurait expressément qualifié crime ou délit, soit que l'action publique eût été déjà intentée et suivie de condamnation, ce qui ne laisserait plus aucun doute, soit que, l'action ayant été portée *de plano* devant le tribunal civil, les juges aient constaté les éléments du crime ou du délit et lui aient donné sa qualification légale. Il faudrait donc, disons-nous, distinguer ces cas de ceux où le jugement laisserait du doute sur le caractère du fait. Que déciderait-on si le jugement, sans prononcer le nom particulier du délit, en reproduisait tous les éléments, en disant, par exemple, qu'il y a eu soustraction frauduleuse d'une chose qui n'appartenait point aux auteurs de la soustraction? La définition du vol équivaudrait-elle alors à une qualification positive? Mais qui sera juge de l'exactitude de cette définition? Les agents chargés de l'exécution ne se croiront pas, sans doute, investis d'une pareille mission. On ne pourra donc pas admettre que la solidarité aura lieu de plein droit. Il faudra qu'elle soit prononcée par le jugement; d'autant plus qu'il est de principe au civil que les jugements ne peuvent s'exécuter que conformément à leur dispositif. Voilà une grave dérogation à l'art. 55, et, cependant, est-il permis de le scinder? La nécessité où l'on se trouve de procéder par voie de distinction, n'est-elle pas une preuve que l'on cherche dans le système que nous combattons à l'étendre en dehors de sa sphère?

La solution la plus sûre, la plus conforme aux principes, nous paraît donc être celle qui restreint l'application de l'art. 55 aux jugements rendus par les tribunaux de répression. A l'égard des jugements rendus au civil, les juges seront libres de prononcer la condamnation solidairement, et nul doute qu'ils ne donnent à la partie lésée cette garantie,

---

(1) *Adde,* M. Lesellyer, *Tr. de droit crim.,* t. 5, n° 2081; *Contrà,* Carnot, *Sur l'art.* 55 *du Code pén.*

toutes les fois que l'acte incriminé présentera les caractères d'un délit proprement dit. Mais leurs décisions, à cet égard, ne peuvent encourir la censure de la Cour de cassation.

Dans tous les cas, il faudrait bien admettre que si le caractère d'un délit ou d'un crime prévu et puni par le Code pénal ne ressort pas, même implicitement, du jugement de condamnation, si le fait incriminé n'a été considéré, par les parties ou par les juges, que comme une faute purement civile, l'art. 55 n'est plus directement applicable, la condamnation solidaire reste facultative pour le tribunal ; celui-ci n'est pas tenu d'aller rechercher la véritable nature du fait, au point de vue du droit criminel, pour en déduire une aggravation de la condamnation que le demandeur en indemnité n'a pas réclamée ; en un mot, le jugement qui reste muet à cet égard n'encourt point la censure de la Cour suprême.

164. L'art. 55 serait applicable, avec toutes ses conséquences, aux dommages-intérêts que l'accusé acquitté peut obtenir contre la partie civile et contre ses dénonciateurs, s'il y avait, de leur part, délit de calomnie (C. pén., 373), poursuivi et constaté.

Dans le cas où les dommages-intérêts ne seraient alloués qu'à raison de plaintes et de poursuites plus ou moins téméraires, mais qui ne constitueraient point un délit, la solidarité n'aurait pas lieu de plein droit et serait facultative pour les juges (1). Dans ce cas, l'action, bien qu'elle soit portée devant les tribunaux de répression, à cause de la connexité, est purement civile dans son principe; et l'art. 55, qui ne régit que les individus condamnés pour un même crime ou pour un même délit, ne peut plus être invoqué.

165. La solidarité ne devrait pas être prononcée, en vertu de l'art. 55, contre les héritiers du prévenu décédé, soit que l'action civile fût introduite originairement contre eux, soit qu'ayant été suivie en première instance contre le défunt, celui-ci fût décédé pendant l'instance d'appel ou dans le délai pour interjeter appel. L'action contre ses représentants est purement civile. Ainsi le texte de l'art. 55 ne leur est pas applicable dans sa rigueur. D'un autre côté, le motif de la solidarité en matière civile, si souvent rappelé dans ce chapitre, à savoir que chacun des coauteurs a été cause de tout

_____

(1) Carnot, *Sur l'art.* 55, n° 4 ; Lesellyer, t. 2, n° 707 ; Dalloz, *Jugements et arrêts*, p. 669, n° 6.

le dommage et en doit la réparation entière, n'existe plus par rapport à leurs représentants. Puis, rappelons-nous que la dette solidaire se divise entre les héritiers de chaque débiteur, à moins qu'elle ne soit en même temps indivisible (C. Nap., 1219, 1220). Ce principe est ici parfaitement vrai (1).

Remarquons, toutefois, que les héritiers du délinquant sont tenus solidairement avec les autres coauteurs ou leurs héritiers. C'est à l'égard des cohéritiers entre eux que la solidarité cesse, mais ils sont tenus, avec les tiers, de la même manière que leurs auteurs; on pourra donc demander à chacun sa part dans la totalité de la dette.

CHAPITRE VI.

DE L'EXÉCUTION DES CONDAMNATIONS SUR LES BIENS ET SUR LA PERSONNE.

Sommaire.

166. — Division du chapitre.

166. Après avoir vu quelle est la nature de l'action en réparation et de la réparation elle-même, la manière plus ou moins rigoureuse dont le débiteur peut être tenu, nous avons à chercher comment s'exécutera la condamnation.

Nous ne prétendons pas entrer dans le détail de toutes les voies d'exécution qui peuvent être prises pour assurer le paiement d'une condamnation à des dommages-intérêts. Ce serait nous écarter de notre sujet et nous lancer dans une immense carrière. Il nous suffit, au contraire, de dire que toutes les voies ordinaires d'exécution peuvent être employées, et de renvoyer pour le détail aux traités généraux et spéciaux sur le Code de procédure (2).

Mais il convient d'examiner ici si une voie de coaction extraordinaire, exceptionnelle, la contrainte par corps, en

---

(1) M. Lesellyer, t. 5, n° 2100, professe la même doctrine, mais il en donne des motifs qui tendraient à empêcher la solidarité en matière civile contre les auteurs directs du délit, ce qui est contraire à la jurisprudence universellement reçue.

(2) Il en est de même pour les mesures conservatoires. Par exemple, on peut, en vertu des jugements rendus par les tribunaux criminels quand ils ont statué sur les intérêts privés, prendre hypothèque judiciaire sur les biens des condamnés, comme on le ferait en vertu d'un jugement du tribunal civil. (C. Nap., 2123).

un mot, ne garantit pas le paiement de certaines obligations pécuniaires qui naissent du délit; puis si certaines catégories de biens déclarés inaliénables ou insaisissables, et soustraites ainsi par la loi commune aux poursuites des créanciers, échappent à l'exécution des condamnations dont nous parlons; ou si quelque autre privilége particulier n'est pas attaché à cette créance pour en faciliter et en amener le recouvrement.

Tel est le double objet de ce chapitre. Nous nous occuperons d'abord de ce qui concerne les biens, car il est dans la nature des choses que le débiteur soit contraint par voie d'exécution sur ses biens avant de l'être dans sa personne.

ARTICLE Ier.

EXÉCUTION SUR LES BIENS. — DÉROGATION AUX RÈGLES SUR L'INALIÉ-
NABILITÉ ET L'INSAISISSABILITÉ.

Sommaire.

167. En règle générale, tous les biens du débiteur, sans distinction, sont le gage commun de ses créanciers (C. Nap., art. 2093), et le paiement de ses obligations se poursuit indifféremment sur tout ce qui lui appartient.

168. Toutefois, il est certaines catégories de biens qui sont soustraites à l'action des créanciers et déclarés inaliénables, incessibles et insaisissables. Ce caractère d'inaliénabilité ou d'insaisissabilité résulte d'une disposition de la loi, de la volonté de l'homme ou de la convention dans les cas et selon les formes établies par la loi.

169. Ainsi, les biens dotaux sont déclarés inaliénables par l'art. 1554, C. Nap., et quoique cet article ne mentionne que les immeubles, une jurisprudence aujourd'hui inébranlable étend ce caractère à la dot même purement mobilière (1).

_____

(1) Rej., 1er fév. 1819, S. 146 ; 26 mai 1836, S. 775 ; Cass., 2 janv. 1837, S. 97 ; 23 déc. 1839, S. 40.1.242 ; Cass., ch. réun., 14 nov. 1846, S. 824 ; Limoges, 8 août 1809, S. 9.2.386, et 1er sept. 1834, S. 34.2. 659 ; Paris, 26 août 1820, S. 21.2.84, et 10 août 1831, S. 31.2.289 ; Nîmes, 21 juin 1821, S. 37.2.57 *ad not.* ; Grenier, *Hypoth.*, t. 1, p. 89 ; Duranton, t. 15, n° 542 ; Tessier, *de la Dot*, t. 2, p. 288, § 58, note 499, et p. 326, § 63, note 528.

Une des conséquences de cette inaliénabilité, à laquelle il ne doit être porté aucune atteinte, ni directe, ni indirecte, c'est que, en dehors des cas spécialement prévus par la loi, les dettes contractées par la femme, ou par le mari, ou par tous les deux conjointement, pendant la durée du mariage, ne peuvent être payées sur les biens dotaux, et que les condamnations prononcées pour ce motif au profit des créanciers ne peuvent pas s'exécuter sur les biens qui constituent la dot. — Il en résulte, notamment en ce qui concerne la dot mobilière, que la créance qu'elle engendre au profit de la femme vis-à-vis du mari, ne peut, à l'époque où la restitution de la dot doit avoir lieu, être soumise, d'une manière quelconque, à l'exécution des obligations de la femme (1).

170. Les articles 581 et 582, C. proc., déclarent insaisissables par la voie de la saisie-arrêt :

1° Les provisions alimentaires adjugées par justice ;

2° Les sommes et objets disponibles déclarés insaisissables par le donateur ou testateur (2);

3° Les sommes et pensions pour aliments, encore que le testament ou la donation ne les déclare pas insaisissables ;

4° Enfin les choses déclarées insaisissables par la loi.

Dans cette dernière catégorie on doit ranger un assez grand nombre d'objets déclarés tels par des lois spéciales.

Ainsi, sont insaisissables :

1° Les bestiaux destinés à l'approvisionnement de Paris(3) ;

2° Les paiements, chevaux, provisions, ustensiles et équipages destinés au service de la poste aux lettres (L. 24 juill. 1793, art. 76) ;

3° Les fonds destinés aux entrepreneurs de travaux pour le compte de l'Etat (Décr. du 26 pluv. an 2) ;

4° Les traitements des fonctionnaires publics civils et militaires, et les pensions dues par l'Etat, différentes du traitement, pour la portion déterminée par les lois et règlements (4), notamment les pensions de la Légion d'honneur;

Les dotations que l'Empereur pouvait, en vertu de l'art.

(1) Tessier, t. 2, p. 326.
(2) Par sommes et objets disponibles, il faut entendre ceux qui n'atteignent pas la réserve légale.
(3) Edit de sept. 1453 ; Arrêté du min. de l'int. du 19 vent. an 11 ; Favard de Langlade, v° *Boucher*, n° 3; Chauveau sur Carré, n° 1985.
(4) C. proc., 580 ; Déclaration du 7 janv. 1779, art. 12; Lois du 19 pluv. an 3; du 22 flor. an 7, art. 7; du 22 vent. an 9; du 11 avr. 1831; Arrêté du 7 therm. an 10; Avis du cons. d'Etat, 23 janv. 1808 et 22

22 de la Constitution du 14 janvier 1852, accorder à des sénateurs, pour la totalité (Décr. du 24 mars 1852).

Il en était de même de l'indemnité attribuée aux représentants du peuple à l'Assemblée constituante de 1848; mais le décret des 10-16 juillet 1848, qui déclarait cette indemnité incessible et insaisissable de sa nature, n'avait pas été reproduit par la Constitution pour les Assemblées postérieures. Il a même été complétement abrogé par la loi organique électorale des 8-28 février, 15 mars 1849, dont l'art. 97 est ainsi conçu : « A partir de la réunion de la prochaine « Assemblée législative, les dispositions de l'art. 5 du dé- « cret du 10 juillet 1848 cesseront d'avoir leur effet. L'in- « demnité fixée pour les représentants pourra être saisie, « même en totalité. »

Aux termes de la Constitution du 14 janvier 1852, les fonctions de membre du Corps législatif sont gratuites (art. 37); seulement le président du Sénat et celui du Corps législatif ont un traitement fixé par un décret. — Mais un sénatus-consulte du 25 décembre 1852, portant interprétation et modification de la Constitution, a rétabli l'indemnité pour les députés en la fixant à 2,500 fr. par mois pendant la durée de chaque session ordinaire ou extraordinaire. Un autre sénatus-consulte du 18 juillet 1866, l'a réglée à 12,500 francs par an quelle que soit la durée de la session ordinaire. — Enfin l'art. 11 du sénatus-consulte du 25 décembre 1852, modifiant implicitement l'art. 22 de la Constitution, porte, « qu'une dotation annuelle et viagère de 30,000 francs est « affectée à la dignité de sénateur. » Ces traitements n'ont pas été déclarés insaisissables (V. n. 176) (1).

5° Les traitements des ecclésiastiques dans leur totalité (Arrêté des Consuls du 18 nivôse an 11);

6° Les parts des prises et les salaires des marins employés aux courses maritimes (Arrêté du 2 prair. an 11, art. 111);

7° Les inscriptions de rentes sur le grand-livre (L. du 8 niv. an 6, art. 4; avis du Cons. d'Et. du 11 nov. 1817).

sept. 1807 ; *Ord. roy.* du 19 mars 1823 ; Loi du 9 juin 1853 sur les *Pensions civiles* ; Merlin, v° *Appointements et pensions;* Favard, *Rép.,* v° *Pensions,* p. 185 ; Chauveau et Carré, *Sur l'art.* 580 ; Durat-Lasalle, *Code de l'officier,* 3° part., p. 81.

(1) Des dotations particulières peuvent être accordées en vertu d'une loi ; V. la loi du 18 mars 1857 relative à la dotation annuelle de 100,000 fr. accordée au maréchal Pélissier. Elle porte que cette dotation sera inaliénable et insaisissable. (D.57.4.55.)

8° Les rentes viagères provenant de versements à la Caisse des retraites pour la vieillesse, jusqu'à concurrence de 360 fr. (Loi du 18 juin 1850, art. 5).

En outre, l'art. 592, C. proc. civ., au chapitre de la *Saisie-exécution*, énumère divers objets mobiliers que la loi déclare insaisissables ; ce sont :

1°..... 2° Le coucher nécessaire des saisis ; celui de leurs enfants habitant avec eux ; les habits dont ils sont vêtus et couverts ;

3° Les livres servant à la profession du saisi, jusqu'à la somme de 300 fr., à son choix ;

4° Les machines et instruments servant à l'enseignement pratique ou exercice des sciences ou arts, jusqu'à la même somme ;

5° Les équipements des militaires, suivant l'ordonnance et le grade ;

6° Les outils des artisans nécessaires à leurs occupations personnelles ;

7° Les farines et menues denrées nécessaires à la consommation du saisi et de sa famille pendant un mois ;

8° Enfin, une vache ou trois brebis ou deux chèvres, au choix du saisi, avec les pailles, fourrages et grains nécessaires pour la nourriture et la litière desdits animaux pendant un mois.

171. On se demande si l'inaliénabilité ou l'insaisissabilité de ces divers objets font obstacle à ce que le créancier qui poursuit la réparation d'un dommage résultant d'un délit commis par leur propriétaire se fasse payer sur ces biens, et si le caractère de l'inaliénabilité ou de l'insaisissabilité attribué à ces différentes valeurs ne doit pas céder devant la haute nécessité de réparer le préjudice causé à autrui.

A cet égard, nous pensons qu'il y a de nombreuses distinctions à faire, suivant qu'il s'agit d'un délit incriminé par la loi pénale, d'un délit civil, ou, enfin, d'un simple quasi-délit.

Puis, dans un autre ordre d'idées, nous pensons qu'il faut aussi distinguer entre les différentes classes d'objets déclarés insaisissables, suivant le motif qui les a fait considérer comme tels par le législateur.

Nous réunissons en un seul article tout ce que nous avons à dire à cet égard, parce que la théorie que nous allons émettre a besoin d'être saisie d'un coup d'œil, et que cette méthode de procéder nous épargnera des répétitions.

172. En ce qui concerne les biens dotaux, malgré la généralité des art. 1554 et 1560, C. Nap., et bien que ce cas ne soit pas du nombre de ceux pour lesquels la loi autorise expressément l'aliénation, nous pensons que l'on doit nécessairement faire exception au principe de l'inaliénabilité.

C'est ce qu'enseignent les anciens auteurs qui ont écrit sur la dot. Roussilhe (1) dit : « Lorsqu'une femme commet quelque délit, et qu'à raison de ce, elle est condamnée à des dommages-intérêts et à des dépens, ces condamnations peuvent se prendre sur ses biens dotaux, lesquels sont, par là, validement obligés, parce qu'on ne doit pas laisser les forfaits impunis. » L'art. 544 de la coutume de Normandie, sous l'empire de laquelle les biens dotaux de la femme étaient inaliénables, disposait expressément que « là où la « femme serait poursuivie pour *méfait* ou *médit*, ou autre « crime, la condamnation pourrait se prendre sur tous les « biens à elle appartenant, de quelque qualité qu'ils fussent.»

Il est impossible, en effet, de supposer que le législateur ait voulu créer, au profit de la femme, ce privilége exorbitant que les condamnations par elles encourues, pour les excès même les plus graves, ne pussent être exécutées sur ses biens, par cela seul qu'ils auraient été déclarés dotaux. Le principe d'équité qui oblige chacun à réparer le dommage qu'il a causé par sa faute est évidemment supérieur aux considérations d'intérêt général qui ont fait déclarer les biens de la femme inaliénables. Admettre une pareille doctrine serait donner à la femme, en certains cas, un brevet d'impunité qui n'a pas été accordé, même au mineur (art. 1310). La loi n'a posé la règle de l'inaliénabilité qu'au point de vue des obligations volontairement contractées. Elle a pu sans doute déclarer que ceux qui traiteraient avec une femme mariée sous le régime dotal ne pourraient faire exécuter, sur ses biens dotaux, les engagements qu'elle aurait pris envers eux. Ils agissent alors à leurs risques et périls. Mais la personne lésée par un délit de la femme ne s'est pas volontairement exposée aux conséquences de ce délit, et sa créance doit nécessairement être préférée aux intérêts de la femme elle-même. D'un autre côté, s'il a paru nécessaire de préserver la femme des influences qui pourraient agir sur son consentement dans les faits de la vie civile, c'est-à-dire dans les contrats ou quasi-contrats, cette loi de protection serait

---

(1) T. 1, p. 494, n° 424.

détournée de son but si elle servait à exonérer la femme des suites de son fait personnel, quand il constitue un crime, un délit ou un quasi-délit. Objectera-t-on encore que la règle de l'inaliénabilité des biens dotaux a été dictée par le double intérêt de la femme et de la famille ? Mais, d'abord, l'intérêt de la famille ne peut prévaloir sur ce principe d'équité naturelle et d'ordre public écrit dans l'art. 1382. Puis l'intérêt des enfants est ici tout à fait secondaire, puisque l'inaliénabilité de la dot n'a lieu que pendant le mariage, et cesse entièrement pour la femme survivante. On ne peut donc éprouver aucun scrupule à se ranger à notre opinion (1).

M. Duranton, qui admet le principe, est moins absolu. Il pense que cette décision ne doit être appliquée qu'à des faits présentant une certaine gravité, et que les juges auraient à décider la question suivant les circonstances de la cause. Nous ne partageons pas cet avis. Les tiers doivent être à l'abri des effets plus ou moins préjudiciables, de la négligence, de l'imprudence de la femme, aussi bien que de ses délits commis avec intention de nuire. Pour eux, le résultat est le même, et l'impossibilité de se garantir existe également dans tous ces cas. Or, le principe de l'inaliénabilité n'est acceptable que dans l'hypothèse de la liberté des tiers de traiter ou de ne pas traiter avec la femme.

Sous l'empire du Code Napoléon avant que les dispositions relatives à la contrainte par corps eussent été abrogées par la loi du 22 juillet 1867, on pouvait ajouter, en dernier lieu que, si l'on n'admettait pas directement le principe de l'aliénation pour payer la dette résultant du délit de la femme, on serait arrivé au même résultat par une voie indirecte. En effet, l'art. 1558, C. Nap., porte que l'immeuble dotal peut être aliéné, avec permission de justice, pour tirer la femme de prison. L'aliénation ne pouvait donc être refusée toutes les fois que la contrainte par corps avait lieu contre la femme.

172 *bis*. Ce que nous venons de dire par rapport aux réparations dues pour les simples quasi-délits est confirmé par la jurisprudence. La Cour de cassation a jugé que l'on

_____

(1) V. dans ce sens : Despeisses, *Tit. de la dot*, t. 1, sect. 2, n° 21, p. 485 ; Toullier, t. 14, n° 347 ; Duranton, t. 2, n° 493, et t. 15, n° 533; Bellot des Minières, t. 4, n° 99 ; Benoît, *de la Dot*, t. 2, p. 255; Zachariæ, t. 3, § 537, note 30; Cass., 4 mars 1845, S. 413, D. 185; Cass., 7 déc. 1846, D. 47.1.48; Riom, 11 fév. 1845, S. 46.2.69. — *Contrà*, Tessier, *de la Dot*, t. 1, p. 454, et la note 675.

pouvait exécuter sur les biens dotaux les condamnations prononcées contre une femme à raison de manœuvres frauduleuses commises par elle pour tromper les tiers même dans la négociation d'un contrat où elle agissait conjointement avec son mari (1), ou à titre de dépens dans une instance engagée par elle témérairement et dans des conditions telles que la poursuite et le procès constituaient de sa part une faute grave (2) ; enfin à raison de dettes contractées par elle, alors qu'étant devenue commerçante après son mariage elle avait négligé de faire publier son contrat conformément à l'art. 69, C. comm., et induit par là les créanciers en erreur sur le régime auquel elle était soumise et le caractère dotal de ses biens (3).

172 ter. Remarquons toutefois que cette exception au principe de l'inaliénabilité de la dot ne peut être invoquée que par les tiers à l'égard desquels la femme a commis la faute qui engendrait le dommage et l'action en responsabilité.

Il en est autrement du coauteur ou du complice qui condamné avec la femme à raison du même délit, ayant acquitté le montant total des condamnations comme coobligé solidaire, voudrait exercer contre elle le recours que nous lui avons reconnu (4). — Sur quoi se fonde en effet l'exception dont il s'agit et qui est admise à l'égard des tiers ? Sur ce qu'ils n'ont pu se garantir du délit de la femme, de l'atteinte pécuniaire ou morale qui leur était portée par ce délit. Mais le complice qui a pris part à la faute de celle-ci qui en est peut être l'agent principal s'est exposé volontairement aux conséquences qu'elle produit ; il ne saurait avoir un privilége qui n'est pas donné aux contractants de bonne foi envers lesquels la femme aurait souscrit des obligations civiles.

173. Reste à savoir si la jouissance des biens dotaux aliénés pour cette cause, doit être réservée au mari qui, n'étant pas complice de sa femme, n'est point condamné avec

---

(1) Voir deux arrêts de rej. du 23 nov. 1852, D. 264, S. 769. *Conf.*, Agen, 6 fév. 1865, D. 65.2.95.

(2) Rej., 24 avr. 1861, D. 255.

(3) Bordeaux 4 fév. 1858, D. 58.2.123 ; Rej., 24 déc. 1860, D. 61.1. 373. Voir cependant Cass., 15 juin 1864, D. 379. Dans l'espèce, on a considéré que la faute contractuelle aurait été commise sans mauvaise foi.

(4) Rej., 11 fév. 1863, D. 334. — V. *suprà*, n° 158.

elle à la réparation dont il s'agit (1). Il n'y aurait aucun doute si le mari pouvait être considéré comme civilement responsable. Mais nous verrons plus loin (n° 847 et suivants), qu'il n'encourt pas, en général, cette responsabilité, sauf dans certaines hypothèses particulières; or, le priver de la jouissance des biens dotaux, ce serait le punir pour le crime de la femme et tomber dans une injustice, sous prétexte d'en réparer une autre (2).

L'esprit de la loi paraît être opposé à ce résultat. Ainsi, l'art. 1424, au titre de la communauté, déclare que les amendes encourues par la femme ne peuvent s'exécuter que sur la nue propriété de ses biens personnels tant que dure la communauté. Pourquoi cela? Parce que le mari, maître de la communauté, est maître des revenus des biens personnels de sa femme, et ne peut en être privé par le fait de celle-ci; mais il est également maître de la jouissance et des revenus des biens dotaux (C. Nap., 1549); elle doit lui être conservée par les mêmes raisons qui font maintenir au mari, chef de la communauté, la jouissance des biens propres à la femme.

Au surplus, la jurisprudence ancienne et moderne est presque unanime pour décider que, pendant la jouissance du mari, les exécutions ne peuvent porter que sur la propriété des biens dotaux (3).

174. A l'égard des objets disponibles déclarés insaisissables par le donateur ou testateur (C. proc., art. 581), nous croyons qu'il faut décider, comme nous venons de le faire pour les biens dotaux. La cause de l'inaliénabilité est la même dans les deux cas, la volonté de l'homme; il faut que cette volonté cède devant un principe supérieur : l'obligation de réparer le dommage. Du reste, il ne peut y avoir de difficulté à cet égard quand la créance est postérieure à la donation ou à l'ouverture du legs; d'après l'art. 582, C. proc., le juge peut alors autoriser la saisie, en déterminant la portion pour laquelle elle aura lieu. Il en doit être de même pour les créances antérieures quand elles résultent

---

(1) On suppose que le délit de la femme n'entraîne pas la séparation de corps et de biens et la restitution de la dot.
(2) Duranton, 15, n° 533.
(3) Roussilhe, de la Dot, t. 1, p. 385 et suiv., 495 et suiv.; Basnage, Sur la Cout. de Normandie, art. 514, t. 1, p. 417; Despeisse, loc. cit.; Rousseau de Lacombe, v° Dot, sect. 3, n° 6, p. 174; Toullier et Duranton, loc. cit.; Rouen, 12 janv. 1822, S. 23.2.163 ; Limoges, 17 juin 1835, S. 36.2.61 ; Caen, 14 mai et 17 août 1839, S. 39.2.349 et 40.2.12.

d'un délit. Si l'art. 582 refuse ce droit aux porteurs de créances conventionnelles, c'est qu'on les suppose complices de la prodigalité du donataire, prodigalité en vue de laquelle se font ordinairement les déclarations d'insaisissabilité (1). Mais cette raison est inapplicable à la victime d'un acte nuisible.

175. Viennent maintenant les choses déclarées insaisissables par la loi, comme les provisions et pensions alimentaires, les appointements et pensions dus par l'Etat, les inscriptions de rente sur le grand-livre, les objets énumérés par l'art. 592, C. proc. civ.

Ici l'on ne peut poser de principe général, il faut examiner en particulier chacun de ces cas d'insaisissabilité. Qu'il s'agisse de crimes, de délits ou de contraventions punis par le Code pénal, de délits civils ou de simples quasi-délits, pour savoir si le recouvrement des condamnations peut être poursuivi sur l'objet déclaré insaisissable, il faut remonter d'abord à la cause de l'insaisissabilité. A-t-elle été établie dans un intérêt général, on ne saurait y faire d'exception. L'a-t-elle été dans un intérêt purement privé, on ne peut, au contraire, en admettre.

176. La prohibition de saisir le traitement des fonctionnaires est établie dans un intérêt public. Le traitement des fonctionnaires est nécessaire à l'exercice même de leurs fonctions. Par la saisie complète (2) de ces fonds, les services publics pourraient être quelquefois gênés ou interrompus.

Toutefois, cette raison cesse et la saisie doit être autorisée quand la condamnation pénale, subie par le coupable, entraîne la dégradation civique, conformément aux art. 28 et 34, C. pén., ou quand le jugement a prononcé, conformément à l'art. 42 du même Code, l'interdiction d'exercer les fonctions publiques ou les emplois de l'administration. En pareil cas, il devrait être pourvu au remplacement du fonctionnaire coupable, et, dès lors, la faculté de saisir la portion de son traitement qui pourrait encore lui être due n'aurait pas, pour le service auquel il appartenait, les inconvénients que nous venons de signaler. La totalité de ce qui lui serait

---

(1) Pigeau, t. 2, p. 49.
(2) La saisie partielle en est autorisée. Les appointements des fonctionnaires civils peuvent être saisis jusqu'à concurrence du cinquième sur les premiers mille francs, du quart sur les cinq mille suivants, du tiers sur la portion excédant six mille francs, à quelque somme qu'elle s'élève (Lois du 19 pluv. an 3 et du 21 vent. an 9). Pour les militaires, le cinquième seul est saisissable.

dû serait donc saisissable, comme cela aurait lieu en cas de mort (L. du 14 févr. 1792).

A l'égard des traitements des présidents et des membres du Sénat et du Corps législatif (V. n° 170), si l'on croyait, par assimilation de ce qui a lieu pour les fonctionnaires publics en général, devoir les déclarer insaisissables en tout ou en partie, ces mêmes règles et distinctions devraient recevoir application.

Il paraît, au reste, que la prohibition de saisir une certaine portion du traitement des fonctionnaires administratifs, établie dans l'intérêt des services publics, ne constitue pas un droit absolu au profit de ces fonctionnaires. Les tribunaux ne peuvent, sans doute, autoriser des poursuites judiciaires sur la portion insaisissable; mais l'administration supérieure, seule juge des nécessités du service, a la faculté de faire, sur les appointements de ses subordonnés, des retenues plus considérables.

Quant aux traitements militaires, une lettre du ministre de la guerre, du 13 juillet 1806, porte : « Les dispositions « qui ont eu pour objet de laisser aux officiers poursuivis « par leurs créanciers, le moyen de tenir convenablement « leur rang, et d'exercer leurs fonctions n'ôtent pas au mi- « nistre de la guerre le droit d'exercer une discipline sévère « sur les officiers que l'oubli de leur devoir porte à contrac- « ter des dettes que l'honneur désapprouve, et d'ordonner, « pour l'acquit de semblables dettes, une retenue plus forte « que celle prescrite par la loi (1). » L'ordonnance royale du 19 mars 1823, portant règlement sur le traitement de l'armée de terre, a consacré cette faculté à l'égard du ministre de la guerre. Les créanciers peuvent donc toujours s'adresser à lui pour obtenir par la voie des retenues administratives le paiement des condamnations obtenues à titre de dommages-intérêts.

177. Le traitement des ecclésiastiques a été déclaré insaisissable dans un intérêt public d'un ordre encore plus élevé que celui des fonctionnaires. La prohibition de saisir est absolue.

178. Les motifs d'utilité publique qui justifient l'insaisissabilité des traitements subsistent, sans avoir la même force, en ce qui concerne les pensions dues par l'Etat. Il importe

---

(1) Berriat, *Législ. milit.*, t. 3, p. 98; Roger, *Saisie-arrêt*, n° 292.

d'assurer aux employés ou fonctionnaires civils et militaires une existence convenable à la fin de leur carrière ; c'est un moyen de stimuler leur zèle et de les engager à se dévouer à leurs fonctions.

Mais ce but ne serait-il pas atteint par cela seul que le droit à une pension serait consacré ? Etait-il nécessaire de créer pour les pensionnaires de l'Etat le privilége de l'insaisissabilité ? Les arrérages des pensions de retraite ou autres ne devraient-il pas se confondre avec la masse des autres biens, une fois qu'ils sont échus au profit du titulaire ? La faveur que celui-ci mérite, soit par la durée, soit par la nature de ses services, ne doit-elle pas céder devant l'impérieuse nécessité de réparer le préjudice causé à autrui ?

Quoi qu'il en soit, la prohibition de saisir est bien positive. La déclaration du 7 janvier 1779, art. 12, déclarait insaisissables, pour aucune cause ni raison quelconque, les pensions sur l'Etat. La loi du 22 août 1791 trouva cette législation en vigueur et n'y apporta d'exception que pour les dettes d'aliments. Mais la loi du 22 floréal an 7 vint poser de nouveau en principe absolu qu'il ne serait plus reçu aucune opposition. L'arrêté du 7 thermidor an 10, qui déclare incessibles et insaisissables les soldes de retraite, traitements de réforme, pensions des militaires et de la Légion d'honneur, déclare que les créanciers d'un pensionnaire ne peuvent exercer qu'après son décès, et sur le décompte de sa pension, les poursuites et diligences nécessaires à la conservation de leurs droits. Cet arrêté a été maintenu par un avis du Conseil d'Etat des 23 janvier 2 février 1808 (1). Un autre avis, du 22 décembre 1807, y avait cependant apporté cette restriction, que le ministre peut ordonner une retenue du tiers, au plus, sur la pension ou solde de retraite de tout militaire qui ne remplirait pas, à l'égard de sa femme et de ses enfants, les obligations qui lui sont imposées par les chapitres 5 et 6, titre 5, livre 1 du Code Nap.

Cette exception paraît devoir être la seule pour les pensions militaires, car une décision ministérielle du 23 septembre 1828, citée par M. Chauveau (2), va jusqu'à dire que le Gouvernement n'a pas droit d'exercer une retenue sur les pensions des militaires retraités, pour le *recouvrement des amendes et des frais de justice.* Cette décision, toute exorbi-

(1) *Bull. des lois,* 4e série, t. 8, p. 113.
(2) Sur Carré, n° 1984.

tante qu'elle paraisse, semble avoir été consacrée par l'art. 28
de la loi du 11 avril 1831, sur les pensions de l'armée de
terre, et l'art. 30 de la loi du même jour sur les pensions de
l'armée de mer, conçus dans les mêmes termes, et qui
portent : « Les pensions militaires et leurs arrérages sont
« incessibles et insaisissables, excepté dans le cas de débet
« envers l'Etat, ou dans les circonstances prévues par les
« art. 203 et 205 du Code Nap. Dans ces deux cas, les pen-
« sions militaires sont passibles de retenues qui ne peuvent
« excéder le cinquième de leur montant, pour cause de débet,
« et le tiers pour aliments. »

Enfin, la loi du 5 mai 1869, portant création de pensions
pour les anciens militaires de la République et de l'Empire, déclare, purement et simplement, art. 2, qu'elles seront incessibles et insaisissables.

Pour les pensions civiles, aucun texte de loi n'autorisait
avant la loi du 9 juin 1853, la saisie d'une portion quelconque
de leur montant (1).

Mais cette loi a modifié l'état de choses antérieur. L'art.
26 porte :

« Les pensions sont incessibles. Aucune saisie ou retenue
« ne peut être opérée du vivant du pensionnaire que jusqu'à
« concurrence d'un cinquième pour debet envers l'État, ou
« pour des créances privilégiées, aux termes de l'art. 2101,
« C. Nap., et d'un tiers dans les circonstances prévues par
« les art. 203, 205, 206, 207 et 214 du même Code. »

Ainsi la loi détermine d'une manière formelle et qui ne
semble pas comporter d'exception l'étendue de la dérogation qu'elle autorise au principe de l'insaisissabilité des pensions. La créance des dommages-intérêts n'y est pas comprise ; c'est, ce nous semble, une omission regrettable mais
on ne peut la suppléer.

179. Quant aux pensions ou rentes dues par de simples
particuliers, même celles pour aliments, quand elles proviennent d'une libéralité, nous ne pouvons que répéter ce
qui a été dit (n° 174) au sujet des sommes déclarées insaisissables par le donateur ou testateur.

Remarquons que l'art. 581, C. proc., parle dans son paragraphe 4 des *sommes* ou pensions pour aliments. Or, en a
reconnu le caractère alimentaire à des salaires d'employés et

(1) Favard de Langlade, v° *Pensions*, p. 186, n° 4 ; Roger, *De la Saisie-arrêt.*

d'ouvriers lorsqu'ils constituent la seule ressource de ceux-ci, et ne dépassent pas la mesure de leurs besoins. En conséquence, la Cour de cassation a décidé qu'ils pouvaient être déclarés insaisissables dans ces limites (1).

179 *bis.* Les rentes viagères provenant de versements à la caisse des retraites pour la vieillesse, ne correspondent pas directement, comme les pensions dues à des fonctionnaires, à un intérêt public. Elles doivent être plutôt assimilées aux rentes pour aliments. Mais une limitation est établie formellement par la loi du 18 juin 1850, art. 5. Nous estimons donc qu'elles ne peuvent être saisies pour le tout, même par les parties civiles ayant obtenu des condamnations à raison d'un délit ou quasi-délit. En effet, la loi a fait elle-même la part que les tribunaux sont autorisés par l'art. 582, C. proc., à déterminer dans le cas de saisie des pensions alimentaires d'une autre sorte.

Enfin il faut considérer que cette limitation a été établie dans un intérêt social, la loi ayant eu en vue, par la création de cette caisse de retraite, de développer dans les masses l'esprit d'ordre et d'économie, et ayant, par suite, attaché des avantages spéciaux aux rentes créées par l'intermédiaire de cette institution. Ces raisons nous font penser qu'il faut ici s'en tenir rigoureusement aux termes de la loi.

180. L'insaisissabilité des rentes sur l'Etat a pour objet d'assurer le crédit public. Les deniers qui en proviennent ne peuvent jamais être saisis dans les caisses du trésor (2). Les titres eux-mêmes ne peuvent pas l'être, soit sur le porteur, soit dans les mains des tiers (3).

181. C'est encore dans un intérêt public que la loi déclare insaisissables : les bestiaux destinés à l'approvisionnement de Paris, les équipages du service de la poste aux lettres, et les fonds destinés aux entrepreneurs pour le compte de l'Etat. La faculté de saisir ces divers objets entraverait des services publics de la plus haute importance.

Cependant, à l'égard des entrepreneurs, l'art. 3 de la loi du 26 pluviôse an 2 fait exception pour « les créances pro- « venant du salaire des ouvriers employés par lesdits entre- « preneurs, et les sommes dues pour fournitures de maté-

---

(1) Rej., 10 avril 1860, D. 166.
(2) Avis du cons. d'Etat du 17 therm. an 10, et du comité de législation et des finances du 11 nov. 1817.
(3) Paris, 25 juin 1832, S. 32.2.559.

« riaux et autres objets servant à la construction des
« ouvrages. » L'art. 4 ajoute : « Néanmoins, les sommes
« qui resteront dues aux entrepreneurs ou adjudicataires
« après la réception des ouvrages pourront être saisies par
« leurs créanciers particuliers, lorsque les dettes mention-
« nées en l'art. 3 auront été acquittées. »

Dans son *Cours de Droit administratif*, M. Cotelle enseigne que le même privilége accordé aux créances pour
salaires d'ouvriers et fournitures, doit être étendu aux indemnités dues pour terrains expropriés, puisqu'ils ont servi
à l'établissement des travaux (1).

Nous ne pensons pas que ces exceptions puissent être
étendues dans une sphère toute différente, comme celle des
obligations résultant envers les tiers des délits de l'entrepreneur.

182. Les provisions alimentaires adjugées par justice,
ainsi que les sommes définitivement allouées pour le même
motif, sont déclarées insaisissables dans un intérêt purement
privé, mais il faut remarquer que c'est dans l'intérêt du
débiteur de la rente ou provision, autant que dans l'intérêt
de la personne à qui sont dus les aliments. Ainsi, nous pensons qu'il est nécessaire de laisser aux tribunaux une certaine
latitude ; car permettre aux créanciers de les saisir en totalité, serait faire retomber le paiement à la charge du débiteur
des aliments, obligé de subvenir aux besoins de la personne
qui les réclame, suivant les circonstances. D'un autre côté,
laisser le créancier des aliments jouir en toute sécurité et
sans réduction aucune de la somme qui lui est fournie à titre
d'aliments serait souvent un scandale d'impunité. Les provisions et pensions alimentaires sont quelquefois d'un chiffre
élevé, puisqu'elles doivent être allouées dans la proportion
des besoins de celui qui les réclame et de la fortune de celui
qui les doit (C. Nap., 208). Or, il serait intolérable qu'un individu qui jouit quelquefois d'une pension de 4,000 ou 5,000
francs, à titre d'aliments, pût la conserver entière, sans être
obligé d'en donner aucune part à ceux qu'il a lésés le plus
gravement, et peut-être réduits à la misère. Nous sommes
conduit ici par la force des choses à étendre, même à ce cas,
la disposition finale de l'art. 582, C. proc. civ., malgré les
termes de son premier paragraphe, qui paraissent limitatifs.

_____

(1) T. 1, p. 556, et 3ᵉ éd., t. 3, p. 201.

183. L'insaisissabilité des parts de prises des marins n'est pas établie dans un intérêt purement privé, car elle a pour but d'encourager les entreprises maritimes ; mais l'intérêt général n'est pas engagé ici d'une manière assez directe pour que nous ne fassions pas fléchir le privilége établi par l'arrêté du 2 prairial an 11, art. 111, devant la nécessité sociale plus puissante de la répression complète des délits.

184. Viennent enfin les objets énumérés par l'art. 592, C. proc. civ. L'art. 593 dispose, en termes exprès, qu'ils ne pourront être saisis pour *aucune créance*, même celle de l'*Etat*. Cette prohibition est surtout formelle en ce qui touche le coucher et le vêtement des saisis ; à cet égard, il ne peut y avoir aucune difficulté. Quant aux autres objets, ils sont déclarés saisissables pour certaines créances privilégiées, savoir : pour aliments fournis à la partie saisie, pour les sommes dues aux fabricants ou vendeurs desdits objets, ou à celui qui aura prêté pour les acheter, fabriquer ou réparer, enfin au propriétaire des lieux loués aux saisis. Les réparations dues pour délits qualifiés ou non par la loi pénale semblent avoir un caractère aussi sacré que les créances privilégiées dont nous venons de parler, et l'on serait tenté de les admettre en concurrence pour autoriser la saisie. Néanmoins, le texte de l'art. 593 est bien absolu pour oser y ajouter une exception. D'un autre côté, la nature et le peu de valeur des objets déclarés insaisissables par l'art. 592, supposent chez le débiteur un défaut de ressources tel, que l'humanité ne permet guère d'autoriser la saisie, qui, du reste, aurait peu d'utilité pour le créancier. Il serait surtout impossible de l'autoriser en ce qui concerne la réparation des quasi-délits, pour laquelle on doit être beaucoup moins rigoureux, puisqu'ils supposent un degré de culpabilité beaucoup moindre. Le parti le plus sûr, en définitive, est de se conformer à l'art. 593.

185. En dehors des objets énumérés dans tout ce qui précède, la loi déclare insaisissables par la voie de la saisie-arrêt les fonds dus à l'Etat (1), aux communes (2), aux hospices (3)

---

(1) L. 24 août 1790 ; L. 22 avril 1791, tit. 12, art. 9 ; Arrêté du 18 fruct. an 8, art. 5 ; *Lett. du min. des finances au min. de la justice*, 17 mess. an 9 ; Décr. 18 germ. an 13, art. 48 ; Cass., 16 therm. an 10 ; Merlin, *Quest.*, v° *Action*, § 4.

(2) Avis du cons. d'Etat, 12 août 1807 et 11 mai 1813 ; Roger, *Saisie-arrêt*, n° 257.

(3) Arrêté des consuls, du 9 vent. an 10.

et aux fabriques des églises (1). Ce n'est pas que ces fonds soient affectés, comme les objets dont nous avons fait l'énumération ci-dessus, à telle destination plutôt qu'à telle autre. Toute dette sur l'État, sur les communes, les fabriques, hospices ou autres établissements publics, doit être acquittée quand elle est légitime et constante, quelle qu'en soit l'origine. C'est seulement la voie d'exécution forcée que l'on a voulu interdire aux créanciers; c'est dans la forme à suivre pour arriver aux paiements que le droit commun a été modifié en ce qui concerne ces diverses personnalités morales. La raison en est que les dettes de l'État, des communes et des établissements publics en général, doivent être payées par règlement de l'autorité administrative. Les tribunaux et les agents de la force publique qui sont chargés d'exécuter leurs mandements ne doivent jamais s'ingérer dans la disposition, ou mettre obstacle au recouvrement de ces fonds. Il ne leur appartient que de déclarer l'existence de la créance. C'est donc par la voie administrative que les créanciers de l'État, des communes ou des établissements publics devront demander le paiement des condamnations aux dommages-intérêts prononcés à leur profit. Leur paiement n'en sera pas moins assuré.

186. Il nous reste à faire connaître un droit de préférence qui garantit le paiement des dommages-intérêts alloués à raison d'un délit.

L'art. 54, C. pén. dispose « qu'en cas de concurrence de « l'amende avec les restitutions et dommages-intérêts sur les « biens insuffisants du condamné, ces dernières condamna- « tions obtiendront la préférence. »

C'est ici la consécration de cet ancien principe que, la réparation civile adjugée à la partie lésée était payable de préférence à l'amende du roi (2). Cette règle était fondée sur ce que l'amende n'était due que du jour de la prononciation du jugement. Mais l'intérêt civil était considéré comme une

---

(1) Décr., 30 déc. 1809; Avis du cons. d'Etat, 24 juin 1809; de Cormenin, p. 417.

(2) « In summá sciendum est omnium fiscalium pœnarum petitionem « creditoribus postponi. » L. 17 et L. 37, D. de Jure fisci. — « Rem « suam persequentibus pœnæ exactio postponitur.» L. unic. Cod. Pœnis fiscal. credit. præferri. — Chopin, De Doman., lib. 5, tit. 29; Muyart de Vouglans, p. 304; Dict. de Ferrières, t. 2, p. 80; Arrêt du parlement de Paris du 10 mars 1660, Journ. des aud., t. 2, liv. 3, ch. 11.

dette légitime, et l'hypothèque résultant du jugement comme remontant au jour où le délit avait été commis (1).

Quoi qu'il en soit des motifs qui avaient pu faire établir cette jurisprudence, l'art. 54, C. pén., l'a confirmée entièrement.

187. Mais M. Merlin critique cette disposition : « Elle est, dit-il (2), plus équitable que régulière. S'agit-il de privilége sur les meubles, aucune loi n'en accorde aux dommages-intérêts de la partie civile. S'agit-il d'hypothèque sur les immeubles du condamné ; si les dommages-intérêts ont été adjugés par le même jugement que l'amende, la partie civile a le même droit que le fisc ; elle a comme lui un titre hypothécaire, et ne peut être préférée qu'en prenant inscription avant lui. »

Il n'existe en effet aucun privilége au profit du fisc ni de la partie civile pour le recouvrement des amendes et dommages-intérêts : car il n'est pas possible d'étendre aux amendes celui que la loi du 5 septembre 1807 établit pour le recouvrement des frais de justice (3). Et quant à la partie civile, aucune loi ne lui donne un privilége de ce genre, soit pour ses frais, soit pour ses dommages-intérêts.

188. Comment donc s'exécutera l'art. 54 ?

A l'égard des meubles, en cas d'insolvabilité, les deux créances viendront concurremment dans la distribution. Mais la partie civile devra toucher, jusqu'à concurrence de ce qui lui est dû, son dividende et le dividende de l'Etat.

Quant aux immeubles, le rang de l'inscription prise en vertu du jugement réglera celui de l'hypothèque de la partie et du trésor à l'égard des tiers. Mais, entre les deux créanciers, le trésor d'une part, la partie civile de l'autre, c'est l'art. 54 C. pén. qui règle l'ordre du paiement. En conséquence, soit que les deux créances aient été inscrites concurremment, soit que celle du trésor suive ou précède, la partie civile doit être autorisée à toucher jusqu'à due concurrence le montant de sa collocation d'abord et, pour le surplus, celle de l'Etat. C'est la méthode suivie pour le remboursement des frais de défense du condamné, qui, d'après

---

(1) Merlin, *Rép.*, v° *Répar. civ.*, § 4, n° 2 ; v° *Amende*, § 8, n° 5.
(2) V° *Amende*.
(3) Lettre du grand juge, du 19 mars 1808 ; Persil, *Comm. de l'art.* 2098, n° 20 ; Grenier, *Hyp.*, t. 2, p. 416 ; Troplong, *Hyp.*, t. 1, n° 95 *ter* ; Dalloz, *Hyp.*, p. 69, n° 9 ; Cass., 7 mai 1816.

les art. 2 et 4 de la loi du 5 septembre 1807, doivent être
payés avant la créance privilégiée du trésor public pour les
frais (1).

189. Mais la même préférence est-elle due à la partie civile sur l'action qui appartient au trésor public, pour le recouvrement des frais du procès par suite duquel l'accusé a
été condamné (2) ?

Non ; tout privilège doit être restreint dans les termes exprès dont la loi se sert pour l'établir ; or, l'art. 54 C. pén. ne
donne un droit de préférence aux restitutions et dommages-
intérêts que sur l'amende. Elle ne parle point des frais. Ceux-
ci sont au contraire garantis au trésor public par un privilège
spécial, qui doit l'emporter sur la faveur accordée au recouvrement des dommages-intérêts. Puis, remarquez que les
frais exposés par l'Etat ont servi à découvrir le crime et à
obtenir le jugement de condamnation qui profite à la partie
civile. Ce sont, à son égard, des frais de justice qui doivent
passer comme toujours avant la créance qu'ils ont servi à
faire reconnaître.

La loi du 18 germinal an 7 avait cependant accordé cette
faveur à la partie civile : « Article 1er. Tout jugement d'un
« tribunal criminel, correctionnel ou de police, portant con-
« damnation à une peine quelconque, prononcera en même
« temps, au profit de la République, le remboursement des
« frais auxquels la poursuite et punition des crimes et délits
« aura donné lieu. » — Art. 5. « Les *indemnités* accordés
« à ceux qui auront souffert un *dommage* résultant du dé-
« lit, seront prises sur les biens du condamné, *avant* les
« frais adjugés à la République. » — Mais cette disposition
avait été implicitement abrogée par la loi du 5 pluviôse an
13, laquelle disposait qu'en matière correctionnelle, ceux
qui se constitueraient parties civiles seraient chargés personnellement des frais de poursuite ; qu'en matière criminelle, les frais seraient avancés par le trésor ; mais que la
partie civile serait tenue de les rembourser au trésor, sauf
son recours contre le condamné.

Enfin, cette abrogation résulte encore de la loi du 5
septembre 1807, qui établit un privilège sur les biens meubles

---

(1) Tarrible, *Rép.*, v° *Privilége*, p. 16, col. 2 ; Troplong, 1,36.
(2) « Le Trésor public a privilége sur tous les meubles et immeubles
« du condamné pour les frais de poursuite en matière criminelle, cor-
« rectionnelle ou de police. » L. du 5 sept. 1807.

et immeubles du condamné et ne fait aucune exception pour les dommages-intérêts de la partie lésée. Le système opposé à celui de la loi du 18 germinal an 7 est même formellement consacré dans l'exposé des motifs de la loi du 5 septembre 1807, présenté au corps législatif par M. Jaubert, conseiller d'Etat. On lit dans cet exposé : « Ceux qui ont souffert un dommage résultant du délit ne peuvent, quand ils se sont constitués parties civiles, prétendre être colloqués pour les indemnités avant les frais adjugés au trésor, envers lesquels, au contraire, ils en sont responsables.

190. C'est conformément à ce système que l'art. 3 de la loi du 9 juin 1819 règle l'affectation du cautionnement des journaux aux diverses condamnations que ceux-ci peuvent encourir pour délit de presse : « Le cautionnement sera « affecté par privilége aux dépens, dommages-intérêts et « amendes auxquels les propriétaires ou éditeurs pourront « être condamnés. Le prélèvement s'opérera dans l'ordre « indiqué au présent article. »

191. Si les frais de la partie civile ne peuvent pas être prélevés sur les biens du condamné avant ceux de la partie publique, du trésor, qui est privilégié à cet égard, il est juste du moins de les prélever avant les amendes dues à l'Etat. D'abord, les frais et dépens doivent être assimilés aux domges-intérêts. Il serait absurde de faire passer ceux-ci avant l'amende, et de préférer l'amende aux frais de justice qui ont servi à faire condamner le coupable et à obtenir les réparations civiles proprement dites, et la condamnation pénale elle-même (1). Aussi, l'art. 3 de la loi du 9 juin 1819, que nous venons de citer, dit simplement que l'on paiera dans l'ordre suivant : 1° *les dépens...*, sans distinguer entre ceux de la partie et ceux de l'Etat ; 2° les dommages-intérêts, qui ne sont dus qu'à la partie lésée ; 3° les amendes qui n'appartiennent qu'à l'Etat. Les dépens viennent les premiers ; d'abord ceux de l'Etat, en vertu des principes exposés ci-dessus, puis ceux de la partie civile ; les amendes en dernier lieu.

Ici se termine ce que nous avions à dire relativement aux poursuites sur les biens. Nous passons aux voies d'exécution sur la personne.

---

(1) « Les dépens se paient par préférence à l'amende, parce qu'ils sont nécessaires pour l'instruction, au lieu que l'amende est purement pénale. » Jousse, *Tr. de Just. crim.*, t. 2, p. 848.

ARTICLE II.

EXÉCUTION SUR LA PERSONNE. —CONTRAINTE PAR CORPS.

Sommaire.

191 *bis.* De tout temps il a été admis, par notre législalation, que les condamnations pécuniaires prononcées à raison d'un délit pouvaient s'exécuter par la voie rigoureuse de la contrainte personnelle. Nulle dette, en principe, ne mérite moins de faveur. La détention est d'ailleurs une sorte de compensation du défaut absolu d'exécution, provenant de la mauvaise foi ou de l'insolvabilité des délinquants (1).

Dans l'ancien droit, la contrainte par corps avait lieu pour l'amende et l'intérêt civil, mais non pour les frais (2). Les condamnés n'étaient pas reçus au bénéfice de cession (3). Il en fut de même sous l'empire de la législation intermédiaire (4).

Le Code pénal étendit définitivement cette voie d'exécution aux frais de justice. L'art. 52 porte : « L'exécution des « condamnations à l'amende, aux restitutions, aux domma- « ges-intérêts *et aux frais*, pourra être poursuivie par la « voie de la contrainte par corps (5). »

La loi du 17 avril 1832 était venue régler la durée de la contrainte et les formalités de la mise à exécution (art. 33 à 41).

Mais, un décret du Gouvernement provisoire, du 9 mars 1848, suspendit l'exercice de la contrainte, jusqu'à ce qu'une loi eût statué sur son maintien ou sa suppression. La loi du 13 décembre 1848, en abrogeant ce décret, remit en vigueur la législation précédente. Toutefois, elle y apporta quelques adoucissements.

Enfin la loi du 22 juillet 1867, qui a aboli la contrainte par corps en matière civile et commerciale, l'abolit aussi quant aux *frais* dus à l'Etat, pour condamnations pénales, mais la maintient pour les amendes et les restitutions ou dommages-intérêts prononcés au profit de l'Etat ou des particuliers à raison de délits qualifiés (art. 3, 4 et 5).

192. L'art. 52, C. pén., placé sous le titre, *Des peines et autres condamnations qui peuvent être prononcées pour* ·

---

(1) Nous reviendrons sur ce dernier point n° 212 7° après avoir fait connaître l'ensemble de la matière.

(2) Ordonn. de 1670, tit. 13, art. 29 ; Jousse, *sur cet article*, et **Tr.** *de just. crim.*, t. 2, p. 846 ; Denizart, v° *Rép. civ.*, § 4, n° 9. A moins qu'ils ne fussent prononcés à titre de dommages-intérêts ; Jousse, *ibid.*, et *Comm. de l'ord. de* 1667, tit. 34, art. 2, note 3 ; art. 8, note 2.

(3) *Dictionn. des arrêts*, v° *Rép. civ.*

(4) Décr. des 19-22 juill. 1791, tit. 1, art. 26 et 27, tit. 2, art. 41 ; L. des 28 sept.-6 oct. 1791, tit. 2, art. 5 ; L. du 5 oct. 1793 ; L. du 18 germ. an 7, art. 1.

(5) Voir C. pén., art. 53, 467, 469 ; C. forest., art. 211, 217 ; L. du 15 avril 1829, art. 77, 82 ; Décr. régl. du 10 juin 1811, art. 174, 175.

I.   12

crimes et délits, ne s'applique pas aux matières de simple police. Mais des dispositions semblables se retrouvent au livre 4,
qui traite des contraventions.

Art. 469. « La contrainte par corps a lieu pour le paie-
« ment de l'amende. »

Art. 467. « Les restitutions, indemnités et frais entraî-
« neront la contrainte par corps. »

Et les dispositions du titre 5 de la loi du 17 avril 1832,
du titre 4 de la loi du 13 décembre 1848, et de la loi du
22 juillet 1867 sont relatives à la contrainte par corps en
matière criminelle, correctionnelle et *de police* (1).

193. Dans toutes ces matières, les jugements de condamnation prononcés par des tribunaux de répression entraînent,
de plein droit, la contrainte par corps, bien qu'ils ne l'aient
pas expressément ordonnée (2). L'art. 52, C. pén., en effet,
dit que l'exécution pourra être poursuivie par cette voie, et
non pas seulement que la contrainte par corps pourra être
prononcée. Les art. 467 et 469 sont encore plus impératifs :
« La contrainte *aura lieu*... Les restitutions *entraîne-*
« *ront*, etc. » La loi dispose ainsi, indépendamment de la
teneur des jugements (V. *infrà*, n. 201).

On a encore conclu de là que ceux qui prononcent express-
sément la contrainte par corps n'ont pas besoin d'être motivés sur ce chef (3), et que les juges d'appel peuvent la prononcer encore bien qu'elle ne l'ait pas été en première instance (4).

194. Mais avant la loi de 1867 quand la réparation était
poursuivie devant les tribunaux civils, séparément de l'action
publique, la contrainte n'était que facultative : elle était prononcée en vertu de l'art. 126, C. proc. civ., ainsi conçu :
« La contrainte par corps ne sera prononcée que dans les
« cas prévus par la loi ; il est néanmoins laissé à la pru-

---

(1) Il en était autrement sous l'empire de la loi des 19-22 juill. 1791,
relative à la police municipale et correctionnelle (art. 41, tit. 2) : la
contrainte n'avait pas lieu pour les condamnations de police municipale.
(2) MM. Chauveau et Faustin Hélie, t. 1, p. 375, et 4e éd., p. 296;
Troplong, *Contr. par corps*, nos 616, 655, 656; Carnot, *C. pén.*, t. 1,
p. 183, n° 3; Cass., 14 fév. 1832, D. 102; Cass., 12 juin 1857, S. 621;
Riom, 13 nov. 1867, S. 68.2.110. C'est ce qui avait lieu dans l'ancienne
pratique. Jousse, *Tr. de just. crim.*, t. 2, p. 847, n° 97.
(3) *Arg.*, Rej., 21 juin 1825, S. 26.1.301, et Cass., 21 juin 1835,
D. 225.
(4) Cass., 14 juill. 1827, S. 530; Bordeaux, 15 nov. 1828, S. 29.2.
117; Rej. 9 janv. 1869, D. 280; S. 349.

« dence des juges de la prononcer, 1° pour dommages et in-
« térêts en matière civile, *au-dessus de la somme de trois*
« *cents francs* (1). »

De plus, elle ne pouvait résulter que d'une disposition
positive du jugement, conformément à l'art. 2067, C. civ.
Les tribunaux civils ne peuvent pas, à proprement parler,
déclarer un individu coupable d'un crime, d'un délit ou
d'une contravention, et prononcer ensuite, contre lui, des
restitutions ou des dommages-intérêts avec les effets qui ne
sont attachés que par le Code pénal à une condamnation pénale. Ce serait transformer la juridiction civile en juridiction
criminelle, et, par conséquent, excéder les limites de leur compétence. On dirait en vain que les juges, appelés à statuer
sur les conséquences d'un fait, peuvent puiser, dans l'ensemble de la législation, les règles qui doivent les guider. La
division des tribunaux en plusieurs classes, la spécialité des
matières qui leur sont soumises, la division même des Codes,
indiquent assez que cette large faculté ne leur appartient pas.
C'est ce que la Cour de cassation a dit des tribunaux répressifs
d'un ordre différent. Nous lisons, dans les motifs d'un arrêt du
1er avril 1813 (2) : « Le tribunal, qui seul est compétent pour
appliquer la peine, a seul aussi le droit de déclarer le fait et
la culpabilité. » Ainsi, le jugement du tribunal civil, incapable de donner au fait la qualification qui lui appartiendrait
d'après la loi pénale, ne peut produire les conséquences attachées au jugement criminel.

195. Mais en serait-il de même si l'action publique avait
été d'abord exercée et suivie d'une condamnation, ou bien
encore, si l'action civile portée aux tribunaux ordinaires avait
été suspendue par l'action publique intentée pendant la poursuite, et que le tribunal criminel eût condamné. Le tribunal civil auquel serait portée la demande en dommages-intérêts devrait-il nécessairement prononcer la contrainte par corps,
même au-dessous de 300 francs ?

L'existence du délit, peut-on dire, est certaine, la condamnation civile n'en est que l'accessoire ; le tribunal civil
n'a plus qu'à constater l'existence du dommage, son impor-

(1) Cass., 18 nov. 1834, S. 777 ; MM. Coin-Delisle, *Sur l'art.* 2060,
n°s 38 et suiv.; Troplong, n° 232 ; *Contrà*, Paris, 6 janv. 1832, S. 32.2.
149, et 16 nov. 1833, S. 34.2.17 ; Carnot, *C. pén.*, t. 1, p. 182, n° 2.
(2) S. 318.

tance, en un mot, faire ce que le tribunal criminel aurait fait si l'action civile avait été portée devant lui. L'art. 126, C. proc., par ces mots restrictifs « en matière civile », ne laisse-t-il pas entendre qu'il est sans application lorsque la condamnation repose sur un délit constaté par les tribunaux compétents, et que c'est alors le droit pénal qui régit la cause (1) ?

Ces raisons ne sont pas décisives, avons-nous dit dans la première édition de ce traité. Dans l'un et l'autre cas, il faut décider, selon nous, que la cause est devenue civile, et reste sous l'empire des lois purement civiles. En portant son action devant ce tribunal, le demandeur a renoncé aux avantages qui résultaient, pour lui, du concours de l'action criminelle, comme il a cherché aussi à éviter les inconvénients qui en auraient été la suite, c'est-à-dire le danger d'une condamnation aux frais ou à des dommages-intérêts.

Il résulterait, d'ailleurs, du système contraire plus d'une difficulté d'exécution. Par exemple, le jugement du tribunal civil serait-il exécuté par les voies indiquées, art. 780 et suivants, C. proc., ou dans les formes prescrites par le titre 5 de la loi du 17 avril 1832? Puis, si le jugement du tribunal civil doit produire, à l'égard de la partie lésée, tous les effets qu'aurait produits le jugement du tribunal de répression, s'il doit lui procurer les mêmes avantages, s'il procède en vertu de l'art. 52, C. pén., il ne suffirait pas de dire que le jugement doit prononcer la contrainte par corps, il faudrait aller jusqu'à prétendre que la contrainte aurait lieu de plein droit, quand même elle n'aurait pas été prononcée (V. suprà, n. 193); ce qui serait absolument contraire aux règles générales sur les effets des jugements civils, et particulièrement à l'art. 2067, C. Nap.

196. Depuis l'époque où nous écrivions ces lignes est intervenue la loi du 22 juillet 1867, qui modifie dans une certaine mesure notre solution.

En effet, cette loi porte art. 1er : « La contrainte par corps « est supprimée en matière civile. »

Art. 2 : « Elle est *maintenue* en matière criminelle, cor- « rectionnelle et de simple police. »

---

(1) Cass., 16 juill. 1817, Dalloz, *Contr. par corps*, p. 738 ; Douai, 29 juill. 1839, *J. du Pal.*, t. 2, 1839, p. 466; Carré, *Analyse*, 416e quest.; Coin-Delisle, *Sur l'art.* 2060, n° 44.

Il résulte de là que l'art. 126, C. de proc., est implicitement abrogé et que les tribunaux ne peuvent plus en matière
civile, c'est-à-dire, lorsqu'ils ne sont pas saisis de la poursuite du délit, ou lorsque le délit à raison duquel les réparations sont demandées n'a pas été précédemment constaté par
le tribunal de répression, accorder aux dommages-intérêts
qu'il prononce la sanction de la contrainte par corps.

C'est ce que démontrent manifestement encore les art. 3,
4 et 5 de la même loi.

En effet, l'art. 3, qui commente en quelque sorte l'art. 2,
porte : « Les jugements, arrêts et exécutoires portant con-
« damnations au profit de l'Etat à des amendes, restitutions et
« dommages-intérêts *en matière criminelle, correctionnelle*
« *et de police,* ne peuvent être exécutés par la voie de la con-
« trainte par corps que cinq jours après le commandement
« qui est fait aux *condamnés* à la requête du receveur de
« l'enregistrement. — La contrainte par corps n'aura jamais
« lieu pour le paiement des frais au profit de l'Etat. »

Vient ensuite l'art. 4, qui assimile les particuliers à l'Etat
quant aux réparations civiles en disant :

« Les arrêts et jugements contenant des condamnations
« en faveur des particuliers pour réparations de *crimes,*
« *délits ou contraventions* commis à leur préjudice, sont, à
« leur diligence, signifiés et exécutés suivant les mêmes for-
« mes *et voies de contrainte* que les jugements portant des
« condamnations au profit de l'Etat. »

Jusqu'ici la loi ne s'occupe évidemment que de jugements
prononcés par les Cours d'assises et les tribunaux de police
simple ou correctionnelle.

Mais l'art. 5 ajoute :

« Les dispositions des articles qui précèdent s'étendent
« au cas où les condamnations ont été prononcées par les
« tribunaux civils au profit d'une *partie lésée,* pour répara-
« tion d'un crime, d'un délit ou d'une contravention *re-
« connus par la juridiction criminelle.* »

Il y a donc ici un développement de la règle posée dans les
art. 2 à 4. La contrainte par corps n'est attachée par la nou
velle loi qu'aux réparations demandées à raison d'un délit
qualifié par la loi pénale ; mais quand le délit a été reconnu
par le tribunal de répression compétent, l'action civile peut
s'exercer devant les tribunaux civils ; elle sera garantie par le
même privilége.

C'est là une première dérogation à l'art. 126, C. proc., qui autorisait à prononcer la contrainte par corps sans distinction entre les diverses causes de dommages-intérêts.

Mais il en existe une seconde dans un autre sens. Nous venons de dire que le Code de procédure donnait aux tribunaux une simple faculté et que la contrainte par corps n'était point, sous l'empire de l'art. 126, obligatoire pour les tribunaux civils, alors même que le tribunal criminel aurait préalablement condamné pour le délit.—Aujourd'hui, la loi est impérative. L'art. 2, qui se réfère implicitement à l'art. 52, C. pén., maintient la contrainte par corps telle qu'elle existait d'après ce Code, sauf les modifications introduites relativement à l'exécution. L'art. 3 suppose également que la contrainte a lieu de plein droit. L'art. 4, en ce qui concerne les jugements des tribunaux de répression rendus au profit des particuliers, dit aussi que les jugements sont exécutés par les mêmes voies de contrainte que ceux rendus au profit de l'Etat.

Enfin l'art. 5 *étend* ces dispositions aux jugements des tribunaux civils quand le délit a été reconnu précédemment au criminel. — Il est donc certain que les jugements civils, dans ce cas, sont assimilés aujourd'hui aux jugements criminels. L'enchaînement des idées conduit forcément à cette conclusion qui résulte d'ailleurs expressément de l'exposé des motifs (1).

196 *bis*. Nous pensons même que d'après l'esprit de la nouvelle législation l'exécution du jugement par la voie de la contrainte par corps est de plein droit dans tous ces cas. La loi s'est servie pour les trois hypothèses qu'elle prévoit d'expressions identiques et qui sont analogues à celles de l'art. 52. Les condamnations prononcées dans les termes de l'art. 5 sont mises sur le même rang que celles dont il est parlé dans les art. 3 et 4. Donc les tribunaux n'ont pas besoin de prononcer expressément la contrainte.

Ils ont seulement à en fixer la durée, comme nous le dirons plus loin (2).

196 *ter*. Les Cours d'assises, à la différence des autres tribunaux de répression, peuvent, après l'acquittement de l'ac-

---

(1) Dall., 1867, p. 81, n° 27.
(2) V. n° 208, et l'art. 9 de la loi du 22 uill 1867

cusé, le condamner à des dommages-intérêts (V. n. 245). Ici l'art. 52, C. pén., et l'art. 5 de la loi de 1867 seront-ils applicables avec toutes leurs conséquences ?

Je ne le pense pas. Cet article, de même que l'art. 33 de la loi du 17 avril 1832 et l'art. 3 de la loi de 1867, ne prononce la contrainte de plein droit que contre les condamnés, ce qui ne peut s'entendre que des condamnés à une peine.

C'est le peu de faveur que méritent ceux qui encourent ces sortes de condamnations, ce sont leurs crimes qui ont fait autoriser contre eux ces voies rigoureuses de poursuite. Cette raison n'existe pas à l'égard de l'accusé acquitté ; il n'aurait pas dû être poursuivi devant les tribunaux criminels ; on ne peut donc le traiter plus sévèrement que s'il eût été traduit devant le tribunal civil dont la Cour d'assises remplit à son égard les fonctions (1). L'art. 5 de la loi nouvelle, en disant que les jugements des tribunaux civils n'empêcheront la contrainte qu'autant que le délit aura été *reconnu* par la juridiction criminelle, nous paraît devoir être entendu dans le même sens. Il ne peut y avoir contrainte s'il n'y a eu condamnation à une peine.

196 *quater*. Nous adoptons la même règle pour les divers cas d'absolution.

Si le fait, bien que commis par l'accusé, ne constitue ni crime ni délit, la loi de 1867 est manifestement inapplicable.

Si l'accusé est en démence, ne fût-ce même qu'au jour du jugement, le caractère pénal de la contrainte (2) ne permet pas de la prononcer ou de l'exercer contre lui. Elle serait, comme une peine proprement dite, inefficace et odieuse.

Enfin, quand l'accusé mineur de seize ans est reconnu avoir agi sans discernement, il est *acquitté* (C. p., art. 66).

Il devrait donc profiter des termes de la loi qui, suivant ce que nous avons dit ci-dessus, ne s'applique qu'aux condamnés. Mais l'art. 13 de la loi du 22 juillet 1867 l'affranchit expressément de la contrainte.

Si le prévenu n'est renvoyé que par suite de la prescription, il y a plus de difficulté.

Le délit peut être pleinement reconnu à sa charge par le tribunal. Mais de même qu'aucune peine ne peut être appli-

---

(1) Cass., 14 déc. 1839, S. 40.1.147 ; Merlin, *Rép.*, v° *Réparat. civ.*, 2. — V. aussi Rej., 1ᵉʳ déc. 1855, *Bull. cr.*, n° 383.
(2) V. n° 191 *bis* et 212 *septies*.

quée, l'action civile est éteinte par l'expiration du même délai (V. n. 374 *infrà*).

Ce n'est qu'autant que la partie lésée aurait interrompu cette prescription en ce qui concerne son action civile en dommages-intérêts qu'elle pourrait encore la porter devant les tribunaux civils, malgré la prescription de l'action publique (V. n°s 401 et 402). Dans cette hypothèse, qui se présentera du reste assez rarement, on pourrait dire que le délit est censé ne pas exister, qu'il est comme anéanti aux yeux de la loi criminelle et ne peut motiver l'application de la contrainte par corps. Néanmoins nous pensons qu'elle doit avoir lieu. Si la peine n'est pas appliquée, alors d'ailleurs que le fait est déclaré constant par le tribunal, c'est par un motif spécial qui n'altère pas le caractère de ce fait. Le délit est *reconnu* par la juridiction criminelle, suivant les termes de l'art. 5 de la loi de 1867, et les raisons qui servent de base à l'admission de la contrainte subsistent en leur entier.

Quand il s'agit de crimes justiciables des Cours d'assises, la question ne se présente pas dans des termes aussi simples. La prescription accueillie par le jury entraîne l'acquittement et l'on ne peut distinguer dans la réponse du jury. Cela tient à la manière dont les questions sont posées d'après l'art. 337, C. instr. crim.

La question, étant par exemple, formulée en ces termes : « Pierre est-il coupable d'avoir *depuis moins de dix ans* (1), « soustrait frauduleusement tel objet ? » la réponse sera négative, soit que le jury pense que le fait a été commis depuis plus de dix ans, soit qu'il considère l'accusé comme innocent. — La partie lésée qui n'aurait pas porté son action devant la Cour d'assises ne pourrait pas dès lors la soumettre à un tribunal civil. Elle serait rejetée par l'exception de chose jugée (V. n. 362).

La Cour d'assises elle-même, bien qu'elle puisse accorder à la partie civile qui a pris cette qualité devant elle, des dommages-intérêts contre l'accusé acquitté, ne peut restituer au fait dommageable le caractère de crime ou de délit que lui a enlevé la décision du jury (V. n. 362 et suiv.). Elle ne peut le considérer que comme une *faute* civile, et dès lors la contrainte par corps ne doit pas s'exercer.

197. Il est un cas, cependant, où la contrainte par corps devrait avoir lieu contre un prévenu que le tribunal de ré-

_____

(1) Ou à telle date déterminée.

pression ne condamnerait à aucune peine. Supposons que le ministère public n'ayant pas appelé d'un jugement de police correctionnelle qui acquitte le prévenu, la partie civile seule ait interjeté appel (C. instr. crim., 202, 2°). Si la Cour infirme le jugement de première instance, en déclarant le prévenu *coupable*, bien qu'elle ne puisse pas prononcer de *peines* contre lui, on ne peut pas dire que la condamnation soit purement civile. Le délit est réellement constaté, et par le tribunal compétent. Ainsi, en mettant à part l'application de la peine, écartée par le défaut d'appel du ministère public, les conséquences ordinaires des jugements prononcés par les tribunaux criminels doivent se reproduire, en ce qui concerne les moyens d'exécution (1).

197 *bis*. Il faut encore ajouter l'hypothèse déjà indiquée par nous (n. 115, 5°) en ce qui concerne la question des frais. C'est celle où l'accusé reconnu coupable est affranchi de la peine par suite d'une excuse légale comme est celle que l'art. 138, C. pén., admet au profit des révélateurs de crimes de fausse monnaie.

198. Quand c'est à l'accusé ou au prévenu que les dommages-intérêts sont accordés par un tribunal de répression (Code d'inst. crim., 212, 359, 366), la contrainte doit-elle avoir lieu ?

On a jugé, sous l'empire de l'art. 126, C. proc., que la cause reste purement civile si les dommages-intérêts ne sont alloués que parce que la poursuite criminelle a été intentée témérairement (2). Cette solution conserve aujourd'hui toute sa force. S'ils sont accordés parce qu'elle a eu lieu sur une dénonciation jugée calomnieuse, ce n'est plus à raison d'un simple fait dommageable, mais à raison d'un véritable délit que le tribunal prononce des dommages-intérêts.

Mais il faut que ce délit soit constaté et réprimé par le tribunal; la contrainte ne peut donc être la suite des dommages-intérêts dans cette hypothèse spéciale que si les juges saisis de la poursuite principale condamnent le plaignant, séance tenante, pour dénonciation calomnieuse ou pour faux témoignage, en vertu de la loi du 20 mai 1863, sur le jugement des flagrants délits.

199. On a vu que la contrainte, d'après la loi de 1867, s'exerce pour le paiement des *amendes*.

(1) Arg. d'un arrêt de rejet du 15 juin 1844, S. 45,1.73.
(2) Cass., 2 avril 1842, S. 735.

Mais les amendes en matière fiscale ont, d'après une jurisprudence que nous avons examinée ci-dessus (n°s 79, 80, 81), plutôt le caractère de réparations civiles que celui d'une peine. De là naît la question de savoir si la contrainte par corps s'exerce pour le recouvrement de ces amendes.

On a fait valoir pour la négative que dans certains cas elles sont prononcées non par les tribunaux de répression proprement dits, mais par un juge civil, ce qui semblerait exclure l'application de la loi du 22 juillet 1867.

Ainsi, en matière de douanes, le juge de paix, et sur l'appel le tribunal civil d'arrondissement, sont compétents pour juger les faits de contrebande et d'opposition à l'exercice des préposés et prononcent les amendes et confiscations d'objets saisis (1) ; sauf dans les cas d'importations frauduleuses par les frontières de terre, d'objets prohibés ou d'objets tarifés dont le droit serait de 20 fr. et au-dessus par quintal métrique (2), dans ceux d'importations frauduleuses par les frontières de mer autres que les ports de commerce (3), et pour les délits de contrebande avec attroupement de plus de 3 hommes à cheval ou de 6 hommes à pied qui sont déférés aux tribunaux correctionnels (4).

La question s'est présentée devant la Cour d'Amiens, dans les circonstances suivantes :

Un sieur Tonnelier, cité devant le juge de paix du canton d'Hirson (Aisne), pour trouble apporté à l'exercice des préposés, fut condamné, par jugement du 15 février 1867, à 500 fr. d'amende, par application de l'art. 14 de la loi des 6-22 août 1791, titre 13, art. 14. Ce jugement fixe à un an la durée de la contrainte par corps, conformément à la loi de 1832 alors en vigueur.— Le 29 octobre 1867, l'administration des douanes recommanda son débiteur, alors détenu pour autre cause, afin de le faire maintenir en état de détention pendant 4 mois, aux termes de l'art. 9, § 5, de la loi du 22 juillet 1867. — Tonnelier demanda la nullité de la recommandation et son élargissement fut prononcé par jugement du tribunal de Vervins en date du 8 novembre, maintenu

---

(1) Loi des 6-22 août 1791, tit. 13, art. 14 ; L. du 4 germ. an 2, tit. 6, art. 12, 13 et suiv.; L. du 14 fruct. an 3, art. 10; L. du 9 flor. an 7, tit. 4, art. 6, 10, 13 et 14.
(2) L. du 28 avril 1816, art. 41 à 45, 48, 51, 54.
(3) L. du 21 avril 1818, art. 34 et 35.
(4) L. du 21 avril 1818, art. 52 et 53.

sur la tierce opposition. formée par l'administration des douanes par un second jugement du 7 février 1868.

Mais sur l'appel, ce jugement a été infirmé par un arrêt du 16 mai 1868, dont voici les principaux motifs :

« Attendu que le jugement dont est appel se fonde sur ce que aux termes de la loi du 22 juillet 1867, la contrainte par corps ne serait pas applicable en l'espèce, le juge qui a prononcé étant un juge civil et la condamnation encourue étant une réparation civile dont le principe ne serait pas un fait délictueux ; — Attendu que si l'on admet généralement que le caractère de la juridiction détermine la classification légale des faits, cette règle ne peut être vraie que pour ceux qui rentrent dans la compétence naturelle et normale du juge, et non pour ceux qui, en dehors de la compétence ordinaire, lui sont *exceptionnellement attribués par des lois spéciales* ; que ce serait donc abuser.du principe et en exagérer la portée, que de prétendre que le titre de la juridiction aurait la propriété de transformer la nature du fait et le caractère de la répression, à ce point que ce titre imprimerait le caractère civil à des faits réellement délictueux et à des condamnations prononçant de véritables peines d'après les définitions légales ; — Qu'autrement il faudrait aller jusqu'à décider que lorsque les juridictions civiles prononcent des amendes et même l'emprisonnement dans les cas prévus aux art. 308, C. Nap., 56, 89 et 263, C. proc. civ., et 504, C. d'instr. crim., elles n'ont prononcé que de simples condamnations civiles ; — Que malgré l'autorité du principe ci-dessus, il est donc permis et même nécessaire, en dehors du caractère de la juridiction saisie, de considérer la nature du fait incriminé et celle de la peine appliquée ;

« A cet égard : Attendu que la loi des 6-22 août 1791, titre 13 (art. 13 et 14), qualifie de PEINE l'amende de 500 fr. par elle édictée (1) ; que cette qualification est reproduite par les art. 9, 463 et 464, C. pén. ; — Que pour détruire l'autorité de ces textes on argumente vainement de...... l'art. 56

---

(1) Cet article est ainsi conçu : « Les préposés de la régie sont sous la « sauvegarde de la loi ; il est défendu à toute personne de les injurier « ou maltraiter et même de les troubler dans l'exercice de leurs fonc- « tions, à peine de 500 livres d'amende, et sous telle autre peine qu'il « appartiendra suivant la nature du délit. » On voit que l'amende s'applique au simple fait de trouble à l'exercice des fonctions de préposé et se cumule avec les autres peines prononcées pour injures, voies de fait, etc., d'après le droit commun.

de la loi du 28 avril 1816 ; — Qu'en effet, les amendes et
confiscations que l'art. 56 qualifie de *condamnations civiles*
résulteraient cependant, d'après cette loi, de faits qualifiés
par elle-même, aux art. 54 et 55 crimes de forfaiture et
crimes de rébellion ;........ qu'il n'y a donc pas d'induction
sérieuse à tirer des qualifications ci-dessus (1).

« Que s'il résulte d'une jurisprudence fondée sur de nombreux arrêts, que les amendes prononcées par les juges de
paix en matière de douanes, auraient un caractère réparateur et, à ce titre, civil, il est également reconnu par la jurisprudence de la Cour suprême elle-même que, comme dans
les autres matières, ces amendes participent du caractère pénal, si bien que l'action de la régie s'éteint avec la vie du
contrevenant ; — Que la femme poursuivie pour un fait relatif aux douanes comparaît seule et sans l'assistance de son
mari, ce qu'elle ne pourrait faire aux termes de l'art. 216 du
C. Nap., si le juge statuait en matière civile et s'il ne s'agissait pas de répression ; — et qu'enfin, si l'appréciation des
premiers juges sur le caractère de l'amende prononcée était
exacte, il faudrait admettre que Tonnelier aurait pu, avant la
loi de 1867 et aux termes de l'art. 800, C. proc. civ., obtenir son
élargissement par le bénéfice de cession ; — Que de ces décisions diverses, tout ce que l'on pourrait conclure, ce serait
que le juge de paix exercerait, en matière de douanes, une
juridiction exceptionnelle, *sui generis* et prononcerait des condamnations d'une nature mixte présentant un double caractère : réparateur et répressif ; mais qu'on n'en saurait tirer
la conséquence que ces amendes doivent être considérées
comme matière civile au point de vue de l'application de la
loi de 1867 ; — Qu'au contraire, il a été décidé par un avis

---

(1) L'art. 56 de la loi de 1816 porte en effet : « Les crimes prévus
« par les deux articles précédents seront poursuivis, jugés et punis ainsi
« que le prescrit la loi du 20 déc. 1815, et il sera, en même temps, sta-
« tué sur les condamnations *civiles* en résultant, telles que confiscation,
« amende, dommages-intérêts. » Mais il est évident que la loi confondant ici, sous l'appellation de *condamnations civiles*, la confiscation et
l'amende avec les dommages-intérêts, a pris ces mots dans le sens de
condamnations pécuniaires par opposition avec les peines afflictives ou
infamantes que devaient, aux termes des art. 54 et 55, prononcer les
Cours prévôtales à raison des crimes de rébellion, contrebande ou forfaiture que prévoient ces deux articles.—Le décret du 1er germ. an 13,
sur les contributions indirectes, s'exprime plus exactement en disant :
« Les *condamnations pécuniaires* contre plusieurs personnes, pour un
« même fait de fraude, seront solidaires. »

du Conseil d'Etat, du 25 août 1804, que malgré les dispositions de la loi du 15 germinal an 6, (1), celles de la loi du 4 germinal an 2 sont maintenues parce que l'abolition de la contrainte par corps (2) s'applique aux matières civiles et commerciales et non aux droits de douanes, *amendes* et confiscations; »

« Attendu que les conséquences à tirer de la législation antérieure à la loi de 1867 étant ainsi ramenées à leur juste valeur, il reste à déterminer les effets de cette dernière loi où se trouve le siége de la question;

« Attendu que la loi du 22 juillet 1867, en ses art. 1 et 2, établit deux grandes divisions, rangeant dans la première les matières commerciales et civiles, pour lesquelles la contrainte par corps est abolie, et dans la seconde les matières criminelles, correctionnelles et de police, pour lesquelles elle est maintenue; — Que cette classification est absolue, en ce sens qu'une condamnation, quelle qu'elle soit, rentre nécessairement dans la réglementation de l'un ou l'autre de ses articles; — Que si, en l'isolant de la jurisprudence ci-dessus, et sans chercher, comme elle l'a fait, à concilier avec les principes généraux de droit les anomalies de la législation exceptionnelle des douanes, on s'attache uniquement au caractère de la condamnation prononcée et à la nature du fait qui l'a provoquée, il est impossible de ne pas reconnaître que, dans l'espèce, le caractère dominant est la pénalité, et que la nature du fait réprimé est délictueuse; — Que ce caractère résiste énergiquement à la solution qui classerait dans les matières civiles les condamnations en matière de douanes; — Que s'il en est ainsi, s'il est impossible de ranger ces condamnations dans les matières qui font l'objet de l'art. 1er de la loi, il faut bien qu'elles soient comprises dans l'une des catégories de l'art. 2, auxquelles elles appartiennent naturellement par le caractère délictueux du fait et par la dénomination d'*amende* appliquée à la peine prononcée;

« Qu'à cet égard le doute n'est plus possible, si l'on interroge avec soin les travaux préliminaires, l'exposé des motifs et la discussion de la loi....; — Qu'en effet, il appert de ces do-

---

(1) Sur la contrainte par corps en matière civile et commerciale.
(2) Ou plutôt l'abrogation des autres lois et règlements antérieurs sur l'exercice de la contrainte par corps. V. le texte de l'avis du conseil d'Etat dans Duvergier, *Lois*, t. 15, p. 68, et l'art. 19 de la loi du 15 germ. an 6.

cuments : 1° que la contrainte par corps, abolie par l'art. 1er, est celle qui atteignait les débiteurs des obligations soit commerciales, soit civiles (1), y compris même les auteurs de quasi-délits ; 2° que d'un commun accord et sans qu'il se soit élevé aucune objection, les législateurs de 1867 ont entendu maintenir la contrainte en matière de douanes, afin de ne pas décréter l'impunité des délinquants ; que ce qui le prouve, c'est que dans la discussion de l'art. 2....., le commissaire du Gouvernement et le garde des sceaux ont expliqué cet article comme maintenant la contrainte pour le recouvrement des amendes en matière de délits ou de contraventions de douanes, alors même que lesdites contraventions sont exclusivement de la compétence des juges de paix (2) ; — Que leurs observations ont été consacrées par un acte du Corps législatif, qui, en rejetant le renvoi à la commission, renvoi que les observations des orateurs du Gouvernement avaient pour but de combattre, a, par là, témoigné clairement qu'il s'appropriait leur théorie ; — Qu'une seconde fois, lors de la discussion de l'art. 10, les mêmes explications formelles ont été fournies en réponse à une demande en renvoi à la commission, et que le Corps législatif s'est de nouveau associé auxdites explications en refusant de prononcer le renvoi demandé (3) ; — Qu'il est donc constant, après ces explications, que les législateurs n'ont pas compris dans les matières spécifiées en l'art. 1er les amendes prononcées par les juges de paix en matière de douanes, et que, au contraire, ils ont entendu ranger ces condamnations dans les matières pénales auxquelles la contrainte par corps a été réservée par l'art. 2 ;

« Qu'il n'y a pas à s'arrêter à l'objection tirée du silence gardé à l'égard des douanes, par l'art. 18 de la loi, alors que cet article contient des dispositions relatives aux matières forestière et de pêche fluviale ;

« Qu'en effet, il appert du rapport de la commission,

---

(1) Et notamment les débiteurs de droits de douanes qui, par suite d'une *convention* faite avec l'administration, avaient obtenu un *crédit*, auquel cas l'obligation est assurément civile. Mais, disait l'exposé des motifs, il ne s'agit pas là des *amendes* dues au Trésor par des condamnés (V. Duvergier, *Lois*, 1867, p. 191, 2e col., notes, et p. 292, 1re col.).

(2) *Monit.*, 28 et 29 mars 1867 ; Sirey, *L. ann.*, 1867, p. 168, 3e col., n 3 ; D. 67.4.86, note 7.

(3) *Monit.*, 30 mars 1867, p. 386.

qu'en présence des doutes qui pouvaient s'élever sur la compatibilité (1) de certaines dispositions du titre 13, C. forest., et du titre 7 de la loi sur la pêche fluviale (2), on avait trouvé utile, pour éviter toute difficulté d'interprétation, de dire que ces deux titres ne seraient maintenus qu'en ce qui n'était pas contraire à la loi en discussion ; — Que dès lors la seule conclusion logique que l'on puisse tirer du silence de la loi à l'égard des affaires de douanes, c'est que, dans l'esprit du législateur, les mêmes difficultés n'étaient pas à craindre en ce qui touche les condamnations de cette nature ;

« Qu'il n'y a pas à s'arrêter davantage à l'argument tiré des termes de l'art. 5 *in fine* de la loi de 1867 : « reconnus par la juridiction criminelle » ; — Qu'en effet ici l'expression *juridiction criminelle* est si générale et si peu absolue, qu'elle s'applique, d'après ledit article lui-même, aux juridictions qui connaissent des contraventions et des délits aussi bien qu'à celles qui sont saisies des crimes ; — Qu'il doit donc suffire, pour satisfaire au vœu de l'art. 5, que, comme l'a dit M. le garde des sceaux (3), l'autorité judiciaire compétente ait prononcé.

« Attendu... qu'il suit de tout ce que dessus que sous l'empire la loi de 1867, comme sous celui des lois antérieures, le recouvrement des amendes prononcées par les juges de paix en matière de douanes reste garanti par la contrainte par corps, etc. (4). »

Nous adoptons pleinement la doctrine de cet arrêt. Le système contraire ne saurait s'étayer du texte des lois spéciales de la matière ; nous nous référons sur ce point à ce que nous avons déjà dit plus haut, n° 79. — Quant à la loi de 1867, l'interprétation qu'il lui donne est, suivant nous, parfaitement exacte et justifiée par le texte des art. 1 et 2 et les travaux préparatoires qui déterminent la portée de ces dispositions.

199 *bis.* En matière de contributions indirectes, la même difficulté ne semble pas pouvoir être soulevée. Aux termes de l'art. 88 de la loi du 5 ventôse an 12, les contraventions qui entraînent la confiscation ou l'amende sont poursuivies devant les tribunaux correctionnels. Le caractère du fait qua-

---

(1) Avec la loi nouvelle.
(2) Voy. *infrà*, n° 207 *bis.*
(3) *Moniteur* du 29 mars 1867.
(4) S. 1868.2.139 ; D. 1868.2.99.

lifié contravention, la nature de la condamnation et celle de la juridiction compétente sont donc ici en rapport complet et rentrent manifestement dans les termes de l'art. 1ᵉʳ de la loi du 22 juillet 1867.

200. Aux termes de l'art. 3 de la loi du 22 juillet 1867, la contrainte ne doit plus s'exercer pour le paiement des *frais* au profit de l'État. On est revenu sur ce point à la législation antérieure au Code pénal (V. n° 191 *bis*).

Le projet présenté par le gouvernement la maintenait à cet égard (1); mais sur un amendement présenté par un député, la commission et le Conseil d'État s'accordèrent pour admettre cette restriction, fondée sur un sentiment d'humanité (2), mais qui occasionnera pour le Trésor une perte assez importante.

200 *bis*. Quand il y a partie civile, il en est autrement en ce qui la concerne. Car à son égard les frais font partie des réparations auxquelles elle a droit.

Il ne doit y avoir, a dit le rapporteur, « aucune équivoque » sur ce point.

Le 2ᵉ § de l'art. 3 ne s'applique « qu'à l'État et non aux parties civiles » (3).

Ainsi le plaignant intervenu aux débats et condamné aux frais envers l'État ne sera pas soumis à la contrainte, tandis que dans son recours contre le condamné, il aura le bénéfice de cette voie d'exécution.

Il pourra l'invoquer encore quand le délit ayant été reconnu préalablement par le tribunal de répression sur la poursuite d'office du ministère public, il portera ensuite son action privée devant le tribunal civil (art. 5).

200 *ter*. Dans les autres cas et quand l'action en dommages-intérêts revêt le caractère d'une action purement civile, la contrainte ne doit pas s'exercer (art. 1ᵉʳ).

Déjà, sous l'empire de l'art. 126, C. de proc., on n'admettait pas que la contrainte dût être prononcée pour les dépens. « On a craint, dit M. Troplong, la fréquence des demandes de contrainte et l'abus des condamnations. Tout procès eût été une menace pour la liberté et un sujet d'inquiétude pour les plaideurs (4).» *Quid*, cependant, si le juge

(1) Voyez l'exposé des motifs, § 7 ; Dall., 67.4.81, n° 24.
(2) Rapport supplém. de M. Josseau au Corps législatif.
(3) *Ibid.*
(4) N° 215 ; Merlin, *Rép.*, v° *Contr. par corps*, n° 3 ; Carré, *Quest.*, 539 ; Boncenne, t. 2, p. 534 ; Coin-Delisle, n° 30.

allouait expressément les dépens à titre de dommages-intérêts ? « Il paraît plus conforme à l'esprit de la loi, disions-
« nous dans notre première édition, de ne pas autoriser
« cette confusion entre deux choses que la loi distingue. Un
« simple changement dans les mots ne peut conduire à ce
« résultat, surtout dans une matière qui touche à la liberté
« individuelle (1). On peut cependant faire exception à ceci
« dans le cas où celui qui gagne sa cause au fond, et qui
« aurait dû gagner les dépens, est, au contraire, condamné
« à les supporter, à raison d'injures, vexations ou procédures
« frustratoires. Les dépens sont alors de véritables domma-
« ges-intérêts (2). »

Cette controverse est aujourd'hui tranchée au moyen d'une
distinction. Quand l'action de la partie lésée sera fondée sur
un délit préalablement reconnu par la juridiction criminelle,
la contrainte devra s'exercer.

Dans les autres cas, elle ne peut être prononcée.

201. La contrainte par corps, pour l'exécution des condamnations prononcées par les tribunaux de répression avait
lieu contre toutes personnes, même les mineurs (3) et les
femmes (4).

Mais, d'après la loi nouvelle, la contrainte n'a plus lieu de
droit et ne peut même être prononcée (5) contre les individus
âgés de moins de 16 ans accomplis à l'époque des faits qui
ont motivé la poursuite.

En outre, la loi de 1848 avait introduit des restrictions en
faveur des septuagénaires. Les deux premiers paragraphes
de son art. 9 disposaient en ces termes : « Si le débiteur a
« commencé sa 70e année avant le jugement, la contrainte
« par corps sera déterminée dans la limite de trois mois à
« trois ans. S'il a atteint sa 70e année avant d'être écroué

---

(1) Toulouse, 29 fév. 1832, S. 32.2.389; MM. Coin-Delisle, n° 30;
Troplong, n° 216; *Contrà*, Pigeau, t. 1, p. 325; Chauveau sur Carré,
quest. 539 ; Arg. d'un arrêt de rejet, 18 fév. 1839, S. 447, et Cass.,
14 août 1867, S 401.
(2) M. Troplong, n° 217; M. Boncenne, t. 2, p. 540.
(3) M. Troplong, n° 273 ; Cass., 27 juin 1835, D. 434. Mais seulement
si le mineur était condamné à une peine; il en était autrement en cas
d'acquittement.
(4) Rej., 31 mai 1816, Dalloz, *Obligat.*, p. 782, n° 12; Arg. d'un arrêt de rejet du 14 déc. 1839, S. 40.1.147; Chauveau et Carré, *Sur l'art.*
126, *C. proc.*, 531e quest.; L. 17 avr. 1832, art. 19 et 21.
(5) L. 22 juill. 1867, art. 13. — Comparez L. 13 déc. 1848, art. 9.

I. 13

« ou pendant son emprisonnement, la durée de la contrainte
« sera, de plein droit, réduite à la moitié du temps qui res-
« tera à courir (1). »

L'article 14 de la loi de 1867 étend ces dispositions aux
sexagénaires. « Si le débiteur a commencé sa soixantième
« année, la contrainte par corps est réduite à la moitié de la
« durée fixée par le jugement. »

Cette rédaction est moins claire que celle de la loi de 1848.
Mais il en résulte, à notre avis, que si le débiteur a déjà
commencé sa soixantième année au moment de la condamnation, la contrainte doit s'exercer telle qu'elle est fixée par
la décision. Sa durée est aujourd'hui limitée à un temps assez court, et le juge peut se mouvoir entre un minimum et
un maximum déterminés par les art. 9 et 10 de la loi actuelle, maximum plus court encore que celui fixé par la loi
de 1848. — La réduction établie par l'art. 14 de la loi de
1867 n'a donc sa raison d'être qu'autant que le débiteur
commence sa soixantième année après le jugement.

201 *bis*. Aux termes de la Constitution de 1848 (art. 36)
et de la loi du 22 janvier 1851 (art. 1), la contrainte peut
être prononcée suivant les règles ordinaires, mais elle ne
peut jamais être mise à exécution contre les représentants
du peuple sans l'autorisation de l'Assemblée.

Cette autorisation est nécessaire, non-seulement en matière civile et commerciale, mais en matière criminelle et
correctionnelle, bien que la contrainte ait été prononcée
par un jugement rendu en vertu de poursuites autorisées par
l'assemblée, conformément à l'art. 37 de la Constitution.

En effet, la commission de l'Assemblée législative a formellement rejeté la partie de la proposition, devenue la loi
du 22 janvier 1851, qui déclarait inutile l'autorisation de
l'assemblée toutes les fois que la contrainte serait la conséquence d'un procès criminel dans lequel la condamnation
aux frais, amendes et dommages-intérêts serait la conséquence de poursuites autorisées préalablement par l'Assemblée. « La commission est-il dit, dans une note à la fin du
« rapport de M. Moulin (2), après avoir admis les deux prin-
« cipales dispositions de la proposition de M. Faultrier, n'a

---

(1) Comparez L. 17 avr. 1832, art. 40. Cet article ne s'appliquait
qu'aux condamnations supérieures à trois cents francs. V. aussi C. N.
2066.

(2) *Monit.* du 18 janv. 1851.

« pas cru devoir donner place dans son projet à l'art. 2 de
« cette proposition. Par des motifs tirés de la dignité parle-
« mentaire, elle a pensé que l'autorisation préalable devait
« être exigée dans le cas où la poursuite serait la conséquence
« d'un procès criminel ou correctionnel, précédemment au-
« torisé. »

Aussi l'art. 1er de la loi porte simplement : « *aucune* con-
« trainte par corps ne pourra être mise à exécution, etc. »

La demande en autorisation est adressée au président de
l'Assemblée. Elle doit être accompagnée de pièces justifica-
tives (1). C'est par le président qu'elle est soumise à la délibération de l'assemblée.

Mais cette loi subsiste-t-elle encore? Est-elle applicable
aux membres du Sénat et du Corps législatif?

L'art. 56 de la Constitution du 14 janvier 1852 déclare
formellement que « les dispositions des Codes, lois et règle-
« ments existants qui ne sont pas contraires à la présente
« Constitution, restent en vigueur jusqu'à ce qu'il y soit
« légalement dérogé. »

Or, l'on peut dire que la loi du 22 janvier 1851 n'a rien
d'incompatible avec la constitution nouvelle. Que cette immunité établie déjà en faveur des membres des assemblées
législatives par la Charte de 1814 (art. 34, 43 et 44) et celle
de 1830 (art. 28, 43 et 44), a pour but d'assurer l'indépendance du corps dans la personne de chacun de ses membres,
et de permettre à ceux-ci d'accomplir leur mandat d'une
manière complète; que les motifs de la loi conservent aujourd'hui toute leur valeur, et que, par conséquent, la loi
doit être observée jusqu'à ce qu'il y soit expressément dérogé.

Mais ce système est combattu par de puissantes objections.

L'affranchissement des règles ordinaires sur l'exercice de
la contrainte par corps à la suite de condamnations judiciaires ne doit pas être considéré comme nécessairement
attaché à la qualité de membre des assemblées législatives.

En ce qui concerne la dignité de ces corps et le besoin
d'assurer à leurs membres les moyens de remplir leur mandat en toute liberté, on a fait remarquer, avec juste raison,
qu'il n'y avait pas d'intérêt sérieux engagé. Le premier devoir d'un homme public, c'est d'accomplir les obligations que
la loi impose à tous les citoyens; et la déconsidération s'at-

(1) L. du 22 janv. 1851, art. 2.

tache aussi bien à ceux qui cherchent à s'y soustraire en invoquant un privilége exorbitant, qu'à ceux qui se laissent contraindre par les voies rigoureuses autorisées par la loi contre les débiteurs récalcitrants.

Si l'on invoque l'intérêt du pays, on doit répondre que sa confiance ne s'adresse pas à des hommes qui ont encouru l'application d'une loi pénale, qui n'exécutent pas de bonne foi leurs engagements privés ou qui du moins ne savent pas apporter l'ordre dans leurs affaires personnelles (1).

Si l'on parle de l'indépendance absolue dont le pouvoir législatif doit jouir à l'égard du pouvoir exécutif, indépendance à laquelle on pourrait craindre qu'il ne fût porté quelquefois atteinte par des voies détournées, nous dirons que ce n'est point par une immunité du genre de celle dont il s'agit que l'on mettrait un obstacle sérieux à des entreprises illégales qui seraient de véritables attaques au pacte fondamental.

La séparation des pouvoirs depuis 1789 a toujours été reconnue en principe. Cependant les constitutions qui se sont succédé depuis cette époque n'ont pas toutes admis le privilége dont il s'agit. Un décret de l'Assemblée constituante, du 7 juillet 1790, déclare qu'il n'appartient à aucun de ses représentants de s'en prévaloir. La Constitution de l'an III exigeait une autorisation préalable pour l'autorisation et la mise en jugement en matière criminelle.

Art. 112. « Les membres du Corps législatif peuvent, « pour faits criminels, être saisis en flagrant délit ; mais il « en est donné avis, sans délai, au Corps législatif, et la « poursuite ne pourra être continuée qu'après que le conseil « des Cinq-Cents aura proposé la mise en jugement, et que « le conseil des Anciens l'aura décrétée. »

Art. 113. « Hors le cas de flagrant délit, les membres du « Corps législatif ne peuvent être amenés devant les officiers « de police, ni mis en état d'arrestation, avant que le con- « seil des Cinq-Cents ait proposé la mise en jugement et « que le conseil des Anciens l'ait décrétée »

Elle ne statuait rien quant à l'exercice de la contrainte résultant de jugements légalement obtenus, ce qui laissait au droit commun tout son empire sous ce rappport.

La Constitution de l'an VIII et la Constitution impériale du 28 floréal an XII étaient également muettes sur ce point. Suivant la première, les membres du Sénat et du Corps lé-

---

(1) M. Troplong, *Contr. par corps*, nos 23 et 380.

gislatif, coupables de délits personnels emportant peine afflictive ou infamante, devaient être poursuivis devant les tribunaux ordinaires, après qu'une délibération du corps auquel le prévenu appartenait aurait autorisé la *poursuite* (1). La seconde établit simplement, en faveur des membres du Sénat, la juridiction spéciale de la Haute-Cour (2).

Enfin, les Chartes de 1814 et de 1830 avaient réglé, par des dispositions différentes, l'immunité des pairs de France et celle des députés.

Art. 29. « Aucun pair ne peut être arrêté que de l'auto-« rité de la Chambre et jugé que par elle en matière crimi-« nelle. »

Art. 43. « Aucune contrainte par corps ne peut être « exercée contre un membre de la Chambre des députés « pendant la session, et dans les six semaines qui l'auront « précédée et suivie. »

Art. 44. « Aucun membre de la Chambre ne peut, pen-« dant la durée de la session, être poursuivi ni arrêté en « matière criminelle, sauf le cas de flagrant délit, qu'après « que la Chambre a permis sa poursuite. »

La Constitution de 1848 concentra la souveraineté dans une assemblée permanente. L'inviolabilité du représentant fut posée en principe absolu (art. 36). De là les dispositions réglementaires renfermées, soit dans l'art. 37 de cette Constitution, sur l'arrestation préventive au cas de flagrant délit ou en dehors de ce cas et sur le mode de poursuivre ; soit dans la loi du 22 janvier 1851 sur l'exercice de la contrainte en exécution de jugements légalement obtenus.

Or, la Constitution de 1848 a été remplacée par une autre, dont les bases sont différentes. La souveraineté ne réside plus uniquement dans les assemblées ; les sessions ne sont plus permanentes (3). Il y a tout un nouveau système que ne domine plus, au même degré et de la même manière, le principe émis dans l'art. 36 de la Constitution de 1848. Les dispositions réglementaires au moyen desquelles le principe était organisé sont tombées avec l'édifice auquel elles se rattachaient.

Remarquez, d'ailleurs, que ces dispositions ne peuvent être appliquées intégralement dans les hypothèses nouvelles

---

(1) Constit. du 22 frim. an 8, art. 70.
(2) Art. 101.
(3) V. les art. 4, 14 et 46 de la Constitution du 14 janv. 1852.

qui se présenteraient maintenant. Les sessions n'étant plus permanentes, l'immunité ne pourrait être absolue. Mais dans quelles limites serait-elle maintenue? C'est une question qui ne peut être résolue que par une loi nouvelle.

Ce qui nous paraît le plus certain, en présence des modifications survenues dans nos institutions, c'est que les membres du Corps législatif sont rentrés en 1852 sous l'empire du droit commun en ce qui concerne l'exécution des jugements obtenus contre eux.

202. D'après les art. 19, 21 et 41 de la loi de 1832, la contrainte par corps ne devait jamais être prononcée ni exécutée contre le condamné, au profit : 1° de son mari ni de sa femme ; 2° de ses ascendants, descendants, frères ou sœurs, ou alliés au même degré ; elle ne devait jamais être exécutée contre le mari et la femme simultanément pour la même dette.

La loi du 13 décembre 1848 étendit ces dispositions favorables (art. 10). — La loi de 1867 y ajoute encore et dispose art. 15 :

« Elle ne peut être prononcée ou exercée contre le débi-
« teur au profit : 1° de son conjoint; 2° de ses ascendants,
« descendants, frères ou sœurs; 3° de son oncle ou de sa
« tante, de son grand-oncle ou de sa grand'tante, de son
« neveu ou de sa nièce, de son petit-neveu ou de sa petite-
« nièce, ni de ses alliés au même degré. »

Art. 16. « La contrainte par corps ne peut être exercée
« simultanément contre le mari et contre la femme, même
« pour des dettes différentes. »

202 *bis*. Enfin, l'art. 17, reproduisant l'art. 11 de la loi de 1848, ajoute : « Les tribunaux peuvent, dans l'intérêt des
« enfants mineurs du débiteur, et par le jugement de con-
« damnation, surseoir, pendant une année au plus, à l'éxé-
« cution de la contrainte par corps. »

203. Dans tous les cas où la contrainte par corps est prononcée au profit des particuliers, l'exécution doit se concilier avec les dispositions du Code de commerce qui déterminent les cas où, dans l'intérêt de la masse des créanciers, le failli est admis à jouir de sa liberté. Ainsi, d'après les art. 455 et 456 de ce Code, après que le tribunal a ordonné le dépôt de la personne du failli dans la maison d'arrêt pour dettes, il ne peut être reçu contre le failli d'écrou ni recommandation pour aucune espèce de dettes.

Il doit en être de même si le tribunal l'a affranchi de la

garde de sa personne. Car l'objet principal de la contrainte par corps, qui est d'arriver à la connaissance des ressources cachées du débiteur, n'existe plus à l'égard du failli qui se trouve dessaisi de l'administration de ses biens (1). Du moins, l'utilité de cette mesure, dans l'intérêt général des créanciers, est laissée à l'appréciation du juge-commissaire et du tribunal. Donc, quand même la condamnation aux dommages-intérêts résulterait d'une poursuite criminelle intentée après la faillite, l'exercice de la contrainte par corps au profit des parties civiles serait toujours subordonné aux intérêts de la masse et aux dispositions prises, eu égard à ces intérêts, vis-à-vis de la personne du failli (2).

Mais en ce qui concerne les amendes, la contrainte affectant dans une certaine mesure un caractère pénal, devenant à l'égard des insolvables un complément de répression, à défaut duquel la condamnation serait souvent illusoire(3), on ne voit pas pourquoi elle cesserait de s'exercer par cela seul que le failli aurait été laissé en liberté. L'art. 456 C. comm., crée pour les tribunaux une faculté qui n'a trait qu'à la situation commerciale du failli. Mais les condamnations qu'il aurait encourues au criminel touchent à l'ordre public et doivent être exécutées par toutes les voies de droit (4). — Seulement l'emprisonnement ne doit pas s'exercer avant que la liquidation de la faillite soit terminée (C. comm. 537) et que l'on ait pu savoir si les condamnations envers le Trésor peuvent être ou non acquittées sur l'actif. — Jusque-là le failli étant dessaisi de l'administration de ses biens, il serait injuste de le faire détenir pour une dette qu'il ne peut alors personnellement payer et qui peut l'être plus tard au moyen d'une des répartitions à faire par les syndics.

204. Maintenant quelle sera la durée de la contrainte ?

Dans l'ancien droit, elle subsistait jusqu'au paiement. Sous l'empire du décret des 19-22 juillet 1791, il en était de même quand la condamnation était encourue pour crime. S'il

---

(1) M. Renouard, *Traité des faillites*, t. 1, p. 403, 2e édit.
(2) Rej., 9 mai 1846, S. 844 ; Paris, 12 oct. 1837, S. 38.2.429 ; Nancy, 11 nov. 1845, S. 46.2.417 ; M. Pardessus, t. 5, p. 111, n° 1145.
(3) Nous reviendrons sur ce point *infrà*, nos 205 et 212, 7° et nous établirons que tel est réellement l'un des caractères de la contrainte par corps.
(4) Cons. les motifs de l'arrêt de Paris du 12 oct. 1837, S. 38.2.429. *Conf.*, Esnault, *Tr. des Faillites*, t. 2, n° 542 ; Pardessus, t. 5, p. 111.

s'agissait d'un délit ou d'une contravention de police (1) et que le condamné fût insolvable, elle ne durait qu'un mois.

Dans la discussion du Code pénal il fut admis, en principe, que quand la condamnation était prononcée au profit de l'Etat, la contrainte devait avoir un terme, si l'insolvabilité était prouvée (2). C'est ce qui a été formulé, dans l'art. 53, en ces termes : « Lorsque des amendes et des frais seront pro-« noncés au profit de l'Etat, si, après l'expiration de la peine « afflictive ou infamante, l'emprisonnement du condamné, « pour l'acquit de ces condamnations pécuniaires, a duré « une année complète, il pourra, sur la preuve acquise par « les voies de droit de son insolvabilité, obtenir sa liberté « provisoire. La durée de l'emprisonnement sera réduite à « six mois s'il s'agit d'un délit, sauf, dans tous les cas, à re-« prendre la contrainte par corps s'il survient au condamné « quelque moyen de solvabilité. » De même l'art. 467 : « La « contrainte par corps a lieu pour le paiement de l'amende ; « néanmoins le condamné ne pourra être, pour cet objet, dé-« tenu plus de quinze jours s'il justifie de son insolvabilité. »

A l'égard des condamnations prononcées au profit des parties civiles, des simples particuliers, le Code maintenait le principe de la contrainte illimitée. C'est ce qui résultait de son silence même (3).

205. La loi du 17 avril 1832 est venu modifier et adoucir ces dispositions.

En ce qui concerne les condamnations au profit de l'Etat, l'art. 34 autorise le débiteur à se faire mettre en liberté, dans tous les cas, en fournissant une caution, qui doit être admise par le receveur des domaines, ou, en cas de contestation, dé-clarée bonne et valable par le tribunal civil de l'arrondisse-ment. La caution devra s'exécuter dans le mois.

Puis, d'après l'art. 35, combiné avec l'art. 40, le débiteur peut encore se faire mettre en liberté en justifiant de son in-solvabilité, si la dette n'excède pas 300 francs. La contrainte cesse alors, après des délais dont le maximum est réduit à trois mois par l'art. 8 de la loi du 13 décembre 1848. La con-trainte qui a cessé par suite d'insolvabilité constatée peut être reprise, mais une seule fois, quant aux restitutions, dom-mages-intérêts et frais seulement, s'il est jugé contradictoire-

---

(1) Tit. 1, art. 27 ; tit. 2, art. 41.
(2) Locré, t. 29, p. 27 et 183.
(3) M. Troplong, n° 47. Voy. aussi l'art. 469.

ment avec le débiteur qu'il lui est survenu des moyens de solvabilité (art. 36).

Si l'insolvabilité n'est pas constatée, l'emprisonnement
est porté au double (L. 13 déc. 1848, art. 8).

Dans tous les cas, ajoute l'art. 40, et quand bien même
l'insolvabilité pourrait être constatée, si la condamnation s'é-
lève à trois cents francs, la durée de la contrainte sera déterminée par le jugement de condamnation, dans les limites
d'un an au moins à dix ans au plus. Et le condamné n'est pas
tenu, pour obtenir sa mise en liberté, à l'expiration du délai,
de justifier de son insolvabilité (1).

Dans ce dernier cas, aussi, il ne paraît pas que la contrainte
puisse être reprise, quand même il surviendrait au condamné
de nouveaux moyens d'existence. Les juges ont dû apprécier,
eu égard au délit, à l'importance de la somme, au caractère
de l'individu, à ses ressources présumées, quel est le temps
d'épreuve nécessaire pour s'assurer que s'il ne paie pas ce
n'est point par mauvaise volonté. D'un autre côté, la durée de
la contrainte est une sorte de compensation au défaut de solvabilité, puisque, d'après l'art. 40, elle reste la même dans
tous les cas, encore bien que l'insolvabilité du débiteur pût
être constatée. Il suit de là qu'en subissant la contrainte pendant l'espace déterminé par le jugement, le condamné a
réellement acquis sa libération, et ne peut plus être recherché
pour la même cause.

206. A l'égard des condamnations prononcées au profit des
particuliers, le système de la loi est à peu près le même.

Si la condamnation n'exède pas 300 francs, le débiteur
peut, conformément à l'art. 34, se faire mettre en liberté en
fournissant une caution dont la validité est jugée contradictoirement avec le créancier (L. du 17 avril 1832, art. 39).

Si le condamné justifie de son insolvabilité, l'art. 35 est
applicable (Même article. L. du 13 décembre 1848, art. 8,
§ 2). En cas de contestation l'insolvabilité est également justifiée devant les tribunaux.

Si le débiteur ne justifie pas de son insolvabilité, l'emprisonnement sera double de ce qu'il aurait été dans l'hypothèse
contraire, d'après l'art. 35 de la loi de 1832, modifié par le

---

(1) Cass., 24 janv. 1835, *Journ. du droit crim.*, p. 24. Voy. le réquisitoire de M. Parant qui avait été rapporteur de la loi à la Chambre
des députés.

premier paragraphe de l'art. 8 de la loi de 1848 (L. du 13 décembre 1848, art. 8, § 3).

Si la condamnation excède 300 francs, les limites sont de un an au moins à dix ans au plus, d'après la loi de 1832 (1) ; mais la loi de 1848 a fixé ces limites à six mois au minimum et cinq ans au maximum (2). Le débiteur peut encore se faire mettre en liberté en fournissant caution ; mais la condamnation ne peut plus être abrégée par la justification de l'insolvabilité (3).

207. La loi du 22 juillet 1867 a simplifié ce système. Elle n'a qu'une règle pour toutes les condamnations quelle que soit leur cause, amendes, dommages-intérêts ou frais.

L'art. 9 porte sans aucune distinction :

« La durée de la contrainte par corps est réglée ainsi qu'il suit :

« De deux jours à vingt jours lorsque l'amende et les « autres condamnations n'excèdent pas 50 francs (4).

« De vingt jours à quarante jours lorsqu'elles sont supé-« rieures à 50 fr. et qu'elles n'excèdent pas 100 fr.

« De quarante jours à soixante jours lorsqu'elles sont supé-« rieures à 100 fr. et qu'elles n'excèdent pas 200 fr.

« De deux mois à quatre mois lorsqu'elles sont supéricures « à 200 fr. et qu'elles n'excèdent pas 500 fr.

« De quatre mois à huit mois, lorsqu'elles sont supé-« rieures à 500 fr. et qu'elles n'excèdent pas 2000 fr.

« De un an à deux ans lorsqu'elles s'élèvent à plus de « 2000 fr. »

En matière de simple police « la durée de la contrainte par corps ne pourra excéder cinq jours », la peine d'emprisonnement elle-même, en cette matière, ne dépassant pas ce délai.

L'art. 10 prévoit le cas d'insolvabilité, quand elle est constatée, conformément à l'art. 420 C. inst. crim. La contrainte est réduite à la moitié de la durée fixée par le jugement.

207 bis. Le titre XIII du Code forestier (art. 211 à 214)

---

(1) Art. 40 combiné avec l'art. 7 ; M. Troplong, n° 48, in fine.
(2) Art. 12.—V. n° 208.
(3) M. Troplong, n° 52 ; Conclusions de M. Parant devant la Cour de cassation, Dalloz, 35.1.108.
(4) Remarquez que le montant de l'amende qui sert de base à la durée de la contrainte doit être calculé en y comprenant le décime et le double décime. Lois des 6 prair. an 7, art. 1 et 2 et du 14 juill. 1855, art. 14 ; Cass., 27 août 1868, S. 68.1.419, et Nancy, 17 nov. 1868, S. 69.2.3. — Contrà, Lyon, 14 mars 1870, S. 70.2.114.

et le titre 7 de la loi du 15 avril 1829 (art. 77 à 80), sur la pêche fluviale, renfermaient des dispositions analogues mais plus rigoureuses que celles des art. 9 et 10 de la nouvelle loi. — Celle-ci les maintient en principe, par son art. 18, mais en réduisant la durée de l'emprisonnement aux limites qu'elle adopte. — Elle ajoute qu'en matière forestière et de pêche, lorsque le débiteur ne fait pas les justifications prescrites par l'art. 420 C. d'inst. crim. pour établir qu'il est insolvable, la durée de la contrainte par corps sera fixée par le jugement dans les limites de 8 jours à 6 mois. La loi de 1867 comble ainsi une lacune regrettable, car sous l'empire des art. 212 C. forest. et 78 de la loi sur la pêche, la contrainte en ce cas était illimitée.

208. Comme on le voit, les tribunaux doivent déterminer dans chaque affaire la durée de la contrainte d'après le montant de la condamnation qu'ils prononcent, et dans les limites fixées par l'art. 9.

Sous la loi de 1832, quand les condamnations excédaient 300 fr. il en était de même, et le jugement qui omettait cette fixation devait être cassé *parte in quâ* (1).

Cette jurisprudence devra être appliquée sous la loi nouvelle. (Paris, 2 fév. 1870, D. 70.2.94.)

Il a en outre été jugé que si le jugement ou l'arrêt prononçant la contrainte par corps avait omis de fixer sa durée dans les cas où il devait la déterminer et que la décision étant passée en force de chose jugée ne fût plus attaquable, on pouvait se pourvoir devant le tribunal ou la Cour qui avait statué pour obtenir cette fixation (2). C'était là en effet une difficulté d'exécution sur laquelle il appartenait au juge qui avait rendu la sentence principale de statuer (C. proc. 472).

Ces décisions doivent être également suivies en ce qui concerne l'application de la loi de 1867.

208 *bis.* — Quand la condamnation pénale est la mort ou une peine qui ne doit finir qu'avec la vie comme les travaux forcés à perpétuité ou la déportation, y a-t-il lieu de fixer la durée de la contrainte par corps ?

---

(1) Cass., 6 avril, 11 mai, 27 juill. 1848, D. 51.5.121, n° 6 *bis*; 6 sept. et 1er déc. 1855, *Bull. crim.*, n°s 313 et 383 ; 13 juin 1861, D. 61.1.359 ; *Th. C. pén.*, 4° éd., t. 1, p. 297. On renvoyait en ce cas devant un autre tribunal pour statuer sur la durée de la contrainte.

(2) Rej., 14 mai 1836, D. 40.1.347, S. 36.1.829; 12 juin 1857, D. 371; 29 juin 1859, D. 301.—*Conf.*, Troplong, C. p. corps, n° 442 ; Faustin Hélie, *Th. C. pén.*, 4° éd., t. 1, p. 297.

La Cour de cassation avait décidé l'affirmative par arrêt du 20 mars 1835 (1). — Depuis, elle a constamment jugé le contraire : « Attendu que c'est seulement au cas de condam-« nation à une peine temporaire qu'il y a lieu de fixer la du-« rée de la contrainte par corps (2) ; — Que cette fixation « est *inconciliable* avec les peines perpétuelles et qu'il « n'appartenait pas à la Cour d'assises de prévoir le cas de « commutation de peine et à l'aide de cette supposition de « s'attribuer un *pouvoir que la loi ne lui reconnaît pas*(3).»

Ces motifs ne nous satisfont point. Pourquoi le condamné à mort ou aux travaux forcés à perpétuité dont la peine est commuée en celle de dix ou vingt ans de travaux forcés, et qui reste débiteur des frais serait-il affranchi de la contrainte, alors qu'il y eût été soumis si la Cour d'assises l'eût condamné de prime abord à cette peine temporaire ?

Condamné plus sévèrement quant à la peine corporelle, il sera donc traité plus favorablement quant à l'amende due à l'Etat et quant aux condamnations civiles obtenues par la partie lésée !

Dira-t-on que la fixation de la contrainte aura lieu ultérieurement le cas échéant ?

Mais à qui la demander ? — La Cour d'assises qui a prononcé l'arrêt n'existe plus ordinairement quand survient la décision gracieuse, et nous ne voyons aucune loi qui autorise une autre Cour à statuer sur la peine, à connaître de l'exécution du premier arrêt.

N'est-il pas plus rationnel, n'est-il pas légal de prévoir le cas de commutation de peine, et aussi celui où le condamné ayant réussi à s'évader viendrait à prescrire sa peine ?

Une telle supposition, dit la Cour de cassation, ne peut être admise ; la Cour d'assises s'attribuerait, en statuant ainsi, « un pouvoir que la loi ne lui reconnaît pas. »

Nous voyons au contraire que la loi prescrit sans aucune distinction de fixer cette durée. L'art. 40 de la loi de 1832 portait : « dans tous les cas,.... si la condamnation s'élève à « 300 fr.,.... la durée de la contrainte sera déterminée par « le jugement de condamnation. »

---

(1) Dalloz, v° *Contr. par corps*, n° 696.
(2) Cass., 13 juin 1859, D. 61.5.112 ; Cass., 7 nov. 1861, *Bull. cr.*, n° 219. — V. encore Dall., *Contr. par corps*, n° 693 ; il cite de très-nombreux arrêts.
(3) Dall., *Contr. par corps*, n° 694, aff. Desforges.

Et il est certain que ceci s'appliquait aux arrêts des Cours d'assises sans que la loi eût exclu en aucune façon ceux qui condamnaient à des peines perpétuelles.

La loi du 22 juillet 1867 est aussi formelle dans son art. 9 et ne fait pas davantage de distinction à cet égard.

Cet fixation, dit encore la Cour suprême, est *inconciliable* avec une peine perpétuelle! Oui, sans doute, en tant que cette peine s'exécute. Mais quel est le texte qui interdit aux juges de prévoir le cas où elle ne s'exécuterait pas et de régler par avance, dans cette vue, la durée de la contrainte qui alors doit s'exercer? Nous n'en connaissons pas; et quant à une raison juridique, nous n'en apercevons aucune.

On ne peut même invoquer l'état d'interdiction légale dans lequel se trouve le condamné (C. pén., art. 34), car cet état cesse avec l'expiration de la peine (1), et ce n'est qu'à ce moment qu'il peut y avoir lieu d'exercer la contrainte, si les biens que possédait le condamné au moment de son arrêt n'ont pas été employés à acquitter cette dette ou se sont trouvés insuffisants et si, d'ailleurs, la prescription des condamnations pécuniaires a été interrompue par qui de droit.

209. On vient de voir que l'art. 9 règle la durée de la contrainte d'après le montant des condamnations.

En ce qui concerne les jugements où il n'y a pas partie civile, ce mot ne comprend que l'amende et les restitutions qui sont prononcées dans certains cas, par exemple, pour délits forestiers.

Quand il y a intervention d'une personne privée comme partie civile, les condamnations garanties par la contrainte comprennent aussi les *frais* (2).

L'art. 9 a incontestablement en vue les frais liquidés par le jugement, et ceux qui sont une conséquence nécessaire de sa prononciation, tels que l'enregistrement et le timbre de la minute.

Quant aux frais de mise à exécution, tels que l'expédition, la signification, le commandement, le droit de capture (3), doivent-ils rentrer dans le calcul de la somme de 50 fr., de 100 fr. etc., qui sert de base à la durée de la contrainte?

Cette question avait un intérêt plus grand sous l'empire de la loi de 1832 et au point de vue de savoir, en cas d'in-

(1) *Th. C. pén.*, 4e éd., t. 1, p. 166.
(2) V. n° 200 *bis. Conf.*, Paris, 15 mai 1868, D. 68.2.233.
(3) Décr. 7 avril 1813, art. 6.

solvabilité du condamné, pendant combien de temps il devait être détenu.

L'article 35 de cette loi déterminait lui-même, et sans que les juges eussent à le faire, la durée de l'emprisonnement, d'après le montant des condamnations, et la difficulté se présentait directement aux magistrats du parquet, chargés de la mise à exécution.

Nous avons examiné ce point de droit sous l'empire de la législation de 1832 (1).

Puisque la loi fait dépendre la durée de la contrainte du chiffre des condamnations, il est manifeste, disions-nous, que ce chiffre doit apparaître dans le jugement lui-même (2).

D'abord, n'est-ce pas l'idée la plus rationnelle, que de rattacher la durée de la contrainte à des éléments fixes, qui sont déterminés au moment de la rédaction et de la signature du jugement, c'est-à-dire à l'instant où il se formule d'une manière authentique, complète et définitive? n'est-ce pas plus naturel et plus sage que de la faire dépendre d'éléments incertains, éventuels, tenant à des circonstances postérieures à la condamnation, comme les frais de signification et de capture, par exemple?

Tel est en effet le système de la loi ; nous allons le voir apparaître dans l'ensemble de ses dispositions.

L'art. 35 n'est pas seul dans la loi de 1832 : il ne prévoit qu'une des deux hypothèses qui peuvent se réaliser, celle d'une condamnation inférieure à 300 fr. Si la condamnation dépasse ce chiffre, aux termes de l'art. 40, le jugement doit fixer lui-même la durée de la contrainte dans les limites d'un à dix ans.

Il faut donc que le tribunal ait à sa disposition les éléments du chiffre dont dépend l'application de l'un ou l'autre article. La Cour suprême a cassé, par voie de retranchement, nombre d'arrêts où la Cour d'assises avait fixé la durée de la contrainte, conformément à l'art. 40 : « Attendu qu'il n'existe pas au profit de l'Etat, de condamnation à l'amende, ni de liquidation de frais au-dessus de 300 fr. » (Cass., 2 août 1838 ; Bull., n° 255); Ou bien encore : « Attendu qu'il n'existe contre L... aucune liquidation de dépens, dans l'arrêt attaqué, et qu'il n'a été prononcé contre lui qu'une amende de

_____

(1) Voir notre dissertation, *Revue crit. de législ.*, t. 16 (1860), p. 335 et suiv.
(2) *Ibid.*, p. 340.

100 fr. » (Cass., 31 décembre 1835, et 3 août 1838. *Bull.*, n°ˢ 478 et 259).

Réciproquement, la Cour annule invariablement les arrêts qui n'ont pas fixé la durée de la contrainte, alors qu'il résulte de leurs énonciations que les condamnations s'élèvent, tant pour l'amende que pour les frais, à 300 fr. et au-dessus.

S'il y a partie civile en cause, les dommages-intérêts et les dépens qui lui sont adjugés servent aussi à déterminer le chiffre de 300 fr., dont nous parlons (art. 39 et 40).

Or, nous le demandons, comment attacher au mot *condamnations*, dans l'art. 35, un sens différent de celui qu'il a dans les art. 39 et 40? Comment dire que, dans ces deux derniers, il signifie l'amende et les frais de procès *liquidés* par le jugement, et que, dans le premier, il signifie encore les frais du procès, mais *augmentés* de ceux qu'entraîne la mise à exécution?

Sans aucun doute, le jugement qui prononce une peine et condamne en même temps le prévenu aux frais, le soumet virtuellement à payer ceux de l'exécution, s'il les rend nécessaires. Mais cette dernière partie des frais est, au moment de la condamnation, éventuelle et indéterminée : or, c'est un principe général en matière de contrainte par corps qu'elle ne soit prononcée que pour une somme certaine, fixée par le jugement. Ce principe est inscrit de la manière la plus formelle dans les art. 2065, C. Nap., et 126, C. proc. civ., puisqu'ils déclarent que la contrainte n'aura lieu que pour une somme de 300 fr. au moins. Il est reproduit en matière commerciale par l'art. 1ᵉʳ de la loi du 17 avril 1832, sauf l'abaissement du chiffre de 300 à 200 fr., puis par l'art. 14, en ce qui concerne les étrangers, enfin par l'art. 13, en ce qui concerne les comptables publics. Ainsi, pour ces diverses natures d'obligations, le législateur a voulu faire dépendre l'exercice même de la contrainte de l'importance de la condamnation, telle qu'elle est prononcée par le jugement. Si donc, en ces mêmes matières, il a voulu faire dépendre la *durée* de l'emprisonnement du chiffre plus ou moins élevé de cette condamnation, il a dû la considérer aussi dans ses éléments fixes et invariables inscrits dans le jugement. C'est, en effet, ce qu'il a établi avec une évidence palpable dans les art. 5, 7, 13 et 17 de la même loi.

L'art. 5 dit que l'emprisonnement cessera après un an, lorsque le montant de la condamnation *principale* ne s'élè-

vera pas à 500 fr. ; après deux ans, lorsqu'il ne s'élèvera pas
à 1000 fr. etc. L'art. 17 emploie des expressions identiques. Ainsi, ni les dépens, ni même les intérêts, ne sont
pris en considération dans les cas prévus par ces deux
articles.

Les art. 7 et 13, relatifs à la contrainte en matière civile
ordinaire et à celle qui s'exerce contre les comptables publics, disposent que la durée en sera fixée par le jugement
de condamnation, dans les limites d'un à dix ans. Ici, la loi
permet de cumuler le principal avec les accessoires. Mais, il
faut toujours que l'un, aussi bien que les autres, soient dus
au moment du jugement, et forment une somme déterminée
à laquelle s'applique la condamnation, car si cette condamnation était inférieure à 300 fr., la contrainte n'aurait pas
lieu.

Voilà pourquoi, dans tous les cas où la contrainte est exécutoire sans jugement, par exemple lorsqu'il s'agit d'une
caution judiciaire, contraignable en vertu de sa soumission
faite au greffe (C. proc., 519), le créancier doit obtenir un
jugement spécial pour fixer le temps de l'emprisonnement, et
l'incarcération ne pourrait avoir lieu sans ce préalable.

Le système général et invariable du législateur ressort
donc on ne peut plus clairement de ces dispositions, diverses
quant à leur objet et identiques dans leur principe fondamental. On n'a rien voulu laisser à l'arbitraire, au contin-
gent, à l'indéterminé, quant à la fixation de la durée de la
contrainte par corps. Cette fixation est faite, soit par la
loi, soit par le juge, au moment même où il prononce la
contrainte par corps, et toujours d'après le chiffre de la condamnation inscrite dans le jugement.

Mais ce système, si bien établi pour les matières civiles et
commerciales, a-t-il été mis en oubli dans les matières criminelles? En passant au titre 5 de la loi du 17 avril 1832,
ses rédacteurs sont-ils tombés dans les inconvénients qu'ils
avaient si soigneusement écartés par les dispositions inscrites
aux titres précédents?

Cela n'est pas un instant supposable. L'art. 35 établit
une échelle de progression, semblable à celle des art. 5 et
17, pour les dettes inférieures à 300 fr.

Quant à celles qui s'élèvent à 300 fr. et au dessus, l'art.
40 renvoie à l'art. 7. Toutes ces dispositions sont donc conçues dans le même esprit : la pensée qui les domine est nécessairement la même. Le doute à cet égard n'est pas per-

mis en présence du simple rapprochement des textes : et si les dispositions d'une loi, comme celles d'un contrat, s'interprètent les unes par les autres, nous croyons pouvoir dire avec assurance que la démonstration de notre proposition est achevée.

Cette solution présente encore quelque intérêt au point de vue de la loi actuelle.

Il en résulte que le juge, en déterminant la durée de la contrainte comme il est appelé à le faire maintenant dans tous les cas, ne devra prendre en considération, outre les dommages-intérêts, que les frais liquidés par le jugement ou qui en sont, comme nous le disons plus haut, la conséquence inévitable.

Quant aux frais *éventuels* de mise à exécution, la loi de 1867, encore plus libérale que l'ancienne, ne la fait pas davantage entrer dans ses calculs et nos raisons conservent par conséquent toute leur force.

209 *bis.* Est-ce à dire que la contrainte par corps restera sans influence aucune, comme moyen de coercition, sur le paiement de ces frais accessoires postérieurs au jugement de condamnation et qui, selon nous, ne doivent pas entrer en ligne de compte pour supputer le temps légal que doit durer l'emprisonnement ? — Bien loin de là ! Elle est appelée souvent à sanctionner d'une manière très-énergique l'obligation de payer les frais qui pèsent toujours sur le condamné.

On devra faire ici la distinction qui avait lieu sous la législation antérieure en matière civile. En effet, aux termes de l'art. 7 de la loi de 1832, le jugement de condamnation fixait la durée de la contrainte dans les limites d'un an à dix ans ; et, comme nous venons de le voir, il est incontestable ici que c'est uniquement de la condamnation principale que le juge devait se préoccuper.

Néanmoins, lorsque le débiteur voulait obtenir son élargissement *avant l'expiration du délai fixé*, il fallait qu'il remboursât non-seulement le montant de cette condamnation principale, mais les frais de capture et d'emprisonnement (C. proc., 798 et 800 ; — L. 17 avril 1832, art. 23 et 24). Il en était de même en matière criminelle, si le débiteur voulait obtenir son élargissement *avant l'expiration* du temps fixé par l'art. 35. Il devait payer intégralement les frais faits pour parvenir à l'exécution du jugement, qui devaient être d'ailleurs constatés par un nouvel exécutoire, le condamné n'étant forcé de payer que suivant la taxe (L. 17 avril 1832, art. 23).

Nous pensons qu'il en est de même aujourd'hui, parce que ces dispositions sont justes et n'ont rien de contraire à la loi nouvelle. On doit donc décider qu'elles ne sont pas comprises dans le nombre de celles dont l'art. 18, § 2, de cette loi prononce l'abrogation.

210. Quand plusieurs individus sont condamnés *solidairement* pour un même délit, la contrainte doit être fixée pour chacun d'eux d'après le montant total de la condamnation, puisque chacun est tenu de la totalité.

C'est ce que la Cour de cassation a constamment jugé sous l'empire de la loi de 1832 (1), et les raisons de le décider sont toujours les mêmes.

211. Chaque condamnation doit être envisagée séparément pour la détermination de la durée de la contrainte dans les termes de l'art. 9. — C'est-à-dire que si un individu est poursuivi successivement pour différents délits, le tribunal ne doit pas prendre en considération dans le second jugement les condamnations prononcées par le premier, pour élever d'autant cette durée.

Il en est, suivant nous, en matière criminelle, comme précédemment en matière civile; la position du débiteur, par rapport à la contrainte, doit être définitivement fixée par chaque sentence distincte (2). Il existe autant de dettes différentes que de condamnations. Or la durée de la contrainte est basée sur la quotité de chaque dette (3).

211 *bis*. Les individus qui ont subi la contrainte pendant le temps fixé par l'art. 9 ne peuvent plus être détenus ou arrêtés pour condamnations pécuniaires *antérieures*, à moins que les condamnations n'entraînent par leur quotité une contrainte plus longue que celle qu'ils ont subie et qui, dans ce dernier cas, leur est toujours comptée pour la durée de la nouvelle incarcération (art. 12).

---

(1) Cass., 20 mars 1835, D. 253; 14 mai et 16 juill. 1835, D. 280 et 398; 15 juin et 28 sept. 1837, D. 37.1.47 et 38.1.419; 3 fév. 1843, S. 655. *Conf.*, Angers, 16 mars 1868, D. 68.2.160, S. 68.2.315.

(2) MM. Coin-Delisle, *Contr. par corps*, p. 87; Dall., v° *Contr. par corps*, n° 492; Troplong, n°s 283, 284 et 425; Rouen, 3 mars 1854, D. 54.2.152.

(3) V. notre dissertation, *Revue critique*, t. 16 (1860), p. 345. Le juge peut ignorer les condamnations antérieures, et il n'est pas obligé de les rechercher.

Cette disposition est une extension de l'art. 27 de la loi de 1832 applicable seulement aux matières civiles et portant que le débiteur qui a obtenu son élargissement par l'expiration des délais déterminés par la loi, ne peut plus être arrêté pour dettes contractées avant son arrestation et échues au moment de l'élargissement, à moins qu'elles n'entraînassent une contrainte plus longue que celle qu'il avait subie.

Au contraire l'art. 36 de la même loi, applicable aux condamnations inférieures à 300 fr. en matière criminelle, déclarait que lorsque la contrainte aurait cessé par l'expiration des délais de l'art. 35, elle pourrait être reprise une fois, pour les dommages-intérêts et frais seulement (non pour l'amende) s'il était jugé contradictoirement avec le débiteur qu'il lui était survenu des moyens de solvabilité.

Cet article 36 est évidemment abrogé par l'art. 12 de la loi de 1867 (1).

La pensée de ce dernier article, ainsi que de l'ancien art. 27, est facile à saisir. On n'a pas voulu que le condamné chargé de plusieurs dettes, peut-être minimes, envers des personnes différentes, pût être forcé de passer sa vie dans les prisons. Du moment où l'incarcération pendant un temps donné (aujourd'hui 2 ans au maximum), était considérée comme suffisante pour vaincre l'obstination du débiteur ou satisfaire à la répression, il n'était pas possible d'admettre que, pour des condamnations distinctes, dont le paiement serait réclamé successivement, la durée de la contrainte devînt illimitée, ou que « par des recommandations habile-« ment échelonnées, il se vît retenu au moment où il croyait « toucher au seuil de la liberté (2). »

Si donc le débiteur qui a subi l'emprisonnement pour une de ces condamnations, a épuisé toute la durée que comporte la plus forte d'entre elles, il ne pourra plus être incarcéré, ou recommandé pour les autres. En vain un créancier attardé viendrait prétendre qu'il a ignoré l'incarcération, et n'a pas été mis à même de signifier au débiteur sa volonté d'être payé, et de l'y contraindre par l'emploi des moyens les plus rigoureux, si le jugement dont il est porteur n'entraîne pas une contrainte plus longue que celle déjà subie, le débiteur reste à l'abri d'un emprisonnement nouveau.

211 *ter*. En est-il de même si le débiteur est élargi avant

(1) V. d'ailleurs l'exposé des motifs.
(2) M. Troplong, n° 575.

le terme fixé par le jugement, faute de consignation d'aliments (art. 6 à 8, loi du 22 juillet 1867)?

Cette question semble tranchée par l'art. 8 de la nouvelle loi. Il porte en effet : « Le débiteur élargi faute de consi-« gnation d'aliments ne peut plus être incarcéré pour *la même dette.* »

Il résulte de ce texte qu'il peut l'être pour une autre dette. Seulement, on doit, à notre avis, imputer sur l'emprisonnement la durée de celui qui a déjà été subi. C'est rentrer dans l'esprit de l'art. 12, car l'analogie des deux situations est manifeste.

Mais on lit dans l'exposé des motifs que l'art. 12 s'applique « à tous les cas d'élargissement, soit que le temps normal « ait été épuisé, soit qu'il ait été réduit à moitié par une « constatation d'insolvabilité, soit que la mise en liberté ré-« sulte d'un défaut de consignation d'aliments, ou qu'elle « ait été obtenue en fournissant une caution (1) ».

Ce passage nous paraît renfermer une erreur. Il ne saurait prévaloir contre les textes formels des art. 8 et 12, qui sont très différents et ne peuvent avoir le même sens. Une assimilation entre les deux hypothèses serait d'ailleurs contraire à la raison.

Quand le débiteur a subi la plus longue durée de la contrainte, son insolvabilité est constatée légalement, ou du moins les voies de coaction autorisées contre lui sont épuisées.

Mais si, incarcéré à la requête d'un créancier, il est élargi de suite, ou au bout d'une période de 30 jours, faute de consignation d'aliments par ce créancier, comment ce fait pourrait-il empêcher le porteur d'un autre jugement d'exercer son droit en consignant? Que la loi punisse le premier de sa négligence, cela se conçoit : aussi l'art. 8 dit-il avec raison que le débiteur ne pourra plus être incarcéré *pour la même dette.* Mais à quoi bon ces mots : *pour la même dette,* si l'art. 12 devait étendre la même fin de non-recevoir aux autres? Dans le système de l'exposé, ces mots *pour la même dette,* n'auraient aucun sens, et l'art. 12 aurait abrogé immédiatement l'art. 8, ce qui serait absurde (2).

211 *quater.* Je fais la même observation pour le cas où le

(1) Dalloz, 1867, t. 4, p. 82, nᵒˢ 30 et 34.
(2) M. Duvergier, *Lois,* 1867, notes sur l'art. 12, accepte cependant ce passage de l'exposé sans observations.

débiteur s'est fait élargir en donnant caution pour une première dette.

Son insolvabilité n'est aucunement constatée, bien au contraire, puisqu'il trouve une autre personne qui consent à payer pour lui ; et d'autre part, il n'a pas satisfait à défaut d'argent par une détention de sa personne, pendant le temps fixé. Par conséquent un autre créancier doit pouvoir le poursuivre et le faire incarcérer. C'est bien ce que veut dire l'art. 12, car il suppose nécessairement que le débiteur a subi la contrainte et non pas qu'il a été élargi par un moyen équivalent à paiement.

212. Les formalités de l'emprisonnement sont déterminées par l'art. 3 de la loi de 1867.

Elles consistent dans un commandement préalable qui doit porter en tête un extrait du jugement de condamnation, s'il n'a été précédemment signifié au débiteur.

Sur le vu du commandement et sur la demande du receveur de l'enregistrement, le procureur impérial adresse les réquisitions nécessaires aux agents de la force publique et autres fonctionnaires chargés de l'exécution des mandements de justice. Si le débiteur est détenu, la recommandation peut être ordonnée immédiatement après la notification du commandement (1).

A l'égard des condamnations au profit des particuliers, l'art. 4 déclare que les arrêts et jugements qui les contiennent seront, à leur diligence, signifiés et exécutés suivant les mêmes formes que ceux rendus au profit de l'Etat (2).

212 bis. Seulement, lorsque la contrainte a lieu à la requête des particuliers, ils sont obligés de pourvoir aux aliments du détenu ; faute de provisions, celui-ci est mis en liberté.

La consignation doit être effectuée d'avance pour 30 jours au moins ; elle ne vaut que pour des périodes entières de 30 jours. Elle est, pour chaque période, de 45 fr. à Paris, et de 35 fr. dans les autres villes (3).

Lorsqu'il y a lieu à élargissement faute de consignation d'aliments, il suffit que la requête présentée au président du tribunal civil soit signée par le débiteur détenu et par le

(1) Comparez art. 33, loi de 1832.
(2) V. Loi de 1832, art. 38.
(3) V. art. 6 et comparez loi du 2 mai 1861.

gardien de la maison d'arrêt pour dettès, ou même certifiée véritable par le gardien, si le détenu ne sait pas signer.

Cette requête est présentée en duplicata. L'ordonnance du président, aussi rendue par duplicata, est exécutée sur l'une des minutes, qui reste entre les mains du gardien; l'autre minute est déposée au greffe du tribunal et enregistrée gratis (art. 7).

Le débiteur élargi faute de consignation d'aliments ne peut, comme nous l'avons déjà dit (n° 211 *bis*), être incarcéré de nouveau pour la même dette (art. 8).

212 *ter*. « Les condamnés contre lesquels la contrainte « a été prononcée peuvent en prévenir ou en faire cesser « l'effet, en fournissant une caution reconnue bonne et va- « lable. » La caution est admise, pour l'État, par le receveur des domaines; pour les particuliers, par la partie intéressée; en cas de contestation, elle est déclarée, s'il y a lieu, bonne et valable par le tribunal civil de l'arrondissement.

La caution doit s'exécuter dans le mois, à peine de poursuites (art. 11).

Ainsi, le débiteur peut aujourd'hui obtenir son élargissement et même prévenir l'emprisonnement, en fournissant caution (1). Mais remarquons, avec l'exposé des motifs, qu'il ne faut pas confondre « la caution offerte et la caution fournie. « La caution fournie est celle qui a été acceptée par le créan- « cier ou déclarée valable par le tribunal. Jusque-là, elle « est simplement offerte, et l'exécution corporelle n'est pas « suspendue. »

212 *quater*. La loi nouvelle n'autorisant pas la contrainte pour le paiement des *frais* dus à l'État, devait effacer les dispositions des lois antérieures relatives à cet objet. En conséquence, l'art. 18 déclare spécialement abrogés les art. 120 et 355, § 1, du Code d'inst. cr., 174 et 175 du décret du 18 juin 1811, en ce qui concerne la contrainte par corps.

Il abroge également d'une manière générale les autres dispositions des lois antérieures qui sont contraires à celle-ci.

Mais il maintient les divers articles du Code d'instruction criminelle où, sous le nom de contrainte par corps, ce Code prescrit ou autorise l'emploi de la force publique pour contraindre des témoins à comparaître en justice (art. 80, 157, 171, 189, 304, 355, § 2 et 3) ou des dépositaires de pièces qui doivent être produites soit dans une poursuite de

---

(1) Comparez art. 34 et 39 de la loi de 1832.

faux (art. 452, 454, 456), soit pour tenir lieu d'une minute détruite (art. 522), à les représenter. Bien que l'expression soit la même, il n'y a en lui rien qui ressemble à l'emprisonnement pour dettes (1), et c'est afin d'éviter toute confusion que la loi a pris soin de maintenir expressément ces divers articles.

212 *quinquiès.* Les lois de 1832 et de 1848 renferment des prescriptions toutes favorables au débiteur qui doivent être incontestablement considérées comme restées en vigueur aujourd'hui.

L'art. 20 de la loi du 17 avril porte que dans les affaires où les tribunaux civils statuent en dernier ressort, la disposition de leurs jugements relative à la contrainte par corps sera toujours sujette à appel.

L'art. 7 de la loi du 13 décembre 1848 a été plus loin encore : « Le débiteur contre lequel la contrainte par corps « aura été prononcée par jugement des tribunaux civils... « conservera le droit d'interjeter appel du chef de la con- « trainte, dans les trois jours qui suivront l'emprisonnement « ou la recommandation, lors même qu'il aurait acquiescé « au jugement et que les délais ordinaires de l'appel seraient « expirés. Le débiteur restera en état. »

On a voulu par là garantir le débiteur contre une sorte de surprise qui pouvait résulter des circonstances suivantes : Un débiteur avait été condamné par défaut, il avait été mis en demeure de former opposition au jugement. Il s'était encore laissé condamner par défaut sur son opposition, et le jugement prononçant la contrainte par corps n'avait été mis à exécution qu'après l'expiration des délais d'appel. Assurément, le débiteur avait commis une grave négligence, il eût été juste qu'il fût déchu de tout recours. Mais la faveur due à la liberté individuelle avait conduit le législateur à autoriser cette dérogation aux règles ordinaires.

Aujourd'hui ces dispositions ne pourront recevoir qu'une application fort restreinte, la contrainte ne devant plus être prononcée par les tribunaux civils que pour délits reconnus par la juridiction criminelle, lorsque l'action en dommages-intérêts s'exerce séparément de l'action publique.

D'autre part il est évident que les expressions limitatives de ces articles, et la position qu'ils occupaient sous ce titre : *Des dispositions communes aux dettes civiles et aux dettes*

---

(1) Exposé des motifs.

commerciales, ne permettent pas de les étendre au cas où la contrainte s'exerce en vertu de jugements rendus par les tribunaux criminels. Mais cette restriction est sans intérêt, l'appel étant de droit en matière correctionnelle, et même en simple police, sauf quand les condamnations pécuniaires ne s'élèvent pas à 5 fr. (C. inst. cr., art. 199 et 172).

Quand il s'agit de jugements rendus au civil, l'appel est valable quoique formé plus de trois jours après l'emprisonnement du débiteur, si cet emprisonnement a été opéré d'une manière illégale (1).

Mais il n'est pas suspensif; « le débiteur restera en état. »

Et l'instance d'appel est susceptible de péremption comme en toute autre matière (2).

212 *sexiès*. Les dispositions de la loi nouvelle « sont ap-« plicables à tous jugements et cas de contrainte par corps « antérieurs » (art. 19).

Ainsi les débiteurs incarcérés pour dettes civiles, même pour condamnation à des dommages-intérêts à raison de délits dans des cas autres que ceux prévus par les art. 2 et 5, ont dû être mis en liberté, et ne peuvent plus être incarcérés en vertu des jugements qui auraient prononcé ou entraîné de plein droit la contrainte. La durée des emprisonnements en cours d'exécution ou pouvant résulter de jugements antérieurs est fixée d'après la nouvelle loi, ainsi que la qualité des personnes au profit desquelles la contrainte peut s'exercer.

Il en est de même des règles relatives à la consignation des aliments et à l'élargissement du débiteur, etc.

La loi produit donc dans une certaine mesure un effet rétroactif, mais c'était un droit du législateur que de lui donner cette portée, et du moment où il adoptait, quant au principe même de la contrainte, le système radical de la suppression en matière civile et commerciale, il était conduit nécessairement à ce résultat.

212 *septiès*. Nous terminerons ce chapitre par l'examen d'une question que nous avons réservée (n°s 191 *bis* et 203) et qui sera plus aisément comprise, maintenant que nous avons fait connaître l'ensemble de la législation ancienne et récente sur cette matière.

Quel est le caractère de la contrainte par corps appliquée à l'exécution des condamnations résultant d'un délit?

(1) Agen, 7 janv. 1856, D. 56.2.57.
(2) Rej., 28 mai 1862, D. 362.

Est-ce simplement une épreuve de la solvabilité du condamné?

Est-ce en outre un complément de répression?

Assurément la contrainte n'est pas une peine proprement dite. Au civil cela n'était pas douteux. En matière criminelle on ne doit pas non plus la confondre avec les peines. L'art. 37 de la loi de 1832 l'en distinguait expressément (1).

Mais, suivant nous, on doit reconnaître que cette mesure appliquée d'une manière générale à toutes les condamnations pécuniaires, pour crimes, délits et contraventions, est un véritable auxiliaire de la répression. N'a-t-elle pas principalement pour objet d'assurer le paiement des amendes, la seule peine que prononcent, à de rares exceptions près, les jugements de simple police, et les innombrables condamnations rendues par les tribunaux correctionnels pour les délits spéciaux de forêts, de pêche, de douane, etc.? Seule la contrainte par corps rend ces condamnations efficaces contre les condamnés qui, véritablement insolvables ou se faisant passer pour tels, seraient parfaitement assurés de l'impunité.

Elle remplace donc la peine dans une certaine mesure. —Le condamné qui ne peut s'acquitter en argent doit souffrir la privation de sa liberté pendant un certain espace de temps. — Ce ne sera pas un emprisonnement ordinaire auquel s'attache ce caractère flétrissant de la peine inscrite au Code pénal, mais ce sera, du moins, un moyen de coaction rigoureux qui constituera pour lui une sorte de châtiment.

La contrainte par corps était organisée à ce point de vue dans la loi des 2 septembre-6 octobre 1791.

L'art. 5 du titre 2 porte que « le défaut de paiement des « amendes et des dédommagements entraînera la contrainte « par corps. — La détention *remplacera* l'amende à l'égard « des insolvables, mais la durée en *commutation* de peine « ne pourra excéder un mois. »

A la vérité, ces dispositions sont abrogées. Dans le système de cette loi, la contrainte devenait un emprisonnement véritable prononcé par le jugement de condamnation. Ce n'est plus ainsi qu'il faut la considérer maintenant.

Mais en prescrivant son emploi contre tous les condamnés qui n'auraient pas satisfait au jugement, alors même qu'ils auraient prouvé leur insolvabilité, le Code pénal (art. 52,

---

(1) V. aussi les art. 214, C. for., et 80 de la loi du 15 avril 1829 sur la pêche fluviale.

53, 467, 469) aussi bien que la loi antérieure du 5 octobre 1793 n'a-t-il pas subi l'influence des idées qui dirigeaient le législateur de 1791 ?

La nature des choses l'indique, bien qu'au fond la contrainte ait son caractère propre, qu'elle soit distincte des peines proprement dites.

Sans doute on y trouve comme principe, comme notion générale, une épreuve de la solvabilité du débiteur. C'est en la considérant à ce point de vue que M. Target proposait de lui fixer un terme après lequel, disait-il, l'insolvabilité étant constante et bien prouvée, la liberté provisoire sera rendue. Mais si ce législateur l'eût considérée au point de vue répressif, n'en eût-il pas également limité la durée ?

C'est du moins le système adopté par la loi de 1832 au criminel comme au civil. Quelle que soit la mauvaise foi du débiteur, l'emprisonnement a son terme.

S'il a des ressources, la contrainte a pour but de vaincre sa résistance et aussi de l'en punir.

Si l'insolvabilité est prouvée dans la forme indiquée par l'art. 35 et par l'épreuve temporaire de la contrainte, la loi prend ce sacrifice de la liberté pour une compensation de la peine.

Je sais qu'on a contesté ce dernier point. Il existe même un avis du Conseil d'Etat du 15 novembre 1832 où il est dit : « Qu'après l'exercice de la contrainte par corps, le condam- « né ne se trouve point libéré des condamnations, d'où il « résulte qu'elles n'ont point été remplacées par l'emprison- « nement, ce qui démontre que la loi du 19 avril 1832 ne « considère l'emprisonnement que comme un moyen de « contrainte. »

Mais que penser de cette argumentation en présence de l'art. 36 de la même loi, où nous lisons que la contrainte pourra être reprise, mais une seule fois, et pour les restitu- tions, dommages-intérêts et frais seulement ? Ainsi l'*amende* est purgée par l'exercice d'une première contrainte. M. Por- talis le dit en propres termes dans son rapport présenté à la Chambre des pairs du 22 décembre 1831 sur le projet qui s'est converti en loi le 17 avril 1832 : « Le condamné aura « payé l'amende de sa personne, on ne pourra plus la lui « demander sur ses biens. »

Mais, objecte encore le Conseil d'Etat, dans l'avis que nous venons de citer, si la contrainte ne peut être reprise et si elle est proportionnée à l'importance de la dette, on ne saurait en tirer aucune conséquence, les mêmes règles étant établies pour les dettes purement civiles et privées.

Ceci n'est pas tout à fait exact, car pour les dettes civiles, la contrainte ne peut être reprise quand le condamné l'a subie pendant les délais légaux (art. 27 et 31). La loi s'est donc montrée plus sévère au criminel pour les restitutions, dommages-intérêts et frais.

Ce qui était ainsi démontré par rapport à la législation de 1832, l'est tout aussi manifestement pour la loi du 22 juillet 1867.

L'exposé des motifs et la discussion ne laissent aucun doute à cet égard.

Un homme, porte l'exposé des motifs, « a encouru une « punition. Si, pour l'obliger à la subir entièrement, il est « nécessaire de revenir à l'emprisonnement, n'est-il pas lé- « gitime, n'est-il pas juste, qu'une condamnation complé- « mentaire l'oblige par corps à payer toute la dette qu'il a « contractée envers la société ? — Souvent la législation ré- « pressive pour toute peine prononce une amende... la con- « damnation restera inexécutée. La pauvreté causée trop « souvent par l'inconduite ordinaire des déprédateurs de « toutes sortes sera un moyen d'impunité. — En ce cas, la « contrainte par corps est le seul moyen de donner force à la « justice. Contre ceux qui peuvent payer, elle est un moyen « légitime de contrainte mis à la disposition de la société. « Contre les insolvables elle est sous quelques rapports *la* « *substitution d'une peine à une autre.* »

Ces derniers mots sont on ne peut plus formels. A la vé- rité l'exposé ajoute qu'il ne faut pas prendre cette expression dans un sens absolu : elle ne serait pas juste. C'est ce que nous avons dit nous-même; la contrainte n'est qu'un auxi- liaire de la répression (1).

« Les dommages-intérêts accordés par suite d'une con- « damnation pénale, ajoute l'exposé des motifs, ont eux- « mêmes un caractère pénal... Pour que la conscience publi- « que soit satisfaite il faut que le préjudice soit réparé, et « que le condamné ait complétement subi sa sentence en ac- « complissant la restitution et en payant les dommages-inté- « rêts, qui sont tout à la fois une indemnité et une espèce « de peine prononcée au profit de la partie lésée. (2) »

_____

(1) V. n° 203 et *Revue critique, loc. cit.*
(2) Voir le texte complet, Dall., 1867, t. 4, p. 81, n° 24. — *Conf.*, M. Parent, rapp. à la Ch. des députés sur le projet de loi de 1832.

Et dans le cours de la discussion, M. le garde des sceaux s'est exprimé dans le même sens. Repoussant un amendement qui tendait à faire mettre immédiatement en liberté les condamnés qui justifieraient de leur insolvabilité, il faisait remarquer qu'un grand nombre de délits et de contraventions ayant une importance réelle n'étaient punis que d'une amende. En pareil cas, disait-il, nous avons voulu que le condamné insolvable ne fût passible de la contrainte par corps que pendant la moitié de la durée fixée par le jugement; « au moins il y aura une peine subie » (1).

Ainsi la même pensée s'impose toujours, et le mot de peine lui-même, quoique excessif et inexact, se présente à chaque instant quand il s'agit de la contrainte s'exerçant pour les condamnations prononcées au criminel.

Le caractère de cette mesure est donc fixé dans le sens que nous avons indiqué. Les conséquences de ce principe nous les avons aussi tirées d'avance dans le cours de ce chapitre (2) ; on voit maintenant que nos solutions sont justifiées.

CHAPITRE VII.

COMPÉTENCE. — TRIBUNAUX ORDINAIRES ET D'EXCEPTION. — TRIBUNAUX DE L'ORDRE JUDICIAIRE ET DE L'ORDRE ADMINISTRATIF. — TRIBUNAUX CIVILS ET TRIBUNAUX CRIMINELS. — COUR DE CASSATION.

Sommaire.

(1) Séance du 29 mars 1867, *Monit.* du 30.
(2) V. nos 203, 205.

220. — Banqueroute.

221. — Parjure.

222. — Le tribunal criminel, régulièrement saisi de l'action privée, ne peut se refuser à statuer.

223. — L'action civile jointe à l'action publique doit être soumise au même tribunal. — Conséquences.

224. — *Quid* si les deux actions sont portées dans le principe au tribunal civil?

225. — *Quid* si le fait ne constitue ni crime, ni délit?

226. — *Quid* s'il est amnistié pendant la poursuite?

227. — Exception à la règle posée n° 225, à l'égard des Cours d'assises.

228. — Le tribunal saisi doit statuer, quand même le fait changerait de caractère aux débats.

229. — Le tribunal de répression n'est plus compétent si l'action publique est éteinte.

230. — Le tribunal criminel ne peut statuer sur les dommages-intérêts qu'autant qu'ils sont la conséquence des faits de la poursuite.

231. — Influence de l'action publique sur l'action civile intentée séparément, avant ou pendant la poursuite criminelle.—L'action civile est suspendue.

232. — La règle *electá uná viá non datur recursus ad alteram* est-elle consacrée par nos Codes?

233. — Suite.

234. — Première exception à cette prétendue règle.

235. — Seconde exception admise par la Cour de cassation.

236. — Troisième exception.

237. — Quatrième exception.

238. — A quelles conditions s'exerce le droit de la partie civile de passer du criminel au civil, et réciproquement.

239. — Dans quels cas l'action publique qui tient l'action civile en suspens est-elle réellement engagée?

240. — Cas où l'action civile tient au contraire l'action publique en état. — Questions préjudicielles.

240 *bis.* — C'est au prévenu qui soulève la question préjudicielle à saisir le tribunal compétent.

240 *ter.* — Le tribunal saisi de la question préjudicielle ne doit pas statuer sur les dommages-intérêts du prévenu.

241. — Les tribunaux de répression ne connaissent pas de l'exécution de leurs jugements.

242. — Transition à l'examen des règles spéciales aux divers tribunaux de répression.

243. — Des chambres d'accusation et des juges d'instruction.

244. — Des Cours d'assises. — Étendue de leur juridiction.

245. — Elles prononcent sur l'action privée aussi bien au cas d'acquittement qu'au cas de condamnation de l'accusé.

284. — L'action portée devant les tribunaux civils est soumise aux règles ordinaires de la compétence.

213. L'article 3 du Code d'instruction criminelle pose le principe général de cette matière en ces termes : « L'action « civile peut être poursuivie en même temps et devant les « mêmes juges que l'action publique. »

C'est-à-dire devant les tribunaux de répression saisis de cette dernière.

« Elle peut aussi l'être séparément. »

C'est-à-dire devant les tribunaux civils.

L'action en restitution et en dommages-intérêts résultant d'un délit, étant par sa nature une action civile, devrait être toujours portée aux tribunaux civils, d'après les principes ordinaires du droit sur les juridictions. C'est par suite de la défaveur qui s'attache au crime, et pour faciliter l'action réparatrice, que l'on a investi les tribunaux criminels du pouvoir d'en connaître; mais c'est une exception aux règles de la compétence, et, comme toutes les exceptions, celle-ci doit être renfermée dans les limites posées par la loi (1).

Cette idée fondamentale sert à résoudre plusieurs questions. Ainsi, l'on se demande d'abord si l'art. 3 autorise à poursuivre l'action civile concurremment avec l'action publique, devant toute espèce de tribunaux criminels?

Si l'on observe que le Code d'instruction criminelle n'a parlé, dans l'art. 3, que de l'action civile telle qu'elle est réglée par les dispositions qu'il a établies, et que ces dispositions n'ont trait qu'aux tribunaux ordinaires, on doit conclure qu'il faut une loi expresse pour attribuer le droit de juger les actions civiles aux tribunaux d'exception, comme la Cour des pairs sous la monarchie constitutionnelle, la Haute-Cour actuelle, les tribunaux militaires de terre et de mer, les conseils de préfecture et le Conseil d'Etat.

Or, les lois relatives à la compétence de ces tribunaux (2) sont muettes sur l'action civile; elles ne règlent pas la manière dont elle s'exercerait devant eux, ce qui en rend la poursuite impossible, car le Code d'instruction criminelle a

(1) Cass., 13 vent. an 7; Merlin, *Rép.*, v° *Répar. civ.*, § 8, et Cass., 6 vend. an 10; Dalloz, *Compétence*, p. 494, 1re éd.; Mangin et Faustin Hélie, *De l'Instruction écrite*, t. 2, p. 396.
(2) Sauf pour les tribunaux militaires ; V. n° 215.—Quant aux Cours *spéciales* établies par le Code d'instr. crim. (art. 553 à 599) et par la loi du 20 avril 1810, V. Dall., v° *Comp. crim.*, n° 696.

établi des règles différentes, suivant les diverses juridictions dont il s'occupe, ce qui ne permet pas d'y puiser des formes par analogie. C'est ce qui a été jugé par un arrêt de la Cour des pairs, rendu sur sa propre compétence, le 29 novembre 1830 (1).

214. A l'égard de la Haute-Cour, les art. 91 à 98 de la Constitution du 4 novembre 1848 ne l'investissaient que du droit de juger les *accusations* portées par l'Assemblée nationale contre le Président de la République et les ministres, et toutes personnes prévenues de crimes, attentats ou complots contre la sûreté intérieure de l'Etat, que l'Assemblée nationale aurait renvoyées devant elle. Cependant, il paraissait résulter des travaux préparatoires que les actions civiles, à raison des mêmes faits, pouvaient être jugées par elle. On trouvait indiqué, dans le rapport de la commission, que la Haute-Cour avait été organisée sur le modèle des Cours d'assises, ce qui semblait lui conférer les mêmes attributions, et par suite, la connaissance des actions civiles.

L'art. 98 de la Constitution de 1848 portait, d'ailleurs, que, « dans tous les cas de responsabilité des ministres, l'As- « semblée nationale peut, selon les circonstances, renvoyer « le ministre inculpé, soit devant la Haute-Cour de justice, « soit devant les tribunaux ordinaires, pour les réparations « civiles. » Ici, le renvoi aux tribunaux ordinaires semble n'être ordonné que quand la poursuite a pour objet unique des réparations civiles ; d'où il suit que le renvoi à la Haute-Cour serait prononcé si ces réparations étaient l'accessoire des délits dont elle dût connaître.

Au reste, le doute était levé dans les projets de la loi sur la responsabilité du Président de la République et des agents du pouvoir. Ainsi, dans le projet adopté en dernier lieu par le Conseil d'Etat, et renvoyé à l'examen de l'Assemblée nationale, il était dit, art. 17 : « Lorsque la Haute-Cour de justice a « été saisie, en vertu d'une accusation admise contre « le Président de la République ou un ministre, elle con- « naît aussi des dommages-intérêts envers l'Etat ou la partie civile. »

Dans la Constitution du 14 janvier 1852, l'institution d'une Haute-Cour est maintenue. Cette Cour doit juger « sans ap- « pel ni recours en cassation, toutes personnes qui auront « été renvoyées devant elle comme prévenues de crimes, at-

_____

(1) D. 31.2.43.

I.   15

« tentats ou complots contre la sûreté intérieure ou extérieure
« de l'Etat. Elle ne peut être saisie qu'en vertu d'un décret
« de l'Empereur » (art. 54).

Mais les attributions de cette Haute-Cour n'étaient qu'indiquées par la Constitution : « Un sénatus-consulte déter-
« minera ultérieurement son organisation » porte l'art. 55.

Conformément à ces dispositions un premier sénatus-consulte en date du 10 juillet 1852 a déterminé la composition
de la Cour, les formes de l'instruction et du jugement.

Un autre sénatus-consulte du 4 juin 1858 a étendu sa compé-
pétence à la connaissance des crimes et délits commis par des
princes de la famille impériale et de la famille de l'Empereur,
par des ministres, des grands officiers de la couronne, par
des grands-croix de la Légion d'honneur, des ambassadeurs,
des sénateurs, des conseillers d'Etat, en tant qu'il ne s'agit
pas de faits relatifs au service militaire.

Or ces divers actes législatifs ne donnent compétence à la
Haute-Cour que pour l'application des peines. Par suite, et
dans le silence de la loi, les principes exposés ci-dessus devraient être appliqués, et l'action civile renvoyée aux tribunaux ordinaires.

215. A l'égard des conseils de guerre, il avait été décidé,
comme pour l'ancienne Chambre des pairs (1), qu'aucune
loi ne leur donnant le droit de statuer sur les actions civiles,
ils n'avaient pas ce pouvoir.

Aujourd'hui, ce principe est écrit dans la loi du 9 juin
1857 (Code de justice militaire pour l'armée de terre). —
Art. 53 : « Les tribunaux militaires ne statuent que sur l'ac-
« tion publique, sauf les cas prévus par l'art. 75 du présent
« Code. — Ils peuvent néanmoins ordonner, au profit des
« propriétaires, la restitution des objets saisis ou des pièces
« de conviction, lorsqu'il n'y a pas lieu d'en prononcer la
« confiscation.

Art. 54. « L'action civile ne peut être poursuivie que de-
« vant les tribunaux civils; l'exercice en est suspendu tant
« qu'il n'a pas été prononcé définitivement sur l'action pu-
« blique intentée avant ou pendant la poursuite de l'action
« civile. »

« La loi, dit à ce sujet l'exposé des motifs, débute par un
principe que la législation militaire a toujours consacré;

_____

(1) Cass., 23 oct. 1817, Dalloz, *Compétence*, p. 540, *Bull. off.*, n° 101.
Conf, Faustin Hélie, *Th. C. pén.*, 4e éd., t. 1, p. 80.

c'est que les conseils de guerre ne connaissent que de l'action publique.... L'action civile est, en effet, une question d'ordre privé; elle porte sur les biens, non sur la personne; et la solution des difficultés qui en naissent demande la connaissance et l'application exacte du droit civil qui n'entre pas dans le domaine naturel et nécessaire du juge militaire. Les tribunaux civils demeurent ouverts à la partie lésée; elle peut les saisir de sa réclamation. La loi, par analogie avec l'art. 366 du Code d'instr. cr., autorise seulement les tribunaux militaires à ordonner, au profit des propriétaires, la restitution des objets saisis ou des pièces de conviction, quand la loi ne prescrit pas d'en prononcer la confiscation. Le tribunal n'a dans cette circonstance qu'un fait simple à apprécier (1). »

Mais, comme on vient de le voir, l'article 75 de la même loi contient une exception. Elle concerne les prévôtés. On appelle ainsi des tribunaux militaires, composés d'un juge unique appelé grand prévôt ou prévôt, qui fonctionnent seulement lorsqu'une armée est sur le territoire étranger. Indépendamment des attributions de police qui lui sont déférées par les règlements militaires, le grand prévôt exerce une juridiction dans tout le territoire occupé par l'armée et sur les flancs et les derrières de l'armée (2). Aux termes de l'article 75, elle s'étend sur les vivandiers, vivandières, cantiniers, cantinières, blanchisseuses, marchands, domestiques, et toutes personnes à la suite de l'armée en vertu de permission; — sur les vagabonds et gens sans aveu; — et sur les prisonniers de guerre qui ne sont pas officiers.

« Les prévôts connaissent, à l'égard de ces individus,
« dans l'étendue de leur ressort: ... 1° des infractions pré-
« vues par l'art. 271 du Code de justice militaire (contra-
« ventions de police commises par les militaires et infrac-
« tions aux règlements relatifs à la discipline); 2° de toute
« infraction dont la peine ne peut excéder six mois d'em-
« prisonnement et 200 fr. d'amende ou l'une de ces peines;
« 3° des demandes en dommages-intérêts qui n'excèdent pas
« 150 fr., lorsqu'elles se rattachent à une infraction de leur
« compétence (art. 75). »

Ces dispositions exceptionnelles se justifient par la nécessité d'une justice prompte (les décisions des prévôts ne sont

---

(1) Dall., 1857, 4, p. 149.
(2) Code de just. mil., art. 51 et 52.

pas susceptibles de recours) pour maintenir l'ordre dans cette foule, ordinairement composée du rebut de la société, qui accompagne les armées et souvent est aussi gênante pour leurs opérations que dangereuse pour le pays qu'elle parcourt (1).

En ce qui concerne la marine, la loi du 4 juin 1858 (2) contient des dispositions identiques à celles relatives à l'armée de terre (art. 74 et 75), y compris les prévôts (3) qui, dans certains cas, peuvent être créés pour les expéditions maritimes d'outre-mer (4).

216. La question s'est présentée aussi à l'égard des conseils de préfecture. Un avis du Conseil d'Etat du 29 août 1809, approuvé le 20 septembre suivant, a décidé qu'ils étaient incompétents pour connaître des demandes en dommages-intérêts formées par les parties qui ont souffert un préjudice à raison de contraventions que ces conseils sont appelés à réprimer. «Considérant qu'il appartient aux conseils de préfecture de prononcer sur les contraventions aux règlements de police, et sur les amendes et autres peines qui peuvent en être la suite; mais qu'aucune loi ne leur a attribué la connaissance des actions purement civiles résultant de ces contraventions, est d'avis que les demandes en dommages-intérêts et toutes autres actions civiles résultant d'une contravention à des règlements de police doivent être jugées par les tribunaux» (5). Il n'y a donc rien à conclure de deux arrêts du conseil du 5 floréal an 13 et du 11 janvier 1808, qui auraient admis la doctrine contraire. Elle est critiquée avec raison par les divers auteurs qui se sont occupés de la question (6). M. Daviel, dans son ouvrage sur les eaux (7), établit très-bien la distinction des juridictions, et termine ainsi : « Le délit administratif sera déclaré et réprimé par la juridiction administrative, et puis l'illégalité du fait dommageable étant ainsi constatée, on ira procéder devant les tribunaux pour la liquidation des dommages-intérêts. C'est là une question toute privée » (8).

_____

(1) V. Exp. des motifs, Dall., *ibid.*, p. 149, n° 165.
(2) Code de just. mil. pour l'armée de mer.
(3) Art. 84. Il renvoie au tit. 3 du liv. 2 de la loi du 9 juin 1857.
(4) Exposé des motifs, D. 58, 4, p. 116, n° 36.
(5) MM. Mangin et Faustin Hélie, t. 2, n° 184.
(6) M. Cotelle, *Traité des procès-verbaux*, p. 252.
(7) *Traité des cours d'eau*, 1, 358.
(8) *Adde* Proudhon, *Dom. publ.*, t. 1, n° 302 ; Cass., 4 déc. 1833, S. 34.1.17.

Il en est autrement des indemnités et réparations réclamées au nom de l'Etat dans l'intérêt public, parce que la question d'indemnité est alors l'accessoire nécessaire de la contravention. « Les juges d'exception établis pour juger les affaires qui intéressent spécialement le Gouvernement ne peuvent jamais prononcer sur un litige d'intérêt privé » (1), mais ils ont évidemment compétence entière pour les actions dirigées par l'Etat ou contre lui. « Le 20 juin 1754, en l'audience, M. le président de Thou dit aux avocats que les officiers des eaux et forêts ont juridiction sur les abus et malversations commis ès bois, *quando quæstio est cum fisco*; *sed si quæstio est inter privatos*, alors la connaissance en appartient aux juges ordinaires. » Un arrêt du conseil du 25 avril 1812 a fait l'application de ce principe à la matière qui nous occupe : « L'attribution accordée aux conseils de préfecture par la loi du 29 floréal an 10, y est-il dit, est uniquement relative aux contraventions qui auraient lieu au préjudice de l'intérêt public, sur les grandes routes, rivières navigables, etc. Les contraventions de cette nature, qui donneraient lieu à des dommages-intérêts de particulier à particulier, sont, sous ce dernier rapport, du ressort des tribunaux ordinaires » (2).

Et en ce qui concerne les contraventions de grande voirie commises sur les routes de terre, le décret du 16 décembre 1811 est formel. L'art. 114 porte : « Seront renvoyés à la « connaissance des tribunaux les violences, vols de maté- « riaux.... ou réparations de dommages réclamées par des « particuliers. »

Ce que nous venons de dire des conseils de préfecture est applicable au Conseil d'État, tribunal du même ordre quoique supérieur en degré.

216 *bis*. Il résulte cependant de plusieurs décisions rendues en matière de conflit que l'autorité administrative serait seule compétente pour connaître des actions dirigées contre un conseil municipal, notamment à raison des imputations diffamatoires contre un tiers qui seraient contenues dans ses délibérations (3).

_____

(1) Daviel, *loc. cit.*
(2) M. Daviel, *loc. cit.*, p. 368 ; Ord. du Cons. d'Etat, 28 juill. 1819 et 8 avr. 1829 ; M. de Cormenin, *Quest. de droit adm.*, t. 2, p. 41 et 42 ; *Arg.*, rej., 3 juin 1840, S. 624.
(3) Cons. d'Etat, 6 sept. 1842, D. 43.4.261 ; 9 déc. 1842, Dall.,

Cette jurisprudence se fonde sur l'art. 60 de la loi des 14-22 décembre 1789 ainsi conçu : « Si un citoyen croit être « personnellement lésé par quelque acte du corps municipal, « il pourra exposer ses sujets de plainte à l'administration « ou au directoire du département, qui y fera droit, sur « l'avis de l'administration du district qui sera chargée de « vérifier les faits. »

En conséquence, le Conseil d'État décide que les tribunaux correctionnels sont incompétents pour connaître de la poursuite en diffamation dirigée contre les membres du conseil municipal ; ce qui entraîne par une suite nécessaire l'incompétence, soit de ces mêmes tribunaux, soit des tribunaux civils pour connaître de l'action en dommages-intérêts de la personne qui se prétend diffamée.

Mais l'interprétation contraire a été donnée à diverses reprises par la Cour de cassation, qui, dans plusieurs arrêts, a déclaré qu'en pareil cas les poursuites exercées suivant le droit commun étaient régulières (1), et plus récemment a repoussé en termes formels l'exception d'incompétence fondée sur l'art. 60 de la loi de 1789 (2) : cette jurisprudence est conforme à l'opinion de la plupart des auteurs (3).

Il est évident, en effet, que l'article précité de la loi de 1789 ouvre au particulier lésé un recours facultatif près de l'autorité administrative supérieure, mais ne lui enlève en aucune façon les droits résultant pour lui de la législation ordinaire en matière pénale ou civile.

Pour s'en convaincre il suffit de lire l'art. 61, qui porte : « Tout citoyen actif pourra signer et présenter contre les « officiers municipaux, la dénonciation des délits d'adminis- « tration dont il prétendra qu'ils se seraient rendus cou- « pables ; mais avant de porter cette dénonciation devant « les tribunaux, il sera tenu de la soumettre à l'administra- « tion ou au directoire du département, qui, après avoir « pris l'avis de l'administration de district ou de son direc-

v° Presse, n° 1167 ; 18 mai 1854, D. 55.3.1, 2ᵉ esp.; 17 août 1866, Droit du 31 déc. 1866-1ᵉʳ janv. 1867.
(1) Rej., 22 août 1840, D. 436 ; Cass., 17 mai 1845, D. 347 ; Rej., 23 juill. 1861, D. 455.
(2) Cass., 22 janv. 1863, D. 50. Conf., Bourges, 25 mai 1866, D. 66. 2.103.
(3) Serrigny, Tr. de l'org. et de la comp., 1, n° 169 ; Chauveau, Princ. de comp., 3, n° 738, et une Dissert. de M. Reverchon, Droit des 31 déc. 1866-1ᵉʳ janv. 1867 et 2-3 janv. 1867.

« toire, renverra la dénonciation, s'il y a lieu, devant les
« juges qui doivent en connaître. »

Cet article, on le voit, réserve la compétence des tribunaux
pour les délits ainsi dénoncés. Il exige seulement l'autorisation préalable, mesure qui a été déterminée depuis par l'article 75 de la Constitution de l'an VIII, et qui n'est, d'après
cette dernière disposition, applicable qu'aux maires et nullement aux simples membres du conseil municipal.

Il n'existe, d'ailleurs, rien qui autorise l'administration
à connaître de l'action civile à laquelle donneraient lieu des
faits de ce genre.

En résumé donc, l'art. 60 ne crée réellement pas une attribution exceptionnelle pour les préfets, une compétence
judiciaire ; il consacre seulement pour le citoyen qui se prétend lésé par un membre du corps municipal ou par ce
corps entier, le droit d'exposer ses sujets de plainte à l'administration supérieure, « laquelle a la faculté d'y faire droit
« par les moyens dont elle dispose, c'est-à-dire en pro-
« nonçant, s'il y a lieu, l'annulation ou la réformation de
« l'acte (1). »

217. Une autre conséquence du principe posé n° 213,
c'est que les tribunaux criminels, investis du droit de juger
les actions civiles résultant des délits et de la poursuite (2),
ne peuvent en connaître que dans les limites fixées, par la
loi d'attribution, à leur compétence (3). Nous verrons plus
loin des applications de cette proposition (4).

Mais, dès à présent, nous mentionnons celle-ci, qui est
fondamentale et qui se rattache en même temps au principe
de la séparation des pouvoirs, savoir : que cette faculté accordée par les dispositions générales de l'art. 3 du Code d'instruction criminelle à la partie lésée, d'exercer à son gré
l'action civile conjointement avec l'action publique, est nécessairement subordonnée à l'existence de la compétence de l'autorité judiciaire, pour statuer sur l'action civile ; qu'elle ne

(1) M. Reverchon, *loc. cit.*
(2) Bien que la poursuite, témérairement suscitée par une partie civile
à un individu non coupable, ne constitue pas un délit proprement dit,
et que l'action qui en résulte soit purement civile, comme elle est intimement liée à l'action publique dont elle découle, le Code d'instruction
criminelle a investi les tribunaux criminels devant lesquels l'affaire est
portée, du droit de statuer sur toutes deux.
(3) Mangin et Faustin Hélie, t. 2, p. 399.
(4) V. n°s 223, 225, 274, 275.

saurait déroger aux lois spéciales, qui attribuent, par des
considérations d'ordre public, la connaissance de l'action
privée à l'autorité administrative (1). En pareil cas, l'action
privée doit être séparée de l'action publique; les juges doivent s'en dessaisir d'office (C. pr. 170), et, au besoin, le
conflit pourrait être élevé (2).

218. Dans des matières même régies par les dispositions
du droit commun, le principe général que l'action civile résultant d'un délit peut être poursuivie en même temps et devant les mêmes juges que l'action publique, reçoit des exceptions résultant, soit de la nature des choses, soit d'une
disposition expresse de la loi. Il en est ainsi en matière d'*u-
sure* et de *banqueroute*.

219. La personne lésée par un prêt usuraire peut agir en
restitution ou en réduction devant les tribunaux civils, même
par action principale (3). Mais le fait d'usure en lui-même,
isolément, n'est pas considéré par la loi comme un délit. Cette
qualification et la peine qui en résulte ne sont attachées qu'à
l'habitude de l'usure (4). On en a conclu qu'en prenant séparément chacun des faits imputés au prévenu, aucun d'eux ne
constituait un délit d'où pût découler l'action civile; que, si,
au contraire, l'on considère le délit complexe, tel qu'il est déterminé par la loi, le dommage causé à chacune des personnes
qui ont été l'objet des prêts usuraires ne résulte pas du délit
d'usure, celui-ci n'ayant d'existence que par l'ensemble des
faits qui constituent cette habitude. Mais la loi ne permet de
transporter l'action civile devant les tribunaux correctionnels,
accessoirement à l'action publique, qu'autant que la partie se
prétend lésée par le délit, et réclame la réparation du dommage causé par ce délit. Il faut donc que le fait dont on se
plaint constitue par lui-même un délit. Or, dans notre hypothèse, le fait qui cause le dommage ne revêt pas ce caractère,
et l'ensemble des faits que saisit la loi pénale n'est pas par
lui-même la cause réelle du dommage. Comme le disait, en
1850, un orateur à la tribune de l'Assemblée, le délit, ce
n'est pas tel ou tel contrat, c'est un ensemble, c'est un métier. Par conséquent, vous ne pouvez pas venir en police correctionnelle dire que vous avez été lésé par tel ou tel contrat,

---

(1) Décis. du trib. des conflits, 17 avr. 1851, Lebon, p. 286.
(2) Même décision.
(3) L. 3 sept. 1807, art. 3; L. 19 déc. 1850, art. 1er.
(4) L. 3 sept. 1807, art. 4; L. 19 déc. 1850, art. 2 et 3.

car le contrat par lequel vous avez été lésé n'est pas le délit,
et par conséquent vous n'êtes pas recevable.

C'est ce qu'enseignent la plupart des auteurs, ce qu'a décidé une jurisprudence devenue très-constante (1). Sous

(1) Cass., 3 fév. 1809, S. 9,206 ; 4 mars 1826, D. 243 ; Rej. 19 fév.
1830, D. 130; Cass., 8 mars 1838, D. 196; 4 nov. 1839, D. 372 ; 5 sept.
1840, D. 339; 21 juill. 1841, D. 335; Paris, 2 avr. 1812, S. 12.2.316 ;
Junge, Carnot, Sur l'art. 3 du C. d'instr. crim, n° 15.—V. cependant, en
sens contraire, Paris, 13 déc. 1837, D. 38.2.87; Rouen, 25 avr. 1838,
D. 38.2.182.

Dans la session de 1850, l'Assemblée nationale a été saisie par M. de
Saint-Priest d'une proposition ayant pour but de modifier sur ce point
la loi de 1807. Toute stipulation ayant pour but d'excéder le taux légal
de l'intérêt aurait constitué le délit d'usure. L'emprunteur n'aurait pas
eu la faculté de citer directement le créancier devant le tribunal correctionnel, mais il aurait toujours eu le droit d'intervenir sur la poursuite dirigée d'office par le ministère public. Cette partie de la proposition n'a pas été adoptée. Elle a échoué lors de la troisième délibération.
Dans la discussion, on a justifié ainsi qu'il suit le principe de la loi de
1807 : « Autre chose, a-t-on dit, est dans l'ordre moral et surtout dans
l'ordre social, autre chose est un fait accidentel, autre chose est l'habitude ; autre chose est un contrat qui lèse un intérêt particulier, autre
chose est une profession qui lèse la société. La loi de 1807 ne punit que
l'habitude, que la profession ; vous voulez punir l'accident dans la vie
civile d'un homme, accident sur lequel le législateur de 1807 laissait aux
tribunaux civils à statuer. Mais lorsqu'un fait pareil est isolé, est accidentel, l'intérêt public n'est pas engagé ; la justice criminelle n'a pas
besoin de descendre à ces moindres détails. Il y a plus, reconnaître un
délit dans un pareil fait, c'est créer un danger réel. Du moment où l'on
constitue le fait accidentel à l'état de délit, on est logiquement conduit
à donner le droit de citation directe à tout citoyen qui n'obtient pas du
ministère public la poursuite. Or, tout le monde sent le danger d'une
pareille faculté. Tout débiteur de mauvaise foi traduira son créancier devant le tribunal de police correctionnelle sous une inculpation d'usure.
Et maintenant si vous refusez au plaignant le droit de citation directe,
vous créez une anomalie, une confusion dans les principes du droit
criminel. Vous mettez, dans tous les cas, le ministère public dans cette
alternative : ou bien, lorsqu'on lui dénoncera une perception illicite
d'intérêt, même la plus minime, il se croira obligé de poursuivre et il
n'interviendra qu'une condamnation dérisoire ; ou bien, en présence
d'un fait même patent, il se croira en droit d'examiner si le fait est assez
considérable pour déterminer son action, son initiative. Mais le ministère public n'a pas droit de faire ce triage quand la voie de citation directe n'est pas ouverte aux citoyens. Aucun de ces inconvéniens n'existe
avec la loi de 1807, parce que le délit ne résulte que de l'habitude
d'usure. Il faut donc se garder de changer les principes de cette législation. »

Ces raisons ont triomphé. Mais la loi de 1807 a cependant été modifiée sur un point important. L'art. 3 de la loi du 19 déc. 1850, statuant
sur la récidive, porte qu'après une première condamnation pour habitude d'usure, le nouveau délit résultera d'un fait postérieur, même

l'empire de la loi de 1807, ce raisonnement a pu paraître exagérer le double principe sur lequel il repose. Sans doute, disait-on, pour constituer le délit d'habitude d'usure, il faut une réunion de faits, d'où il suit que la partie lésée ne peut citer directement le prévenu au tribunal correctionnel, à raison de l'un de ces faits. Mais quand la réunion de plusieurs faits a été constatée, quand le délit est poursuivi, pourquoi ne pas autoriser chacun de ceux qui en ont souffert à demander au même tribunal saisi de l'action publique réparation du dommage ? Le délit ne résulte-t-il pas des faits dont on se plaint ? Le dommage n'est-il pas la suite des faits successifs dont la réunion constitue le délit ? Qu'importe si chacun de ces éléments a causé un dommage partiel. Maintenant qu'ils sont réunis et que l'existence du délit s'est manifestée, n'est-il pas vrai de dire que le dommage dont on demande réparation a sa cause dans le délit poursuivi ? Dès lors, les raisons qui ont fait autoriser la poursuite simultanée des deux actions n'ont-elles pas ici toute leur force, ne doivent-elles pas recevoir leur application ? Ne doit-il pas en être ainsi, du moins, lorsque les faits constitutifs de l'habitude d'usure ont été pratiqués vis-à-vis de la même personne ? Ici, le délit existe (1), et l'on ne peut pas contester que la réunion de tous les éléments qui lui donnent naissance soit aussi la base de l'action civile. Le plaignant peut dire, dans un sens parfaitement rigoureux, qu'il réclame la réparation d'un dommage causé *par le délit*, car il est indifférent que le dommage se soit produit successivement (2).

Aujourd'hui, le doute n'est plus permis. La loi du 19 décembre 1850 a positivement consacré la doctrine établie en premier lieu. L'art. 1er de la proposition de M. de Saint-Priest portait que toute stipulation qui, dans le prêt à intérêt, aurait pour but d'excéder le taux fixé par la loi, constituerait le délit d'usure. L'art. 7 autorisait l'emprunteur à intervenir sur la poursuite d'office du ministère public. Or, comme nous l'avons dit (3 , on a maintenu le système de la loi de 1807 qui ne fait résulter le délit que de l'habitude de l'usure, et l'on a refusé d'admettre le droit de l'emprunteur

---

unique, s'il s'est accompli dans les cinq ans à partir du jugement ou de l'arrêt de condamnation.
(1) Rej., 3 juin 1826, D. 26.1.374 ; Paris, 21 juill. 1826, s. 27.2.189.
(2) M. Lesellyer, t. 5, n° 2070.
(3) Voyez la note qui précède.

à intervenir sur la poursuite d'office. Bien plus, l'art. 1ᵉʳ de la loi a été adopté dans des termes qui excluent d'une manière complète ce droit d'intervention.

« Lorsque, *dans une instance civile* ou *commerciale*, il « sera prouvé que le prêt conventionnel a été fait à un taux « supérieur à celui fixé par la loi, les perceptions exercées « seront imputées de plein droit, aux époques où elles auront « eu lieu, sur les intérêts légaux alors échus, et subsidiaire-« ment sur le capital de la créance.

« Si la créance est éteinte en capital et intérêts, le prêteur « sera condamné à la restitution des sommes indûment « perçues, avec intérêt du jour où elles lui auront été « payées. »

Ainsi, la preuve de la perception usuraire, qui donne droit à demander l'imputation de la restitution, ne peut résulter que d'une instance civile ou commerciale, à l'exclusion d'une instance correctionnelle. Les expressions de la loi sont certainement limitatives. On ne peut en douter en présence de la discussion.

220. En matière de banqueroute, les tribunaux criminels ne peuvent prononcer sur les actions civiles autres que celles prévues par l'art. 595, C. comm., ni par conséquent sur les dommages-intérêts que réclamerait la partie civile qui a fait déclarer constant le délit de banqueroute (1). La disposition de l'art. 601, C. comm., est formelle. « Dans tous les cas « de poursuite et de condamnation pour banqueroute simple « ou frauduleuse, les actions civiles autres que celles dont « il est parlé dans l'art. 595 resteront séparées, et toutes « les dispositions relatives aux biens, prescrites pour la « faillite, seront exécutées, sans qu'elles puissent être attri-« buées ni évoquées aux tribunaux de police correctionnelle, « ni aux cours d'assises.

Il faut remarquer que les actions civiles dont parle l'article 595, et qui sont ici l'objet d'une exception, sont celles dirigées contre des personnes autres que les faillis, et tendant à la réintégration des biens frauduleusement soustraits par ces personnes, ou à des dommages-intérêts, à raison de leur participation à des actes frauduleux. Quant aux intérêts civils tenant directement à la faillite, le Code de commerce veut qu'ils soient traités devant la justice commerciale, dans

(1) Paris, 2 sept. 1833, D. 34.2.18; Cass., 7 nov. 1840, S. 84; Carnot, *Sur l'art. 3 du Code d instr. crim.*, nᵒˢ 1 et 2.

la crainte que la liquidation de la faillite ne souffre de sa jonction avec la poursuite criminelle (1). Il est vrai que l'article 584, C. comm, attribue aux créanciers du failli le droit de poursuivre individuellement la déclaration de banqueroute devant les tribunaux de répression : mais l'effet de cette action ne limite pas l'art. 601. Elle ne peut conférer à ceux qui se sont portés parties civiles d'autres droits qu'à la masse des créanciers.

221. Aux cas d'usure et de banqueroute il faut encore ajouter celui du parjure.

L'art. 366, C. pén., punit de l'emprisonnement l'individu à qui le serment aura été déféré ou référé en matière civile, et qui aura fait un faux serment. De son côté, l'art. 1363, C. Nap., porte que, lorsque le serment déféré ou référé a été fait, l'adversaire n'est pas recevable à en prouver la fausseté. Il résulte de la combinaison de ces articles que la partie qui a succombé par suite du serment faussement prêté ne peut se porter partie civile au criminel pour obtenir des dommages-intérêts.

Tel est du moins notre avis. La question est controversée entre les auteurs : M. Toullier est pour la négative (2), M. Duranton, pour l'affirmative (3). Nous préférons l'opinion de Toullier, fondée sur la loi romaine (4), que le Code a suivie dans l'art. 1363. Le principe général posé dans l'article 1er C. inst. crim. ne peut déroger à la disposition spéciale de l'art. 1363. Or, puisque celui-ci interdit à la partie privée de prouver la fausseté du serment, il le lui défend aussi bien devant le tribunal criminel que devant le tribunal civil. Elle ne peut exercer une action en dommages-intérêts devant ce tribunal qu'en prouvant la fausseté du serment. C'est donc faire indirectement ce que la loi lui défend. L'action n'appartient réellement qu'au ministère public. Il y a ici un intérêt social. Le parjure est un exemple d'immoralité (5). Mais, en punissant le délit comme il le mérite, la loi n'a pas permis qu'on portât atteinte à l'effet d'une transaction consommée et d'un jugement passé en force de chose jugée au civil. Or, ce serait toujours leur porter atteinte que d'obtenir,

(1) Rauter, n° 673.
(2) T. 10, n° 387. *Cont.* Marcadé, art. 1363, n° 3.
(3) T. 13, n° 600.
(4) L. 1 et L. 2, Cod. *de Reb. cred. et jurejur.*: L. 22, D. *de Dolo malo.*
(5) Toullier, *loc. cit.*

par la voie criminelle, des dommages-intérêts qui seraient l'équivalent de la chose demandée inutilement au civil.

222. A part ces exceptions, c'est un droit pour la partie lésée de porter son action privée devant le tribunal criminel en même temps que l'action publique, et nous allons voir les conséquences qui découlent de là.

Mais remarquons, en passant, que c'est un droit, une faculté, et nullement une nécessité. La personne lésée est toujours libre d'intenter l'action devant les tribunaux criminels ou devant les tribunaux civils, à son choix. Elle n'est pas tenue de l'exercer lorsque le ministère public poursuit. Le prévenu est donc non recevable à demander la mise en cause de la personne lésée pour qu'il soit statué en même temps sur l'action publique et sur l'action civile (1).

Maintenant, de ce droit reconnu à la partie lésée, résulte pour le tribunal de répression l'obligation de statuer sur l'une et l'autre action, quand il en est régulièrement saisi.— Il ne peut retenir l'action publique et renvoyer la partie civile à se pourvoir devant la juridiction civile. Il y aurait là ouverture à cassation (2). Le tribunal ne doit se dessaisir que dans le cas prévu n° 217 ci-dessus, c'est-à-dire si la connaissance de l'action privée était du ressort de la juridiction administrative exclusivement.

223. Quand l'action civile est portée devant les tribunaux de répression, quel qu'en soit le degré, elle ne peut l'être, comme le dit l'art. 3, qu'en même temps que l'action publique, par conséquent devant les mêmes juges, c'est-à-dire le même tribunal, et non pas seulement un tribunal de la même nature.

Il en résulte que le tribunal incompétent pour connaître d'un délit l'est aussi pour statuer sur les conclusions de la partie civile qui aurait porté devant lui sa demande en dommages-intérêts simultanément avec l'action publique. Ainsi, dans le cas où la partie lésée par un fait qualifié *crime* par la loi, et déféré par conséquent à la Cour d'assises, aurait saisi de sa plainte le tribunal correctionnel, celui-ci ne pourrait

---

(1) Cass., 30 juill. 1819, *Pal.*, t. 15, p. 449; M. Faustin Hélie, *Tr. de l'instr. crim.*, t. 2, p. 453.
Il y a cependant une exception à cette règle dans le décret du 22 mars 1848, voy. *suprà*, n° 69.
(2) MM. Mangin et Faustin Hélie, t. 2, n° 186; Lesellyer, *Traité de dr. crim.*, t. 5, n° 2077; Cass., 11 juill. 1823, S. 23.1.421.

renvoyer la poursuite à fins pénales à la Cour d'assises et retenir le jugement de la demande en dommages-intérêts. Ce tribunal n'a aucune qualité pour statuer sur une pareille demande, si ce n'est en vertu de l'art. 3, C. inst. crim., quand il la juge accessoirement à une action publique; et, dans notre hypothèse, il est incompétent à l'égard de cette dernière, puisque la loi défère à la Cour d'assises la connaissance des crimes proprement dits (Cod. inst. cr., 231).

224. Mais nous déciderions autrement si la plainte criminelle et l'action en dommages-intérêts avaient été portées simultanément à un tribunal civil. En se déclarant incompétent pour prononcer la peine, ce tribunal pourrait fort bien retenir le jugement de l'action civile, pourvu toutefois que la partie lésée en fît la demande. Car, puisqu'elle aurait pu, dès le principe, saisir le tribunal civil, elle le peut également après qu'il s'est déclaré incompétent sur l'action publique. Elle peut diviser les actions qu'elle avait réunies d'abord; seulement, dans le cas où le ministère public donnerait suite à l'action en répression, l'action civile devrait être suspendue jusqu'après le jugement de la première, conformément à la dernière partie de l'art. 3.

Ce ne serait pas là une infraction à la règle; *Electâ unâ viâ non datur regressus ad alteram*, règle dont nous parlerons plus loin. Car cette règle, dont l'existence et la portée sont d'ailleurs fort douteuses, suppose que la première voie d'action qui a été prise a été épuisée, vidée; mais elle ne défend pas d'abandonner une action mal intentée d'abord pour la soumettre aux juges compétents, lorsque ceux qui avaient été appelés les premiers à en connaître ne l'ont pas examinée au fond, attendu qu'elle ne leur appartenait pas.

225. Par la raison donnée n° 223, au cas d'absolution ou d'acquittement, c'est-à-dire quand il est reconnu que le fait dont on se plaint ne constitue ni crime, ni délit, ni contravention, ou que le prévenu n'est pas coupable, le tribunal saisi est incompétent pour statuer sur les dommages-intérêts réclamés par la partie civile. Celle-ci doit être renvoyée à se pourvoir devant les tribunaux civils. La faculté que les art. 159 et 191, C. instr. crim., donnent en ce cas aux tribunaux de prononcer des dommages-intérêts ne peut s'entendre que de ceux demandés par le prévenu (1).

---

(1) Legraverend, 1, 61 ; Dalloz, *Instr. crim.*, n°ˢ 978 et s.

226. Il en serait autrement, si le tribunal de police simple ou correctionnelle n'avait pas de peine à prononcer par suite d'un acte d'amnistie.

L'amnistie qui survient pendant le cours d'une poursuite ne dépouille pas le juge criminel saisi de l'action civile du droit d'y statuer (1). L'amnistie laisse subsister le *délit*, bien qu'elle enlève la peine et l'action publique. L'instance engagée doit donc suivre son cours, à charge de prouver que le fait offre les caractères du délit.

227. Une exception à la règle posée n° 225 a été établie à l'égard des Cours d'assises. Ces Cours ont reçu le pouvoir de statuer, même en cas d'acquittement, sur les dommages-intérêts réclamés par la partie civile. C'est ce qui résulte des art. 358, 359 et 366 du Code. La solennité de l'instruction et des débats et la composition de ce tribunal justifient cette mesure spéciale.

228. Du reste, devant tous les tribunaux, quand même le fait qui sert de base à la demande prendrait, dans le cours des débats, un autre caractère que celui que lui avait d'abord attribué la poursuite, le tribunal saisi doit statuer sur les dommages-intérêts, si d'ailleurs la nature du fait tel qu'il se présente en dernier lieu, n'entraîne pas une déclaration d'incompétence : car, « ce n'est pas la qualification donnée originairement au fait de la prévention qui devient la base de la demande en réparation ; cette demande a et conserve son fondement dans le fait lui-même et dans le préjudice qui a pu en résulter (2). »

229. Dans le cas où l'action publique est éteinte, par exemple, si elle est prescrite, il est bien clair que le tribunal de répression ne peut connaître de l'action civile (3). Il en est de même quand le prévenu est décédé depuis que la demande a été formée et avant le jugement sur l'action publique (4). Dans l'un et l'autre cas, le délit est considéré par la loi comme n'existant pas.

230. Dans toutes les hypothèses que nous venons de par-

---

(1) Rej., 9 fév. 1849, S. 240. *Conf.*, Faustin Hélie, *Instr. crim.*, t. 9, p. 446.

(2) Cass., 22 oct. 1819, S. 20.1.40.

(3) Nous verrons, n° 401, si elle pourrait l'être en pareil cas devant les tribunaux civils.

(4) Mangin, *de l'Act. publ.*, n°s 34 et 282 ; *de l'Instruction écrite*, t. 2, n° 186.

courir, le droit de statuer sur les dommages-intérêts respec-- tivement prétendus est, en ce qui concerne la partie civile ou le prévenu, restreint aux dommages-intérêts qui peuvent leur être dus à raison des faits de l'accusation. Il ne peut être étendu à d'autres faits. Ainsi l'on a décidé que, sur une accusation de rébellion et de violences envers un préposé des douanes, la Cour d'assises est incompétente pour pro- noncer, au profit de l'administration des douanes, partie ci- vile, des dommages-intérêts relativement à un fait de con- trebande (1).

Par la même raison, l'accusé ou prévenu n'est pas rece- vable à mettre en cause devant le tribunal de répression, pour obtenir soit la garantie contre l'action de la partie ci- vile, soit une condamnation principale en dommages-intérêts, ceux qu'il prétendrait faire considérer comme les véritables auteurs du fait punissable à raison duquel il est poursuivi.

Cette action récursoire n'est plus une conséquence directe du fait imputé au prévenu. Or, l'action civile définie par l'art. 2, C. instr. crim., et que l'art. 3 autorise à poursuivre conjointement avec l'action publique, c'est l'action en répa- ration du préjudice que la contravention, le délit ou le crime dont le tribunal de répression est saisi, a causé à la partie civile.

Il est vrai que l'action de l'accusé contre son dénonciateur dérive plutôt de la poursuite que du fait incriminé, et cepen- dant, comme nous le verrons tout à l'heure (2), les art. 159, 212, 358 et 359, C. instr. crim., en défèrent le jugement au tribunal saisi de l'action publique. Mais ce sont là des dispositions spéciales qui ne peuvent être étendues hors du cas qu'elles ont prévu, et les tiers, autres que les dénoncia- teurs ou plaignants, sont tout à fait en dehors de leurs ex- pressions limitatives (3).

231. Nous passons à la seconde manière de procéder qu'autorise l'art. 3, C. instr. crim. ; celle de la séparation des deux actions.

Ici encore, l'action publique exerce une certaine influence sur l'autre. Nous traiterons, au chapitre de la preuve, de l'effet qu'elle produit lorsqu'elle est jugée avant que l'action civile soit introduite. Ici, nous parlerons du cas où l'ac-

---

(1) Rej., 17 déc. 1831, S. 32.1.272 ; Cass., 26 mars 1857, D. 224.
(2) V. nos 246, 258 et 274.
(3) Rej., 24 fév. 1854, D. 103.

tion civile a été intentée devant les tribunaux civils avant ou pendant la poursuite de l'action publique.

L'art. 3, C. instr., dans son deuxième paragraphe, porte que si l'action civile est intentée séparément de l'action publique, elle reste suspendue tant qu'il n'a pas été prononcé sur l'action publique intentée avant ou pendant la poursuite de l'action civile.

Suivant nous, le motif de cette disposition est d'abord que le jugement criminel doit avoir l'effet de la chose jugée sur la question soumise au tribunal civil (1), tandis qu'il n'en est pas de même du jugement qui serait rendu au civil, avant que l'action publique fût intentée ; il importe donc que l'action publique passe la première. En second lieu, et quand même on penserait autrement que nous sur ce premier point, il serait toujours vrai de dire que la justice criminelle ayant des moyens plus nombreux et plus puissants que les particuliers pour arriver à la preuve du délit, les juges civils statuant après que l'instruction devant les tribunaux de répression aura suivi son cours, jugeraient avec plus de certitude et avec une connaissance plus exacte de la cause.

232. De ce que l'action civile doit être suspendue en pareil cas, s'ensuit-il qu'elle ne puisse être abandonnée et portée alors au tribunal de répression ? En d'autres termes, faut-il voir dans l'article que nous expliquons une consécration de la maxime, *Electâ unâ viâ non datur recursus ad alteram* ? La question exige quelques développements.

Cette maxime, tout le monde en convient, n'est écrite dans aucune loi. Les interprètes l'ont fait résulter du rapprochement de divers textes. Aujourd'hui encore, l'on est divisé sur sa véritable portée.

Il existe à cet égard trois opinions : suivant les uns, la partie qui a le choix entre deux actions ne peut passer successivement de l'une à l'autre. Ainsi, quand elle a pris d'abord la voie civile, elle ne peut l'abandonner pour la voie criminelle, et réciproquement (2). C'est l'application pure et simple de la règle, *Electâ unâ viâ n n datur recursus ad alteram.* Suivant une deuxième opinion, on doit distinguer si

---

(1) V. n°⁵ 382 et suiv.
(2) Dalloz, *Plainte et partie civile*, p. 212, anc. rép. ; Bourguignon, *Jur. des Cod. crim.*, *sur l'art.* 3, n° 11 ; Legraverend, 1, p. 69 ; Carnot, *Sur l'art.* 3, *obs. add.*, n° 1 ; *Sur l'art.* 67, n° 8 ; Mangin, *De l'action publique*, n°⁵ 35, 36, 37.

la partie lésée veut passer du civil au criminel; ou si elle veut au contraire passer du criminel au civil. Son option serait définitive dans le premier cas seulement, c'est-à-dire quand. elle a d'abord saisi les tribunaux civils, et veut la porter en-suite aux tribunaux criminels (1). D'autres enfin repoussent la maxime, *Electâ unâ viâ* en principe, et n'interdisent le passage d'une juridiction à l'autre que dans les cas expressé-ment prévus par la loi (2).

Sans entrer, sur ce conflit d'opinions, dans un examen trop étendu, qui nous ferait sortir du cadre que nous nous sommes proposé, nous nous bornons à indiquer, en la motivant, la solution qui nous paraît préférable.

233. Les textes de notre droit français, dont on veut faire découler, par induction, la consécration de la maxime, *Electâ unâ viâ non datur recursus ad alteram,* entendue avec ou sans restriction, ne sont ni assez nombreux ni assez dé-cisifs ; ils peuvent s'expliquer sans recourir à ce prétendu principe, ou même fournissent des arguments qui lui sont opposés.

Ces textes sont, dans l'ancien droit, l'art. 2, titre 18, de l'ordonnance de 1667, ainsi conçu : « celui qui aura été dé-« possédé, par violence ou voie de fait, pourra demander la « réintégrande par action civile et ordinaire, ou extraordi-« nairement, par action criminelle; et s'il a choisi l'une des « deux actions, il ne pourra se servir de l'autre, si ce n'est « qu'en prononçant sur l'extraordinaire, on lui eût réservé « l'action civile. »

Cette dernière disposition n'a pas été reproduite dans nos lois modernes; on n'y trouve, pour appuyer les deux pre-mières opinions, que les art. 1638 et 1644 C. civ. et l'art. 5, nº 5, de la loi du 25 mai 1838 sur les justices de paix, enfin, l'art. 3 C. instr. crim.; on pourrait ajouter l'art. 26 C. proc.

L'art. 1638, C. Nap. porte : « Si l'héritage vendu se trouve

---

(1) Merlin, *Quest.,* vº *Option,* § 1, nº 4 ; Rauter, t. 2, nº 665 et p. 299, note 1ʳᵉ ; mais il y a obscurité et contradiction dans ces passages; F. Hélie, *Instr. crim.*, t. 2, p. 474 et s.; *Encyclop. du dr.,* vº *Action,* art. 6; Curasson, *Comp. des jug. de paix,* t. 1, p. 592 ; Cass., 21 nov. 1825, D. 26.1.50; 11 fév. 1832, D. 186; Rej., 17 déc. 1839, S. 40.1.376 ; Cass., 11 juin 1846, S. 710.
(2) Toullier, t. 10. nᵒˢ 170 et suiv.; Lesellyer, *Tr. du dr. crim.*, t. 5, nᵒˢ 2094 et suiv.; Laferrière, *Hist. du dr. civ. de Rome et du dr. fr.,* t. 1, p. 396; Carou, *Jur. des jug. de paix,* t. 1, nº 373.

grevé, sans qu'il en ait été fait de déclaration, de servitudes non apparentes, et qu'elles soient de telle importance qu'il y ait lieu de présumer que l'acquéreur n'aurait pas acheté s'il en avait été instruit, il peut demander la résiliation du contrat, si mieux il n'aime se contenter d'une indemnité. » L'article 1644 dit : « Dans le cas des art. 1641 et 1643 (c'est-à-dire quand le vendeur est tenu à la garantie, à raison de vices cachés qu'il n'a pas fait connaître), l'acheteur a le choix de se faire rendre la chose et de se faire restituer le prix, ou de garder la chose et de se faire rendre une partie du prix, telle qu'elle sera arbitrée par experts. » On prétend que, dans les deux hypothèses prévues par ces articles, l'acheteur, par le choix qu'il fait de l'un des partis qu'il peut prendre d'après la loi, renonce nécessairement à l'autre (1).

On répond, quant à l'art. 1638, que, sans doute, l'acquéreur qui a demandé une indemnité ne peut plus demander la résiliation du contrat, mais dans le cas seulement où il y a eu jugement sur sa première demande; car, s'il a obtenu l'indemnité, il ne peut plus demander la résiliation, ce serait faire double emploi, et s'il n'a pas obtenu l'indemnité, l'exception de la chose jugée s'oppose à ce qu'il exerce l'action en résolution qui est fondée sur la même cause, et qui doit être repoussée par la même raison (2). Ce n'est donc pas la prétendue règle, *Electâ unâ viâ*, qui ferme à l'acquéreur la seconde voie d'action, c'est le principe de l'autorité de la chose jugée. Au contraire, si l'acquéreur se désiste de sa première demande, sans opposition de l'adversaire, avant qu'elle soit jugée, il peut introduire l'action en résiliation, sauf à payer les frais de la précédente instance. Même réponse en ce qui concerne l'art. 1644.

L'art. 26, C. proc., déclare que « le demandeur au pétitoire ne sera plus recevable à agir au possessoire ». Cette disposition résulte de ce que le demandeur au pétitoire a reconnu, par son action même, la possession du défendeur; il ne peut plus la remettre en question.

L'art. 3, C. d'instr. crim., n'a pas la portée qu'on voudrait lui donner. Il dit que l'action civile restera suspendue jusqu'au jugement de l'action publique, mais le législateur suppose que le tribunal civil reste saisi de l'action portée devant lui. Il ne défend point, d'ailleurs, d'abandon-

---

(1) Merlin, *Quest.*, vº *Option*, § 1.
(2) Toullier, t. 10, nº 190.

ner la voie civile pour porter la demande au tribunal criminel. C'est là, cependant, le point qu'il aurait fallu décider.
Or, la faculté de réunir les deux actions ayant été donnée
au plaignant pour faciliter et accélérer le jugement, il eût
été contradictoire de lui interdire cette réunion, par cela seul
qu'il aurait commencé par exercer l'action civile séparément.
Enfin, la renonciation à l'action criminelle ne peut être présumée sur aucun fondement, toutes les fois que l'exercice de
l'action publique appartient au ministère public seul, c'est-
à-dire quand il s'agit de crimes justiciables des Cours d'assises. Il faudrait donc faire, pour ce cas, une nouvelle distinction que la loi n'autorise en aucune façon.

L'art. 5, n° 5, de la loi du 25 mai 1838, est donc le seul
que l'on puisse invoquer à l'appui de la première opinion.
Mais que prouve ce texte isolé? Nous ne pouvons y voir qu'une
disposition particulière qui ne tire pas à conséquence. Il contredit, d'ailleurs, le second système, suivant lequel on peut
passer du criminel au civil, car, d'après cet article, « le juge
« de paix connaît des actions civiles pour diffamation verbale
« et pour injures publiques ou non publiques, verbales ou par
« écrit, autrement que par la voie de la presse, *le tout lorsque*
« *les parties ne se sont pas pourvues par la voie criminelle.* »
Ainsi, quand les parties se sont pourvues par la voie criminelle, le juge de paix, en tant que juge civil, n'est plus compétent ; par conséquent, la partie civile ne peut abandonner
l'action qu'elle a intentée devant le tribunal de police, et la
renouveler au civil devant le juge de paix. C'est cependant
ce qu'autorisent les partisans de la seconde opinion. Cette
contradiction prouve que l'article dont nous parlons ne se
rattache pas à un système général reconnu par le législateur.

Nous invoquerons, de notre côté : 1° l'art. 67, C. d'instr.
crim., d'après lequel « les plaignants pourront se porter
« parties civiles en tout état de cause, jusqu'à la clôture des
« débats. » Cet article ne fait aucune distinction entre les
plaignants qui auraient ou n'auraient pas introduit déjà une
demande en dommages-intérêts devant le tribunal civil.
M. Carnot répond que l'art. 67 doit être entendu sous la modification résultant de l'art. 3. Mais nous avons vu que l'art. 3
ne décide point la question ;

2° l'art. 250, C. proc., portant que le demandeur en faux
incident civil « pourra toujours se pourvoir, par la voie cri-
« minelle, en faux principal ». Cette disposition surtout démontre l'erreur des deux systèmes que nous combattons.

Maintenant, à défaut de textes, les considérations que l'on fait valoir nous paraissent sans valeur. L'humanité, dit-on, ne permet pas de traîner son adversaire de juridiction en juridiction (1).

L'humanité est bien désintéressée dans la question. L'inconvénient d'une double action n'est pas très-grand dès que la partie civile est obligée de payer les frais de la procédure qu'elle abandonne. Le défendeur peut même avoir intérêt à ce changement de juridiction. S'il s'agit de passer du criminel au civil, il préférera souvent l'action nouvelle qui est, après tout, moins rigoureuse, et qui le débarrasse, devant le tribunal criminel, d'un adversaire qui l'attaquait de concert avec le ministère public. Aussi les partisans du second système autorisent-ils, dans ce cas, le changement d'action. S'il s'agit de passer du civil au criminel, il peut encore y avoir intérêt pour le défendeur, en ce que le même jugement statuera sur les deux questions ; de cette manière, l'accusé n'aura qu'un seul procès à subir au lieu de deux, qui l'exposeraient à des délais, à des frais plus considérables. Le prévenu doit préférer ce mode quand les moyens de défense ont de la valeur et sont de nature à faire impression sur le tribunal criminel (2).

En résumé, la maxime, *Electâ unâ viâ non datur recursus ad alteram*, n'est point, à notre avis, consacrée par la loi et ne devrait recevoir d'application que dans les cas spéciaux où elle résulterait d'une disposition expresse.

Le moyen tiré de cette prétendue règle se confond en réalité avec l'exception de litispendance ou celle de la chose jugée. Ainsi, d'abord, il est évident que si l'action civile fondée sur un délit est portée au tribunal civil et qu'elle soit ensuite reproduite devant le tribunal correctionnel saisi de la poursuite de ce même délit, les deux actions ne peuvent coexister. La seconde doit être repoussée (3).

Mais on a décidé au contraire que la partie qui s'était désistée de son assignation au civil pouvait prendre la voie

(1) Merlin, *Rép.*, v° *Délit*, § 1, et Mangin, *loc. cit.*; Faustin Hélie, p. 478.
(2) Voyez, d'ailleurs, au chap. 8, n°s 314 et suiv., les conditions auxquelles est subordonné le passage d'une juridiction à une autre.
(3) C. proc. civ., art. 171 ; Cass., 18 mess. an 12, Dall., *Instr. crim.*, n° 150.

correctionnelle (1), bien que cette jurisprudence n'ait pas toujours été maintenue depuis.

Du reste, toutes les fois que les deux demandes n'avaient pas la même cause ou le même objet, la Cour de cassation a écarté l'application de cette maxime.

C'est ainsi qu'elle a déclaré :

1° Que la poursuite correctionnelle dirigée contre un mandataire pour détournement de sommes qui lui ont été remises en exécution de son mandat, ne peut être repoussée sur le fondement d'une demande précédemment formée devant le tribunal de commerce, en reddition de compte de sa gestion. « Attendu que la maxime, *Electâ unâ viâ...*, ne peut être opposée à la partie civile qui demande à la juridiction correctionnelle la réparation d'un délit, que dans le seul cas où l'action portée d'abord par cette partie devant la juridiction civile, avait pour objet la réparation du même délit (2) ; »

2° Que la demande formée devant le tribunal de commerce par les actionnaires d'une société, en révocation du gérant, et celle intentée ultérieurement contre ce gérant devant le tribunal correctionnel pour abus de confiance ou escroquerie, n'ayant pas le même objet, il n'y a pas lieu de repousser la seconde par application de la règle ci-dessus (3).

234. M. Mangin (4), M. Carnot (5) et M. F. Hélie (6), qui admettent l'existence de cette règle, y font, toutefois, exception quand le tribunal civil aura été saisi par une demande fondée sur les faits dont le caractère criminel ne s'est révélé que pendant l'instruction. On ne peut alors opposer, disent-ils, une fin de non-recevoir à la partie civile qui interviendrait sur l'action du ministère public, car la voie civile ne peut exclure la voie criminelle qu'autant qu'elle a été prise en connaissance de cause. Ainsi, celui qui aurait formé, au civil, contre son mandataire, une demande en restitution de titres emportant obligation ou décharge, serait recevable

---

(1) Rej., 16 germ. an 6, Dall., *ibid.*
(2) Rej., 16 août 1851, D. 53.1.70, 1re esp.
(3) Rej., 19 nov. 1861, D. 62.1.255. *Conf.*, Cass., 7 mai 1852, D. 53. 1.70, 2e esp., aff. André; Rej., 10 juill. et 18 nov. 1854, D. 54.1.225 et 56.1.348. *Comp.* Rej., 24 juill. 1863, *Bull.*, n° 207 et 26 déc. 1863, *Bull.*, n° 310.
(4) N° 36.
(5) *Sur l'art.* 3, n° 14.
(6) *Instr. crim.*, t. 2, p. 479.

dans la plainte qu'il porterait ensuite en destruction de titres, s'il ignorait la destruction, et qu'elle ne fût connue que par le résultat de l'instruction de la demande civile.

235. On reconnaît aussi que l'action portée d'abord devant un des tribunaux que la partie a la faculté de choisir ne devrait pas être considérée comme épuisée, et que, par conséquent, le droit d'opter serait maintenu, si ce premier tribunal s'était déclaré incompétent. Les deux actions réunies dans le principe pourraient être alors divisées, et l'action civile portée devant un tribunal d'un autre ordre, s'il a le droit d'en connaître (1).

Cette décision a été appliquée, par la Cour de cassation, dans les circonstances suivantes : La loi du 24 août 1790, titre 3, art. 10, § 6, attribuait aux juges de paix la connaissance des actions civiles pour injures verbales, pour lesquelles les parties ne se seraient pas pourvues par la voie criminelle, disposition qu'a reproduite, comme nous l'avons vu, l'art. 5, § 5, de la loi du 25 mai 1838, sur les justices de paix. Si le tribunal de police, saisi par la plainte de l'offensé, se déclarait incompétent pour appliquer la peine, par exemple, parce qu'il s'agissait d'injures graves et publiques (2), pouvait-on dire que le plaignant eût épuisé son droit, qu'il ne pouvait plus se pourvoir par action civile devant le même juge, mais jugeant civilement (3)? La Cour de cassation a jugé qu'il en avait encore le droit, que le tribunal de police ne devait pas être considéré comme ayant été saisi de l'action en répression, puisqu'il avait décliné sa compétence et n'avait pas statué au fond (4).

236. De plus, pour que la maxime, *Electâ unâ viâ* soit applicable, il faudrait au moins avoir exercé l'action civile devant le tribunal où la poursuite aurait été intentée? Celui qui aurait seulement rendu plainte contre l'accusé, pour déterminer les poursuites du ministère public, et qui aurait même été entendu comme témoin à charge devant la Cour d'assises, serait parfaitement recevable, après l'arrêt de condamnation rendu par la Cour d'assises, à introduire contre

---

(1) Mangin, n° 37 ; Cass., 24 nov. 1825, D. 26.1.49.
(2) C. pén., art. 375 ; L. 17 mai 1819, art. 19, 20 et 26.
(3) Le juge de paix jugeant civilement est compétent pour connaître des actions en dommages-intérêts pour injures verbales, quelle que soit la gravité de l'injure. — Henrion de Pansey, *Comp.*, p. 151.
(4) Cass , 21 nov. 1825, S. 26.1.86.

le condamné ou ses héritiers, une instance en dommages-intérêts devant les tribunaux civils, car, n'ayant pas conclu à cette fin devant le tribunal de répression, et n'y ayant pas été partie, il ne peut être considéré comme ayant usé de son droit d'option et l'ayant épuisé (1).

237. La règle consacrée par l'art. 3 que le criminel tient le civil en état, de même que la maxime, *Electâ unâ viâ*, en supposant qu'elle dût être tenue pour vraie, n'ont d'application qu'autant que la demande portée aux tribunaux criminels est exactement la même que celle dont les tribunaux civils sont déjà saisis, et qu'elle est fondée sur les mêmes faits. Dans le cas contraire, il y a deux actions distinctes, bien que dirigées contre la même personne, mais qui peuvent être suivies par des voies toutes différentes. La chose jugée, à l'égard de l'une d'elles, n'aurait pas d'effet sur l'autre. Telle est la véritable raison de décider (2). Ainsi, il n'y a pas identité de faits ni de cause entre l'action en délaissement d'une hérédité, avec dommages-intérêts, intentée au civil par les héritiers légitimes contre le détenteur de l'hérédité, et l'action ayant pour objet l'obtention de dommages-intérêts à raison du préjudice résultant de la fabrication d'un faux testament. La partie lésée peut donc se porter partie civile pour obtenir des dommages-intérêts dans l'action criminelle dirigée contre l'auteur prétendu du testament, malgré l'action en délaissement d'hérédité antérieurement formée par elle (3). Par la même raison, la poursuite en faux principal ne suspendrait pas nécessairement la première action; rien n'empêcherait le demandeur en délaissement de l'hérédité de se porter partie civile sur la poursuite criminelle en faux, et de mener de front les deux actions; comme il pourrait aussi, après avoir succombé sur la pétition d'hérédité, former la demande en nullité du testament à raison du faux.

238. Le droit que nous reconnaissons à la partie lésée de passer du civil au criminel, et réciproquement, ne s'exerce qu'à certaines conditions. Nous les indiquerons au chapitre 8, nᵒˢ 314 et suivants.

239. La plainte du ministère public, c'est-à-dire son réquisitoire, suffit pour engager l'action publique. Ainsi, dès que le procureur impérial a transmis son réquisitoire au juge

(1) Aix, 9 juill. 1829, D. 29.2.193.
(2) Bourguignon, *Jur. des C. cr.*, art. 3, nᵒ 11.
(3) Rej., 20 juin 1846, S. 713. V. également les arrêts cités nᵒ 233.

d'instruction pour qu'il poursuive (C. inst. crim., 61 et 64), l'action publique est soulevée. Dès ce moment, qu'il y ait ou non mandat décerné contre les prévenus, il doit être sursis au jugement de l'action civile (1).

Mais il ne suffirait pas que durant les débats du procès civil, le ministère public ait fait des réserves de poursuivre. Il faut, pour que le sursis soit obligatoire, que l'action publique soit réellement engagée (2).

La plainte de la partie civile seule, adressée au ministère public ou au juge d'instruction (C. inst. crim., 63, 64, 70), ne suffirait pas non plus pour constituer l'action publique, dans le sens de l'art. 3, puisque, d'après l'art. 1er, l'action publique n'appartient qu'aux fonctionnaires auxquels elle est attribuée par la loi (3). Si donc la partie qui a d'abord pris la voie civile, prend ensuite la voie criminelle, mais sans que le ministère public donne suite à l'action publique, le tribunal saisi d'abord n'est pas obligé de surseoir. En d'autres termes, la plainte seule de la partie lésée, même quand elle manifeste l'intention de se porter partie civile, ne constitue pas une action publique dans le sens de l'art. 3.

Dans le cas où la partie civile saisit directement le tribunal de police, simple ou correctionnelle, par une assignation donnée au prévenu, il en est autrement, l'action publique est engagée par cela même (4), bien que le ministère public n'ait pas encore donné de conclusions ; le plaignant ne peut alors présenter, au tribunal correctionnel, des conclusions tendantes à dommages-intérêts, puisqu'il a déjà saisi de cet objet un tribunal civil. Cette même action ne peut être portée simultanément devant deux tribunaux différents. Ainsi, le tribunal correctionnel ne serait saisi, dans ce cas, que de l'action publique, à moins que le demandeur ne se désistât valablement de son action civile.

Enfin, quand le tribunal civil, auquel a d'abord été portée l'action en dommages-intérêts, accueille cette demande en se fondant sur des faits qui ne présentent point le caractère de délits et sans tenir compte de ceux qui auraient servi de

---

(1) Cass., 18 nov. 1812, Legraverend, 1, 61 ; Carnot, *Sur l'art. 3, obs. add.*, n° 3.
(2) Rej., 9 fév. 1864, D. 211.
(3) Rej., 15 juin 1829, S. 511.
(4) Henrion, p. 124 et 144, note ; Cass., 23 janv. 1823 ; C. instr. crim., 145, 182.

base à la poursuite criminelle, il est évidemment dispensé de surseoir (1). L'art. 3 cesse d'être applicable puisque la poursuite de ces faits, quel qu'en soit le résultat doit rester sans influence aucune sur la demande originaire.

240. Malgré la règle de l'art. 3, il est des cas où c'est, au contraire, l'action publique portée devant les tribunaux criminels qui doit être suspendue jusqu'à ce qu'il ait été statué par les tribunaux civils sur des questions d'où dépend, jusqu'à un certain point, le jugement de l'action civile. Par exemple lorsqu'un individu, prévenu d'un fait attentatoire à la propriété d'autrui, prétend être lui-même propriétaire, il faut d'abord faire constater son droit, et, pour cela, on doit renvoyer la cause aux tribunaux civils, qui sont les seuls juges des questions de propriété. On nomme ces sortes de questions préjudicielles (2).

L'art. 182 C. forest. établit, à cet égard, une règle que la jurisprudence a étendue à toutes les matières qui sont susceptibles de son application (3). « Si, dans une instance en « réparation de délit ou de contravention, le prévenu excipe « d'un droit de propriété ou autre droit réel, le tribunal saisi « de la plainte statuera sur l'incident, en se conformant aux « règles suivantes : l'exception préjudicielle ne sera admise « qu'autant qu'elle sera fondée, soit sur un titre apparent, « soit sur des faits de possession équivalents, personnels au « prévenu et par lui articulés avec précision, et si le titre « produit et les faits articulés sont de nature à ôter au fait « qui sert de base aux poursuites tout caractère de délit ou « de contravention. »

Ainsi donc, pour qu'il y ait véritablement question préjudicielle donnant lieu à sursis, il faut que le prévenu montre un titre qui justifie de l'existence d'un droit de propriété ou autre droit réel, comme usufruit, usage, servitude, qui lui donne le droit de faire ce qu'il a fait. Et le tribunal de répression, qui n'est pas juge définitif de la validité des titres, peut cependant apprécier la présomption qui en résulte, pour accorder ou refuser le sursis et le renvoi (4). La loi suppose aussi que le prévenu pourra articuler des faits de

---

(1) Rej., 9 fév. 1864, D. 211.
(2) V. Merlin, v° *Quest. préjud.*; Carnot, art. **3**, n°s 19 et suiv.
(3) Cass., 19 mars 1835, D. 203 ; 18 déc. 1840, D. 41.1.375.
(4) Cass., 23 avril 1824, D. 414 ; Cass., 10 mars 1835, D. 203 ; Rej., 13 avril 1839, D. 380.

possession; en effet, celui qui a la possession annale est censé propriétaire. Il a, tant que son adversaire ne l'a pas fait condamner au pétitoire, un droit *équivalent* à celui de propriété, suivant les expressions de l'art. 182. On ne peut donc le rechercher pour un fait qui serait l'exercice du droit de propriété. Dans ce cas encore, le tribunal de répression appréciera d'abord la nature de la possession, les faits sur lesquels elle s'appuie, et sa durée, avant de renvoyer au juge des actions possessoires, c'est-à-dire au juge de paix.

Quand il s'agit de décider préjudiciellement une question d'état, la règle est la même que pour les questions de propriété immobilière.

Mais si le prévenu excipe d'un simple droit mobilier, comme d'une obligation contractuelle (1), ou de la propriété d'un objet mobilier (2), le tribunal de répression est toujours compétent pour l'apprécier. Car, en principe, le juge de l'action est le juge de l'exception, et, notamment le juge saisi de la connaissance d'un fait criminel a le droit d'apprécier toutes les circonstances constitutives de ce fait, et toutes les questions qui s'y rattachent, alors même que cette appréciation serait en dehors de sa compétence, si on la lui soumettait par action principale. Sans cela, la marche de la justice serait trop souvent interrompue par des conflits de juridiction. Le juge criminel n'est donc dessaisi qu'en vertu d'une disposition expresse de la loi, comme celle que nous venons de citer. Dans l'appréciation de faits d'un autre genre, par exemple, des contrats, il doit seulement se conformer au mode de justification établi par la loi civile, et n'admettre que des preuves par écrit, dans les cas où elle l'ordonne.

240 *bis.* En tout cas, c'est au prévenu qui soulève une question préjudicielle à saisir le tribunal compétent pour la faire vider, dans le délai fixé par le jugement (3). Sinon il sera passé outre, porte l'art. 182 C. forest. Car faute de justifier de ses diligences, le prévenu est censé renoncer à son exception et n'avoir pas les moyens de la soutenir.

---

(1) Cass., 13 juin 1818, *Bull.* 78; 2 août 1821, *Bull.* 126; 25 juin 1830, *Bull.* 179 et D. 316; Rej., 22 janv. 1836, D. 119; 5 mai 1849, S. 671; 12 fév. 1864, *Bull.* 39; 19 fév. 1864, *Bull.* 49; MM. Mangin, *Act. publ.*, 1, 167; Trébutien, *Cours de dr. cr.*, t. 2, p. 85, 88.
(2) Cass., 11 avril 1817, *J. du Pal.*, t. 14, p. 178; 14 sept. 1855, *Bull.* 321 et les auteurs cités à la note 1.
(3) Cass., 20 mai 1853, D. 276.

240 *ter*. Lorsque le tribunal civil est ainsi appelé à juger une question préjudicielle, on se demande si ce tribunal n'étant pas saisi de l'action principale qui demeure pendante devant le juge de répression, est compétent, au cas où le prévenu justifierait de son droit de propriété, pour condamner le plaignant à des dommages-intérêts fondés sur la poursuite abusive par lui intentée.

L'affirmative a été admise par un arrêt de la Cour de Poitiers du 2 janvier 1856 contre lequel on s'est inutilement pourvu.

Un sieur Rabain avait fait citer en police correctionnelle le sieur Roux à raison d'un vol d'arbres. Roux soutint qu'il était propriétaire de ces arbres comme accrus sur une terre qui lui appartenait. — Renvoi pour l'exception de propriété au tribunal civil de Jonzac qui constata le droit du sieur Roux et en conséquence, « attendu que la nature du trouble apporté par Rabain à la possession de Roux a occasionné à « celui-ci un véritable dommage, soit en portant atteinte à « sa considération, soit en l'exposant à une perte de temps « et à des frais considérables », le tribunal condamna Rabain à 1000 francs de dommages-intérêts. — Sur l'appel de Rabain, la Cour confirma en adoptant les motifs. — Il y eut pourvoi en cassation, et l'arrêt de rejet est ainsi motivé : « Attendu qu'en prenant pour base de la condamnation à « des dommages-intérêts la perte de temps et les dépenses « considérables imposées au défendeur éventuel, le jugement « attaqué n'a violé aucune loi. Par ces motifs et sans adopter « tous ceux du tribunal, rejette (1). »

Ces derniers mots semblent impliquer un blâme de la décision attaquée, et l'on se demande quel en est le motif. Au fond le jugement est maintenu, et pourtant le considérant qui précède ne répond en aucune façon à la question du pourvoi, consistant à savoir si le tribunal civil était compétent. Suivant nous, le tribunal correctionnel seul était appelé à prononcer, ainsi que nous le verrons n° 259 ; il restait saisi du procès principal ; dès lors on a peine à comprendre comment la connaissance des dommages-intérêts réclamés par le prévenu à raison de la poursuite même, pouvait lui être enlevée et soumise à un tribunal qui n'avait à juger qu'un incident de cette poursuite, la question spéciale de propriété.

---

(1) Rej., 2 janv. 1856, D. 56.2.88.

241. Une dernière règle, commune à tous les tribunaux criminels, est qu'ils ne peuvent connaître de l'exécution de leurs jugements (1). « Les tribunaux criminels ne sont, quand ils procèdent au jugement des actions civiles, que des tribunaux d'exception; comme tels, ils ne peuvent connaître que des demandes dont le jugement leur est délégué, et ce jugement une fois rendu, leur pouvoir est consommé. Il résulte de là que, si l'exécution de ce jugement donne lieu à des difficultés qui exigent l'intervention de la justice, c'est devant les tribunaux ordinaires que ces difficultés doivent être portées. Les juges qui ont un pouvoir limité, dit Loyseau, ayant donné leur sentence définitive, ont accompli leur pouvoir, et ce qui survient par après est de l'ordinaire » (2).

242. Tels sont les principes de la compétence des tribunaux de répression, en général, par rapport à l'action civile. Nous allons entrer maintenant dans quelques détails sur les règles particulières à chacun d'eux; car il existe des dispositions différentes, suivant que l'action est portée devant une Cour d'assises ou devant un tribunal de police simple ou correctionnelle.

243. Quant aux juges d'instruction et aux chambres de mise en accusation, nous n'aurons pas à nous en occuper. Ils ne peuvent jamais connaître des actions civiles se rattachant aux faits sur lesquels ils prononcent. Ils n'examinent ces faits qu'au point de vue de l'action publique. D'ailleurs, ils ne sont pas organisés pour prononcer de véritables jugements, puisqu'il n'y a pas devant eux de débat public (3).

Il n'y a d'exception que dans le cas spécialement prévu par l'art. 136, C. d'inst. crim. (4).

1° De l'action civile portée devant la Cour d'assises.

244. La partie lésée peut toujours se porter partie civile devant la Cour d'assises, à raison d'un fait qui lui est déféré

---

(1) Code de brum. an 4, art. 440 ; MM. Henrion de Pansey, *Du pouv. judic.*, ch. 18 et 20 ; Legraverend, t. 2, p. 283 ; Mangin et Faustin Hélie, t. 2, p. 427 ; Cass., 21 therm. an 12 ; Rennes, 25 janvier 1847. D. 47.4.102. Dalloz, *Compétence*, p. 453 ; 28 mars 1807, *ibid.*, 441 ; 23 juin 1820, *ibid.*, 472, et *Nouv. Rép.*, v° *Comp. crim.*, n° 479.

(2) Mangin, *loc. cit.*

(3) MM. Mangin et Faustin Hélie, p. 425.

(4) Merlin, *Quest.*, v° *Répar. civ.*, § 4 ; Carnot, *Sur l'art.* 136.

par le ministère public (Cod. d'inst. crim., art. 67, 359, 366). La Cour d'assises est compétente pour connaître de son action dans tous les cas, ainsi que de l'action de l'accusé contre la partie civile ou le simple dénonciateur (Code d'inst. crim., art. 358, 359, 366).

Or, les Cours d'assises connaissent exclusivement de tous les faits punis par la loi de peines afflictives et infamantes (C. d'instr. crim., art. 133 et 231), et des délits qui leur sont déférés par des lois spéciales (1).

En outre, comme elles ont la plénitude de la juridiction en matière criminelle (2), elles statuent toujours sur les faits qui leur ont déférés, quand même ils perdent aux débats le caractère de crimes qui leur était donné par l'accusation, pour prendre celui de simples délits et même de contraventions (C. d'instr. crim., art. 365). Cela ne veut pas dire que la Cour d'assises ait le droit de juger des faits nouveaux qui se seraient révélés aux débats. Au contraire, l'art. 361, C. d'instr. crim., veut qu'en pareil cas le président, après avoir prononcé l'acquittement, ordonne que l'accusé soit poursuivi à raison du nouveau fait. La Cour d'assises ne peut connaître que des faits dont elle est saisie par l'acte d'accusation (C. d'instr. crim., art. 337). Mais, de même que s'il résulte des débats une circonstance aggravante de ce fait, non mentionnée dans l'acte d'accusation, le président doit poser une question spéciale à raison de cette circonstance (C. d'instr. crim., art. 338, 339, 340, 341), il doit aussi en poser une pour toute circonstance atténuante ou modificative du fait principal, quand même il en résulterait que celui-ci rentre dans la classe des délits ou simples contraventions. Ainsi, pour donner un exemple, dans une accusation d'infanticide, on ne peut poser au jury la question subsidiaire du crime de suppression d'enfant (3). Le second fait est tout à fait distinct du premier. Il est même fondé sur une hypothèse incompatible et contradictoire avec lui, la vie de l'enfant. C'est un autre fait, dans le sens de l'art. 361, C. d'instr. Mais un fait qualifié vol domestique, ou avec escalade, fausses clefs, etc., peut prendre aux dé-

---

(1) Comme cela avait lieu en matière de presse sous la législation antérieure à 1852.
(2) L. 20 avr. 1810, art. 2 ; C. instr. crim., art. 271 et 365.
(3) Cass., 19 avr. 1839, S. 777. — Voir aussi Cass., 14 mars 1844, S. 323 ; Faustin Hélie, *Th. C. d'instr. crim.*, t. 9, p. 57.

bats le caractère d'un vol simple, et la question de culpabilité sur ce délit n'en devrait pas moins être posée aux jurés (1).

245. La Cour d'assises est compétente pour connaître de l'action formée par la partie civile contre l'accusé, soit lorsqu'il est condamné, soit lorsqu'il est absous ou acquitté. C'est ce qui résulte des art. 358, 359, et 366, C. d'instr. crim. Il suffit que la condamnation aux dommages-intérêts ait sa base dans le fait qui a motivé les poursuites.

En pareil cas, elle est compétente, ainsi que nous l'avons déjà vu n° 240, pour résoudre les questions de droit civil qui pourraient s'élever. Par exemple, elle peut ordonner la restitution des objets ou des sommes réclamés par la partie civile, en vertu d'un contrat tel que le mandat ou le dépôt (C. d'inst. crim. 366) (2) ; — elle peut statuer sur la propriété des pièces à conviction et autres objets saisis lorsque ce droit est contesté au plaignant par l'accusé (3),— et même prononcer la nullité de l'acte argué de faux, s'il est entaché d'un autre vice, tel que le dol et la fraude (4).

La compétence de la Cour d'assises à cet égard est certaine, même au cas d'acquittement, car elle a incontestablement le droit de résoudre ces questions pour statuer sur la poursuite criminelle. Or sa juridiction est prorogée, au cas d'acquittement, par l'art. 366, afin de statuer sur les intérêts civils, et cette juridiction conserve la même étendue.

246. L'action de l'accusé contre la partie civile est aussi de la compétence de la même Cour, aux termes des articles précités.

Mais une chose remarquable, c'est que l'accusé acquitté peut demander à la Cour d'assises des dommages-intérêts contre ses dénonciateurs, alors même qu'ils ne se sont pas portés parties civiles et ne figurent pas au procès. « L'accusé acquitté pourra aussi obtenir des dommages-intérêts « contre ses dénonciateurs, pour fait de calomnie, sans « néanmoins que les membres des autorités constituées « puissent être ainsi poursuivis à raison des avis qu'ils sont

(1) V. Carnot, Sur l'art. 363, n°s 9 et suiv.; Th. C. d'instr. crim., t. 9, p. 53.
(2) Cass., 5 déc. 1861, D. 503.
(3) Rej., 5 fév. 1858, D. 231 ; Faustin Hélie, C. instr. crim., t. 9, p. 276.
(4) Rej., 18 nov. 1854, D. 348.

« tenus de donner concernant les délits dont ils ont cru
« acquérir la connaissance dans l'exercice de leurs fonc-
« tions, et sauf contre eux la demande en prise à partie, s'il
« y a lieu. Le procureur général sera tenu, sur la réquisi-
« tion de l'accusé, de lui faire connaître ses dénoncia-
« teurs (1). La partie civile est tenue de former sa demande
« en dommages-intérêts avant le jugement; plus tard, elle
« sera non recevable. Il en est de même de l'accusé s'il a
« connu son dénonciateur. Dans le cas où l'accusé n'aurait
« connu son dénonciateur que depuis le jugement, mais
« avant la fin de la session, il sera tenu, *sous peine de dé-*
« *chéance*, de porter sa demande à la Cour d'assises; s'il ne
« l'a connu qu'après la clôture de la session, la demande sera
« portée au tribunal civil (2). » Le dénonciateur peut être
condamné sans avoir été cité, pourvu qu'il soit présent à
l'audience comme plaignant ou comme témoin (3) et puisse
être entendu dans ses moyens de défense, car c'est séance
tenante que le procureur général est tenu de le faire connaître à l'accusé; et l'accusé est tenu de former sa demande
avant le jugement. S'il n'est pas présent, l'accusé doit former
sa demande, puisque l'art. 359 l'y oblige, mais la Cour doit
ajourner l'affaire pour que le défendeur puisse être cité. On
ne peut le condamner sans avoir entendu ses explications
ou l'avoir au moins appelé (4).

247. La demande en dommages-intérêts formée par la
partie civile ne peut être portée qu'à la Cour d'assises. Sa
demande, d'après l'art. 359, doit être formée avant le jugement; plus tard, elle serait non recevable. Ainsi la partie
civile, quand même elle n'aurait pas pris de conclusions à fin
de dommages-intérêts, ne serait pas admise à porter son
action aux tribunaux civils, postérieurement à l'arrêt de la
Cour d'assises. Mais cela ne veut pas dire que la partie lésée
par un crime doive nécessairement se porter partie civile.
Elle a le choix, dès le principe, de s'adresser aux tribunaux
civils, conformément à l'art. 3 du Code d'instruction.

Nous pensons aussi que si la partie civile se désiste régu-

---

(1) C. instr. crim., art. 358.
(2) Art. 359.
(3) C. instr. crim., art. 358 et 359; Cass., 31 mai 1816, *J. du Pal.*,
13, 486; MM. Mangin et Faustin Hélie, t. 2, p. 407; Faustin Hélie,
C. instr. crim., t. 9, p. 285.
(4) Faustin Hélie, *Instr. crim., ibid.*

lièrement avant le jugement, son action n'est pas épuisée ; elle s'est retirée de la cause, il n'y a pas chose jugée à son égard.

248. La demande en dommages-intérêts formée par l'accusé contre son dénonciateur est, au contraire, de la compétence exclusive de la Cour d'assises. Il y a, dans l'art. 359, attribution de juridiction à cet égard, du moins toutes les fois que l'accusé a connu son dénonciateur avant la fin de la session. En pareil cas, et si l'accusé n'a connu son dénonciateur que depuis le jugement, il est tenu de porter son action à la Cour d'assises, *à peine de déchéance.* Donc il ne pourrait l'introduire devant un tribunal civil ; et, à plus forte raison, en est-il de même quand l'accusé a connu son dénonciateur avant le jugement. Ces mots : à peine de déchéance, fixent le sens de la disposition du même article qui prescrit à l'accusé de former sa demande en dommages-intérêts contre la partie civile ou contre le dénonciateur quand il le connaît, avant le jugement, sans quoi il sera non recevable. L'action de l'accusé, dérivant de la poursuite, ne peut en effet être mieux appréciée que par la Cour d'assises devant laquelle les débats ont eu lieu.

249. Du moment où le dénonciateur peut être jugé sans avoir été cité, il faut lui reconnaître le droit de former opposition à l'arrêt par défaut qui le condamne aux dommages-intérêts. Il ne serait pas possible qu'un homme fût condamné définitivement sans avoir pu se défendre. L'opposition ne peut être portée qu'à la Cour d'assises (1).

250. Mais en est-il de même lorsque le dénonciateur régulièrement cité n'a pas comparu, et de la partie civile qui aurait été jugée par défaut faute de conclure (2) ? La Cour de cassation a décidé affirmativement : « Attendu que, d'après le second paragraphe de l'art. 358, C. d'inst. crim., il doit être statué, par les Cours d'assises, sur les dommages-intérêts qui peuvent être respectivement prétendus, après avoir entendu les parties dans leur défense ; que les condamnations en dommages-intérêts prononcées sur la demande d'un accusé acquitté contre une partie civile qui n'a pas été

___

(1) Carnot, *Sur l'art.* 358, n° 11, et *Observ. add.,* n° 5 ; MM. Mangin et Hélie, p. 412.
(2) On a prétendu que la partie civile était nécessairement partie contradictoire aux débats. Mais il résulte des art. 419 et 436, C. instr. crim., qu'elle peut être jugée par défaut.

I.

entendue, ou qui n'a pas conclu sur cette demande, ont le caractère de condamnations par défaut ; que, d'après les principes du droit commun, la voie de l'opposition est ouverte contre les condamnations par défaut, dans tous les cas où cette voie n'a pas été interdite par une loi spéciale ; qu'aucune disposition de la loi n'a prohibé le recours en opposition de la partie civile, condamnée par défaut par une Cour d'assises, à des dommages-intérêts en faveur de l'accusé acquitté, etc. (1). »

Si l'accusé n'a connu son dénonciateur qu'après la session, son action n'appartient qu'au tribunal civil.

251. Par dérogation au principe général posé ci-dessus, nº 229, la Cour d'assises peut prononcer sur les dommages réclamés, par un jugement distinct de celui qui a prononcé sur l'action publique et même postérieur. C'est ce qui a lieu quand la Cour d'assises commet l'un des juges pour entendre les parties, prendre connaissance des pièces et faire son rapport à l'audience, conformément à l'art. 358. Cette voie d'instruction ne doit pas arrêter la marche de l'action publique, qui pourrait être jugée avant que le litige privé fût en état. On devrait alors prononcer d'abord sur l'accusation. C'est encore ce qui a lieu lorsque la partie civile ou le dénonciateur, condamnés par défaut, forment opposition à l'arrêt. Cette opposition peut même être portée devant les juges de la session suivante, si elle n'a été formée qu'après la clôture de la session qui a jugé l'accusé (2). Mais ces exceptions doivent être renfermées dans les limites expressément fixées par la loi.

252. Les arrêts des Cours d'assises ne sont pas susceptibles d'appel ; mais ils peuvent être attaqués en cassation (C. instr. crim., art. 262, 407, 408, 412), par le condamné, le ministère public et la partie civile. Le droit de la partie civile est limité en ces termes, par l'art. 412 : « Dans aucun « cas, la partie civile ne pourra poursuivre l'annulation d'une « ordonnance d'acquittement ou d'un arrêt d'absolution ; « mais si l'arrêt a prononcé contre elle des condamnations « civiles supérieures aux demandes de la partie acquittée ou « absoute, cette disposition de l'arrêt pourra être annulée « sur la demande de la partie civile. » Aucune autre ouverture de cassation n'est recevable de la part de la partie civile.

---

(1) Rej., 19 avr. 1817, S. 18.1.20.
(2) Rej., 19 avril 1817, S. 18.1.20.

253. Sur le pourvoi de l'accusé, la Cour de cassation peut annuler l'arrêt de la Cour d'assises, soit pour incompétence, soit aux chefs qui concernent la condamnation pénale ou l'absolution, soit aux chefs qui concernent les intérêts civils seulement (C. d'instr. crim., art. 408, 410, 412). Dans le premier cas, l'annulation s'applique évidemment à l'arrêt tout entier ; la condamnation civile n'étant que l'accessoire de la condamnation pénale, à l'égard de laquelle le juge qui l'a prononcée est reconnu incompétent, tombe nécessairement avec celle-ci. Dans le second cas, la cassation peut n'être que partielle. La condamnation civile peut subsister ; par exemple, si la nullité de l'arrêt résulte de ce qu'il a prononcé une peine autre que celle que la loi applique à la nature du crime. D'après l'article 434, la Cour d'assises, à qui le procès sera renvoyé en pareille circonstance, rendra son arrêt sur la déclaration déjà faite par le jury. Le même article ajoute : « La Cour de cassation n'annulera qu'une par- « tie de l'arrêt, lorsque la nullité ne viciera qu'une ou « quelques-unes de ses dispositions. » Ainsi, tout en pro- nonçant la nullité pour fausse application de la peine, la Cour de cassation pourrait maintenir la condamnation au chef des intérêts civils ; mais il faudrait que ce maintien fût expressément réservé par l'arrêt de cassation. Récipro- quement, la cassation pourrait porter uniquement sur ce dernier chef.

254. L'article 429 désigne les divers tribunaux auxquels doit être renvoyée la cause d'après les distinctions ci-dessus : « La Cour de cassation prononcera le renvoi du procès, sa- « voir : devant une Cour impériale, autre que celle qui aura « réglé la compétence et prononcé la mise en accusation, si « l'arrêt est annulé par l'une des causes exprimées en l'ar- « ticle 299 ; devant une Cour d'assises, autre que celle qui « aura rendu l'arrêt, si l'arrêt et l'instruction sont annulés « pour cause de nullités commises à la Cour d'assises ; de- « vant un tribunal de première instance, autre que celui « auquel aura appartenu le juge d'instruction, si l'arrêt et « l'instruction sont annulés aux chefs seulement qui con- « cernent les intérêts civils : dans ce cas, le tribunal sera « saisi sans citation préalable en conciliation. — Si l'arrêt « et la procédure sont annulés pour cause d'incompétence, « la Cour de cassation renverra le procès devant les juges « qui doivent en connaître et les désignera. Toutefois, si la « compétence se trouvait appartenir au tribunal de première

« instance où siége le juge qui aurait fait la première instruc-
« tion, le renvoi sera fait à un autre tribunal de première
« instance. — Lorsque l'arrêt sera annulé, parce que le fait
« qui aura donné lieu à une condamnation se trouvera
« n'être pas un délit qualifié par la loi, le renvoi, s'il y a
« une partie civile, sera fait devant un tribunal de première
« instance autre que celui auquel aura appartenu le juge
« d'instruction. »

Dans ce dernier cas, si la Cour de cassation renvoyait par
erreur devant un tribunal de répression, celui-ci devrait
se déclarer incompétent ; car il ne pourrait retenir la cause
sans violer formellement une loi et méconnaître l'ordre des
juridictions qui touche à l'ordre public (1).

Il en serait évidemment de même s'il s'agissait de l'annulation d'un arrêt portant des condamnations civiles contre
un accusé acquitté (2).

2° *De l'action civile portée devant le tribunal de police
correctionnelle.*

255. Les tribunaux correctionnels connaissent de tous les
délits dont la peine excède cinq jours d'emprisonnement et
quinze francs d'amende et qu'une disposition spéciale ne
défère pas aux Cours d'assises ; de tous les délits forestiers
poursuivis à la requête de l'administration, quelle que soit
la peine prononcée par la loi (3) ; des appels des jugements
de simple police (C. d'instr. crim., art. 174), et des actions
civiles dérivant du fait poursuivi dans les mêmes cas.

Il y a deux hypothèses où les tribunaux de police correctionnelle sont compétents pour statuer sur de simples contraventions. La première est celle où ils sont saisis de contraventions forestières poursuivies à la requête de l'administration (C. instr. crim., art. 179 ; C. for., art. 171). Ces
contraventions sont comprises dans le mot générique de
délits, employé par l'art. 179 du C. d'instr. crim.

La seconde est indiquée par l'art. 192, C. instr. crim.,

(1) Cour d'assises du Cher, 24 janv. 1842, S. 42.2.76.
(2) V. à cet égard, Cass., 10 juill. 1862, D. 64.1.47, bien que l'arrêt
ne soit pas rapporté d'une manière tout à fait complète.
(3) C. instr. crim., art. 179 ; C. for., art. 171 ; M. Meaume, *Comm.
sur le C. for.,* art. 171. — Mais il n'est rien changé aux dispositions du
Code d'instruction criminelle sur la compétence des tribunaux quant
aux délits poursuivis à la requête des particuliers. C. for., 190.

en ces termes : « Si le fait n'est qu'une contravention de
« police, et si la partie publique et la partie civile n'ont pas
« demandé le renvoi, le tribunal appliquera la peine et pro-
« noncera sur les dommages-intérêts. Dans ce cas, son ju-
« gement sera en dernier ressort. » L'art. 213 statue de
même à l'égard du tribunal saisi de l'appel. Cette disposition a pour but d'éviter une instruction nouvelle devant le
juge de police, alors que le tribunal saisi présente toutes les
garanties désirables et pourrait connaître de l'affaire comme
juge d'appel, alors, enfin, que les parties intéressées ne demandent pas le renvoi.

256. On admet généralement que le prévenu, aussi bien
que la partie civile et le ministère public, peut décliner la
compétence du tribunal correctionnel, bien que l'art. 192
ne parle que de ces derniers. Mais les auteurs qui lui reconnaissent ce droit pensent en même temps qu'il n'y aurait
pas nullité si le tribunal avait retenu l'affaire malgré la demande du prévenu. Les nullités, disent-ils, ne doivent pas
se suppléer (1).

Ce système est condamné par l'art. 408, C. instr. crim.,
portant que l'annulation de l'arrêt de condamnation sera
prononcé par la Cour de cassation, « tant dans les cas d'in-
« compétence, que lorsqu'il aura été omis ou refusé de pro-
« noncer, soit sur une ou plusieurs demandes du pré-
« venu, soit sur une ou plusieurs réquisitions du minis-
« tère public, tendant à user d'une faculté ou d'un droit
« accordé par la loi, bien que la peine de nullité ne fût pas
« textuellement attachée à l'absence de la formalité dont
« l'exécution aura été demandée ou requise. » L'article 413
déclare « que les voies d'annulation exprimées en l'art. 408
sont, en matière correctionnelle ou de police, ouvertes à la
partie poursuivie ». Celle-ci peut donc tirer un moyen de
nullité de l'incompétence du tribunal. Et même, dans le
cas où le tribunal aurait omis de statuer sur son déclinatoire, elle aurait un second moyen à faire valoir, tiré de la
seconde disposition de l'art. 408 : car ce qui est dit de l'o-
mission ou du refus de statuer sur une faculté ou un droit
réclamé par l'accusé s'appliquerait nécessairement à sa de-

(1) Legraverend, t. 2, p. 393 ; Dalloz, *Compét. crim.*, nᵒˢ 536 et s.;
Boitard, *Leçons sur le C. d'instr. crim.*, p. 316 et 317 ; Lesellyer, t. 3,
nᵒ 938.

mande de renvoi, fondée sur un droit positif qui se rattache évidemment à l'intérêt de sa défense.

Telle est la doctrine qui nous semble la plus conforme aux principes généraux et aux droits de la défense.

Elle est sans difficulté, du reste, quand le fait, d'après la citation même, ne présente que les caractères d'une contravention et si le prévenu propose l'exception d'incompétence *in limine litis* (1).

Mais la Cour de cassation la repousse : 1° si le fait poursuivi n'a perdu son caractère de délit que par suite de l'instruction faite à l'audience (2); 2° si le prévenu n'a pas proposé l'exception avant de laisser s'engager le débat, lors même que le libellé de la citation ne lui imputerait qu'un fait qualifié par la loi simple contravention. L'art. 192, en ce cas, portent les arrêts, n'autorise que la partie civile et la partie publique à demander le renvoi. Le prévenu n'y est pas formellement admis et ne peut décliner tardivement la compétence d'un tribunal devant lequel il a consenti à procéder (3).

257. Du principe que le tribunal de police correctionnelle ne peut connaître de l'action civile que conjointement et accessoirement à l'action publique (V. n°s 223 et 225), il suit que ce tribunal ne peut prononcer de dommages-intérêts qu'accessoirement à un délit par lui reconnu (4). En acquittant le prévenu, il se dessaisit de l'action publique et n'a plus le pouvoir de statuer sur l'action privée qui s'y rattache (5), si ce n'est en ce qui concerne l'action du prévenu acquitté contre son accusateur.

258. C'est ainsi qu'il faut entendre l'art. 191, C. instr. crim., portant : « Si le fait n'est réputé ni délit, ni contra- « vention de police, le tribunal annulera l'instruction, la ci- « tation et tout ce qui aurait suivi, renverra le prévenu et « statuera sur les demandes en dommages-intérêts (6). »

---

(1) Cass., 8 mars 1839, *Bull.*, 85; Faustin Hélie, *Instr. crim.*, t. 7, p. 175; Dall., *Comp. crim.*, n° 542.

(2) Cass., 16 oct. 1833, *Bull.* 397 ; Dalloz, *ibid.*, n°s 539 et 540 ; Faustin Hélie, *ibid.*

(3) Cass., 8 mars 1839, cité à la note 1.

(4) Cass., 30 avr. 1813, S. 349 ; et 12 mai 1827, S. 282.—V. cependant *infrà*, n° 266.

(5) C'est par exception que la Cour d'assises a reçu ce pouvoir. — V. n° 245.

(6) V. les arrêts cités à l'avant-dernière note, et de plus : **Rej.**,

Remarquez, en effet, que la loi déclare d'abord que le tribunal annulera la citation et tout ce qui aura suivi, et renverra le prévenu. L'action de la partie civile est donc anéantie avec toute la procédure au moyen de laquelle elle s'exerçait. De plus, l'art. 212, qui dispose par rapport aux jugements rendus sur l'appel, reproduit les termes de l'art. 191 dans la première partie; mais après avoir dit que le tribunal ou la Cour renverra le prévenu, il ajoute : « et « statuera, s'il y a lieu, sur ses dommages-intérêts. » Il est donc bien clair qu'il ne s'agit que des dommages-intérêts du prévenu, et cette limitation fixe le sens de l'art. 191.

Le système de la loi, à cet égard, est rationnel. Les tribunaux de police correctionnelle étant saisis de l'action publique et de l'action civile, par voie de citation directe, des particuliers auraient pu en abuser et soumettre aux jugements de ces tribunaux des faits non criminels en eux-mêmes et susceptibles de donner lieu à une action civile seulement. Quant à l'action du prévenu, comme elle dérive de la poursuite même, mal à propos intentée, il est juste que le tribunal saisi de la poursuite prononce immédiatement.

259. Mais les art. 191 et 212, C. d'inst. crim., ont-ils attribué aux tribunaux correctionnels la connaissance exclusive de l'action du prévenu acquitté contre la partie civile ? Si le prévenu n'avait pas formé immédiatement cette action, pourrait-il la porter au tribunal civil (1) ?

L'art. 359 du même Code, relatif aux actions suivies devant la Cour d'assises, déclare le prévenu non recevable en pareil cas. Cette disposition formelle n'a pas été reproduite à l'égard des tribunaux de police; mais les art. 159, 171 et 212 ne font aucune réserve. D'un autre côté, les raisons qui ont fait déclarer l'accusé non recevable à porter sa demande ailleurs qu'à la Cour d'assises, sont les mêmes à l'égard du prévenu acquitté. Les dommages-intérêts qu'il réclame dérivent de la poursuite. C'est donc au tribunal qui a pu juger de la nature des accusations à connaître de la réparation. Enfin, c'est un moyen de couper court au procès. Ces mo-

---

29 mai 1840, D. 253 ; 20 nov. 1840, D. 41.1.152 ; Cass., 2 mai 1851, S. 367 ; M. Henrion de Pansey, *Comp.*, p. 144, et l'arrêt du 23 janv. 1823, qu'il cite à la note.

(1) Même question pour les tribunaux de simple police, résultant de l'art. 159.

tifs nous déterminent à regarder comme exclusive la compétence des tribunaux de répression (1).

260. L'art. 359 autorise en outre l'accusé à demander à la Cour des dommages-intérêts contre son dénonciateur, quand même ce dernier ne s'est pas porté partie civile. Les art. 171 et 212 ne parlent, au contraire, que des parties civiles, et nous ne pourrions étendre, par analogie, les dispositions de l'art. 359 au cas où l'action est du ressort des tribunaux de police, car cette disposition est exceptionnelle. Le dénonciateur n'ayant pas été partie aux débats, l'action civile du prévenu n'est plus ici l'accessoire de l'action publique ; le tribunal saisi n'est pas compétent (2).

261. Le tribunal correctionnel n'étant compétent pour statuer sur l'action civile que conjointement et accessoirement à l'action publique, il devrait renvoyer des fins de la plainte la personne citée devant lui, dans le cas où elle ne serait poursuivie qu'à fins civiles. Il y aurait incompétence *ratione materiæ*, qui devrait être déclarée d'office.

262. Toutefois, il faut faire exception dans certaines circonstances.

Ainsi, d'abord, en ce qui concerne les personnes civilement responsables, du moins d'après certaines autorités (V. n°s 799 et suiv.).

263. Ainsi, encore, en matière forestière. Les art. 159, 160 et 171 C. forest. sont ainsi conçus :

Art. 159. « L'administration forestière est chargée, tant
« dans l'intérêt de l'Etat que dans celui des autres pro-
« priétaires de bois et forêts soumis au régime forestier, des
« poursuites en réparation de tous délits et contraventions
« commis dans ces bois et forêts, sauf l'exception mention-
« née en l'art. 87 (3). Elle est également chargée de la pour-
« suite en réparation des délits et contraventions spécifiés
« aux art. 134, 143 et 219 (4). Les actions et poursuites
« seront exercées par les agents forestiers, au nom de l'ad-
« ministration forestière, sans préjudice du droit qui appar-
« tient au ministère public.

---

(1) *Adde*, MM. Mangin et Faustin Hélie, t. 2, p. 419 ; Dalloz, v° *Inst. crim.*, n° 978.—*Contrà*, Rej., 2 déc. 1861, D. 62.1.171.
(2) MM. Mangin et Hélie, p. 421.
(3) Relative aux forêts du domaine de la Couronne.
(4) C'est-à-dire des délits relatifs aux arbres marqués pour le service de la marine dans tous les bois ; de ceux relatifs aux bois employés au service de la navigation du Rhin et aux défrichements non autorisés.

Art. 160. « Les agents, arpenteurs et gardes forestiers re-
« cherchent et constatent, par procès-verbaux, les délits et
« contraventions, savoir : les agents et arpenteurs dans toute
« l'étendue du territoire pour lequel ils sont commissionnés ;
« et les gardes, dans l'arrondissement du tribunal près du-
« quel ils sont assermentés.

Art. 171. « Toutes les actions et poursuites exercées au
« nom de l'administration générale des forêts, et à la re-
« quête de ses agents, en réparation de délits ou contraven-
« tions en matière forestière, *sont portées devant les tribu-*
« *naux correctionnels*, lesquels sont seuls compétents pour
« en connaître. »

De la combinaison de ces articles, il résulte que les actions
en réparations et en dommages-intérêts pour tous délits forestiers, sont portées aux tribunaux correctionnels, seuls
compétents pour en connaître, quand ces actions sont exercées par l'administration. Ainsi, même les actions purement
civiles, dégagées de tout caractère de pénalité, sont portées
devant ces tribunaux quand elles sont poursuivies par les
agents forestiers. Par exemple, la demande en paiement de
l'amende dirigée contre un garde, en vertu de l'art. 6, C.
forest., bien qu'elle ait sa source dans une responsabilité d'un
ordre purement civil, doit leur être déférée (1). De même
la demande en dommages-intérêts, motivée sur l'application
de l'art. 198, est une action civile; cependant elle appartient
aux tribunaux correctionnels (2), et plusieurs arrêts ont décidé que c'est aussi devant eux que doit être poursuivie l'action civile après que l'action publique a été éteinte par une
ordonnance d'amnistie (3).

Par conséquent, l'action civile dirigée contre la caution de
l'adjudicataire, ou contre ses héritiers et représentants, leur
est également déférée. Les art. 159 et 171 comprennent,
sous le nom de réparation, aussi bien les réparations civiles
ou dommages-intérêts que les réparations pénales.

Une troisième exception résulte de l'art. 49 de la loi du
5 juillet 1844 sur les brevets d'invention, qui porte : « La
« confiscation des objets reconnus contrefaits et, le cas
« échéant, celle des instruments ou ustensiles destinés spé-

(1) Cass., 30 juill. 1829 et 4 mai 1832 ; M. Meaume, *Comm. du Code
for.*, art. 6, n° 29.
(2) Cass., 30 sept. 1836, S. 37, 431 ; M. Meaume, *Sur l'art.* 171.
(3) Cass., 26 oct. 1821 et 19 sept. 1832; M. Meaume, n° 1200.

« cialement à leur fabrication, seront, *même en cas d'ac-*
« *quittement,* prononcées contre le contrefacteur, le recé-
« leur, l'introducteur ou le débitant. — Les objets confis-
« qués seront remis au propriétaire du brevet, sans préjudice
« de plus amples dommages-intérêts et de l'affiche du juge-
« ment s'il y a lieu. »

Nous avons déjà rappelé cette disposition exceptionnelle
(n°s 134 *ter* et suiv.) en ce qui concerne la confiscation et
l'affiche des jugements, et nous en avons donné la raison.
Le législateur a voulu en cette matière que le tribunal correctionnel saisi de la poursuite pût connaître de la question
de propriété industrielle et de réparation pécuniaire soulevée
par le procès, dans son entier, sans qu'il fût besoin de renvoyer au tribunal civil, alors même que le prévenu justifiant
de sa bonne foi ne serait pas condamné comme contrefacteur. — Par analogie des droits conférés aux Cours d'assises
par l'art. 358, C. inst. crim., on a prorogé au cas d'acquittement la compétence du tribunal correctionnel, tant pour la
remise à qui de droit, des objets saisis que pour les dommages-intérêts. Aussi l'art. 49 ne fait aucune distinction
entre les divers chefs de condamnation qu'il mentionne et
qu'il autorise également à prononcer en cas d'acquittement (1).

Enfin, la loi du 23 juin 1857 sur la propriété des marques
de fabrique, renferme (art. 14) des dispositions identiques à
celles de l'art. 49 de la loi de 1844.

263 *bis.* Malgré les termes de l'art. 161, C. inst. crim., applicable en matière de police simple et correctionnelle (art.
189), le tribunal n'est pas dans l'obligation absolue de statuer par le même jugement sur les deux actions. — Il est
certain que si le juge, après avoir reconnu le prévenu coupable du délit qui lui est imputé, constate l'existence d'un
préjudice causé à la partie civile, il peut surseoir à statuer
sur la quotité des dommages-intérêts (2) et renvoyer s'il y a
lieu devant un juge-commissaire pour la déterminer (3), ou
dire qu'ils seront donnés par état (4).

264. En toute matière, du reste, quand il y a condamna-

---

(1) Dalloz, v° *Brev. d'inv.,* n°s 377 et 381 ; Renouard, n° 261 ; Cass.,
22 juin 1860, D. 293.
(2) Rej., 7 juill. 1855, D. 376.
(3) Rej., 6 déc. 1855, *Bull.* 387.
(4) C. proc., 128 ; Orléans, 10 juill. 1854, D. 55.2.157 ; Rej., 7 juill.
1855, D. 376.

tion pénale, ou bien en cas d'acquittement, si le prévenu réclame des dommages-intérêts contre la partie civile, le tribunal ayant reçu, de la loi, mission pour prononcer sur les dommages-intérêts réclamés, ne pourrait se dessaisir et renvoyer, à cette fin, devant le tribunal civil. Il y aurait là une sorte de déni de justice, une violation expresse de la loi qui entraînerait la cassation de ce jugement frustratoire.

265. Les jugements rendus en matière correctionnelle peuvent toujours être attaqués par la voie de l'appel (C. inst. crim., art. 199).

Les appels, d'après l'art. 200, C. inst. crim., étaient portés des tribunaux d'arrondissement au tribunal du chef-lieu du département. Les appels des jugements rendus au chef-lieu du département l'étaient au tribunal du chef-lieu du département voisin quand il était dans le ressort de la même Cour d'appel, sans que les tribunaux pussent, dans aucun cas, être respectivement juges d'appel de leurs jugements. Un tableau des tribunaux de chef-lieu auxquels les appels étaient déférés avait été formé en exécution de cet art. 200. Dans le département où siége la Cour d'appel, les appels des jugements rendus en police correctionnelle étaient portés à cette Cour. Il en était de même des jugements rendus en police correctionnelle dans le chef-lieu d'un département voisin, quand la distance de cette Cour n'était pas plus forte que celle du chef-lieu d'un autre département (C. inst. crim., 201).

Mais, l'art. 26 du décret du 17 février 1852 déclare que : « Les appels des jugements rendus, par les tribunaux correctionnels, sur les délits commis par la voie de la presse, « seront portés directement, sans distinction locale de ces « tribunaux, devant la chambre correctionnelle de la Cour « d'appel. »

Et ce principe a été généralisé par la loi du 13 juin 1856, qui porte que dans tous les cas l'appel sera porté à la Cour impériale (C. inst. crim. art. 201 modifié).

266. La faculté d'appeler appartient à la partie civile, quant à ses intérêts civils seulement (C. inst. crim., 202).

Mais il lui est toujours permis de le faire dans son intérêt, quand même le prévenu serait acquitté et que le ministère public acquiescerait au jugement (1).

Et, dans ce cas, le tribunal qui doit connaître du jugement des appels correctionnels serait seul compétent. L'ordre des

(1) Cass., 14 avr. 1860, *Bull*. 98.

juridictions le veut ainsi. Un tribunal civil ne pourrait réformer le jugement du tribunal criminel. Il s'agit, d'ailleurs, de faire constater l'existence du délit et déclarer la culpabilité du prévenu acquitté en première instance pour obtenir, en même temps, contre lui, des réparations civiles (1). Evidemment, les juges criminels seuls ont mission pour cela.

Mais remarquez qu'en déclarant la culpabilité, le tribunal ne peut cependant prononcer aucune peine. Le bénéfice de l'acquittement est irrévocablement acquis au prévenu si l'acquiescement du ministère public a laissé l'action publique s'éteindre (2). C'est en vue de l'action civile seule que le fait et ses caractères sont remis en question. Ainsi la chose jugée n'est pas violée. Le prévenu ne peut se plaindre de cette déclaration de culpabilité, dès que les juges n'en ont déduit l'application d'aucune peine (3).

Si la partie civile se désistait de l'appel formé par elle seule, la juridiction correctionnelle se trouverait complétement dessaisie. Le ministère public n'ayant pas appelé, l'action publique et l'action civile seraient également éteintes (4).

266 bis. En matière correctionnelle l'art. 443, C. proc., n'est pas applicable. La partie civile n'est pas recevable à former incidemment appel si elle a laissé passer le délai de dix jours qui lui est imparti par l'art. 203, C. inst. crim. (5).

266 ter. L'action publique et l'action civile, quoique poursuivies devant les mêmes juges, n'en sont pas moins indépendantes sous plusieurs rapports, comme nous l'avons déjà montré. L'une d'elles peut être réglée définitivement par l'autorité de la chose jugée, tandis que l'autre subsiste encore, par l'effet d'un appel ou d'un pourvoi. — Ainsi, lorsqu'un juge correctionnel condamnant un prévenu aux peines portées par la loi, le condamne également à des dommages-intérêts, si le jugement n'est frappé d'appel que du chef de la condamnation pénale, les condamnations civiles subsiste-

---

(1) Conformément à la règle posée n° 257.
(2) Avis du C. d'Etat, 12 nov. 1806 ; Cass., 20 et 21 juill. 1855, *Bull. cr.*, n°s 257 et 260; Cass., 7 juin 1867, D. 413.
(3) Rej., 23 sept. 1837, S. 39.1.803; 20 août 1840, S. 744; 15 juin 1844, S. 45.1.73; Carnot, *C. d'instr. crim.*, art. 1, *obs. add.*, n° 4.
(4) Cass., 9 mai 1856, D. 374.
(5) Cass., 12 mai 1855, D. 443; Besançon, 12 mars 1856, D. 56.2.27.

raient quand même le juge du second degré acquitterait ce prévenu (1).

Il en serait encore de même si la partie civile interjetait appel concuremment avec le ministère public, pour obtenir une augmentation des dommages-intérêts alloués en première instance. Le débat ne serait pas entièrement renouvelé sur ce chef si le condamné lui-même n'avait pas relevé d'appel. Le juge d'appel ne serait donc pas autorisé, en acquittant le prévenu, à le décharger en même temps des dommages-intérêts prononcés en première instance, ce point n'étant pas remis en question (2).

267. Comme nous l'avons déjà dit, n° 229, du principe que les tribunaux de police correctionnelle ne connaissent de l'action civile qu'accessoirement et conjointement à l'action publique, il suit que le décès du prévenu, advenu même pendant l'instance, amenant l'extinction de cette dernière action, l'action civile dirigée contre ses représentants ne pourrait plus être portée que devant le tribunal civil (3).

Cependant, si le prévenu était décédé après le jugement rendu par le tribunal correctionnel en première instance, ne faudrait-il pas porter au tribunal chargé de connaître des appels de police correctionnelle, l'appel qui serait formé de ce jugement ?

Cette question est controversée.

L'affirmative a été admise par la plupart des criminalistes, Carnot (4), Bourguignon (5), Mangin (6), MM. Lesellyer (7), Trébutien (8), Dalloz (9), et dans la première édition de cet ouvrage nous nous sommes prononcé en ce sens.

Il ne peut appartenir, disions-nous, qu'au tribunal d'appel correctionnel de connaître du bien ou mal-jugé des sentences rendues au premier degré en ces matières. Si l'appel n'était pas recevable dans le cas du décès du prévenu depuis sa condamnation, il en résulterait que le jugement devrait être

---

(1) Orléans, 29 août 1854, D. 55.2.159.
(2) Cass., 21 juill. 1859, D. 331. La notice de cet arrêt n'est pas tout à fait exacte.
(3) Legraverend, t. 1, p. 59.
(4) *Sur l'art. 2, C. d'instr. crim.*, n° 11.
(5) *Jurispr. des Codes crim.*, art. 2 du C. d'instr. cr., n° 5.
(6) *Action publique*, n° 282.
(7) N° 2099.
(8) *Cours de droit crim.*, t. 2, p. 42.
(9) Vis *Appel crim.*, n° 171 ; *Instr. crim.*, n° 221 ; *Cassation*, n° 367.

exécuté ou qu'il devrait être regardé comme non avenu; ce
qui ne pourrait avoir lieu sans blesser les droits de l'une ou
de l'autre des parties. — A plus forte raison en est-il de
même si le prévenu décède pendant l'instance d'appel. Les
héritiers sont appelés en reprise d'instance devant le tribunal saisi (1).

Mais la doctrine contraire est professée par M. Legraverend :

Partant de ce principe que les tribunaux de répression ne
sont investis du droit de prononcer sur l'action civile qu'accessoirement à l'action publique, cet auteur en conclut que
« tant qu'il reste au condamné une voie quelconque pour
« échapper à la condamnation, soit qu'il y ait eu arrêt ou
« jugement, ou que les tribunaux n'aient pas encore pro-
« noncé, soit que le condamné fût encore *dans le délai de*
« *l'appel ou du pourvoi en cassation*, soit que le tribunal
« d'appel ou la Cour de cassation déjà saisis de son recours
« n'eussent pas encore statué au moment de son décès, les
« tribunaux de répression ont perdu leur pouvoir de pro-
« noncer sur l'action civile. Le prévenu est mort dans l'in-
« tégrité de ses droits. Les choses doivent être remises au
« même point où elles se trouvaient lorsque l'action a pris
« naissance (2). »

M. Faustin Hélie enseigne la même doctrine dans des
termes identiques en ce qui concerne la condamnation aux
frais (3). Mais il n'en fait pas l'application à l'action civile,
et ne s'en explique point dans les passages où il traite de
l'extinction de celle-ci (4).

Pendant longtemps la jurisprudence de la Cour de cassation a été conforme à l'opinion de la majorité; c'est, du
moins, ce qui résulte de plusieurs décisions rendues par rapport aux frais (5).

Mais elle est revenue à celle de M. Legraverend dans plu-

(1) *Adde*, M. Lesellyer, n° 2099; Rej., 24 août 1854, D. 293 et *Bull. off.*, n° 264.
(2) T. 1, p. 67.
(3) *Th. du C. d'instr. crim.*, t. 3, p. 511, 519 et 521; t. 9, p. 445.
(4) *Ibid.*, t. 3, p. 771 et suiv.
(5) Cass., 16 janv. 1811, 10 fév. 1814 et 18 mai 1815, *J. du P.*, t. 9, p. 32 et t. 12, p. 734; 15 mai 1818, Dalloz, v° *Cassation*, n° 365. V. aussi Cass., 11 flor. an 10, Dalloz, v° *Appel crim.*, n° 171 et 9 déc. 1813, Dall., v° *Imp. ind.*, n° 513; Rej., 8 juin 1809, Dall., v° *Cassation*, n° 367.

sieurs arrêts récents par lesquels elle décide d'une manière absolue que le décès du condamné pendant l'instance en cassation dessaisit d'une manière complète les tribunaux criminels. L'action publique se trouvant éteinte, il n'y a lieu, portent ces arrêts, de statuer sur le pourvoi du condamné, ni sur l'intervention de l'héritier, même en ce qui concerne les frais (1) ni sur celle de la partie civile, demanderesse ou défenderesse au pourvoi, sauf à elle à reprendre son action contre l'héritier devant la juridiction civile (2).

Après un nouvel examen de la question, nous pensons qu'elle doit se résoudre par une double distinction.

1° Quant aux frais de justice, comme ils sont l'accessoire de la peine, dès que celle-ci ne peut être prononcée ou qu'elle est censée non avenue, la condamnation aux frais n'est plus possible ou s'évanouit avec elle. Nous pensons donc comme MM. Legraverend et F. Hélie que le décès du prévenu intervenant avant que la condamnation soit devenue définitive par l'extinction des délais d'appel et de cassation ou le rejet de son recours, anéantit le jugement attaqué avec toutes ses conséquences pénales, juridiques, corporelles et pécuniaires, notamment la condamnation aux dépens (3).

2° Quant à la partie du jugement qui alloue au plaignant des dommages-intérêts, elle peut être soumise au juge d'appel dans deux hypothèses différentes.

La première est celle où le jugement a été, en même temps, attaqué du chef des intérêts civils (4) et du chef de la condamnation pénale (5), de telle sorte que l'action publique est toujours en mouvement et que l'action civile lui reste unie comme elle l'était en première instance.

Dans cette situation, il est clair que le décès du prévenu est équivalent à son acquittement et que la juridiction correctionnelle qui serait tenue de se dessaisir de l'action civile en relaxant le prévenu n'est pas compétente pour la retenir lorsqu'elle voit s'éteindre l'action publique par le fait de son décès. C'est une conséquence rigoureuse mais nécessaire de

---

(1) Rej., 17 fév. 1860, D. 200 ; 18 déc. 1862, D. 63.1.112.

(2) Rej., 15 janv. et 5 fév. 1863, D. 63.1.112.

(3) Rej., 3 mars 1836, D. 38.1.44, S. 36.1.193 ; Rej., 17 janv. 1860, D. 200 ; Rej., 18 déc. 1862, D. 63.1.112. V. la note 2 qui précède.

(4) Soit par la partie civile, soit par le prévenu, soit par tous deux simultanément.

(5) Soit par le ministère public, soit par le prévenu, soit par tous deux simultanément.

la réunion des deux actions et de leur solidarité au point de vue de la compétence.

C'est dans ces circonstances qu'a statué l'arrêt du 15 janvier 1863 (1). Lambert avait été condamné pour diffamation envers Delorme à la peine portée par la loi et à 200 fr. de dommages-intérêts. Il s'est pourvu en cassation et il est mort avant qu'il ait été statué sur son pourvoi.

La Cour de cassation a déclaré avec raison : « Qu'il n'y « avait lieu à prononcer sur le pourvoi, sur l'intervention « des habiles à succéder audit Lambert, ni sur celle de De- « lorme, partie civile. »

La deuxième hypothèse est celle où la partie civile seule interjette appel du chef de ses intérêts pécuniaires.

En pareil cas, l'acquiescement du ministère public et du prévenu au jugement de première instance, a pour effet d'éteindre l'action publique. Il y a chose définitivement jugée en ce qui la concerne. Et pourtant c'est à la juridiction correctionnelle supérieure que l'appel de la partie civile est porté (2).

Cette action se détache alors de l'action publique et en demeure indépendante.

Le décès du *prévenu* ou plus exactement du *défendeur* reste donc sans influence sur elle et sur la compétence. Il s'est opéré par l'effet du jugement de 1re instance une sorte de novation (3) en ce sens que le tribunal du premier degré ayant rendu dans les limites de ses pouvoirs un jugement parfaitement valable, la demande originaire incorporée pour ainsi dire à ce jugement ne peut plus être soumise par la voie de l'appel qu'à une juridiction du même ordre. On ne peut renvoyer le plaignant à se pourvoir devant le tribunal civil ni le priver de son droit d'appel, car ce serait méconnaître l'autorité de la chose jugée ou supprimer le second degré de juridiction.

Mais il est incontestable qu'il a le droit de faire réviser la décision des premiers juges ; donc aussi c'est la juridiction correctionnelle qu'il doit saisir de ce débat nouveau.

Nous ne pouvons donc accepter la doctrine de l'arrêt du 5 février 1863, l'un de ceux que nous avons rapportés ci-dessus (4), qui en pareil cas a déclaré la poursuite éteinte et

(1) D. 63.1.112.
(2) C. d'instr. crim., 201, 202, 172, 174.
(3) M. Trébutien, *loc. cit.*
(4) V. Dalloz, 63.1.112, 3e esp.

renvoyé la partie civile devant les tribunaux ordinaires pour y reproduire son action contre les héritiers du prévenu.

Dans le système absolu de M. Legraverend, que s'est approprié cet arrêt, l'on s'est trop exclusivement préoccupé de la combinaison de ces deux principes, savoir : 1° que le décès du prévenu pendant l'instance et tant que le jugement n'est pas définitif, amène l'extinction de l'action publique ; 2° que le tribunal correctionnel ne connaît de l'action civile qu'accessoirement à l'action publique.

On a complétement négligé le texte décisif de l'art. 202 du C. d'instr. crim. qui déroge manifestement à cette double règle, pour le cas spécial qui nous occupe en ce moment.

Cependant la loi est ici bien formelle, et l'on doit en accepter toutes les conséquences.

La juridiction correctionnelle est saisie par cette disposition d'une action purement civile, et ce n'est plus la *personne* même du défendeur qu'il est nécessaire de maintenir en cause par-devant elle.

A la vérité, le tribunal du second degré ne peut allouer de dommages-intérêts à la partie civile qu'en déclarant la culpabilité du prévenu et en reconnaissant au fait dommageable le caractère d'un délit (1).

Mais pour pouvoir qualifier ainsi les faits qui sont la base de la poursuite, est-il donc indispensable que le défendeur comparaisse par lui-même?

Du moment où, dans aucun cas, la Cour n'est autorisée à prononcer une peine que le ministère public par son abstention s'est interdit de requérir, qu'importe que le prévenu ne soit plus là pour être interrogé? — Cette condition n'est pas même exigée d'une manière absolue quand il s'agit de l'application d'une peine proprement dite (2). — Or ici, la qualification du fait n'a d'importance qu'au point de vue de l'intérêt pécuniaire. Les héritiers se défendront comme ils le feraient devant le tribunal civil, avec cette garantie de plus que la constatation et la qualification d'un délit sont ici la condition nécessaire de la compétence du juge d'appel et de la condamnation à intervenir, — tandis que devant la juridiction civile, le fait préjudiciable pourrait servir de base aux dommages-intérêts, bien que dépouillé des caractères d'un délit.

---

(1) V. *suprà*, n° 266 ; Cass., 14 avril 1860, *Bull. cr.*, 98.
(2) C. d'instr. crim., 185.

I.

267 bis. Reste un troisième cas, celui où le prévenu décède dans le délai de l'appel sans qu'aucune des parties ait encore formé le sien.

Le jugement qui condamne le défunt envers la partie civile tombera-t-il comme la condamnation pénale? Cette partie doit-elle être renvoyée à se pourvoir devant le tribunal civil? Peut-elle au contraire interjeter appel devant la Cour jugeant au correctionnel? Les héritiers du condamné n'ont-ils pas le même droit?

La solution doit être ici la même que pour le cas précédent.

Sans doute le condamné meurt *integri status*, la peine dont il a été frappé ne peut recevoir d'exécution.

Par suite les frais de justice ne restent pas à la charge de sa succession; ils sont l'accessoire des condamnations pénales, et le jugement est censé non avenu pour les uns comme pour les autres.

Mais, comme nous l'avons déjà dit, le décès est l'équivalent d'un acquittement. Or, en cas d'acquittement, la partie civile conserve son droit d'appel, soit pour se faire allouer les réparations qui lui ont été refusées d une manière absolue, soit pour obtenir une somme plus élevée. L'extinction de l'action publique lui est indifférente et ne change rien à la compétence (1). Pourquoi donc en serait-il autrement en cas de décès? — Tout ce que nous venons de dire sur le sort nouveau des deux actions, lorsqu'un jugement de première instance est intervenu, se représente ici avec la même force.

La partie civile pourra donc former son appel et mettre en cause les héritiers du prévenu.

Ceux-ci de leur côté jouissent nécessairement du même droit. La mort de leur auteur ne peut les contraindre à subir une condamnation que celui-ci avait la faculté d'attaquer. Mais c'est toujours devant la même juridiction.

267 ter. La même question peut encore se présenter sous une autre face, dans le cas où le prévenu aurait obtenu lui-même des dommages-intérêts contre la partie civile. Les articles 159 et 191 du C. d'instr. crim. autorisent en effet le tribunal de police simple ou correctionnelle à les prononcer, même en cas d'acquittement, sur la demande reconventionnelle du prévenu, comme nous l'avons dit au n° 258 ci-dessus.

_____

(1) *Supra*, n° 267.

Si cette demande était repoussée ou si la somme allouée était insuffisante, il est de toute évidence que le prévenu aurait droit d'interjeter appel et que malgré son acquittement il ne pourrait saisir en appel que la juridiction correctionnelle. Il n'est pas possible de le renvoyer à se pourvoir au civil, car le tribunal n'aurait pas compétence pour réformer une sentence rendue par un tribunal du même degré, et la chambre civile de la Cour ne le serait pas davantage pour connaître d'un jugement de police.

Les mêmes raisons s'appliquent à l'appel que la partie civile formerait dans le même cas. Aussi bien que celui du prévenu, il ne peut être porté qu'à la juridiction correctionnelle.

Si donc au cours d'un appel formé dans ces circonstances diverses, survient le décès du prévenu, il faut de toute nécessité que l'instance soit reprise avec ses héritiers s'il n'y a pas désistement de leur part. Nous venons de montrer que la juridiction civile ne pouvait sous aucun rapport être compétente pour vider le litige. C'est ce que la Cour de cassation a jugé elle-même par un arrêt du 16 juin 1860 (1), aux termes duquel le prévenu de contrefaçon décédé au cours de l'appel après avoir obtenu des dommages-intérêts sur sa demande reconventionnelle, est valablement représenté devant le juge d'appel, soit par ses héritiers, soit par les tiers que ceux-ci auraient subrogés à leurs droits.

268. *Quid* si le prévenu décède après un jugement de défaut rendu contre lui (C. instr. crim., art. 186)?

Il faut distinguer si le prévenu avait formé opposition : la condamnation est comme non avenue, d'après l'art. 187. Ainsi, l'action publique est éteinte, et la juridiction criminelle est dessaisie de l'action publique et de l'action civile, car le prévenu est réellement décédé avant le jugement (2).

Si le prévenu est décédé sans avoir formé opposition, le jugement par défaut étant devenu définitif, les héritiers peuvent interjeter appel du chef des intérêts civils, et cet appel ne peut être porté qu'au juge d'appel correctionnel (3).

Ne doit-on pas décider différemment si le prévenu décède dans les délais de l'opposition (art. 187, 188)? M. Mangin

---

(1) *Bull. cr.*, 137.
(2) Mangin, *Act. publ.*, n° 282.
(3) Lesellyer, n° 2099.

dit que cette voie de réformation n'est point ouverte aux héritiers, puisque l'art. 188 porte que l'opposition aura pour effet de rendre le jugement comme non avenu et emportera de droit citation à la première audience. Cet effet de l'opposition une fois produit, l'action publique étant d'ailleurs éteinte par le décès du condamné, la juridiction criminelle serait absolument dessaisie, et la citation donnée devant un tribunal désormais incompétent serait absolument inutile (1). Ce système ne nous paraît pas exact. On en jugera mieux après l'examen d'une autre question qui offre la plus grande analogie avec celle-ci.

269. Cette question est celle de savoir si le tribunal correctionnel peut recevoir l'opposition de la partie civile à un jugement rendu contre elle par défaut, mais contradictoirement entre le ministère public et le prévenu, et prononçant l'acquittement de ce dernier?

La Cour de cassation décide que la voie d'opposition est de droit commun; qu'elle est ouverte à toute partie condamnée, à moins qu'elle ne lui ait été formellement interdite par la loi; que si l'art. 187, C. instr. crim., ne parle que du prévenu, c'est que le défaut du prévenu est le cas le plus ordinaire; mais qu'il résulte des art. 188 et 208 du même Code, que le droit de former opposition n'est pas accordé au prévenu seul (2).

Il résulte en effet de la rédaction de ces articles que la partie civile, aussi bien que le prévenu, peuvent former opposition à un jugement de défaut. Or, l'opposition de la partie civile, soit que le prévenu ait été acquitté, soit qu'il ait été condamné, reproduit toujours l'action civile devant un tribunal dessaisi de l'action publique. Au cas où le jugement est par défaut et susceptible d'opposition, il y a donc exception au principe rappelé n° 267. Cette exception est écrite dans la loi même.

Remarquez du reste que l'opposition de la partie civile n'aura jamais pour effet de faire tomber le jugement que par rapport à ses intérêts civils. L'art. 187 dispose que le jugement sera non avenu, sans distinction entre la partie de

---

(1) *Action publ.*, n° 282.
(2) Cass., 26 mars 1824, S. 300 ; *Adde.* Paris, 20 nov. 1833, S. 34. 2.14 ; 29 nov. 1837, S. 38.2.153; 18 juill. 1845, S. 45.2.477; Paris, 22 avril 1853, D. 53.5.280, n° 6 ; MM. Bourguignon, t. 1, p. 426, *Sur l'art.* 187, n° 1, et Morin, *Dict. de droit crim.*, v° *Opposition a jugement*, p. 556; Berriat-Saint-Prix, *Proc. dev. les trib. corr.*, n° 1005.

ce jugement qui concerne la peine et celle qui concerne les réparations civiles ; mais l'article dispose en supposant l'opposition formée par le prévenu seulement. En cas d'opposition par la partie civile, au contraire, il doit en être de même que lorsqu'il y a appel. Le jugement subsiste jusqu'au moment où il est rétracté par le second jugement rendu sur l'opposition ; il subsiste encore après l'opposition pour tout ce qui n'est pas attaqué et réformé.

On doit comprendre maintenant que le système de M. Mangin sur la question précédente n'est pas fondé. Si la partie civile peut former opposition du chef de ses intérêts civils seulement, les héritiers du condamné décédé en ont aussi le droit ; car leur opposition ne peut porter que sur les effets civils de la condamnation, les seuls qui subsistent à leur égard. En un mot, il y a ici exception à la règle que, les tribunaux correctionnels ne connaissent plus de l'action civile quand ils sont dessaisis de l'action publique.

Cependant, comme toute exception est de droit étroit, s'il était jugé sur l'opposition que le fait imputé au prévenu ne constitue ni crime ni délit, et que le prévenu décédé aurait dû être acquitté, le tribunal devrait renvoyer les parties à fins civiles. Car, en supposant que le prévenu ne fût pas décédé, ce résultat aurait été inévitable. Or, le décès du prévenu ne peut étendre sous ce rapport la compétence du tribunal, qui est toujours réglée par le caractère du fait (1).

270. Les jugements rendus sur l'appel en matière correctionnelle peuvent être attaqués en cassation par la partie civile (C. instr. crim., art. 216).

Mais une difficulté naît de la rédaction de l'art. 413, C. instr. crim., ainsi conçu :

« Les voies d'annulation *exprimées en l'article* 408 sont, « en matière correctionnelle et de police, respectivement « ouvertes à la partie poursuivie pour un délit ou une con- « travention, au ministère public, et à la partie civile, s'il « y en a une, contre tous arrêts et jugements en dernier « ressort, sans distinction de ceux qui auront prononcé le « renvoi de la partie ou sa condamnation. Néanmoins, « lorsque le renvoi de cette partie aura été prononcé, nul « ne pourra se prévaloir contre elle de la violation ou omis- « sion des formes prescrites pour assurer sa défense. »

De ces mots : les voies d'annulation exprimées en l'art. 408,

_____

(1) Paris, 18 juill. 1843, S. 43.2.477.

faut-il conclure que l'art. 413 est limitatif, et que la partie civile notamment ne peut fonder un pourvoi en cassation que sur les moyens suivants : 1° l'incompétence ; 2° la violation ou l'omission d'une formalité prescrite à peine de nullité, soit dans l'ordonnance ou l'arrêt de renvoi, soit dans l'instruction et la procédure devant le tribunal qui a jugé, soit dans l'arrêt même de condamnation ; 3° le refus ou l'omission de prononcer sur une réquisition du ministère public ou de la partie civile, tendant à user d'une faculté ou d'un droit accordé par la loi? Lui est-il interdit de faire valoir la fausse application de la loi pénale, d'où serait résulté l'acquittement du prévenu?

Il y a pour elle un grand intérêt à pouvoir user de cette faculté ; car le tribunal, en prononçant l'acquittement, s'est dessaisi de l'action civile. Et, quand même l'acquittement ou l'absolution auraient été prononcés sur l'appel confirmatif d'un jugement auquel le ministère public aurait acquiescé, l'intérêt de la partie civile serait toujours identique. La nouvelle Cour d'appel saisie par le renvoi de la Cour de cassation peut toujours déclarer la culpabilité, bien que la peine ne puisse pas être prononcée à cause de l'acquiescement du ministère public au jugement de première instance qui aurait acquitté ou absous le prévenu. Et de cette déclaration de culpabilité découle pour la Cour de renvoi le droit de prononcer des dommages-intérêts.

Mais la partie civile a-t-elle le droit d'invoquer en cassation la fausse application de la loi pénale, malgré le texte de l'art. 413?

La Cour de cassation a jugé la négative par arrêt du 26 juin 1812, dont MM. Carnot (1) et Legraverend (2) ont adopté la doctrine. Mais, par trois arrêts postérieurs, elle a consacré le système contraire (3), qui nous paraît seul en harmonie avec les vrais principes de la matière et l'esprit manifeste de la loi.

Il faut, en effet, partir de cette idée, qu'en matière de police, la partie civile a le droit de mettre l'action publique en mouvement, pour arriver à faire statuer conjointement et par le même tribunal sur son intérêt civil. Dès lors,

---

(1) Sur l'art. 413.
(2) T. 2, ch. 4, sect. 5, in fine, p. 407.
(3) Rej , 3 juill. 1829, 1er fév. 1834 et 8 mai 1841, Dalloz, v° Cassation, n° 418.

comme elle peut introduire l'instance, en se fondant sur l'existence d'un délit, elle peut nécessairement aussi, devant toute juridiction supérieure, invoquer les dispositions de la loi pénale que le jugement a méconnues en statuant sur la plainte.

270 *bis.* De son côté le prévenu peut se pourvoir contre le jugement ou l'arrêt qui en prononçant une peine contre lui le condamne aux frais envers l'État et à des dommages-intérêts envers la partie civile.

Or quel sera l'effet de son décès survenu pendant l'instance en cassation ?

Nous avons examiné ci-dessus (n° 267) cette même question pour le cas où le prévenu meurt pendant l'instance d'appel, et nous avons fait connaître la jurisprudence actuelle de la Cour de cassation.

La distinction que nous avons faite entre la condamnation aux frais et les dommages-intérêts se reproduit encore ici.

Les frais sont l'accessoire de la peine, et dès que celle-ci ne peut être appliquée, la condamnation aux frais n'est plus possible. Or la sentence de condamnation frappée de pourvoi tombe avec tous ses effets par le décès du condamné. Celui-ci est réputé mort dans l'intégrité de ses droits.

On décide donc avec raison que, ce cas échéant, le pourvoi n'a plus d'objet et qu'il n'y a lieu de statuer (1).

Mais en ce qui concerne les condamnations prononcées soit au profit de la partie civile, soit au profit du prévenu acquitté et reconventionnellement demandeur (2), il en est autrement.

Tout ce que nous avons dit à cet égard, par rapport au décès du prévenu pendant le délai ou pendant l'instance d'appel, s'applique au cas de pourvoi (3), et sous les mêmes distinctions.

Si la Cour de cassation est saisie par le pourvoi du condamné, de telle sorte que l'action publique ne soit pas éteinte, le décès de ce condamné anéantit la sentence tout entière, et le pourvoi n'a plus d'objet.

Si le pourvoi n'est formé que par la partie civile du chef

(1) Rej., 3 mars 1836, D. 38.1.444 et S. 36.1.193; Rej., 17 janv. 1860, D. 60 1.200 et 18 déc. 1862, D. 63.1.112.
(2) N° 267 *bis.*
(3) N°ˢ 267 et 267 *bis.*

de ses intérêts pécuniaires seulement, l'action publique n'étant plus en mouvement, la juridiction criminelle n'est saisie que d'une action civile, par l'effet du système de la loi sur la compétence, et le décès du prévenu est sans effet. Le pourvoi doit être jugé comme si le défendeur était vivant, et l'intervention de ses héritiers est recevable (1).

Par les mêmes raisons, la cause, si un arrêt de cassation intervenait, devrait être renvoyée devant la juridiction correctionnelle.

270 *ter*. Une règle commune aux tribunaux de police simple et correctionnelle, c'est qu'en cas d'appel, la connaissance des contestations qui s'élèvent sur l'exécution des jugements tant que la juridiction répressive reste saisie appartient au juge duquel ils émanent (2).

Or, quand un jugement de première instance est réformé, même pour vice de forme, la Cour statue sur le fond, aux termes de l'art. 215, C. instr. crim., qui doit être évidemment appliqué en matière de simple police.

En pareil cas, il n'y a pas de difficulté. C'est le juge d'appel qui doit connaître des incidents contentieux relatifs à l'exécution.

Mais il doit en être de même au cas où le jugement est confirmé, car le juge de l'appel s'en approprie alors la décision. Les art. 472 et 473, C. proc., qui renferment des règles différentes, ne sont pas applicables aux jugements des tribunaux correctionnels (3).

Toutefois il a été jugé que le tribunal qui en condamnant un prévenu ordonne que les dommages-intérêts seront réglés par état et sursoit à statuer sur ce chef est compétent pour fixer la quotité de ces dommages-intérêts, lorsque sur un pourvoi en cassation, suivi de renvoi devant une autre Cour, ce jugement a été maintenu. — Car « en s'abstenant « ainsi de fixer, quant à présent, le montant des dommages-« intérêts et en disant qu'ils seraient donnés par état, le tri-« bunal s'est implicitement réservé de statuer sur un chef « de conclusions qui s'est ainsi trouvé encore pendant de-« vant les premiers juges », après le pourvoi et l'arrêt confirmatif prononcé par la Cour de renvoi (4).

---

(1) *Contrà*, Rej., 5 fév. 1863, D. 63.1.112. V. n° 267 *bis*.
(2) Règlem. de juges, 18 janv. 1862, D. 399.
(3) Même arrêt.
(4) Même arrêt. V. pour le cas où les jugements sont définitifs, *suprà*, n° 241.

270 *quater*. Enfin il y a lieu de remarquer encore que les tribunaux de cet ordre ne doivent en aucun cas ordonner l'exécution provisoire de leurs jugements. Cette faculté ne leur est conférée par aucune disposition de la loi ; l'appel et le pourvoi en cassation sont toujours suspensifs (1).

Le sursis est même de droit pendant les dix jours qui suivent la prononciation du jugement et pendant lesquels le condamné peut interjeter appel (C. instr. crim., 203). Il n'y a d'exception qu'au cas prévu par l'art. 188, pour le paiement de la provision accordée par un jugement de défaut-congé sur opposition (2).

270 *quinquies*. Les arrêts ou jugements peuvent encore être cassés sur une demande en révision formée en vertu des art. 443 à 447, C. instr. crim., modifiés par la loi du 29 juin 1867.

L'annulation des condamnations s'étend même à celles prononcées sur la demande des parties civiles qui sont alors renvoyées à présenter de nouveau leurs moyens devant la Cour de renvoi ou devant la Cour de cassation elle-même quand celle-ci est appelée à statuer au fond dans le cas prévu par l'art. 446. Cet article dispose, en effet, que la Cour de cassation statuera en présence des parties civiles, s'il y en a au procès, et des curateurs nommés à la mémoire des morts.

3° De l'action civile portée au tribunal de simple police.

271. L'action civile doit être portée au tribunal de simple police toutes les fois qu'elle dérive d'une contravention du ressort de ce tribunal, c'est-à-dire d'un fait qui, d'après les dispositions du 4e livre du Code pénal, donne lieu, soit à 15 fr. d'amende et au-dessous, soit à cinq jours d'emprisonnement et au-dessous, qu'il y ait ou non confiscation des choses saisies, et quelle qu'en soit la valeur (C. instr. crim., art. 137 ; C. pén., art. 1, et 464 à 482).

272. En règle générale, la compétence du juge de simple police est déterminée par la nature du fait et de la peine seule. Peu importe la quotité des dommages-intérêts réclamés. Dès qu'il est compétent pour appliquer la peine, il est compétent aussi pour prononcer la condamnation aux restitutions et réparations occasionnées par la contravention, ou

---

(1) Orléans, 7 fév. 1855, D. 55.2.159.
(2) Faustin Hélie, *Instr. crim.*, t. 8, p. 66.

au remboursement des sommes qui ont dû être dépensées pour la faire cesser, quelle qu'en soit la valeur. Il ne pourrait s'y refuser sous prétexte que les réparations s'élèvent au-dessus de 200 fr. (1). A la vérité, le juge de paix devant lequel serait portée, au civil, une demande en dommages-intérêts serait incompétent si cette demande était supérieure à 200 fr. (2). Mais lorsqu'il statue comme juge de police sur les demandes de la partie civile, sa compétence n'est point limitée (3). L'appel que l'art. 172 autorise, quand les amendes, restitutions et dommages-intérêts excèdent la somme de 5 fr., est une garantie contre les exagérations dans lesquelles on pourrait tomber.

273. Cependant il peut arriver que la compétence du juge de paix dépende du taux des dommages-intérêts réclamés. La loi fixe quelquefois l'amende proportionnellement aux dommages-intérêts (4). Si donc la valeur du dommage demandé excède le montant de l'amende que le juge de police est autorisé à prononcer, il doit se déclarer incompétent. De même, si la demande de dommages-intérêts est indéterminée, car la compétence du juge de police doit être fixée *in limine litis,* d'après le maximum de la peine qu'il a la faculté de prononcer, bien qu'il puisse toujours en prononcer une moindre (5).

274. Ce que nous avons dit des tribunaux correctionnels, relativement au pouvoir de prononcer des dommages-intérêts, est vrai aussi des tribunaux de simple police. Ils ne peuvent condamner le prévenu acquitté aux dommages-intérêts demandés par la partie civile (6). L'art. 159 ne les autorise à statuer que sur la demande du prévenu contre ses accusateurs (7). En tout autre cas, le tribunal est incompétent *ratione materiæ.* Cette incompétence est d'ordre public; elle peut être proposée en tout état de cause, et doit même être prononcée d'office par le juge (8).

275. Du reste, le juge de police ne peut statuer sur l'ac-

---

(1) C. d'instr. crim., art. 161 ; Cass., 31 mars 1832, D. 260.
(2) L. 25 mai 1838, art. 1.
(3) Curasson, t. 1, p. 53 ; Carnot, art. 161, n° 8.
(4) Voy. L. 28 sept. et 6 oct. 1791, tit. 2, art. 15 et 24.
(5) Cass., 17 juin 1825, D. 395; et 18 janv. 1828, D. 100.
(6) Cass., 6 mars 1846, S. 509 ; Henrion de Pansey, p. 121 ; Curasson, t. 1, p. 479, n° 25, et p. 52, 53, 190 et suiv. ; Carnot, art. 159.
(7) Henrion de Pansey, p. 121.
(8) Cass., 15 oct. 1829, D. 370.

tion du prévenu qu'autant que le fait poursuivi rentrait dans sa compétence. Au cas contraire, par exemple s'il s'agissait d'un délit ou d'un crime, il devrait renvoyer l'action avec toutes les conséquences du fait et de la poursuite au tribunal compétent.

276. La compétence attribuée, par l'art. 159 du C. d'instr. crim., au juge criminel, pour statuer sur les dommages-intérêts que le prévenu acquitté a droit de réclamer contre la partie civile qui aurait agi par imprudence ou de mauvaise foi, cette compétence, dis-je, est-elle exclusive, en ce sens que le prévenu ne pourrait pas porter sa demande au tribunal civil ?

Au n° 259 ci-dessus, nous avons examiné la question par rapport aux actions déférées aux tribunaux correctionnels. La solution doit être ici la même.

277. La loi donne, pour attaquer les jugements de simple police, la voie ordinaire de l'appel (C. instr. crim., art. 172), qui se porte au tribunal de police correctionnelle (art. 174), et la voie extraordinaire du recours en cassation (art. 177, 408, 413).

Mais d'abord, en ce qui concerne l'appel, il y a plusieurs observations à faire.

L'art. 172 du C. d'instr. crim. porte que : « Les juge-« ments rendus en matière de police pourront être attaqués « par la voie de l'appel, lorsqu'ils prononceront un empri-« sonnement, ou lorsque les amendes, restitutions et autres « réparations civiles excéderont la somme de 5 fr., outre les « dépens. » Ainsi, ce n'est point par la quotité de la demande, mais bien par celle de la condamnation que la loi décide si le jugement est en dernier ou en premier ressort (1).

En second lieu, remarquez que la loi n'autorise l'appel que des jugements de condamnation, d'où certains auteurs ont conclu que la faculté d'appeler n'appartient qu'au condamné, à l'exclusion de la partie civile (2).

Mais nous pensons, au contraire, que la partie civile jouit également du droit d'appel quand elle se trouve dans le cas prévu par l'art. 172, c'est-à-dire, quand elle est condamnée elle-même, sur la demande du prévenu (C. instr. crim.,

(1) Henrion de Pansey, Comp., p. 132, sauf aux cas indiqués n° 273.
(2) Bourguignon, Sur l'art. 172, n° 1 ; Boitard, p. 275 ; Lesellyer, t. 3, n° 919.

art. 159) à des dommages-intérêts d'une valeur supérieure à 5 fr. (1).

Appliquez, du reste, les règles données, n°ˢ 268 et 269, sur la question de savoir comment les héritiers du prévenu décédé, ou la partie civile, peuvent faire réformer un jugement rendu par défaut. La disposition de l'art. 151, relatif aux jugements de défaut rendus par le tribunal de simple police, est la même que celle de l'art. 188, relatif aux jugements du tribunal correctionnel. Les raisons de décider sont identiques.

Appliquez aussi ce que nous avons dit, n° 267, sur l'appel par les héritiers du condamné décédé.

278. A l'égard du pourvoi en cassation, l'art. 408 du C. d'instr. crim. détermine les causes qui peuvent y donner lieu. L'art. 413 ajoute que les voies d'annulation exprimées dans l'art. 408 sont, en matière de police, respectivement ouvertes à la partie poursuivie, au ministère public et à la partie civile, contre tous les jugements en dernier ressort, sans distinction entre ceux qui ont prononcé le renvoi de la partie ou sa condamnation (2). Nous avons expliqué, n° 270, que la signification restrictive de l'art. 413 combiné avec l'art. 408, n'était qu'apparente, et que les ouvertures de cassation spécifiées dans ce dernier article n'étaient pas les seules que la partie civile pût faire valoir. Nous renvoyons, sur ce point, au passage indiqué.

4° De l'action portée devant les tribunaux civils.

279. C'est aux tribunaux civils seuls que la demande en dommages-intérêts, résultant d'un délit, peut être portée toutes les fois que l'action publique est paralysée par un obstacle légal.

Par exemple, s'il s'agit d'un crime ou délit commis à l'étranger et qui n'est pas punissable en France suivant les distinctions établies par la loi du 27 juin 1866, qui a modifié les art. 5, 6 et 7 du C. d'instr. crim.

De même si l'action publique est éteinte.

C'est d'abord ce qui a lieu quand elle est prescrite (V. n°ˢ 373 et suiv.).

---

(1) *Conf.*, Dalloz, *Appel crim.*, n° 92; Faustin Hélie, *Instr. crim.*, t. 7, p. 496.
(2) V. les art. 409 à 412.

Puis quand elle est dirigée, non plus contre l'auteur même du délit, mais contre ses héritiers. L'action doit être alors portée devant le tribunal de l'ouverture de la succession si elle n'est pas encore partagée (C. proc. civ., 59); et si elle est partagée, devant le tribunal civil du domicile de l'un des héritiers.

C'est ce qui a lieu encore si l'accusé ou le prévenu meurt avant le jugement (1).

Quand il s'agit de matières de police, et qu'il y a eu jugement, nous avons vu que le décès postérieur du condamné n'empêchait pas que l'appel fût porté au tribunal du même ordre, compétent pour en connaître (V. *suprà*, n° 267), et qu'il en est de même quand ce jugement est par défaut (V. n° 268).

Ces questions, en ce qui concerne l'opposition et l'appel par les héritiers du condamné (2), ne se présentent pas en matière de grand criminel, l'appel n'existant pas à l'égard des arrêts de Cours d'assises. Mais il y a d'autres difficultés.

280. Lorsque l'arrêt de condamnation a été rendu par contumace, que la peine étant perpétuelle entraîne les incapacités légales qui remplacent la mort civile (L. 31 mai 1854), si le condamné décède dans les cinq ans à compter de l'exécution par effigie, il est réputé mort dans l'intégrité de ses droits (C. Nap., 31; L. 31 mai 1854, art. 4). Le jugement de contumace est anéanti de plein droit, sans préjudice, néanmoins, de l'action de la partie civile, laquelle ne pourra être intentée contre les héritiers du condamné que par la voie civile. Si le condamné se présente volontairement ou est saisi et constitué prisonnier dans le délai de cinq ans, le jugement est encore anéanti de plein droit; l'accusé est jugé de nouveau. Si, par ce nouveau jugement, il est encore condamné, la peine n'aura d'effet qu'à compter du jour de l'exécution du second jugement (C. Nap., art. 29; C. instr. cr., art. 476).

Il résulte de cette double disposition que la condamnation

---

(1) Carnot, *Sur l'art.* 2, *C. d'instr. crim.*, n° 4; Legraverend, t. 1, p. 67; Lesellyer, t. 5, n° 2098.
(2) Quant à l'opposition de la partie civile, V. n° 269.

prononcée au profit de la partie civile par le jugement de contumace, conformément à l'art. 470 du C. d'instr. crim., n'est pas définitive. Il est évident que, dans les cas prévus par les deux articles ci-dessus, elle est anéantie en même temps que la condamnation pénale et de la même manière, car le jugement tout entier est comme non avenu. Elle est anéantie de plein droit quand le condamné se représente ou meurt dans les cinq ans (1). Seulement, il y a cette différence que, si le condamné se représente, elle peut être poursuivie de nouveau devant la Cour d'assises où le condamné est renvoyé pour purger sa contumace, tandis que, dans le second cas, c'est-à-dire si l'accusé meurt dans les cinq ans, l'action en dommages-intérêts doit être intentée contre ses héritiers devant le tribunal civil, qui est alors seul compétent.

281. Si le condamné ne se présente qu'après les cinq ans, et avant la prescription de la peine (C. d'inst. cr., art. 641) le jugement est encore anéanti de plein droit; sauf à demander de nouveau des dommages-intérêts à la Cour d'assises qui statuera (C. instr. cr., 476).

Le décès du contumax dans cette période rend au contraire sa condamnation irrévocable. La peine, à la vérité, ne peut plus s'exécuter, mais la décision reste acquise à la partie civile (2).

282. Si la condamnation par contumace ne porte qu'une peine temporaire, le décès du condamné rend l'arrêt irrévocable, à moins qu'il n'arrive dans les cinq ans; car l'art. 31, C. Nap., doit s'appliquer, même dans ce cas, aussi bien que lorsqu'une peine plus forte est encourue.

Mais si l'accusé est arrêté ou se présente avant que la peine soit éteinte par la prescription, le jugement par contumace est anéanti de plein droit (C. instr. crim., art. 476). La condamnation civile tombe donc par le fait même.

283. Quand il y a pourvoi en cassation contre un arrêt ou jugement rendu en matière criminelle, correctionnelle ou de police, si le condamné meurt avant qu'il ait été prononcé sur son pourvoi, il n'est point nécessaire d'y statuer dans l'inté-

---

(1) Mangin, *Act. publ.*, n° 283; Trébutien, *Cours de droit crim.*, t. 2, p. 473; Rodière, *Proc. crim.*, p. 327; M. Demolombe, t. 1, n° 226.
(2) Demante, *Revue crit.* 1857, t. 1, p. 78.

rêt des héritiers et de la partie civile : car, comme nous l'avons dit nᵒˢ 267 et 270 *bis*, le décès équivaut à l'acquittement ; la partie civile sera obligée de se pourvoir par action nouvelle ; elle ne pourra la porter qu'aux tribunaux civils (1).

284. Dans les hypothèses qui viennent d'être parcourues, la partie lésée *doit* agir devant les tribunaux civils. Mais, dans les autres cas où elle pourrait exercer son action devant les tribunaux de répression, concurremment avec l'action publique, elle a la *faculté* de ne pas suivre cette voie et de saisir les tribunaux civils. La compétence de ces derniers se détermine alors suivant les règles ordinaires établies pour les actions personnelles et mobilières que nous exposerons au chapitre 5 du titre 2, en parlant des actions en responsabilité qui naissent des délits purement civils. Nous renvoyons simplement à ce chapitre, car les principes sont les mêmes dans le cas qui nous occupe.

Il faut cependant remarquer, dès à présent, que la juridiction civile se divise entre les tribunaux de première instance ou d'arrondissement et les juges de paix. Les premiers sont les juges ordinaires auxquels appartiennent toutes les actions qui ne sont pas déférées par une loi spéciale à un tribunal différent. Les juges de paix, comme les tribunaux de commerce, sont des juges d'exception, dont la compétence est limitée aux objets qu'une disposition expresse leur attribue. Or, nous verrons que la loi du 25 mai 1838 donne compétence exclusive au juge de paix pour l'action civile résultant de certains délits ou contraventions, lorsque les parties lésées exercent cette action séparément de l'action publique ; telles sont les actions pour dommages aux champs, fruits et récoltes et celles pour diffamation verbale et pour injures de toute espèce, autrement que par la voie de la presse (2).

Les juges de paix ont encore des attributions particulières en matière de contraventions aux lois sur les douanes. C'est encore dans le chapitre 5 du titre suivant que nous traiterons de cette compétence spéciale, bien qu'elle eût naturellement sa place marquée dans celui-ci ; car il nous a paru plus con-

---

(1) *Contrà*, Carnot, art. 2, nᵒ 5 ; Mangin, *Act. publ.*, nᵒˢ 281 et 282.
(2) L. 25 mai 1838, art. 5, §§ 1 et 5.

venable de ne pas scinder l'exposé de cette matière et de présenter d'ensemble les règles de la compétence des tribunaux
de l'ordre civil de toute classe et de tout degré.

CHAPITRE VIII.

DES DIVERS MODES D'EXERCER L'ACTION CIVILE EN RESPONSABILITÉ ET
D'EN SAISIR LES TRIBUNAUX COMPÉTENTS.

Sommaire.

I.   19

332. — L'action civile portée devant les tribunaux de répression doit être jugée dans les formes établies par la loi pour les opérations de ces tribunaux.

285. L'action en dommages-intérêts, fondée sur un délit, lorsqu'elle est intentée séparément de l'action publique et portée devant les tribunaux civils, s'introduit et se poursuit d'après les règles ordinaires de la procédure, et comme toute autre action personnelle. Nous n'avons rien de particulier à dire à cet égard. Nous ne nous occuperons ici que des formes spéciales de l'action exercée par la partie civile devant les tribunaux de répression, concurremment avec l'action publique.

286. On peut se porter partie civile, soit en déposant sa plainte entre les mains des magistrats, soit dans des actes subséquents (C. instr. crim., 63 et 66), soit, enfin, par la citation donnée directement au prévenu devant les tribunaux de police simple et correctionnelle (V. n° 305).

Du reste, on n'est réputé partie civile qu'autant que l'on a pris cette qualité d'une manière expresse, ou, ce qui revient au même, si l'on a conclu à des dommages-intérêts. Ainsi, la seule dénonciation à l'autorité du délit dont on a souffert, avec ou sans réserves de se porter partie civile, ne suffirait pas pour donner au plaignant cette qualité ; de même que l'ordonnance du juge d'instruction dans laquelle le plaignant serait désigné comme partie civile, ne saurait à elle seule lui donner cette qualité, s'il ne l'avait pas prise formellement, soit par la plainte, soit par un acte subséquent, ou s'il n'avait pris, par l'un ou par l'autre acte, des conclusions en dommages-intérêts (C. instr. crim., 66). Mais, comme nous le verrons, la citation directe au prévenu entraîne de plein droit la qualité de partie civile pour celui à la requête de qui elle est donnée.

Occupons-nous d'abord de la plainte.

287. La plainte, suivant la définition de M. Legraverend(1), est l'acte « par lequel on appelle l'attention de la justice sur un fait rangé par la loi dans la classe des crimes, des délits ou des contraventions, et dont on a éprouvé quelque dommage en sa personne, en ses biens ou en son honneur. »

Que la personne qui éveille ainsi l'attention des magistrats ait souffert personnellement de l'acte incriminé, c'est ce qui

---

(1) T. 1, p. 168.

caractérise la plainte proprement dite et la distingue de la dénonciation. Si la personne lésée déclare en même temps saisir de son action en dommages-intérêts le juge de l'action publique, cette personne prend le nom de partie civile. Il n'y a, du reste, aucune autre différence entre la dénonciation et la plainte dans laquelle la personne lésée ne se porte point partie civile, que celle qui vient d'être signalée (1).

288. La plainte où l'on ne prend pas la qualité de partie civile n'étant que la dénonciation d'un fait à l'autorité, tout le monde, sans distinction, a capacité pour la faire et pour autoriser le ministère public à poursuivre dans le cas où son droit d'action est subordonné à la plainte préalable de la partie lésée (2).

Il en est autrement d'une plainte où l'on prend cette qualité, car toute espèce d'action suppose que celui qui l'exerce a le droit d'ester en justice.

Les mineurs et les interdits peuvent, sans doute, avoir à réclamer des réparations et dommages-intérêts, à raison d'un délit dont ils auraient eu à souffrir; mais l'action devrait être exercée en leur nom, suivant les règles tracées pour toutes les actions qui les concernent, dans les titres 10 et 11 du livre 1 du Code Napoléon.

De même, pour les condamnés à des peines afflictives et infamantes, que la loi assimile aux interdits pour cause de démence, pendant la durée de leur peine (C. pén., 29, 30, 31; loi du 31 mai 1854, art. 2). Ceux-ci ne peuvent procéder en justice, soit en demandant, soit en défendant, que par le ministère du tuteur qui leur est nommé (C. pén., 29; C. Nap., 509 et 405).

Mais quant au mineur émancipé, il peut, sans l'autorisation de son curateur, poursuivre la réparation du dommage qui lui a été causé : car l'art. 482, C. Nap., n'exige l'assistance du curateur que pour les actions *immobilières*.

La femme mariée ne peut ester en justice qu'avec l'autorisation de son mari ou du juge (C. Nap., 215 et 218). Cette règle s'applique devant les tribunaux criminels comme devant les tribunaux civils, car l'art. 215, C. Nap., ne fait aucune distinction, même à l'égard des femmes séparées de biens ou marchandes publiques. Cette prohibition est d'ordre

(1) MM. Mangin et Hélie, n° 45.
(2) Rej., 5 fév. 1857, D. 109.

public, et les tiers, contre lesquels une femme mariée inten-
terait une demande en dommages-intérêts sans autorisation,
pourraient lui opposer une fin de non-recevoir : car l'art. 225,
C. Nap., défend bien aux tiers qui ont contracté avec une
femme non autorisée de se prévaloir de la nullité du contrat;
c'est leur faute s'ils ne se sont pas assurés de l'autorisation,
ou si, connaissant le défaut d'autorisation, ils ont néanmoins
contracté avec cette femme. Mais ils ne peuvent être contraints à défendre à une action irrégulièrement intentée, et
à laisser prendre à la femme un jugement dont elle pourrait
plus tard demander la nullité. Quand le mari est absent ou
refuse de donner l'autorisation, la femme doit la demander
à la justice, et le tribunal compétent est celui de son domicile.

La femme a également besoin d'une autorisation spéciale
pour l'appel et pour le recours en cassation. Cependant,
quand, devant cette Cour, elle ne justifie pas de l'autorisation, il est d'usage, suivant M. Carnot, de lui accorder un
délai pour la rapporter (1).

Enfin, les mêmes conditions exigées pour intenter l'action
le seraient, de la part des incapables dont nous venons de
parler, pour transiger valablement sur l'intérêt civil résultant du délit (2).

289. Quand la femme est défenderesse à une poursuite
criminelle, correctionnelle ou de police, elle n'a pas besoin,
pour paraître en justice, d'une autorisation, et les tiers n'ont
pas besoin de la requérir (3). Il en est ainsi quand même la
partie lésée formerait contre la femme une demande en
dommages-intérêts, à raison de son délit, parce que cette
demande est la suite immédiate du délit et de la poursuite
criminelle ou correctionnelle. L'action en dommages-intérêts est comprise dans la poursuite qui peut avoir lieu sans
autorisation. Mais il n'en serait pas de même si la femme
était poursuivie par action civile, et comme simplement responsable du fait dont elle ne serait pas l'auteur, bien que
l'action fût portée au tribunal de répression. Il faudrait
qu'elle fût autorisée à défendre, ou que le mari fût assigné
conjointement; car les nécessités de la poursuite ne sont
plus les mêmes, et la responsabilité de la femme ne découle

---

(1) Carnot, *Instr. crim.*, art. 1, n° 39.
(2) Jousse, *Tr. de la just. crim.*, t. 1, p. 606.
(3) C. Nap., 216.

pas immédiatement de la constatation du fait criminel. Au reste, en pareil cas, le tribunal de répression saisi de la cause pourrait donner l'autorisation. C'est une faculté reconnue aux tribunaux, même d'*exception* (1); car l'art. 218, C. Nap., en disant que le juge peut donner l'autorisation, entend évidemment parler du juge saisi de la contestation (2).

La Cour de cassation a jugé que l'action en dommages-intérêts, formée contre un accusé condamné ou acquitté, est valablement dirigée contre un mineur, sans l'assistance du tuteur (3). L'action en réparation du dommage causé par un crime, porte l'arrêt, quand elle est poursuivie en même temps et devant les mêmes juges que l'action publique, ne peut être soumise aux règles ordinaires de la procédure civile. Le juge n'est pas toujours celui du domicile de l'accusé. La partie civile n'a pas le choix du moment pour intenter son action. Elle peut le faire jusqu'à la clôture des débats; mais ceux-ci, une fois entamés, ne peuvent être retardés par la mise en cause d'un tuteur. Les incapables sont soumis à l'action publique, pour l'application des peines, sans que l'assistance de leurs représentants légaux soit nécessaire (4), quoique cette action entraîne des condamnations pécuniaires. Ils trouvent des garanties suffisantes dans la solennité de l'instruction et les formalités établies dans l'intérêt de la défense. Les mêmes garanties protégent leurs intérêts civils. Peu importe que la demande en dommages-intérêts soit formée contre l'accusé acquitté ou contre le condamné. Les art. 358 et 366, C. instr. crim., ne distinguent pas, et cette exception serait inconciliable avec la forme de procéder que ces articles établissent.

290. Bien qu'il y ait de graves différences entre la poursuite dirigée d'office par la partie publique et la procédure par voie de citation directe, à la requête de la partie privée, nous croyons qu'un mineur peut être cité devant le tribunal de police simple ou correctionnelle, sans que l'on soit obligé de mettre en cause le tuteur. L'art. 145, C. instr., porte que

---

(1) Cass., 17 août 1813, S. 444; Faustin Hélie, *Instr. crim.*, t. 7, p. 680.

(2) Duranton, 2, n° 465.

(3) Cass., 15 janv. 1846, S. 489; Rej., 9 mai 1846, S. 814; Grenoble, 4 mars 1835, S. 35.2.308; Bourges, 18 août 1838, S. 39.2.32.

(4) Voy. Jousse, *Idée gén. de la just. crim., introd. au comment. de l'ordonn. de 1670*, p. 27.

la citation sera remise au prévenu ou à la partie civilement responsable. Il n'est donc pas nécessaire d'appeler la personne civilement responsable, et cela sans distinction entre les divers cas de responsabilité civile indiqués dans l'art. 1384, C. Nap., dont plusieurs s'appliquent aux représentants des mineurs. De même, si un interdit était traduit devant les tribunaux de répression, la partie civile n'aurait pas besoin de mettre en cause le tuteur.

Mais un interdit peut-il être l'objet d'une poursuite criminelle? Oui, suivant nous; la présomption qui résulte du jugement d'interdiction n'a d'effet que par rapport aux actes civils (1). Cette présomption a pour but d'éviter à l'interdit ou à ses représentants un procès pour chacun des actes qu'il aurait pu faire. Le jugement d'interdiction, en donnant une certaine notoriété à la situation de l'interdit, a d'ailleurs pour effet d'avertir les tiers de ne pas contracter avec lui. Mais cette présomption ne doit pas le couvrir à l'égard des actes criminels qu'il pourrait commettre, et dont les tiers n'ont pas les mêmes moyens de se défendre. C'est au tribunal saisi de l'action de juger si la démence existait au moment où l'acte a été commis (2), et, dans tous les cas, si elle existe au moment du jugement. Car la démence, même survenue après le crime, empêche toute instruction et oblige à surseoir à la prononciation du jugement, même sur le pourvoi en cassation (3). L'action publique ainsi arrêtée et suspendue, il est bien évident que le tribunal criminel ne peut statuer sur les dommages-intérêts. Mais la partie lésée peut porter son action aux tribunaux civils, en faisant, au besoin, nommer un conseil *ad hoc* au défendeur (C. Nap., art. 499). Ici, l'on ne pourrait pas opposer à la partie lésée l'art. 3, C. instr. crim., portant que l'action civile sera *suspendue* jusqu'à ce qu'il ait été statué sur l'action publique. Cette règle n'est pas faite pour un cas exceptionnel comme celui qui nous occupe, où l'obstacle est indéfini et pourrait durer jusqu'à la mort du coupable (4).

Si la démence, reconnue au moment du délit, avait disparu lors de l'instruction et du jugement, le tribunal saisi

---

(1) *Junge*, Legraverend, t. 1, p. 447.—*Contrà*, Lesellyer, t. 1, n° 46.
(2) Alors il n'y a ni crime, ni délit. C. pén., 64.
(3) Carnot, *C. pén.*, art. 2, n° 10 ; Chauveau et Hélie, *Th. du C. pén.*, t. 2, p. 249.
(4) Merlin, *Rép.*, v° *Démence*; M. Lesellyer, t. 1, n° 56.

devrait prononcer l'acquittement et renvoyer l'action civile aux tribunaux civils. La Cour d'assises seule devrait, en pareil cas, prononcer sur les dommages-intérêts.

291. Aux termes de l'art. 49 de la loi du 18 juillet 1837, nulle commune ou section de commune ne peut introduire une action en justice sans être autorisée par le conseil de préfecture. Après tout jugement intervenu, la commune ne peut se pourvoir devant un autre degré de juridiction qu'en vertu d'une nouvelle autorisation.

Ceci s'applique sans difficulté au cas où la commune agit comme partie civile devant un tribunal de répression (1).

Mais quand une commune est défenderesse, elle doit également être autorisée. Les art. 51 à 54 de la loi de 1837 tracent la marche à suivre par le demandeur pour provoquer l'autorisation. Or, ces formalités sont-elles nécessaires en matière criminelle ?

Remarquez qu'une commune ne peut être traduite devant les tribunaux que comme civilement responsable, sauf dans un cas prévu par l'art. 2, titre 4, de la loi du 10 vendémiaire an IV, soumis alors à des règles particulières. Elle ne peut pas commettre directement un délit, dans le sens propre du mot ; mais elle répond, dans certains cas, du fait de ses agents (C. for., art. 72) ou de celui de ses habitants (2). L'action dirigée contre elle est donc purement civile. Sen-suit-il que l'autorisation préalable soit nécessaire ?

La question est fort controversée. Les uns regardent cette formalité comme exigée par la loi dans cette matière aussi bien que dans toute autre (3). D'autres pensent que les art. 51 et suivants de la loi de 1837 ne sont pas applicables aux actions suivies devant les tribunaux criminels (4).

Cette dernière opinion nous semble préférable. D'abord, elle est conforme au principe reconnu ci-dessus, n° 289, pour les incapables en général. Puis il importe que l'exercice de l'action publique ne soit pas entravé par les délais qu'entraînerait la nécessité de l'autorisation. Ces délais peuvent être assez considérables, puisque le recours au

_____

(1) M. Serrigny, *Traité de l'org. et de la comp.*, n° 398 ; M. Dalloz, *Commune*, n° 1522.

(2) L. du 10 vend. an 4, art. 1, tit. 4. V. n°⁵ 1271 et suiv.

(3) M. Foucart, *Dr. adm.*, n° 1627.

(4) M. de Cormenin, *Dr. adm.*, v° *Commune*, n° 43 ; M. Dalloz, *Commune*, n° 1556.

Conseil d'Etat est autorisé et qu'il est suspensif dans ce cas particulier (1). La jurisprudence s'était d'ailleurs prononcée en ce sens avant la loi de 1837, et celle-ci ne paraît pas y avoir dérogé (2).

292. Les étrangers peuvent se porter partie civile, en fournissant la caution *judicatum solvi*, conformément à l'art. 16, C. Nap., et aux articles 166 et 167, C. proc. (3). L'article 16, C. Nap., dit en effet : « En *toutes* matières « autres que celles de commerce, l'étranger qui sera de-« mandeur, sera tenu de donner caution pour le paiement « des frais et dommages-intérêts résultant du procès, à « moins qu'il ne possède en France des immeubles d'une « valeur suffisante pour assurer le paiement. » Remarquons, à cet égard, que la caution *judicatum solvi* ne se confond pas avec la consignation de la somme suffisante pour couvrir les frais, à laquelle toute partie civile est obligée, comme nous le verrons n° 309. La caution *judicatum solvi* comprend de plus que celle-ci les dommages-intérêts. Elle est obligatoire toutes les fois que le défendeur le requiert; la consignation des frais cesse de l'être dans certains cas.

Le droit à exercer l'action civile, sous cette condition, a toujours été reconnu aux étrangers (4), et les auteurs modernes le leur accordent sans difficulté. Les délits troublent la paix publique, aussi bien quand ils sont dirigés contre eux que quand ils atteignent des regnicoles. Les actions destinées à expier la faute doivent être accordées aux uns comme aux autres (5). Suivant Merlin, l'art. 11, C. Nap., doit être restreint aux droits qui n'ont été créés que par la loi civile; il est inapplicable aux droits civils qui ont leur racine dans le droit des gens (6). Or, les actions *ex delicto* sont des droits civils qui ont certainement leur racine dans le droit des gens. Elles appartiennent donc aux étrangers (7).

---

(1) L. du 18 juill. 1837, art. 53 et 54.
(2) Cass., 19 nov. 1821 et 28 janv. 1826; Ord. C. d'Etat, 22 fév. 1821; M. Dalloz, *loc. cit.*, n°s 1553 et 1554; Carnot, t. 1, p. 43.
(3) V. un jugement du tribunal correctionnel de la Seine du 3 déc. 1850 (Lucien Bonaparte C. d'Arlincourt).
(4) Rousseau de Lacombe, *Mat. crim.*, p. 164; Jousse, *Tr. de la just. crim.*, t. 3, p. 91; M. Faustin Hélie, *Tr. de l'instr. cr.*, t. 2, p. 331.
(5) V. M. Rauter, *Droit crim.*, n°s 2 et 685.
(6) *Rép.*, v° *Etranger*, § 2, n° 8, 5e édit.
(7) *Quest.*, v° *Propriété littér.*, § 2.—*Junge*, Sapey, *Des étrang. en France*, p. 212 et suiv.

293. Maintenant, à qui la plainte doit-elle être adressée?

Le procureur impérial, le procureur général, le juge d'instruction, et tous les officiers de police judiciaire auxiliaires du procureur impérial, sont compétents pour recevoir les plaintes dans lesquelles la partie lésée peut se porter partie civile (1). L'art. 66 déclare que les plaignants pourront se porter parties civiles par la plainte, sans aucune distinction entre celles qui sont déposées au juge d'instruction, et celles qui sont remises aux autres officiers de police judiciaire (2).

L'action civile serait même admissible si la plainte avait été remise d'abord à d'autres magistrats que ceux désignés par la loi, ou à un magistrat incompétent, pourvu, toutefois, qu'elle fût parvenue à ceux qui viennent d'être désignés. A partir de ce moment, l'effet doit être le même que si elle eût été portée tout de suite au juge d'instruction. Cela est surtout incontestable lorsque le plaignant a figuré dans l'instance criminelle qui a suivi (3).

L'art. 63 détermine la compétence territoriale des magistrats, par rapport à la plainte. Elle peut être adressée régulièrement à ceux du lieu du crime ou du délit, ou du lieu de la résidence du prévenu, et même du lieu où il pourra être trouvé. Et, remarquez qu'à l'égard des contraventions de police, les plaintes, d'après les art. 11 à 20 du C. d'instr. crim., doivent être portées devant les commissaires de police, les maires ou adjoints de maire, ou devant les gardes champêtres et forestiers s'il s'agit de délits ruraux et forestiers.

294. Quant aux formes de la plainte, l'art. 65 du même Code renvoie à l'art. 31, en disant que les dispositions de cet article, concernant les dénonciations, seront communes aux plaintes. Or, l'art. 31 porte : « Les dénonciations se-
« ront rédigées par les dénonciateurs, ou par leurs fondés
« de procuration spéciale, ou par le procureur impérial, s'il
« en est requis; elles seront toujours signées, par le procu-
« reur impérial, à chaque feuille, et par les dénonciateurs
« ou par leurs fondés de pouvoirs. Si les dénonciateurs ou

_____

(1) C. instr. crim., art. 63, 64, 66 et 275; Loi du 29 sept. 1791, en forme d'instr. sur la proc. crim. — Legraverend, 1. 171; Mangin et F. Hélie, _De l'instr. écrite_, nos 50 et 54.

(2) _Contrà_, M. Carnot, t. 1, p. 302.

(3) C. instr. crim., art. 69; Cass., 8 prair. an 11; Dalloz, _Act. civ._, p. 206; Legraverend, 1, 172.

« leurs fondés de pouvoirs ne savent ou ne veulent signer,
« il en sera fait mention. La procuration demeurera toujours
« annexée à la dénonciation, et le dénonciateur pourra se
« faire délivrer, mais à ses frais, une copie de sa dénoncia-
« tion. » Le pouvoir doit être authentique pour assurer l'individualité des personnes (1); et la dénonciation doit faire
connaître les noms et qualités du dénonciateur, qui ne doit
pas rester inconnu, selon le vœu de l'art. 358.

En outre l'art. 68 dispose que « toute partie civile qui ne
« demeurera pas dans l'arrondissement communal (2) où se
« fait l'instruction, sera tenue d'y élire domicile par acte
« passé au greffe du tribunal. — À défaut d'élection de do-
« micile par la partie civile, elle ne pourra opposer le défaut
« de signification contre les actes qui auraient dû lui être
« signifiés. »

295. La personne lésée qui n'a pas pris la qualité de partie
civile dans la plainte peut le faire dans un acte subséquent,
en intervenant sur les poursuites du ministère public; elle le
peut en tout état de cause, jusqu'à la clôture des débats (3).
Bien que les art. 66 et 67 disent les *plaignants*, ces mots
n'ont rien de restrictif. Ils doivent s'entendre de tous ceux
qui ont souffert du crime ou du délit. Par cela même qu'ils
en demandent réparation, ils sont plaignants, quel que soit
le moment où ils apparaissent. On ne trouve pas une bonne
raison pour écarter les personnes lésées qui ne se porteraient
parties civiles que dans le cours des débats, sans avoir formé
de plainte préalable. L'art. 3 du C. d'instr. crim., qui veut
que l'action privée puisse être jugée par le même tribunal, et
en même temps que l'action publique, ne prescrit pas davantage que cette dernière action ait été soulevée par une plainte.
Ajoutons que le ministère public ne peut pas, en prenant
l'initiative d'une poursuite, priver la partie lésée par le délit
du droit de demander, devant les juges de répression, la réparation du dommage qu'elle a souffert (4).

296. Quel est donc le moment de la procédure où cette
intervention de la partie civile n'est plus recevable?

L'art. 67 porte que c'est à la clôture des débats. En ma-

(1) MM. Mangin et Hélie, n° 49.—*Contrà*, M. Carnot, art. 65, n° 3.
(2) C'est-à-dire dans la commune où siège le tribunal. Faustin Hélie,
Instr. crim., t. 5, p. 349; Rej., 8 fév. 1855, D. 90. V. aussi l'art. 183.
(3) C. instr. crim., 66, 67 et 359.
(4) *Junge*, Merlin, *Rép.*, v° *Intervention*, p. 603.

tière de police simple ou correctionnelle, cela veut dire que l'intervention est recevable jusqu'au jugement.

297. De ces mots, en tout état de cause, on ne doit pas conclure qu'après un jugement de première instance, si l'appel est formé, soit par le ministère public, soit par le condamné, la partie lésée qui ne se serait pas portée partie civile en première instance pourrait le faire *de plano* devant le tribunal d'appel. Les mots « jusqu'à la clôture des débats », et ceux-ci : « en tout état de cause », ne doivent s'entendre que de la cause instruite en première instance. L'appel interjeté par le ministère public ou le prévenu ne doit pas profiter à la partie lésée qui aurait omis de se porter partie civile en première instance. Ce serait priver le prévenu du premier degré de juridiction en ce qui concerne la demande en dommages-intérêts (1). C'est ainsi qu'en matière civile il n'est reçu aucune intervention en cause d'appel, si ce n'est, dit l'art. 466 du C. de proc., de la part de ceux qui auraient droit de former tierce opposition. Or, la tierce opposition n'étant pas ouverte, en matière criminelle, à la partie lésée par le délit qui ne se serait pas portée partie civile, son intervention ne doit pas être admise.

298. Devant la Cour d'assises, la clôture des débats est prononcée par le président, aux termes de l'art. 335, après que le procureur général et les parties ont été entendus, et au moment où il va lui-même commencer son résumé.

299. Ainsi la partie civile doit nécessairement intervenir et prendre qualité avant cette déclaration du président (2).

Le procès-verbal des débats constate d'une manière authentique cette intervention dont il est donné acte soit par une ordonnance du président, soit par un arrêt de la Cour s'il y avait sur ce point un incident contentieux (3).

300. Mais à quel moment doit-elle formuler sa demande en dommages-intérêts, prendre des conclusions précises à cet égard?

L'art. 359 du C. d'instr. crim. dit : « La partie civile est « tenue de former sa demande en dommages-intérêts avant « le jugement; plus tard, elle sera non recevable. » On a pensé que ces mots : « avant le jugement », ont le même

---

(1) Cass., 24 mai 1833, S. 791, et 17 juill. 1841, S. 779.
(2) Faustin Hélie, *Instr. cr.*, t. 8, p. 840.
(3) Cass., 7 avril 1854, *Bull.* n° 99; Faustin Hélie, *Instr. crim.*, t. 8, p. 489.

sens que ceux de l'art. 67, « avant la clôture des débats ».
La Cour de cassation décide, au contraire, que la partie civile qui a pris qualité avant la clôture des débats peut prendre ses conclusions à fin de restitutions et dommages-intérêts, après la déclaration du jury, et même après l'ordonnance d'acquittement que le président doit prononcer, aux
termes de l'art. 358, immédiatement après la déclaration de
non-culpabilité. « Attendu que l'art. 359 n'a pu vouloir, en
« prescrivant à la partie civile de former sa demande avant
« le jugement, attribuer ce caractère à l'ordonnance d'ac-
« quittement qui doit être prononcée sans délibération préa-
« lable de la Cour d'assises (1). » La preuve que cette solution est exacte se trouve dans l'art. 362, qui porte : « Lorsque
« l'accusé aura été déclaré coupable, le procureur général
« fera sa réquisition à la Cour pour l'application de la peine.
« La partie civile fera la sienne pour restitution et domma-
« ges-intérêts. » Ainsi, nul doute que la réquisition de la
partie civile ne puisse être faite après la déclaration du jury,
et l'on ne peut pas distinguer entre le cas de condamnation
et celui d'acquittement; car, avant que la déclaration du jury
soit prononcée, le droit qu'a la partie civile de prendre ses
conclusions serait incertain, et dépendrait du sens de cette
déclaration. Or, quelle raison y aurait-il à cette différence
entre la condamnation et l'acquittement? Elle n'est certainement pas dans le vœu de la loi (2). Maintenant, si la partie
civile peut former sa réquisition, à fin de dommages-intérêts
après la déclaration négative du jury, elle peut le faire après
l'ordonnance d'acquittement, car celle-ci est la conséquence
nécessaire et immédiate de la déclaration du jury; l'art. 358
ne suppose, entre les deux déclarations, aucun intervalle de
temps.

301. On comprend, dès lors, que la partie lésée fera sagement de ne se porter partie civile qu'au dernier moment,
à moins qu'elle n'ait un besoin absolu d'activer les poursuites du ministère public : car elle aura, de cette manière,
les moyens de s'assurer que le prévenu est solvable, que les
preuves sont assez fortes pour motiver la condamnation,
qu'ainsi elle pourra recouvrer contre lui les frais qu'elle ex-

(1) Rej., 21 oct. 1835, S. 850, D. 38.1.86; 22 août 1836, D. 226.
Conf., 27 nov. 1857, D. 58.1.46; 11 avril 1861, Bull. 76, D. 61.5.11.
(2) Rej., 11 avril 1861, D. 61.5.11, Bull. 76.

posera. Elle peut user de cette faculté même après avoir été entendue comme témoin aux débats (1).

302. La partie lésée par un crime ou délit, qui aurait porté sa plainte et pris qualité devant les juges du fond en temps utile, pourrait-elle, en cas de recours en cassation par le condamné, intervenir devant la Cour de cassation pour soutenir la régularité de la condamnation?

Aucun texte ne s'y oppose, et l'affirmative se déduit du droit commun. La partie admise légalement dans un procès a droit d'y rester jusqu'au terme de ce procès, et la contradiction est nécessaire aussi devant la Cour suprême. La partie lésée peut craindre que, par quelque surprise, on n'obtienne la cassation de l'arrêt rendu en sa faveur, que certaines preuves ne soient altérées, certains faits dénaturés. Par exemple, il serait facile d'établir quelque confusion sur la personne d'un juré, et de présenter comme incapable d'en exercer les fonctions celui qui en est, au contraire, très-capable. Il y a un grand inconvénient pour la partie civile à être renvoyée devant une autre Cour d'assises ou un autre tribunal. Si un jugement défavorable était rendu contre elle, elle pourrait être condamnée aux dommages-intérêts et aux frais. Il est donc juste qu'elle puisse défendre l'arrêt qui lui a donné gain de cause contre le recours en cassation du condamné. Aussi, la faculté d'intervention lui a été reconnue par un arrêt du 5 brumaire an 13 (2).

303. Voyons maintenant avec plus de détail comment on introduit l'action civile qui n'est pas contenue dans la plainte. Les formes de cet acte subséquent, dont parle l'art. 66, ne sont pas réglées par le C. d'instr. crim. Elles doivent varier suivant qu'il se produit à une phase plus ou moins avancée de la procédure. Tant que le procureur impérial n'a pas fait son réquisitoire, par lequel il requiert le juge d'instruction d'informer, cet acte peut lui être remis; mais lorsque le juge d'instruction est saisi de l'action publique par ce réquisitoire, c'est à lui que la déclaration de la partie civile doit être adressée. L'acte dont nous parlons doit être signifié au prévenu et au ministère public, puisque c'est une intervention dans l'instance qui se poursuit entre eux. Sans cela, n'étant pas avertis, ils ne seraient pas obligés de faire à la partie civile

---

(1) Rej., 11 avril 1861, D. 61.5.11.
(2) Merlin, *Intervention*, § 2, p. 605.

diverses notifications qui sont prescrites par la loi, notamment par les art. 116, 135, 187.

304. Quand l'affaire a été renvoyée devant le tribunal compétent, la partie civile peut intervenir par de simples réquisitions, à l'audience, écrites ou même verbales, sans avoir besoin de rédiger un acte d'intervention (1). Elle peut aussi intervenir par requête d'avoué (2), qui doit être notifiée au prévenu ; et il n'est pas nécessaire qu'elle soit présente en personne aux débats ; il suffit qu'elle y soit représentée par un avoué (3). Et, dans ce cas, il n'est pas besoin que l'avoué soit porteur d'un mandat spécial ; car, bien que devant les tribunaux correctionnels, le ministère des avoués ne soit pas nécessaire, cependant, quand les parties y ont recours, c'est toujours avec les avantages résultant de leur qualité. Il y a donc présomption qu'ils ont reçu pouvoir spécial et suffisant (4).

305. Dans ce qui précède, nous avons vu l'action de la partie civile s'exerçant, soit au moyen d'une plainte destinée à mettre en mouvement l'action publique, soit par une simple intervention sur les poursuites commencées par le ministère public. Il y a encore un autre mode à suivre pour l'introduire. Les tribunaux de police simple ou correctionnelle peuvent être saisis directement par la citation de la partie lésée. Art. 145. « Les citations pour contravention « de police seront faites à la requête du ministère public ou « de la partie qui réclame. Elles seront notifiées par un huis- « sier ; il en sera laissé copie au prévenu ou à la personne « civilement responsable. » Art. 182. « Le tribunal sera « saisi, en matière correctionnelle, de la connaissance des « délits de sa compétence, soit par le renvoi qui lui en sera « fait, d'après les art. 130 et 160 ci-dessus, soit par la cita- « tion donnée directement au prévenu et aux personnes ci- « vilement responsables du délit par la partie civile, et à « l'égard des délits forestiers, par le conservateur, inspec- « teur ou sous-inspecteur forestier, ou par les gardes géné- « raux, et, dans tous les cas, par le procureur impérial. »

---

(1) Carnot, art. 67, n° 2 ; Legraverend, t. 2, p. 388 ; Faustin Hélie, *Instr. crim.*, t. 7, p. 680 ; Lesellyer, t. 2, n° 5·0 ; Limoges, 16 nov. 1812, S. 17.2.64. Arg. d'un arrêt de rej., 31 mai 1816, S. 16.1.271.

(2) Dalloz, *Plainte*, p. 216, n° 3.

(3) Rej., 27 déc. 1811 ; Merlin, *Intervention*, § 2, p. 603. V. *suprà*, n° 128.

(4) Rouen, 7 juin 1849, S. 50.2.449.

Art. 183. « La partie civile fera, par l'acte de citation, élec-
« tion de domicile dans la ville où siége le tribunal; la cita-
« tion énoncera les faits et tiendra lieu de plainte. »

306. Ce mode de procéder n'est pas autorisé au grand
criminel. Quand elle demande réparation d'un fait de la
compétence de la Cour d'assises, la partie lésée ne peut citer
devant cette Cour l'auteur prétendu du fait incriminé. Elle
n'a que la voie de la plainte ou de la dénonciation, sauf à se
porter partie civile, quand le ministère public y aura donné
suite. Lorsqu'il s'agit de crimes proprement dits, la gravité
des faits et de l'inculpation, la nécessité d'une information
sûre et prudente, qui recueille les moindres indices et arrive
avec une sage lenteur à la découverte de la vérité, ne permettaient pas de livrer aux particuliers le droit de mettre
en mouvement, à la fois, et l'action publique et l'action
privée.

Une seconde exception est établie en ce qui concerne les
délits commis à l'étranger, par la loi du 27 juin 1866. Aux
termes de l'art. 5, C. instr. crim., modifié par cette loi, en cas
de délit commis contre un particulier Français ou étranger,
la poursuite ne peut être intentée qu'à la requête du ministère public, et doit être précédée d'une plainte de la partie
offensée ou d'une dénonciation officielle à l'autorité française
par l'autorité du pays où le délit a été commis.

La commission du Corps législatif a introduit par voie
d'amendement cette disposition par la crainte des abus de la
citation directe qui est souvent, a dit le rapporteur, un moyen
d'intimidation frauduleuse. — Ces raisons n'étaient peut-
être pas suffisantes pour déroger à la règle générale établie
en matière de police simple et correctionnelle par le Code
d'instruction criminelle. Si le droit de citation directe entraînait les abus qui ont alarmé la commission, il eût fallu la
supprimer tout à fait, ce à quoi le gouvernement n'a pas
songé jusqu'ici.

Ces craintes nous semblent dénuées de fondement sérieux,
et nous pensons qu'il y a lieu de laisser subsister une faculté
qui permet à la partie lésée d'agir à ses risques et périls
pour la garantie de ses droits, dans des cas où le ministère
public ne croirait pas devoir le faire, soit parce qu'il ne serait pas complétement éclairé, soit parce que l'intérêt social
ne lui paraîtrait pas suffisamment engagé.

307. Devant les tribunaux de police, le seul fait de citer
directement le prévenu vous donne la qualité de partie ci-

vile. Car ce n'est qu'en cette seule qualité que la partie lésée
a droit de saisir directement le tribunal (1). Aux termes de
l'art. 183, C. instr., cette citation tient lieu de plainte.

308. Elle doit énoncer les faits. Le même article ajoute
que la citation devant le tribunal correctionnel contiendra
élection de domicile par la partie civile, dans la ville où siége
le tribunal. Conformément à l'art. 68, cette élection de domicile ne doit être exigée que si la partie civile ne demeure
pas dans la commune (2) où siége le tribunal. Du reste, l'é-
lection de domicile n'est pas prescrite à peine de nullité.

Mais, si elle n'a pas lieu, le plaignant ne peut opposer le
défaut de signification des actes qui auraient dû lui être signifiés aux termes de la loi : par exemple, la demande de
mise en liberté provisoire, comme nous le verrons n° 329,
l'opposition du condamné à un jugement par défaut (art. 187).

Elle ne pourra non plus former opposition à un arrêt en
règlement de juges (art. 535).

309. Des obligations qui ne résultaient pas pour elle du
Code d'instruction criminelle ont été imposées à la partie civile par le décret du 18 juillet 1811 ; elles sont relatives aux
frais qui peuvent être mis à sa charge, suivant ce qui a été
dit n° 122, et pour le recouvrement desquels ce décret prescrit des mesures que nous devons faire connaître. L'art. 160
est ainsi conçu : « En matière de police simple ou correc-
« tionnelle, la partie civile qui n'aura pas justifié de son in-
« digence sera tenue, avant toutes poursuites, de déposer au
« greffe, ou entre les mains du receveur de l'enregistrement,
« la somme présumée nécessaire pour les frais de la procé-
« dure. Il ne sera exigé aucune rétribution pour la garde de
« ce dépôt, à peine de concussion. »

310. Une difficulté s'est élevée dans l'application de cette
disposition. Il est certain que quand la partie civile est partie
jointe aux poursuites du ministère public, la consignation
est indispensable ; mais quand l'action est introduite devant
les tribunaux de police simple ou correctionnelle, au moyen
de la citation directe donnée au prévenu par la partie lésée,
comme celle-ci fait les frais des premières poursuites, on se
demande si la consignation doit également avoir lieu.

La Cour de cassation a jugé la négative par la raison que
nous venons d'indiquer, et en se fondant sur la combinaison

---

(1) Legraverend, 1, 173.
(2) MM. Mangin et Hélie, n° 62. V. *suprà*, n° 294.

des art. 1 et 160 du règlement de 1811. L'art. 1er dispose
que l'administration de l'enregistrement fera l'avance des
frais pour les actes et procédures qui seront ordonnés d'office
ou à la requête du ministère public, sauf à poursuivre, ainsi
que de droit, le recouvrement de ceux desdits frais qui ne
sont pas à la charge de l'Etat. La Cour de cassation conclut
de cette disposition, que celle de l'art. 160 n'est relative
qu'aux frais des procédures qui auraient été faites à la requête du ministère public, et dont la régie aurait à faire le
recouvrement; que ce n'est que pour assurer le recouvrement que la consignation préalable est ordonnée; qu'ainsi
la partie civile qui introduit elle-même l'action n'a pas besoin de faire la consignation, parce que la régie n'a aucun
recouvrement à faire (1)

Cette jurisprudence libérale, qui tend à faciliter à tous les
citoyens, quelle que soit leur fortune, l'accès des tribunaux,
nous paraît devoir être approuvée, malgré les termes absolus
de l'art. 160 du décret : « La partie civile..... avant toutes
« poursuites. »

En vain objecterait-on que dans une instance engagée par
la partie civile, la nécessité de faire des actes à la requête du
ministère public peut se faire sentir, et que l'art. 160 a précisément pour but d'en fournir les moyens aux magistrats
sans grever le trésor public. Car le système de la consignation préalable n'est pas plus favorable que celui de la Cour
de cassation à la répression des délits, but principal que doit
se proposer le législateur. Suivant nous si, dans une instance engagée par la partie civile, le ministère public reconnaît la nécessité sérieuse de poursuivre, il poursuivra
d'office; rien ne l'en empêche, et la régie fera l'avance,
comme s'il n'y avait pas eu de partie civile. Le ministère public ne laissera pas tomber une action qui serait abandonnée
à tort, ou faute de moyens, par la partie civile, si les premiers actes de la poursuite commencée à la requête de celle-
ci, font apercevoir des indices sérieux de culpabilité. Le
trésor aura toujours une garantie de plus dans la présence,
au procès, de cette partie, puisqu'elle doit être condamnée
aux frais, si elle succombe (2). Mais quand une poursuite
aura été commencée à la légère par un particulier, tous les

(1) Cass., 4 mai et 19 juill. 1833, S. 433 et 895; 28 fév. 1834, S. 415.
(2) Décr. 18 juill. 1811, art. 157.

I.   20

frais étant avancés successivement par lui (1), et le ministère public pouvant laisser tomber la poursuite si la partie privée ne peut y suffire par défaut de moyens, il n'y a réellement aucune nécessité de l'obliger à consigner le montant présumé des frais.

Néanmoins, une circulaire du 30 août 1833 a prescrit aux officiers du ministère public de continuer à exiger, dans tous les cas, la consignation préalable des frais par la partie civile (2).

Mais aujourd'hui, dans la pratique, et notamment au parquet de Paris, on ne demande point de consignation lorsqu'il y a citation directe.

311. L'obligation, pour la partie civile, de consigner, ne lui est imposée, par l'art. 160, qu'en matière de police simple ou correctionnelle; elle semblait donc en être affranchie dans les affaires portées à la Cour d'assises. Cependant l'art. 159, conçu d'une manière générale, portait que des exécutoires peuvent toujours être délivrés contre la partie civile directement, et l'on a quelquefois demandé des consignations aux parties civiles, même au grand criminel, pour en assurer le paiement. L'art. 368, C. inst. crim., a paru autoriser cette prétention. C'est aussi ce qui résulte d'une ordonnance du 28 juin 1832 (3).

« Louis-Philippe, etc., — Vu le décret du 18 juin 1811, et, notamment, l'art. 160, portant qu'en matière de police simple ou correctionnelle, la partie civile qui n'aura pas justifié de son indigence sera tenue, avant toutes poursuites, de déposer, au greffe, ou entre les mains du receveur de l'enregistrement, la somme présumée nécessaire pour les frais de la procédure ;— Vu l'art. 368, C. inst. crim., ainsi conçu : « L'accusé ou la partie civile qui succombera, sera con-« damné aux frais envers l'Etat et envers l'autre partie : « dans les affaires soumises au jury, la partie civile qui « n'aura pas succombé ne sera jamais tenue des frais : dans « le cas où elle en aura consigné, en exécution du décret du « 18 juin 1811, ils lui seront restitués. » Voulant assurer l'exécution uniforme de ces dispositions ; — Sur le rapport

---

(1) Ainsi, les témoins appelés par la partie civile sont payés par elle et non par le Trésor ; c'est contre elle que l'on délivre exécutoire. V. l'art. 34 du décret.

(2) M. de Dalmas, p. 433.

(3) *Junge*, Paris, 19 déc. 1835, S. 36.2.128.

de notre garde des sceaux, ministre secrétaire d'Etat au département de la justice, notre Conseil d'Etat entendu, etc.

Art. 1er. « Il sera tenu, sous la surveillance de nos procureurs près les Cours et tribunaux et des juges de paix, par les greffiers, un registre, dans lequel sera ouvert, pour chaque affaire, un compte particulier aux parties civiles qui auront consigné le montant présumé des frais de la procédure.

2. « Sur ce registre, qui sera coté et paraphé par nos procureurs et par les juges de paix, les greffiers porteront exactement les sommes reçues et payées.

3. « Dans tous les cas, les sommes non employées, et qui seront restées entre les mains du greffier seront remises par lui, sur un simple récépissé, à la partie civile, lorsque l'affaire sera terminée par une décision qui, à l'égard de cette partie civile, aura force de chose jugée.

4. « Quant aux sommes qui auront servi à solder les frais dans les affaires soumises au jury, la partie civile qui n'aura pas succombé fournira, pour en obtenir le remboursement, un mémoire en triple expédition, revêtu des formalités prescrites par les art. 138, 139, 140, 145, 152 et 153 du règlement du 18 juin 1811. Ce mémoire sera payé, comme les autres frais de justice criminelle, par les receveurs de l'enregistrement et des domaines.

5. « A l'expiration de chaque année, les greffiers adresseront, par l'intermédiaire de nos procureurs près les Cours et tribunaux, à notre ministre de la justice, un compte sommaire, tant des sommes consignées entre leurs mains que de celles qu'ils auront employées ou qui auront été restituées aux parties civiles. »

Nonobstant ces dispositions, le texte de l'art. 160 du tarif a prévalu, et dans l'usage, on n'exige plus de consignation des parties civiles pour les affaires portées devant le jury (1). Les avances sont faites par le trésor, sauf répétition contre la partie civile, si elle succombe.

312. La loi ne dit point à qui il appartient de fixer la somme que la partie civile est tenue de consigner. Elle n'a pas non plus posé de base pour l'évaluation des frais. C'est donc le juge saisi de la plainte, et par conséquent le juge d'instruction, tant que le tribunal n'est pas saisi par un

_____

(1) Paris, 25 août 1840, D. 41.2.2, et *suprà*, n° 123; Faustin Hélie, *Instr. crim.*, t. 5, p. 351.

renvoi de ce juge ou de la chambre des mises en accusation, qui détermine cette somme. A cet égard, il a un pouvoir discrétionnaire, sauf à la partie civile à se pourvoir contre sa décision (1).

La plupart des plaintes étant déposées au parquet du procureur impérial, et non pas au juge d'instruction, c'est le premier de ces magistrats qui évalue ordinairement la somme à consigner. On la fixe à un taux fort peu élevé, qui varie cependant suivant l'importance des affaires, sauf à demander un supplément en cas de besoin. Quand l'intervention de la partie civile est formée pendant les débats, c'est encore le ministère public qui est chargé de cette détermination.

Si, au cours de l'instance, les fonds deviennent insuffisants, le ministère public est investi, par une décision ministérielle du 5 sept. 1861, de la faculté de faire viser pour timbre et enregistrer en débet les actes, jugements et arrêts dont la signification devrait avoir lieu à sa requête, sauf au receveur de l'enregistrement à recouvrer les droits sur les parties civiles (2) ou les condamnés.

313. Le défaut de solvabilité du plaignant ne l'empêche pas de se porter partie civile. Mais, pour être dispensé de subvenir aux frais de la poursuite, il est tenu, d'après les articles 159 et 160 du décret, de produire un certificat d'indigence. Le ministère public poursuit alors, mais seulement s'il le juge convenable. Une instruction du ministre de la justice, du 30 septembre 1826, indique qu'il n'y a pas lieu, en général, de commencer des poursuites quand les fonds ne sont pas avancés par le plaignant, à moins que le délit ne soit très-grave et n'intéresse essentiellement l'ordre public. S'il est donné suite à l'action publique, le plaignant qui a justifié de son indigence se porte partie civile. C'est la régie qui fait l'avance des frais qu'elle recouvre contre le condamné. Aujourd'hui les poursuites d'office sont au contraire la règle générale, une très-grande activité a été imprimée à la justice répressive.

L'art. 159 du décret veut que la partie civile justifie de son indigence, conformément au mode établi par l'art. 420,

---

(1) Rej., 13 mai 1824, *J. du Pal.*, t. 18, p. 05; Faustin Hélie, p. 353.

(2) Déc. min. fin., Dall., 1862.3.32.

C. instr. crim., c'est-à-dire : 1° par un extrait du rôle des contributions, constatant qu'elle paie moins de six francs, ou un certificat du percepteur de la commune, portant qu'elle n'est pas imposée ; 2° par un certificat d'indigence, délivré par le maire de la commune de son domicile ou par son adjoint, visé par le sous-préfet et approuvé par le préfet de son département.

314. La partie civile peut abandonner cette qualité et s'en désister, dans les vingt-quatre heures de la déclaration qu'elle en avait faite, soit en donnant citation directe, soit en prenant qualité dans la plainte ou dans un acte subséquent (C. instr. crim., art. 66). Ces vingt-quatre heures doivent se compter *de momento ad momentum*, si l'acte porte indication de l'heure où il a été fait ; sinon, il faut accorder un jour franc (1). En pareil cas, elle n'est pas tenue des frais faits depuis que son désistement a été signifié, tandis que ceux faits antérieurement restent tous à sa charge (2).

315. Elle peut également se désister plus tard, mais en payant tous les frais qu'elle aurait occasionnés (3). Car le désistement entraîne toujours pour celui qui le donne obligation de payer tous les frais qui sont la conséquence nécessaire de son action, par exemple, ceux de l'arrêt ou du jugement qui ont donné acte du désistement (4). En matière civile, les frais postérieurs ne peuvent guère consister qu'en ceux du jugement qui donne acte, puisque l'effet du désistement est précisément d'arrêter court le procès et la procédure.

316. En matière criminelle, il n'en est pas ainsi. Le désistement de la partie civile n'entraîne pas toujours l'extinction de l'action publique.

Or, si le magistrat continue à poursuivre, la partie civile peut-elle être encore condamnée aux frais ?

---

(1) Carnot, art. 66, n° 10 ; Bourguignon, art. 66, n° 2 ; Merlin, *Rép.*, v° *Partie civ.*, n° 1 ; Lesellyer, t. 2, n° 582.
(2) Carnot, art. 66, n° 16 ; Bourguignon, *Sur l'art.* 66, n° 7 ; Boitard, *Leçons sur le C. d'instr. crim.*, p. 126 ; Lesellyer, t. 2, n° 584 ; V. aussi Muyart de Vouglans, *Inst. au dr. cr.*, part. 2, chap. 3 ; Jousse, *Comm. sur l'ord.* de 1670, tit. 3, art. 5.
(3) Legraverend, 1, 174.
(4) C. proc. civ., 403 ; Limoges, 17 juill. 1816, Dalloz, *Désistement*, p. 154 ; Rennes, 5 avril 1824, D. 30.2.57 ; Nancy, 1ᵉ nov. 1831, D. 33. 2.310.

Nous venons de voir que, si la partie civile s'est désistée dans les vingt-quatre heures, elle n'est tenue que des frais antérieurs au désistement. L'art. 66 le dit expressément.

Mais si le désistement est postérieur, il faut décider qu'elle est responsable de la totalité des frais. La Cour de Paris l'a ainsi jugé, le 24 juin 1837 (1), en se fondant sur l'art. 157 du décret réglementaire du 18 juin 1811, portant que la partie civile, qu'elle succombe ou non, est responsable des frais, sauf son recours contre le condamné. Cette raison ne vaut rien, puisque l'art. 157 a été modifié, comme l'avons dit n° 123, par l'art. 368, C. instr. crim., révisé en 1832. Mais nous décidons comme la Cour de Paris, attendu que la partie qui se désiste est censée succomber dans sa demande. Elle succombe certainement et reconnaît elle-même avoir mal procédé en la forme. C'est pour cela qu'en matière civile, l'art. 403, C. proc., met à sa charge tous les frais de l'instance. Devant les tribunaux de répression, le système de la loi est de rendre la partie civile qui succombe responsable de tous les frais, même de ceux de l'action publique. Il doit donc en être ainsi en cas de désistement. L'art. 66, C. instr., fournit un argument *à contrario* bien puissant dans ce sens. La dispense de payer les frais postérieurs semble bien, d'après cet article, dépendre essentiellement du désistement dans les vingt-quatre heures.

317. La partie civile qui aurait payé les frais, n'aurait aucun recours contre le prévenu acquitté; cela est évident.

Elle en aurait un, au contraire, contre le prévenu condamné, car l'art. 157 du décret de 1811 le lui donne sans distinction : « Ceux qui se seront constitués parties civiles... « seront personnellement tenus des frais..., sauf leur re- « cours contre les prévenus ou accusés qui seraient con- « damnés, et contre les personnes civilement responsables « du délit. »

Mais le recours contre le condamné ne devrait s'étendre qu'aux frais faits sur l'action publique et non à ceux de la partie civile qui s'est désistée. Car, malgré la condamnation du prévenu ou de l'accusé, à laquelle d'ailleurs elle n'a pas concouru, le désistement entraîne pour elle obligation de supporter définitivement ces frais.

318. La signification du désistement doit être faite au

_____

(1) S. 37.2.391.

ministère public et aux prévenus, s'ils sont connus. Néanmoins, si la plainte était encore entre les mains de l'officier de police judiciaire qui l'a reçue, n'ayant encore été suivie d'aucune poursuite, le désistement pourrait être fait entre les mains de cet officier par une simple déclaration dans la même forme que la plainte.

319. Le désistement donné par la partie civile, dans les vingt-quatre heures de l'acte où elle avait pris cette qualité, ne paraît pas soumis à la condition de l'acceptation par le prévenu. L'art. 66 ne suppose aucune restriction aux effets du désistement donné dans ce délai.

320. En est-il de même du désistement postérieur?

En matière civile, les art. 402 et 403, C. de proc., exigent que le désistement soit accepté par l'adversaire. Ils ne lui accordent l'effet d'arrêter l'instance et d'empêcher le jugement qu'à cette condition. Cette disposition est fondée sur ce que le désistement pur et simple emporte seulement renonciation à l'effet des procédures commencées (C. proc., 403; C. Nap., 2247). Le demandeur a la faculté de reproduire son action (1). Or, il ne peut dépendre de sa volonté seule de mettre obstacle au jugement, pour renouveler ensuite un procès onéreux et fatigant pour son adversaire.

321. L'acceptation a un double effet :

1° Elle empêche la partie qui a offert le désistement de s'en départir, ce qu'elle peut faire jusque-là (2);

2° Elle emporte consentement des deux parties à ce que l'instance prenne fin, et, par conséquent, il n'est pas besoin de jugement. Du moins, le tribunal saisi doit se borner à donner acte du désistement, et ne peut retenir la cause.

Ces règles nous paraissent applicables en matière criminelle, bien que le Code d'instruction ne reproduise pas les art. 402 et 403, C. proc. Les raisons qui ont fait considérer l'acceptation du défendeur comme nécessaire sont les mêmes qu'en matière civile. D'ailleurs, la nécessité de l'acceptation résulte d'un principe général, savoir, que le quasi-contrat judiciaire une fois formé, l'une des deux parties ne peut le rompre sans le consentement de l'autre. Celle-ci a un droit

---

(1) Pigeau, *Procéd. civ.*, t. 1, p. 479.
(2) Dalloz, *Désistement*, p. 158, n° 8; Arg. d'un arrêt de rej., 28 fév. 1849, S. 480.

acquis à être jugée dont elle ne peut être dépouillée arbitrairement.

322. Néanmoins, l'acceptation du désistement est-elle absolument nécessaire pour qu'il produise un effet quelconque? Le juge ne pourrait-il en donner acte malgré le refus de la partie adverse?

Indépendamment de ce que le désistement pourrait n'être pas régulier, et ne lierait pas, par lui-même, la partie qui le donne, l'autre peut avoir intérêt à demander jugement. D'abord, si le désistement ne porte que sur la procédure, et non sur le fond du droit, le défendeur est exposé à une nouvelle action. Il est juste qu'il puisse exiger un jugement immédiat (1). Cependant, si le désistement avait pour cause une nullité de forme ou l'incompétence, et que le défendeur ne voulût pas renoncer à s'en prévaloir, le juge devrait donner acte du désistement, surtout si le vice touchait à l'ordre public. Si le désistement était fondé sur l'existence d'une demande semblable, déjà introduite devant un autre tribunal, le juge devrait également en donner acte.

323. Dans le cas, au contraire, où le demandeur ne renoncerait à son action, devant le tribunal civil, que pour la porter devant le tribunal criminel, et réciproquement, nous pensons que le prévenu serait bien fondé à s'y opposer; et s'il croyait utile à ses intérêts de faire maintenir les choses en l'état où les a mises le demandeur lui-même, le tribunal ne pourrait, à notre avis, donner acte du désistement d'une manière pure et simple malgré ce refus.

Par là disparaissent, ou du moins sont singulièrement atténués, les inconvénients que l'on reproche, avec peu de fondement, du reste, au système que nous avons présenté (nos 232 et suiv.), par rapport à la faculté donnée au demandeur de passer du civil au criminel, et réciproquement. Du moment où ce passage ne peut avoir lieu que par suite du désistement de l'action primitivement intentée, et, dès lors, avec le consentement du défendeur, si la cause a été liée avec lui, pourquoi la loi aurait-elle privé le demandeur de cette faculté? On n'en aperçoit pas la raison.

Dira-t-on que, par cette restriction, nous rendons notre système sans application, parce que le défendeur s'opposera toujours à ce changement d'actions?

Nullement... Nous avons montré, dans les passages pré-

_____

(1) Pigeau, t. 1, p. 479.

cités, que le prévenu y trouvait quelquefois son avantage ; alors il ne manquera pas d'accepter le désistement. Notre système recevra même son application dans tous les cas où nous avons admis que le tribunal saisi pourrait donner acte du désistement, malgré le refus du défendeur ; enfin, toutes les fois que la partie civile se sera désistée, dans les vingt-quatre heures, de son action devant le tribunal criminel. Le désistement n'est alors soumis à aucune condition, et cela est juste, car cette rapide apparition de l'action civile, éteinte aussitôt sa naissance, ne peut porter au prévenu un préjudice sérieux.

324. Quand même il apparaîtrait, des termes du désistement, que le demandeur renonce au droit sur lequel était fondée son action, il pourrait être encore de l'intérêt du défendeur que le désistement ne mît pas fin à l'instance. Son honneur, son repos attaqués et troublés, peuvent exiger que le procès soit vidé par un jugement solennel, et non pas éteint par un désistement qui ne serait pas, pour lui, une satisfaction suffisante, une garantie complète pour l'avenir.

Nous sommes donc porté à penser que, dans tous les cas, le défendeur peut s'opposer à ce qu'il soit donné acte du désistement, et que le tribunal saisi peut apprécier les motifs de son refus.

325. Le désistement n'est pas valable lorsqu'il n'est donné qu'après le jugement, quand même il n'y aurait que vingt-quatre heures d'écoulées depuis la déclaration.

326. Et, dans tous les cas, la partie civile peut être condamnée aux dommages-intérêts du prévenu, s'il y a lieu (C. instr. crim., art. 66 et 67), comme le serait un simple dénonciateur.

327. Devant la Cour d'assises, puisque la partie civile peut prendre ses conclusions après la déclaration du jury et l'ordonnance d'acquittement, qui n'est pas considérée comme un jugement (V. n° 300), elle peut donc aussi se désister à cette phase de la procédure.

En vain opposerait-on que la partie civile se désistera toujours en cas d'acquittement. D'abord, cette considération ne doit pas l'empêcher d'exercer un droit qui résulte, pour elle, de la loi. Ensuite, il arrivera souvent que la partie civile aura des raisons pour ne pas se désister, puisque la Cour d'assises, malgré l'acquittement, peut prononcer des dommages-intérêts contre l'accusé. La partie civile abandonnera d'autant moins facilement la lutte, à cette phase de la procédure, que les frais de l'arrêt, ou plutôt de la partie de l'arrêt qui la concernerait, les seuls que son désistement pût lui éviter, sont peu considérables.

328. De ce qui précède il résulte que la partie civile peut mettre en mouvement l'action publique, d'une manière indirecte, par la plainte, et en saisir directement le tribunal par la citation donnée au prévenu en matière de police.

Néanmoins, il ne serait pas exact de dire que la partie civile exerce l'action publique. L'art. 1er, C. instr. crim., établit tout le contraire. En effet, c'est toujours au point de vue de ses intérêts civils qu'elle est admise à figurer dans l'instance et dans l'instruction qui la précède.

Ses droits devant le juge d'instruction et le tribunal se bornent à indiquer et à faire entendre les témoins qui peuvent avoir connaissance des faits poursuivis (C. instr. crim., 71, 153, 315), à décliner la compétence (C. instr. crim., 408, 413, 414, 539), à demander le renvoi de l'affaire devant un autre juge pour cause de suspicion légitime (C. instr. crim., 542), à former opposition à l'ordonnance de compétence rendue par le juge d'instruction (C. instr. crim., 135, 136, 229, § 2), à être partie dans la demande en liberté provisoire formée par le prévenu (1).

Devant la chambre des mises en accusation, si l'affaire y est renvoyée, la partie civile ne paraît point (C. instr. crim., 223); elle peut seulement fournir tels mémoires qu'elle juge convenable (C. instr. crim., 217).

329. Il n'entre pas dans notre plan de donner de plus longs détails sur les différents points que nous venons d'indiquer.

Nous dirons cependant quelques mots des droits de la partie civile, par rapport à la mise en liberté provisoire du prévenu, sous caution.

D'après les art. 113 et 114, C. instr. crim., si le fait incriminé n'emporte qu'une peine correctionnelle, le juge d'instruction (2) peut, sur la demande du prévenu et sur les conclusions du procureur impérial ordonner que le prévenu sera mis provisoirement en liberté, moyennant caution solvable de se représenter à tous les actes de la procédure, et pour l'exécution du jugement, aussitôt qu'il en sera requis.

---

(1) C. instr. crim., 116 et suiv.; Mangin, *Act. publ.*, t. 1, nos 14 et 34; MM. Mangin et Hélie, *De l'Instr. écrite*, t. 1, no 30.
(2) Substitué à la Chambre du conseil par la loi du 17 juill. 1856.

Mais ces dispositions et celles des articles suivants relatifs au même objet ont été profondément modifiées par la loi du 14 juillet 1865.

Désormais en toute matière, même criminelle et quel que soit le titre de l'accusation, le juge d'instruction pourra, sur la demande de l'inculpé et sur les conclusions du procureur impérial, ordonner la mise en liberté, à charge par l'inculpé de prendre l'engagement de se représenter à tous les actes de la procédure et pour l'exécution du jugement aussitôt qu'il en sera requis (art. 113 nouveau).

En matière correctionnelle, la mise en liberté sera de droit, cinq jours après l'interrogatoire, en faveur du prévenu domicilié quand le maximum de la peine prononcée par la loi sera inférieur à deux ans d'emprisonnement, à moins que le prévenu n'ait déjà été condamné pour crime, ou à un emprisonnement de plus d'une année pour délit (art. 113, § 2 et 3).

Dans tous les cas où elle n'est pas de droit, la mise en liberté provisoire pourra être subordonnée à l'obligation de fournir un cautionnement qui garantit : 1° la représentation de l'inculpé à tous les actes de la procédure et pour l'exécution du jugement ; 2° le paiement dans l'ordre suivant :

1° Des frais faits par la partie publique;

2° De ceux avancés par la partie civile;

3° Des amendes.

L'ordonnance de mise en liberté détermine la somme affectée à chacune des parties du cautionnement (art. 114). — Le montant du cautionnement est laissé à l'arbitrage du juge. La loi ne fixe ni minimum ni maximum.

La mise en liberté a lieu sans préjudice du droit que conserve le juge d'instruction, dans la suite de l'information, de décerner un nouveau mandat d'amener, d'arrêt ou de dépôt, si des circonstances nouvelles et graves rendent cette mesure nécessaire.

Toutefois, si la liberté provisoire avait été accordée par la chambre des mises en accusation réformant l'ordonnance du juge d'instruction, le juge d'instruction ne pourrait décerner un nouveau mandat qu'autant que la Cour, sur les réquisitions du ministère public, aurait retiré à l'inculpé le bénéfice de la décision (art. 115).

L'ordonnance du juge d'instruction peut donc être réformée et à cet égard la partie civile a, comme le ministère public, le droit de former opposition devant la chambre d'accusation.

Un délai de 24 heures leur est imparti à cet égard ; il court contre la partie civile du jour de la notification qui doit lui en être faite à son domicile ou à celui qu'elle aura élu. — Elle peut, dans ce même délai, présenter des observations écrites (art. 118 et 119). — L'opposition sera consignée sur un registre tenu au greffe à cet effet (art. 119).

Ce droit d'opposition, toutefois, est restreint aux cas où la mise en liberté provisoire est facultative pour le juge. Il n'appartient ni au ministère public, ni à la partie lésée, alors que la liberté provisoire est de plein droit, en vertu de l'art. 113, § 2. — Du moins, il ne peut l'exercer dans cette hypothèse que pour faire décider si le prévenu n'est pas déchu de ce droit, à raison d'une des circonstances prévues par la loi.

330. A cet égard il faut noter qu'en outre des exceptions établies à la mise en liberté de plein droit par l'art. 113, § 2 et 3, il en existe une autre qui résulte de la loi du 20 mai 1863, sur le jugement des flagrants délits.

En cette matière le prévenu est traduit immédiatement devant le tribunal ou cité pour l'audience la plus prochaine ; le procureur impérial a droit en ce cas de le placer sous mandat de dépôt, et si l'affaire au moment de la comparution à l'audience n'est pas en état, le tribunal peut, en prononçant le renvoi pour plus ample information, mettre l'inculpé provisoirement en liberté avec ou sans caution. (V. art. 1, 2, 4 et 5).

Or, quand le tribunal a ordonné au contraire le maintien du prévenu sous mandat de dépôt, il ne paraît pas que sa décision soit sujette à recours. Il s'agit là d'une mesure essentiellement provisoire et qui doit être suivie dans un si court délai de la décision définitive que l'appel à une juridiction supérieure serait sans intérêt et impossible à faire vider avant le jugement sur le fond. Enfin les raisons de décider manqueraient probablement. C'est ce que fait remarquer une circulaire du garde des sceaux, en date du 14 octobre 1865, sur l'exécution de la loi du 24 juillet même année où il est dit : « L'art. 113, § 2 et 3, est étranger à la procédure des flagrants délits, organisée par la loi du 20 mai 1863, et dans laquelle la détention peut avoir été ordonnée par le tribunal lui-même. Ici les charges ne sont pas encore précisées ; le délit peut s'aggraver des circonstances que recherche la justice ; il n'y a ni interrogatoire écrit, ni réquisitoire, ni ordonnance (1). »

_____

(1) D. 1866.4.10, n° 17.

Par les mêmes raisons, la partie civile et le ministère public sont également sans droit pour attaquer le jugement qui ordonne la mise en liberté.

Enfin, il faut remarquer que l'art. 113 n'établit la mise en liberté de plein droit qu'en faveur du prévenu et avant le jugement de première instance. — Si l'acquittement est prononcé, le prévenu doit être mis en liberté immédiatement et nonobstant appel (art. 206, modifié par la loi de 1865, et loi du 20 mai 1863, art. 6). — Si, au contraire, il y a condamnation à l'emprisonnement, alors même que la peine serait inférieure à deux années, le détenu condamné ne peut plus se prévaloir de l'art. 113, § 2, pour obtenir sa libération. « Il ne s'agit plus ici de détention préventive et de mandats; c'est la sentence qui exerce virtuellement ses effets sur la détention, puisque l'art. 24, C. pén., fixe à la date du jugement le commencement de l'exécution, à moins que la loi ne retarde ce point de départ à titre de punition du fol appel. La condamnation démontre l'intérêt qu'aurait le prévenu à prendre la fuite (1). »

330 *bis*. — La mise en liberté provisoire peut être demandée en tout état de cause; à la chambre des mises en accusation, depuis l'ordonnance du juge d'instruction jusqu'à l'arrêt de renvoi devant la Cour d'assises; — au tribunal correctionnel si l'affaire y a été renvoyée (2); à la Cour impériale (chambre des appels correctionnels), si appel a été interjeté du jugement sur le fond (3).

Lorsque le condamné veut se pourvoir en cassation, il doit se constituer ou obtenir sa mise en liberté provisoire (article 421, C. instr. crim.), autrement il ne serait pas admissible. Dans ce cas il doit porter sa demande de mise en liberté devant la Cour ou devant le tribunal qui aura prononcé la peine (art. 116 modifié).

Ceci bien entendu ne s'applique qu'aux matières correctionnelles et de police. Au grand criminel la liberté provisoire cesse invariablement par l'exécution de l'ordonnance de prise de corps décernée par la chambre d'accusation (art. 126 modifié et *infrà*, n° 330 *bis*), et par suite, en cas de condamnation en Cour d'assises la détention est toujours maintenue même

---

(1) Même circul., n° 19.
(2) Sauf appel, s'il y a lieu. Faustin Hélie, t. 5, p. 861.
(3) Conf. à la jur. antérieure. V. Cass., 24 août 1811, *Bull.* 121 ; Faustin Hélie, *Instr. cr.*, t. 5, p. 856.

quand il y a pourvoi. — Sous l'empire de la législation antérieure, la Cour d'assises étant compétente pour le jugement
de certains délits, notamment en matière de presse, la liberté
provisoire pouvait être demandée en cas de pourvoi, et la
Cour de cassation avait décidé que la demande devait être
portée à la chambre d'accusation (1). Mais cette jurisprudence est aujourd'hui sans application, les Cours d'assises
n'étant plus saisies que de la connaissance des crimes proprement dits.

Dans tous les cas qui viennent d'être indiqués, il est statué sur simple requête en chambre du conseil, le ministère
public entendu. — L'inculpé pourra fournir à l'appui de sa
requête des observations écrites (art. 117 modifié).

La demande doit être notifiée à la partie civile et celle-ci
comme nous l'avons déjà expliqué est admise à présenter dans
les 24 heures des observations écrites, et peut former opposition au jugement et à l'arrêt (art. 118 et 119 modifiés).

Les art. 120 et 121 déterminent les formalités du cautionnement. Il est fourni en espèces ou résulte de la garantie
d'un tiers. — Le ministère public fait exécuter l'ordonnance
de mise en liberté.

330 *bis.* Le cautionnement a pour but essentiel de garantir que le prévenu se représentera à tous les actes de la procédure, et pour l'exécution du jugement, aussitôt qu'il en
sera requis (art. 114).

En rapprochant ces expressions de la disposition contenue
dans l'art. 131, qui n'ordonne le maintien de l'arrestation
du prévenu que si le délit entraîne la peine d'emprisonnement, on reconnaît que le cautionnement n'a au fond que
cet objet. Quant aux condamnations pécuniaires, elles ne
sont garanties qu'accessoirement par cette mesure, puisque,
si elles sont seules encourues, l'emprisonnement ne doit pas
avoir lieu, et le cautionnement est parfaitement inutile. C'est
aussi ce qui résulte de l'art. 120, d'après lequel la caution
est soumise à payer, en cas que le prévenu soit constitué en
défaut de se représenter. « En deux mots, le cautionnement
« est destiné à tenir lieu de la personne du prévenu (2). »
Donc, si le prévenu se tient toujours à la disposition de la
justice pour tous les actes de la procédure et pour l'exécution

_____

(1) Cass., 28 mai 1847, *Bull.* 112, et 8 août 1850; Faustin Hélie,
Instr. crim., t. 5, p. 858.
(2) MM. Mangin et Hélie, n° 198.

du jugement qui le condamne à l'emprisonnement, la caution est déchargée, et les effets de la soumission faite par le condamné lui-même ou sa caution, en vertu des art. 120 et 121, cessent entièrement.

Si, au contraire, le prévenu ne comparaît pas, soit à l'un, soit à plusieurs de ces actes, ou pour l'exécution du jugement, le cautionnement devient immédiatement exigible, d'après les distinctions suivantes : « La première partie du cautionnement est acquise à l'Etat du moment que l'inculpé, sans motif légitime d'excuse, est constitué en défaut de se présenter à quelque acte de la procédure ou pour l'exécution du jugement. — Néanmoins en cas de renvoi ou d'acquittement, le jugement ou l'arrêt pourra ordonner la restitution de cette partie du cautionnement » (art. 122 modifié). — La seconde partie, c'est-à-dire celle qui garantit le paiement des frais avancés par la partie civile (art. 114), est toujours restituée en cas d'acquittement, d'absolution ou de renvoi des poursuites. En cas de condamnation elle est affectée aux frais et le surplus à l'amende. — Le reste, s'il y en a, est restitué au condamné ou à la caution (art. 123 modifié).

Le ministère public est chargé de produire à l'administration de l'enregistrement soit un certificat du greffe constatant d'après les pièces officielles, la responsabilité encourue par le prévenu dans le cas de l'art. 122, c'est-à-dire le défaut par lui de se présenter, — soit l'extrait du jugement, en cas de condamnation. — La partie civile aurait à provoquer l'action du procureur impérial au cas où celui-ci ne l'exercerait pas (art. 123, même loi).

Si les sommes dues ne sont pas déposées, l'administration de l'enregistrement en poursuit le recouvrement par voie de contrainte. La caisse des dépôts et consignations est chargée de faire sans délai aux ayants droit la distribution des sommes déposées ou recouvrées. Toute contestation sur ces divers points est vidée sur requête, en chambre du conseil, comme incident sur l'exécution du jugement (même art.).

Indépendamment de la perte de tout ou partie de son cautionnement, l'inculpé qui, après avoir obtenu la liberté provisoire ne comparaît pas, bien que cité ou ajourné, peut y être contraint. Le juge d'instruction, le tribunal ou la Cour, selon les cas, pourront décerner contre lui un mandat d'arrêt ou de dépôt ou une ordonnance de prise de corps (art. 125 mod.).

S'il est renvoyé devant la Cour d'assises, il est mis en état d'arrestation, comme nous venons de le dire au numéro précédent, en vertu de l'ordonnance de prise de corps contenue dans l'arrêt de la chambre des mises en accusation nonobstant la mise en liberté provisoire (art. 126 mod.). Dans ce cas, en effet, les charges relevées contre l'accusé établissent une présomption trop sérieuse de culpabilité et la nature du fait est trop grave pour qu'il puisse rester en liberté. D'ailleurs il aurait trop d'intérêt à se dérober au jugement, pour ne pas préférer la perte d'une somme quelconque.

331. Dans le cas où, dès le principe, le prévenu n'a pas demandé sa mise en liberté provisoire sous caution, et si, l'ayant demandée, il ne l'a pas obtenue, elle peut être prononcée par le juge d'instruction : 1° s'il est d'avis que le fait ne présente ni crime, ni délit, ni contravention ; 2° si le fait n'est qu'une simple contravention de police ; 3° si le délit est de nature à n'être puni que de peines correctionnelles autres que l'emprisonnement (art. 128, 129, 130). Dans tous ces cas, la partie civile peut former opposition à l'ordonnance. L'opposition doit être formée dans un délai de vingt-quatre heures, à compter du jour de la signification qui est faite à la partie civile de l'ordonnance de la mise en liberté, au domicile par elle élu dans le lieu où siége le tribunal, ou à son propre domicile, s'il est situé dans la commune. Le procureur impérial est chargé de faire courir ce délai par la signification de l'ordonnance, puisqu'il doit la faire exécuter. Cette signification doit être faite par lui dans les vingt-quatre heures de l'ordonnance. Le prévenu doit garder prison, jusqu'à ce qu'il ait été statué sur l'opposition et, dans tous les cas, jusqu'à l'expiration du délai de l'opposition, c'est-à-dire au plus deux fois vingt-quatre heures (art. 135 mod. par la loi du 17 juillet 1856).

L'opposition est portée à la chambre des mises en accusation de la Cour impériale, qui statuera toute affaire cessante (même art.).

Si la partie civile succombe dans son opposition, elle sera condamnée aux dommages-intérêts envers le prévenu. Et c'est la chambre des mises en accusation, chargée de connaître de l'opposition, qui doit aussi prononcer ces dommages-intérêts (1).

_____

(1) C. instr. crim , art. 136 ; Cass., 10 juin 1813 ; Merlin, *Quest.*, v° *Rép. civ.*, § 4 ; MM. Mangin et Hélie, t. 2, n° 56.

La jurisprudence décide qu'ils sont dus de plein droit, sans que le prévenu en ait fait la demande (1).

Les mêmes droits appartiennent à la partie civile, au cas prévu par l'art. 539, C. instr. crim., c'est-à-dire lorsqu'une exception d'incompétence a été soulevée soit par elle, soit par l'accusé ou le ministère public. Les formalités de l'opposition sont les mêmes que dans les cas précédents (art. 135).

Quand la chambre d'accusation déclare qu'il n'y a lieu à poursuivre, si le procureur général se pourvoit en cassation, la partie civile peut le faire aussi.

Mais quand le procureur général ne s'est pas pourvu, la partie civile y serait non recevable : car l'action publique est éteinte, et la partie civile seule ne peut pas la faire revivre. Il en est autrement quand le juge d'instruction a déclaré qu'il n'y a pas lieu à suivre. En permettant à la partie civile de former opposition à cette ordonnance, l'art. 135 lui a permis de soulever de nouveau l'action publique. Mais cela résulte d'une disposition formelle de la loi, qui n'est pas reproduite en ce qui concerne le pourvoi en cassation que la partie civile voudrait diriger contre l'arrêt intervenu sur l'opposition dont parle l'art. 135 (2).

332. Du principe que l'action civile ne peut être poursuivie devant les tribunaux de répression, qu'accessoirement à l'action publique et simultanément avec elle, il suit que l'action civile doit être jugée par ces tribunaux, dans les formes établies par la loi pour leurs opérations (3).

Ainsi, pour donner un exemple, un tribunal de police simple ou correctionnelle ne pourrait statuer sur l'action civile sans avoir entendu le ministère public en ses conclusions, quand même il aurait prononcé : « sans préjudice aux « conclusions à prendre par le ministère public pour la vin- « dicte publique (4). » La Cour de cassation l'a décidé par

(1) Cass., 6 nov. 1823, *J. Pal.*, t. 18, p. 181; Carnot, t. 1, p. 542; MM. Mangin et Hélie, n° 56.

(2) MM. Mangin et Hélie, t. 2, p. 222; Cass., 28 juin 1822, D. 212; 26 juill. 1828, D. 351, et 22 juill. 1831, D. 291.

(3) Voyez, pour ce qui concerne les tribunaux de simple police, les art. 144 à 176, C. instr.; pour les tribunaux correctionnels, les art. 180 à 196, 202 à 204, 207 à 216; et pour les Cours d'assises, les art. 310 à 372 du même Code.

(4) C. instr. crim., art. 153, 176, 190, 211; C. 3 brum. an 4, art. 162; Legraverend, t. 1, p. 55; M. Lesellyer, t. 5, n° 2080.

I.

un arrêt du 16 janvier 1806 (1); et cet arrêt doit être suivi, car, sous le Code d'instruction criminelle, comme sous celui de brumaire, les tribunaux de répression sont incomplets sans le concours du ministère public. Ils ne se trouvent pas dans les conditions voulues pour prononcer jugement. Le ministère public, de son côté, n'est pas libre de ne point donner de conclusions, même en cas de citation directe par la partie civile. Les art. 153 et 170 l'y obligent, sans aucune distinction : « le ministère public donnera ses conclusions (2), » sauf à lui de conclure dans l'intérêt et à la décharge du prévenu s'il le juge non coupable.

CHAPITRE IX.

PREUVES.

Sommaire.

---

(1) Dalloz, *Act. civ.*, 1re éd., p. 204 ; *Bull. cr.*, 17.
(2) Réq. de M. Mourre et arrêt de cass., 29 fév. 1828, S. 28.1.315.

368. — *Quid* si l'accusé est déclaré avoir agi en cas de légitime défense?

368 *bis*. — L'autorité de la chose jugée n'appartient qu'aux décisions irrévocables. — Effets des arrêts par contumace.

369. — Effets des ordonnances du juge d'instruction et des arrêts des chambres de mise en accusation.

333. L'art. 1315, C. Nap., établit en principe que celui qui réclame l'exécution d'une obligation doit en prouver l'existence.

Celui qui demande la réparation d'un dommage est donc obligé de prouver la faute qui donne naissance à l'obligation. Ceci doit être appliqué d'autant plus rigoureusement que la présomption n'est pas en faveur des délits et de la culpabilité de l'homme (1).

334. L'obligation de réparer le dommage qui résulte d'un délit se forme indépendamment de toute convention et sans la volonté du créancier. Par conséquent, il n'est pas ordinairement possible à ce dernier de s'en procurer une preuve écrite. Celle même qui résulte des procès-verbaux dressés par certains agents de l'autorité publique, n'est pas à la libre disposition de la partie lésée, et une foule de délits échappent à ce mode de constatation.

Aussi est-il admis, en principe, que le plaignant peut justifier sa demande par tous les moyens possibles, conformément à la règle établie par l'art. 1348, C. Nap. (2).

Mais il y a des exceptions.

334 *bis*. Nous en trouvons une dans l'art. 28 du décret organique du 17 févr. 1852 sur la presse. Il porte :

« En aucun cas la preuve par témoins ne sera admise pour « établir la réalité des faits injurieux ou diffamatoires. »

Nous allons en voir une autre dans le numéro suivant.

335. En effet, les articles du Code d'instruction criminelle qui ont trait au mode d'administrer la preuve du délit, mettent en première ligne les procès-verbaux ou rapports des agents, préposés ou officiers de l'autorité ayant mission pour ces sortes de constatations. L'art. 154 porte :

« Les contraventions seront prouvées, soit par procès- « verbaux ou rapports, soit par témoins, à défaut de procès- « verbaux et rapports, et à leur appui. »

L'art. 189 ajoute :

---

(1) L 51, D. *Pro socio.*—Proudhon, *Usuf.*, t. 3, n° 1536.
(2) Cass., 15 fév. 1861, *Bull.* 41.

« La preuve des délits correctionnels se fera de la manière
« prescrite aux art. 154, 155 et 156 ci-dessus, concernant
« les contraventions de police. »

Ce mode de preuve n'est point particulier à la matière des
délits et des contraventions ; mais ses effets ne sont pas toujours les mêmes.

« En matière criminelle ordinaire, le procès-verbal, lorsqu'il ouvre une information, est un acte important de la
procédure ; mais cette importance est limitée ; c'est le témoignage le plus proche du délit ; ses traces, fraîches encore, y
sont recueillies, ses premiers indices constatés ; mais il n'a
d'autre autorité que celle d'un témoignage ou d'une dénonciation ; s'il a été omis, s'il est insuffisant, s'il est entaché de
quelque nullité, il peut être complété ou suppléé par la
preuve testimoniale. Il n'entraîne pas, en tombant, la déchéance de l'action. Il n'en est plus ainsi dans les matières
spéciales : le procès-verbal est le fondement et la base de la
poursuite ; son omission ou son irrégularité n'est pas seulement un obstacle à la répression, elle constitue une fin de
non-recevoir contre l'action, ou du moins contre l'application
de la peine ; s'il est frappé de quelque vice, l'action répressive s'éteint avec lui » (1).

Il n'entre pas dans notre plan de donner le détail de toutes
les règles relatives aux procès-verbaux. Nous avons seulement
à nous demander :

1° Quels sont les faits dont les procès-verbaux font preuve ?
2° Quelle est la force de cette preuve ?

336. Les procès-verbaux émanés, soit des officiers de police judiciaire des divers degrés (2), soit des agents des administrations civiles et militaires, qui ont qualité pour constater, en cette forme, les contraventions aux lois spéciales,
sont soumis à cette règle commune, qu'ils ne font foi que
des faits matériels qu'ils constatent et des conséquences qui
en sont inséparables (3). A cet égard, peu importe le degré
d'autorité que la loi attache au procès-verbal en lui-même.
Cette autorité et la preuve qui en résulte ne s'appliquent
qu'aux faits constitutifs du délit, tels qu'ils sont apparus ma-

(1) M. Faustin Hélie, *Introd. au Tr. des Proc.-verb.*, par M. Mangin, p. 6.
(2) C. instr. crim., art. 9 et 10 ; C. for., art. 159, 160 et suiv., 187
et 188 ; L. 15 avril 1829, art. 36 et 37.—*Infrà*, n° 343.
(3) Mangin, *Tr. des proc.-verb.*, p. 80, n° 32, et p. 90, n° 34.

tériellement aux agents, en frappant leurs propres organes et que ceux-ci rapportent *de visu*. Il n'en est plus de même lorsque les agents procèdent par induction, « lorsqu'ils s'érigent en experts ; car ils ne font alors qu'émettre des opinions qui leur sont personnelles ; le prévenu a certainement le droit de les discuter, et les juges ont toute latitude pour les apprécier (1) ».

Le principe que les procès-verbaux ne font foi que des faits matériels qu'ils constatent est posé textuellement dans les art. 176, C. forest., et 53 de la loi du 15 avril 1829 sur la pêche fluviale, et la Cour de cassation a reconnu plusieurs fois qu'il constituait une règle applicable en toute matière.

C'est ainsi qu'elle a jugé :

1° En matière de douanes, que la déclaration faite par les préposés dans un procès-verbal que le cheval par eux saisi à la frontière n'est pas le même que celui signalé dans l'acquit-à-caution représenté par le propriétaire du cheval ne fait pas foi jusqu'à inscription de faux, et que l'identité peut être débattue et prouvée par tous les moyens possibles (2) ;

2° En matière de garantie d'ouvrages d'or et d'argent, que le procès-verbal faisait foi que des objets non marqués avaient été trouvés chez un orfévre, mais qu'il ne faisait pas foi que les ouvrages fussent achevés, la vérification de ce fait ne pouvant dépendre que de l'application des règles de l'art (3).

337. Maintenant, quelle est la force de la preuve résultant des procès-verbaux ?

La foi qui leur est due varie suivant la qualité des agents qui les dressent et la nature des délits à constater. Les uns font foi en justice jusqu'à inscription de faux ; les autres ne font foi que jusqu'à preuve contraire ; il en est, enfin, qui ne sont considérés que comme simples renseignements.

338. La loi seule détermine la foi due à un procès-verbal.

Lorsqu'elle a déclaré qu'il ferait foi jusqu'à inscription de faux, il résulte de cette pièce une présomption légale de la vérité des faits qu'elle constate, qui ne peut être combattue par aucune preuve contraire, à moins que l'on n'ait recours à l'inscription de faux. L'art. 154, C. instr. crim., porte :

---

(1) Mangin, *ibid.*; Faustin Hélie, *Tr. de l'instr. crim.*, t. 4, p. 600.
(2) Cass., 19 juill. 1831, S. 418.
(3) Cass., 16 juill. 1824, Dalloz, *Procès-verbal*, p. 416, n° 28, 1re éd. —Rej., 7 avril 1851, D. 90.

« Nul ne sera admis, à peine de nullité, à faire preuve
« par témoins, outre ou contre le contenu aux procès-
« verbaux ou rapports des officiers de police ayant reçu
« de la loi le pouvoir de constater les délits ou les con-
« traventions jusqu'à inscription de faux. » L'art. 189 dit
que ces dispositions seront appliquées devant les tribunaux
correctionnels. Or, bien que l'article 154 n'exclue nominativement que la preuve testimoniale, il est constant qu'il en
est de même de toute autre preuve proposée en l'absence
d'une inscription de faux (1).

339. « Quant aux procès-verbaux et rapports faits par des
« agents, préposés ou officiers auxquels la loi n'a pas ac-
« cordé le droit d'en être crus jusqu'à inscription de faux,
« ils pourront, disent les articles 154 et 189 combinés, être
« débattus par des preuves contraires, soit écrites, soit tes-
« timoniales, si le tribunal juge à propos de les admettre. »
Il y a donc encore ici une présomption légale de vérité,
mais une présomption moins forte qui cède devant la preuve
contraire, soit écrite, soit testimoniale. Cette présomption
entraîne, du reste, la nécessité pour le tribunal de condamner
le prévenu si celui-ci n'apporte pas la preuve contraire; et
remarquez que de simples présomptions ne suffiraient pas
pour détruire la foi qui est due au procès-verbal (2).

Tous les procès-verbaux dressés par les officiers de police
judiciaire, agents ou préposés auxquels la loi n'a pas attribué
expressément le droit d'être crus jusqu'à inscription de faux,
font foi du moins jusqu'à preuve contraire, lorsqu'il s'agit
de délits et contraventions constatés dans les limites de leur
compétence. Cela résulte des art. 154 et 189, C. instr.
crim. (3). En conséquence, la condamnation doit être prononcée du moment où le prévenu n'a pas fourni cette preuve contraire, et le jugement devrait être cassé s'il refusait d'appliquer la peine et ses conséquences, sous prétexte que le délit
ne serait pas suffisamment prouvé (4).

340. S'il s'agit de délits ou contraventions que les agents,
préposés ou officiers n'avaient pas mission expresse de con-

---

(1) Faustin Hélie, t. 4, p. 630.
(2) Cass., 5 janv. 1810, S. 279; Mangin, p. 94.
(3) Mangin, p. 233 et 192.
(4) Cass., 26 janv. 1826, D. 200; 15 nov. 1844, D. 45.4.428; 29 déc.
1866, D. 66.5.382.

stater, leurs procès-verbaux ne valent que comme renseignements et dénonciations officielles.

En matière de grand criminel, les procès-verbaux, quels
qu'ils soient, ne valent jamais que comme simples renseignements. Ils ne font pas preuve nécessaire, car il n'en existe
pas dans cette matière. La loi n'a point voulu déterminer
d'avance la manière dont serait justifiée la culpabilité. Elle
déclare, dans l'art. 342, C. instr. crim., ne la faire dépendre
que de la conviction des jurés.

341. L'autorité attachée aux procès-verbaux produit ses
effets aussi bien dans l'intérêt de l'action civile que dans
l'intérêt de la vindicte publique. Cette autorité leur a été
donnée par la loi pour assurer la répression du fait délictueux, et la répression comprend à la fois la peine et la réparation du dommage éprouvé par les particuliers.

Il en est de même que le fait dommageable soit ou non
qualifié crime ou délit; la preuve de ce fait, sur lequel nous
supposons qu'est fondée une action en dommages-intérêts,
peut être puisée dans les pièces d'une procédure criminelle.
Les procès-verbaux dressés par le juge d'instruction four-
niraient notamment des éléments de preuve parfaitement
valables. C'est ce qui a été jugé dans une espèce où l'on invoquait contre les héritiers de l'auteur du fait, décédé depuis,
des déclarations passées par lui dans une procédure qui
s'était terminée à son égard par une ordonnance de non-
lieu (1).

342. En général, la preuve résultant d'un procès-verbal
n'est pas exclusive, indispensable. Il peut être suppléé, soit
à l'absence, soit à l'irrégularité et à l'insuffisance du procès-
verbal par tous autres moyens. L'art. 154, C. instr. crim.,
porte que les contraventions « seront prouvées, soit par
« procès-verbaux ou rapports, soit par témoins, à défaut de
« rapports et procès-verbaux, ou à leur appui. » Et les règles
établies pour les contraventions, par cet article, sont applicables à la preuve des délits correctionnels, aux termes de
l'article 189, comme nous l'avons déjà vu. Le principe est
encore le même en matière de grand criminel; d'abord,
parce que les procès-verbaux ne valent jamais devant le jury
que comme simples renseignements, d'où il suit naturellement qu'il faut les appuyer, le plus souvent, sur d'autres
documents et preuves. Ensuite, l'art. 342, C. instr. crim.,

---

(1) Rej., 26 mai 1864, D. 266.

relatif aux devoirs des jurés, leur dit très-clairement qu'ils
ne doivent point s'attacher à la nature des preuves portées
devant eux. «La loi ne leur dit point : Vous tiendrez pour
« vrai tout fait attesté par tel ou tel nombre de témoins.
« Elle ne leur dit pas non plus : Vous ne regarderez pas
« comme suffisamment établie toute preuve qui ne sera pas
« formée de tel procès-verbal... etc. »

343. Mais il y a des matières spéciales où la règle est différente. Ainsi, les contraventions aux lois sur les douanes,
les contributions indirectes et la garantie des matières d'or
et d'argent ne peuvent entraîner de condamnations au profit
de la régie qu'autant qu'elles ont été constatées par un
procès-verbal régulier (1).

344. Revenons au développement du principe général
posé n° 334 : savoir que, devant tous les tribunaux, soit civils, soit criminels, la partie lésée peut justifier sa demande
par tous les moyens de preuve reconnus par la loi, notamment par la preuve testimoniale.

En ce qui concerne cette dernière, quelques distinctions
sont encore nécessaires.

345. La simple allégation d'un délit criminel ou correctionnel ne doit point suffire pour écarter l'application des
règles spéciales du Code Napoléon, en matière de preuves.
Il faudra soigneusement distinguer dans les faits complexes
qui constituent le délit ceux dont il est possible, et dont il
était nécessaire, dans l'origine, de se procurer une preuve
par écrit, et ceux à l'égard desquels il n'a pas été possible de
se munir de cette preuve.

A l'égard des premiers, celui qui allègue l'existence de
l'obligation est en faute, s'il n'apporte pas des preuves régulières, à défaut desquelles sa prétention manque de base ;
elle doit être repoussée.

Prenons quelques exemples :

L'abus de blanc seing, prévu et puni par l'art. 407, C. pén.,
peut évidemment donner lieu à une action en dommages-
intérêts. La première preuve à administrer contre le coupable, c'est la remise même du blanc seing. Or, il y a là
une convention dont la preuve ne peut se faire que par les

---

(1) Merlin, *Rép.*, v° *Saisie pour contrav.*, p. 714 ; Mangin, p. 12 et s.,
n° 4 ; Rej., 5 avril 1828, D. 202 ; 26 août et 5 nov. 1825, D. 415 ;
28 déc. 1866, D. 67.1.144.—*Contrà*, Legraverend, t. 1, p. 219, et Bourguignon, *Jur. des C. crim.*, t. 1, p. 113.

voies ordinaires. Si donc l'objet de la convention par suite de laquelle a été opérée la remise du blanc seing excède cent cinquante francs, cette remise doit être prouvée par écrit. On ne pourrait permettre la preuve par témoins que si la remise du blanc seing avait été obtenue par dol, violence ou autres moyens illicites. La fraude en droit civil peut être prouvée par témoins (1).

De même, il ne peut y avoir condamnation pour violation de dépôt qu'autant que le fait même du dépôt est établi, et conformément au droit civil. Car la règle des art. 1923 et 1924, C. Nap., serait anéantie s'il suffisait de porter une plainte correctionnelle en détournement de dépôt, pour faire admettre sur l'existence même du contrat primitif la preuve testimoniale (2). L'enquête ne serait donc admise que s'il y avait un commencement de preuve par écrit de l'existence du dépôt (3), ou bien encore, si celui-ci avait été déterminé par des manœuvres frauduleuses (4).

Elle devrait l'être aussi s'il s'agissait d'un dépôt nécessaire (5).

En tout autre cas, le prétendu dépositaire ne pourrait être poursuivi, même d'office, par le ministère public (6); cependant il ne pourrait, sur ce fondement, refuser de comparaître, pour être interrogé par le tribunal correctionnel. Car la partie civile peut trouver dans les réponses du prévenu, soit une preuve, soit un commencement de preuve de l'existence du dépôt (7).

346. En matière commerciale, les magistrats ont toujours

(1) C. Nap., art. 1348; Cass., 27 mai 1837, D. 412, et 22 août 1840, D. 436; Rej., 14 nov. 1862, *Bull. cr.* 247.
(2) Merlin, *Quest.*, v° *Suppress. de titres*, § 1; Carnot, *Sur l'art.* 3 *C. instr. crim.*, n° 29.
(3) C. Nap., art. 1347; Cass., 31 juill. 1812, D. p. 1.1296, et *Recueil alph.*, 1re éd., v° *Dépôt et séquestre*, p. 84; Angers, 1er juill. 1850, S. 50.2.476.
(4) Rej., 27 mai 1837, D. 412; 22 août 1840, D. 436. Il en serait de même si les manœuvres frauduleuses avaient eu pour objet d'empêcher le déposant de retirer le titre constatant la remise des sommes détournées à son préjudice. Rej., 12 nov. 1863, *Bull.* 265. D. 64.1.150.
(5) C. Nap., art. 1348; Rej., 12 août 1848, S. 49.1.298, et 4 nov. 1858, D. 59.1.43.
(6) Cass., 5 déc. 1806, Dalloz, *Dépôt*, p. 83, 1re éd.
(7) Rej., 9 juill. 1857, D. 379; 24 sept. 1857, D. 452; 30 juill. 1863, *Bull.* 211; Toulouse, 24 nov. 1864, D. 64.2.200. Mêmes solutions en cas d'abus de mandat. Cass., 21 juill. 1860, D. 61.1.41, et 18 juill. 1862, D. 552.

la faculté d'admettre la preuve testimoniale (C. comm., art. 109). En conséquence, les règles ci-dessus ne s'appliqueraient pas aux délits résultant d'obligations commerciales. Supposez, par exemple, qu'un individu a détourné, à son profit, partie de pièces de drap qu'un fabricant lui a remises pour les apprêter moyennant salaire ; la preuve du dépôt ou mandat peut avoir lieu par témoins, encore que la valeur des marchandises excède cent cinquante francs (1).

347. Nous n'avons pas à entrer ici dans le détail des règles sur la preuve par témoins. Nous ferons seulement remarquer que devant les tribunaux de répression et quand l'action civile est jointe à l'action publique, la partie lésée peut être quelquefois entendue comme témoin, sur le fait du délit, et déposer ainsi dans sa propre cause. D'après la jurisprudence de la Cour de cassation, l'empêchement n'est que relatif et n'a lieu que si l'accusé s'oppose à l'audition (2).

Il ne peut pas en être ainsi devant les tribunaux civils. En effet, la partie lésée est demanderesse. C'est à elle de prouver. Elle articule les faits, mais cela ne suffit pas, et tout ce qu'elle allègue comme vrai ne constitue qu'une prétention intéressée, nullement un témoignage. Les preuves doivent toujours être prises en dehors de ces allégations. En un mot, la qualité de témoin et celle de partie ne peuvent pas ici se séparer.

Devant les tribunaux de répression, l'objet principal de l'action, c'est la poursuite exercée par le ministère public contre le délit pour faire prononcer la peine. C'est le ministère public qui articule les faits, et la partie civile ne joue pas nécessairement un rôle actif dans l'instruction. Cependant on peut avoir besoin de l'entendre. Celui qui a été victime du délit est naturellement le plus à portée de fournir des éclaircissements. Si on l'interroge, et que l'accusé ne s'oppose pas à ce qu'il soit entendu sous la foi du serment, sa déclaration constitue un témoignage.

Remarquez, au surplus, que l'empêchement légal de la personne lésée n'existe qu'autant qu'elle a pris au débat la

(1) Rouen, 9 janv. 1829, D. 29.2.136.—*Conf.*, Rej., 12 mai 1864, D. 65.1.199. V. encore : Cass., 1er sept. 1848, D. 49.1.22 ; Rej., 12 janv. 1855, D. 85, et 26 sept. 1861, D. 501.

(2) C. instr. crim., 408 ; Rej., 28 nov. 1844, S. 45.1.386, et 12 nov. 1846, S. 47.1.476 ; Rej., 18 mars 1852, D. 52.5.529 ; Dalloz, vo *Témoin*, no 172.—*Contrà*, Faustin Hélie, t. 8, p. 711.

qualité de partie civile. Même dans ce cas, la loi ne l'exclut pas expressément (C. instr. crim., 156, 189 et 322); mais la jurisprudence lui applique le principe d'équité qui ne permet pas d'être témoin dans sa propre cause (1). Si, au contraire, le plaignant n'a pas pris cette qualité, s'il s'en est désisté (2) ou si sa constitution a été déclarée nulle (3), rien ne s'oppose à son audition. La preuve s'en trouve dans les art. 322 et 323, lesquels ne prohibent que celle des dénonciateurs qui ont droit à une récompense pécuniaire.

Devant la Cour d'assises, la partie civile elle-même peut être entendue à titre de renseignements, en vertu du pouvoir discrétionnaire du président (4).

Devant les tribunaux de police simple et correctionnelle, le pouvoir discrétionnaire n'existe pas, mais le président peut encore faire donner pendant les débats des explications par la partie civile à laquelle le droit d'être entendue est accordé par les art. 190 et 210, C. instr. cr. (5).

Enfin, nous rappelons que le témoin qui a déposé dans le cours des débats peut sans aucune difficulté se porter ultérieurement partie civile devant le tribunal de répression lui-même, et, à plus forte raison, porter après le jugement son action en réparations devant un tribunal civil (6).

348. Ici, comme dans tous les cas où la preuve testimoniale est admise, les présomptions graves, précises, concordantes le sont aussi. Elles sont, porte l'art. 1353, C. Nap., entièrement abandonnées à la prudence et aux lumières des magistrats, et elles suffisent pour faire preuve complète.

Or, comme nous l'avons déjà fait remarquer, ces présomptions peuvent résulter des documents d'une procédure criminelle; les juges civils peuvent y puiser les éléments de leur conviction sur la participation à une faute donnant lieu à des dommages-intérêts. Ils ne doivent pas se refuser à les apprécier, sous le prétexte de la séparation des deux juridictions (7).

349. Ceci nous conduit à rechercher (et c'est par là que nous compléterons ce qui concerne la matière des preuves)

---

(1) Cass., 13 juill. 1861, *Bull. cr.*, 150.
(2) Rej., 12 janv. 1855, D. 85.
(3) Rej., 10 oct. 1861, D. 451 ; 4 août 1864, *Bull. cr.*, 207.
(4) C. instr. crim., art. 269; Rej., 20 avril 1838, *Bull. cr.*, 107.
(5) Rej., 17 nov. 1864, *Bull. cr.*, 259, *Droit* du 18 nov.
(6) V. n° 301 ; Dalloz, *Témoin*, n° 175.
(7) Cass., 2 juin 1840, S. 638. V. n° 345.

quel est l'effet du jugement rendu sur l'application de la peine, par rapport à l'action civile qui serait portée devant le tribunal de répression, concurremment avec l'action publique, ou devant un tribunal civil, séparément et à la suite de l'action publique.

Le jugement rendu sur l'application de la peine est-il une preuve, ou tout au moins un élément de preuve? Quelle en est la portée? Doit-il enchaîner nécessairement les juges saisis de l'action civile, ou leur laisse-t-il la faculté pleine et entière d'apprécier de nouveau le principe de l'action portée devant eux? C'est ce que nous allons examiner.

350. Il est admis sans difficulté que, lorsque la partie qui se prétend lésée par un délit est intervenue dans le procès criminel auquel ce délit a donné lieu, le jugement d'absolution ou de condamnation ayant été rendu contradictoirement avec cette partie, produit, en sa faveur ou contre elle, l'exception de la chose jugée (1).

350 *bis*. La difficulté naît lorsque l'action civile est poursuivie après le jugement de l'action publique et devant les tribunaux civils.

Sur ce point trois systèmes sont en présence.

1° Suivant les uns (2) la décision du tribunal criminel ne doit avoir aucune influence sur l'action civile quand elle s'exerce séparément de l'action publique; car, disent-ils, aucune des conditions exigées par l'art. 1351, C. Nap., ne se retrouve dans les deux instances. — La chose demandée n'est plus la même : là on réclamait l'application d'une peine, ici l'on demande une somme d'argent. — La cause est différente : la cause de l'action publique, c'est le délit; la cause de l'action civile, c'est le dommage pécuniaire. — Pas d'identité de parties. Ici le ministère public qui requiert au nom de la vindicte publique, là un simple particulier agissant dans son intérêt privé.

Par suite, indépendance complète des deux actions. Tous les points débattus devant le tribunal criminel peuvent l'être encore devant le tribunal civil, sans distinguer si le prévenu a été condamné ou acquitté.

---

(1) Toullier, t. 10, n° 243; Merlin, *Rép.*, v' *Chose jugée*, § 15; Mangin, t. 2, p. 400; Leselleyer, t. 6, n° 2484; Dalloz, *Chose jugée*, n° 544; Faustin Hélie, t. 3, p. 774.

(2) Toullier, t. 10, p. 245 et s.; Faustin Hélie, *Instr. crim.*, t. 3, p. 774 et s.; Arm. Dalloz, cité, *Jur. gén.*, v° *Chose jugée*, p. 450 et 451.

2° D'autres, au premier rang desquels il faut placer MM. Merlin (1) et Mangin (2), soutiennent que le jugement rendu au criminel a tous les caractères voulus par la loi pour constituer, à l'égard de l'action civile, la chose jugée dans le sens le plus rigoureux du mot. — Identité de parties, car en matière criminelle le jugement est rendu avec tous les citoyens. Le ministère public est le représentant et l'organe du corps social, chaque individu qui le compose a donc été partie dans l'instance criminelle en la personne du ministère public; celui-ci, quand il poursuit la répression des délits, agit comme contradicteur légitime aux risques et périls de tous les intéressés.

Sans doute, il n'est pas leur mandataire pour requérir la réparation du dommage pécuniaire qu'ils ont souffert; mais il est mandataire légal de toute la société pour faire juger si le fait à la fois criminel et dommageable a existé (3); lui seul a qualité pour provoquer, dans l'intérêt supérieur et prédominant de la vindicte publique, une décision qui sera plus tard invoquée comme preuve *du fait* sur lequel repose aussi l'action civile, *du fait* qui constitue la *cause* de cette action dans le sens juridique du mot. Lui seul avait qualité pour faire vider cette *question préjudicielle*; la partie civile ne pouvait que provoquer l'action dans certains cas déterminés ou se joindre au ministère public pour présenter la demande en dommages-intérêts au juge saisi de l'action publique. Mais qu'elle ait ou non figuré au procès criminel, peu importe, puisque la *question préjudicielle*, nous le répétons, a été, dans tous les cas, jugée avec le contradicteur légal et que dès lors il n'appartient plus à personne de la débattre de nouveau.

Par conséquent aussi identité de cause et d'objet ; car la cause de la condamnation civile comme de la condamnation pénale, c'est le même fait à la fois délictif et dommageable. — S'il est vrai maintenant, quant à l'objet, que dans la poursuite du ministère public l'application de la peine soit

_____

(1) *Quest.*, t. 6 ; *add.*, v° *Faux*, § 6, et *Rép.*, v° *Chose jugée*, § 15, p. 336.
(2) *Action publique*, t. 2, n°ˢ 415 et s., et dans le même sens, MM. Valette, *Notes sur le Traité des personnes* de Proudhon, t. 2, p. 106, n° 2; Boncenne, t. 4, p. 40 et s; Lesellyer, n° 2484; Dalloz, v° *Chose jugée*, n°ˢ 544 et s.
(3) Merlin, *loc. cit.*

le résultat définitif, tandis que l'action privée a pour but une condamnation pécuniaire, il y a une chose commune à ces deux actions : c'est qu'il faut d'abord que le prévenu soit déclaré coupable du fait dont s'agit.

Cette première demande est accueillie par le tribunal de répression ; on vient alors demander une seconde fois la constatation de ce même fait pour en tirer d'autres conséquences, à savoir l'obligation de payer une somme d'argent. La chose demandée, ou, si l'on veut, la première des deux choses demandées, à laquelle se rattache la seconde comme conséquence légale, est absolument la même. « Si donc les deux actions diffèrent dans les conséquences qu'elles déduisent de ce fait, elles se réunissent dans une base commune, savoir que le fait existe et qu'il a été commis par l'individu qui est l'objet des deux poursuites. Or, personne n'a jamais prétendu que l'influence de la chose jugée soit au civil, soit au criminel, doive s'élever au delà de ce qui est commun aux deux procès (1) ».

3° Un dernier système, qui nous paraît le plus exact, admet avec Merlin que le jugement criminel conserve toute sa valeur devant les tribunaux civils, mais rattache cette solution à d'autres motifs.

Ici ce n'est plus l'art. 1351 que l'on invoque, car cette disposition n'a trait directement qu'aux décisions civiles, et non aux jugements criminels; en effet, quand on analyse les éléments des deux actions publique ou privée on ne trouve pas exactement identité de parties, de cause et d'objet.

Mais il est également insoutenable qu'un individu condamné comme coupable de tel crime puisse prétendre ensuite devant un tribunal civil que le crime n'a pas été commis, et réciproquement que celui qui a fait juger avec le mandataire de la société que le fait dont il est accusé n'est pas le sien ou n'a jamais existé puisse encore être passible d'une condamnation au civil (2).

Et c'est ce que démontrent, comme on va le voir, des dispositions formelles, autres que l'art. 1351.

351. Examinons d'abord l'effet que doit avoir un jugement de condamnation rendu au criminel sur l'action civile.

(1) Mangin, *loc. cit.* n° 413.
(2) Marcadé, t. 5, p. 192, n° 15; Zachariæ, Aubry et Rau, t. 5, p. 593; Larombière, *Oblig.*, t. 5, p. 343, n° 168.

351 *bis*. Remarquons, en premier lieu, que le juge de l'action civile peut, malgré la condamnation à une peine prononcée pour crime ou délit, reconnaître et déclarer qu'il n'y a pas de préjudice éprouvé par celui qui se plaint, car un fait criminel n'emporte pas toujours dommage appréciable pour un particulier. Supposons, par exemple, une tentative d'assassinat dont l'effet n'a manqué que par une circonstance indépendante de la volonté de son auteur. La personne que l'assassin avait mise en joue avec une arme à feu, n'a pas été atteinte par la balle. Elle n'a ordinairement aucune espèce de dommages-intérêts à réclamer. Même lorsqu'il s'agit de crimes attentatoires à la propriété, le préjudice pourrait être tellement minime que l'on ne dût pas prononcer de condamnation pécuniaire. Le tribunal pourrait donc très-bien déclarer qu'il n'y a pas préjudice.

Mais, le plus souvent, le préjudice existe et sera constaté.

En outre, pour prononcer une condamnation aux dommages-intérêts, il faut que le défendeur soit reconnu l'auteur du fait préjudiciable; or, nonobstant la décision du tribunal criminel qui l'a déclaré coupable, le juge civil pourrait-il déclarer que cet individu est étranger à l'acte incriminé?

Peut-il aussi, appréciant le caractère même du fait et l'intention du condamné, décider qu'il n'y a pas eu *faute* et que, dès lors, l'art. 1382 cesse d'être applicable?

Il est clair qu'une pareille décision attaquerait, dans son principe même, le jugement de condamnation; elle se mettrait en contradiction flagrante avec lui. Et, à cet égard, il n'y a pas à distinguer entre le *fait* et le caractère de *faute*, car, sans l'intention criminelle, il n'y aurait pas eu délit. Nous prenons même ce mot dans l'acception la plus étendue; car le caractère de fait *imputable* subsiste, encore qu'il s'agisse de simples contraventions. Elles ne supposent pas nécessairement, il est vrai, d'intention coupable, mais une négligence grave, l'inobservation d'une loi ou d'un règlement, et c'est toujours une faute, surtout quand il en résulte un préjudice pour autrui.

On pourrait donc, dans un pareil système, arriver à ce résultat scandaleux et déplorable de jugements contradictoires, rendus sur le même fait, pour et contre la même personne, ce qui tendrait à déconsidérer la justice dont ils émanent, à affaiblir l'autorité de ses arrêts dans un ordre de faits où l'opinion, sur leur vérité, a une si grande importance (1).

Au contraire, la nature de la juridiction criminelle et le but dans lequel elle est instituée, le mode et la solennité des poursuites, les conséquences irréparables de la sentence de condamnation, l'intervention du ministère public, tout se réunissait pour engager le législateur à reconnaître aux jugements criminels une influence légale sur l'action civile. Cette influence, à notre avis, constitue l'autorité de la chose jugée, c'est-à-dire une présomption légale qui fait considérer la décision comme expression de la vérité même, pourvu que le fait sur lequel repose l'action civile ait été positivement jugé dans l'instance criminelle (2).

353. Un très-grand nombre de textes démontrent que le criminel domine le civil, qu'il lui est, suivant l'expression de Merlin, préjudiciel.

Le Code d'instruction criminelle, art. 3, veut que si l'action civile est intentée séparément de l'action publique, l'exercice en soit suspendu tant qu'il n'a pas été prononcé définitivement sur l'action publique, intentée avant ou pendant la poursuite de l'action civile. Pourquoi cela, si les deux jugements pouvaient être contradictoires, si le jugement criminel n'avait pas une influence décisive et nécessaire sur l'action civile? Par application de cette disposition, l'art. 240, C. proc. civ., porte que, si d'une procédure en faux incident civil il résulte des indices de faux, et que les auteurs soient vivants, des poursuites criminelles seront immédiatement dirigées contre eux, et l'on surseoira à juger sur le civil jusqu'après le jugement sur le faux.

Si, par suite de l'instance en faux principal, la pièce est déclarée fausse, la Cour ou le tribunal qui aura connu du faux ordonnera, aux termes de l'art. 463, C. instr. crim., même en l'absence de toute partie civile (3), qu'elle soit rétablie, rayée ou réformée. Le condamné n'est donc plus admis à la soutenir vraie contre qui que ce soit. La radiation, la réformation enlèvent à cette pièce les effets civils qu'elle aurait produits comme preuve authentique et exécutoire d'obligation ou décharge en faveur du condamné (4). Or,

---

(1) *Junge*, M. Valette, notes sur le *Tr. des pers.* de Proudhon.
(2) *Conf.* Dalloz, *Jur. gén.*, v° *Chose jugée*, p. 450.
(3) Cass., 28 déc. 1849, D. 50.1.54.
(4) Même arrêt et Rej., 24 janv. 1850, D. 50.1.55.

c'est aller bien au delà de l'application d'une peine, et entrer dans le domaine du juge civil.

Si, au contraire, la pièce est reconnue pour véritable et non falsifiée, l'inscription, même de faux incident civil, ne sera plus reçue contre elle (1).

Il suffit, en effet, aux termes de l'art. 214, C. proc. civ., que la pièce ait été vérifiée dans une procédure de faux, *avec le défendeur*, c'est-à-dire entre le défendeur et le ministère public, encore bien que le demandeur n'eût pas figuré dans l'instance criminelle.

Par suite encore du même principe, l'art. 235, C. Nap., prononce que, dans une instance en divorce, si quelques-uns des faits allégués par l'époux demandeur donnent lieu à une poursuite criminelle de la part du ministère public, l'action en divorce restera suspendue jusqu'après l'arrêt de la Cour d'assises. Alors, elle pourra être reprise, sans qu'il soit permis d'inférer de l'arrêt aucune fin de non-recevoir *contre* l'époux *demandeur*. Cet article ne dit pas qu'il ne pourra en être rien inféré *pour* le demandeur, mais *contre*. C'est-à-dire que l'acquittement n'empêchera pas que le divorce ne soit déclaré; et les faits, qui n'auront pas été jugés criminels pour l'application d'une peine, n'en pourront pas moins être reconnus constants et de nature à faire prononcer le divorce. Mais l'article ne dit pas qu'une condamnation par la Cour d'assises ne pourra être opposée au défendeur en divorce, et qu'il n'en pourra être rien inféré contre lui (2). Il suppose évidemment tout le contraire.

M. Toullier, qui a soutenu avec ardeur la thèse opposée à la nôtre (3), voulait tirer de cette disposition, en la généralisant, un argument en faveur de son système. L'art. 235, dit-il, ne pouvait, sans absurdité, s'exprimer autrement, puisque l'article 232 porte que la condamnation de l'un des époux à une peine infamante sera pour l'autre époux une cause de divorce. Donc, si la condamnation de l'époux défendeur préjuge l'action en divorce, c'est que la loi l'a voulu ainsi dans ce cas particulier; c'est que la condamnation décide et entraîne de plein droit le divorce.

---

(1) C. proc. civ., 214; Boncenne, t. 4, p. 40 et 57; Cass., 12 juill. 1825, D. 358.
(2) Merlin, *Rép.*, v° *Chose jugée*, § 15.
(3) T. 8, n° 31, et t. 10, n° 240. — *Junge*, MM. Chauveau et Carré, *Lois de la proc.*, t. 2, p. 445, quest. n° 943.

Mais M. Toullier oublie que la condamnation, même par
la Cour d'assises, pourrait ne pas entraîner une peine infamante, si l'on avait posé aux jurés une question de simple
délit, comme résultant des débats, d'après cette règle que le
président des assises peut et doit toujours poser aux jurés
des questions sur les circonstances résultant des débats,
pourvu qu'elles se rattachent au fait principal de l'accusation
et n'aient pour objet que de l'atténuer ou de l'aggraver (1).
D'ailleurs, l'art. 235, bien que parlant d'une poursuite criminelle devant la Cour d'assises, n'est certainement pas limitatif, et s'appliquerait aussi bien à une poursuite devant
le tribunal correctionnel. Le raisonnement de M. Toullier
n'affaiblit donc pas la portée de l'art. 235.

354. Suivez encore la même pensée dans l'art. 198,
C. Nap., d'après lequel, si la preuve d'une célébration légale
de mariage se trouve acquise par le résultat d'une procédure
criminelle, l'inscription du jugement sur les registres de
l'état civil assure au mariage, à compter du jour de sa célébration, tous les effets civils, tant à l'égard des époux qu'à
l'égard des enfants issus de ce mariage ; et remarquez que
la preuve résultant du jugement criminel pourrait être invoquée par toutes les personnes intéressées, quand même
elles ne se seraient pas constituées parties civiles devant le
tribunal de répression. L'art. 198 ne distingue en aucune
façon (2).

A la vérité, l'art. 327, C. Nap., établit un autre mode de
procéder, lorsqu'il s'agit d'un délit de suppression d'état qui
implique une question de filiation. Car, dans cette matière,
il faut, pour être admis à faire la preuve par témoins, un
commencement de preuve par écrit ; et cette condition a été
regardée comme soumise essentiellement à l'appréciation
des tribunaux civils (C. Nap., art. 323, 324, 326).

Ainsi, dans ce cas, et à raison de ces principes spéciaux,
si un délit de suppression d'état d'enfant avait été déféré aux
tribunaux criminels, et qu'au mépris de la disposition de
l'art. 327, C. Nap., ces tribunaux eussent condamné l'accusé avant que les tribunaux civils eussent prononcé sur la

---

(1) C. instr. crim., art. 338 et 339; Cass., 20 août 1825, D. 440;
Cass., 30 juin 1826, D. 397; Rej., 31 janv. 1839, D. 390.
(2) M. Valette, *Notes sur Proudhon*, t. 2, p. 106, n° 2.—*Comp.* art.
463, C. instr. crim., qui veut que la pièce déclarée fausse soit *rétablie*
s'il y a lieu.

question d'état, l'enfant ne pourrait invoquer le jugement de condamnation, comme ayant reconnu son état de fils d'un tel, les tribunaux civils étant seuls compétents pour statuer sur les réclamations d'état (1).

Mais cette exception confirme la règle. Si le jugement criminel n'avait aucun effet au civil, si, d'après les principes ordinaires, la question civile n'eût pas dû implicitement être tranchée par un arrêt qui aurait déclaré constant le crime de suppression d'état (2), pourquoi faire statuer d'abord sur la question de filiation ? Il eût été temps de saisir les tribunaux civils quand le condamné aurait voulu exercer ses prétendus droits. Jusque-là pas d'intérêt.

On peut invoquer aussi l'art. 359, C. instr. cr., lorsqu'il dispose que la partie lésée qui ne s'est pas portée partie civile au procès criminel peut, après l'arrêt de condamnation, réclamer des dommages-intérêts devant le tribunal civil. La loi suppose ici que cette demande sera fondée sur l'arrêt de condamnation, sans avoir besoin d'autres preuves.

Suivant le même article, l'accusé acquitté peut obtenir des dommages-intérêts contre son calomniateur. Or, la loi ne distingue pas si celui-ci est ou non partie au procès, s'il s'est ou non porté partie civile. Cependant elle fait découler de l'arrêt criminel, comme une conséquence nécessaire, la condamnation du calomniateur.

De cet ensemble de dispositions, il résulte pour nous que les décisions des tribunaux criminels ont, sur l'action civile, l'autorité de la chose jugée dans les limites indiquées n° 352. Sans doute, la loi ne s'est pas expliquée formellement sur ce point comme elle l'a fait pour les matières civiles dans l'article 1351, C. Nap., mais dans tous ces textes elle suppose l'existence du principe que nous en avons dégagé et qui résulte aussi bien de la nature des choses que celui qu'exprime l'art. 1351 lui-même.

355. Les objections de M. Toullier contre ce système n'ont pour la plupart leur source que dans une application absolue qu'il veut faire de cet article, à la question, notamment en ce qui concerne l'objet de la chose jugée. On a vu, n° 350 *bis*, ce qui doit être répondu à cet égard.

Mais il fait encore valoir cette raison (3), que depuis le

_____

(1) C. Nap., 326 ; Duranton, t. 13, p. 487.
(2) M. Valette, *Notes sur Proudhon*, t. 2, p. 96, note *a*.
(3) Invoquée aussi par M. Faustin Hélie, t. 3, p. 787.

jugement criminel on peut avoir découvert de nouvelles preuves de l'innocence du condamné ; pourquoi donc l'empêcher de se défendre devant le tribunal civil où il est traduit ? Pourquoi lui ôter le moyen de démontrer son innocence par des preuves qu'il a pu ne connaître que depuis son injuste condamnation, et d'en préparer ainsi la révision ?

Cet argument ne prouve rien, parce qu'il prouve trop. Pourquoi ne pas autoriser sur ce fondement un nouveau jugement en matière civile, lorsqu'une pièce égarée, dont l'absence a fait perdre à la partie son procès, a été retrouvée depuis ? Au criminel, il faudrait en conclure aussi que, toutes les fois qu'un accusé a acquis ou cru acquérir des preuves nouvelles à sa décharge, il y aura lieu de reviser son procès. Tel n'est pas le système de la loi. L'art. 443, C. instr. cr., limite la possibilité d'une demande en révision à trois cas : 1° lorsqu'après une condamnation pour homicide, des pièces seront représentées propres à faire naître de suffisants indices sur l'existence de la prétendue victime de l'homicide ; 2° lorsqu'après une condamnation pour crime ou délit, un nouvel arrêt ou jugement aura condamné, pour le même fait, un autre accusé ou prévenu, et que les deux condamnations ne pouvant se concilier, leur contradiction sera la preuve de l'innocence de l'un ou de l'autre condamné ; 3° lorsqu'un des témoins entendus aura été, postérieurement à la condamnation, poursuivi et condamné pour faux témoignage contre l'accusé ou le prévenu (Loi du 29 juin 1867). En dehors de ces circonstances, il n'est pas permis de remettre en question une chose déjà jugée, quand même on procéderait par action nouvelle devant une autre juridiction. Concevrait-on que le jugement criminel fût exécuté, malgré la décision contraire sur le fait qu'auraient donnée les tribunaux civils ? Et, d'un autre côté, comment accorder à ceux-ci le droit d'infirmer de la sorte les arrêts des tribunaux de répression ? Notre législation actuelle s'oppose formellement à ce système.

356. En matière civile, il est vrai, la même question se juge diversement entre personnes différentes. Mais les contrariétés de jugements ont été admises par la crainte des collusions. En effet, deux parties auraient pu s'entendre de manière à faire déclarer constant un certain fait, ou à faire résoudre de telle façon un point de droit. L'une ou l'autre aurait ensuite invoqué ce jugement dans de nouvelles causes où la même question se serait présentée. On a donc sagement fait

de ne pas étendre à des tiers la portée d'un arrêt rendu entre deux particuliers.

Mais ce motif disparaît lorsque c'est le magistrat, organe du ministère public, qui a obtenu le jugement au criminel. Ici pas d'entente et de fraude supposables. Le législateur a dû partir de cette idée que la chose jugée au criminel l'était avec tous irrévocablement.

De plus, en matière civile, ces contrariétés qui peuvent tenir à une défense plus ou moins savante et habile, à des pièces interprétées de telle ou telle manière, à des solutions de droit difficiles, sont bien moins odieuses et répugnent bien moins à l'ordre public et à la raison que dans les matières criminelles.

Cet inconvénient n'existe pas dans le système que nous venons de présenter et qui, quant à son résultat, sinon quant à ses motifs, est celui de la grande majorité des auteurs (1).

357. Il est d'ailleurs définitivement sanctionné par la jurisprudence. La Cour de cassation s'est prononcée dans ce sens par de nombreux arrêts (2).

Elle a déclaré de la manière la plus nette que cette autorité s'étend même aux tiers qui n'ont pas été parties dans l'instance criminelle. « Attendu que les décisions rendues « au criminel sont souveraines, qu'elles ont envers et contre « tous l'autorité de la chose jugée et qu'il ne saurait être « permis à personne de remettre en question devant la juri- « diction civile le fait qu'elles affirment ou qu'elles nient ; — « Qu'à l'égard des tiers qui n'ont point été parties dans l'in- « stance criminelle et qui n'avaient aucune qualité pour « y figurer (3)...... ce principe découle comme conséquence « nécessaire de l'art. 3, C. inst. crim....; — Attendu que

---

(1) V. *suprà*, n° 353, notes.—*Adde :* Thomine-Desmazures, *Proc. civ.*, t. 1, p. 418; Favard, t. 2, p. 465; Duranton, 13, n°° 483, 496 et s.; Carnot, *Instr. crim. sur l'art.* 451. — *Contrà*, Chauveau et Carré, t. 2, p. 445; Proudhon, *Usuf.*, t. 3, n°° 1278 et s.

(2) Rej., 17 mars 1813, S. 262 ; 5 mai 1818, S. 19.162; 19 nov. 1828, Dall., *Chose jugée*, n° 547; Cass., 3 août 1864, D. 430; Limoges, 20 fév. 1846, S. 47.2.106; Grenoble, 17 nov. 1846, S. 47.2.547 ; Poitiers, 2 déc. 1852, D. 55.2.332. — V. aussi les motifs des arrêts suivants : Cass., 7 mars 1855, D. 81, V. n° 359; Rej., 20 avril 1863, D. 183; Cass., 26 juill. 1865, D. 484; Rej., 11 déc. 1866, D. 67.1.171; Agen, 20 janv. 1851, D. 51.2.49; Orléans, 16 mai 1851, D. 51.2.65, S. 51.2.416; Grenoble, 1er juin 1865, D. 65.2.169. — *Contrà*, Rej., 3 août 1853, D. 54.2.74.

(3) Voir en effet Rej., 24 janv. 1850, D. 54 et 55, 2e esp.

« cette dérogation aux principes du droit commun.....; était
« commandée par des considérations d'un ordre supérieur qui
« ne permettent pas qu'une vérité judiciaire souverainement
« reconnue et proclamée par les tribunaux criminels dans un
« intérêt général, avec le concours de celui qui a mission
« de veiller et d'agir pour la société tout entière, puisse plus
« tard, dans un intérêt purement privé, être déniée... de-
« vant une autre juridiction... etc. (1) »

358. — En cas d'absolution, c'est-à-dire quand l'accusé
est déclaré l'auteur du fait incriminé, mais qu'il est renvoyé
de la poursuite parce que le fait n'est pas puni par la loi
(C. instr. crim., 159, 191), ou parce qu'il a été commis
dans des circonstances qui le rendent excusable (C. pén., 65,
114, 138, etc.), ou bien encore parce que l'accusé âgé de
moins de seize ans est reconnu avoir agi sans discernement
(C. pén. 66 ; C. instr. crim., 340), — il en est de même qu'en
cas de condamnation. Il y a chose jugée sur l'existence même
du fait. Il ne peut plus être remis en question devant le tribunal civil. Il reste seulement à en apprécier les conséquences
dommageables et aussi le caractère au point de vue de la
faute. En ce qui concerne notamment le mineur de seize ans,
la déclaration du juge de répression, qu'il a agi sans discernement, ne l'affranchit que de la peine. Le discernement
peut être chez lui insuffisant pour entraîner une condamnation au criminel sans faire disparaître la responsabilité
civile sur les biens (V. suprà, n° 16). Il n'y aurait rien de
contradictoire entre l'acquittement d'une part et une condamnation à des dommages-intérêts.

359. — En cas d'acquittement, la règle générale est encore
la même. La chose jugée au criminel exerce une influence
souveraine sur le sort de l'action civile (2). Le juge de
celle-ci ne peut affirmer ce qui a été nié par le juge de répression, et réciproquement. En un mot, il ne doit pas y avoir
contradiction entre les deux décisions, quant au point qui
leur est commun (3).

Nous citons textuellement un des arrêts les plus récents
de la Cour de cassation qui résume les éléments de sa doctrine sur ce point : — Attendu que la disposition du C.
d'inst. crim. qui suspend l'exercice de l'action civile devant

---

(1) Rej., 14 fév. 1860. D. 161.
(2) Cass., 7 mars 1855, D. 81.
(3) Cass., 24 juill. 1841, aff. *Souesme*, S. 791, *infrà*, n° 367.

le juge civil, tant qu'il n'a pas été prononcé définitivement
sur l'action publique, attribue ainsi à l'action publique un
caractère essentiellement préjudiciel ; que dès lors le jugement intervenu sur cette action, même en l'absence de la
partie privée, a nécessairement envers et contre tous l'autorité de la chose jugée, quand il affirme ou nie clairement
l'existence du fait qui est la base commune de l'une ou de
l'autre action, ou la participation du prévenu à ce fait ;
qu'en effet, le ministère public, agissant dans l'intérêt général de la société, représente à ce titre la personne lésée, sinon
en ce qui concerne les dommages-intérêts ou réparations qui
sont l'objet de l'action civile, du moins en ce qui concerne
la recherche ou la constatation du fait qui donne simultanément naissance aux deux actions ; que lorsque la justice répressive a prononcé, il ne saurait être permis au juge civil
de méconnaître l'autorité de ses souveraines déclarations ou
de n'en faire aucun compte ; que l'ordre social aurait à souffrir
d'un antagonisme qui, en vue seulement d'un intérêt privé,
aurait pour résultat d'ébranler la foi due aux arrêts de la
justice criminelle et de remettre en question l'innocence
du condamné qu'elle aurait reconnu coupable, ou la responsabilité du prévenu qu'elle aurait déclaré ne pas être l'auteur du fait incriminé. — Attendu, dès lors, que la chose
jugée au criminel, soit sur l'existence ou la non-existence du
fait générateur des deux actions, soit sur la participation ou
la non-participation du prévenu à ce fait a une influence souveraine sur le sort de l'action civile ; que la déclaration de
culpabilité du prévenu devenant ainsi pour l'action civile, poursuivie ensuite, un titre irréfragable, qui ne permet pas au
condamné de contester le fait qui a engagé sa responsabilité,
il faut, par une nécessaire et juste réciprocité, que l'affirmation de l'innocence absolue du prévenu par la justice répressive soit aussi pour lui un titre irréfragable contre les prétentions contraires de la partie civile ; que l'action civile ne
conserve son indépendance vis-à-vis du prévenu acquitté
que dans les cas où la déclaration de non-culpabilité n'exclut pas nécessairement l'idée d'un fait dont le prévenu ait
à répondre envers la partie civile, en telle sorte que la recherche ou la preuve de ce fait ne puisse pas aboutir à une
contradiction entre ce qui a été jugé au criminel et ce qui
serait ensuite jugé au civil ; — Attendu que l'action introduite
par le défendeur devant les juges civils repose uniquement
sur le fait qui avait été précédemment l'objet de l'action por-

tée par le ministère public devant les juges correctionnels; c'est-à-dire sur le fait imputé au demandeur en cassation, d'avoir par sa faute, son imprudence ou son inobservation des règlements, causé involontairement des blessures au défendeur ; — Attendu que par jugement du 9 août 1850, passé en force de chose jugée, la juridiction correctionnelle a prononcé l'acquittement du prévenu, en affirmant qu'il avait pris toutes les mesures habituellement employées, et suffisamment éclairé sa voiture, pour prévenir l'accident dont se plaint le défendeur, si celui-ci avait lui-même conduit son tilbury avec moins de vitesse, et s'il avait pris certaines précautions commandées par la prudence ; d'où le jugement a conclu, par une affirmation d'un caractère plus précis encore et tout à fait absolue, qu'on ne saurait donc attribuer au prévenu la responsabilité d'un acte auquel il est tout à fait étranger ; — Attendu que cette déclaration et l'allégation de la partie civile, qui prétend faire peser sur le demandeur en cassation la responsabilité du même fait, sont deux propositions inconciliables, qui ne comportent pas une proposition intermédiaire, la seconde ne pouvant s'établir que par le renversement de la première ; d'où il suit qu'en admettant le défendeur à faire la preuve de la participation du demandeur à un acte auquel celui-ci avait été déclaré tout à fait étranger par un jugement du tribunal d'appel de police correctionnelle passé en force de chose jugée, la Cour impériale de Nîmes a méconnu l'influence de la chose jugée au criminel sur le civil, et violé les dispositions ci-dessus visées ; — Casse (1).

360. Mais on comprend déjà que, dans le cas qui nous occupe, la solution n'est plus absolue comme en cas de condamnation. Les circonstances dans lesquelles l'acquittement a été prononcé doivent être prises en considération. — En principe, le prévenu ou l'accusé peuvent, malgré l'acquittement, être condamnés à des dommages-intérêts : car le fait, quoique constant, peut ne pas réunir toutes les conditions voulues pour l'application de la peine, et cependant constituer une faute (2), une imprudence, une négligence. Les art. 358 et 366 C. inst. crim., autorisent formellement les Cours d'assises à prononcer des dommages-intérêts contre l'accusé, en cas d'acquittement. La même disposition

---

(1) D. 1855, p. 81.
(2) Rej , 12 janv. 1852, S. 112.—V. n° 642.

n'est pas reproduite à l'égard des tribunaux de police correctionnelle ou simple, parce que ces tribunaux sont dessaisis de toute action du moment qu'il n'y a pas eu de peine à prononcer, et sont tenus de renvoyer aux tribunaux civils la question de dommages-intérêts. Mais le tribunal auquel l'action privée serait portée aurait toute latitude pour les allouer.

Pour qu'il en soit autrement, il faut que le fait déjà jugé au criminel ait été apprécié avec tous les caractères sous lesquels il se présente devant le juge civil.

Or, dans l'application, trois hypothèses peuvent se présenter. Le jugement criminel décide : 1° soit que le fait incriminé n'existe pas ou que le prévenu n'en est pas l'auteur ; 2° soit qu'il n'est pas constant que le fait existe ou que le prévenu en soit l'auteur ; 3° soit que le prévenu n'est pas coupable.

361. I. Au premier cas, l'action civile n'est plus recevable. Si le fait n'existe pas ou si le prévenu n'en est pas l'auteur, il ne reste plus de base à la responsabilité (1).

361 bis. II. Dans la seconde hypothèse, il y a plus de difficulté. En matière civile, la déclaration qu'un fait n'est pas prouvé équivaut à la déclaration qu'il n'existe pas, et à tel point qu'un jugement de défaut-congé devenu définitif fait obstacle à ce que le demandeur puisse reproduire son action au moyen d'une instance nouvelle (2).

Aussi, dans le cas où le plaignant s'est porté partie civile, nul doute que son droit ne soit épuisé ; l'art. 1351, C. Nap., lui est même directement applicable (*V.* n° 350).

S'il n'a pas figuré au procès criminel, son droit nous paraît au contraire subsister intégralement. Le prévenu ne peut sans doute être poursuivi de nouveau par la voie criminelle, ce serait violer la règle *non bis in idem* (3). Mais la partie lésée peut demander des dommages-intérêts et apporter de nouvelles preuves au tribunal civil pour établir que le dé-

---

(1) Mêmes arrêts.—*Adde*, Rej., 17 mars 1813, S. 262, c'est la fameuse affaire Tourangin.—Lyon, 16 août 1856, D. 57 2.85; Rej., 2 déc. 1861, D. 62.1.171.—Merlin, *Rép.*, v° *Non bis in idem*, n° 15 ; Dalloz, v° *Chose jugée*, p. 459, n° 551 ; Carnot, *C. instr. crim.*, art 3, n° 73.

(2) Douai, 20 janv. et Metz, 10 août 1855, D. 56.2.281 ; Dalloz, *Jur. gén.*, v° *Jug. par défaut*, n° 179.

(3) C. instr. crim., 360.

fendeur est bien l'auteur d'un fait qui lui porte préjudice et constitue tout au moins un quasi-délit (1).

Une autre hypothèse analogue est celle où la plainte a été rejetée parce que les faits imputés au prévenu ne présentaient pas tous les caractères constitutifs d'un délit. Ici encore, l'acquittement ou l'absolution ne fait pas obstacle à la demande en restitutions ou dommages-intérêts.

En voici un exemple :

M. et Mme de Soubeyrand achetèrent, en 1844, des sieur et dame Legendre de Bois-Fontaine la terre de Morthemer, moyennant un prix de 230,000 fr. Le même jour, par acte passé devant le même notaire, les acheteurs affermèrent ladite terre au sieur Lagogné, présenté par les vendeurs et cautionné par eux jusqu'à concurrence d'une somme de 30,000 fr. laquelle restait comme garantie entre les mains des sieur et dame de Soubeyrand. Le bail était de 9,400 fr. et devait durer 20 ans.

Dès 1845, les acheteurs payèrent la totalité du prix à l'exception des trente mille francs qui formaient le cautionnement du fermier.

Mais le sieur Lagogné, qui s'était mis immédiatement en possession du domaine, y commit de nombreuses dégradations, et ne put même pas payer le second semestre de son bail. En conséquence, les sieur et dame de Soubeyrand demandèrent et obtinrent, contre lui, la résiliation.

Un peu plus tard, ils découvrirent qu'au moment de la vente de 1844, le sieur Lagogné s'était rendu acquéreur du même domaine par un acte sous seing privé que l'on avait soigneusement caché; que cette vente avait été faite au sieur Lagogné pour le prix seulement de cent soixante-trois mille francs; qu'ainsi Lagogné était le véritable vendeur, tandis que les sieur et dame Legendre ne l'étaient qu'en apparence. Ils reconnurent qu'on les avait amenés à faire l'acquisition de la terre de Morthemer, au prix de deux cent trente mille francs, par des manœuvres frauduleuses employées par le sieur Lagogné, le sieur Legendre et le notaire qui avait servi d'intermédiaire au contrat, manœuvres qui avaient eu pour objet de les induire en erreur sur la véritable valeur du domaine,

___

(1) Dalloz, *Chose jugée*, p. 464, n° 556 ; Rej., 4 avril 1855, D. 104, notez que, dans cette espèce, le demandeur n'avait pas figuré au procès correctionnel. V. encore Cass., 1er août 1864, D. 428.

au moyen d'un bail qui leur assurait un intérêt élevé, par rapport au prix d'achat. — En conséquence, ils formèrent une plainte en escroquerie contre les sieurs Lagogné et Legendre, et contre le notaire. Sur cette plainte intervint, en dernier lieu, un arrêt de la Cour de Limoges, du 7 avril 1848, qui acquitta définitivement le sieur Legendre.

Cependant, dès le 12 avril 1847, les sieur et dame de Soubeyrand avaient formé contre leurs vendeurs une demande en annulation de la vente de 1844, comme entachée de dol et de fraude; et subsidiairement, contre le sieur Legendre, en quatre-vingt mille francs de dommages-intérêts, pour réparation du préjudice qu'il leur avait causé par le dol et la fraude dont ils se plaignaient. — A quoi, les héritiers du sieur Legendre, décédé postérieurement à l'arrêt qui l'avait acquitté de la plainte en escroquerie, répondirent que les deux demandes étaient mal fondées; spécialement, que la demande en dommages-intérêts, à raison de la part que le sieur Legendre avait prise aux manœuvres qui auraient décidé les sieur et dame de Soubeyrand à se rendre acquéreurs, était repoussée par l'autorité de la chose jugée, résultant de l'arrêt qui avait renvoyé le sieur Legendre de l'action correctionnelle dirigée contre lui à raison de ces manœuvres.

Le tribunal de Poitiers accueillit ce moyen de défense : « Attendu..... que si le ministère public avait cru devoir comprendre Legendre dans les poursuites en escroquerie dirigées contre Lagogné et Ballet, il a été décidé et irrévocablement jugé que les circonstances qui lui étaient personnelles ne constituaient pas de sa part une participation aux manœuvres qui avaient pu influer sur la détermination des acquéreurs de la terre de Morthemer. »

Appel par les sieur et dame de Soubeyrand. — Le 20 mai 1851, arrêt de la Cour de Poitiers qui infirme, en ce qui touche les dommages-intérêts, par ces motifs :

« Que la Cour d'appel de Limoges n'était pas saisie de la question de savoir si, d'une manière quelconque, activement ou passivement, Legendre avait pris part aux manœuvres qui ont constitué l'escroquerie dont les époux de Soubeyrand ont été victimes, mais s'il y avait pris directement *cette participation active et personnelle*, nécessaire, au point de vue criminel, pour constituer une complicité légalement punissable; qu'en répondant négativement à cette dernière question, la seule qu'elle eût à juger, elle a donc laissé intacte l'autre question toute différente qui ne lui était pas soumise,

et qui est précisément celle soulevée par les époux Soubeyrand, à savoir si, en dehors de cette participation active et
personnelle dont les juges du correctionnel n'ont pas trouvé
de preuves, et sans laquelle Legendre ne pouvait être par
eux déclaré coupable, il n'y avait pas lieu, tout au moins, de
lui reprocher, à juste titre, d'avoir, ne fût-ce que par son
silence, quand la bonne foi lui faisait un devoir de parler,
commis, à l'égard des époux Soubeyrand, un de ces dols par
réticence et dissimulation qui, sans doute, ne peuvent pas
donner prise à l'action du ministère public, mais que la loi
civile reconnaît et qu'elle répute suffisants pour... rendre
leurs auteurs passibles de dommages-intérêts, en raison du
préjudice qu'ils ont occasionné.... — Que les époux Soubeyrand... fondent, en outre, leur demande en dommages-intérêts sur l'art. 1382, C. Nap., qui ne fait pas du dol et de
la fraude une condition essentielle de l'action qu'il autorise, etc. »

Un pourvoi fut formé contre cet arrêt, mais il fut rejeté par
la chambre des requêtes de la Cour de cassation (1).

Il pourrait se faire à l'inverse que le tribunal correctionnel
eût formellement déclaré le prévenu exempt de toute faute,
même d'imprudence ou de négligence, qui dans certains
cas sont constitutives du délit.

La Cour de cassation, comme on l'a vu n° 359, a déclaré
par son arrêt du 7 mars 1855, qu'une sentence d'acquittement fondée sur des appréciations de ce genre était exclusive de toute action ultérieure en responsabilité à raison du
même fait (2).

362. Nous arrivons à la troisième hypothèse posée n° 360,
celle où il a été déclaré par le juge de répression que
l'accusé *n'est pas coupable.*

Cette formule n'est pas fréquemment employée par les
jugements de police simple ou correctionnelle (3). Ceux-ci
sont toujours motivés et précisent d'ordinaire le point qui a
été réellement décidé. C'est à ces jugements que s'appliquent
presque exclusivement les distinctions que nous venons de

---

(1) 12 janv. 1852, S. 113.—*Comparez* Rej., 3 juill. 1844, S. 733, et
Orléans, 16 mai 1851, S. 51.2.416, D. 51.2.65. — Rej., 4 avril 1855,
D. 104; Cass., 1er août 1864, D. 428; Orléans, 15 avril 1864, D. 64.
2.94.
(2) *Contrà*, Rej., 19 nov. 1841, S. 42.1.94, et 9 juill. 1866, D. 334.
(3) Voyez cependant Rej., 9 juill. 1866, D. 334.

présenter. Elles ne sont pas possibles à l'égard des arrêts de
Cour d'assises, car la manière dont les questions sont posées,
d'après le Code d'instruction criminelle de 1808, revisé en
1832, laisse planer, légalement du moins, une incertitude
complète sur les raisons qui ont fait prononcer l'acquittement,
et sur la chose véritablement jugée.

Aux termes de l'art. 337, la question résultant de l'acte
d'accusation sera posée en ces termes : « L'accusé est-il *cou-*
« *pable* d'avoir commis tel meurtre, tel vol ou tel autre
« crime, etc. » Cette question est complexe ; et si le jury répond : « *Non, l'accusé n'est pas coupable,* » il n'est guère
possible de savoir si c'est parce que le fait ne lui a pas paru
constant, ou parce que l'accusé ne lui a pas paru *convaincu
d'en être l'auteur*, ou parce que l'*intention* de l'accusé ne
lui a pas paru coupable, bien qu'il eût matériellement commis le fait incriminé, ou même parce que le fait poursuivi
par l'accusation ne serait pas revêtu des caractères constitutifs du délit défini par la loi.

Ainsi, supposons qu'une personne qui s'est emparée d'un
blanc seing, y ait frauduleusement inscrit une obligation à
son profit. Il y a bien là un faux, mais d'une nature particulière, qui aux termes de l'art. 407, C. pén., n'est qualifié
que simple délit d'abus de confiance, si ce blanc seing a été
confié par le signataire lui-même à celui qui l'a ainsi rempli.
Cependant l'agent est poursuivi pour faux. Il soutient que
l'acte est véritable. Le jury, qui considère le fait comme un
simple abus de confiance, déclare l'accusé non coupable.
Serait-il juste d'en induire que l'acte est véritable, et ne peut
plus être vérifié par un tribunal civil? Non assurément.

L'acquittement, nous le répétons, laisse planer un doute
exclusif de l'idée de chose jugée sur les faits qui forment la
base de l'action civile.

363. A cet égard, le Code de brumaire an 4 avait un avantage sur notre Code d'instruction criminelle. Le jury était
interrogé séparément sur ces différents points.

Art. 389. « Chaque juré déclare d'abord si le fait porté dans
« l'acte d'accusation est constant ou non. »

Art. 390. « Si cette première déclaration est affirmative,
« il en fait une seconde sur l'accusé pour décider s'il est ou
« non convaincu. »

Mais d'autres inconvénients, et de la plus haute gravité,
ont fait abandonner ce système. La prohibition, sous peine

de nullité, de poser aucune question complexe, établie par l'art. 377 de ce Code, multipliait les questions à l'infini et faisait naître une foule d'embarras et de difficultés qui étaient l'écueil des magistrats, même les plus exercés, et donnait lieu à une multitude de cassations. Aujourd'hui, une seule question, embrassant à la fois la matérialité du fait et la moralité intentionnelle de l'accusé, ainsi que la personnalité de l'acte est ordinairement posée au jury.

De là, les difficultés que nous signalons.

Elles sont inhérentes au nouveau système adopté par la loi, car on reconnaît encore aux présidents des assises le droit de diviser les questions et d'en poser une sur l'existence du corps du délit. C'est une simple faculté, tandis que le Code de brumaire an 4 en faisait une obligation.

364. Mais on ne reconnaît pas à la déclaration du jury, sur le fait matériel, lorsqu'elle est prise isolément, abstraction faite de la déclaration de culpabilité ou de non-culpabilité, l'autorité d'un véritable jugement.

Le sieur Duval avait été traduit devant les assises comme ayant fabriqué un faux testament. Une question spéciale fut posée au jury sur le point de savoir si le testament était faux. Le jury répondit affirmativement, mais déclara l'accusé non coupable. Les héritiers naturels demandèrent alors la restitution de legs particuliers faits à d'autres individus par le prétendu testament, en se fondant sur la déclaration du jury, relativement à la fausseté du testament. La Cour d'appel de Rouen rejeta cette demande, et son arrêt a été confirmé en cassation, le 16 août 1847 (1).

Cette décision se justifie d'abord par la raison que la demande était dirigée contre des individus qui n'avaient pas été poursuivis, et n'avaient point figuré, non plus que les demandeurs, au procès criminel. Il n'y avait, par conséquent, aucun moyen à puiser dans l'art. 214, C. proc.

Mais la Cour de Rouen et la Cour de cassation se sont appuyées sur d'autres raisons tirées de la nature particulière de l'institution du jury. « La déclaration du jury, a-t-on dit, n'a de valeur que relativement à Duval. La partie de cette déclaration qui statue abstractivement sur la fausseté des pièces incriminées ne peut être considérée comme une déci-

(1) Rej., 16 août 1847, S. 48.1.280.

sion judiciaire. La compétence vraie, absolue du jury ne s'étend pas au delà de la question de culpabilité. Quelle que soit la solution donnée aux divers éléments de cette culpabilité, cette solution n'a pas de valeur abstractive; elle se réfère nécessairement à celle donnée sur la culpabilité. Une véritable décision du jury doit aboutir nécessairement à une ordonnance d'acquittement ou à un arrêt d'absolution ou de condamnation. Elle ne constitue qu'une abstraction inerte, par rapport aux autres points qui, par suite de la division facultative des questions, peuvent s'être trouvés enveloppés dans cette déclaration. »

Mais ceci n'est vrai qu'au cas où la déclaration du jury, sur le fait matériel, demeure sans corrélation avec la déclaration de culpabilité. Supposez que, dans l'espèce précédente, le jury eût répondu à la première question : « Non, le testament n'est pas faux; » et à la seconde : « Non, l'accusé n'est pas coupable. » L'ensemble de cette déclaration aurait formé une décision judiciaire complète; tous les éléments du délit auraient fait l'objet d'une appréciation certaine et irrévocable.

Nous sommes ici en contradiction avec un autre arrêt de la Cour suprême (1), qui dénie expressément au jury le droit de décider, avec un effet quelconque, que l'accusé n'est pas l'auteur du fait poursuivi. Mais il nous est impossible de souscrire à cette solution, qui nous paraît restreindre, dans des bornes beaucoup plus étroites que n'a voulu le faire le législateur, le pouvoir d'appréciation du jury.

365. Dans la pratique actuelle, la question est toujours posée d'une manière complexe. Il en résulte qu'à la différence des cas de condamnation ou d'absolution, un arrêt d'acquittement de la Cour d'assises ne peut, en général, avoir l'autorité de la chose jugée sur l'action civile, attendu l'incertitude sur les motifs qui ont déterminé le jury et sur le point décidé par lui. Dès que le jury a répondu simplement : Non, l'accusé n'est pas coupable, il est toujours permis au juge de l'action civile d'examiner si l'acte dommageable existe, si l'accusé en est l'auteur, s'il a commis une faute en accomplissant ce fait, et s'il en est résulté un dommage pour autrui. Le jury a jugé l'homme au point de vue de la pénalité. La Cour d'assises ou le tribunal civil jugeront

_____

(1) Rej., 21 oct. 1835, S. 850.

le fait et l'homme au point de vue de l'action en réparations pécuniaires.

A cet égard, la jurisprudence est invariable.

Lelorain avait tué Garel en duel. Il fut traduit aux assises, comme coupable de meurtre. L'accusation supposait qu'il y avait eu de sa part manque de loyauté. — Du reste, le fait d'avoir donné la mort était constant. — Le jury déclare Lelorain non coupable ; mais la Cour le condamne à six mille francs de dommages-intérêts envers la veuve Garel. — Pourvoi. — Lelorain soutient que le jury, par sa déclaration négative sur sa culpabilité, avait écarté les circonstances du duel qui avaient motivé l'accusation ; qu'il ne restait que le fait du duel qui ne constitue ni crime ni délit ; — Qu'ainsi il ne pouvait être condamné à des dommages-intérêts: — Mais, le 29 juin 1827, rejet, sur le motif que l'homicide, quand même il aurait dû rester impuni, étant constant, n'en était pas moins un fait dommageable, qui justifiait la condamnation aux dommages-intérêts (1).

Voici une autre espèce assez importante à connaître.

Combes, forgeron, fut traduit devant la Cour d'assises du Gard, comme accusé d'avoir fabriqué un faux testament qui instituait un sieur de Quatrefages légataire universel du chevalier de Broche.

Les questions furent posées en ces termes au jury : 1° Combes est-il coupable d'avoir commis un faux, par contrefaçon d'écritures... en fabriquant un testament, contenant institution d'héritier au profit des sieur et dame Quatrefages...; 2° de complicité dudit crime de faux, pour avoir, avec connaissance, aidé ou assisté l'auteur de l'action dans les faits qui l'avaient préparée, facilitée, ou dans ceux qui l'avaient consommée; 3° d'avoir fait usage du testament faux, mentionné dans la première question, sachant qu'il était faux ? Le jury répondit négativement sur les trois questions.

Cependant la Cour d'assises condamna Combes, envers la dame Couderc, héritière naturelle du chevalier de Broche, à quatre mille francs environ de dommages-intérêts : « Attendu qu'il résulte évidemment des débats que Combes a, dans le courant de 1843, fabriqué un faux testament olographe, ou au moins activement coopéré à sa fabrication... ;

---

(1) S. 27.1.463.

I.   23

qu'en fabriquant et en communiquant à Quatrefages le testament incriminé, Combes a commis une faute grave, qui a
occasionné un préjudice, etc. »

Combes se pourvut en cassation. Il soutint que l'arrêt de
la Cour d'assises était en contradiction avec la réponse du
jury ; que, puisqu'il était avoué qu'il avait fait usage du testament, et que cependant le jury l'avait déclaré *non coupable*, il en résultait nécessairement que le jury avait regardé
l'acte comme vrai.

Mais son pourvoi, que nous avions combattu dans un mémoire présenté à la Cour régulatrice, fut rejeté par ces motifs « que les questions soumises au jury, comprenant à la
fois le fait matériel et le fait moral, la déclaration négative
du jury sur ces questions excluait les faits de criminalité imputés à Combes, purgeait l'accusation, éteignait l'action publique et mettait l'accusé à l'abri de toute peine ; mais que
cette déclaration négative du jury ne pouvait faire obstacle à
ce que, par rapport à l'action civile, et d'après les débats
qui ont eu lieu devant elle, la Cour d'assises du Gard ait pu
et dû rechercher si le fait matériel était imputable à l'accusé
et s'il portait le caractère d'une faute ou d'un quasi-délit qui,
ayant préjudicié à un tiers, rendît l'accusé passible de dommages-intérêts à l'égard de ce tiers ; que, *dans l'espèce*, la
Cour d'assises a donc pu, *sans se mettre en opposition* avec
la réponse du jury, déclarer qu'en fabriquant et en communiquant à Quatrefages le testament incriminé, Combes a
commis une faute grave, qui a occasionné le préjudice souffert par la dame Couderc ; que, dès lors, la Cour d'assises
n'a violé ni les principes de l'autorité de la chose jugée, ni
les art. 1350, C. Nap., 350, 366, 408, 429, C. instr. cr. ; et
qu'elle a fait, au contraire, une juste application des articles 1382, 1383, C. Nap., 358, 359 et 366, C. instr. cr.» (1).

De même on décide que l'individu accusé d'avoir incendié
sa maison et déclaré non coupable, peut être reconnu l'auteur, même volontaire, du fait d'incendie et par suite déchu
du droit de se faire payer une indemnité d'assurance (2). Et

_____

(1) 20 juin 1846, S. 710, 713 ; *Junge*, Rej., 5 mai 1832, S. 330 ;
Rej., 27 mars 1839, S. 767 ; Rej., 10 fév. et 27 mai 1840, S. 633, 984 ;
Orléans, 4 déc. 1841, S. 42.2.467 ; Rej., 10 déc. 1866, D. 448 ; Nancy,
1er mars 1867, D. 67.2.52 ; Merlin, *Rép.*, v° *Répar. civ.*, § 7 ; Dalloz,
Chose jugée, p. 464, n° 556 ; Mangin, n°s 417, 427 et 434.
(2) Rej., 20 avril 1863, D. 183.

il a encore été jugé que l'acquittement par le jury du crime de banqueroute frauduleuse n'exclut pas la participation matérielle de l'accusé à des détournements opérés par lui ou par un autre accusé, et ne fait pas obstacle à ce qu'il encoure à raison de ces détournements une responsabilité civile (1).

Enfin, il n'y a pas contradiction dans l'arrêt de la Cour d'assises qui, en acquittant un individu du crime de détournement de mineure, déclare qu'il a entraîné cette mineure à l'aide de moyens autres que ceux énoncés dans l'art. 354, C. pén., mais réprouvés par la morale, et le condamne envers elle à une indemnité (2).

366. Une difficulté particulière s'est présentée en matière de faux. Nous en donnons la solution, parce qu'elle se rattache aux principes que nous avons posés.

Ils ont conduit à reconnaître que l'accusé, déclaré non coupable sur une accusation de faux principal, ne pourrait se prévaloir de la déclaration du jury pour demander l'exécution de l'acte argué de faux, sans autre vérification. C'est ce que la Cour de cassation a décidé dans l'affaire Godier.

Le 3 thermidor an 4, Louis Godier, fermier des héritiers Terray, présenta, en paiement de ses fermages, un billet de vingt-six mille livres, daté du 2 niv. an 2, et signé Terray. Les héritiers Terray croyant ce billet faux, une poursuite en faux principal fut dirigée contre Godier, qui fut traduit devant le tribunal criminel de l'Aube. Le 10 frim. an 5, le jury déclara qu'il *n'était pas constant* que le billet de vingt-six mille livres fût faux. On était alors sous l'empire du Code de brum. an 4. En conséquence, ordonnance du président, qui déclare Godier acquitté de l'accusation et jugement du tribunal criminel qui ordonne que le billet lui sera remis, et lui réserve son action en dommages-intérêts contre qui il aviserait.

Godier cite alors les héritiers Terray au tribunal civil du département de la Seine, pour les faire condamner au paiement du billet de 26,000 francs. Le 22 niv. an 6, ce tribunal ordonne que Louis Godier déposera le billet au greffe pour être procédé par experts à la vérification de l'écriture et de la signature. Il n'effectue pas ce dépôt et le tribunal rend un autre jugement qui déclare le billet nul et en ordonne la

(1) Rej., 26 déc. 1863, *Bull.* 310, D. 64.1.319.
(2) Rej., 14 fév. 1863, D. 64.1.46.

lacération. Sur l'appel de Godier, arrêt qui confirme. Il se
pourvoit alors en cassation, et soutient : 1° que le tribunal
de la Seine avait faussement énoncé que les héritiers Terray
n'étaient pas parties dans le jugement criminel ; 2° que ce
tribunal remettait en question ce qui avait été jugé en dernier ressort par le jugement criminel.

M. Merlin, qui porta la parole, dit que peu importait si
les héritiers Terray avaient été ou non parties au jugement
criminel (en fait, ils ne s'étaient pas portés parties civiles) ;
que, de toute manière, ils étaient à l'abri de l'exception de
chose jugée, parce qu'un jugement ne peut former une
exception de chose jugée que sur le point qu'il juge réellement. Or, celui-ci ne juge pas que le billet est vrai. Il juge
seulement qu'il n'est pas constant que le billet soit faux,
qu'il n'existe pas de preuves suffisantes pour établir le corps
du délit et soumettre l'accusé à la peine prononcée contre le
crime de faux. Mais de ce que Godier ne peut être condamné
comme faussaire, il ne s'ensuit pas qu'il doive obtenir le
paiement du billet argué de faux. Ces deux choses sont très-
différentes.

Sur la question de savoir s'il y a crime, la société est demanderesse ; c'est à elle de prouver. Si elle ne prouve pas,
l'accusé doit être acquitté. Sur la question de savoir si le
montant du billet est dû, Godier est demandeur. Il faut qu'il
prouve la vérité du billet, autrement les défendeurs doivent
être absous. Ainsi, la seule chose qu'on ne peut plus remettre
en question est de savoir si, relativement à la vindicte publique, la fausseté du billet est constante ou non. En un mot,
juger qu'il n'est pas constant que le billet est faux, ce n'est
pas juger que le billet est vrai. C'est déclarer un fait négatif,
lorsqu'il faudrait établir un fait positif.

Sur ces conclusions, la Cour de cassation rejeta le pourvoi. « Attendu que Godier étant devenu demander à fins
civiles contre les héritiers Terray, le jugement attaqué a pro-
fessé les vrais principes en déclarant que... la *vérification*
du billet n'en pouvait pas moins être ordonnée, puisqu'en
matière de grand criminel, il suffit que le délit ne soit pas
constant pour que l'accusé soit renvoyé ; tandis qu'en matière
civile, il faut que le titre soit incontestablement reconnu être
l'ouvrage de celui à qui il est opposé ou de ceux qu'il représente pour pouvoir en exiger le paiement, etc. » (1)

_____

(1) Merlin, *Quest.*, v° *Faux*, § 6, n° 6 ; M. Duranton, **13, 490.**

Cette décision est rigoureusement conforme aux principes.

Il faut convenir cependant que si, dans la conviction du jury, il eût été constant que l'acte était vrai, il ne se serait pas servi d'une autre formule que celle qui vient d'être citée.

Mais cette formule : « Non, il n'est pas constant... ; » et même celle-ci : « Non, l'accusé n'est pas coupable, » laissent planer un doute sur le sens exact de la déclaration du jury, et ce doute, s'il est suffisant pour amener l'acquittement au point de vue pénal, ne l'est plus au point de vue purement privé. Toujours, il sera vrai de dire que la Cour d'assises avait seulement à juger si l'accusé était *coupable* ou non, et que, dans l'incertitude si l'accusé avait eu conscience de l'immoralité de son action, les jurés ont dû acquitter. Devant le tribunal civil, au contraire, c'est à l'accusé de prouver que la pièce est véritable. Or, la déclaration du jury ayant pu être le résultat d'un doute, ne suffit pas à faire cette preuve.

Il ne faudrait pas s'arrêter à l'objection tirée de l'art. 214, C. procéd. civ. Cet article ne prohibe l'inscription de faux incident civil que lorsque la pièce a été vérifiée sur une poursuite de faux principal (1) ; et pour lui reconnaître ce caractère de pièce vérifiée il faudrait que l'arrêt rendu au criminel eût prononcé expressément sur la vérité de la pièce (2). Or, cette hypothèse n'est pas réalisable aujourd'hui, le jury n'ayant à répondre que sur la culpabilité de l'accusé et non sur la matérialité des actes ou des faits. — Il ne faut pas oublier que le Code de procédure a été promulgué en 1806, sous l'empire de la loi du 3 brumaire an 4 (3), et que la rédaction de l'art. 214 a subi l'influence de la procédure criminelle alors en vigueur.—En présence de l'art. 337 du Code d'instr. de 1808, ces mots de l'art. 214 : « encore que la-« dite pièce ait été vérifiée... à d'autres fins que celles d'une

---

(1) L'art. 214 ajoute : « ou de faux incident »; mais la vérification sur inscription de faux incident, matière purement civile, n'aurait d'effet qu'entre les mêmes parties (art. 1351, C. Nap.) ; de même que si la pièce n'est qu'un acte sous seing privé soumis à une simple vérification d'écriture. Cette vérification ne ferait en aucun cas obstacle à l'inscription de faux, soit principal, soit incident.

(2) Rej., 12 juill. 1825, D. 358, S. 26.1.310. *Conf.*, Boncenne, *Proc. civ.*, t. 4, p. 57.

(3) La loi du 3 brum. an 4 n'a été abrogée qu'en 1808 par le Code d'instruction criminelle.

« poursuite de faux principal, » n'ont plus d'application et
demeurent une lettre morte.

La question résolue par l'arrêt Godier s'est présentée dans
des circonstances analogues en 1855, et la Cour de cassation
a maintenu sa jurisprudence. — Il s'agissait cette fois d'un
testament en vertu duquel un nommé Charrier se prétendait
légataire de la demoiselle de Saint-Surin. Il fut poursuivi
comme faussaire, et les dames Walbert et autres, héritières de
Mlle de Saint-Surin, s'étant portées parties civiles, conclurent :
1° à la suppression du testament comme faux ; 2° à 300,000 fr.
de dommages-intérêts. Le jury acquitta Charrier, et la Cour
d'assises rendit un arrêt portant que « les débats n'avaient
« précisé aucune circonstance qui pût être envisagée de sa
« part comme fait dommageable » et rejeta la demande à fins
civiles.

Charrier se pourvut alors devant le tribunal d'Angoulême
pour obtenir la délivrance du legs. Les héritiers de Saint-Surin
opposèrent une inscription de faux incident en ce que le testament aurait énoncé faussement que la testatrice l'avait dicté
au notaire. — Charrier soutint sa demande en invoquant la
chose jugée qu'il tirait de l'arrêt rendu par la Cour d'assises.
— En appel, la Cour de Bordeaux accueillit ce moyen, mais
son arrêt a été cassé. « Attendu que la Cour d'assises… ayant
« rejeté les conclusions prises contre Charrier par la seule
« raison qu'il n'était auteur personnel d'aucun fait dom-
« mageable, l'arrêt exclut la pensée que l'état de l'acte ait
« été pris en considération et comme le veut l'art. 214, C.
« procéd. civ., que la pièce ait été *déclarée véritable ;* —
« que l'imputation de faux quant à l'état matériel du testa-
« ment, en dehors de toute allégation que Charrier eût pris
« à la falsification une part quelconque, n'avait donc pas été
« préjugée en sa faveur par l'arrêt du 13 mai 1850, etc. » (1).

Il faut aller encore plus loin et reconnaître, non-seulement que l'acquittement au criminel n'autorise pas l'accusé
à se porter demandeur en exécution de l'acte tenu pour vrai
sans autre preuve, mais que la partie intéressée a droit de
s'inscrire en faux incident civil contre cette pièce. Cette conséquence découle logiquement de ce qui précède et des termes mêmes de l'art. 214. — Car la pièce n'a pas été vérifiée,
comme on vient de le voir, dans le sens de cet article. La

---

(1) D. 55.1.214 ; *Bull. civ.*, 35. V. encore Rej., 6 août 1868, S. 69.
1.31.

culpabilité de l'auteur présumé du faux n'a pas été démontrée, mais c'est maintenant à l'acte lui-même que le procès est fait pour le faire rejeter du procès sans qu'il y ait à diriger nécessairement contre tel ou tel une imputation de faux punissable (1).

Ainsi, la déclaration de non coupable, faite par le jury, produit les mêmes effets par rapport à l'action civile, soit que l'accusé acquitté prétende se servir de la pièce arguée de faux, soit que la partie lésée réclame des dommages-intérêts. Pour le premier, la preuve de la vérité de l'acte n'est pas suffisante, et ne justifie pas par elle-même l'action. Pour la seconde, l'acquittement n'est pas une fin de non-recevoir à la preuve de la matérialité du fait incriminé.

367. Toutefois, ce principe bien constant, que la déclaration de non coupable n'influe en rien sur l'action civile, doit être renfermé dans ses justes limites.

La Cour d'assises ou le tribunal civil saisi de la demande en dommages-intérêts de la partie lésée peuvent encore déclarer constant un fait dommageable et donnant lieu à responsabilité : mais c'est là tout. Ils violeraient la chose jugée par la déclaration du jury, si, pour prononcer une condamnation à des dommages-intérêts, ils restituaient au fait imputé à l'accusé le caractère de criminalité que cette déclaration avait fait disparaître.

Accusé de meurtre sur la personne de Corbasson, Souesme fut déclaré non coupable par le jury et son acquittement prononcé. Mais une demande en dommages-intérêts fut formée par la partie civile ; la Cour d'assises l'accueillit et statua en ces termes : « Attendu que la déclaration négative du jury sur la criminalité de l'action n'exclut pas nécessairement l'existence de sa matérialité ; que l'appréciation en appartient à la Cour d'assises devant laquelle la demande en dommages-intérêts est portée ; — Attendu qu'il résulte des faits de la cause que Souesme a volontairement, et hors le cas de légitime défense, porté à Corbasson un coup qui lui a donné la mort ; — Le déclare auteur de la mort et le condamne à 5,000 fr. de dommages-intérêts. »

Souesme se pourvoit en cassation et soutient que la condamnation prononcée contre lui au profit de la partie civile

_____

(1) Rej., 27 mars 1839, S. 767 ; Cass., 27 mai 1840, S. 633 ; Boncenne, *Proc. civ.*, t. 4, p. 11 et 35.

est basée sur une imputation de criminalité qu'avait fait disparaître la déclaration du jury.

Arrêt : « La Cour ; — Attendu que la déclaration de non-culpabilité de l'accusé, prononcée par le jury, n'a pour effet que de mettre l'accusé à l'abri des peines portées par la loi, et qu'elle n'empêche pas que si un fait dommageable pour autrui demeure constant contre l'accusé, il ne puisse être condamné à la réparation du dommage qui en est résulté, en vertu de l'art. 1382, C. Nap. ; — Mais, attendu que la décision de la Cour d'assises, qui accorde ces dommages sur le fondement que le fait qui était la base de l'accusation est constant et que l'accusé en est l'auteur, doit pouvoir se concilier avec la décision du jury ; qu'il ne faut pas que la décision du juge soit contradictoire avec cette déclaration, et constitue une violation de la chose jugée par le jury ; — Attendu que, dans l'espèce, le jury avait déclaré que l'accusé Souesme n'était pas coupable, ni d'avoir commis volontairement un homicide sur la personne de Corbasson, ni d'avoir volontairement porté des coups et fait des blessures audit Corbasson ; — Que l'arrêt attaqué est motivé sur ce fait, que Souesme a *volontairement*, et hors le cas de légitime défense, porté audit Corbasson des coups qui lui ont donné la mort ; — Qu'un tel motif reproduit, même sous le rapport de la criminalité, l'imputation écartée par la réponse négative du jury, puisque l'arrêt, en déclarant que les coups ont été portés volontairement et hors le cas de légitime défense, a apprécié l'intention de l'auteur du fait et par là imprimé à ce fait des caractères de criminalité que la réponse du jury avait fait disparaître ; — Que l'arrêt est donc inconciliable avec la déclaration du jury ; qu'il viole l'autorité de la chose jugée... ; — Casse... » (1).

De même si, sur une accusation de tentative de meurtre reposant sur une série de coups et violences exercés sur la victime, le jury déclare l'accusé non coupable, même du chef de coups volontaires faisant l'objet d'une question distincte, le tribunal civil, saisi ultérieurement d'une demande en dommages-intérêts formée par la victime, ne pourrait l'accueillir en se fondant sur ce que l'accusé lui aurait en effet porté des coups, mais « par mégarde..., par suite d'un mouve-« ment de vivacité qu'il n'a pu maîtriser, coups qui ont été

_____

(1) 24 juill. 1841, S. 791.

« la cause accidentelle d'une lésion qu'il n'a pu prévoir, » le fait avec de pareils éléments n'excluant pas la volonté de porter les coups ou de faire des blessures et reproduisant ainsi l'action criminelle qui avait fait l'objet des questions auxquelles le jury a répondu négativement (1).

367 *bis*. Toutefois il est impossible de méconnaître que la jurisprudence n'a pas posé sur ce point délicat une règle inflexible et que les circonstances de fait ont souvent une influence considérable sur ses décisions. On ne saurait expliquer autrement des arrêts qui sont manifestement inconciliables.

Ainsi, d'une part, les chambres civiles de la Cour de cassation ont jugé plusieurs fois que l'acquittement de l'accusé ou du prévenu d'un crime de coups et blessures (2) ou même du simple délit d'homicide involontaire par imprudence n'empêche pas la Cour d'assises ou le tribunal civil de condamner ce prévenu à des dommages-intérêts comme auteur du fait matériel de coups ou blessures constituant une *faute* de sa part : « Attendu que la réponse négative du jury absout l'accusé du délit..., mais qu'elle n'exclut ni sa participation au fait matériel, ni l'examen des circonstances qui laissent à l'action son caractère de fait dommageable pouvant entraîner une réparation civile (3).

Au contraire, dans une affaire où la déclaration du jury avait été également négative sur la question de coups et blessures volontaires, la chambre criminelle a cassé l'arrêt de la Cour d'assises qui avait alloué des dommages-intérêts : « Attendu qu'il ne suffit pas d'énoncer que la déclaration de non-culpabilité étant indéterminée..., il demeure incertain si c'est l'intention criminelle ou l'existence du fait qui a été écartée ; — Qu'après la réponse du jury..., l'arrêt attaqué déclare qu'il est résulté des débats que, dans la journée du 7 juillet, Arman a maladroitement porté à Maurice Roux un coup qui peut lui être imputé à faute, sans expliquer comment il était possible de concilier cette imputation avec la déclaration du jury... ; — Que cette explication était d'autant plus nécessaire que la réponse du jury et l'arrêt de condam-

---

(1) Grenoble, 1ᵉʳ juin 1865, D. 65.2.169, et Rej., 11 déc. 1866, D. 67.1.171, aff. Maurice Roux C. Arman.

(2) Rej., ch. civ., 10 déc. 1866, D. 448.

(3) Rej., ch. req., 11 nov. 1841, S. 42.1.94, et Rej., ch. civ., 9 juill. 1866, D. 334.—*Conf.*, Nancy, 1ᵉʳ mars 1867, D. 67.2.52.

nation civile portaient sur un seul et même fait, et que, dès lors, avant de s'en saisir, l'arrêt devait constater, d'une manière expresse, que la déclaration du jury, en proclamant Arman non coupable, n'avait pas exclu sa participation matérielle au fait qui lui était imputé » (1).

Or, nous le demandons, l'explication que réclame ici la chambre criminelle n'est-elle par véritablement impossible? Comment interpréter la déclaration du jury et de quel droit la Cour d'assises et la Cour de cassation elle-même affirmeraient-elles que cette déclaration porte à la fois sur le fait matériel et sur sa criminalité? L'arrêt que nous rapportons reconnaît lui-même que la réponse du jury est indéterminée. C'est pourquoi l'on reconnaît au juge de l'action civile le droit de déclarer le fait constant malgré l'acquittement. Il y avait donc dans l'arrêt attaqué plutôt insuffisance que défaut de motifs.

On paraît avoir admis, dans cette espèce, que la contradiction résultait des circonstances mêmes de la cause ; qu'il y a des faits d'une nature telle que leur accomplissement matériel implique la culpabilité de l'agent. — Mais l'appréciation de ces faits ne rentre-t-elle pas dans la compétence souveraine des juges du fond? Qu'il y eût de leur part un mal-jugé, on peut l'admettre, mais il nous paraît douteux qu'ils aient méconnu la loi et encouru la cassation de leur sentence.

367 *ter*. Une dernière observation qui s'applique également aux jugements de condamnation et d'acquittement est celle-ci :

C'est que l'autorité de la chose jugée au criminel est circonscrite au fait même qui a été l'objet de la poursuite et à ses conséquences directes, les restitutions ou dommages-intérêts auxquels il peut donner lieu. — Si un fait nouveau, quoique analogue ou identique, provoque une poursuite distincte, les questions juridiques qu'elle soulève aussi bien que l'appréciation intrinsèque de ce nouveau fait pourront être débattues sans que le tribunal soit lié par la décision antérieurement rendue. — Ceci est parfaitement évident en ce qui concerne l'appréciation du fait considéré dans ses éléments légaux ou matériels. L'art. 360, C. instr. cr., n'interdit, en effet, la seconde poursuite qu'à raison du même fait.

Par exemple, lorsqu'un industriel, poursuivi pour avoir exploité irrégulièrement un établissement insalubre, prétend

____

(1) Cass., 7 mai 1864, D. 313.

soit qu'il n'a pas dépassé les limites de l'autorisation donnée, soit qu'à raison de la nature de l'établissement, il n'était pas besoin qu'il fût autorisé, l'acquittement n'empêche pas que de nouveaux faits d'exploitation donnent lieu à des poursuites nouvelles (1).

Mais il faut étendre cette règle aux questions préjudicielles civiles qui auraient pu s'élever et qui auraient été décidées par un premier jugement ou arrêt (2). Par exemple, celles relatives à l'existence d'un bail à ferme, d'un mandat, d'un dépôt ou autre contrat dont le délit exclut ou présuppose l'existence (3). Ceci résulte de la nature spéciale de la juridiction répressive et des limites qui lui sont assignées.

Nous avons déjà dit qu'en cette matière, le juge de l'action est le juge de l'exception, sauf au cas où il s'agit d'une question de propriété immobilière (C. for., 182) ou d'une question d'état (C. Nap., 327) (4). Mais cette extension de la compétence qui permet au juge criminel de connaître d'un point qu'on ne pourrait lui soumettre par voie d'action principale, lui est accordée dans le but unique de prononcer sur le délit, d'acquitter le prévenu ou de le condamner. C'est en vue seulement de ce résultat que sa juridiction est organisée. La sentence n'a donc pas d'effets au delà. Elle est restreinte au fait criminel à raison duquel les diverses questions du procès ont été soulevées. Que plus tard un cas identique se présente, à propos duquel la même contestation surgisse en fait ou en droit, cet élément commun aux deux délits sera examiné, la seconde fois comme la première, dans ses rapports avec le délit actuel.

La première décision aura l'autorité morale d'une raison écrite ; les moyens sur lesquels elle s'appuie pourront être également valables et acceptés dans les deux cas, mais elle n'aura pas l'autorité légale de la chose jugée, et la décision pourra être différente.

A plus forte raison, doit-on reconnaître que le jugement rendu par le tribunal criminel est sans influence sur une

---

(1) Cass., 28 janv. 1832, D. 32.1.177 ; Cass., 27 mai 1854, S. 817 ; Cass., 14 avril 1855, S. 313.—*Conf.* en matière de contravention à un règlement municipal, Cass., 11 fév. 1839, S. 211.—*Secùs*, Rej., 28 avr. 1839, S. 889. Mais cet arrêt est isolé et n'a pas fait jurisprudence.

(2) Arg. Rej., 19 fév. 1864, *Bull.* 49.

(3) Cass., 9 fév. 1849, *Bull.* 31.

(4) *Suprà*, n° 240.

contestation civile où l'on voudrait invoquer le titre ou le contrat apprécié par ce jugement.

Supposons, par exemple, qu'un individu prévenu de soustraction ou de détournement d'un objet mobilier s'en prétende propriétaire en vertu d'un testament qu'il produit et dont la validité est contestée par le plaignant. Le tribunal correctionnel déclare ce testament valable et acquitte le légataire. Celui-ci pourra-t-il demander la délivrance d'un autre legs, et invoquer dans cette nouvelle instance la chose jugée au correctionnel sur la poursuite pour vol, afin d'écarter les moyens de nullité que l'héritier ferait valoir en ce qui concerne la demande? Non, car évidemment le tribunal correctionnel n'a pas qualité pour statuer d'une manière générale et définitive sur la validité d'un testament. Il peut le faire relativement à la prévention de vol ou d'abus de confiance dont il est saisi, mais la portée de son jugement ne s'étend pas au delà, et l'on ne doit pas faire dépendre le sort des contestations civiles auxquelles cet acte peut donner lieu ultérieurement, d'une sentence rendue par une juridiction dont le but, le mode de procéder et la composition même diffèrent essentiellement de ceux des tribunaux civils (1). « En un mot, le juge correctionnel n'a pas mission pour déclarer des droits, mais pour prononcer sur des faits accomplis; qu'il ait interprété la loi ou la convention, il n'y aura chose jugée qu'à l'égard du fait incriminé » (2).

Autre exemple : L'art. 46 de la loi du 5 juillet 1844 porte que « le tribunal correctionnel saisi d'une action pour délit « de contrefaçon, statuera sur les exceptions qui seraient « tirées par les prévenus de la nullité ou de la déchéance du « brevet, soit des questions relatives à la propriété dudit « brevet. »

Néanmoins, après un acquittement fondé sur la nullité ou la déchéance d'un brevet, celui qui en est porteur peut faire saisir de nouveaux objets semblables aux premiers fabriqués

---

(1) En appel, les juges correctionnels peuvent statuer au nombre de cinq; les Cours d'assises ne se composent que de trois membres; en cas de partage des voix, la décision est acquise au prévenu sur l'exception aussi bien que sur le fond et, par suite, l'acquittement prononcé (Rej., 22 déc. 1849, D. 50.1.31).

(2) Nous empruntons ces derniers mots à un remarquable mémoire produit par notre savant et regrettable ami, M. Ambroise Rendu, dans une affaire jugée par un arrêt de cassation du 29 avril 1857, cité à la note qui va suivre.

par le prévenu, et demander soit au tribunal civil, soit au tribunal correctionnel, des dommages-intérêts contre ce dernier, sans qu'on puisse opposer qu'il y a chose jugée sur la nullité de son brevet (1).

La jurisprudence décide encore par la même raison que si, en matière de banqueroute, le juge de répression est compétent pour reconnaître au prévenu la qualité de commerçant en état de faillite, sa décision n'a pas autorité de chose jugée devant la juridiction commerciale ; que les effets légaux de la faillite ne peuvent résulter que de la déclaration judiciaire qui en est faite par le tribunal de commerce, dont la mission est distincte de celle de la juridiction répressive ; la première réglant seule entre le failli et ses créanciers les conséquences de sa situation commerciale dans la limite des intérêts et de la responsabilité civile ; la seconde appréciant le fait de la cessation des paiements au point de vue de son caractère moral et recherchant si une responsabilité pénale peut en dériver (2).

367 *quater*. Un arrêt rendu à la date du 26 juillet 1865, par la chambre civile de la Cour de cassation, va plus loin encore. Il décide que l'acquittement d'un prévenu d'escroquerie, fondé sur ce qu'une convention intervenue entre le prévenu et le plaignant ne présente pas les caractères d'un contrat déterminé, tel qu'un dépôt ou un nantissement, ne fait pas obstacle à ce que, sur la demande en restitutions et dommages-intérêts basée sur les mêmes faits qui ont motivé la poursuite, le tribunal civil déclare, au contraire, que cette convention constitue un contrat de gage ou de dépôt et ordonne la restitution en nature des titres ou valeurs qui en ont fait l'objet.

« Attendu que les décisions rendues au criminel sont souveraines...., mais que la juridiction civile, en même temps qu'elle est liée non-seulement par le dispositif de ces décisions, mais aussi par ceux de leurs motifs qui se réfèrent aux qualifications pénales, reste pleinement maîtresse d'apprécier autrement, sous leurs rapports purement civils, les

(1) Cass., 29 avril 1857, D. 137. La chambre criminelle avait jugé le contraire par arrêt du 17 avril 1857, D. *ibid.*; ainsi que la Cour de Douai dans l'affaire sur laquelle est intervenu l'arrêt du 29. — Mais la chambre civile, en cassant la décision de la Cour de Douai, nous paraît avoir posé un principe exact et destiné à prévaloir.

(2) Rej., 24 juin 1864, D. 450. *Conf.*, les nombreux arrêts rapportés par Dalloz, *Faillite*, nos 1394 et s.; Legraverend, t. 1, n. 21; Mangin, *Act. publ.*, no 420 ; Pardessus, no 1094 ; Faustin Hélie, *Th. C. pén.*, 4e éd., t. 5, p. 265.

contrats se rattachant aux faits qui ont donné lieu à la poursuite criminelle ou correctionnelle, et pouvant servir de base à des actions civiles intéressant des *tiers non parties aux débats*, etc. » (1).

Par ces derniers mots, la Cour semble admettre que si le demandeur avait été partie au débat correctionnel, la question aurait été jugée définitivement avec lui. C'est ce qui ne semblait pas contesté jusqu'alors, et l'arrêt du 29 avril 1857 que nous venons de citer (p. 365, note 1) a statué à l'occasion d'un procès civil intenté à raison d'un fait nouveau, tandis que dans l'espèce actuelle c'est à raison du fait même qui avait donné lieu au jugement correctionnel que la demande était formée.

Or, en pareil cas, encore bien que le demandeur n'ait pas été partie civile devant le tribunal correctionnel, peut-on admettre que le juge de l'instance civile se mette en contradiction avec le jugement correctionnel ? Nullement. La jurisprudence antérieure est positive à cet égard. L'arrêt du 14 février 1860 (2) déclare de la manière la plus formelle que l'autorité de la chose jugée s'étend même aux tiers qui n'ont pas figuré dans l'instance criminelle, et qu'il n'est permis à personne de remettre en question au civil ce qui a été affirmé ou nié clairement par la juridiction criminelle. Les arrêts Souesme et Arman rappellent non moins énergiquement que le juge civil n'a pas le droit de restituer au fait invoqué comme dommageable le caractère délictueux dont il a été dépouillé par le juge criminel (3). Or, dans l'espèce actuelle, le fait de s'être approprié les valeurs était constant; il n'était pas méconnu par le prévenu, qui prétendait seulement en avoir eu la libre disposition. Déclarer qu'il ne les détenait qu'à titre de dépôt ou de nantissement, c'était rétablir l'élément constitutif du délit et donner au juge de l'action publique le plus éclatant démenti. L'arrêt du 26 juillet 1865 est donc inconciliable avec la doctrine parfaitement établie des arrêts antérieurs. Evidemment ici encore les faits ont exercé une influence prépondérante. C'est un mal-jugé qu'on a voulu réformer. — Ou si la chambre civile inaugurait par là une nouvelle jurisprudence destinée à prévaloir, elle serait amenée à répudier complétement ses principes

(1) D. 65.1.484.
(2) V. n° 357.
(3) V. n°ˢ 367 et 367 *bis*.

antérieurs et à dénier d'une manière absolue aux décisions criminelles une autorité quelconque sur l'action civile.

368. Un acquittement, fondé sur ce que l'accusé aurait agi dans le cas de légitime défense, semble ne plus laisser de prise à l'action civile en dommages-intérêts, et c'est l'opinion de plusieurs (1).

Il nous est difficile d'y souscrire, au moins d'une manière absolue.

La déclaration du juge criminel, que l'accusé a agi dans le cas de légitime défense, est-elle dont exclusive de toute faute ?

Au point de vue de la peine, oui, sans doute. Mais au point de vue de la réparation civile, on peut croire qu'il en est autrement. La faute commence au point où disparaît la nécessité de la défense. Ceci est incontestable. Mais le juge criminel doit faire une large part à un homme placé dans de telles circonstances. La mesure et la réflexion sont difficiles à garder en pareil cas; et l'on serait trop rigoureux d'appliquer une peine, même légère, quand la provocation a pris un tel caractère de gravité. Le juge civil, au contraire, a le droit de peser exactement les caractères constitutifs de la faute, pour en ordonner la réparation pécuniaire. Il pourrait donc trouver des éléments de responsabilité dans des faits que le jury n'aurait pas cru devoir punir (2).

Nous convenons que la difficulté est grave. Notre opinion trouverait cependant un appui dans un arrêt dont l'analogie est frappante. Il décide qu'un accusé de meurtre, déclaré non coupable, et sur le fait principal, et sur la question subsidiaire d'homicide involontaire, par négligence, imprudence, inattention, etc. (3) peut néanmoins être condamné, par la Cour d'assises, à des dommages-intérêts, sans que cette condamnation soit en opposition avec la déclaration du jury (4).

Ne semble-t-il pas d'abord impossible que la déclaration

---

(1) Mangin, *Act. publ.*, t. 2, p. 433 ; Chauveau et Faustin Hélie, t. 1, p. 281 ; Rennes. 25 avril 1836, S. 37.2.271; Cass., 19 déc. 1817, Dall., vº *Resp.*, nº 101.

(2) Cour d'assses de l'Aveyron, 13 nov. 1835, S. 36.2.357 ; Jousse, *Tr. de la just. crim.*, t. 1, p. 119 ; Morin, *J. du dr. crim.*, observat. à la suite de l'arrêt de Rennes précité, nº 1960 ; Faustin Hélie, *Th. C. pén.*, t. 6, p. 100.

(3) C. pén., art. 319.

(4) Rej., 19 nov. 1841, D. 42, 92.

négative du jury, sur toutes ces circonstances, ait laissé
place à l'hypothèse d'une *faute* quelconque servant de base
à l'action civile? — Mais on peut toujours répondre que le
jury n'appréciait les faits qu'au point de vue de la criminalité, pour en faire dépendre l'application d'une peine; et
que si l'imprudence de l'agent ne lui a pas paru assez caractérisée pour autoriser une condamnation de ce genre, il
a dû répondre négativement. Le juge de l'action civile, au
contraire, doit allouer une réparation pécuniaire pour une
faute, même très-légère, et l'appréciation des faits doit encore lui être réservée dans le cas dont nous parlons (1).

368 *bis*. Il faut, pour qu'il y ait chose jugée, que le jugement soit irrévocable; or ce caractère n'appartient pas aux
arrêts par contumace. Nous avons déjà dit, n° 280, qu'ils
n'avaient qu'un effet provisoire, puisqu'ils tombent de plein
droit, aux termes des art. 31, C. Nap. et 476, C. instr. crim.,
quand le condamné meurt dans les cinq ans et s'il se présente ou vient à être arrêté avant la prescription de la
peine (2).

Néanmoins et malgré l'absence de l'accusé, la Cour d'assises, en prononçant sur la contumace, prononce également
sur la demande de la partie civile s'il en existe une. — Mais
l'arrêt en ce qui la concerne n'est rendu que par défaut, car
l'accusé n'a pas pu se défendre et l'on ne peut même admettre, pour contredire cette demande, l'intervention d'un
tiers qui aurait un intérêt opposé à celui de la partie lésée(3).
Ainsi les condamnations civiles sont comme non avenues
dans les trois cas qui viennent d'être indiqués (4). Et si les
intéressés ne s'étaient pas portés parties civiles devant la
Cour d'assises, l'arrêt rendu par contumace resterait sans
influence sur l'action qu'ils pourraient intenter séparément.

369. Tout ce qui précède a trait aux jugements proprement dits, rendus par les Cours et tribunaux. Voyons main-

---

(1) L'arrêt du 7 mars 1855 rapporté *suprà*, n° 360, pourrait sembler
en opposition avec celui du 19 nov. 1841 que nous venons de citer;
mais un examen attentif des faits de chaque espèce démontrera que la
contradiction n'existe pas. Dans l'espèce de l'arrêt de 1855, il avait été
déclaré que le prévenu était étranger à l'accident; la faute retombait
sur la victime elle-même.
(2) M. Faustin Hélie, *Inst. crim.*, t. 3, p. 556.
(3) Rej., 24 janv. 1850, D. 54, S. 410. — *Conf.*, Faustin Hélie, t. 9,
p. 337.
(4) C. Nap., art. 31; Mangin, *Act. publ.*, n° 283; Trébutien, *Cours de
dr. crim.*, t. 2, p. 473; Rodière, *Proc. crim.*, p. 327.

tenant ce qui concerne les ordonnances du juge d'instruction et les arrêts de la chambre des mises en accusation.

Ces ordonnances et arrêts ne doivent avoir aucune influence légale sur l'action civile. D'abord, quand ils prononcent la mise en prévention ou en accusation, ils se confondent avec le jugement qui intervient pour absoudre ou pour condamner, et n'ont, par eux-mêmes, aucun effet sur l'action civile.

A l'égard des ordonnances ou arrêts qui déclarent *qu'il n'y a lieu à suivre*, peu importe les motifs sur lesquels ils sont fondés. Si ces motifs sont que les preuves ne sont pas suffisantes, l'action civile reste tout entière. L'exception de chose jugée est d'autant moins proposable contre cette action qu'elle ne le serait pas même contre la reprise de l'action publique, puisque les art. 246 et 247, C. instr. crim., autorisent de nouvelles poursuites, s'il survient de nouvelles charges (1).

Et quand même la chambre d'accusation aurait, contrairement à l'usage, motivé sa décision sur ce que le fait n'existe pas ou n'émane point du prévenu, son arrêt n'empêcherait pas de former la demande au civil. La maxime : *Non bis in idem*, ne s'appliquant pas aux arrêts des chambres de mise en accusation, celles-ci, suivant l'expression d'un auteur, sont dans l'impuissance légale et perpétuelle de juger l'existence du fait et la culpabilité d'une manière irrévocable (2). Peu importe aussi que le plaignant ait figuré comme partie civile dans la poursuite terminée par un arrêt de non-lieu. Les chambres d'accusation n'ont aucune mission pour apprécier les intérêts civils. La demande en dommages-intérêts, ou toute autre question civile, n'a donc pu être jugée par cet arrêt (3).

Si, pour ordonner le renvoi, l'on s'est basé sur ce que le fait ne constitue ni crime ni délit, la juridiction criminelle est dessaisie, mais on peut toujours porter au tribunal civil une demande en dommages-intérêts (4).

Enfin, l'arrêt de non-lieu peut avoir pour cause la prescription.

---

(1) Mangin, t. 2, nᵒˢ 438 et 442 ; Rej., 20 avril 1837, S. 590 ; Bordeaux, 18 avril 1866, D. 66.2.200.
(2) Dalloz, *Chose jugée*, nᵒ 590.
(3) Rej., 12 août 1834, D. 436 ; Mangin, t. 2, p. 455.
(4) Merlin, *Quest.*, vᵒ *Répar. civ.*, § 3 ; M. Lesellyer, nᵒ 2498.

I.   24

Or, la prescription éteint définitivement l'action publique, quand même il surviendrait de nouvelles charges contre le prévenu (1) et l'arrêt qui constate l'accomplissement de la prescription lève le sursis que l'art. 3, C. instr. crim., prononce contre l'action civile, tant qu'il n'a pas été statué définitivement au criminel.

Mais quelle est l'influence de la prescription acquise sur l'action civile? N'est-elle pas éteinte aussi bien que l'action criminelle? C'est ce que nous examinerons, avec détails, au chapitre 10, où nous traitons de la prescription. Nous dirons seulement ici qu'il est des cas où l'action civile subsiste après la prescription de l'action publique.

Et quel est dans cette hypothèse l'effet de l'arrêt de non-lieu au criminel fondé sur la prescription?

Il n'en produit évidemment aucun sur l'action civile. Cet arrêt ou l'ordonnance de non-lieu n'ont pas décidé que le fait incriminé n'existait pas; il n'y a pas chose jugée à cet égard. L'action en dommages-intérêts reste entière tant que la prescription des actions civiles n'est pas accomplie (2).

Si, cependant, la personne prétendue lésée s'était simplement portée partie civile sur la poursuite criminelle, son action, jointe à l'action publique, fondée sur le fait qualifié crime ou délit, disparaît avec l'action publique, aux termes des art. 637 et 640, C. instr. crim. On peut dire alors qu'il y a chose jugée avec cette partie, puisque c'est avec elle aussi bien qu'avec le ministère public que la prescription a été déclarée acquise (3). Dans ce cas, seulement, on doit reconnaître à l'arrêt ou ordonnance de non-lieu une influence sur l'action en dommages-intérêts.

CHAPITRE X.

EXTINCTION DE L'ACTION CIVILE. — PRESCRIPTION.

Sommaire.

---

(1) Art. 637, 638, 640, C. instr. crim.
(2) Merlin, *loc. cit.*; Mangin, *Act. publ.*, t. 2, p. 363, 390, 440.
(3) Mêmes auteurs.

370. Les faits, autres qu'un jugement, qui peuvent amener l'extinction de l'action privée résultant d'un délit, sont, la transaction, le désistement spontané ou la renonciation de la partie lésée, et la prescription.

Nous avons déjà vu, n° 139, qu'on pouvait toujours transiger sur l'intérêt civil résultant d'un délit. Les art. 4, C. instr. crim., et 2046, C. Nap., autorisent expressément ces transactions. Ils réservent seulement l'action publique, conformément à la règle exprimée dans la loi 38, D., *de Pactis :* « *Jus publicum privatorum pactis mutari non potest.* »

371. Cette faculté appartient même aux administrations publiques, en ce qui concerne les amendes et confiscations qui sont considérées comme des réparations civiles accordées au fisc. Ainsi, le droit de transiger est reconnu à l'administration des contributions indirectes (1), à celle des douanes (2), à celle des forêts (3) et à celle des postes (4).

372. Le désistement de la partie civile résulte, le plus souvent, d'une transaction qui en règle explicitement les effets.

Mais s'il a lieu spontanément, et qu'il soit pur et simple, le désistement ne doit être considéré que comme une renonciation à la procédure commencée, et non à l'action elle-même, au droit de l'intenter. Un pareil désistement n'empêcherait pas de recommencer ultérieurement les poursuites. Telle est la règle en matière civile (5); et comme on ne trouve, dans le Code d'instruction criminelle, aucune disposition contraire, il faut, à notre avis, appliquer la seule disposition qui ait fait connaître la pensée du législateur (6).

S'il apparaissait, au contraire, des termes dans lesquels le désistement aurait été donné, que la partie civile a entendu renoncer au fond même du droit, cette renonciation l'empêcherait de renouveler son action; elle lierait irrévocablement l'auteur du désistement, du moment que le dé-

---

(1) Arrêté du 5 germ. an 12, art. 23; Ord. du 3 janv. 1821, art. 10.
(2) Ord. du 30 janv.-13 fév. 1822, art. 10.
(3) L. 29 sept. 1791, art. 19, tit. 9; C. for., 159, mod. par la loi du 18 juin 1859, et 183; Arg. : Cass., 10 nov. 1847, S. 48.1.161.
(4) Ord. du cons. d'État, 19 fév. 1843, S. 43.2.160.
(5) C. proc. civ., 403; Pigeau, t. 1, p. 477; Carré, *Analyse du Code de proc. civ., sur l'art.* 403, n° 1339.
(6) M Leselyer, t. 6, n° 2199.—*Contrà,* Merlin, *Rép.,* v° *Partie civile,* n° 5, et *Plainte,* n° 9; Carnot, *art.* 66, *C. instr. crim.,* n° 18; Legraverend, t. 1, p. 200.

fendeur l'aurait accepté, ou que le tribunal en aurait donné acte.

Le délit d'adultère de la femme ne peut être poursuivi que sur la plainte du mari, et celui-ci a le droit d'arrêter l'action publique en consentant à reprendre sa femme (1). Or l'on étend l'effet de ce désistement au complice lui-même, car si ce dernier pouvait être condamné, en pareil cas, la faute de le femme serait dévoilée comme au cas où elle est poursuivie personnellement (2). — De ces règles spéciales, la jurisprudence a conclu que le mari qui retire sa plainte, se désiste par là même de l'action en dommages-intérêts qui lui serait ouverte, car cette renonciation implique légalement l'inexistence du délit (3).

Toutefois le mari serait encore recevable à réclamer une réparation pécuniaire à raison des mêmes faits d'immoralité considérés non plus comme constituant un adultère, mais comme ayant, par la publicité qu'ils auraient reçue et le scandale qu'ils auraient causé, porté atteinte à son honneur et aux intérêts de la famille (4).

Quant à l'adultère du mari, il ne peut être poursuivi, lui aussi, que sur la plainte de la femme; mais cette plainte une fois portée, l'action publique ne serait plus arrêtée nécessairement par le désistement de la femme (5). Les conséquences de ce désistement par rapport à l'action civile de la femme seraient donc appréciées suivant les circonstances et les termes dans lesquels il aurait été donné.

373. Le mode le plus remarquable d'extinction de l'action en responsabilité est la prescription. Il exige des développements dans lesquels nous entrons immédiatement.

Le système de la loi, par rapport à la durée de l'action en réparation du dommage causé par un délit, est de l'unir, de l'associer avec l'action publique, de telle sorte qu'en général elles naissent et finissent au même instant (C. instr. crim., 2, 637, 638, 640).

Nous disons, en général, car il y a des exceptions à cette règle; on peut citer, pour exemple, la disposition de l'article 29 de la loi du 26 mai 1819.

(1) C. pén.. 336, 337; C. Nap., 308, 309.
(2) C. pén., 338; Faustin Hélie, *Instr. crim.*, t. 3, p. 89; Cass., 28 juin 1839, S. 701.
(3) Cass., 26 août 1857, D. 345.
(4) Même arrêt.
(5) C. pén., 339; Faustin Hélie, p. 106.

Ce système est rationnel, puisque la cause des deux actions est dans le même fait. Les conséquences qu'elle peut avoir par rapport à la partie lésée, comme par rapport à la société en général, doivent se faire sentir pendant le même espace de temps.

Le motif qui doit principalement déterminer le législateur à établir un délai assez court pour la prescription de l'action pénale, c'est qu'au bout d'un certain espace de temps les preuves du délit et les moyens qu'aurait l'accusé de démontrer son innocence ont disparu. Ainsi, la faculté qui serait donnée aux représentants de l'ordre social de poursuivre indéfiniment, serait dans leurs mains une arme souvent inutile et quelquefois dangereuse. On peut craindre aussi de perpétuer des causes de haine et de trouble entre les familles ; la vindicte publique elle-même cède devant le besoin de la paix (1). Ce sont là de hautes et justes considérations. Nous croyons qu'elles ont seules dirigé les rédacteurs de nos Codes, et nous n'acceptons point cette explication, répétée par plusieurs auteurs, que la loi n'a pas voulu que la crainte du châtiment poursuivît jusqu'au tombeau l'auteur d'un délit. Le coupable mérite-t-il cette pitié? Le *fruit du crime devient-il légitime* (2) ? devient-il au moins respectable au bout d'un laps de temps qui ne peut guère dépasser vingt ans?

Les motifs que nous avons donnés sont applicables aussi à la durée de l'action civile, la preuve à l'appui de celle-ci ne reposant, le plus souvent, que sur des témoignages oraux.

Il est à désirer, en outre, dans une bonne législation, qu'un délit qui ne peut plus être frappé d'une condamnation pénale, ne puisse pas être poursuivi et constaté par la voie civile ; qu'un crime devant lequel la société serait impuissante ne soit pas solennellement reconnu. Ce serait souvent un grand scandale. Il vaut mieux que ce délit reste impuni, mais inconnu. C'est à la partie lésée à faire ses diligences en temps utile. Cette considération a dû influer sur les rédacteurs du Code d'instruction criminelle. Mais elle ne leur a paru que secondaire, car ils n'ont pas posé d'une manière

(1) Cette pensée est exprimée dans le rapport de M. Louvet au Corps législatif, Locré, t. 28, p. 182.
(2) Expressions de M. Mangin, dans son *Traité de l'action publique*, n° 285. Nous n'avons pu les lire sans étonnement.

absolue le principe que l'action civile ne peut jamais produire d'effet après l'extinction de l'action publique (1).

374. Voici les dispositions générales du Code d'instruction sur la prescription des deux actions :

Art. 2. « L'action publique pour l'application de la peine
« s'éteint par la mort du prévenu. L'action civile pour la
« réparation du dommage peut être exercée contre le pré-
« venu et contre ses représentants. L'une et l'autre action
« s'éteignent par la prescription, ainsi qu'il est réglé au
« livre 2, titre 7, chapitre 5, de la Prescription. »

Art. 637. « L'action publique et l'action civile, résultant
« d'un crime de nature à entraîner la peine de mort, ou des
« peines afflictives perpétuelles, ou de tout autre crime em-
« portant peine afflictive ou infamante, se prescriront après
« dix années révolues, à compter du jour où le crime aura
« été commis, si, dans cet intervalle, il n'a été fait aucun
« acte d'instruction ni de poursuite. S'il a été fait, dans cet
« intervalle, des actes d'instruction ou de poursuite non
« suivis de jugement, l'action publique et l'action civile ne
« se prescriront qu'après dix années révolues, à compter du
« dernier acte, à l'égard même des personnes qui ne seraient
« pas impliquées dans cet acte d'instruction ou de pour-
« suite. »

Art. 638. « Dans les deux cas exprimés en l'article pré-
« cédent et suivant les distinctions d'époque qui y sont éta-
« blies, la durée de la prescription sera réduite à trois an-
« nées révolues, s'il s'agit d'un délit de nature à être puni
« correctionnellement. »

Art. 640. « L'action publique et l'action civile, pour une
« contravention de police, seront prescrites après une année
« révolue, à compter du jour où elle aura été commise,
« même lorsqu'il y aura eu procès-verbal, saisie, instruction
« ou poursuite, si, dans cet intervalle, il n'est pas intervenu
« de condamnation. S'il y a eu jugement définitif de pre-
« mière instance, de nature à être attaqué par la voie de
« l'appel, l'action publique et l'action civile se prescriront
« après une année révolue, à compter de la notification de
« l'appel qui en aura été interjeté. »

375. Par suite du principe posé dans l'art. 2, toutes les
fois qu'un fait aura été qualifié crime, délit ou contravention
par une loi, l'action civile qui en résulte sera prescrite par

_____

(1) V. infrà, n° 401.

le même laps de temps établi par cette loi pour la prescription de l'action publique, à moins d'une disposition contraire.

Mais ici, plusieurs difficultés se présentent tout d'abord. En déclarant l'action civile prescrite par le même laps de temps et de la même manière que l'action publique, n'a-t-on voulu parler de l'action civile que dans ses rapports avec cette dernière, comme en étant l'accessoire et comme intentée devant les mêmes tribunaux ? C'est là une question complexe qui en renferme plusieurs autres.

Ainsi : 1° A-t-on voulu étendre le même mode de prescription aux actions qui découleraient primitivement d'un contrat ou d'un quasi-contrat dont la violation constituerait en même temps un délit punissable ?

2° A-t-on même voulu l'étendre aux cas où l'action résultant du délit qualifié, serait portée *de plano* devant les tribunaux civils, et où la réparation du dommage serait poursuivie devant ces tribunaux, séparément de l'action publique ?

3° En serait-il encore de même si le demandeur, sans faire mention de la qualification légale du fait, en réclamait la réparation, en vertu seulement de l'art. 1382, C. Nap. ?

4° Faut-il, enfin, appliquer le mode de prescription dont nous parlons au cas où, sans demander des dommages-intérêts, la partie lésée revendiquerait une chose qui lui aurait appartenu et qui se trouverait dans les mains d'un possesseur de mauvaise foi, soit qu'il y ait ou non allégation du délit de *vol ?*

Examinons successivement ces différents cas :

376. 1° A l'égard des actions qui naissent des contrats, comme le louage, le dépôt, le prêt à usage, le mandat, il n'est pas possible d'admettre que le Code d'instruction criminelle ait voulu déroger au Code Napoléon. Celui-ci n'établit, à l'égard des actions dont nous parlons, que la prescription de trente ans (art. 2262). Il est incontestable que cette prescription est la seule applicable aux actions naissant des fautes dans l'exécution du contrat, qui ne constituent pas un délit qualifié par la loi pénale. Comment donc la faute plus grave encore qui a été définie et punie par la loi pénale, pourrait-elle être l'objet d'une prescription plus courte ? Ainsi, j'ai trente ans pour demander des dommages-intérêts à mon mandataire qui n'a pas exécuté la mission dont il s'est chargé, ou qui l'a mal exécutée, et si ce même mandataire, abusant du blanc seing que je lui ai confié, a frauduleuse-

ment écrit au-dessus une obligation, une décharge ou tout autre acte pouvant compromettre ma fortune, ce qui constitue le délit d'abus de confiance, d'après l'art. 407, C. pén., je n'aurais que trois ans pour agir contre lui en réparation du préjudice qu'il m'a causé? Un pareil système serait absurde.

Lorsque je le poursuivrai devant le tribunal civil, après comme avant la prescription de l'action publique, ce sera en vertu du contrat de mandat intervenu entre nous, et l'action qui résulte en ma faveur de ce contrat, dure trente ans. Il en est de même du cas où je demande la restitution d'un dépôt ou d'une chose prêtée. Ce n'est pas l'obligation née du délit de détournement que j'invoque, c'est le contrat. Ce n'est donc pas une action soumise à la prescription des délits, mais une action soumise à la prescription des actions civiles que j'ai intentée contre le dépositaire ou l'emprunteur. N'oublions pas que j'ai ici deux actions : l'une qui naît du contrat, l'autre qui naît du délit. Celle-ci peut être éteinte par la prescription, sans que celle-là soit le moins du monde modifiée. « Le for criminel, dit M. Rauter, est ouvert à la partie lésée en haine du crime, dans le but d'en faire plus promptement condamner l'auteur à la réparation civile qu'il peut devoir. C'est donc dans ce sens que la loi sur la prescription civile doit être entendue. Elle ne peut favoriser l'auteur du dommage, ni ôter à la partie lésée les droits qu'elle avait au moment du délit, indépendamment du fait de délinquer » (1).

Il n'est pas douteux, non plus, que si l'action civile résultant d'un délit avait été l'objet d'une transaction entre les parties, l'obligation qui résulterait de ce contrat ne serait plus qu'une obligation conventionnelle ordinaire. Ce ne serait plus seulement l'accessoire de l'action publique intimement lié au sort du principal. Les droits résultant de la transaction pourraient être réclamés pendant trente ans, à compter du jour de l'acte (2).

377. Ce que nous venons de dire des contrats s'applique aux quasi-contrats et aux obligations qui résultent de l'autorité seule de la loi civile, dont parle l'art. 1370, C. Nap.

---

(1) Rauter, n° 583 ; *Junge* Duranton, t. 13, n° 706 ; Mangin, *Action publ.*, n° 36 ; Rej., 16 avril 1845, S. 494 ; Paris, 25 mars 1825, D. 184; Rej., 27 août 1867, D. 489.
(2) M. Lesellyer, 2314.

L'action résultant d'une obligation de ce genre n'est soumise qu'à la prescription de trente ans, même alors qu'elle est intentée à l'occasion d'un délit commis par l'obligé, pour se soustraire à l'exécution de son obligation. C'est ce qu'on a jugé à l'égard de l'action formée par le propriétaire d'un immeuble contre un individu qui, ayant trouvé un trésor dans un fonds, se l'était frauduleusement approprié en entier, au lieu d'en remettre la moitié à ce propriétaire. L'exception tirée de la prescription de trois ans, applicable au délit de vol, a été écartée (1), et c'est avec raison ; car, en pareil cas, l'action ne dérive pas du délit, mais du droit établi par l'art. 716, C. Nap., qui attribue au propriétaire du sol la moitié du trésor trouvé. Il y a ici un lien de droit et une action corrélatifs, dont les caractères sont purement civils, qui n'ont trait à aucun délit et ne sont soumis qu'à la prescription de trente ans.

En vain prétendrait-on distinguer le cas où l'intention frauduleuse de s'approprier le trésor semblerait inséparable de sa découverte ; de sorte qu'on ne pourrait offrir la preuve du fait qui a donné naissance au droit, qu'en prouvant en même temps un délit simultané.

L'action du demandeur a toujours pour base un fait indépendant du caractère de délit, savoir : l'existence du trésor dans sa propriété. Donc l'obligation de l'inventeur, également indépendante de l'idée de délit, ne doit être, dans toutes les hypothèses, prescriptible que d'après les règles du droit civil.

Par la même raison, on a jugé en matière de contravention à un arrêté administratif portant règlement d'eau, que la prescription des contraventions ne fait pas obstacle à ce que le riverain dont l'héritage est inondé par le fait du contrevenant, porte devant le tribunal civil une action en dommages-intérêts ou en suppression des travaux qui nuisent à sa propriété (2). Son droit, en effet, ne dérive pas uniquement du règlement administratif, qui ne statue, au contraire, que sous réserve de tous droits particuliers. Il se fonde sur les dispositions de la loi civile relatives à l'usage des

---

(1) Angers, 15 juill. 1851, S. 51.2.491. — *Conf.*, pour une action en répétition de l'indu, Cass., 28 août 1855, D. 407, et 5 mai 1863, D. 195.
(2) Rej., 9 mai 1843, S. 769. V. anal. Ord. cons. d'État, 13 avril 1842 ; Lebon, t. 12, p. 206 ; 19 avril 1844, Lebon, p. 241 et 242 ; 19 mars 1845, Lebon, p. 131.

eaux (C. Nap., 644 et 645) et l'action qui en résulte n'est soumise qu'à la prescription civile.

378. 2° Supposons maintenant que l'action n'ait pas sa source dans un contrat, qu'elle naisse uniquement du fait dommageable qui est en même temps qualifié délit. Si la partie lésée porte son action *de plano* devant le tribunal civil, pourra-t-on lui opposer la prescription de l'action publique, comme ayant éteint en même temps l'action civile ?

On a dit, pour la négative, que l'action civile résultant d'un délit, lorsqu'elle est poursuivie devant un tribunal civil, en vertu de l'art. 1382, conserve le caractère d'une action purement civile, et doit rester soumise aux règles établies par le Code Napoléon pour la prescription des actions personnelles, et que par conséquent elle dure trente ans ; qu'il résulterait du système opposé une anomalie singulière dans l'application de l'art. 1382, puisque l'auteur d'un simple quasi-délit, d'une faute très-légère pourrait être, à raison de ce fait, poursuivi pendant trente ans, tandis que l'auteur d'un délit qualifié pourrait invoquer la prescription au bout de dix ans, et même de trois (1).

Il faut répondre que les art. 637, 630 et 640, C. inst. cr., sont parfaitement clairs et ne comportent aucune distinction. Il est certain que ces articles dérogent au principe posé dans l'art. 2262, C. Nap. Or, il n'est pas possible de croire que le Code d'instruction, en déclarant que l'action publique et l'action civile sont prescrites par le même laps de temps, n'ait voulu parler de l'action civile qu'autant qu'elle serait poursuivie en même temps, et devant les mêmes juges, que l'action publique. Comme, devant les tribunaux de répression, l'action civile n'est que l'accessoire de l'action publique, il allait de soi que la prescription serait un moyen péremptoire à opposer simultanément aux deux actions. Si le législateur n'eût rien voulu dire de plus, il n'était pas nécessaire de parler de cette sorte de prescription. Que l'on remarque, au contraire, que l'art. 2 du même Code, après avoir dit que l'action civile peut être exercée même contre les représentants du coupable, ajoute : l'une et l'autre action s'éteignent par la prescription, ainsi qu'il est réglé au livre 2, titre 7, chapitre 5, de la Prescription. Par conséquent, l'action civile dirigée contre le représentant du prévenu s'éteint

_____

(1) Bourguignon, *Jur. des Codes crim.*, art. 637 ; M. Carou, *Jur. des juges de paix*, t. 2, n° 741.

aussi par la prescription, comme il est réglé au livre 2, titre 7, chapitre 5. Mais l'action contre les représentants est purement civile; elle se porte devant les tribunaux civils, et ne peut même être portée devant les tribunaux de répression. Donc, la nature de la juridiction saisie n'a pas d'influence sur la prescription. C'est à la nature du fait qu'il faut s'attacher (1). Or, les actions qui naissent des délits sont soumises à une prescription différente de celles des actions qui naissent des contrats.

Du reste, les raisons qui ont fait établir cette prescription particulière sont les mêmes, quelle que soit la juridiction devant laquelle l'action soit portée (2); et l'anomalie que l'on signale dans l'application de la prescription la plus longue aux simples fautes, et de la plus courte aux délits qualifiés, existe de même quand les deux actions sont portées au tribunal criminel simultanément. Ce dernier argument est donc sans aucune valeur.

Ajoutons que cette question, qui avait divisé autrefois les parlements et les auteurs, avait été en dernier lieu résolue presque universellement dans le sens que nous indiquons (3). Le Code de brumaire an 4 l'avait décidée d'une manière formelle : Art. 9. « Il ne peut être intenté aucune action « publique *ni civile*, pour raison d'un délit, après trois an« nées révolues... » Art. 10. « Si, dans les trois ans, il a « été commencé des poursuites, soit criminelles, soit civiles, « à raison d'un délit, l'une et l'autre action durent six ans... « Après ce terme, nul ne peut être recherché, soit au cri« minel, *soit au civil*, si, dans l'intervalle, il n'a pas été « condamné par défaut ou par contumace. » Le Code d'instruction a, sans aucun doute, voulu maintenir cette législation, et trancher de la même manière la question autrefois controversée. Rien n'indique une pensée d'innovation.

L'art. 642 de ce Code apporte même une dernière preuve à ce système. Cet article déclare que les condamnations civiles portées par les arrêts ou jugements rendus en matière criminelle, correctionnelle ou de police, et devenues irrévocables, se prescriront d'après les règles établies par le Code Napoléon. Si l'on eût voulu établir aussi une différence entre

---

(1) Duranton, t. 13, n° 707.
(2) Mangin, n° 363 ; Curasson, *Comp. des juges de paix*, t. 1, p. 192.
(3) Muyart de Vouglans, part. 3, chap. 4 ; Jousse, *Inst. crim*, t. 1, p. 600 ; Pothier, *Proc. crim.*, p. 408.

la prescription de l'action civile et celle de l'action criminelle, on s'en serait expliqué clairement, comme en ce qui concerne la prescription des condamnations (1).

Le tribunal saisi d'une demande en réparations civiles fondée sur un fait de ce genre, est compétent pour examiner quelle est la qualification pénale qu'il comporte afin d'en déduire comme conséquence la nature de la prescription à laquelle il est soumis. Il décide notamment si ce fait présente le caractère d'un crime proprement dit, soumis à la prescription de dix ans, ou d'un délit correctionnel prescriptible par trois ans (2).

Toutefois si cette question avait été déjà tranchée par une décision antérieure du juge criminel, le tribunal civil ne saurait, d'après les règles posées au chapitre qui précède (3), se mettre en contradiction avec cette décision qui aurait sur ce point l'autorité de la chose jugée.

379. 3° En sera-t-il de même si la partie lésée, au lieu de baser sa demande sur un délit qualifié, n'invoquait que le fait dommageable en lui-même, en le considérant comme une faute ordinaire, donnant droit à des réparations, en vertu de l'art. 1382, C. Nap. ?

Cette question ne peut se résoudre d'une manière absolue. Il faut tenir compte des circonstances.

D'abord, nous ferons remarquer qu'aux termes de l'art. 2223, C. Nap., les juges ne peuvent suppléer le moyen tiré de la prescription. Il faut que la partie qui doit en profiter prenne des conclusions en ce sens.

Maintenant, de deux choses l'une : ou le fait, tel qu'il est allégué par le demandeur, ne réunira pas les caractères constitutifs d'un délit prévu par le Code pénal, ou, au contraire, il présentera ces caractères, bien que l'on ne se soit pas servi du mot juridique qui sert à caractériser ce délit.

Prenons la première hypothèse. Supposons, par exemple, qu'il s'agisse d'un fait consistant à avoir coupé des arbres ou des récoltes croissant sur un terrain que le demandeur prétend lui appartenir alors que le défendeur croyait aussi pouvoir le revendiquer. Etant admis que, d'après les termes de la demande, ce fait n'est présenté ni comme un vol, ni

---

(1) *Junge*, Cass., 3 août 1841, S. 753 ; Lyon, 17 juin 1842, S. 42.2. 343 ; Lesellyer, n° 2310 ; Larombière, *Oblig.*, t. 5, p. 727.
(2) Cass., 28 fév. 1855, D. 343 ; Rej., 2 mai 1864, D. 266.
(3) V. n°s 352 et suiv.

comme le délit prévu par les art. 445 et 450, C. pén., mais comme un simple acte dommageable, une voie de fait commise avec une bonne foi plus ou moins entière, mais en tout cas dépouillée du caractère criminel qui résulte de la volonté, de l'intention, le défendeur sera-t-il admis à soutenir que le fait qui lui est imputé est un délit, un crime prévu par le Code pénal et dont la prescription lui est acquise en vertu du Code d'instruction criminelle? Viendra-t-il prétendre qu'il a commis une faute beaucoup plus grave que celle qui lui est reprochée, pour en conclure que le temps de la prescription abrégée est accomplie à son égard? Assurément, la maxime, *Nemo auditur suam turpitudinem allegans*, n'aurait jamais été plus justement opposée qu'à une semblable défense. Il n'est pas de tribunal qui voulût l'entendre. Dans cette première supposition, l'action ne serait soumise qu'à la prescription de *trente ans* (1).

Mais si, pour obtenir une réparation purement civile, la partie lésée reproche à son adversaire un fait réellement qualifié crime ou délit par le Code pénal; si elle prétend, par exemple, qu'il a volontairement mis le feu à sa maison, ou qu'il a soustrait frauduleusement des objets appartenant au demandeur. Nous pensons, d'après ce qui a été dit plus haut, que l'action, portée *de plano* devant les tribunaux civils, n'en devrait pas moins être écartée par la prescription fixée par le Code d'instruction criminelle, pour les délits et les crimes. Peu importe que le mot de vol ou d'incendie ne fût pas prononcé. Du moment que tous les éléments constitutifs du délit se retrouveraient dans la demande, le défendeur pourrait soutenir que l'action n'est pas recevable, car on ne peut pas faire indirectement ce qu'il est défendu de faire d'une manière directe. On ne pourrait pas opposer au défendeur la règle dont nous parlions tout à l'heure, car, loin de se reconnaître coupable, il niera, sans aucun doute, le fait dont on l'accuse; il dira seulement que ce fait, en le supposant prouvé, constituerait un délit et serait prescrit, et il opposera une fin de non-recevoir à la preuve offerte par le demandeur. Cette défense est parfaitement légitime. Toute la question sera de savoir si le fait, tel qu'il est allégué par le demandeur, présente réellement les caractères d'un délit, et le défendeur doit être admis à le discuter.

---

(1) Arg. Rej., 26 mars 1829, D. 288, et Rej., 31 janv. 1859, D. 439.

Prétendra-t-on, pour repousser cette théorie, que le défendeur ne pourrait soulever une question pareille devant les tribunaux civils, parce que ceux-ci seraient incompétents pour la vider? Que, sans doute, un débat s'engagerait avec le demandeur sur la question de savoir si le fait articulé est réellement un délit prévu par le Code pénal, et si la prescription admise en matière criminelle lui est applicable? Que les tribunaux civils ne sont pas appelés à connaître de la nature des délits, au point de vue de la loi pénale; et que, d'un autre côté, le tribunal saisi ne pourrait renvoyer la question aux tribunaux criminels pour la faire décider, car l'action publique étant prescrite, il n'est pas possible de porter, devant les tribunaux criminels, un débat de cette nature, qui ne pourrait point aboutir à une condamnation pénale?

On répondrait qu'un tribunal est toujours juge de sa compétence, ou des exceptions telles que la prescription, et, pour cela, il lui est permis et même commandé d'examiner la nature de la question qui lui est soumise. De ce qu'un tribunal civil n'est pas appelé à statuer sur la nature des crimes ou des délits pour leur appliquer la loi pénale, il ne s'ensuit nullement qu'il doive se dessaisir sur la simple allégation que le fait porté devant lui constitue un crime ou un délit, lors même que cette allégation serait visiblement erronée. Les tribunaux ne peuvent déclarer leur incompétence ou l'extinction de l'action portée devant eux qu'en connaissance de cause, et, pour cela, il faut absolument qu'ils examinent et apprécient le fait à la lumière du droit pénal et au point de vue de ses définitions. Ainsi, bien que le mot d'incendie ou de vol n'ait pas été prononcé, si le fait invoqué par le demandeur présente réellement les caractères de l'incendie délictif ou du vol, le défendeur aura parfaitement le droit d'invoquer la prescription.

D'ailleurs, l'objection tirée de ce que les tribunaux civils ne sont pas compétents pour qualifier le fait au point de vue de la loi pénale, repose sur cette idée que la juridiction criminelle et la juridiction civile sont absolument indépendantes l'une de l'autre, en ce qui concerne même la détermination du caractère des faits. Or, c'est là une erreur condamnée par les textes mêmes que nous expliquons. S'il est constant que l'action civile peut être poursuivie devant les mêmes juges que l'action criminelle, jugée de la même manière, soumise aux mêmes règles et aux mêmes délais, il faut reconnaître qu'il existe, entre les deux juridictions, des

points de contact nécessaires, et qu'elles peuvent être régies
par plusieurs règles communes (1).

Du reste, notre doctrine, sur ce point, est aujourd'hui
pleinement consacrée par la jurisprudence (2).

Que faudrait-il décider au cas d'une action fondée sur des
coups ou blessures involontaires? — Il y a ici une difficulté
résultant de ce que ce fait constitue un délit, bien que les
coups aient été portés sans intention de nuire. (C. pén.,
319 et 220). — Il suffit qu'il y ait eu maladresse, imprudence, inattention, négligence ou inobservation des règlements pour qu'une peine puisse être appliquée. Il semble
que cette énumération de la loi comprend toutes les circonstances qui peuvent constituer une faute de la part de l'agent.
Et cependant nous avons vu que la jurisprudence distingue
en cette matière. Ainsi elle a décidé plusieurs fois que l'acquittement au criminel d'un prévenu d'homicide ou de
blessures involontaires par imprudence ne fait pas obstacle à
ce qu'une condamnation au civil soit prononcée contre ce prévenu à raison du même fait considéré comme quasi-délit.
(V n°. 360). Nous avons approuvé cette solution, parce que,
autre est la faute qui entraîne une répression pénale, autre
celle qui motive une condamnation purement civile. L'acquittement au criminel peut se justifier par des considérations
qui n'autorisent pas le juge civil à refuser une réparation
pécuniaire à la victime d'un quasi-délit.

Mais ces raisons, qui touchent au fond du droit, ne nous
semblent pas devoir faire fléchir le principe général posé en
matière de prescription par les art. 2, 639 et suivants du
C. d'instr. crim. (3). Dès que le fait présente les caractères
d'un délit d'après l'énoncé de la demande ou la preuve qui
est rapportée, ces dispositions doivent s'appliquer; car puisqu'une poursuite correctionnelle est possible, les raisons qui
ont fait établir la prescription simultanée de l'action civile
et de l'action publique doivent produire leurs conséquences (4). — A plus forte raison doit-on le décider si

(1) *Revue de droit franç. et étrang.*, t. 6 (1849), p. 150.
(2) Cass., 29 avril 1846, S. 413; Rej., 21 nov. 1854, D. 415; Bordeaux, 31 juill. 1848, S. 49.2.81; Lyon, 2 avril 1851, S. 52.2.135;
Grenoble, 17 mai 1853, D. 55.2.65; Lyon, 30 janv. 1854, D. 55.2.67;
Paris, 24 fév. 1855, D. 56.2.71.
(3) Colmar, 27 mai 1863, D. 63.2.141; Dijon, 27 juin 1866, D. 66.2.
152. *Conf.*, M. Faustin Hélie, *Instr. cr.*, t. 3, p. 792.
(4) V. dans ce sens Cass., 13 mai 1868, S. 356, et Rej., 12 janv. 1869,
S. 99.

1.

25

la poursuite a été précédemment exercée. S'il y a eu condamnation, le caractère délictif du fait est irrévocablement fixé; s'il y a eu acquittement, la partie civile ne doit pas jouir d'un délai plus long que s'il y avait eu condamnation. Dans toutes les hypothèses, c'est à elle de se pourvoir avant l'expiration du terme fixé pour la prescription par les articles précités.

380. 4° Si la partie lésée réclame, non pas des dommages-intérêts, mais la propriété d'une chose qui lui aurait appartenu, et qui se trouverait entre les mains d'un tiers; doit-on admettre que la revendication proprement dite de la chose elle-même puisse avoir lieu pendant 30 ans?

M. Duranton décide affirmativement. « Celui qui l'a volée, dit-il, doit être assujetti à me la rendre par une obligation aussi forte que celle qu'il aurait contractée si je la lui avais louée ou prêtée? La prescription établie par le Code d'instruction criminelle est étrangère à la propriété des choses à l'égard desquelles des vols ou autres délits ont été commis. En vain opposerait-on que l'art. 2279 fixe à trois ans le délai pour revendiquer les choses perdues ou volées. On répondrait que cet article n'est relatif qu'aux tiers dans les mains desquels la chose est trouvée, et non à celui qui en a opéré lui-même le détournement, comme l'indiquent les mots qui terminen l'article, sauf à celui-ci (au tiers), son recours contre celui duquel il la tient. » (1).

M. Troplong veut aussi que la revendication dure trente ans, comme lorsque le propriétaire de la chose la réclame en vertu d'un contrat intervenu entre lui et le possesseur. « L'art. 2279, dit-il, ne profite qu'au tiers acquéreur, et ce serait le comble de l'absurdité que de ne mettre aucune différence entre le voleur et celui qui aurait acheté de lui de bonne foi (2). »

Ces autorités sont graves. On est cependant frappé de la coïncidence qui existe entre le délai de trois ans, établi par l'art. 2279 pour la prescription de la propriété des choses perdues ou volées, et le délai de trois ans, établi par le Code d'instruction criminelle pour la prescription de l'action civile et de l'action publique, à raison du vol simple.

Cette coïncidence n'est pas l'effet d'un pur hasard, elle n'a

(1) T. 13, n° 707.
(2) *Prescr.* n° 1049.

pas échappé au législateur; on la trouve indiquée dans les travaux préparatoires du Code Napoléon. L'orateur du Tribunat au Corps législatif disait : « Ce délai de trois ans (établi par le Code Napoléon), est le même que celui que la législation actuelle établit pour prescrire les actions criminelles, correctionnelles et de police (1). » En effet, le Code du 3 brumaire an 9, art. 4, portait « qu'il ne peut être in- « tenté aucune action publique ou civile pour raison d'un « délit, après trois années révolues, etc. » Et l'on sait que, dans cette législation, le mot délit était générique et s'appliquait aux crimes aussi bien qu'aux infractions moins graves, punies de peines correctionnelles, et la prescription était la même. Il paraît donc que c'était par une application naturelle du principe établi par l'art. 9 du Code des délits et des peines, que le délai de trois ans avait été fixé, et qu'après avoir établi la règle qu'en fait de meubles la possession vaut propriété à l'égard de celui qui est de bonne foi et déterminé ce délai de trois ans pour revendiquer contre le tiers détenteur la possession d'une chose *perdue*, on avait simplement voulu s'en référer à la législation criminelle pour la revendication des choses volées.

Ajoutons que l'un des principaux motifs qui ont fait établir un délai assez court pour la prescription des actions publique ou civile résultant d'un délit, se présente avec un degré de puissance très-éminent quand il s'agit de la revendication d'un objet mobilier. Au bout d'un espace de temps aussi considérable que vingt-huit ou vingt-neuf ans, il est difficile de justifier de la manière dont la propriété de ce meuble aurait été acquise, bien qu'elle eût pu l'être légitimement. Quand même le réclamant prouverait, d'une manière certaine, son droit de propriété antérieure, ne pourrait-il pas se faire que le possesseur actuel en eût acquis la propriété, en vertu d'un titre qu'il ne pourrait plus représenter au bout d'un si long espace de temps? De même que les traces d'un délit auraient disparu, de même il serait rare de rencontrer encore celles d'un contrat qui, pour la plupart du temps, n'est pas constaté par écrit, quand il s'agit de meubles. Il était donc naturel de soumettre à cette prescription de trois ans l'action en revendication des effets mobiliers.

Enfin, le texte des art. 2, 637 et 638, C. instr. crim., ne

(1) Locré, t. 16, p. 598, n° 14.

comporte aucune distinction. Le mot d'action civile comprend aussi bien les restitutions que les dommages-intérêts proprement dits.

M. Troplong objecte que ce serait le comble de l'absurdité que de ne mettre aucune différence entre le voleur et celui qui aurait acheté de lui de bonne foi.

Cette différence existe, elle est très-tranchée. D'abord, si le possesseur actuel a acheté la chose d'un marchand vendant des choses pareilles sur une foire ou sur un marché, le propriétaire est obligé de lui en payer la valeur, tandis que le voleur serait condamné, dans la plupart des cas, non-seulement à restituer la chose, mais à payer en outre des dommages-intérêts. Dans le cas où le tiers possesseur, ayant acheté la chose volée d'un particulier non marchand, est moins excusable de ne pas s'être assuré de l'origine de la chose, il ne peut en demander le prix au propriétaire, mais il a un recours contre son vendeur, c'est-à-dire contre le voleur lui-même. Celui-ci n'a évidemment de recours contre personne. Comment donc peut-on nous reprocher d'assimiler complétement la position du tiers détenteur et celle du voleur dans le système que nous soutenons?

Objectera-t-on encore que nous assimilons, du moins, la revendication à une action civile proprement dite, c'est-à-dire à une action en dommages-intérêts, et que les deux actions sont très-différentes; que l'action en dommages-intérêts prend sa source dans le fait de délinquer lui-même, et qu'il est naturel de faire subir à l'action en dommages-intérêts le sort de l'action publique, qui a aussi pour cause ce même fait de délinquer; qu'au contraire, la revendication a sa source dans un droit de propriété indépendant du délit, et dont les conséquences sont régies par le droit civil seul?

Mais quelle que soit la cause primitive de l'action en revendication, il nous semble qu'on ne peut faire autrement que de lui appliquer la dénomination d'*action civile*, dans le sens des art. 367 et suivants, C. instr. crim. Ces mots y sont pris par opposition à ceux d'action publique, et embrassent toutes les réclamations que peut faire la partie lésée dans son intérêt privé. M. Carnot (1) entend ces mots comme nous. Cette interprétation n'a rien d'incompatible avec la nature de l'action en revendication. Il est bien vrai que celle-ci a sa base dans un droit antérieur sur la chose

(1) T. 2, chap. 5, *Observ. prélim.*, n° 9.

même, *jus in re*. Mais, qu'importe? Toute action en dommages-intérêts suppose aussi un droit antérieur auquel il a été porté atteinte. Que ce soit le droit de propriété, ou tout autre, la règle est la même. Les autres facultés dont nous jouissons, et que les lois sociales nous garantissent, la sûreté, la liberté, la faculté d'aller et de venir sont des droits tout aussi importants, tout aussi sacrés que le droit de propriété. Les atteintes qui sont portées aux uns ou aux autres ne peuvent être poursuivies que pendant un certain délai. Nous ne voyons aucune raison pour donner à ce délai une extension aussi considérable lorsque le droit de propriété a été lésé.

Le système que soutiennent MM. Troplong et Duranton est manifestement contraire aux dispositions du Code d'instruction criminelle, qui n'a fait que reproduire, avec quelques modifications, celles du Code de brumaire, relativement à la prescription des actions civiles résultant des délits (1). Le nôtre, au contraire, concilie parfaitement les différentes hypothèses prévues tant par le Code Napoléon que par le Code d'instruction criminelle.

En effet : 1° si la chose a été acquise de bonne foi, sans qu'elle ait été perdue ni volée, il n'y a pas besoin de prescription. La possession seule en rend propriétaire (2).

2° Si la chose a été perdue, le tiers possesseur peut être forcé, pendant trois ans, de la restituer au propriétaire qui, suivant les cas, est obligé ou dispensé de lui en payer la valeur (3).

3° Si la chose a été volée, le délai de la revendication est fixé par le Code Napoléon, par rapport au tiers acquéreur seulement; ce délai est de trois ans uniformément.

4° Mais la revendication dirigée contre l'auteur du vol personnellement est une action civile régie par les lois sur la procédure criminelle, auxquelles le Code Napoléon s'est référé; or, ces lois sont aujourd'hui les art. 637 et suivants, C. instr. Car les innovations apportées en cette matière par le Code d'instruction n'ont pas changé la relation qui exis-

(1) *Conf.*, M. Mangin, *Act. publ.*, n° 366; Zachariæ, t. 3, p. 193, note 11, et M. Lesellyer, n° 2311 ; Bordeaux, 15 avril 1829, D. 29.2. 179.—*Contrà*, Aubry et Rau sur Zachariæ, § 445, note 21.
(2) C. Nap., art. 2279.
(3) C. Nap., art. 2280.

tait entre ces lois et l'art. 2279, C. Nap. En conséquence, s'il s'agit d'un vol simple, le délai de l'action civile ou de la revendication sera de trois ans (1). S'il s'agit d'un vol qualifié crime, c'est-à-dire commis avec les circonstances aggravantes de nuit, escalade ou effraction, maison habitée, armes, etc., la durée de la revendication sera portée à dix ans (2).

381. Enfin, l'on peut supposer que le revendiquant se fonde non plus sur l'articulation d'un vol, mais seulement sur son droit de propriété, *modo ex delicto media concludendi non sumantur; sed ex illo :* RES MEA APUD TE EST SINE CAUSA (3). L'action doit-elle alors être soumise aux règles de la prescription en matière civile :

La Cour de cassation, par arrêt du 26 mars 1829 (4), a décidé l'affirmative sur une question analogue, en se fondant sur ce que le défendeur ne saurait être admis à s'imputer un crime ou un délit, afin de s'attribuer le bénéfice des dispositions du Code d'instruction criminelle. Le demandeur pourrait donc toujours écarter le moyen de défense qu'on voudrait tirer de la prescription criminelle, en disant que la possession du détenteur actuel est le résultat d'une erreur. Par exemple, qu'ayant trouvé l'objet, il l'a considéré à tort comme abandonné, *pro derelicto*, tandis qu'il avait été perdu.

Ce que nous disons là de l'impossibilité d'opposer la prescription du Code d'instruction criminelle en pareille hypothèse, offre surtout de l'intérêt si l'on admet, avec les meilleurs interprètes du Code Napoléon, que le premier paragraphe de l'art. 2279 de ce Code n'est pas applicable à celui entre les mains de qui la chose est passée directement en sortant de celles du véritable propriétaire (5). Si ce possesseur ne peut jamais prétendre être devenu propriétaire par le fait même de la possession, il faut que cette possession se soit prolongée pendant un certain espace de temps qui lui ait fait acquérir la prescription. Or, en pareil cas, quel sera donc le délai nécessaire pour prescrire? Pendant combien de

---

(1) C. pén., art. 401 ; C. instr. crim., art. 638.
(2) C. pén., art. 381 et suiv.; C. instr. crim., art. 637.
(3) D'Argentré, *Sur l'art. 274 de la Cout. de Bretagne*, v° *Action de crime*, n° 6.
(4) D. 369.
(5) MM. Troplong, *Prescr.*, n° 1043 ; Duranton, t. 13, n° 707.

temps, en un mot, le propriétaire d'une chose qui n'a été ni perdue ni volée, peut-il la revendiquer entre les mains d'un tiers qui n'est pas protégé par l'art. 2279, parce que la bonne foi de sa possession n'est pas jugée suffisante?

Cette question est en dehors du cadre de cet ouvrage; nous n'avons donc pas à la discuter ici. Nous dirons seulement que, dans notre pensée, la revendication ne peut avoir lieu que pendant trois ans à compter du détournement. Bien que le deuxième paragraphe de l'art. 2279 semble res-treindre le délai de prescription qu'il établit aux seuls cas de perte ou de vol, nous pensons qu'il doit être étendu à tous les cas où la règle, *En fait de meubles la possession vaut titre*, serait inapplicable, et qui ne sont pas réglés, d'ailleurs, par une disposition du Code d'instruction criminelle. Le propriétaire d'une chose qui n'a été que détournée ne peut pas être traité plus favorablement que le propriétaire dont la chose a été volée. Cette solution nous paraît devoir être admise sans aucune difficulté, toutes les fois que les faits articulés par le demandeur n'impliqueront pas nécessairement l'existence d'un délit.

Du reste, tout l'intérêt de cette distinction sur la nature de la prescription qui court contre le propriétaire d'une chose qui n'a pas été volée, ou que l'on ne prétend pas avoir été volée, au profit du détenteur immédiat, tout l'intérêt de cette distinction se concentre sur un seul point, savoir : que la prescription étant civile de sa nature, est soumise aux règles du droit civil quant à son mode d'action, ses effets, les causes qui peuvent y mettre obstacle, et notamment peut être suspendue par la minorité ou l'interdiction du propriétaire. Au contraire, l'action civile résultant d'un délit se prescrit par l'expiration des délais fixés par le Code d'instruction criminelle, sans pouvoir être suspendue par les causes dont nous venons de parler (1).

382. Le délai de la prescription, considéré indépendamment de tout événement qui viendrait en interrompre le cours, est clairement fixé, par les art. 637, 638 et 640, à dix ans, trois ans ou un an suivant la nature du fait incriminé.

Et remarquez que c'est le fait et non la peine qu'il faut considérer. Ainsi, bien que le crime imputé à un mineur de seize ans ne soit passible que d'une peine correctionnelle, la

_____

(1) V. *infrà*, n° 403.

prescription de l'action est celle de dix ans établie pour les crimes et non celle de trois ans établie pour les délits (1).

Ces règles générales sur la fixation du temps requis pour prescrire souffrent exception à l'égard des délits prévus par certaines lois spéciales.

L'art. 643, C. instr. crim., porte : « Les dispositions du « présent chapitre ne dérogent point aux lois particulières « relatives à la prescription des actions résultant de certains « délits ou de certaines contraventions. »

Observons que la loi ne réserve ici les dispositions des lois particulières antérieures que par rapport à la prescription des actions. Ainsi, pour ce qui concerne la prescription des condamnations, c'est le Code d'instruction qu'il faut consulter dans tous les cas, à moins qu'une loi postérieure n'établisse formellement un délai particulier pour la prescription de la condamnation.

Autre observation :

L'art. 643 ne s'applique qu'aux délits sur lesquels des lois particulières avaient statué au moment de sa promulgation, et si ces lois sont restées en vigueur.

Car, lorsque les mêmes faits sur lesquels ces lois statuaient ont été rappelés et punis par le Code pénal, ils ont cessé d'être régis par une loi particulière. La corrélation qui existe entre le Code d'instruction criminelle et le Code pénal les a fait tomber, quant au mode et au délai de la poursuite, sous l'empire du premier. Il en est de même à l'égard des délits qui, ayant été prévus et punis par des lois antérieures, auraient été de nouveau compris dans les dispositions nouvelles de lois postérieures au Code d'instruction criminelle, si d'ailleurs ces lois n'ont pas établi de délais particuliers. Elles sont désormais censées se référer aux Codes dont elles sont le complément. Enfin, la même solution s'applique, sans aucune difficulté, aux délits prévus et punis par des lois antérieures au Code d'instruction qui n'auraient fixé aucun délai particulier pour la prescription de l'action. Elles ont voulu se référer à la législation générale en vigueur au moment où elles auraient à recevoir leur application.

Quant aux lois postérieures qui ont établi des délais spéciaux pour la prescription des actions relatives à certains dé-

---

(1) Angers, 3 déc. 1849, S. 50.2.289. Il en est de même si la peine est abaissée par l'admission de circonstances atténuantes. Cass., 1er mars 1855, D. 192.

lits, pas de difficultés. Leurs dispositions doivent être appliquées suivant leurs termes. C'est ainsi que l'art. 29 de la loi du 3 mai 1844, sur la police de la chasse, porte que toute action relative aux délits prévus par cette même loi sera prescrite par le laps de trois mois à compter du jour du délit.

383. Revenons maintenant aux règles générales du Code d'instruction criminelle.

Quel est le point de départ de la prescription?

L'art. 637 dit très-clairement que la prescription de l'action publique et de l'action civile, à raison des crimes, commence à courir du jour où le crime a été commis, et non pas seulement du jour où il a été connu. L'art. 638, spécial pour les délits, se réfère à l'art. 637 quant au point de départ de la prescription, et l'art. 640 répète que le délai court à partir du jour où la contravention a été commise. C'est ce qui était admis dans l'ancien droit (1).

383 bis. Par suite, on décide, en matière de presse et de contrefaçon littéraire, que la prescription a pour point de départ la publication de l'écrit ou de l'œuvre incriminés (2). Toutefois, il y a une différence entre ces deux délits. Le délit de presse se commet par l'effet de toute publication illicite, alors même qu'il s'agit d'une réimpression (3). Il en est autrement du délit de contrefaçon qui se trouve consommé par l'effet d'une première reproduction de l'œuvre d'autrui (4).

384. Toutefois, on comprend facilement que la prescription de l'action qui naît des délits successifs, c'est-à-dire de ceux qui se perpétuent et se renouvellent pendant un certain espace de temps, ne doit commencer à courir que quand le délit a complétement cessé (5). Ainsi, la détention arbitraire est un délit successif; il dure autant que subsiste la détention et se commet tout entier jusqu'au dernier moment. La prescription qui court à compter seulement du jour où le délit a été commis, ne prend donc son point de départ qu'à cette dernière époque. Ce n'est point là une exception à la règle. L'usure est également un délit successif, puisqu'il faut une réunion de faits similaires et habituels pour le constituer.

---

(1) Jousse, *Idée génér. de la just. crim.*, p. xxx.
(2) Rej., 13 déc. 1855, D. 56.1.159; Paris, 24 fév. 1855, D. 56.2.71.
(3) Rej., 13 déc. 1855, *loc. cit.*
(4) Paris, 24 fév. 1855, *loc. cit.*
(5) Jousse, *Comm. sur l'ord. de* 1670, p. xxi; Mangin, n° 321.

Si donc des faits usuraires antérieurs de trois ans aux poursuites ont été suivis de faits de même nature dans l'intervalle des trois années, aucun de ces faits n'est couvert par la prescription. Tous, au contraire, doivent être pris en considération pour établir l'habitude et le délit complexe dont ils sont les éléments (1).

385. Sous un autre point de vue encore, la prescription court du jour même où le délit a été commis; en d'autres termes, le *dies a quo* est compris dans ce délai. C'est à partir du moment où le délit a été commis que le droit d'agir a commencé (2). En second lieu, il est dans la nature des choses que le délai courre *de momento ad momentum* (3); et la faveur qui s'attache toujours à l'intérêt du prévenu en matière criminelle doit faire maintenir ce principe (4).

Si le moment de la perpétration de l'acte criminel est inconnu, le jour *a quo* sera compris tout entier dans le délai, et la prescription s'accomplira à la fin du jour correspondant de l'année suivante, s'il s'agit de contraventions, et de la dernière des trois ou des dix années nécessaires pour la prescription des délits ou des crimes. En effet, la prescription n'est accomplie qu'*après* un an, trois ans ou dix ans *révolus* (5), c'est-à-dire complétement terminés. Même solution quant au délai nouveau, qui court à dater d'un acte interruptif de la prescription.

386. Quels sont donc ces actes interruptifs? C'est ce qu'il convient d'examiner maintenant.

La comparaison des art. 637 et 638 avec l'art. 640 établit une distinction frappante entre les actes interruptifs, suivant qu'il s'agit de crimes et de délits, ou de simples contraventions.

Pour les crimes et délits, la prescription commence à courir du jour où le fait a été commis, si dans le délai fixé pour la prescription il n'a été fait aucun acte d'instruction

---

(1) Cass., 15 juin 1821, *Bull.* 122; 23 juill. 1825, *Bull.* 137; 25 fév. 1826, D. 197; 21 oct. 1841, *Bull.* 310, D. 42.1.100; 29 janv. 1842, *Bull.* 21; 17 mai 1851, D. 303; Agen, 19 juill. 1854, D. 55.2.164. — *Conf.*, Mangin, n° 327; Rauter, n° 855.—*Contrà*, Faustin Hélie, *Instr. crim.*, t. 3, p. 710; Legraverend, t. 1, p. 75; Lesellyer, n° 2236.
(2) Mangin, n° 319.
(3) Dumoulin, *Cout. de Paris*, tit. 1, art. 10 et 11, t. 1, p. 406 et 407, n° 2.
(4) Lesellyer, n° 2278.
(5) Art. 637, 638, 640.

ni de poursuite. S'il a été fait, dans cet intervalle, des actes d'instruction ou de poursuite non suivis de jugement, le délai pour la prescription des deux actions ne commence à courir qu'à compter du dernier acte, à l'égard même des personnes qui ne seraient pas impliquées dans cette instruction ou cette poursuite.

Pour les simples contraventions, le délai de la prescription commence du jour de la contravention, et s'accomplit par un an, même lorsqu'il y a eu procès-verbal, saisie, instruction ou poursuite, si dans cet intervalle il n'est pas intervenu de condamnation.

Bornons-nous, pour l'instant, à faire remarquer cette différence, et donnons quelques explications sur les divers modes d'interruption, en commençant par ceux qui se rapportent aux matières criminelles et correctionnelles.

387. Une première question est celle de savoir si la plainte ou dénonciation émanée de la partie civile a pour effet d'interrompre la prescription de son action. C'est demander, en d'autres termes, si une plainte ou une dénonciation ont le caractère d'un acte de poursuite ou d'instruction, puisque l'art. 637 du C. d'instr. n'attribue qu'à ces sortes d'actes l'effet d'interrompre la prescription.

La dénonciation ou la plainte dans lesquelles le plaignant ne se porte point partie civile, ne paraissent avoir ni ce caractère ni ces effets. Ces actes ont pour but d'éveiller l'attention des magistrats et de provoquer les poursuites. Mais ils ne sont point par eux-mêmes des actes d'instruction, lesquels ne peuvent émaner que des magistrats, ni des actes de poursuite proprement dits (1).

En peut-on dire autant de la plainte où la personne lésée aurait déclaré se porter partie civile? Si les magistrats n'y donnaient aucune suite, et si la partie lésée ne faisait elle-même aucune autre démarche pendant le temps requis pour la prescription, à partir du délit (deux choses, du reste, également peu probables), la prescription serait-elle interrompue par cette plainte?

M. Legraverend (2) pense que la plainte constitue une véritable demande, l'introduction d'une action civile portée devant les tribunaux de répression, comme la loi le permet, et par conséquent un acte de poursuite..., surtout à l'égard

---

(1) Cass., 29 mars 1856, D. 269, *Bull.* 129.
(2) T. 1, p. 69.

des crimes emportant peine afflictive et infamante, parce que
la partie lésée n'a aucun autre moyen de saisir les tribunaux
criminels de l'action qu'elle voudrait intenter devant eux, et
que, si la plainte qu'elle a formée en pareil cas n'interrom-
pait pas la prescription, il lui serait impossible d'atteindre
ce but ; elle pourrait être victime de l'incurie ou de la mauvaise volonté des magistrats chargés de la poursuite des
crimes.

Ces raisons ont une assez grande force à l'égard des
affaires qui doivent être soumises au jury ; mais elles en ont
fort peu à l'égard des délits correctionnels, puisque la partie
civile peut saisir directement le tribunal de répression sans
l'intervention du ministère public, et que la citation donnée
au prévenu aurait constitué un acte de poursuite bien caractérisé. C'est donc à sa négligence que la partie civile doit
s'en prendre en pareil cas, si la prescription est acquise. On
peut ajouter que le prévenu ne doit pas souffrir de ce que la
partie civile a pris cette marche moins expéditive, et que
cette plainte, à laquelle il n'a pas été donné suite, ne peut
retarder l'époque où la prescription lui serait acquise. Néanmoins, l'auteur que nous citons pense que, dans ce cas
comme dans l'autre, la plainte réunie à la déclaration de se
porter partie civile constitue une demande, un acte de poursuite, une introduction de l'action civile. « Puisque la citation
« directe donnée au prévenu tient lieu de plainte, aux termes
« de l'art. 182, il faut que la plainte à son tour soit l'équiva-
« lent de la citation, et qu'elle ait pour effet d'interrompre
« la prescription. » M. Mangin dit aussi que la plainte est
un acte introductif de la demande. Si le magistrat n'y donne
pas suite, la partie civile peut s'adresser aux tribunaux civils
et se prévaloir de sa plainte comme d'un acte interruptif,
même à l'égard des délits correctionnels : car c'est toujours
une voie légale qu'a prise la partie. Elle en avait deux : la
citation directe ou la plainte. Quelle que soit celle qu'elle a
choisie, elle doit produire le même effet (1).

Mais M. Lesellyer (2) soutient avec force l'opinion contraire. Une plainte n'est point une demande. La preuve,
c'est que si, en matière correctionnelle, le ministère public

---

(1) *Act. publ.*, t. 2, n° 365.—V. dans le même sens, MM. Favard de
Langlade, *Rép.*, v° *Prescr.*, sect. 5, § 1, n° 4 ; Dalloz, *Prescr.*, p. 315,
n° 7, 1re éd.
  (2) N° 2249.

n'y donnait pas suite, cette plainte serait insuffisante pour saisir le tribunal, bien que, dans ces matières, la partie privée puisse saisir les juges directement. La plainte n'est pas, comme doit l'être toute demande, adressée au tribunal qui doit en connaître, mais aux officiers publics chargés de la police judiciaire. Une demande doit spécifier l'objet. La plainte ne renferme pas nécessairement de conclusions à une somme déterminée de dommages-intérêts. Car, d'après les art. 66 et 359 du C. d'instr. crim., la déclaration de se porter partie civile est distincte des conclusions à prendre pour les dommages-intérêts. Dans le doute, l'opinion la plus favorable au prévenu doit être admise. Et cette solution ne porte pas un préjudice bien sérieux à la partie lésée, puisqu'elle peut toujours porter son action devant les tribunaux civils, sans être aucunement entravée par le refus ou l'action du ministère public.

L'opinion de cet auteur nous paraît la plus régulière et la plus conforme aux principes. On ne pourrait conseiller prudemment à la partie civile de s'en tenir à la plainte, et de laisser, sur la foi de cet acte, passer le délai ordinaire de la prescription (1).

A cet égard, la loi nous paraît laisser quelque chose à désirer. Quand l'action sera fondée sur un crime, si le ministère public ne donne pas suite à la plainte, la partie civile aura quelquefois de la difficulté à justifier son action devant les tribunaux civils auxquels elle sera obligée de la porter, tandis que les moyens dont dispose la justice criminelle en eussent aisément fourni les preuves. Si la plainte eût interrompu la prescription, si par suite la partie lésée eût eu un plus long espace de temps pour préparer sa demande, elle aurait peut-être pu réunir des preuves plus fortes qui auraient déterminé le ministère public à agir. Mais cela arrivera rarement.

388. Maintenant, les poursuites du ministère public empêchent-elle la prescription de l'action privée?

Nous n'hésitons pas à répondre affirmativement.

D'abord, quand l'action privée est jointe à celle du ministère public, il est clair que la première se conserve par les mêmes actes qui interrompent la prescription à l'égard de la seconde, puisqu'elle n'en est que l'accessoire.

Quand même les deux actions seraient séparées, comment

(1) Cass., 29 mars 1856, D. 269, *Bull.* 129.

l'action en dommages-intérêts pourrait-elle être prescrite, tandis que le coupable pourrait encore être poursuivi et condamné à une peine par les tribunaux de répression (1)? D'ailleurs, il résulte positivement de l'art. 637 que la prescription est interrompue par des actes d'instruction et de poursuite, ce qui signifie nécessairement les réquisitions du ministère public (2) ou les actes faits en conséquence. On va voir même qu'il suffit d'actes faits par les auxiliaires du procureur impérial.

389. Ainsi, nous rangeons, avec la plupart des auteurs, au nombre des actes d'instruction, le procès-verbal qui constate le délit (3). L'art. 640, concernant les contraventions, met le procès-verbal sur la même ligne que la saisie et les actes d'instruction et de poursuite en général. Il est naturel de croire que le législateur n'en parle dans cet article que parce que le procès-verbal a, dans les autres matières, l'effet d'interrompre la prescription ; sans cela il était inutile de le mentionner.

La saisie doit être également considérée comme un acte d'instruction, et même de poursuite : d'instruction, puisqu'elle sert souvent à la représentation du corps du délit (4) ou des pièces de conviction (5) ; de poursuite, puisque c'est déjà une espèce d'exécution, une mainmise de la justice sur les objets provenant du délit ou qui ont servi à le commettre, et qui appartiennent ordinairement au prévenu.

Parmi les actes de poursuite, il faut encore ranger les mandats d'amener, de dépôt et d'arrêt (6), et ceux de comparution (7), les réquisitions du ministère public aux officiers de police judiciaire, aux agents de la force publique, au juge d'instruction (8).

390. Les poursuites exercées par la partie civile, devant un juge incompétent, interrompent la prescription (9), et

---

(1) V. Mangin, n° 354; M. Lesellyer, n° 2246.
(2) Cass., 29 mars 1856, D. 269, *Bull.* 129.
(3) Legraverend, p. 78 et 79; Mangin, n° 342; Dall., *Presc.*, p. 315; Cass., 26 juin 1840, *Bull.* 188; Cass., 29 mars 1856, D. 269, *Bull.* 129. —*Contrà*, M. Lesellyer, n° 2250.
(4) C. pén., 11.
(5) C. instr. crim., 35, 36, 37, 49, 50, 51, 52, 87, 88, 89, 90.
(6) Lesellyer, n° 2251; Bourguignon, *Sur l'art.* 637; Legraverend, p. 78.
(7) M. Lesellyer, n° 2252.
(8) M. Mangin, n° 342.
(9) *Arg. de l'art.* 2246, *C. Nap.*; Rej., 18 janv. 1822, Dall., *Prescr.*, p. 316; Cass., 10 mai 1838, S. 981; 5 juin 1841, S. 42.1.946, et 7 sept.

l'interruption subsiste tant que dure l'instance devant le tribunal (1).

391. Mais la citation, nulle pour vice de forme, n'interrompt pas la prescription... *Quod nullum est nullum producit effectum* (2). Il en serait de même des poursuites exercées par un magistrat incompétent (3).

392. L'art. 637 porte que les actes d'instruction et de poursuite interrompent la prescription, à l'égard même des personnes qui ne seraient pas impliquées dans ces actes. On en conclut que la loi n'exige pas, pour interrompre la prescription, que les actes de poursuite ou d'instruction faits, à raison d'un délit, aient été dirigés contre des individus déterminés. Il suffit qu'ils aient eu pour objet de constater un délit et d'en découvrir les auteurs, et ces actes arrêtent indéfiniment la prescription contre tous ceux qui peuvent y avoir participé (4).

393. Le même article porte que la prescription est interrompue par les actes d'instruction et de poursuite *non suivis de jugement;* car, d'ordinaire, lorsqu'il y a jugement, l'action est éteinte, et, s'il y a condamnation, c'est la prescription de la peine, de la condamnation, qui commence, et il ne peut plus être question de la prescription de l'action.

Cependant il est clair que cet effet ne se produit pas toutes les fois qu'il est intervenu un jugement quelconque.

A la vérité, au grand criminel, il en est ainsi que le jugement soit contradictoire ou par contumace. L'art. 476, C. instr. cr., porte que, si l'accusé se constitue prisonnier, ou s'il est arrêté avant que la peine soit éteinte par prescription, le jugement et les procédures sont anéantis de plein droit, etc. L'art. 641 du même Code dit aussi que les condamnés par contumace dont la peine est prescrite ne pourront être admis à se présenter pour purger la contumace. Il résulte, de ces dispositions, que la prescription de la peine court à dater d'un arrêt de contumace, et cela est universellement reconnu.

1849, S. 50.1.415 ; *Arg.*, Rauter, n° 857, note 3 ; Mangin, n° 356 ; Lesellyer, n° 2261.

(1) Sauf en matière de police où la litispendance ne conserve pas l'action. Cass., 1er juill. 1837, S. 38.1.918 et *infrà*, n° 395.

(2) *Arg. de l'art.* 2247, *C. Nap.*

(3) Mangin, n° 343, 344.

(4) Cass., 16 déc. 1813, *J. du Pal.*, p. 836 ; MM. Mangin, n° 345, et Lesellyer, n° 2266.

Mais, en matière correctionnelle, il peut être rendu des jugements par défaut. Quel en sera l'effet par rapport à la prescription?

La Cour de cassation a jugé, par trois arrêts, que les jugements par défaut, en matière correctionnelle, ne sont que des actes d'instruction, ou, plus exactement, des actes de poursuite qui interrompent la prescription de l'action, mais qui ne l'empêchent pas de reprendre ensuite son cours (1). M. Mangin enseigne, en se fondant sur ces mêmes arrêts, qu'un jugement définitif a seul pour effet d'éteindre l'action, et de faire commencer le délai de la prescription de la condamnation. « Mais que doit-on entendre, dit-il, par un jugement définitif? On doit entendre tout jugement contre lequel le prévenu ne peut plus se pourvoir par opposition ou par appel, car, tant que l'une de ces voies lui est ouverte, le jugement n'est pas susceptible d'exécution : la peine qu'il prononce n'est pas susceptible de se prescrire, puisqu'on ne peut prescrire que les peines que l'on subirait si l'on était sous la main de la justice. Un jugement qui peut être réformé n'est qu'un acte d'instruction qui a bien interrompu la prescription, mais qui ne fait pas obstacle à ce qu'elle recommence son cours. Aussi, l'art. 636, C. instr. crim., ne fait-il courir la prescription de la peine portée par les jugements correctionnels qu'à compter de la date des jugements ou arrêts rendus en dernier ressort, ou du jour où les jugements ne peuvent plus être attaqués par la voie de l'appel, s'ils ont été rendus par un tribunal de première instance (2).»

Cette théorie nous semble parfaitement exacte. Elle doit être suivie, bien que l'art. 641 renferme une disposition d'où résulterait formellement le contraire. Cet article porte qu'en aucun cas « les condamnés par défaut, ou par contu-« mace, dont la peine est prescrite, ne pourront être admis « à se présenter pour purger le défaut... » Ceci suppose nécessairement que la prescription de la peine, de la condamnation court du jour du jugement même par défaut, et s'accomplit, par cinq ans en matière correctionnelle, d'après l'art. 636, bien que l'opposition fût encore recevable après ce délai, si le jugement n'avait pas été signifié (3), et qu'ainsi

---

(1) 31 août 1827, D. 484; 30 avril 1830, D. 258, et 1er févr. 1833, D. 161.
(2) *Act. publ.*, n° 338 ; Legraverend, t. 2, p. 772 et 775 ; Bourguignon, art. 636, n° 3.
(3) C. instr. crim., 187.

le condamné pût encore se présenter pour purger le défaut. Cette disposition présente une véritable difficulté, mais il faut, je crois, renoncer à l'expliquer et la considérer uniquement comme le résultat d'une erreur du législateur qui a été conduit à parler des jugements par défaut en même temps que des arrêts par contumace. Sans cela, l'antinomie qui résulte de cet article est inexplicable. Si on le prend à la lettre, on se met en contradiction avec les principes les plus certains de la matière, et particulièrement avec l'art. 636, qui ne fait courir la prescription de la peine que du jour où l'appel n'est plus recevable, c'est-à-dire quand le jugement est irrévocable. Or, il n'y a aucune raison de distinguer entre les jugements qui peuvent être réformés par voie d'opposition, et ceux qui peuvent l'être par la voie de l'appel. Aussi, aucun des auteurs qui ont écrit sur la matière ne s'est arrêté à l'objection que pourrait fournir cet article, mais il est vrai qu'aucun d'eux ne se l'est proposée et n'a tenté de la résoudre.

394. Maintenant, quel est l'effet d'un jugement contradictoire de condamnation en première instance ?

Ce jugement n'éteint pas entièrement l'action sur laquelle il prononce. La prescription de la condamnation ne commence pas immédiatement. L'appel pouvant être interjeté, (C. inst. cr., 203), dans un délai de dix jours, à dater du jugement, par le procureur impérial et dans celui de deux mois par le procureur général (art. 205), l'effet de ce jugement est suspendu pendant ce même délai. L'art. 636 dit que la peine prononcée par un jugement de première instance ne se prescrira que par cinq ans, à compter du jour où il ne pourra plus être attaqué par la voie de l'appel, et l'art. 642 ne fait courir la prescription de la condamnation civile que du jour où le jugement est devenu irrévocable, ce qui est la même chose.

Si donc, les délais ci-dessus (1) s'écoulent sans qu'il y ait appel, l'action est définitivement éteinte et la prescription de la condamnation commence.

S'il y a appel, l'action se ranime, le jugement de première instance, remis en question, n'est plus qu'un acte de poursuite ordinaire, et le cours de la prescription de trois ans recommence à dater de l'acte d'appel (2).

---

(1) Faustin Hélie, t. 9, p. 593.
(2) Cass., 28 nov. 1857, D. 58.1.93. Voir la note de M. le président Barris, citée par M. Mangin, n° 338.

I.   26

395. Voilà pour ce qui concerne les jugements rendus en matière correctionnelle. En matière de simple police, nous allons voir qu'il y a d'autres difficultés.

L'art. 640 n'attache l'effet d'interrompre la prescription des contraventions qu'au jugement de condamnation. Il suit de là qu'un jugement préparatoire ou interlocutoire, ou sur la compétence, ne l'empêcherait pas de s'accomplir (1).

S'il y a jugement de condamnation, mais par défaut seulement, appliquez ce que nous avons dit des jugements par défaut correctionnels. La nature de ces jugements et les principes qui les régissent sont les mêmes. Le jugement par défaut n'est qu'un acte de poursuite, à moins que le condamné ne le laisse passer en force de chose jugée. S'il est attaqué par opposition ou par appel, le délai est prorogé d'une année (2), et si elle expire avant qu'il y ait eu jugement contradictoire, l'action est définitivement éteinte (3).

S'il y a jugement contradictoire et définitif de condamnation, la prescription de l'action est interrompue. Elle est même définitivement éteinte si le jugement est en dernier ressort, et c'est la prescription de la condamnation qui commence (4).

396. S'il s'agit, au contraire, d'un jugement de première instance de nature à être attaqué par la voie de l'appel, l'action publique et l'action civile se prescriront, porte l'art. 640, par une année révolue, à compter de la notification de l'appel qui en aura été interjeté. L'appel proroge donc d'une année le délai de la prescription de l'action (5).

Mais, pour produire cet effet, il faut que l'appel soit interjeté dans l'année du jugement, sans cela la prescription s'accomplit. C'est d'abord la conséquence des principes posés n° 394. Même en matière correctionnelle, les jugements de première instance ne sont, en réalité, que des actes interruptifs, jusqu'à ce que le délai de l'appel soit écoulé, comme les

(1) Legraverend, t. 1, p. 68; F. Hélie, *Instr. cr.*, t. 3, p. 731.
(2) C. instr. crim., 640 ; Rej., 3 juin 1858, D. 381.
(3) Rej., 14 mai 1835, Dall., *Garde nat.*, n° 322.
(4) C. instr. crim., 639 et 642.
(5) Cass., 1er juill. 1837, S. 38.1.918. Le contraire a cependant été jugé par un arrêt de la chambre criminelle du 14 mars 1846, D. 46.4.408, aff. Hue. Mais c'est évidemment par une fausse interprétation des art. 208 et 640, C. instr. crim.—L'arrêt du 28 avril 1857, cité à la note 2, p. 401, ci-dessus, quoique rendu en matière correctionnelle, fournit un argument décisif contre la doctrine de celui de 1846.

jugements par défaut, jusqu'à ce que le délai de l'opposition soit expiré. A plus forte raison, en est-il de même en matière de police, où la loi se montre plus rigoureuse et plus disposée à éteindre promptement l'action, puisqu'elle abrége le délai de la prescription, et n'admet pas, comme actes interruptifs, les actes d'instruction et de poursuite qui produisent ces effets en matière correctionnelle.

Tenons donc pour constant qu'un jugement de condamnation en première instance est seulement interruptif de la prescription de l'action qui recommence son cours à dater de ce jugement, et n'est interrompue que par l'appel du prévenu.

Remarquez que cela n'empêche pas d'exécuter le jugement immédiatement. La loi ne le défend pas. D'ailleurs, l'exécution ne peut avoir lieu qu'après signification. Or, cette signification fait courir le délai d'appel contre le prévenu, et si celui-ci ne forme pas l'appel dans les dix jours (1), le jugement acquiert la force de la chose jugée, comme s'il était en dernier ressort, et l'action est éteinte, mais au préjudice du condamné, et la condamnation irrévocable.

L'idée que nous venons de donner de la nature et de l'effet d'un jugement de condamnation en première instance sert à résoudre une question controversée jusqu'ici. Elle naissait de ce qu'aux termes de l'art. 174, C. instr., le délai pour interjeter appel, en cette matière, ne court que du jour de la signification du jugement. Fallait-il conclure de là que la prescription de l'action ne courait pas au profit du condamné, tant que cette signification n'avait pas lieu? Qu'ainsi la partie civile et le ministère public étaient les maîtres de suspendre indéfiniment le cours de la prescription en ne faisant pas signifier?

Les auteurs, considérant sans doute le jugement en première instance comme éteignant l'action, sauf à ce qu'elle fût ravivée par l'appel, se heurtaient à cette difficulté. Les uns admettaient que le cours de la prescription était indéfiniment suspendu jusqu'à ce que l'appel fût formé, et, par conséquent, jusqu'à ce que le ministère public ou la partie civile aient fait signifier; c'était au condamné à interjeter lui-même appel s'il voulait faire courir ce délai (2).

(1) C. instr. crim., 174.
(2) M. Lesellyer, n° 2277.

M. Mangin répondait, avec raison, que la partie qui a obtenu le jugement de condamnation doit le faire signifier dans un délai déterminé ; que la loi n'a pu lui laisser toute latitude pour retarder indéfiniment l'époque de la prescription ; que, d'un autre côté, la loi n'impose au condamné l'obligation d'appeler qu'autant qu'il veut se garantir contre l'exécution du jugement ; or, il n'a pas à la craindre tant qu'on ne le lui signifie pas, et, dans cet intervalle, il n'a donc rien à faire. M. Mangin finissait par conclure que la prescription devait avoir lieu au bout d'un an, parce que c'est par ce délai que se prescrivent les contraventions non suivies de jugement de condamnation, et les actions pour la poursuite, après un appel interjeté (1).

Cette solution était juste au fond, mais elle n'était pas nettement motivée. Au contraire, si l'on s'attache fortement à cette idée, que le jugement de première instance est un acte simplement interruptif, et c'est ce qui résulte des principes posés par le savant magistrat lui-même, la solution n'éprouve aucune difficulté. L'appel, acte interruptif, doit être formé dans l'année. Mais, comme il serait de l'intérêt du condamné de laisser expirer ce délai sans formuler son appel, la partie civile doit l'y contraindre en notifiant elle-même le jugement de condamnation.

397. En matière de simple police, la loi n'attache l'effet d'interrompre la prescription qu'aux jugements de condamnation. Donc, un jugement qui prononcerait l'acquittement n'empêcherait pas la prescription de s'accomplir ; ainsi, supposé que le délai d'une année, à compter de la contravention, fût expiré avant que la partie lésée eût porté son action devant le tribunal civil (2), l'action serait définitivement éteinte.

Dans le même cas, si l'action de la partie civile n'avait pas été portée devant le tribunal de répression, concurremment avec l'action publique, elle ne pourrait être intentée devant le tribunal civil qu'autant que l'année, à dater de la contravention, ne serait pas expirée.

398. Un jugement annulé par la Cour de cassation étant comme non avenu, n'aurait pas interrompu la prescription.

---

(1) *Act. publ.*, n° 361.
(2) Devant le tribunal civil, et non pas devant le tribunal d'appel : car, l'appel d'un jugement de police qui prononce l'acquittement n'est pas recevable. — V. n° 277.

L'instance et l'arrêt de cassation ne produisent pas non plus cet effet. Il faut donc que le jugement de condamnation soit prononcé par le tribunal de renvoi dans l'année de la contravention ; sans cela, le prévenu opposerait avec succès la prescription devant ce nouveau tribunal (1).

399. On voit qu'à notre avis, et toujours par la raison qu'un jugement de condamnation est, avec l'appel du prévenu, le seul acte capable en cette matière d'interrompre la prescription, il faut décider que le pourvoi même du ministère public contre le jugement d'acquittement ne produirait point cet effet (2), non plus que celui de la partie civile. C'est la conséquence de la solution donnée dans le précédent numéro ; car le pourvoi du condamné, aussi bien que son appel, devraient, comme le pourvoi du ministère public, interrompre la prescription, s'il n'y avait pas ici dérogation formelle au principe général, qu'une action judiciaire, dès qu'elle est formée, arrête le cours de la prescription (3).

400. Un jugement définitif de condamnation au criminel, intervenu en temps utile, a certainement pour effet d'interrompre la prescription de l'action civile qui n'aurait été jusque-là portée ni devant le tribunal civil, ni devant le tribunal de répression. C'est le dernier acte de la poursuite (4). D'ailleurs, l'action publique tient l'action civile en suspens, d'après l'art. 3, C. instr. cr. Donc, il est régulier de n'introduire celle-ci qu'après le jugement de l'action publique.

Mais on n'est pas parfaitement d'accord sur les effets de cette interruption. Quelques Cours ont jugé qu'en pareil cas, l'action civile étant isolée de l'action publique, demeure soumise à la prescription ordinaire de trente ans. Le jugement criminel a bien formé interruption ; mais, en procurant l'extinction de l'action publique, il a donné à l'action privée le caractère d'action purement civile, régie, quant à sa durée, par les principes du Code civil (5).

(1) Cass., 3 niv. an 11, *Bull. off.*, n° 60, *J. du Pal.*, t. 3, p. 89 ; 7 janv. 1813, *Bull. off.*, n° 2 ; 19 juill. 1838, *Bull. off.*, n° 228 ; Legraverend, t. 1, p. 453 ; Bourguignon, art. 429, n° 4 ; Lesellyer, t. 6, n° 2274.—*Contrà*, Carnot, art. 640, n° 5.

(2) *Contrà*, M. Mangin, n° 362 ; Cass., 21 oct. 1830, D. 31.1.14.

(3) Consultez l'arrêt déjà cité, du 1er juill. 1837, S. 38.1.918.

(4) Cass., 3 août 1841, S. 753. La notice de cet arrêt manque d'exactitude et de clarté.

(5) Caen, 8 janv. 1827, D. 27.2.164 ; Paris, 18 juin 1811, D. 11.2.205 ; Nîmes, 27 mars 1833, D. 33.2.239, et 34.2.95 ; S. 33.2.243.

Nous n'adoptons point ce système, condamné d'ailleurs à plusieurs reprises par la Cour de cassation (1). Après le jugement définitif intervenu sur l'action publique, la prescription de l'action civile qui n'aurait pas été intentée simultanément ne change pas de nature. Le délai reste le même. Les articles 637 et 638 n'ont fait aucune distinction. Pour l'action civile intentée séparément, le jugement criminel n'a produit qu'un effet interruptif de la prescription. Mais elle recommence son cours avec les mêmes conditions de durée. La prescription de la condamnation seule est soumise à d'autres délais. Ce sont deux choses qu'il ne faut pas confondre (2).

401. La prescription de l'action publique n'entraîne pas toujours l'extinction de l'action civile. Si le ministère public n'agit pas, et si la partie lésée ne croit pas devoir citer directement le prévenu au tribunal de répression, comme elle peut le faire en matière de police simple et correctionnelle, elle peut toujours se pourvoir devant les tribunaux civils. Il suffit que sa demande ait été formée avant l'expiration du délai fixé pour la prescription. Car, si la loi a fixé le même laps de temps pour l'extinction des deux actions, elle ne défend point de prononcer au civil des réparations demandées en temps utile, par suite d'un délit auquel la peine ne peut plus être appliquée.

402. Quand la demande de la partie lésée est portée aux tribunaux civils, l'instance (3) devient purement civile et n'est soumise, quant à sa conservation et ses effets, qu'aux règles établies par les art. 397 et suivants, C. proc., pour les instances civiles ordinaires.

Voyons donc ce qui arriverait dans le cas où la partie lésée aurait encouru la péremption.

Dans les matières de grand criminel, le délai de la prescription de l'action civile est plus long que celui fixé par le

(1) Cass., 31 août 1827, D. 484; 1er fév. 1833, D. 161; 3 août 1841, S. 753, *Journ. du Pal.*, t. 2 de 1841, p. 248 ; Lyon, 17 juin 1842, S. 42.2.343, *Journ. du Pal.*, t. 2 de 1843, p. 77 ; Arg. Cass., 6 mars 1855, D. 84.
(2) *Adde* M. Mangin, n° 355.
(3) Nous disons l'*instance* et non pas l'*action*, ce qui est fort différent (Voy. n° 378). Ainsi, l'instance interrompra la prescription de l'action civile, bien que la prescription de l'action publique poursuive son cours.
Mais, les délais de la prescription, établis pour les deux actions par le Code d'instruction criminelle, resteront toujours applicables à l'action civile. La *nature* des actes interruptifs, seulement, aura changé.

Code de procédure pour la péremption de l'instance, et qui n'est que de trois ans. Or, la péremption fait que l'instance est censée non avenue, et, par conséquent, l'interruption de la prescription produite par cette instance est considérée comme n'ayant pas eu lieu. Mais l'action n'est pas épuisée, on peut la reproduire.

Si donc, au moment de la péremption acquise, les délais de la prescription ne sont pas encore accomplis, abstraction faite de l'interruption que l'instance périmée aurait eu pour but de produire, l'action peut être intentée de rechef.

Si, au contraire, dix ans se sont écoulés depuis le dernier acte de poursuite, et abstraction faite de l'instance périmée, la partie lésée ne pourrait renouveler sa demande devant les tribunaux civils. Car, ainsi que nous l'avons vu, n° 400, l'instance civile n'a pas changé la nature de l'action, qui reste toujours soumise à la prescription établie par la loi criminelle. L'instance civile aurait bien formé interruption; mais, comme nous la supposons périmée, elle n'a réellement produit aucun effet, et la prescription s'est accomplie sans obstacle.

Si le fait qui sert de base à l'action civile ne constituait qu'un délit ou une contravention, la péremption de l'instance entraînerait l'extinction définitive de l'action. Pour les délits, la prescription se serait accomplie par trois ans comme la péremption. Pour les contraventions, la prescription aurait été acquise au bout d'un an, à compter du jour où elles auraient été commises.

402 *bis*. L'art. 2248, C. Nap., porte que la prescription est interrompue par la reconnaissance que le débiteur fait du droit de celui contre lequel il prescrivait. Cette disposition est évidemment applicable aux obligations civiles résultant des délits aussi bien qu'à celles qui naissent des contrats et des quasi-contrats. — Mais il faut que cette reconnaissance soit définitive. Si le défendeur la subordonnait au résultat de la poursuite criminelle, les deux actions resteraient liées et, par conséquent, l'action civile s'éteindrait toujours en même temps que l'action criminelle. On dirait en vain que cette reconnaissance implique renonciation à la prescription acquise, car la renonciation est inefficace en pareille matière, comme nous le verrons plus loin (n° 408), aussi bien que la renonciation à la prescription future (C. Nap., 2220.) — Un sieur Lecomte avait été condamné par jugement du tribunal correctionnel d'Avranches à 100 fr. d'amende et à des

réparations civiles pour contravention en matière d'octroi. Il interjeta appel, et néanmoins il consentit à effectuer le paiement des droits contestés entre les mains du maire, mais à condition que le paiement n'aurait qu'un caractère provisoire, tous droits des parties réservés, même à charge de répétition de ce qui aurait été payé. Trois ans s'étant passés sans nouvelles poursuites, la prescription fut déclarée acquise au sieur Lecomte, nonobstant la convention dont il s'agit qui ne pouvait être et ne fut pas même invoquée comme acte interruptif de la prescription (1).

403. En droit civil, outre qu'elle peut être *interrompue*, la prescription est *suspendue* par certaines causes énumérées dans les art. 2252 à 2259, C. Nap. La minorité et l'interdiction sont des causes de suspension qui pourraient être invoquées à l'égard de la prescription des actions civiles qui naissent des délits. Mais, au criminel, la minorité et l'interdiction ne produisent point cet effet. Car les raisons qui, en cette matière, ont fait établir la prescription, et même une prescription plus courte que celle du droit civil, ne sont pas de nature à céder devant l'impossibilité ou la difficulté d'agir qu'aurait éprouvée la partie lésée par le délit (2).

Quant à la minorité, c'était un point de jurisprudence constant autrefois (3), et les auteurs modernes sont d'accord à cet égard avec les arrêts (4).

Il faut décider, de même, que la prescription court au profit du délinquant contre l'action civile qui appartiendrait à un interdit. Celui-ci n'a, pas plus que le mineur, la faculté d'invoquer ici les règles du droit civil. Au surplus, d'après le Code Napoléon lui-même, art. 2251, la prescription court contre toutes personnes, à moins qu'elles ne soient dans quelque exception établie par une loi. Or, le Code d'instruction criminelle, qui renferme tout un système particulier à l'égard de la prescription en matière de délits, ne fait aucune ex-

---

(1) V. Rej., 28 nov. 1857, D. 58.1.93.
(2) Mangin, n° 374 ; Lyon, 17 juin 1842, D. 43.2.44 ; Dijon, 27 juin 1866, D. 66.2.152.
(3) Dunod, *Prescr.*, 2ᵉ part., chap. 10, p. 189 ; Rousseau de Lacombe, *Tr. des mat. cr.*, 3ᵉ part., chap. 1, n° 4 ; Jousse, *Idée de la just. crim.*, p. 29 et 30 ; Arrêts de Louet, lettre C, n° 47.
(4) Merlin, v° *Prescr.*, sect. 3, § 7, art. 4, n° 5 *bis* ; M. Mangin, n° 360 ; Cass., 22 avril 1813, rapporté par Merlin, *loc. cit.*, et *Bull. off.*, n° 83 ; Lyon, 17 juin 1842, S. 42.2.343, D. 43.2.44 ; Dijon, 27 juin 1866, D. 66.2.152.

ception à l'égard des actions qui compètent aux mineurs et aux interdits.

404. En droit civil, la minorité ou l'interdiction du débiteur ne sont point une cause de suspension de la prescription au profit de celui qui a droit d'exercer l'action. Il semble également que la question de savoir si la démence de l'accusé est, en matière criminelle, une cause de suspension de la prescription de l'action dirigée contre lui n'aurait pas dû naître. On l'a pourtant soulevée, en ce qui concerne l'action publique, laquelle ne peut s'exercer lorsque la démence du prévenu est constatée, ce qui n'a pas lieu en matière civile. D'où l'on a voulu conclure que la maxime, *Contrà non valentem agere non currit præscriptio* doit produire alors ses effets. On peut voir la discussion de ce point de droit dans le *Répertoire* de M. Merlin (1).

La question est décidée négativement par tous les auteurs (2).

404 *bis*. La Cour de cassation l'avait résolue dans le même sens par arrêt du 22 avril 1813, sur les conclusions conformes de Merlin (3).

Mais elle est revenue sur cette jurisprudence par un arrêt de la chambre criminelle du 8 juillet 1858 (4).

Si cette jurisprudence, qui nous semble combattue par les plus fortes raisons, devait prévaloir, quelle serait l'influence de cette cause de suspension sur l'action civile?

Il faudrait alors distinguer.

En règle générale et si le ministère public n'agit pas, il est incontestable que l'action civile se prescrit par le délai ordinaire, malgré la démence de l'auteur du fait dommageable. Si ce dernier est pourvu d'un tuteur, l'action en dommages-intérêts se poursuit contre ce dernier. S'il n'y en a pas, la partie lésée peut provoquer la nomination d'un tu-

(1) *Prescr.*, t. 12, *loc. cit.*
(2) V. Legraverend, t. 1, p. 469; Mangin, n° 334 ; Chauveau et Hélie, *Th. du C. pén.*, t. 2, p. 254; Rauter, n° 852; Bourguignon, *C. pén.*, art. 64, n° 3, et *C. instr. crim.*, art. 637, n° 2; M. Lesellyer, t. 1, n° 59; Faustin Hélie, *Revue critique*, t. 13, 1858, p. 497, et *Instr. cr.*, t. 3, p. 717.
(3) Merlin, *loc. cit.*, *Bull.* n° 83, D.p. 2.1017.
(4) D. 58.1.431. Cet arrêt peut se justifier au fond par les circonstances de fait qu'il énumère et qui auraient été de nature à produire l'interruption de la prescription; mais il pose également en thèse que la démence est une cause de suspension. C'est sous ce rapport qu'il nous semble susceptible de critique.

teur *ad hoc* pour exercer valablement ses droits contre le dément (1).

Si nous supposons, au contraire, que le ministère public exerce, de son côté, des poursuites, comme aux termes de l'art.3, C. instr. crim., l'exercice de l'action civile se trouve par là-même suspendu, il est clair que la prescription ne pourrait courir. Il y aurait cette fois une impossibilité de *droit* et la maxime *contrà non valentem agere, etc.*, trouverait incontestablement son application juridique. L'action publique faisant obstacle à l'action civile, la prescription de celle-ci serait réellement *suspendue* dans cette hypothèse (2).

405. Si la prescription de l'action civile, résultant d'un délit, n'est pas, en principe général, suspendue par l'état d'incapacité de l'une ou l'autre des parties, même dans le cas où toutes poursuites criminelles sont impossibles, il en est autrement lorsque la loi suspend formellement l'exercice de l'action jusqu'après l'accomplissement de certaines formalités, qui d'ailleurs peuvent être considérées elles-mêmes comme des actes de poursuite, comme le commencement de l'instance, ou qui, du moins, constituent une condition à laquelle est subordonné l'exercice de l'action. Tel est le cas où il s'agit de poursuites dirigées contre un fonctionnaire public, à raison d'un fait commis dans l'exercice de ses fonctions; les poursuites ne peuvent avoir lieu sans une autorisation préalable. La prescription doit être suspendue à dater du jour où la demande en autorisation de poursuivre a été formée, et jusqu'au moment où l'autorisation est accordée (3).

De même, quand le prévenu soulève une exception préjudicielle de propriété, une question d'état ou invoque un acte administratif, le tribunal de répression est tenu, aux termes de l'art. 182, C. for., de fixer un délai dans lequel le prévenu doit saisir le juge compétent. Pendant ce délai, il est clair que la prescription est suspendue, l'action criminelle étant forcée de s'arrêter en présence de cet obstacle légal. — Mais elle recommence à courir de plein droit du jour de l'expiration de ce délai, et si le ministère public ou la partie lésée ne font, à partir de ce moment, aucune diligence, la prescription s'accomplit par les délais ordinaires à dater de ce jour (4).

---

(1) Merlin, *loc. cit.*, *passim*.
(2) Arg. des art. 2256 et 2257, C. Nap.
(3) Mangin, n° 336; Bourguignon, art. 643, p. 551; Cass., 13 avril 1810, *Journ. du Pal.*, p. 252.
(4) Rej., 1er déc. 1848, D. 49.1.541.

Si au contraire le tribunal civil ou, suivant les cas, l'autorité administrative est saisie dans le cours du délai de la question préjudicielle, la suspension se perpétue et la prescription ne reprend son cours que du moment où la question préjudicielle est définitivement vidée. *Actiones semel inclusæ judicio non pereunt* (1). Et cela, quand même le tribunal de répression aurait fixé la durée du sursis en déclarant que la partie intéressée devrait faire juger la question préjudicielle dans ce délai, une semblable décision ne pouvant lier le juge appelé à statuer sur cette question (2).

406. Il est de jurisprudence constante que la prescription de l'action criminelle peut être proposée en tout état de cause; et, de plus, qu'elle doit être appliquée d'office par le juge, comme principe d'ordre public (3), même par la Cour de cassation, et quand le moyen n'aurait été proposé devant aucun des juges qui ont connu de l'affaire au fond (4).

Quand l'action civile est portée devant les tribunaux de répression, conjointement avec l'action publique, nul doute que la prescription, opposée d'office par le juge, à quelque degré de la procédure que ce soit, n'entraîne les deux actions dans une extinction commune, puisque l'action civile ne peut subsister seule devant les tribunaux criminels. Ainsi, toutes les fois que le tribunal, chargé de statuer sur l'action publique, la déclare prescrite, il doit prononcer, en même temps, la prescription de l'action civile (5).

407. Mais dans le cas où l'action civile serait portée séparément devant les tribunaux civils, le juge serait-il également obligé de suppléer d'office le moyen de prescription? Je ne le pense pas, car l'action doit alors être jugée conformément aux règles du droit civil, sinon quant à la durée, du moins quant à la forme et au mode de l'action. Comme il ne s'agit plus que d'intérêts pécuniaires, l'ordre public ne réclame pas l'application d'office des règles de la prescription, et comme

(1) Cass., 10 avril 1835, S. 387.
(2) Cass., 30 janv. 1830, S. 30.1.138; 7 mai 1851, S. 802. — *Conf.*, Mangin, *Act. publ.*, t. 2, p. 335; Lesellyer, t. 6, n° 2283.
(3) Cass., 12 août 1808, Dall.; v° *Cassation*, p. 350; Cass., 13 avril 1810, *Bull.* 35; 1er fév. 1833, D. 161; 1er juill. 1837, S. 38.1.918; Mangin, n° 287; Carnot, t. 3, p. 617, *Obs. prélim. sur la prescript.*, n° 16; Rauter, n° 854; Merlin, *Rép.*, v° *Prescr.*, sect. 3, § 7, n° 5 *bis*.
(4) Carnot, *loc. cit.*, *observ. add.*, n° 3; Cass., 11 juin 1829, D. 268.
(5) V. les auteurs cités à la note précédente, et Lesellyer, *Droit cr.*, n° 2210.

les deux actions sont ici séparées et indépendantes l'une de l'autre, l'action civile peut subsister, alors même qu'elle aurait dû s'éteindre si elle eût été jointe à l'action publique. Ce serait le cas d'observer l'art. 2223, C. Nap. (1).

Par conséquent, aussi, on devrait observer la règle qui défend de présenter, en cassation, un moyen nouveau.

Mais, en appel, la prescription peut toujours être opposée, aux termes de l'art. 464 du C. de proc., puisqu'elle constitue un moyen de défense à l'action principale.

408. L'extinction de l'action criminelle, par la prescription, étant reconnue pour une règle d'ordre public, et qui doit être appliquée d'office, on a été conduit à décider que le prévenu ou l'accusé ne peut pas y renoncer (2). Ainsi, bien qu'il consentît au débat et qu'il demandât même à être jugé au fond, le tribunal de répression devrait le renvoyer purement et simplement par application des art. 637, 638 et 640, C. instr. crim. Or, quel serait l'effet de la renonciation par rapport à l'action civile?

L'art. 2220, C. Nap., dit que l'on peut renoncer à la prescription acquise. Mais quand l'action en dommages-intérêts est portée aux tribunaux de répression conjointement avec l'action publique, elles s'éteignent l'une comme l'autre par la prescription. Le jugement criminel, en déclarant l'action publique éteinte par la prescription, emporte, comme conséquence nécessaire, l'extinction de l'action civile; et, le tribunal de répression étant dessaisi de la première, ne peut plus connaître de la seconde. — Je ne vois qu'un seul cas où il pourrait en être autrement. Si le plaignant se désistait, avant le jugement, de son action civile, sous la réserve de la porter devant le tribunal civil, et que ce désistement fût accepté par le prévenu, le juge criminel étant dessaisi de la demande à fin de dommages-intérêts avant le jugement, celle-ci se trouverait réservée, et la renonciation du défendeur qui, d'ailleurs, a pour effet d'interrompre la prescription, ou plutôt de faire revivre le droit éteint, permettrait de poursuivre l'action civile ensuite et séparément devant les tribunaux purement civils.

Si l'action était portée *de plano* devant le tribunal civil,

(1) Lesellyer, n° 2211 ; Rej., 28 fév. 1860, D. 191 ; Angers, 24 août 1865, D. 66.2.211.
(2) Cass., 29 mai 1847, S. 878; M. Mangin, n°³ 287 et 288.

les mêmes raisons n'existeraient pas et la renonciation du défendeur serait valable (1).

409. La prescription de l'action civile n'empêche pas de faire valoir, à titre d'exception, les faits qui auraient servi de base à cette action si elle eût été formée en temps utile. *Quæ temporalia sunt ad agendum perpetua sunt ad excipiendum.* Ainsi il n'y a pas de temps limité pour s'inscrire incidemment en faux contre une pièce produite, encore que le temps de la prescription de l'action de faux principal fût écoulé (2).

410. Nous arrivons à la prescription des condamnations. Ici, la loi n'a pas embrassé le même système que pour la prescription des actions. Elle n'a pas soumis les condamnations civiles à la prescription établie pour les peines. Cette dernière est réglée par les art. 635, 636 et 639. Quant à la première, l'art. 642, C. instr. crim., dispose : « Les condam-« nations civiles, portées par les arrêts ou par les jugements « rendus en matière criminelle, correctionnelle ou de police « et devenues irrévocables, se prescriront d'après les règles « établies par le Code Napoléon. » Or, l'art. 2262 de ce Code fixe à trente ans le délai de la prescription des actions personnelles.

La prescription de la condamnation ne commence à courir que du jour où le jugement est devenu irrévocable, dit l'art. 642. Jusque-là, ce sont les règles de la prescription de l'action qui sont applicables. Or nous avons vu ci-dessus, nos 393 et suivants, comment se règle la prescription de l'action lorsqu'il y a jugement par défaut ou susceptible d'appel, en matière de police simple ou correctionnelle.

410 *bis.* Remarquez qu'il y a lieu de comprendre, sous ce nom de condamnations civiles, les frais et dépens qui ne constituent en réalité que des restitutions ou dommages-intérêts (3). — Les amendes seules parmi les condamnations pécuniaires ont le caractère de peines.

411. Nous terminons par l'examen de la question que voici : Au grand criminel, quand il y a eu arrêt de contumace, et que la peine est prescrite, le condamné ne peut plus être

---

(1) Angers, 24 août 1865, D. 66.2.211 ; *Arg.* Rej., 14 déc. 1859, D. 60.1.191, et *suprà*, n° 407. — *Contrà*, Paris, 24 fév. 1855, D. 56.2.71.

(2) Cass., 25 mars 1829, D. 199; Jousse, *Just. crim.*, t. 1, p. 604, n° 104; Dunod, *Prescr.*, chap. 9, p. 190; Merlin, t. 12, p. 865; Mangin, *Act. publ.*, n° 369 ; Lesellyer, n° 2318.

(3) Cass., 13 janv. 1828, *Bull. civ.*, 1828, n° 9.

admis à se présenter pour purger le défaut ou la contumace (1).
On se demande si la prescription de la peine, qui rend ce
chef de l'arrêt irrévocable contre le contumax, rend la condamnation également irrévocable au profit de la partie civile,
en ce qui concerne les condamnations aux dommages-
intérêts.

M. Carnot (2) enseigne l'affirmative, ce qui me paraît incontestable.

Je remarque seulement qu'il n'est pas exact de dire, comme
le fait cet auteur, qu'après la prescription de la peine, le
condamné n'a plus intérêt à faire révoquer la condamnation
pénale, tandis qu'il est intéressé à faire révoquer la condamnation civile. Il est vrai que la peine afflictive corporelle ne
peut plus être appliquée, mais le condamné aurait toujours
un intérêt d'honneur à faire rétracter la condamnation,
quand même il n'en serait pas résulté pour lui d'autres inconvénients. Or, il peut avoir encouru l'interdiction légale, ses
biens ont été saisis, les amendes ont pu être payées sur leur
prix, etc. C'est ce que M. Carnot paraît oublier. La loi, qui
ne permet pas de purger la contumace après la prescription
de la peine, ne s'est donc pas préoccupée de l'intérêt du condamné, en ce qui concerne les condamnations accessoires à
la peine. Par conséquent, il n'y a pas de distinction à établir
entre les condamnations civiles proprement dites et les autres.
Aux termes de l'art. 641, elles sont toutes devenues irrévocables.

J'ajoute, avec le même auteur, que l'art. 31, C. Nap., ne
peut être la base d'une objection sérieuse, même par analogie. D'après cet article, si le contumax meurt dans les
cinq ans, l'arrêt de condamnation est non avenu, et la partie
civile doit se pourvoir devant les tribunaux civils. La prescription, au contraire, bien loin de faire considérer le jugement comme non avenu, et de faire rentrer le condamné
dans l'intégrité de ses droits, comme fait la mort dans les
cinq ans, la prescription, dis-je, rend le jugement *irrévocable*.
Impossible, par conséquent, de remettre la condamnation
civile en question.

---

(1) C. instr. crim., 641.
(2) C. instr. crim., *Sur l'art.* 642, n°s 3 et 4.

TITRE II.

RESPONSABILITÉ RÉSULTANT DES DÉLITS QUI NE SONT PAS ATTEINTS PAR UNE LOI PÉNALE.

CHAPITRE I.

DES ÉLÉMENTS CONSTITUTIFS DU DÉLIT ET DES CONDITIONS ESSENTIELLES DE L'ACTION EN RESPONSABILITÉ.

Sommaire.

412. On entend ici par le mot *délit* tout fait dommageable et *illicite*, quoique non prévu par une loi pénale, et commis avec l'intention de nuire (1).

413. Nous disons : « tout fait dommageable ; » car, s'il n'y avait pas de dommage, quelles que fussent la perversité de l'intention et l'immoralité du fait considéré en lui-même, il n'y aurait pas lieu à réparation civile (2). Nous reviendrons plus loin sur ce point.

414. « Non prévu par la loi pénale ; » car si ce fait était prévu et qualifié et puni par cette loi, il rentrerait dans la catégorie des délits dont nous nous sommes occupé dans le titre premier.

Bien que non qualifié par les lois pénales, un fait peut néanmoins être illicite et constituer un délit, car nos Codes n'ont pas attaché une peine à toutes les infractions à la morale. Or, lorsqu'une de ces infractions cause à autrui un dommage, si elle ne donne pas lieu à l'action publique, du moins elle ouvre une action en responsabilité civile. De là vient que l'on appelle ces infractions *délits civils*.

Nous nous servirons ordinairement de ce mot qui sert à distinguer ces sortes de faits de ceux dont nous nous sommes occupé dans le titre premier, et des *quasi-délits* qui feront l'objet du livre 2.

---

(1) Pothier, *Oblig.*, n° 116; Proudhon, *Usufr.*, t. 3, n°s 1481 et suiv.; Zachariæ, t. 3, p. 188.
(2) *Conf.*, Rej., 24 déc. 1855, D. 56.1.66; 24 nov. 1856, D. 450; 10 avril 1866, D. 342.

I.   27

415. Il faut, avons-nous dit en second lieu, qu'il y ait intention de nuire ; car si cette intention n'existait pas, si le fait dommageable n'était que le résultat d'une imprudence ou d'une négligence, il ne constituerait qu'un quasi-délit.

D'un autre côté, l'intention sans le fait ne causant aucun préjudice ne saurait être recherchée au point de vue de la responsabilité. Elle peut constituer un crime devant Dieu, mais elle ne relève que de lui. La justice des hommes n'a pas mission et serait impuissante pour l'atteindre. Si celui qui l'avait conçue l'a abandonnée sans la réaliser, il n'est pas punissable. S'il en a été seulement empêché, il est coupable sans doute ; mais la faute n'est pas de nature à entraîner une condamnation civile.

L'intention criminelle, révélée par des actes, par un commencement d'exécution, peut dans certains cas servir de base à l'application d'une *peine*, quand elle présente un danger assez sérieux pour la paix publique. Ainsi, une tentative de meurtre qui n'a manqué son effet que par des circonstances indépendantes de la volonté de son auteur est punie comme le crime même (1). Mais s'il n'y a pas de préjudice causé, elle ne donne pas lieu à dommages-intérêts (2).

Du reste, en général, quand il y a dol, fraude, en un mot une intention perverse manifestée d'une manière quelconque, et que l'on peut, en conséquence, saisir et apprécier, il y a dommage, et par suite délit civil constitué à la charge de celui qui en est l'auteur.

Ce qui vient d'être dit fait voir qu'il n'y a pas identité entre le sens du mot délit, tel qu'il est employé dans le Code pénal, ni même tel qu'il était pris dans le Code des délits et des peines du 3 brumaire an IV, et le sens de ce mot en droit civil, particulièrement dans l'intitulé du chapitre 2, titre 4, livre 3, C. Nap. Dans le Code pénal, ce mot désigne toute infraction aux lois punie de peines correctionnelles (art. 1er). Dans le Code de brumaire an IV, il comprenait généralement toutes les infractions punies par la loi pénale. Mais, comme on vient de le voir, un fait qualifié *crime* en droit pénal peut n'avoir pas le caractère d'un délit ni d'un quasi-délit au civil. De même, il y a des délits, par exemple, un homicide par imprudence, que l'art. 319, C. pén., frappe de peines correctionnelles, et qui ne constituent que des quasi-

(1) C. pén., art. 2.
(2) M. Marcadé, t. 5, p. 280; Zachariæ, t. 3, p. 189.

délits au civil. A l'inverse, un délit civil très-caractérisé, le stellionat, défini par l'art. 2059, C. Nap., n'est l'objet d'aucune pénalité.

416. Puisque, d'après notre définition des délits civils, ce genre de faute suppose l'intention de nuire, il est clair que les faits dommageables émanés de personnes qui n'ont pas la conscience de leurs actes, ou de la valeur morale de ceux-ci, ne peuvent rentrer dans cette catégorie. Ainsi, les fous, les imbéciles ne commettent pas de délits dans le sens où nous prenons ici ce mot (1).

Toutefois on décide que si un homme habituellement en démence avait commis un délit dans un intervalle lucide, il serait obligé à réparer le tort qui en serait résulté, encore que son interdiction eût été antérieurement prononcée. L'art. 502, C. Nap., n'est pas applicable à ce cas (2). On peut bien, en effet, éviter de contracter avec un interdit, même quand on le trouve dans un intervalle lucide. Mais on ne peut pas toujours éviter les effets de son délit. Or, le jugement d'interdiction n'est que le signe et la condition d'une présomption légale, établie contre les tiers qui voudraient contracter avec le dément.

Nous avons déjà dit, nos 16 et 17, que la même décision s'applique à l'enfant sans discernement; mais que, quant à celui qui aurait agi avec discernement, il peut être condamné aux réparations purement civiles. La considération de l'âge doit porter seulement à modérer les condamnations, et non pas à les anéantir. S'il est reconnu que l'acte a été commis avec discernement, ce dont le jury décide en matière criminelle, et les juges en matière civile, on ne peut plus considérer le dommage comme émanant d'un agent assez aveugle pour qu'on ne doive l'attribuer qu'au hasard, à un cas fortuit, comme lorsqu'il s'agit d'un mineur dans les années de l'enfance. « Dès qu'une personne, dit Pothier, a l'usage de sa raison, et que l'on aperçoit dans le fait par lequel elle a causé quelque tort à un autre, de la réflexion et de la malignité, le fait est un délit, et la personne qui l'a commis, quoiqu'elle n'ait pas atteint l'âge de puberté, contracte l'obligation de réparer le tort qu'elle a causé» (3).

---

(1) Pothier, *Oblig.*, n° 118 ; Proudhon, *Usufr.*, t. 3, nos 1525, 1526; Delvincourt, *Sur l'art.* 1383.
(2) Zachariæ, t. 3, p. 190, note 4.
(3) *Oblig.*, n° 118.

417. Quant au prodigue, le conseil judiciaire qui lui est donné ne l'affranchit point de la responsabilité de ses actes (1). Ceci a été positivement reconnu dans la discussion du Code Napoléon. M. Treilhard, présentant l'exposé des motifs au Corps législatif, disait : « On a mis en question si le prodigue s'oblige de réparer les torts commis par ses délits. On a même décidé qu'il n'était pas tenu de cette réparation ; qu'il pouvait à la vérité compromettre, par son délit, sa liberté, même sa vie ; mais qu'il ne pouvait pas compromettre sa fortune, parce que toute aliénation lui est interdite. Nous n'avons pas dû supposer qu'une pareille question pût s'élever de nos jours, et nous n'avons pas fait à notre siècle l'injure de la décider. » M. Tarrible, orateur du Tribunat au Corps législatif, disait de même : « Si la loi met le prodigue dans l'impuissance salutaire de dissiper sa fortune, elle n'a pu lui laisser l'étrange faculté de porter à la propriété du citoyen paisible des coups inattendus, qu'il n'aurait pu ni prévoir ni éviter » (2).

418. Nous ne pouvons encore que répéter ici ce que nous avons dit, n° 19, du cas d'ivresse. L'ivresse n'empêche pas la responsabilité (3), car si elle amène une sorte d'aliénation mentale, c'est par la faute de l'agent.

419. Passons au troisième élément constitutif du délit. Il faut que le fait préjudiciable soit illicite, c'est-à-dire qu'il ne constitue pas l'exercice d'un droit reconnu, ou l'accomplissement d'un devoir imposé par la loi (4).

Quand l'une ou l'autre de ces deux dernières conditions existe, il est impossible de trouver dans le fait nuisible la source d'une action en responsabilité. Celui qui en souffre n'est pas même censé avoir à s'en plaindre, car le dommage qu'il éprouve n'est alors que la conséquence de la nature des choses. *Nemo damnum facit nisi qui id fecit quod facere jus non habet* (5). *Nullus videtur dolo facere qui suo jure utitur* (6). « Icelui n'attente qui n'use que de son droit » (7).

---

(1) V. *suprà*, n° 18; Pothier, *Oblig.*, n° 120.
(2) Locré, t. 13, p. 31 et 60.
(3) L. 11, § 2, D. *de Pœnis*; Pothier, *Oblig.*, 119 ; Proudhon, t. 3, n° 1527.
(4) Proudhon, 1485; Zachariæ, t. 3, p. 190.
(5) L. 151, D. *de Regulis juris.*
(6) L. 55, D. et L. 5, § 1, D. *Ad. leg. Aquil*; Duranton, t. 13, n° 699.
7) *Cout. de Bretagne*, art. 107; Toullier, t. 11, p. 119.

420. Il n'y a ni crime ni délit, soit pénal (1), soit civil, quand l'homicide, les blessures et les coups étaient ordonnés par la loi ou commandés par l'autorité légitime. De pareils faits ne peuvent donner lieu à aucune action en responsabilité.

Il en est de même pour tous les autres actes commandés par la loi et l'autorité.

421. Et aussi pour tous ceux que la loi autorise sans les commander.

Ce que nous allons dire, en développant cette règle et en montrant ses applications, est nécessairement général et convient également à la matière des quasi-délits. (V. infrà, n° 426.) Nous verrons toutefois que l'intention caractéristique du délit modifie, dans certains cas, le principe suivant lequel l'accomplissement d'un acte autorisé par la loi n'engendre pas de responsabilité (infrà, n° 439).

Dans toute société soumise à un pouvoir régulier, et où la justice est organisée, le principe fondamental de l'ordre social est que toute violence soit interdite, qu'aucun citoyen ne puisse se faire justice par ses propres mains.

Toutefois, cette règle n'est pas absolument sans exceptions, parce que le recours au pouvoir social n'est pas toujours possible, et qu'il faut y suppléer par ses moyens individuels.

Ainsi, la défense de soi-même est un droit que reconnaissent également les lois de la nature et les lois positives (2). Par conséquent, les actes qu'elle a rendus nécessaires contre l'auteur de l'agression, les coups, les blessures, la mort même ne peuvent faire naître une action en dommages-intérêts. (V. cependant n° 368).

Il en serait de même des coups et blessures donnés en défendant un tiers que l'on aurait vu attaquer. C'est l'accomplissement d'un devoir imposé par la loi naturelle et l'humanité.

422. Les simples voies de fait, qu'il ne faut pas confondre avec les violences commises contre les personnes ou les atteintes portées à leurs propriétés, peuvent être quelquefois licites. « On entend par voie de fait, dans le sens le plus général de ce mot, dit M. Toullier, tout acte fait de son autorité privée, pour l'exercice d'un droit ou d'une prétention

---

(1) C. pén., 327.
(2) C. pén., 328.

sans recourir à la justice pour s'y faire autoriser. *La voie de fait* est opposée *à la voie de droit*, qui est le recours aux tribunaux pour les faire prononcer sur une prétention contestée » (1).

Les voies de fait sans violence ne sont point illicites quand elles ont pour but de rentrer en possession d'une chose à laquelle nous avons des droits, et que détient un tiers qui n'en a aucun.

Ainsi, supposons qu'un particulier enlève de ma maison un meuble, un effet, une somme d'argent; aussitôt je cours sur lui, je l'atteins, je lui arrache par voie de fait, même avec une certaine violence, l'objet qu'il a volé; assurément il n'a point d'action pour se plaindre de cette voie de fait, et d'avoir été dépouillé de l'objet qu'il détenait injustement.

Seulement, si, pour me remettre en possession, j'exerce sur lui des violences qui présentent une certaine gravité, et qui dépassent, par conséquent, les limites du nécessaire, je puis être poursuivi par application des art. 308 et 309, C. pén., et condamné, dans tous les cas, envers lui à des dommages-intérêts. C'est alors l'excès de la violence que l'on punit et non la voie de fait par laquelle je me suis rendu justice et remis en possession (2).

423. Voici un autre exemple qui peut être proposé.

Le propriétaire ou le possesseur annal d'un héritage, dont un tiers s'est emparé depuis moins d'une année, se remet en possession sans recourir à la justice. L'usurpateur aura-t-il une action, soit pour se faire maintenir, soit pour obtenir des dommages-intérêts? Non. Celui qui l'évince, sans recourir d'ailleurs à la violence, mais en prenant, par exemple, sa place pendant son absence, ne fait qu'user de son droit légitime de propriété ou de possession, et ne porte réellement pas atteinte aux droits de l'usurpateur qui n'en a acquis aucun par une détention moindre d'une année.

Telle est, du moins, notre opinion sur ce point qui fait l'objet d'une vive controverse entre les auteurs. Plusieurs soutiennent que le possesseur actuel, dépouillé par voie de fait, doit être réintégré dans tous les cas, sans examiner si celui qui prend sa place est lui-même propriétaire ou possesseur annal, et la Cour de cassation s'est prononcée plu-

---

(1) T. 11, n° 135.
(2) Merlin, *Rép.*, v° *Quest. préjud.*, p. 520.

sieurs fois dans ce sens (1). Mais il a été démontré par M. Toullier d'abord (2), et depuis par M. Troplong, qui a singulièrement éclairci cette question par l'histoire (3), que l'action en réintégrande n'appartenait qu'à celui qui ayant la possession annale avait acquis par là un droit sur la chose. Cette solution nous paraît seule compatible avec le texte formel de l'art. 23, C. proc., ainsi conçu : « Les actions pos- « sessoires ne seront recevables qu'autant qu'elles auront « été formées dans l'année du trouble, par ceux qui, *depuis* « *une année* au moins, étaient en possession paisible, par « eux ou les leurs à titre non précaire. » Et avec l'art. 6 de la loi du 25 mai 1838 portant : « Les juges de paix connais- « sent, en outre, à charge d'appel : 1° des entreprises com- « mises *dans l'année* sur les cours d'eau servant à l'irri- « gation des propriétés et au mouvement des usines et « moulins...., des dénonciations de nouvel œuvre, com- « plaintes, actions en réintégrande et autres actions pos- « sessoires fondées sur des faits également commis *dans* « *l'année.* »

C'est bien à tort qu'on a cherché dans ce dernier texte la consécration d'une différence entre la réintégrande et les actions possessoires. On voit, au contraire, que la loi la met au rang de ces actions et sur la même ligne que les autres ; pour toutes les actions possessoires, elle exige que la demande soit introduite *dans l'année du trouble*, disposition reproduite de l'art. 23, C. proc., et qui ne s'explique pas si l'on refuse d'admettre que la loi dénie l'action contre le possesseur annal. Il serait étrange, en effet, que l'action en réintégrande ne pût être formée contre le nouvel usurpateur devenu possesseur annal par une année de jouissance depuis le trouble, et qu'elle fût autorisée contre le précédent possesseur annal qui réunit peut-être à cette qualité celle même de propriétaire. C'est à quoi les partisans de l'opinion contraire ne paraissent pas avoir songé.

La voie de fait par laquelle le propriétaire ou possesseur annal se remet en possession dans l'année du trouble, est donc licite, nous le répétons, et ne peut donner lieu à aucune

---

(1) Rej., 28 déc. 1826, S. 27.1.73; Cass., 5 août 1845, Bastard, S. 46. 1.48, et 5 avril 1841, S. 295.
(2) T. 11, n° 128.
(3) *Prescr.*, t. 1, n°s 295 et suiv.; *Contr. par corps, Sur l'art.* 2060. *Junge*, Curasson, *Comp.*, t. 2, p. 36.

responsabilité de sa part. Ainsi, je suis propriétaire d'une maison, je la possède depuis plusieurs années. Un tiers s'en empare, y apporte des meubles, des effets qui lui appartiennent, en un mot, il s'y établit, en jouit comme de sa chose propre. Quelques semaines après je reviens, et profitant de l'absence momentanée de l'usurpateur, je rentre dans ma demeure, j'en ôte tous les meubles, ustensiles, instruments qu'il y avait apportés, j'en fais sortir les bestiaux qu'il y avait introduits; je ne puis encourir aucune condamnation. Je n'ai fait qu'user de mon droit de propriété. Il ne pourra ni se faire réintégrer, ni me demander des dommages-intérêts pour le dommage qu'auraient éprouvé ses meubles déposés sur la voie publique, exposés aux injures de l'air, ni pour la perte de ses bestiaux qui se seront peut-être enfuis ou égarés. Je n'ai pas attenté à ses droits, et je pourrais, au contraire, le poursuivre en réparation du tort que m'a causé son usurpation (1).

424. La Cour de cassation, dont la jurisprudence distingue la réintégrande des autres actions possessoires, et qui admet que la simple possession naturelle et actuelle suffit pour autoriser cette action, la Cour de cassation elle-même a cependant été obligée de reconnaître que les voies de fait étaient quelquefois parfaitement licites, lorsqu'elles répondaient à d'autres voies de fait.

Le sieur Duhoux, propriétaire d'un terrain bordant un chemin public de la commune de Parcy-sous-Montfort, avait demandé à l'administration municipale l'autorisation d'établir, en travers de ce chemin, une rigole pour conduire des eaux sur sa propriété. Bien que l'autorisation lui eût été refusée, il creusa cette rigole en travers du chemin. Le maire s'empressa de la faire combler. Le sieur Duhoux forma alors contre lui une action en réintégrande devant le juge de paix, prétendant qu'il suffisait qu'il eût été en possession actuelle et matérielle du fossé, pour que le maire n'eût pas pu l'en déposséder par voie de fait et qu'il dût être restitué. Le 22 février 1843, sentence du juge de paix, qui reçoit l'action en réintégrande : « Attendu que Duhoux était en possession matérielle du terrain en litige par la saignée qu'il y avait pratiquée ; qu'il a été troublé dans cette possession par l'œuvre du

_____

(1) *Adde* Merlin, *Rép.*, v° *Quest. préjud.*, p. 520, 4ᵉ édit., p. 793, 5ᵉ édit.

maire, etc. » — Le 5 mai 1843, jugement du tribunal civil qui infirme. — Pourvoi par Duhoux.

Avant de transcrire le texte même de l'arrêt, qu'on nous permette de reproduire quelques lignes du rapport où nous croyons que se révèle très-exactement la pensée de la Cour.

« Assurément, disait M. le conseiller Mesnard, bien que la possession ne se manifeste que par des faits extérieurs et saisissables, et qui soient destinés, pour ainsi dire, à matérialiser le droit de propriété, il serait déraisonnable et dangereux de rattacher l'idée de possession à tous les actes d'appréhension qui peuvent être exercés sur une chose susceptible d'être possédée. Il est fort clair qu'en beaucoup de cas, la possession peut débuter par une brusque voie de fait; mais s'ensuit-il nécessairement que toute voie de fait soit un véritable commencement de possession? Que toute entreprise sur un immeuble pourra constituer une possession qui autoriserait l'action en réintégrande, en cas de trouble apporté aux suites de cette entreprise? Et faudra-t-il arriver jusqu'à dire que la répression immédiate de l'entreprise pourrait exposer l'auteur de cette répression aux conséquences de l'action en réintégrande? Mais où n'irait-on pas avec l'affirmative? La règle, *Spoliatus antè omnia restituendus*, détournée de son sens véritable, ne deviendrait-elle pas la sauvegarde des usurpateurs? Pour pouvoir intenter la réintégrande…, il faut avoir été dépossédé… : or…, il est manifeste que si, au moment où l'on commet une voie de fait, on est repoussé dans cette voie de fait, elle n'aura donné aucune possession. Mais faudra-t-il absolument que l'opposition soit immédiate? Le moindre intervalle qui s'écoulera sera-t-il suffisant pour changer en acte d'agression l'acte d'une juste résistance? S'il se passe, par exemple, un jour avant que l'entreprise soit réprimée, tout sera-t-il dit, et l'auteur de cette entreprise, réprimée vingt-quatre heures trop tard, devra-t-il être proclamé possesseur? Il est difficile de le croire…, etc. »

Sur ces observations est intervenu l'arrêt suivant :

«La Cour; attendu, en droit, que si l'action en réintégrande n'a pas besoin, pour être exercée, de s'appuyer sur une possession qui réunisse toutes les conditions prescrites par l'art. 23, C. de proc., il n'en est pas moins certain qu'elle ne peut avoir pour seul élément la détention qui ne serait que le résultat d'une voie de fait, ou furtive, ou violente... Rejette (1). »

On voit, par les observations du rapport ci-dessus, qu'il est difficile, dans le système de la Cour de cassation, de poser des règles servant à distinguer l'appréhension de fait qui ne donne aucun droit, et dont on peut être dépouillé sans avoir d'action, de celle qui constituerait une possession que l'on pût invoquer, dont on pût se dire dépossédé.

Mais cette difficulté, la loi précisément a voulu la trancher, en exigeant, pour condition essentielle de l'action possessoire, une année entière de jouissance (2). La possession annale, paisible, publique, et, à titre de propriétaire, est la seule qui, d'après nos Codes, présente des caractères légitimes et certains, et qui servant efficacement à matérialiser le droit de propriété, mérite d'être protégée. Par là cessent les incertitudes et l'arbitraire de la justice, résultat toujours important à obtenir.

425. Si les voies de fait sont quelquefois licites, ainsi que nous venons de le voir, à plus forte raison l'acte par lequel j'exerce mon droit et qui cause un dommage à autrui, ne donne-t-il lieu à aucune espèce de responsabilité, s'il ne contient aucune entreprise directe sur la personne ou sur la chose de celui qui s'en plaint.

Dans un ouvrage qui a le double mérite de poser d'une manière sûre les principes fondamentaux du droit, en même temps que les règles spéciales d'une des matières les plus importantes de la législation administrative, on lit ce passage intéressant à recueillir :

« Ce qu'un voisin peut perdre par le parti que je tirerai
« de ma chose ne me concerne pas, si je ne dénature pas
« matériellement son fonds, si je n'y exerce aucune action
« subversive par des éboulements de terre (3), par l'issue
« donnée aux eaux souterraines, etc. Si l'effet nuisible qui en
« résultera est simplement privatif de certains avantages qui
« n'étaient que des conséquences accessoires du voisinage et
« de la manière dont j'userai de ma chose ; dans ce cas, je
« ne puis être tenu de respecter les jouissances du voisin à

---

(1) 8 juill. 1845, S. 46.1.49.
(2) Les coutumes exigeaient l'an et jour.
(3) Il est permis de creuser son fonds jusqu'à la limite des héritages (Arg. Rej.; 11 mai 1853, D. 163) ; mais quand la nature du sol l'exige, on doit prendre des précautions particulières, et l'auteur des éboulements ou autres désordres qui se produiraient dans le fonds du voisin en serait responsable (Colmar, 25 juill. 1861, D. 61.2.212).

« mon propre préjudice, lorsque ce tiers n'a aucun droit
« contre moi. Ce sont là des conséquences indirectes de
« l'usage d'un droit propre, qui n'entraînent pas de respon-
« sabilité pour celui qui se borne à jouir de sa chose (1). »

Ainsi, en élevant un mur sur mon terrain, j'offusque les
vues d'une maison qui avait devant elle un libre espace et un
beau jour; ou bien, je projette une ombre nuisible sur le
jardin de mon voisin, qui, par ce fait, devient humide et
moins propre à la culture. C'est un préjudice dont je ne suis
pas obligé de le dédommager. — De même, si, en creusant
un puits dans mon héritage, j'absorbe les eaux qui, passant dans l'héritage voisin, alimentaient un autre puits
existant antérieurement, je ne suis pas obligé de réparer le
dommage (2) ; — ou si, en cultivant mon fonds, en creusant
un fossé de séparation ou les fondations d'un mur, je coupe
les racines des arbres de mon voisin, qui en souffrent ou qui
en meurent. L'art. 672, C. Nap., m'en donne positivement
le droit. — Ainsi encore, l'art. 641 du même Code dispose
que celui qui a une source dans son fonds peut en user à sa
volonté, par conséquent la retenir, ou la détourner en la
comblant ou autrement, tant que le propriétaire inférieur n'y
a pas acquis de droit par titre ou par prescription.

426. La jurisprudence administrative nous offre des exemples fort remarquables d'actions en dommages-intérêts dirigées contre l'Etat, les départements ou les communes, à raison de préjudices causés par l'exécution des travaux publics,
et qui ont échoué par application des principes que nous venons de formuler.

Il est important d'en faire connaître quelques-uns.

Les détails dans lesquels nous allons entrer à cet égard ne
sont point étrangers à notre sujet, comme on pourrait le
croire au premier abord. Il est vrai qu'en fait de dommages
causés par les travaux publics, l'obligation d'indemniser la
partie lésée découle souvent, non du principe de la responsabilité des fautes dont nous traitons dans ce livre, mais de
celui que consacre l'art. 545, C. Nap. : « Nul ne peut être
« contraint de céder sa propriété, si ce n'est pour cause d'u-
« tilité publique, et moyennant une juste et préalable indem-
« nité. » Car, dans un sens large, cette disposition s'entend

(1) M. Cotelle, *Cours de droit admin. appliqué aux travaux publics*,
t. 2, p. 547, 2ᵉ édit.
(2) L. 1, § 12, D. *de Aquâ et Aquæ pl. arc.*

de la privation de toute partie de la propriété, comme aussi de tout avantage inhérent à la jouissance, et qui vous est retiré par une sorte d'expropriation indirecte.

Mais si, dans l'hypothèse où nous nous plaçons actuellement, le fait qui produit le dommage est licite en lui-même, parce que l'administration l'exécute dans un intérêt général et s'il peut cependant donner lieu à une indemnité, c'est précisément parce qu'il porte atteinte à la propriété, et parce qu'il dépasse la limite des droits que l'on peut exercer sur sa propre chose.

Nous allons donc suivre, dans cette matière, le développement des principes du droit commun qui déterminent les actes que l'on a droit de faire sans encourir de responsabilité, car l'administration ne jouit ici que d'un seul privilége, celui de pouvoir toujours accomplir, moyennant le paiement d'une indemnité, des actes qui pourraient être complétement *interdits* par les tribunaux à des particuliers.

Arrivons à ces applications du principe posé n° 425.

Pour opérer la dérivation d'une rivière dans l'intérêt de l'amélioration d'un port, une vaste tranchée fut ouverte sur des terrains acquis par l'Etat d'un sieur Simon. Celui-ci avait construit, depuis la vente faite à l'Etat, sur un emplacement voisin. Dès les premières fouilles pour le creusement du canal, des désordres très-graves se manifestèrent dans l'assiette des constructions du sieur Simon ; des ébranlements considérables, des changements de niveau menacèrent l'existence même de ses ouvrages. Il fut reconnu que l'extrême mobilité du sol, jointe aux affouillements entrepris par l'administration, était la cause de cette perturbation à laquelle les fouilles avaient même la principale part. Le sieur Simon réclama une indemnité.

L'administration répondit qu'elle avait pris toutes les précautions usitées en pareil cas pour empêcher les affaissements du terrain ; qu'ainsi, aucune faute ne pouvait lui être imputée. La demande du sieur Simon a été rejetée avec raison par le conseil d'Etat (1). L'administration n'avait pas outre-passé les limites de son droit, en usant de sa chose. Entre particuliers, cela n'eût pas fait de doute.

Des questions d'un ordre plus élevé peuvent encore se présenter.

_____

(1) Ordonn. du cons. d'Etat, 7 déc. 1847, Lebon, *Rec. des arrêts du cons.*, t. 17, p. 677.

427. Les progrès de l'industrie, le développement des relations commerciales ou autres, entre les diverses fractions
du territoire, obligent l'Etat à ouvrir fréquemment des voies
de communication nouvelles plus directes ou plus rapides,
chemins de fer, routes, canaux, ponts. Ceci devient souvent
un besoin impérieux, non-seulement au point de vue de la
circulation intérieure, mais au point de vue de nos rapports
avec l'étranger, et du transit commercial. Ces travaux peuvent
causer un préjudice très-grave aux compagnies concessionnaires des anciennes voies publiques, ou à des particuliers
qui ont créé des établissements se rattachant à leur existence.
Dans le cas où une voie nouvelle est établie, les parties lésées
peuvent-elles réclamer des indemnités ?

Le conseil d'Etat a décidé négativement, quand il n'existait
aucune stipulation spéciale dans les actes déterminant les
droits des compagnies. C'est une faculté, un devoir même
pour l'administration, de pourvoir aux besoins de la circulation par l'établissement de nouvelles voies et le redressement
des anciennes. En concédant l'exploitation d'un pont, d'un
canal à une compagnie, elle ne doit pas être considérée
comme ayant engagé l'avenir et abandonné une partie de
son droit à cet égard, aux dépens de l'intérêt général.

Si, par des motifs d'équité, on voulait reconnaître aux concessionnaires un privilége exclusif, un droit à une indemnité
en cas d'atteinte portée à ce privilége, on tomberait dans les
plus graves difficultés. Dans quelles limites se renfermerait-
on à défaut de stipulations particulières dans le titre primitif ? A quel point l'administration retrouverait-elle sa
liberté ? Questions bien difficiles à résoudre ; et, cependant,
il ne pourrait appartenir au concessionnaire de frapper d'interdit telle ou telle entreprise nouvelle, nécessaire aux besoins des populations, ou de fixer lui-même la zone qu'il
regarderait comme le domaine de la concession. Quelquefois
il a été jugé nécessaire d'aliéner les droits de l'Etat. On l'a
fait après des tentatives infructueuses pour trouver des entrepreneurs auxquels on n'eût pas assuré une garantie contre
toute concurrence dans de certaines limites ; en ce cas, les
traités ont stipulé d'une manière expresse la prohibition ou
le droit à l'indemnité. Hors de ces cas, l'Etat use d'un droit
qui lui appartient ; il n'y a pas de recours à exercer contre lui.

Ainsi, nonobstant la concession faite à la compagnie qui
avait construit les trois ponts des Arts, d'Austerlitz et de la
Cité, sur la Seine, l'administration a pu autoriser la con-

struction de deux ponts nouveaux, celui des Saints-Pères et
celui qui conduit du quai de la Grève à la Cité et à l'île
Saint-Louis. La compagnie des trois ponts a été déboutée
de ses demandes en indemnité, par décision du conseil d'Etat
du 17 janvier 1846 (1).

Au contraire, la compagnie du pont de Rognonas sur la
Durance avait stipulé dans le cahier des charges de sa concession qu'aucun pont ou bac ne serait établi à une distance
moindre de 1500 mètres de celui qu'elle construisait. Aussi
la compagnie du chemin de fer de Marseille à Avignon ayant
été autorisée à faire passer dans cette zone de 1500 mètres
un pont-viaduc au moyen duquel le chemin de fer traverse
la Durance, les concessionnaires du pont de Rognonas demandèrent une indemnité dont le principe a été reconnu en
leur faveur (2).

428. De même, quand une route vient à être supprimée,
les aubergistes et autres commerçants, et tous les propriétaires qui étaient venus s'établir et construire sur ses limites,
éprouvent un préjudice ; mais l'Etat ne leur doit aucune indemnité, car il ne leur doit aucune garantie lorsqu'il agit
dans l'exercice de son droit (3).

« Les réclamations qu'ont faites les maîtres de poste, pour
être indemnisés de la perte de leur industrie, causée par les
chemins de fer, sur les routes pour lesquelles ils font concurrence, ont un fondement particulier : c'est de soutenir
que les relais de poste ont été érigés en offices publics, à des
conditions onéreuses, pour cause d'utilité générale, et que la
propriété en a été encore plus expressément garantie que celle
des charges possédées par les officiers ministériels, dont il
est reconnu qu'on ne prononcerait pas la suppression sans
indemnité (4). »

---

(1) Lebon, *Rec. des arrêts du cons.*, t. 16, p. 43. On fera bien de
consulter sur ces diverses questions, un chapitre très-développé de
M. Cotelle, *Traité des procès-verbaux*, p. 284, où sont rapportées plusieurs autres espèces importantes à connaître.

(2) Déc. cons. d'Etat, 26 mai 1853. D. 54.3.55.—En 1770, M. Mo-
rand offrit de construire sur le Rhône, à Lyon, le pont en bois qui porte
aujourd'hui son nom, mais en se réservant la faculté exclusive d'établir
sur le fleuve, pendant toute la durée de la concession, les bacs dont la
nécessité se ferait sentir, depuis le pont de la Guillotière jusqu'à l'extrémité de la digue de Saint-Clair. Cette réserve fut approuvée par un arrêt
du conseil du Roi.

(3) Ordonn. du cons. d'Etat, 20 janv. 1843, Lebon, t. 13, p. 33, et
1er juin 1849, S. 19, p. 299.

(4) M. Cotelle, *Traité des procès-verbaux*, p. 288.

Néanmoins ces prétentions n'ont pas été accueillies ; et si le principe d'une indemnité a été quelquefois reconnu, c'est à raison du dommage direct et matériel causé à certains titulaires par l'ordre qui leur était donné de cesser immédiatement leurs fonctions sans pouvoir présenter un successeur (1).

429. Une question, qui a été bien souvent agitée, est celle de savoir si l'abaissement du sol d'une route ou d'une rue, qui diminue notablement les facilités d'accès d'une maison, située au bord de cette voie publique, peut donner lieu à une action en indemnité contre l'État ou la compagnie qui lui est substituée.

L'administration a soutenu la négative, en disant que les routes n'étaient grevées d'aucune espèce de servitude au profit des propriétaires riverains, et que c'était à ceux-ci de mettre, à leurs frais, leurs propriétés en rapport avec l'état des routes, quels que fussent les changements que leur fissent subir les besoins de la viabilité ; l'administration n'étant grevée d'aucune obligation ni responsabilité dès qu'elle ne s'étend par au delà des limites du domaine public.

Cependant un grand nombre de décisions, émanées de la Cour de cassation et des tribunaux de l'ordre judiciaire, ont alloué, en pareil cas, des indemnités aux propriétaires lésés, et le conseil d'État lui-même, juge suprême du contentieux administratif, a reconnu, en principe, le droit de ces derniers, tout en le resserrant dans des limites que nous allons faire connaître tout à l'heure (2).

430. La base de ces décisions est parfaitement juste.

Assurément, si l'administration générale de l'État (3), et les choses qui dépendent du domaine public et de ses divers services, devaient être considérées d'une manière absolue, l'une comme ayant les mêmes droits et les mêmes obligations que les particuliers, les autres comme soumises aux mêmes règles que celles établies pour les biens des simples

---

(1) Déc. cons. d'Etat, 29 mars 1855, D. 55.3.59, et 26 juin 1856, D. 57.3.14.

(2) Cass., 18 janv. 1826, S. 267 ; 11 déc. 1827, S. 29.1.85 ; 30 avr. 1838, S. 456 ; 11 déc. 1843, D. 65 ; Douai, 11 fév. 1837, S. 37.2.366 ; Ord. du cons. d'Etat, 15 mars 1844, Lebon, t. 14, p. 155 ; 28 août 1844, Lebon, p. 544 ; 19 mars 1845, Lebon, 15, p. 127, S. 45.2.447 et 448 ; 24 janv. 1846, Lebon, 16, p. 52, et 18 juin 1846, ibid., p. 344 ; D. du cons. d'Etat, 8 août 1865, D. 66.3.28.

(3) Ajoutons celle du département et de la commune.

citoyens, on serait conduit à décider qu'aucune indemnité n'est due, dans la plupart des cas, aux propriétaires riverains qui souffrent des modifications apportées au sol de la voie publique et d'autres travaux analogues. Par exemple, si l'abaissement du sol découvre les fondations d'une maison, on assimilerait ce fait à celui d'un individu qui creuserait un fossé ou qui abaisserait le sol, à l'extrémité de son héritage, contre le mur du voisin qui aurait construit sur sa limite ; or, celui-ci ne pourrait réclamer d'indemnité pour l'ébranlement de son mur. A l'inverse, si la propriété riveraine souffre du relèvement du sol, on lui dirait que l'administration est dans le même cas qu'un particulier qui, en élevant sur son terrain un mur en face de l'habitation de son voisin, lui ôte l'air et la vue dont il jouissait, ou l'oblige à faire un détour pour arriver à la voie publique.

Mais, en se plaçant à cet étroit point de vue, on méconnaîtrait la véritable nature des choses, et l'on fausserait les notions du droit qui leur sont applicables.

L'administration et les particuliers ne sont pas, l'un envers l'autre, dans le même état d'indépendance que les particuliers entre eux. Les intérêts généraux dominent toujours les rapports qui les unissent. Ces intérêts leur imposent des obligations corrélatives et réciproques. Ainsi, les propriétés riveraines d'une voie publique sont grevées de charges spéciales à raison du pavage, du balayage, de l'alignement. D'un autre côté, si la loi ne leur accorde positivement aucune servitude sur la voie publique, l'établissement de celle-ci a créé pour elle des attentes respectables, un état de choses que l'administration est engagée, jusqu'à un certain point, à maintenir. Il importe à la sécurité de la circulation et à l'embellissement de la cité que des constructions régulières, que des établissements utiles se forment le long de la voie publique. Il faut donc présenter aux constructeurs et aux propriétaires quelques garanties contre des événements qui viendraient ruiner toutes les espérances.

Si donc, c'est un droit et même un devoir pour l'administration de procurer aux ouvrages publics toute l'utilité dont ils sont susceptibles par leur destination (1), et, par conséquent, de les modifier successivement et indéfiniment pour arriver à ce but, sans se laisser arrêter par des considérations tirées de l'intérêt particulier, il faut, pour être

_____

(1) M. Husson, *Tr. de la législ. des trav. publ.*, *passim.*

juste, ne pas sacrifier ce dernier d'une manière absolue, et l'intérêt général lui-même le veut ainsi, car ii se compose de la collection des intérêts particuliers. C'est déjà beaucoup que l'autorité judiciaire, parlant au nom des droits privés, ne puisse jamais arrêter ni suspendre l'exécution des actes de l'administration, et que celle-ci puisse toujours arriver ainsi au but qu'elle se propose. C'est déjà un grand privilége dont il est bon de tenir compte.

Et, d'un autre côté, l'obligation qui incombe à cette même administration de ne point exécuter de changements arbitraires et qui ne soient point justifiés par une véritable utilité pour l'assainissement et la viabilité, cette obligation, toute morale, est dénuée de sanction. Il faut donc aller plus loin que ne l'exigeraient les règles du pur droit privé, et reconnaître que certaines atteintes à la propriété donnent droit à indemnité, même dans l'hypothèse qui nous occupe.

431. C'est ce que l'on a été conduit à admettre dans la pratique; et, de là, une distinction consacrée entre les dommages que l'on appelle directs et matériels, et les dommages indirects : les premiers donnant lieu à une indemnité, les autres n'en produisant pas.

On a qualifié dommages directs et matériels, ceux par lesquels une propriété se trouve affectée dans sa configuration et son état physique ou extérieur. Ainsi, l'exhaussement d'une route qui, formant un remblai devant une maison, supprime des soupiraux de cave, et même des fenêtres (1); ou bien, au contraire, l'abaissement du sol, qui diminue notablement les facilités d'accès, et oblige le propriétaire à des réparations, à des travaux quelconques (2).

On a donné le nom de dommages indirects à tous ceux qui n'affectent pas ainsi la propriété d'une manière simultanée et extérieure, mais qui diminuent sa valeur, et lui retirent une partie de ses avantages, sous le rapport de l'agrément ou de l'utilité.

Par exemple, un changement de direction opéré sur une route a entraîné un déblai d'un mètre cinquante centimètres

---

(1) Ord. du Cons. d'Etat, 9 mai 1845, Lebon, 15, p. 271 ; Décr. du Cons. d'Etat, 25 mars 1867, D. 67.3.97.—De même au cas où les vases provenant du curage d'un cours d'eau ont été déposées sur une propriété riveraine. Décr. du Cons. d'Etat, 22 fév. 1865, D. 65.3.51.
(2) Ord. du Cons. d'Etat, 19 mars 1845, Lebon, 15, p. 127, et les autres ordonnances, citées n° 429.

I.

devant l'auberge d'un sieur Stéphani. Cette maison était déjà
d'un accès difficile, et s'est trouvée, en définitive, à deux mètres
au-dessus du sol de la nouvelle route, dont elle était cependant séparée par un espace de 14 mètres. En fait, il a été
reconnu que ces travaux avaient rendu la maison inacces-
sible aux voitures, ce qui préjudiciait considérablement à un
établissement de ce genre, dont la principale condition d'existence est la libre communication avec la voie publique. Cependant le Conseil d'Etat a rejeté la demande d'indemnité :
« Considérant qu'il résulte de l'instruction que les travaux
exécutés par l'administration n'ont point eu pour effet de
causer à la propriété du sieur Stéphani un dommage direct
et matériel, etc. » (1).

432. On doit remarquer que ces expressions : dommages
directs et matériels, et dommages indirects, consacrées par
l'usage, ne sont cependant pas parfaitement exactes (2). Ainsi,
le préjudice qui consiste dans le désachalandage d'une auberge dont l'accès intérieur est devenu impossible par suite
de l'abaissement du sol de la route, est un dommage direct,
comme le déchaussement des murs de face, ou leur éboulement. Il résulte directement et immédiatement des travaux.
C'est aussi un dommage matériel ou pécuniaire qui affecte
la partie lésée dans ses biens, dans sa fortune, et non point
un tort moral.

A vrai dire, et d'après les principes généraux sur la responsabilité, l'on ne trouve pas, dans la nature de ces différents dommages, la base d'une distinction quant au droit
de la partie lésée d'obtenir une indemnité. Si l'on met de
côté les circonstances particulières de chaque espèce donnée
qui pourraient constituer une faute de la part de l'administration dans l'exécution des travaux, ou qui feraient décider,
au contraire, que le dommage a été causé par force majeure,
le principe juridique de la réparation devrait être le même
dans tous ces cas. Mais il serait trop rigoureux de l'appliquer
uniformément, puisqu'il conduirait souvent, comme nous le
disions tout à l'heure, à faire refuser absolument l'indem-

---

(1) Ord. du Cons. d'Etat, 20 fév. 1840, Lebon, t. 10, p. 51. En rapprochant cette décision de celles rapportées *supra*, n° 429, on s'aperce-
vra que les circonstances du fait jouent un rôle très-important dans
chaque espèce.
(2) Nous leur donnons un autre sens dans le cours de cet ouvrage.
Voy. n°ˢ 32, 42, 104 et suiv., 447, 449.

nité réclamée. L'équité est donc venue, avec raison, atténuer le *summum jus*.

La jurisprudence se montre même assez large dans l'appréciation de l'étendue du dommage direct. Ainsi, quand il s'agit d'indemnité à raison de l'exhaussement d'une rue, on comprend dans le chiffre des dommages-intérêts, non-seulement ce qui serait absolument nécessaire pour rétablir les communications et les jours, et empêcher les effets de l'humidité du sol, mais encore une somme représentative de la dépréciation générale de la propriété (1).

433. L'abaissement ou l'exhaussement, et les autres modifications de la voie publique ne sont pas les seules causes de torts et dommages qui aient été considérées comme pouvant donner lieu à indemnité pour les propriétaires lésés par des travaux d'utilité publique.

On doit reconnaître, d'une manière générale, que les travaux entrepris par l'État causent, par leur nature même, leurs dimensions, leur importance, une perturbation beaucoup plus grande aux propriétés qu'ils atteignent de près ou de loin, que ne peut le faire ordinairement une entreprise particulière. Les atteintes résultant du voisinage, de la situation respective des diverses propriétés sont souvent violemment modifiées. Ici, encore, il est juste d'admettre, en principe, une dérogation au droit commun.

En faveur des intérêts particuliers trop vivement froissés, on s'est donc arrêté, en principe, à la distinction des dommages directs et matériels, et des dommages indirects, telle qu'elle vient d'être établie.

L'application de la règle ainsi posée par la jurisprudence du Conseil d'Etat, et acceptée par les auteurs (2), est quelquefois très-délicate, à raison des circonstances diverses des espèces particulières. Mais, comme on l'a remarqué avec raison, dans le doute, la voie la plus libérale est préférable ; la société a bien moins à redouter de voir allouer, aux propriétaires, des indemnités auxquelles ils pourraient ne pas avoir de droit, que de voir s'accréditer, par les exemples réitérés d'une rigueur excessive, l'opinion que la propriété

_____

(1) Ord. du Cons. d'Etat, 15 mars 1844, Lebon, p. 155. V. cependant Décr. du Cons. d'Etat, 18 août 1857, D. 57.3.34.
(2) V. MM. Cotelle, *C. de dr. adm.*, t. 2, p. 543 et suiv., et 3e éd., t. 2, p. 5; Dufour, *Tr. gén. de dr. adm.*, t. 4, p. 457, n° 2866; Husson, *Tr. de la législ. des trav. publ.*, p. 329.

n'a aucune sauvegarde contre les actes de l'administration (1)
et ne doit attendre aucune compensation du préjudice que
celle-ci lui cause assez souvent (2).

434. Examinons encore quelques espèces, car il est nécessaire, pour bien comprendre le principe, de voir comment il
se réalise dans la pratique.

On accorde journellement des indemnités comme ayant
éprouvé un dommage direct et matériel, aux propriétaires
dont les terrains ont été inondés, soit par suite de l'obstacle
qu'apportent à l'écoulement des eaux naturelles provenant de
leurs fonds ou des fonds supérieurs, des travaux effectués à
un canal (3), soit par suite du refoulement des eaux d'une
rivière, occasionné par le débouché insuffisant donné à un
pont nouveau construit sur cette rivière (4). Ces décisions
sont tout à fait conformes au droit commun.

435. On devrait décider de même toutes les fois que la
servitude, dérivant de la situation des lieux, se trouve aggra-
vée pour le propriétaire qui réclame, et quand le fonds dépendant du domaine public est soustrait, au contraire, à la
servitude du même genre dont il pouvait être grevé.

Incontestablement alors, il y a lésion actuelle d'un droit
certain pour le propriétaire, et, de la part de l'administration, un acte qui dépasse le droit de jouir de sa chose d'après
le droit commun formulé dans l'art. 640, C. Nap. Cet acte
serait illicite de la part d'un particulier (5) ; il pourrait lui
être fait défense, par les tribunaux de l'accomplir; cette défense ne peut pas être faite à l'État; l'administration peut
accomplir sans obstacle ses projets, considérés toujours
comme ayant pour but l'intérêt public; mais elle doit, au
moins, une indemnité à celui qui éprouve une atteinte de ce
genre dans sa propriété. Nous pensons que l'on aurait dû en
accorder une dans les circonstances suivantes :

La rivière de Somme a été détournée de son cours à son

----

(1) M. Cotelle, t. 2, p. 545, 546, 2ᵉ édit., et t. 2, p. 86, 3ᵉ édit.
(2) Ainsi l'on a alloué une indemnité au propriétaire d'une maison sur
laquelle des points d'appui ont été pris pour soutenir les fils d'une ligne
télégraphique, l'établissement de ces points d'appui ayant eu pour effet
d'apporter un trouble à sa jouissance. Décr. du Cons. d'État, 24 mars
1865, D. 65.3.89.
(3) Ord. du Cons. d'État, 9 janv. 1849, Lebon, 19. p. 27.
(4) Ord. du Cons. d'État, 3 sept. 1844, Lebon, 14, p. 566; M. Husson, p. 332.—V. aussi Décr. du Cons. d'État, 25 avril et 19 août 1855,
D. 55.5.450 et 451.
(5) V. Rej., 9 janv. 1856, D. 55.

embouchure, et jetée dans le canal de Saint-Valery. L'ancien lit du fleuve fut, presque aussitôt, envahi par les eaux de la mer, que contenaient auparavant les eaux douces. Par suite, les fonds riverains ont été couverts, à la marée, de sables stériles et d'eaux nuisibles à la végétation ; les propriétaires ont éprouvé, de la sorte, un préjudice considérable. Dans ces circonstances, le sieur Delattre et autres se sont pourvus devant le conseil de préfecture, pour obtenir de l'Etat une indemnité, et ce conseil avait ordonné une expertise. Mais le Conseil d'Etat, sur le recours du ministre des travaux publics, a annulé l'arrêté.

« Considérant que le dommage dont les requérants demandent à être indemnisés a été occasionné à leurs propriétés par l'invasion *accidentelle* des eaux de la mer ; qu'ils fondent leur recours contre l'Etat, sur ce que, par des travaux effectués dans l'intérêt de la navigation, les eaux de la Somme, qui les auraient protégés contre la mer, auraient été détournées de leur cours ; considérant qu'aucune loi n'impose à l'Etat l'obligation de réparer les conséquences *indirectes* des travaux qu'il effectue pour le service public ; l'arrêté... est annulé » (1).

L'invasion des eaux de la mer n'était point accidentelle ; il résulte, de la décision même, qu'elle était due au détournement de la rivière. Le dommage n'était donc pas ici une conséquence *indirecte* du fait de l'administration. Il y avait lieu, d'après les règles les plus certaines du droit, à accorder des dommages-intérêts.

La Cour royale de Lyon, au contraire, a judicieusement décidé qu'une indemnité était due à la ville par l'entrepreneur des remblais de Perrache. Les matériaux nécessaires à ces remblais avaient été pris dans une colline appartenant à cet entrepreneur, et qui dominaient le jardin de la Mulatière, propriété de la ville. Par suite du changement des pentes, les eaux pluviales qui découlent du terrain supérieur ont causé des dommages assez graves à ce jardin, dommages au sujet desquels la ville a réclamé. L'entrepreneur étant ici aux droits de l'administration, on ne pouvait l'empêcher de prendre les

---

(1) Ord. du Cons. d'Etat, 14 déc. 1836. M. Lebon, dans son *Recueil général*, t. 6, p. 470, ne donne pas les faits de cette décision. Il faut les voir dans le *Recueil des arrêts du conseil* de M. Beaucousin, t. 6, 2° série, p. 536.

matériaux nécessaires aux endroits fixés par les devis de son entreprise, mais il n'avait pu changer et aggraver la servitude dérivant de la situation des lieux sans indemniser les propriétaires des fonds servants. L'arrêt de la Cour de Lyon, du mois d'août 1838, est rapporté dans le *Cours de droit administratif appliqué aux travaux publics*, de M. Cotelle (1); mais nous avons inutilement cherché dans les recueils d'arrêts cette décision qui est cependant importante.

436. Les mêmes principes doivent conduire à décider que les travaux faits sur le bord ou dans le lit d'un fleuve, pour défendre les rives de la corrosion des eaux ou pour faciliter la navigation, donnent lieu à indemnité pour les propriétés riveraines si les eaux rejetées sur le bord opposé les envahissent, les inondent, ou enlèvent une partie de leurs terrains. Ici, la situation matérielle de la propriété, l'état de choses existant naturellement est violemment détruit ou changé. C'est une aggravation très-directe de la servitude.

Suivant Domat : « Quand les eaux ont leur cours réglé d'un héritage à un autre par la nature du lieu..., les propriétaires de ces héritages ne peuvent rien innover à cet ancien cours. » A la vérité, si l'un des propriétaires faisait un ouvrage qui lui serait utile, comme « s'il faisait dans son héritage une réparation permise pour le défendre contre le débordement d'un torrent ou d'une rivière, et que l'héritage voisin y fût plus exposé, il ne pourrait en être tenu. » (2)

Mais comme le fait remarquer l'auteur du *Cours de droit administratif appliqué aux travaux publics*, Domat suppose que le propriétaire qui aura exécuté de pareils ouvrages, les aura faits dans sa propriété, et non qu'il les aura avancés dans le lit du fleuve, en le resserrant de manière à causer des inondations, ou un *courant* très-violent et très-rapide sur la rive opposée. Il parle de travaux purement défensifs (3) qui ont pour effet de protéger la rive actuelle, et non de travaux qui rétréciront tout à coup le lit de la rivière d'une manière notable en changeant le cours naturel de l'eau, la direction qu'elle avait prise depuis des siècles (4).

---

(1) T. 2, p. 550, 2ᵉ éd.
(2) *Lois civiles*, liv. 2, tit. 8, sect. 3, nᵒˢ 9 et 11.
(3) Aix, 19 mai 1813, S. 14.2.9.
(4) Voyez les développements donnés par l'auteur et les autorités qu'il cite, t. 2, p. 553, et 3ᵉ édit., t. 2, p. 91, 92.

Cependant le Conseil d'Etat a refusé d'accorder des indemnités pour des faits de ce genre (1).

437. Maintenant, quand y aura-t-il *dommage indirect* insusceptible de servir de base à une demande en indemnité?

C'est d'abord quand il n'y aura d'atteinte portée qu'à de pures *facultés* ouvertes à tous d'une manière générale, à la différence des *droits* proprement dits que la loi établit, reconnaît et garantit. Les premières ne sont garanties positivement à personne, tel est l'usage des voies publiques; tant qu'elles subsistent, chacun a le droit d'en jouir, d'en tirer tout l'avantage que cet usage, conforme aux lois et règlements, peut procurer. Leur abandon, leur suppression ne peut donner lieu à des réclamations fondées. C'est ce que nous avons déjà dit, nᶜˢ 427 et 428. Les industries de tout genre qui souffrent en pareil cas, celles des aubergistes, des voituriers, bateliers, peuvent être paralysées, détruites, sans qu'on leur doive d'indemnité.

A plus forte raison, le préjudice résultant pour le commerce des particuliers ou leurs autres besoins, de la gêne apportée à la circulation par les réparations faites à la voie publique, ne peut servir de base à une réclamation (2). — Il en est de même de la privation de la vue dont jouissait une maison (3). Dès qu'il n'existe pas de servitude régulièrement établie, l'Etat n'a fait qu'user d'un droit qui appartient même à tout propriétaire en construisant sur son terrain.

Ce n'est qu'autant que la suppression ou le changement de direction d'une voie publique, priverait complétement le propriétaire riverain d'une issue qu'il avait sur la voie publique, qu'il aurait droit à indemnité (4).

Doit-on ranger dans la même classe l'interdiction établie par la loi d'exercer telle industrie qui, jusque-là, était considérée comme licite? N'y a-t-il pas au contraire atteinte portée à l'exercice d'un droit positif, puisque la liberté du commerce et de l'industrie est formellement établie par la loi (5)? — N'y a-t-il pas même atteinte à la propriété lorsque des

_____

(1) Ord. du Cons. d'Etat, 5 déc. 1837, *Rec. des arrêts du cons.*, par M. Beaucousin, t. 7, 2ᵉ sér., p. 526 et 527.

(2) Décr. du Cons. d'Etat, 28 déc. 1849, D. 50.3.20; 6 avr. et 19 avr. 1854, D. 54.3.48 et 84; 24 janv. 1861, D. 61.3.31.

(3) Décr. du cons. d'Etat, 25 mars 1867, D. 67.3.97.

(4) Arg. Décr. du Cons. d'Etat, 5 mai 1859, D. 60.3.2, et 25 mars 1867, D. 67.3.97.

(5) L. 2 mars 1791, art. 7.

constructions et des instruments destinés à telle fabrication sont frappés de stérilité, lorsque certains produits sont interdits et quelquefois confisqués ?

La question a été agitée à l'occasion de la loi du 12 février 1835, qui interdit la fabrication et la vente du tabac factice et de toute matière préparée pour être vendue comme tabac. — A la Chambre des députés comme à la Chambre des pairs, le principe d'une indemnité, tant pour l'industrie elle-même que pour ses instruments et ses produits, trouva beaucoup de partisans. — Cependant un amendement proposé dans ce sens ne fut pas accueilli, sans doute parce que l'on considéra que cette fabrication avait pour but d'éluder les lois qui attribuent à l'Etat le monopole des tabacs naturels et qu'elle était en elle-même peu digne d'intérêt. — Cependant le Gouvernement admit l'indemnité pour les marchandises, et l'ordonnance royale du 13 février 1835, rendue pour l'exécution de la loi, porte que les matières préparées seront déclarées à la régie pour être détruites, et que les demandes en indemnité pour la valeur de ces matières seront adressées au ministre des finances.

Néanmoins, un sieur Duchatelier réclama une somme de 271,398 francs pour prix de ses marchandises, instruments, perte de loyers, etc. Mais sa demande fut rejetée par le Conseil d'Etat. « Attendu que l'Etat ne saurait être respon-« sable des lois qui, dans un intérêt général, prohibent « l'exercice spécial d'une industrie ; que, d'une part, le « sieur Duchatelier n'invoque aucun engagement pris envers « lui par l'Etat ; que d'autre part la loi du 12 février 1835, « en déclarant interdite la fabrication du tabac factice, n'a « ouvert aucun droit à une indemnité en faveur des indi-« vidus qui s'étaient précédemment livrés à cette industrie ; « que dès lors le sieur Duchatelier ne peut prétendre à « aucune indemnité, soit pour la perte de son industrie et « la clôture de son établissement, soit pour les divers dom-« mages qui ont pu être la conséquence de l'interdiction « prononcée par la loi du 12 février 1835..., etc. » (1)

Nous pensons, en effet, qu'en pareil cas, l'appréciation du point de savoir si une indemnité doit être accordée rentre dans le domaine exclusif du législateur. Si celui-ci ne s'est pas expliqué formellement à cet égard, le Gouvernement qui

---

(1) Ord. du Cons. d'Etat, 11 janv. 1838, Dalloz, *Impôts indir.*, n° 607.

exécute la loi ne peut encourir par ce fait une responsabilité pécuniaire qui engage les deniers du Trésor public.

Il a même été jugé qu'une mesure de ce genre, prise par simple décret, notamment l'interdiction de dessécher les céréales, prononcée par décret du 26 octobre 1854, n'ouvrait aucun droit à indemnité pour les fabricants atteints par l'interdiction (1).

Mais, à notre avis, une semblable interdiction excède les attributions du pouvoir exécutif. S'il est vrai qu'elle constitue une mesure de Gouvernement prise dans un intérêt général et qu'à ce titre elle ne puisse ouvrir un recours par la voie contentieuse aux parties intéressées ; s'il est vrai encore qu'il n'y ait pas acquisition de cette industrie à l'Etat, et que sous ce rapport l'art. 545, C. Nap., et les lois sur l'expropriation pour cause d'utilité publique des objets corporels ne soient pas directement applicables, il est juste tout au moins qu'une loi spéciale intervienne pour régler les conséquences d'actes de ce genre et accorder, s'il y a lieu, une réparation convenable.

Alors même qu'il y aura atteinte à une propriété immobilière, on considérera le dommage comme indirect, toutes les fois qu'il n'y aura pas altération immédiate du sol et de ses produits.

Par exemple, si l'on prétend que l'établissement d'un môle sur la côte et d'un canal aboutissant à la mer a diminué le produit de pêcherie existant sur des étangs qui communiquent avec la mer, soit parce que le môle éloignerait le poisson de l'embouchure des étangs, soit parce que le canal lui offrirait une nouvelle issue pour le dépôt de son frai (2).

Ou bien encore que la construction de fortifications élevées à une grande hauteur a intercepté les courants d'air et détruit ainsi la force motrice d'un moulin à vent (3).

On a même décidé qu'en cas d'abaissement dans un but d'intérêt général des eaux d'un lac dépendant du domaine

_____

(1) Décr. du Cons. d'Etat, 13 fév. 1857, D. 57.3.81. Au contraire, la loi de finances du 1er mai 1822, art. 10, en interdisant la fabrication des esprits et eaux-de-vie dans la ville de Paris, accordait une indemnité aux distillateurs.

(2) Ord. du Cons. d'Etat, 30 déc. 1842, Lebon, 12, p. 563.

(3) Cons. d'Etat, 10 janv. 1856, D. 56.3.66. — Voy. encore d'autres exemples analogues dans les espèces suivantes : Décr. du Cons. d'Etat, 14 déc. 1853, D. 54.3.34 ; 24 janv. 1861, D. 61.3.31 ; 27 fév. 1862, D. 54.5.367 ; 6 janv. 1865, D. 65.3.49.

public, l'affaissement de terrains riverains et l'ébranlement des maisons bâties sur ces terrains, qui ont été la conséquence du retrait des eaux, ne pouvaient servir de base à une demande d'indemnité (1).

438. Arrêtons-nous un instant ici pour faire une observation, qui s'applique généralement aux hypothèses qui viennent d'être parcourues. On a pu remarquer dans ces hypothèses que, d'une part, l'acte qui cause le dommage n'est point *illicite*. Notamment l'administration n'excède pas son droit par le seul fait de porter atteinte, dans un but d'intérêt public et dans les limites autorisées par les lois, au domaine des particuliers, soit par voie d'expropriation, soit par les torts et dommages qu'elle cause d'une autre manière. Aussi dans ce cas elle ne doit qu'une indemnité qui n'a rien de pénal et qui, par suite, s'évalue avec plus de modération. On doit prendre surtout pour base la perte éprouvée par le réclamant (*damnum emergens*) (2). Mais il serait rigoureux de ne tenir compte en aucun cas du gain dont celui-ci a été privé (*lucrum cessans*), alors que la réalisation de ce bénéfice présente un caractère complet de certitude.

D'autre part, le second élément du délit, tel que nous l'avons défini, ne se retrouve pas ici.

Non-seulement le propriétaire qui rentre dans la possession de sa chose, celui qui cultive son fonds de telle ou telle manière ou qui y construit et cause ainsi un préjudice à autrui, et l'État enfin, quand il modifie, en vue de l'intérêt général, les choses du domaine public, non-seulement, dis-je, ont *exercé un droit* qui leur appartenait, mais n'ont *pas eu l'intention de nuire*. Leur objet principal est d'exercer leurs facultés et d'user de leur chose avec pleine liberté, et si l'on pouvait découvrir une autre pensée dans leurs actes, elle ne serait que très-secondaire et insuffisante pour engendrer un cas de responsabilité. On ne peut pas supposer que le propriétaire qui rentre *dans sa maison usurpée*, par exemple, ait pour but principal de se venger ou de faire du tort à l'envahisseur. Son acte s'explique naturellement par le désir légitime de reprendre la jouissance de son bien. On ne peut admettre non plus que l'administration exécute tel ou tel

___
(1) Décr. du Cons. d'Etat, 24 fév. 1865, D. 65.3.392, n° 14.—Arg. des art. 552 et 641, C. Nap.
(2) M. Cotelle, *Cours de dr. adm.*, t. 2, p. 6 (3e éd.); Décr. du Cons. d'Etat, 5 fév. 1857, D. 57.3.74.

ouvrage de viabilité ou d'assainissement, dans le but de vexer des particuliers. Il pourrait y avoir seulement de la part des uns ou des autres, négligence et imprudence dans l'accomplissement d'un acte permis, ce qui pourrait constituer un quasi-délit. Nous reviendrons sur ce point dans le livre II de cette première partie, nᵒˢ 641 et suivants.

Répétons seulement, quant à présent, qu'en règle générale, il n'y a point acte illicite, délit, ni, par conséquent, responsabilité encourue de la part de celui qui cause à autrui un dommage en usant de sa chose suivant sa destination.

439. Nous pensons cependant qu'il y aurait véritablement *faute* et *délit*, dans le sens de l'art. 1382, C. Nap., de la part de celui qui, ayant plusieurs manières d'exercer son droit, aurait choisi sans nécessité et dans le dessein manifeste de nuire, celle qui peut être préjudiciable à autrui (1).

Il en serait de même de celui qui n'aurait accompli ce qu'il a droit de faire que dans le but de nuire, et sans intérêt pour lui-même.

C'est ce qu'exprime la loi 1, § 12, D. *de Aquâ : « Denique Marcellus scribit, cum eo, qui in suo fodiens, vicini fontem avertit, nihil posse agi : nec de dolo actionem ; et sane non debet habere,* SI NON ANIMO VICINO NOCENDI, SED SUUM AGRUM MELIOREM FACIENDI ID FECIT. »

Domat dit aussi : « Celui qui faisant une nouvelle œuvre dans son héritage use de son droit, sans blesser ni loi, ni usage, ni titre, ni possession qui pourraient l'assujettir envers ses voisins, n'est pas tenu du dommage qui pourra leur en arriver ; si ce n'est qu'il ne fît ce changement que pour nuire aux autres sans usage pour soi. Car, en ce cas, ce serait une malice que l'équité ne souffrirait point » (2), et la Cour de cassation a reproduit cette pensée dans les motifs d'un de ses arrêts (3).

---

(1) Toullier, 11, nᵒ 119 ; Proudhon, nᵒ 1486.—Code prussien, 1ʳᵉ part., tit. 6, art. 36 et 37 : « On ne doit pas d'indemnité pour un dommage « causé par l'exercice de son droit, à moins qu'entre plusieurs manières « de l'exercer, on n'ait choisi à dessein celle qui pouvait être préjudi- « ciable. »

(2) Liv. 2, tit. 8, sect. 3, nᵒ 9.—*Malitiis non est indulgendum.*

(3) Cass., 19 déc. 1817, S. 18.1.170. — *Conf.*, Larombière, *Oblig.*, t. 5, p. 692. En conséquence, on a décidé avec raison que la partie qui, pouvant citer son adversaire en justice civile, le traduit au correctionnel dans un esprit malveillant et vexatoire, encourt des dommages-intérêts. Rej., 2 déc. 1861, D. 62.1.171.— Voy. égal', Aix, 6 fév. 1857, D. 57.2.133.

On ne peut qu'approuver cette décision, car l'exercice de nos droits doit toujours être limité par les principes divins de la charité qui nous commandent de ne point faire aux autres ce que nous ne voudrions pas qui nous fût fait, et de leur procurer même tout le bien que nous pouvons sans nous nuire personnellement.

440. C'est à la lumière de ces principes supérieurs que nous chercherons à poser la règle générale servant à déterminer quelles sont les choses que chacun a le droit de faire, et dans l'accomplissement desquelles il est à l'abri de toute action en responsabilité.

On peut dire, sans doute, d'une manière très-générale que sous une législation comme la nôtre, où les droits naturels de l'homme en société sont reconnus et consacrés (1), où les principes qui en dérivent sont obligatoires pour l'autorité, pour tous les citoyens, et ont passé dans les lois positives et de détail, on peut dire que tout ce qui n'est pas défendu par la loi est permis et ne peut être empêché (2) ; que la liberté de nos actions n'a d'autres bornes que celles qui assurent aux autres membres de la société la jouissance de leurs droits naturels ou acquis ; et que ces bornes sont posées par la loi dans des dispositions prohibitives et pénales contre tous les faits nuisibles, soit à la société, soit aux droits des membres qui la composent.

Cette proposition est même très-juste au point de vue du droit criminel.

Mais, à notre avis, elle ne l'est plus au point de vue du droit civil.

Il est vrai que, dans le silence de la loi, aucune peine ne peut être appliquée, et que, sous cet important rapport, les tribunaux n'ont plus, comme autrefois, un pouvoir discrétionnaire et arbitraire. Mais si la loi a pu prévoir toutes les atteintes à l'ordre social, qui, par leur gravité, méritaient une répression, elle n'a pu prévoir de même, tous les actes nuisibles aux particuliers, et mesurer à l'avance le dommage qui en résulterait pour y proportionner la réparation. Il existe donc des faits qu'elle ne défend pas et qui sont cependant illicites. La conscience de l'homme éclairée par cette règle divine : « Fais à autrui ce que tu voudrais qui te fût

---

(1) V. la Constitution du 4 nov. 1848.
(2) *Déclarat. des droits de l'homme, de* 1791. — V. Toullier, t. 11, nᵒˢ 120, 162, 164.

« fait à toi-même », peut discerner et apprécier les actes dommageables qui doivent entraîner réparation.

Selon nous, la formule, au moyen de laquelle se résout le problème de la responsabilité civile, n'est point que « tout ce « qui n'est pas défendu par la loi est permis ».

Nous croyons que tout fait quelconque de l'homme qui cause à autrui un dommage, oblige celui par la faute duquel il est arrivé à le réparer, *quand il n'a pas sa source dans l'exercice d'un droit reconnu par la loi, ou quand il résulte d'un mode particulier d'exercer son droit qui n'a pas d'utilité pour son auteur, ou qui aurait pu être évité.*

444. L'exercice d'un droit absolu fait cesser toute espèce de responsabilité (1).

Mais est-il vrai, comme on l'a prétendu, qu'il suffise même d'avoir agi dans la persuasion que l'on exerçait son droit, bien qu'en réalité il en fût autrement?

M. Toullier enseigne l'affirmative, et voici comment il cherche à justifier cette opinion : « On n'est même pas censé en faute, dit-il, en faisant ce que l'on était autorisé à croire avoir le droit de faire. Nous en avons vu un exemple dans celui qui a reçu en paiement une chose qu'il croyait de bonne foi lui être due. S'il la laisse détériorer, détruire même par sa négligence, c'est un dommage que le propriétaire qui exerce la répétition, après l'erreur reconnue, ne peut l'obliger à réparer, parce qu'il n'a commis aucune faute en négligeant une chose qu'il croyait sienne. *Quia qui rem quasi suam neglexit, nulli querelæ subjectus est* (2). »

En se reportant à l'art. 1379, C. Nap., le seul texte auquel M. Toullier ait pu rattacher sa doctrine, on s'aperçoit qu'elle ne doit pas être admise sans examen. Que porte cet article? « Si la chose indûment reçue est un immeuble ou un meuble « corporel, celui qui l'a reçue s'oblige à la restituer en na- « ture, si elle existe, ou sa valeur si elle est périe ou dété- « riorée par sa faute. Il est même garant de la perte par cas « fortuit, s'il l'a reçue de mauvaise foi. »

Il y a deux points à remarquer ici :

1° Celui qui, ayant reçu de bonne foi la chose qui ne lui était point due, la laisse périr ou se détériorer, ne commet qu'une simple négligence ou une imprudence, qui ne peut

---

(1) *Conf.* Amiens, 24 janv. 1852, D. 52.2.210, et 21 janv. 1853, D. 54.2.221 ; Paris, 11 août 1852, D. 54.2.225 ; Cass., 4 fév. 1867, D. 78.
(2) T. 11, n° 119.

constituer qu'un quasi-délit. Quand même, en détériorant
l'objet qu'il croit sien, il agirait avec une intention positive,
ce ne serait toujours pas avec celle de nuire à autrui, ce qui,
de toute manière, exclut l'idée d'un délit proprement dit de
sa part.

2° Sans examiner même aussi scrupuleusement s'il y a ici
délit ou simple négligence, et si l'hypothèse de l'art. 1379
ne se rapporte pas plutôt à la matière des quasi-délits qu'à
celle dont nous traitons, il ne faut pas oublier que celui qui
a reçu, détient la chose par le fait de celui qui la réclame et
qui a commis lui-même une imprudence en la livrant à qui
n'avait aucun droit. C'est le prétendu débiteur qui a principalement été cause de l'erreur de celui qui a reçu. La faute
qui lui est imputable est un élément essentiel d'atténuation
pour la responsabilité de ce dernier.

Or, la *condictio indebiti* est une action fondée sur l'équité ;
c'est pourquoi, dans le Droit romain, l'on exigeait seulement
que celui qui avait reçu de bonne foi restituât ce dont il s'é-
tait enrichi. « *Quatenus locupletior factus est*, dit Pothier,
dans ses Pandectes (1) ; ainsi, d'après la loi 65, § 8, D. *De
condictione indebiti*, si celui qui reçoit un esclave l'affranchit,
il n'est tenu de rien restituer.

Le Code Napoléon est plus rigoureux ; il veut que celui
qui a reçu par erreur, de bonne foi, restitue la valeur de la
chose détruite ou détériorée par sa faute. Assurément, on
doit se montrer indulgent dans l'appréciation de cette faute ;
et c'est ce qu'indique immédiatement l'art. 1380, en disant
que si celui qui a reçu de bonne foi a vendu la chose, il ne
doit restituer que le prix de la vente. Mais, si la persuasion,
fondée sur des raisons plausibles, que l'on a exercé un droit,
équivalait réellement, comme le dit M. Toullier, à l'existence
du droit, on ne devrait demander au détenteur que la restitution de la chose, si elle existe et n'a pas péri, ou telle
qu'elle existe ; car, en la détériorant, lorsqu'il la croyait
sienne, il n'aurait commis aucune espèce de faute. Or, l'article 1379 suppose le contraire.

Le système de M. Toullier est bien plus inadmissible encore s'il s'agit d'entreprises, d'actes dommageables commis
volontairement à l'égard d'une chose qui n'a pas été remise
en la possession du défendeur à l'action en responsabilité
par celui qui se plaint du dommage ; et si, dès lors, on ne

_____

(1) Liv. 12, tit. 6, n° 46 ; voir aussi la note 3.

peut objecter à ce dernier qu'il est lui-même en faute et qu'il a donné lieu par son imprudence au dommage qu'il a souffert. En pareil cas, il est difficile d'imaginer comment la bonne foi de son adversaire pourrait être plausible. En supposant qu'elle fût démontrée telle, on ne pourrait y trouver qu'une raison pour atténuer le montant de la condamnation ; mais nous ne croyons pas qu'elle pût l'affranchir de toute responsabilité.

441 *bis*. Pour compléter l'ensemble des règles qui viennent d'être exposées à partir du n° 425, nous devons faire remarquer que ces règles sont données sans préjudice des dispositions de la loi, qui viendraient les modifier dans telle ou telle matière spéciale.

La loi peut prendre dans un intérêt général des précautions exceptionnelles contre certaines manières de jouir de sa chose ou d'exercer son droit, qui présentent, pour les tiers, des inconvénients trop graves.

Par exemple, en ce qui concerne l'exploitation des mines, la loi du 21 avril 1810 renferme des dispositions préventives, par rapport aux dommages qui pourraient être causés aux propriétés situées à la surface du sol (1) ; puis elle établit des règles fixes pour le paiement des indemnités.

A cet égard, le législateur avait d'autant plus de latitude pour en agir ainsi, qu'une concession de mines n'est pas une propriété comme une autre. C'est, au fond, un droit d'exploiter, soumis à des conditions particulières. Cependant la loi l'assimile aux immeubles, notamment quant à la faculté de disposer et de transmettre (2).

. Mais les restrictions imposées à la jouissance de cette sorte de propriétés doivent être renfermées dans les bornes que la loi a formellement établies, réduites à l'ordre de faits que le législateur a eu seul en vue. Or, si le législateur s'est préoccupé des perturbations que l'exploitation de la mine pourrait causer à la surface du sol, il n'a pas attribué les mêmes garanties aux propriétés d'un autre genre qui pourraient se rencontrer dans les entrailles de la terre et souffrir du voisinage de cette exploitation.

D'ailleurs les propriétaires de la surface ont pour eux ce principe fondamental, consacré par l'art. 552 du C. Nap.,

---

(1) Art. 11, 15, 43, 44, 47, 50, 93.—V. aussi Loi du 27 avril 1838, art. 8.

(2) Loi du 21 avril 1810, art. 5, 6, 7 et 8.

que la propriété du sol emporte la propriété du dessus et du dessous. La faculté accordée au Gouvernement, de concéder à des tiers l'exploitation des mines qui gisent au-dessous du sol, implique une certaine dérogation à ce principe. Il faut donc s'arrêter à ce qu'exige rigoureusement l'intérêt public, et compenser, par de larges indemnités, toutes les atteintes portées à la jouissance de la surface.

Mais il n'en est plus de même, lorsqu'il s'agit de régler les rapports de ces propriétés d'un genre nouveau, qui s'établissent au sein de la terre, et qui s'y meuvent dans les limites de la concession qui les a créées respectivement.

C'est ce qu'a décidé la jurisprudence dans l'espèce que voici.

La mine de houille de Couzon a été concédée aux sieurs Allimand et compagnie. Depuis, les sieurs Séguin et compagnie obtinrent la concession du chemin de fer de Saint-Étienne à Lyon. Le tracé de ce chemin traverse souterrainement le périmètre de la mine, au monticule de Couzon.

Cependant les travaux pour l'exploitation du minerai s'étant avancés jusqu'à une distance fort rapprochée de la voie de fer souterraine, de manière à en compromettre la sûreté et l'existence, MM. Séguin et compagnie obtinrent du préfet de la Loire un arrêté, qui interdisait aux concessionnaires de la mine tous travaux d'exploitation, soit au-dessous du chemin de fer, soit à une certaine distance.

Les concessionnaires de la mine se regardant comme atteints dans une partie de leur propriété, ont formé, contre la compagnie du chemin de fer, une demande de trois cent mille francs, à titre de dommages-intérêts.

Le tribunal de Saint-Etienne avait accueilli leur demande. — Son jugement fut réformé par la Cour de Lyon.

Mais l'arrêt de cette Cour fut lui-même cassé le 18 juillet 1837 :

« Attendu que la loi du 21 avril 1810 déclare que les concessions de mines en confèrent la propriété perpétuelle, disponible et transmissible, comme les autres biens immeubles, dont les concessionnaires ne peuvent être expropriés que dans les cas et selon les formes prescrits pour les autres propriétés ; — Attendu que tout propriétaire a droit à une juste indemnité, non-seulement lorsqu'il est obligé de subir l'éviction entière et absolue de sa propriété, mais aussi lorsqu'il est privé de la jouissance et de ses produits pour cause d'utilité publique ; — Attendu que la concession d'une mine a pour objet l'exploitation de la matière minérale qu'elle renferme; que le concessionnaire auquel cette exploitation est interdite dans une partie du périmètre de la mine, pour un temps indéterminé, est privé des produits de sa propriété, et... doit être indemnisé ; — Attendu que le droit de surveillance, réservé par l'art. 50 de la loi de 1810 à l'autorité administrative sur l'exploitation des mines, n'altère en rien le droit de propriété du concessionnaire, et ne lui impose pas l'obligation de subir la perte d'une partie de sa concession, pour la création d'un établissement nouveau, sans une juste indemnité.... — *Attendu que l'art. 11 de la loi de* 1810 *ne peut être appliqué aux établissements formés après la concession, et notamment aux routes souterraines pratiquées dans le périmètre de la mine* (1).

La cause fut renvoyée devant la Cour royale de Dijon, qui persista dans la jurisprudence adoptée en premier lieu par celle de Lyon.

Partant du droit primordial des propriétaires de la surface, elle repoussa toute distinction entre les constructions souterraines qui se rattachent à des travaux exécutés à la surface et ces derniers, considérés en eux-mêmes.

« Considérant que la concession d'une mine qui, aux termes des art. 7, 19 et 34 de la loi du 21 avril 1810, crée, au profit du concessionnaire, une propriété nouvelle, perpétuelle, distincte de celle de la surface, et soumise à une double contribution, ne donne cependant que le droit d'exploiter les substances minérales désignées dans l'acte de concession;

« Que les droits inhérents à la propriété primitive de la surface restent entiers sous les modifications portées aux art. 43 et 44, qui permettent aux concessionnaires d'occuper, moyennant l'indemnité qu'ils fixent, les terrains nécessaires pour l'établissement des travaux de recherche et d'exploitation;

« Qu'en effet, aucune autre disposition de la loi n'ayant limité les droits du *propriétaire du sol*, on en doit conclure que ses droits restent tels qu'ils sont garantis par l'art. 544, C. Nap.;

« Que, s'il en était autrement, on arriverait à cette conséquence : que tous les terrains compris dans le vaste périmètre d'une concession où se trouveraient situées plusieurs

---

(1) S. 37.1.664.

I.

communes, seraient frappés d'interdiction par le seul fait
de l'ordonnance de concession; que les propriétaires du sol
ne pourraient plus, sans s'exposer à des pertes presque certaines, en augmenter la valeur par des constructions;
qu'ainsi, il y aurait une espèce d'expropriation prononcée
contre eux sans aucune indemnité;

. . . .

« Qu'ainsi, en se pénétrant des dispositions de la loi du
21 avril 1810, et de l'esprit qui les a dictées, on doit arriver
à cette conclusion que, même après l'acte de concession
d'une mine, les propriétaires de la surface peuvent y faire
toutes les constructions et les travaux qui doivent en augmenter la valeur, creuser le sol pour y pratiquer des puits
et des caves; que l'Etat conserve le droit d'établir les chemins et les canaux que réclament les besoins de l'industrie
et de l'agriculture, et que ces nouvelles constructions demeurent environnées, comme les anciennes, de toutes les
mesures de protection et de conservation prévues par les
art. 11, 15, 47 et 50 de la loi de 1810, à moins qu'il ne fût
démontré que les travaux entrepris par les particuliers auraient été faits, non dans un but d'utilité réelle, mais seulement pour gêner l'exploitation de la mine et lui porter préjudice, ce que le juge devrait apprécier...;

« Considérant que les adjudicataires du chemin de fer de
Lyon à Saint-Etienne sont devenus propriétaires de tout le
terrain que ce chemin devait parcourir; *qu'en cette qualité
de propriétaires du sol*, ils ont, comme tous les autres, le
droit de le couvrir de constructions; qu'à la vérité, l'établissement d'un chemin de fer, ou de tout autre chemin, est, à
raison de son étendue, de sa continuité, et des mesures de
sûreté qu'il peut nécessiter, une construction d'une espèce
particulière; . . . .

« Que la construction du chemin de fer *établi dans l'intérêt de la propriété du sol*, ayant nécessité le percement de
la montagne, cette opération, *accessoire aux travaux de la
surface*, n'était pas plus en opposition avec les droits du concessionnaire que ne le serait le creusement d'une cave ou
d'un puits, ou le prolongement souterrain d'une rigole pour
l'assainissement du sol; . . . .

« Que l'on est d'accord que, sur la longueur de mille cent
mètres environ, sur laquelle le chemin traverse la concession de Couzon, quatre cents seulement se trouvent dans
l'intérieur de la montagne; or, la prohibition d'exploiter

étant la même pour la partie qui est à ciel ouvert que pour la partie souterraine, il s'ensuit que les concessionnaires de la mine n'ont aucun intérêt à se plaindre spécialement du percement de la montagne. » (1)

Mais cette extension, donnée au droit du propriétaire de la surface, et qui tendrait à confondre les prolongements souterrains des travaux avec la partie de ces mêmes travaux, exécutés à la surface, et sur un terrain dont la superficie elle-même eût appartenu à leur constructeur, nous semble renfermer une violation de l'art. 552, C. Nap. Aussi, nous pensons que la Cour de cassation, saisie de nouveau par le pourvoi dirigé contre ce dernier arrêt, devait persister dans sa jurisprudence, comme elle l'a fait, en audience solennelle, le 3 mars 1841 (2).

Plus tard, se conformant aux principes posés par la Cour de cassation, la Cour de Lyon les appliqua dans une espèce différente, mais où la contestation s'agitait encore entre les mêmes parties.

L'exploitation de la mine, quoique renfermée dans les limites qui lui avaient été tracées par l'autorité administrative, occasionna des dégradations au tunnel du chemin de fer situé au-dessous, en donnant lieu à des mouvements de terrain. Par suite, une demande en paiement de deux cent cinquante mille francs, à titre d'indemnité, a été formée par les concessionnaires du chemin de fer contre ceux de la mine. Mais elle a été rejetée :

« Attendu qu'il résulte, soit du rapport d'experts, soit des divers documents du procès, que les concessionnaires de la mine de Couzon, en exploitant cette mine, ont satisfait à toutes les précautions prescrites et se sont soumis à toutes les interdictions prononcées par l'arrêté préfectoral rendu le 25 novembre 1829 ; — Attendu qu'ils n'ont point touché au massif de cinquante mètres établi pour le chemin de fer, et que l'exploitation de la mine a, d'ailleurs, eu lieu de la manière usitée, et suivant toutes les règles de l'art ; que, dès lors, on ne saurait imputer, aux concessionnaires, aucune imprudence qui puisse donner lieu, contre eux, à la responsabilité dérivant des art. 1382 et suivants, C. Nap., ni motiver, sous ce rapport, la demande en dommages-intérêts formée par la compagnie du chemin de fer ;

---

(1) Dijon, 23 mai 1838, S. 38.2.469, D. 32.2.132.
(2) S. 259.—V. dans le même sens, Rej., 3 janv. 1853, D. 133.

« Attendu qu'à la vérité, si l'action exercée avait pour cause des dommages éprouvés à la surface, les concessionnaires de la mine, dont les travaux auraient causé ces dommages, seraient tenus de les réparer, lors même qu'ils auraient agi avec les précautions ordinaires; qu'en effet, le droit d'utiliser le sol et d'y faire toutes cultures, plantations et constructions, est un droit primitif, antérieur à toute concession et exploitation de mines, et qui constitue, à l'égard de celle-ci, une servitude naturelle et légale;

« Mais que cette règle, qui résulte d'ailleurs des art. 47-50 et de l'esprit général de la loi de 1810, cesse d'être applicable lorsqu'il s'agit, non plus de la surface, *mais d'un chemin de fer souterrain* autorisé et établi depuis la construction de la mine; — Qu'une telle œuvre, tout exceptionnelle, qui n'existe pas à la surface, qui ne constitue point un usage naturel du sol, ne peut imposer à la mine, dont elle traverse le périmètre, des pertes ni des dépenses que celle-ci n'aurait point éprouvées si le tunnel n'avait pas été créé après la concession;

« Attendu que les pertes que la mine a subies par l'effet des prescriptions administratives de 1829, ont donné lieu à une indemnité que les propriétaires du chemin de fer ont été condamnés à payer; que si, par l'expropriation d'un massif plus considérable, ou par des interdictions d'exploiter plus étendues, on eût alors assuré au chemin de fer une solidité plus inaltérable, cette extension dans les prohibitions imposées à la mine, aurait obligé les propriétaires du chemin de fer à des indemnités plus fortes; que les travaux d'entretien ou de consolidation qui arrivent au même but, doivent suivre la même règle, et, par conséquent, être à la charge du chemin souterrain pour lequel ils sont faits, etc. » (1).

Du reste, qu'on ne l'oublie pas : il est incontestable, et il résulte même des arrêts qui précèdent, que les propriétaires de la surface restent dans le droit commun à l'égard des mines situées au-dessous. Quant à eux, la loi sur les mines n'a pas dérogé aux art. 544 et 552, C. Nap., en tant que ces articles leur accordent le droit de faire, *au-dessus* du sol, toutes les plantations et *constructions* qu'ils jugent à propos.

Dès lors, les concessionnaires de mines sont tenus de subir les conséquences de ces travaux et constructions, pourvu

_____

(1) Lyon, 14 juill. 1846, S. 47.2.17.

qu'ils aient été établis suivant les règles de l'art, dans un but d'utilité, et sans intention de nuire.

Si, par exemple, un canal est établi au-dessus de la mine, et que les infiltrations viennent à inonder celle-ci, elle doit les supporter sans indemnité, comme une conséquence nécessaire de l'usage légitime du sol.

C'est ce qu'a jugé encore la Cour royale de Lyon, entre la compagnie du canal de Givors et la compagnie de la mine des Verchères :

« Attendu qu'un canal est un des travaux utiles auxquels le propriétaire de la superficie peut se livrer sans que le concessionnaire de la mine puisse se plaindre des infiltrations qui peuvent résulter de l'affluence des eaux à la surface, lorsque le constructeur de ce canal a observé les règles de l'art, et solidifié, autant qu'il était en lui, le sol sur lequel il assied son canal ; qu'ainsi, l'on doit décider, d'une manière absolue, que, dans l'espèce, la compagnie du canal ne doit aucune indemnité à celle des Verchères, par cela seul qu'elle a établi un canal au-dessus de ladite mine, s'il n'est pas d'ailleurs démontré qu'elle ait agi imprudemment, ni conduit les eaux sur un terrain qui n'ait point été préalablement approprié à ce genre d'usage » (1).

A l'inverse, mais par une conséquence des mêmes principes, il est constant que les concessionnaires de la mine doivent répondre des dommages que l'exploitation cause aux constructions élevées à la surface, par affaissement du terrain ou autres phénomènes, bien qu'elles aient été édifiées à une époque postérieure à la concession (2) ou à l'exploitation (3) de la mine.

On décide même que, si le propriétaire du sol, voulant bâtir sur son terrain, en est empêché par des travaux d'exploitation, qui ne lui permettraient pas d'asseoir solidement son édifice, il ne peut être contraint de subir cette nécessité sans dédommagement ; que ce propriétaire, comme ayant un droit antérieur à celui du concessionnaire de la mine, pourrait obliger celui-ci à exécuter les ouvrages de consolidation qui seraient reconnus indispensables, ou bien le forcer à

---

(1) Arrêt du 9 juin 1845, S. 46.2.404.
(2) Loi du 21 avril 1810, art. 40, 44, 50; C. Nap., 544, 552; Rej., fév. 1857, D. 193.
(3) Rej., 17 juin 1857, D. 275.—Conf., Rej., 16 nov. 1852, D. 53.1. 189.

acquérir le terrain, par application de l'art. 44 de la loi du 21 avril 1810, relatif au cas où la privation de jouissance par le propriétaire du sol dure plus d'une année, et s'oppose à la culture des terres (1).

Terminons sur ce point en signalant encore une disposition spéciale de la loi sur les mines qui constitue, dans certaines circonstances, une dérogation au droit commun, tel que nous l'avons établi ci-dessus n° 425.

L'art. 45 de la loi du 21 avril 1810 prévoit et règle, ainsi qu'il suit, le cas où l'exploitation de deux mines dans le voisinage l'une de l'autre, donne lieu à des inconvénients ou à certains avantages de la part de l'une à l'égard de l'autre.

« Lorsque, par l'effet du voisinage ou par toute autre
« cause, les travaux d'exploitation d'une mine occasionnent
« des dommages à l'exploitation d'une autre mine, à raison
« des eaux qui pénètrent dans cette dernière en plus grande
« quantité ; lorsque, d'un autre côté, ces mêmes travaux pro-
« duisent un effet contraire et tendent à évacuer tout ou
« partie des eaux d'une autre mine, il y aura lieu à indem-
« nité d'une mine en faveur de l'autre : le règlement s'en
« fera par expert. »

441 *ter*. Retournons maintenant aux principes généraux de notre matière.

L'usage de la chose qui nous appartient est *illicite*, non-seulement quand il est contraire à la loi, mais encore lors-qu'il blesse l'ordre public ou les bonnes mœurs (2).

Ainsi, le propriétaire qui établit dans ses bâtiments une maison de débauche est toujours responsable envers ses locataires, voisins ou autres, du préjudice qu'ils en ressen-tent (3).

442. Jusqu'ici, nous avons recherché les conséquences des actes positifs de l'homme dans leur rapport avec la responsabilité civile qui en peut résulter.

Mais les faits qui causent un dommage à autrui peuvent être négatifs ou d'omission, aussi bien que positifs ou de commission.

Celui donc qui, pouvant empêcher un acte nuisible, l'a

---

(1) M. Cotelle, *Cours de droit administr. appliqué aux trav. publics*, t. 2, p. 259.
(2) C. Nap., 6, 686, 1031, etc.
(3) Rej., 3 déc. 1860 et 27 août 1861, D. 61.1.331 et 334 ; Lyon, 16 déc. 1862, D. 64.2.163.

laissé s'accomplir, doit-il être considéré comme ayant participé à son accomplissement, et comme ayant encouru la responsabilité de ce fait ?

Au point de vue philosophique et moral, on doit reconnaître que l'abstention est souvent une faute véritable. Dans
son traité *des Devoirs*, où se trouvent profondément empreintes
les idées des stoïciens, Cicéron met sur la même ligne celui
qui fait le mal et celui qui ne l'empêche pas.

« Il y a deux sortes d'injustices, dit-il à ce sujet, celle que
l'on fait et celle qu'on laisse faire, pouvant l'empêcher.

« ... Celui qui ne prend pas la défense de l'opprimé et
qui ne s'oppose pas à l'injure, pouvant le faire, est aussi
condamnable que s'il abandonnait son père, sa patrie, ses
amis. » (1)

Je voudrais, a dit aussi le chancelier de l'Hôpital, « que
« l'action ne fût pas seulement donnée contre celui qui au-
« rait fait l'outrage, l'excès et indignité, mais encore contre
« tous ceux desquels on aurait réclamé l'ayde et le secours,
« et ne se seraient mis en aucun devoir de l'empêcher, ains
« l'auraient dissimulé... et que les dissimulateurs et déser-
« teurs de leurs frères chrétiens fussent mulctés de grosses
« amendes. » (2).

On cite même un texte du droit canonique qui aurait sanctionné cette doctrine (3), et la législation réaliserait sans doute
un progrès en atteignant ce qu'un auteur appelle fort justement « quelques graves délits d'inertie » (4).

Mais ni le droit romain ni la loi positive de notre époque
moderne ne considèrent la simple abstention comme pouvant
engendrer la responsabilité (5).

A la vérité, M. Toullier a soutenu le contraire (6). Sui-

---

(1) *De officiis*, I, 7.—V. aussi I, 9.
(2) *Traité de la réform. de la justice*, 5ᵉ part., éd. Dufey, p. 70..—
Loisel dit également : « qui peut et n'empêche pêche. » (*Instit. cout.*,
liv. 6, tit. 1, n° 5.)
(3) *Corpus juris canonici, Sexti decreti*, lib. V, tit. 2, *de sentent.
excomm.*, cap. 6.
(4) M. Desjardins, av. gén. à la Cour d'Aix, *Essai sur la morale de
Cicéron*, p. 125 et 126.
(5) Le § 12 de l'art. 475, C. pén., prononce bien une amende contre
ceux qui, le pouvant, auront refusé de prêter le secours dont ils auront
été requis dans les circonstances d'accidents, tumultes, naufrages, in-
cendies ou autres calamités, etc. Mais c'est là une disposition spéciale
évidemment limitée aux cas prévus par le texte.
(6) T. 11, p. 117.

vant lui, l'auteur de cette faute d'omission est censé avoir commis lui-même le dommage. « C'est une sorte de complicité que de ne pas empêcher une action nuisible quand on en a le pouvoir. On doit donc en répondre civilement. » Ainsi, dans ce système, celui qui aurait entendu un homme, attaqué par des brigands, appeler au secours et n'aurait point été à son aide, celui qui, passant auprès d'un feu allumé dans le voisinage d'une maison à laquelle il peut se communiquer, aurait négligé de l'éteindre; celui-là serait responsable des blessures et de la mort même reçues par la victime, ou de l'incendie qui s'est en effet communiqué à la maison.

On sent immédiatement que cette doctrine est trop générale. Sur quelles autorités M. Toullier la fonde-t-il ?

Il invoque d'abord le droit romain et cite les lois 44 et 45, D. *ad Legem Aquiliam.* Voici la première de ces lois : *Quoties* SCIENTE DOMINO *servus vulnerat vel occidit, Aquiliâ teneri dubium non est.* Et voici la seconde qui vient expliquer la première : SCIENTIAM *hîc pro* PATIENTIA *accipimus ut* QUI PROHIBERE POTUIT *teneatur, si non fecerit.*

On voit qu'il s'agit ici d'un maître et d'un esclave, c'est-à-dire de deux personnes dont l'une est dans la dépendance de l'autre, et dans la dépendance la plus étroite que l'on puisse imaginer; de telle sorte que le rapport qui existe entre eux fait sentir qu'il y a pour le maître une véritable obligation de surveiller son esclave et de l'empêcher de faire mal. Si le maître ne remplit pas cette obligation, il commet réellement une infraction à ses devoirs, comme le dit la loi 121, D. *de Regul. juris : Qui non facit quod facere debet, videtur facere adversus ea quia non facit.*

Domat, que cite encore M. Toullier, exprime très-justement la limitation du principe trop général formulé par ce dernier auteur en disant : « Ceux qui pouvant empêcher un dommage *que quelque devoir* les engageait de prévenir, y auront manqué, pourront en être tenus suivant les circonstances. » (1)

C'est donc seulement lorsqu'il y a devoir, pour une personne, d'empêcher le fait nuisible commis par un tiers, c'est-à-dire quand l'obligation lui en est imposée par une loi ou par un contrat, qu'il y a de sa part faute d'omission et responsabilité du fait dommageable. Si l'étranger dont nous

---

(1) *Lois civiles,* liv. 2, tit. 8, sect. 4, n° 8.

parlions tout à l'heure, au lieu d'éteindre l'incendie, poursuit son chemin et s'éloigne de la maison qui se trouve ensuite dévorée par les flammes, sans doute il aura manqué aux devoirs de l'humanité et de la charité chrétienne, mais il n'aura manqué à aucun devoir civil, parce qu'il n'était tenu par aucune obligation légale ni conventionnelle de veiller à la conservation de la maison. On n'aura donc aucune action civile à intenter contre lui pour le forcer à reconstruire l'édifice incendié (1).

La Cour de cassation a jugé dans ce sens que le refus fait par un aubergiste de recevoir un individu abandonné sur la voie publique et en danger de mort, ne donne pas lieu à l'application de l'art. 1382, C. Nap., tout blâmable qu'il soit au point de vue moral (2).

À cet égard, il n'y a pas à distinguer si cette omission est le résultat d'une simple négligence, ou si l'intention de laisser le désastre s'accomplir se serait fait jour; si, enfin, les conséquences de son inaction auraient été prévues et acceptées par celui auquel on la reproche. Même, dans ce cas, il n'aura violé aucune obligation civile. Il n'aura donc pas commis d'acte *illicite*, et l'un des éléments essentiels, nécessaires pour constituer le délit civil, manquera complétement.

Il n'y a point de contradiction entre ce que nous disons là et le principe que nous avons posé, n° 439. — Celui qui a choisi entre plusieurs manières d'exercer son droit celle qui, sans utilité pour lui-même, doit nuire à autrui, peut encourir une certaine responsabilité parce que le dommage est le résultat immédiat et direct de la faute qu'il a commise.—Au contraire, dans l'hypothèse que nous examinons en ce moment, le dommage ne résulte pas primitivement de l'omission commise. Il est le résultat direct de la faute active d'un tiers, du fait de l'assassin, du voleur et de l'incendiaire. L'apathie de celui qui n'a point porté secours à la victime, qui ne s'est pas dérangé de son chemin pour éteindre le feu, a pu, sans doute, influer sur l'événement, mais comme une cause secondaire, incertaine, et l'on ne peut pas y trouver ordinairement la base d'une action en responsabilité.

---

(1) Proudhon, *Usufr.*, n° 1489; Zachariæ, 3, § 444, p. 189.
(2) Rej., 17 juin 1853, D. 53.5.414, et 7 janv. 1859, D. 47.—V. encore relativement à des faits négatifs : Cass., 19 déc. 1817, D. 18.1.33, et Poitiers, 6 mai 1856, D. 56.2.182.

Il est difficile, du reste, de donner des exemples de faits purement d'omission qui réuniraient ce double caractère d'actes illicites et commis avec intention de nuire.

Quand l'intention malfaisante existera, les fautes qui paraissent d'abord de simple omission se transformeront presque toujours en faits positifs, constituant par eux-mêmes l'acte illicite ou dommageable. — Par exemple, il y a faute d'omission de la part de celui qui, allumant du feu dans la distance prohibée (1), ou sans prendre les précautions prescrites par les lois de police, cause sans le vouloir l'incendie de la propriété d'autrui (2). — Mais si nous admettons chez l'agent l'intention de nuire, le fait d'avoir allumé du feu dans la distance prohibée, ou à une plus grande distance et sans prendre les précautions que commandait la prudence, mais avec l'espoir, au contraire, que le feu se communiquerait à la propriété d'autrui, ce fait, dis-je, constitue une véritable faute de commission.

Il y aurait cependant délit d'omission bien caractérisé dans le fait d'un père qui, voyant son enfant allumer du feu près d'un bâtiment appartenant à autrui, ne l'en empêcherait pas et laisserait ainsi, avec préméditation, l'incendie se déclarer. Sans rechercher si ce père pourrait être poursuivi même criminellement, nous dirons donc sans hésiter qu'il est tenu des dommages-intérêts, non pas seulement comme responsable du fait de son enfant mineur, mais encore en son nom personnel, et comme coupable d'une omission nuisible. La loi l'obligeait à veiller sur les actes de l'enfant, et à empêcher le mal qu'il pouvait produire. L'intention malfaisante qui a présidé à sa faute la rend plus grave. Il ne s'agit plus d'un quasi-délit, c'est un délit proprement dit qui a été commis. La réparation se mesurera sur la faute.

443. Nous avons examiné jusqu'ici l'acte préjudiciable et les circonstances qui lui font revêtir le caractère de délit, sous le rapport subjectif, et au point de vue abstrait de la faute commise par celui qui en est l'auteur. Occupons-nous maintenant de l'élément objectif, que nous avons déjà appelé réalité du dommage, élément indispensable aussi pour l'existence de l'action en ce qui se rapporte à la personne qui l'exerce. Il y a corrélation intime entre ces deux points de notre analyse juridique, ils ne peuvent être séparés.

---

(1) C. pén., 458; Loi du 6 oct. 1791, tit. 2, art. 10.
(2) Proudhon, 3, 1457.

444. De même que pour être passible de dommages-intérêts, il faut avoir commis une action nuisible qui ne dérivait pas d'un droit positif, de même, il faut, pour pouvoir réclamer cette réparation, que l'on ait été lésé dans un *droit acquis personnel ou réel.*

Nous disons *droit personnel* ou *droit réel,* parce que tous les actes nuisibles aux droits d'autrui sont compris nécessairement dans l'une de ces deux grandes catégories : 1° attentats à la personne, c'est-à-dire à sa sûreté, à sa liberté, à la réputation et à l'honneur, à l'exercice de tous les droits personnels, civils et politiques ; 2° attentats aux droits réels ou à la propriété et tous les droits qui s'y rattachent.

Nous disons de plus un droit acquis, car si l'acte incriminé ne blessait que de simples convenances, des espérances non réalisées, des attentes, en un mot, auxquelles la loi n'attache pas une sanction pour les protéger, il n'y aurait pas dommage de nature à constituer son auteur en faute et à l'obliger à des réparations. Le dommage ne serait pas appréciable.

445. Nous trouvons à faire une application de ce principe dans l'hypothèse déjà prévue ci-dessus, n° 423, du possesseur non annal évincé par le véritable propriétaire ou par celui qui avait déjà la possession d'une année. Le premier n'ayant pu encore acquérir aucun droit à l'encontre du propriétaire ou du possesseur annal, son expulsion ne l'autorise à demander ni la réintégration, ce qui constituerait la réparation ou restitution proprement dite, ni des dommages-intérêts.

Ces nouvelles considérations, puisées dans les principes de la matière que nous traitons, viennent à l'appui de la doctrine des auteurs que nous avons cités et qui se fondent sur les règles spéciales de l'action possessoire et les dispositions formelles tant de l'art. 23, C. proc., que de l'art. 6 de la loi du 25 mai 1838.

446. Appliquerons-nous la même solution au cas où le détenteur de l'immeuble est évincé par un tiers qui ne se prétend ni propriétaire, ni possesseur annal, mais qui répond seulement au détenteur évincé : « *possideo quia possideo;* « je suis dans la même position où vous étiez avant moi ; « mais puisque j'ai maintenant la détention de la chose, je « dois la garder, car, *in pari causâ melior est causa possi-* « *dentis.* »

Nous n'avons point, au commencement de ce chapitre, examiné cette hypothèse à la suite de la précédente, parce que nous nous occupions alors des voies de fait considérées

comme licites, comme l'exercice d'un droit naturel. Ici, le
fait du tiers qui s'empare de la chose détenue par un autre,
ne peut pas être considéré comme l'exercice d'un droit,
comme un acte véritablement licite. Si l'on doit refuser une
action à celui qui se trouve ainsi dépossédé, c'est parce que
n'ayant pas de *droit acquis* sur la chose dont il n'a pas la
possession annale, la loi ne donne point de sanction aux
espérances qu'il fondait sur sa détention.

Nous croyons, en effet, qu'il n'a pas plus ici l'action en
réintégrande qu'il ne l'aurait contre le possesseur annal antérieur qui serait rentré dans sa possession avant l'expiration
de l'année du trouble.

La Cour de cassation, qui juge le contraire sur la première
question, donne, à plus forte raison, l'action en réintégrande
contre le tiers détenteur qui ne prouve pas la possession annale. On rattache cette jurisprudence à une sorte de principe
d'ordre public. On ne doit jamais se faire justice à soi-même,
dit-on ; il faut surtout éviter que la violence ne devienne un
moyen d'acquérir. Il faut que celui qui a été dépossédé rentre
dans la possession telle qu'elle, qui lui a été enlevée.

Le point de départ est assurément très-bon, et l'on pourrait admettre, à la rigueur, que la législation a besoin d'être
complétée à cet égard. Mais cela n'autorise pas à ajouter à la
loi une disposition qui n'existe pas, à donner une action à
celui qui n'en a pas, d'après des textes clairs et formels. Le
même principe devrait conduire à donner également la *complainte*, même à qui n'a pas la possession annale, et que resterait-il alors de l'art. 23, C. de proc., et de l'art. 6, § 1ᵉʳ,
de la loi du 25 mai 1838? Otez la complainte et la réintégrande, quelles sont les actions possessoires auxquelles s'ap-
pliqueront ces deux articles, et pour lesquelles la possession
annale sera nécessaire? Le principe que l'on invoque n'a donc
réellement pas ici d'application, puisqu'il arriverait à détruire la loi.

Nous disons, en effet, qu'il n'y a pas de raison pour exiger
la possession annale de la part de celui qui veut exercer la
complainte, si on ne l'exige pas de celui qui exerce l'action
en réintégrande. L'ordre public est-il bien plus troublé lorsqu'un tiers se met en possession, sans violence (1), du champ

---

(1) Nous avons toujours supposé qu'il n'y avait pas de violence
contre les personnes; dans le cas contraire, l'art. 311, C. pén., et même
les autres articles du liv. 3, tit. 2, chap. 1, de ce Code seraient applicables, et l'ordre public recevrait ainsi satisfaction.

que je détenais, que lorsqu'il s'empare de la récolte des fruits? Or, ce dernier cas est précisément celui de la complainte. « Est la forme de proposer la complainte telle : le demandeur maintient qu'à certains bons et justes titres, à dire et à déclarer en temps et lieu, il est seigneur et possesseur des biens et choses contentieuses, et en possession de saisine *d'en prendre et percevoir les fruits*, en disposer à son plaisir, et d'empêcher que le défendeur *n'en prenne et perçoive les fruits*, etc. » (1)

Cette différence profonde que l'on veut établir entre les deux actions n'est donc pas très-bien justifiée.

Il est à remarquer, du reste, que la plupart des espèces sur lesquelles la Cour de cassation a statué, et dans lesquelles elle a déclaré recevable l'action en réintégrande, sans exiger la possession annale, présentaient de véritables cas de complainte, c'est-à-dire de trouble dans la jouissance, et non de dépossession de l'héritage entier.

Ainsi, dans l'affaire Trollay, le demandeur se plaignait de ce que le sieur Langlois et consorts, qui prétendaient avoir droit sur le terrain dont il avait la jouissance depuis moins d'une année, et qu'il avait fait enclore de murs, eussent abattu la clôture sur plusieurs points. C'est pour ce fait qu'il intenta l'action en réintégrande, et qu'il obtint, en effet, la réintégration, bien que Langlois et consorts eussent formé, eux-mêmes, la complainte par voie reconventionnelle devant le même juge de paix (2).

Dans l'affaire Durou, il s'agissait d'une barrière que Durou avait établie à l'extrémité d'un chemin qui traversait sa propriété, et que Ducourneau avait brisée et détruite quelques mois après. De là, action en réintégrande par le sieur Durou que la Cour de cassation a déclaré recevable par un arrêt ainsi conçu :

« Attendu, en droit, que nul ne peut se faire justice à soi-même; que celui qui a été dépossédé par violence ou voie de fait doit, avant tout, rentrer dans sa possession ; que c'est sur ces principes conservateurs de l'ordre social et de la paix publique que repose l'action en réintégrande ; — Que cette action, généralement admise dans l'ancienne législation française, loin d'avoir été abrogée par la nouvelle, est reconnue

---

(1) Imbert, *Pratique*, chap. 16; M. Henrion de Pansey, *Comp. des juges de paix,* p. 438, chap. 49.
(2) Cass., 17 nov. 1835, S. 36.1.21.

et consacrée par une disposition formelle de l'art. 2060, C. Nap.; — Que l'art. 23, C. proc., sainement entendu, ne doit être appliqué qu'aux actions possessoires ordinaires à l'égard desquelles c'est le droit ou la qualité, et non pas le fait de la possession que l'on considère; — Qu'il suffit pour faire admettre l'action en réintégrande, que le demandeur prouve sa possession actuelle et matérielle au moment de la violence ou voie de fait dont il se plaint;

« Que, sans doute, cette action ne prive pas le défendeur du droit de se pourvoir lui-même, par action en complainte possessoire, en vertu de sa possession plus qu'annale, pour le trouble qu'il a éprouvé et qu'il n'a pu légalement faire cesser par une voie de fait; — Mais que la faculté d'exercer cette action en complainte et l'exercice même de cette action ne peuvent légitimer la voie de fait dont la répression est l'objet de la demande en réintégrande; — Que, par conséquent, quelle que puisse être la décision sur l'action du défendeur en complainte possessoire, l'action en réintégrande ne peut être écartée quand le double fait de la possession actuelle et matérielle et de la dépossession par voie de fait est établie; — D'où il suit qu'en déclarant Durou non recevable et mal fondé dans son action en réintégrande, le tribunal qui a rendu le jugement attaqué a commis un excès de pouvoir, fait une fausse application de l'art. 23, C. de proc., et violé les principes sur l'action en réintégrande reconnue et consacrée par l'art. 2060, C. Nap.; — Casse, etc. » (1).

Enfin, dans l'espèce jugée le 5 août 1845 (2), c'était un fossé que l'on avait comblé; l'arrêt de la Cour de cassation est la reproduction à peu près textuelle du précédent.

Nous l'avons cité pour faire voir qu'il est d'autant plus grave d'affranchir la réintégrande des conditions établies par la loi pour l'exercice de la complainte que celle-ci tend à disparaître dans la pratique, absorbée qu'elle est par l'action en réintégrande. Le choix de la réintégrande est bien plus avantageux pour le demandeur, puisque la possession annale n'est pas jugée nécessaire dès qu'il lui plaît de revêtir de ce nom son action possessoire. Il n'y manquera donc jamais, puisqu'il lui suffira, pour pouvoir l'exercer, que le trouble ait eu lieu par voie de fait. L'usage de la complainte, avec la

_____

(1) Du 5 avril 1841, S. 295. — Notons toutefois un arrêt de rejet du 12 déc. 1853, D. 54.1.346, dans lequel la chambre civile est revenue aux véritables principes.

(2) S. 46.1.48.

condition essentielle de la possession annale, sera donc absolument restreint au cas où l'on ne peut alléguer qu'un trouble de droit, c'est-à-dire la manifestation, par acte extrajudiciaire, d'une prétention sur la chose. Or, c'est un cas très-rare dans la pratique.

Sans pousser plus loin la discussion, et tenant pour vrai notre système, nous devons faire observer que, dans les hypothèses où nous refusons l'action en réintégrande à celui qui se trouve dépossédé, il n'y aurait pas lieu non plus de lui accorder des dommages-intérêts pour le fait seul de la dépossession. Ne pouvant demander, en justice, la restitution de la chose même, il ne peut pas davantage demander une somme d'argent, qui serait la représentation de cette chose. Il ne serait recevable à le faire que s'il avait souffert, à l'occasion de la dépossession, quelque dommage dans ses autres biens, meubles ou immeubles, ou dans sa personne.

446 *bis*. Par la raison indiquée n° 444, le futur époux qui se plaint de la rupture d'une promesse de mariage, ne doit pas être admis à réclamer, à titre de dommages-intérêts, les avantages pécuniaires que lui aurait assurés l'union projetée. — La jurisprudence admet avec raison que l'action peut comprendre l'indemnité du préjudice matériel qui résulte pour l'une des parties de cette rupture, telle que le remboursement de dépenses de voyage, présents et autres frais ; et que le préjudice moral, par exemple l'atteinte causée par un injuste refus à l'honneur d'une femme peut également donner lieu à une réparation (1).

Mais il est évident que le réclamant ne peut pas demander l'équivalent de la dot que son conjoint lui aurait apportée. Cet avantage ne devait être que la conséquence du mariage réalisé ; il n'y avait donc pas jusque-là de droit acquis, de gain assuré, puisque le mariage pouvait être empêché soit par une cause extérieure et accidentelle, soit même par la volonté d'une des parties. Remarquez, en effet, que la promesse de mariage ne lie pas par elle-même, et que la clause pénale qu'elle renfermerait serait sans valeur. Ce qu'on punit, ce qui sert de base à l'action, c'est le fait d'avoir établi des rapports, donné naissance à une attente, occasionné des démarches dispendieuses et enfin porté atteinte à la considéra-

(1) Rej., 17 août 1814, S. 15.1.18, D. 14.2.483 ; Rouen, 7 déc. 1825, D. 26.2.87 ; Colmar, 23 juin 1833, D. 38.3.301 ; Montpellier, 20 mars 1835, Dall., *Mariage*, n° 88 ; Nîmes, 2 janv. 1855, D. 55.2.161 ; Merlin, *Fornication*, § 2 ; Demolombe, t. 3, n°° 28 et 29.

tion de l'autre partie en refusant de tenir son engagement. Ce sont là les éléments du délit ou peut-être du quasi-délit et les seules bases d'évaluation des dommages-intérêts.

447. Quant à la nature du dommage qu'on doit avoir éprouvé pour qu'il y ait ouverture à l'action en responsabilité, nous répéterons ici, en substance, ce que nous avons dit au chapitre 2 du titre 1er (1). Il faut s'y reporter pour les développements.

Le préjudice doit être actuel, certain, direct.

Actuel, et c'est déjà ce que nous avons exprimé en disant qu'il doit porter atteinte à des droits acquis. Ces deux idées se tiennent étroitement. Mais comme un acte préjudiciable peut ne léser que de simples attentes ou convenances qui n'ont pas encore le caractère de droits, de même il peut menacer seulement des droits proprement dits, mais n'étant pas encore réalisé, n'étant pas actuel, ni, par conséquent, certain, il ne peut encore engendrer aucune action.

448. Cependant celle qui aurait pour but d'empêcher, de prévenir un acte nuisible sur le point de se commettre doit-elle être interdite d'une manière absolue? Ne peut-elle pas se présenter sous la forme d'une demande en dommages-intérêts qui devraient être prononcés conditionnellement, et pour le cas où l'adversaire n'obéirait pas aux injonctions qui lui seraient faites, de ne pas donner suite à ses entreprises ou à ses projets manifestés par des actes antérieurs?

C'est ainsi qu'une action possessoire spéciale, appelée dénonciation de nouvel œuvre, est donnée à celui qui se plaint d'un ouvrage commencé par un tiers sur son héritage, pour le faire cesser et arrêter les travaux jusqu'à ce que, par justice, il ait été autrement ordonné (2). L'effet de cette action est d'autoriser le juge de paix à défendre ou à permettre la continuation des travaux, et à constater l'état des lieux au moment de la dénonciation. Si l'auteur du nouvel œuvre veut obtenir mainlevée des défenses du juge de paix, c'est au tribunal civil de l'arrondissement qu'il doit porter son action (3). De même, si le juge de paix a autorisé la continuation des travaux, celui qui en demande la cessation doit se pourvoir au même tribunal, qui examine alors si le nouvel œuvre doit être définitivement interdit ou autorisé.

---

(1) Nos 32, et 42 à 45.
(2) Loi du 25 mai 1838, art. 6, § 1; Henrion de Pansey, *Comp.*, p. 335 et suiv.
(3) Henrion de Pansey, p. 343 et 354.

Dans le cas où les travaux seraient de nature à porter atteinte aux droits du demandeur et à lui causer un préjudice direct et certain, nous ne doutons pas que le tribunal ne fût en droit d'ordonner dès à présent la cessation ou la démolition de ce qui aurait été fait, comme aussi d'adjuger conditionnellement des dommages-intérêts pour le cas où le préjudice viendrait à se réaliser, malgré les défenses faites de continuer les ouvrages nuisibles pour celui qui se plaint.

On peut induire de là que le défendeur ne doit pas invariablement opposer avec succès cette fin de non-recevoir, que le danger est hypothétique tant qu'il ne sera pas effectivement accompli et matériellement réalisé. Il faut, au contraire, combiner dans une juste mesure ces deux éléments, l'actualité, la certitude; et quand cette dernière condition existe, l'on peut considérer la première comme réalisée. Assurément, quand la réalisation prochaine du dommage est la conséquence nécessaire de certains actes illicites, quand il n'existe aucun doute sur l'effet qu'il doit produire, et quand le préjudice qu'il causera est dès à présent appréciable, ce n'est pas déroger aux principes que de déclarer ouverte l'action en responsabilité (1).

449. Le dommage ou l'intérêt doit être *direct*. C'est-à-dire que la lésion doit être personnelle; que l'intérêt soit du reste moral ou pécuniaire, peu importe (2). Les règles sont ici les mêmes que lorsque l'action a pour base un délit qualifié par la loi pénale. Elle s'exerce par les mêmes personnes et dans les mêmes conditions.

Ainsi encore, sous un second point de vue, le dommage doit être direct, non plus seulement quant à la personne qui le ressent, mais quant à la cause qui le produit, au fait dont il naît, à la personne qui en est l'auteur. Il faut, comme on l'a vu n° 42, que le préjudice dont la partie lésée se plaint soit la conséquence immédiate du délit qu'elle poursuit. Nous reviendrons sur ce point.

450. Il entre dans les attributions de la Cour de cassation d'assurer l'exécution de toutes ces règles dans le jugement des actions en responsabilité, au civil comme au criminel. Les exemples que nous avons donnés, *suprà*, n°ˢ 50 et 51, peuvent servir à nous guider ici dans une matière tout à fait analogue.

_____

(1) *Conf.*, Décr. du cons. d'État, 21 juin 1855, D. 56.3.25.
(2) V. n°ˢ 32, 33, 35 et suiv.

I.

451. L'action résultant des délits civils se transmet aux héritiers comme celle qui résulte des délits criminels, et suivant les mêmes distinctions déjà faites n°ˢ 53 et suivants.

452. Nous renvoyons également au n° 73, sur la question de savoir si les créanciers peuvent l'exercer au nom et du chef de leur débiteur. Il est incontestable, du reste, que la partie lésée peut faire cession de ses droits et de son action, sauf l'application de l'art. 1699, C. Nap., sur le retrait litigieux.

453. Après avoir vu, comme nous venons de faire, tout ce qui concerne les conditions requises pour l'exercice de l'action par le demandeur, tant sous le rapport de la capacité active que sous le rapport de la nature du dommage dont il se plaint, il nous reste à dire, en quelques mots, contre quelles personnes l'action doit être dirigée.

Ici, nous ne rencontrerons aucune des difficultés examinées et résolues au chapitre 3 du titre 1ᵉʳ (1), relativement à l'amende, aux frais, etc. Dans la matière qui nous occupe actuellement, les objets constitutifs de la réparation ne peuvent jamais prendre un caractère pénal. Il va donc sans difficulté que l'action se donne, et contre l'auteur du dommage, et contre ses héritiers ou représentants, et enfin contre la personne civilement responsable (2). Comme la dette des dommages-intérêts grève les biens du délinquant dès le moment où le délit a été commis, peu importe que l'action soit intentée de son vivant ou après sa mort. Il suffit que le délai de la prescription ne soit pas expiré.

Remarquons encore que, si certaines personnes, comme nous le verrons plus tard, sont responsables du fait d'autres individus, de telle sorte que l'action puisse être dirigée contre elles, bien qu'elles ne soient pas les agents directs de l'acte préjudiciable, cela n'empêche pas que l'auteur du dommage ne soit toujours personnellement tenu à le réparer. Il ne serait pas recevable à prétendre qu'il n'a agi que comme représentant d'un autre, et par ses ordres.

L'action se donne donc toujours contre lui personnellement, à moins qu'il ne s'agisse d'un enfant ou d'un fou à qui n'incombe aucune espèce de responsabilité.

Nous reviendrons aussi sur ce point, dans la deuxième partie.

_____

(1) N°ˢ 79 et suiv.
(2) V. n°ˢ 750 et suiv.

CHAPITRE II.

ÉTENDUE DE LA RESPONSABILITÉ. — NATURE DE LA RÉPARATION.

Sommaire.

dent avec les autres biens du créancier et sont régies par les
principes généraux du Code Napoléon.— Conséquences.

471. — Preuves nouvelles à l'appui de l'opinion déjà émise sur la question de savoir si la dette des dommages-intérêts est compensable avec une créance d'une autre espèce. — Dissentiment
avec M. Pigeau.

472. — La partie lésée peut transiger et céder son droit.

454. Nous aurons peu de chose à dire sur les deux points
qui font le sujet de ce chapitre, en présence des développements que nous leur avons donnés au titre 1er, nos 102 et
suivants. Presque toutes les règles qui servent à déterminer
la nature de la réparation et l'étendue des dommages-intérêts, quand il s'agit de délits prévus par la loi pénale, sont
applicables en matière de délits civils.

Nous n'avons qu'à signaler quelques différences, et nous
renverrons, pour le surplus, aux endroits précités.

455. Ici encore, l'on emploie indifféremment les mots de
réparation, dommages-intérêts, ou bien celui d'*indemnité.*
Ils sont tous synonymes (1).

456. Le principe relatif à l'étendue de la responsabilité
est le même que nous avons déjà posé pour les délits criminels. Le dommage causé doit être réparé dans son entier,
ce qui comprend à la fois le préjudice souffert dans les biens
déjà acquis et la représentation du gain dont on a été privé.
Lucrum cessans et damnum emergens.

Quant aux limites qui circonscrivent ce principe dans l'application, il suffit de remarquer que le délit civil suppose toujours l'intention de nuire, ou le dol. Par conséquent, la réparation doit comprendre tout ce qui est une suite immédiate
et directe du délit, d'après la règle de l'art. 1151, C. Nap.,
que nous avons reconnue applicable à la matière des engagements formés sans convention (2).

L'élément caractéristique de l'infraction, savoir l'intention
malfaisante, se reproduisant dans les deux hypothèses, ses
conséquences doivent être les mêmes, qu'il s'agisse d'infractions à la loi spéciale du contrat, ou à la loi générale, positive
et morale à la fois.

457. On trouve bien un arrêt de la Cour de cassation

(1) Rej., 20 nov. 1832, D. 33.1.58.
(2) V. nos 105 à 107.—Sur les restrictions que souffre quelquefois ce
principe, V. *supra*, n° 438.

dont les considérants portent que l'art. 1151, C. Nap., s'applique aux dommages-intérêts résultant de l'inexécution des obligations et non pas aux réparations dues à raison d'un délit (1).

Mais on s'expliquerait très-bien la réserve qu'aurait mise la Cour de cassation à déclarer que la loi aurait été violée, si l'on eût invoqué devant elle, pour faire tomber une décision en dernier ressort, un article du Code qui ne régit pas directement et expressément la matière.

Pour nous, c'est seulement une règle doctrinale que nous puisons dans cet article, règle dont l'observation n'est commandée au juge que par la raison ; et ce qui n'est pas douteux, c'est qu'en faisant passer dans la pratique cette raison écrite, il ne saurait non plus encourir la censure de la Cour régulatrice.

Au surplus, en se reportant à l'arrêt du 30 janvier 1826, on verra facilement qu'il n'a point entendu proscrire d'une manière absolue l'application de l'art. 1151 à la matière des délits et quasi-délits. D'abord, cet article était invoqué avec d'autres qui sont, en effet, étrangers à cette matière.

De plus, voici comment se présentait la question :
La régie des domaines, qui avait formé le pourvoi, prétendait que les juges du fond avaient outre-passé les limites fixées par l'art. 1151 pour les dommages-intérêts. La Cour suprême, au contraire, a jugé que la condamnation prononcée contre la régie était restée bien en deçà de ces limites, et qu'ainsi le moyen de cassation était sans fondement.

Telle est la véritable portée de l'arrêt de 1826 ; et c'est à tort que les annotateurs de M. Zachariæ le citent comme décidant, d'une manière absolue, qu'aucune des règles du Code Napoléon sur les dommages-intérêts dus à raison des contrats, ne peut être étendue à la réparation des dommages causés par les délits (2).

458. Nous avons donné, nos 106 et 107, toutes les explications que comporte la règle qui vient d'être posée. Ajoutons, cependant, encore quelques exemples fournis par la jurisprudence.

Comme conséquence du principe que les dommages-intérêts ne doivent jamais comprendre que ce qui est la suite im-

---

(1) Rej., 30 janv. 1826, D. 162.
(2) T. 2, p. 314, § 308, note 1. Le second arrêt cité dans le même passage s'applique à une tout autre hypothèse.

médiate et directe du délit, on devrait décider que, en cas de dégradations commises sur une propriété, il n'est pas dû d'indemnité pour la perte du prix d'affection, mais seulement pour les atteintes à sa valeur vénale. C'était déjà la règle en droit romain : « *Sextus Pedius ait : pretia rerum, non ex* « *affectione, nec utilitate singulorum, sed communiter* « *fungi..... In lege enim Aquiliâ damnum consequimur, et* « *amisisse dicimur, quod aut consequi potuimus, aut erogare* « *cogimur.* Undè *si servum meum occidisti non affectiones* « *œstimandas esse puto,* SED QUANTI OMNIBUS VALERET » (1).

De ce qu'il n'est dû réparation que du dommage qui résulte effectivement du délit, il suit encore que s'il est formé une demande en remboursement du montant d'une obligation, due primitivement par un tiers contre lequel on ne peut plus agir utilement par la faute du défendeur, le tribunal doit nécessairement apprécier le préjudice d'après toutes les circonstances de la cause et notamment la solvabilité du débiteur primitif. Il ne peut condamner la partie responsable à en rembourser purement et simplement le montant. Si le jugement se borne à une telle condamnation, il doit être cassé (2).

Un prisonnier pour dettes avait obtenu sa translation dans une maison de santé où il devait demeurer en état d'arrestation : il parvint à s'en échapper. Le directeur de la maison de santé fut déclaré responsable de l'évasion envers le créancier; mais on jugea avec raison qu'il ne pouvait être condamné envers ce créancier à des dommages-intérêts excédant les moyens de solvabilité du débiteur au moment de l'évasion (3).

459. Il y a, pour les dommages-intérêts résultant de l'inexécution des contrats, une autre règle fondamentale, que l'on ne doit pas transporter comme la première dans la matière qui nous occupe. C'est celle qu'expriment l'art. 1146, portant : « qu'en général les dommages-intérêts ne sont dus « que lorsque le débiteur est en demeure de remplir son « obligation; » et l'art. 1153, conséquence du précédent, et qui est ainsi conçu : « Dans les obligations qui se bornent au « paiement d'une certaine somme, les dommages-intérêts « résultant du retard dans l'exécution, ne consistent jamais

---

(1) L. 33, D. *ad leg. Aquil.*
(2) Cass., 21 août 1832, D. 390.
(3) Paris, 5 juill. 1819, Dall., *Oblig.*, p. 791, n° 4, 1ʳᵉ éd.

« que dans la condamnation aux intérêts fixés par la loi... Ils
« ne sont dus que du jour de la demande, sauf les cas où la
« loi les fait courir de plein droit. »

En matière de délit, il ne peut être question de mise en
demeure préalable, ou du moins la mise en demeure existe
de plein droit. Chacun est toujours tenu pour averti de ne
pas nuire à autrui. Il s'agit là d'une obligation de ne pas faire.
La contravention suffit donc pour faire encourir les dommages-intérêts, d'après l'art. 1145, C. Nap.

C'est d'ailleurs une conséquence nécessaire de l'obligation
imposée à l'auteur du dommage, de le réparer entièrement,
que les dommages-intérêts sont dus à celui qui a souffert le
préjudice, à partir du jour où il a existé, et non pas seulement du jour de la demande.

Les art. 1146 et 1153, parlant des obligations conventionnelles, supposent qu'il y a simplement retard dans l'exécution. Or, nous avons déjà dit comment, en cette matière, le
législateur avait dû se montrer plus indulgent, tant à cause
de la nature des faits que par suite de la position respective
des parties.

Quand il y a contrat, le créancier est prévenu ; il doit veiller à ses intérêts et prendre ses mesures à temps, pour ne
pas éprouver de retards ni de pertes.

En cas de délit, outre que l'infraction est plus grave et
que le débiteur est moins favorable, le créancier est pris à
l'improviste et n'est pas en état, même dès le principe, de
faire respecter son droit. Et, de la part du débiteur, ce n'est
plus d'un simple retard qu'il s'agit, mais d'une faute active à
réparer. Les dommages-intérêts ne sont donc pas dus *ex morâ*,
mais *antè moram*, en remontant au jour où le dommage a
été causé (1).

Quant à l'art. 1153, spécialement, qui ne fait dériver la
mise en demeure du débiteur que d'une demande judiciaire,
il ne dispose que pour les obligations qui se bornent « au
paiement d'une certaine somme ».

Ces expressions laissent en dehors du principe toutes les
obligations de faire ou de ne pas faire, qu'elles soient nées
d'un contrat, d'un quasi-contrat ou d'un délit. Or, si on la
considère dans son essence, la nécessité de réparer le préjudice que l'on a causé apparaît plutôt comme la conséquence
d'une obligation antérieure de ne pas faire ou de faire que

---

(1) Toullier, 6, 269.

comme celle de payer une certaine somme. S'il arrive le plus
souvent que la réparation consiste dans l'attribution d'une
valeur pécuniaire, c'est par suite de l'impossibilité d'exécuter autrement l'obligation, et parce que *nemo precisè potest
cogi ad factum*. Mais dans ce qu'elle a de primitif, l'obligation qui naît de l'art. 1382 échappe complétement aux dispositions de l'art. 1153.

460. Aussi la jurisprudence n'a jamais exprimé d'incertitudes sur ce point. On a alloué, par exemple, des dommages-intérêts au propriétaire supérieur sur le fonds duquel le
propriétaire inférieur a fait refluer les eaux qui en découlaient,
bien que ce dernier n'eût pas été mis en demeure de faire
cesser le préjudice (1). On a décidé encore que les intérêts de
la valeur d'un objet frauduleusement détourné par un cohé-
ritier pouvaient être accordés, à compter, non pas seulement
du jour de la demande, mais du jour du détournement (2).

Et, quand même il s'agirait uniquement de valeurs pécuniaires, l'art. 1153 ne serait encore pas applicable en tant
qu'il ne fait courir les intérêts que du jour de la demande.

Le délit peut avoir eu pour objet d'exiger à tort une somme
d'argent qui n'était réellement pas due. Dans ce cas, la condamnation devra comprendre non-seulement le remboursement de ce capital, mais encore les intérêts légaux depuis le
jour où le paiement en a été exigé à tort.

Par exemple, un jugement exécutoire par provision vient
à être réformé ; mais il avait été mis à exécution, et celui qui
l'avait obtenu s'était fait payer le montant des condamnations.
Les dommages-intérêts qu'il a encourus seront naturellement
le paiement des intérêts au taux légal. Il les devra depuis le
jour où la partie condamnée en première instance a été tenue
d'exécuter le jugement (3).

En matière d'usure, la loi du 19 décembre 1850 renferme
sur ce point une disposition formelle. Aux termes de l'art. 1er,
lorsque le prêt usuraire sera prouvé, les perceptions exces-
sives seront imputées de plein droit, aux époques où elles
auront eu lieu, sur les intérêts légaux alors échus, et subsi-

---

(1) Rej., 8 mai 1832, D. 176.
(2) Rej., 10 déc. 1835, D. 36.1.18, S. 36.1.327.—Voy. dans le même
sens, Rej., 5 nov. 1834, D. 35.1.13, S. 34.1.691 ; 23 juill. 1835, S. 493;
Paris, 8 mars 1837, *J. du P.*, t. 1, 1837, p. 377; Cass., 1er mars 1842,
J. du P., t. 1, 1842, p. 539 ; Bordeaux, 15 juill. 1845, S. 47.2.237.
(3) Bruxelles, 2 juin 1814. Dall., *Oblig.*, p. 791, n° 3, 1re éd.

diairement sur le capital de la créance. Si la créance est éteinte en capital et intérêts, le prêteur sera condamné à la restitution des sommes indûment perçues, avec intérêt du jour où elles auront été payées.

Remarquons, en passant, qu'ici la loi détermine elle-même le mode et l'étendue de la réparation du préjudice résultant du délit. Elle ne les laisse point à l'arbitraire du juge.

461. Le préjudice qui résulte d'un délit peut s'aggraver par la faute même de la partie lésée.

Or, jusqu'à quel point cette faute doit-elle être prise en considération pour atténuer la responsabilité du délinquant et pour diminuer la valeur de la réparation ?

Observons d'abord que la faute de la partie lésée, son imprudence ou sa négligence ne peuvent être invoquées, pour faire entièrement disparaître l'obligation de réparer les conséquences du délit. Du moment où un acte a été commis avec l'intention de nuire, et qu'un dommage s'en est suivi, il y a nécessairement responsabilité encourue, à moins qu'on ne suppose que la partie lésée soit de mauvaise foi, et complice elle-même d'un délit dont les conséquences dirigées primitivement contre un tiers sont retombées sur elle (1).

Mais cette hypothèse singulière écartée, si la faute du plaignant a pu aggraver le dommage, du moins elle n'en est pas la cause primitive et principale. Dès lors, tout ce que l'équité réclame, c'est que le délinquant ne soit pas tenu des conséquences de cette faute, lorsqu'elles seront bien déterminées ; car il n'est tenu que des suites immédiates et directes du délit.

Dans la pratique, cette distinction sera quelquefois difficile, et l'on comprend que le juge y doit procéder d'une manière très-large. Le délinquant ne mérite point de faveur.

Ce n'est point d'ailleurs une faute légère de l'autre partie que l'on doit pouvoir invoquer comme circonstance atténuante. A notre avis, une faute lourde devrait seule produire un pareil résultat.

La loi de Prusse rejette même complétement ce moyen d'excuse.

« L'indemnité complète, pour faute grave, doit être don-
« née, alors même qu'il y aurait également faute de la part
« de l'offensé (2). » Et l'indemnité complète s'entend de « la

(1) Nancy, 7 mars 1844, D. 44.2.64.
(2) Art. 18, tit. 6, 1re part.

« réparation du dommage éprouvé et du profit perdu (1). »
Mais cette disposition nous paraît trop absolue, et opposée
au véritable esprit de nos Codes (2).

Les tribunaux apprécient souverainement la gravité des
fautes respectives et l'étendue du dommage qu'elles ont
causé. Les compensations qu'ils croient devoir admettre en
pareil cas (3) ne donnent donc pas ouverture à cassation. La
Cour suprême est seulement appelée à examiner si un fait de
telle ou telle nature constitue ou non une faute pouvant engager la responsabilité de son auteur. Il y a là un point de
droit sur lequel elle est toujours compétente (4).

462. On sait déjà que le préjudice qui donne ouverture à
l'action est celui qui réunit les trois conditions, d'être actuel,
certain, direct (5). Par conséquent, la réparation doit consister dans l'équivalent de ce préjudice, et rien au delà.

On doit se souvenir aussi que les deux premières de ces
trois conditions ont, entre elles, une liaison intime, de telle
sorte que le préjudice, lorsqu'il est certain, c'est-à-dire inévitable, nécessaire et appréciable, peut être considéré comme
réalisé, bien que les dernières conséquences de l'acte qui le
produit ne se soient pas encore manifestées avec tous leurs
développements (6).

Mais le juge commettrait un flagrant excès de pouvoirs en
allouant des dommages-intérêts pour un préjudice qui n'est
que probable, possible, par conséquent éventuel et futur
dans le véritable sens de ce mot.

463. A l'inverse, il ne peut d'avance, au préjudice de la
partie qui se plaint, régler, d'une manière définitive, les effets
contingents d'un état de choses sur lequel il est actuellement
appelé à statuer. Il ne pourrait donc, en allouant des dommages-intérêts pour le préjudice dont on lui demande réparation, décider que celui qui les obtient sera non recevable à
réclamer, à l'avenir, pour toutes causes de dommages qui
pourraient survenir.

Ainsi, des travaux exécutés dans un canal ont arrêté l'écoulement des eaux d'une propriété. Le juge, en accordant une

---

(1) Art. 7, 10 et 12.
(2) V. au reste, *infrà*, nos 660, 661 et 662.
(3) V. Riom, 23 nov. 1852, D. 53.2.137, et *suprà*, n° 108.
(4) Rej., 12 déc. 1854, D. 55.1.53.
(5) V. nos 417 et suiv.
(6) V. n° 448.

indemnité pour les pertes de récoltes déjà subies, la dépréciation de la propriété, et le prix de travaux propres à empêcher le retour des inondations en donnant aux eaux de
nouveaux moyens d'écoulement, ne peut déclarer que le réclamant perd, dès à présent, le droit de demander plus tard
de nouvelles indemnités pour des causes de dommage nouvelles, et autres que celles à raison desquelles l'indemnité lui
a été accordée.

464. Les tribunaux ont ici un pouvoir absolu pour décider
s'il y a eu préjudice, et s'il est ou non dû des dommages-intérêts.

Nous ne connaissons, en matière de délits purement civils,
aucune disposition impérative qui ordonne de les prononcer
dans tel ou tel cas (1), comme nous en avons vu des exemples en droit criminel (V. n° 131).

464 *bis*. Les tribunaux ont, par conséquent aussi, toute
liberté pour en évaluer la quotité. La Cour de cassation ne
peut aucunement s'immiscer dans des questions de ce
genre (2).

464 *ter*. Il faut excepter cependant les circonstances dans
lesquelles la loi s'est formellement prononcée. Par exemple
la loi du 21 avril 1810 sur les mines dispose, art. 43 : « Les
« propriétaires des mines sont tenus de payer les indemnités
« dues au propriétaire de la surface sur le terrain duquel ils
« établiront leurs travaux. — Si les travaux entrepris par
« les explorateurs ou par les propriétaires de mines ne sont
« que passagers, et si le sol où ils ont été faits peut être mis
« en culture au bout d'un an comme il l'était auparavant,
« l'indemnité sera réglée *au double* de ce qu'aurait produit
« net le terrain endommagé. »

Art. 44. « Lorsque l'occupation des terrains pour la re-
« cherche ou les travaux des mines prive les propriétaires
« du sol de la jouissance du revenu au delà du temps d'une
« année, ou lorsqu'après les travaux les terrains ne sont plus
« propres à la culture, on peut exiger des propriétaires des
« mines l'acquisition des terrains à l'usage de l'exploitation.
« Si le propriétaire de la surface le requiert, les pièces de
« terre trop endommagées ou dégradées sur une trop grande

_____

(1) Sauf l'art. 1ᵉʳ de la loi du 19 déc. 1850, relatif à l'usure ; V. *suprà*, n° 460.
(2) Arg., Rej., 17 mars 1819, Dall., *Oblig.*, p. 486, 1ʳᵉ éd., et 3 mai
1827, D. 228.

« partie de leur surface, devront être achetées en totalité par
« le propriétaire de la mine..... Le terrain à acquérir sera
« toujours estimé *au double* de la valeur qu'il avait avant
« l'exploration de la mine. »

En présence de ces textes, un tribunal ne pourrait, sans
encourir la cassation, refuser de fixer au double de la valeur
le prix du sol ou l'indemnité pour privation de jouissance
dans les cas prévus.

L'interprétation de ces deux articles a donné lieu, d'ailleurs, à une longue controverse qui devait être résolue en
dernière analyse par la Cour suprême. Il s'agissait de savoir
si la fixation de l'indemnité au double est obligatoire même
dans le cas où les dommages sont causés par les travaux souterrains de la mine, ou seulement dans l'hypothèse de travaux exécutés à la surface et d'occupation effective du sol
extérieur par les explorateurs ou exploitants.

La jurisprudence a varié sur ce point, mais elle a été fixée
dans ce dernier sens par un arrêt des chambres réunies de
la Cour de cassation en date du 23 juillet 1862. (1)

464 quater. Les tribunaux décident encore souverainement sur tout ce qui se rattache à l'existence des faits matériels et à l'intention des parties, lorsqu'il s'agit de déterminer
les faits constitutifs du délit, de la faute en général. Par
exemple, ils apprécient souverainement les caractères constitutifs de la bonne foi en matière de stellionat (2).

Mais il rentre dans les attributions de la Cour de cassation
d'examiner si la nature de la faute et celle du préjudice souffert engendrent une action en dommages-intérêts au profit
de la partie lésée, conformément aux règles établies nos 419,
439 et suivants (3). Elle ne fait alors qu'apprécier les *conséquences légales* des faits reconnus constants par les juges du
fond conformément à ses pouvoirs essentiels.

---

(1) D. 257. — *Conf.*, Dijon, 29 mars 1854, D. 54.2.143, et 21 avril
1856, D. 57.2.6; Lyon, 5 août 1858, D. 59.2.7; Grenoble, 20 mars
1861, D. 61.2.185; Cass., 4 août 1863, D. 352; 18 nov. 1863, D. 445;
Toulouse, 17 janv. 1866, D. 66.2.4. — *Contrà*, Rej., 22 déc. 1852, D.
53.1.93 : Riom, 2 fév. 1855, D. 57.2.145; Nîmes, 10 fév. 1857, D. 57.
2.212; Cass., 2 déc. 1857, D. 434 ; Cass., 17 juill. 1860, D. 60.1.321 et
325.

(2) Cass., 21 fév. 1827, D. 145. — V. analog., Rej., 25 mars 1840,
D. 164.

(3) V. Domat, liv. 3, tit. 5, sect. 2, n° 2, et ce que nous venons de
dire n° 461, *in fine.*

465. Il en est de même toutes les fois que la question de savoir, non-seulement s'il est dû des dommages-intérêts, mais d'après quelles bases la quotité en doit être fixée, ou la répartition faite entre plusieurs personnes responsables, dépend d'un principe de droit.

Ceci a déjà été expliqué n° 132.

La loi du 10 vendémiaire an IV, sur la responsabilité des communes, nous fournit encore une application.

L'art. 3 du titre 4 de cette loi a fait naître la question suivante : quand plusieurs communes sont déclarées responsables de délits commis, à force ouverte, par des attroupements ou rassemblements composés d'habitants de ces communes, la part que chacune d'elles doit supporter dans les dommages-intérêts doit-elle être déterminée d'après la proportion du nombre d'habitants leur appartenant respectivement, et qui ont pris part aux actes de violence? — Doit-elle être, au contraire, déterminée d'après la population respective et la proportion des impôts assis sur chaque commune?

Nous examinerons, un peu plus loin, cette difficulté en elle-même (V. n° 1301).

Mais on comprend, et nous ne voulons pas faire remarquer autre chose en ce moment, que la solution dépend entièrement d'une interprétation de la loi, qui appartient, en définitive, à la Cour de cassation.

A la vérité, la question s'étant présentée devant cette Cour, lors d'une affaire assez récente, le pourvoi fondé sur ce que l'arrêt attaqué avait adopté l'une de ces bases de répartition au lieu de l'autre, fut rejeté par ce motif, : « que l'art. 3 de la loi de vendémiaire..... n'impose aux tribunaux aucune base spéciale de répartition de l'indemnité entre les diverses communes responsables...; qu'en l'absence d'*une base légale et obligatoire*, l'arrêt en a pris une avouée par la raison et l'équité, en répartissant l'indemnité d'après le nombre respectif des délinquants de chaque commune, et qu'il n'a violé aucune loi... (1). »

Mais la Cour n'a pas déclaré que la question ne fût pas de sa compétence. Les termes de son arrêt nous montrent, au contraire, qu'elle s'est parfaitement reconnu le droit d'examiner si cette base légale, obligatoire, de la répartition des dommages-intérêts existait ou non dans l'espèce qui lui était soumise. Or, c'est tout ce que nous voulions démontrer.

(1) Rej., 14 janv. 1852, S. 102, commune d'Oullins.

466. Enfin, il appartiendrait également à la Cour de cassation de statuer sur les difficultés que ferait naître la nature de la réparation ordonnée (1).

467. Nous avons examiné ci-dessus, n° 133, la question de savoir si la personne lésée par un délit, dont elle poursuit la réparation civile devant les tribunaux de répression, peut obtenir de ces tribunaux une *provision* avant le jugement définitif. Nous avons dit que cette mesure était autorisée dans un cas particulier, prévu par le Code d'instruction criminelle.

Lorsque l'action est fondée sur un délit purement civil, nous pensons qu'il appartient toujours aux tribunaux d'apprécier si la demande paraît, dès l'origine, suffisamment justifiée, si la position du demandeur réclame une allocation de secours anticipés, enfin, si le défendeur n'apporte pas au jugement de l'affaire des retards calculés; circonstances qui justifient l'allocation d'une certaine somme à titre provisoire. Ainsi, quand l'existence du dommage n'est pas contestée, que le litige porte exclusivement sur sa quotité, et que la détermination à en faire réclame des opérations plus ou moins longues, plus ou moins coûteuses, comme une expertise, des descentes sur les lieux, des enquêtes, les juges ont parfaitement le droit d'allouer une somme modérée à titre de réparation provisionnelle (2).

468. En ce qui concerne la nature de la réparation, il faut se reporter à ce que nous avons dit n°s 132 *bis* et suivants.

Elle ne peut, en principe, consister que dans l'allocation d'une somme d'argent, sauf aux juges à ordonner la cessation des actes nuisibles, ou le rétablissement des choses détériorées et détruites, dans leur premier état. Encore, l'auteur du dommage ne peut-il être contraint directement à exécuter les travaux de réparation, mais il doit être condamné sous cette alternative, ou de remettre les choses en état, ou de payer telle somme d'argent dès à présent fixée, à titre de dommages-intérêts.

Ainsi, l'indemnité se résout toujours en argent.

Il en est ainsi, même quand le tort causé par le délit est purement moral.

_____

(1) V. *suprà*, n°s 134 et suiv., *infrà*, n° 468.
(2) Aix, 14 mai 1825, D. 26.1.424, 1re espèce.

468 *bis*. Ainsi que nous l'avons dit (1), les tribunaux peuvent allouer, à titre de réparation, une somme déterminée ou une rente. Ils peuvent également ordonner la cessation des faits dommageables (2), prescrire les mesures nécessaires à cet effet, faire des injonctions ou défenses, supprimer des écrits (3), et autoriser l'impression et l'affiche de leurs jugements (4).

Mais, bien entendu, la confiscation n'a pas lieu en matière civile. C'est une peine qui ne peut être prononcée que par les tribunaux de répression dans les cas prévus par la loi (5).

469. De ce principe, que notre droit n'admet que des réparations pécuniaires, combiné avec celui qui veut que le dommage causé soit réparé d'une manière complète, il faut conclure que l'auteur d'un délit n'est pas libéré de son obligation en renonçant simplement aux suites du délit, si cela ne suffit pas pour indemniser la partie lésée.

Par exemple, si le dommage résulte de l'usage d'un acte frauduleux concerté entre un débiteur et un prétendu créancier, celui-ci ne peut pas s'affranchir de toute responsabilité en renonçant à faire usage de cet acte (6). S'il s'agit de détournement, il ne suffit pas au délinquant d'abandonner la chose dont il s'est indûment emparé. Règle générale, enfin, l'abandon noxal n'est plus en usage dans notre droit.

Nous reviendrons sur ce point n°ˢ 1147 et 1180.

470. Les sommes dues à titre de dommages-intérêts tombent dans la masse des biens de celui qui a éprouvé le préjudice et suivent le même sort que les autres parties de sa fortune. Il n'y a aucune distinction à faire en ce qui touche la dévolution aux héritiers et la répartition à opérer entre eux (7).

Il est à remarquer, d'ailleurs, que les délits purement civils n'ont presque jamais pour objet que la propriété, les biens, et nullement la personne de l'offensé. Il serait difficile de trouver un exemple d'offenses purement personnelles qui ne seraient pas prévues et punies par une loi pénale. L'indemnité réclamée, soit par la personne lésée directement, soit

---

(1) N° 132 *bis*.
(2) Rej., 8 juin 1857, D. 293.
(3) N°ˢ 134 *bis* et 134 *quinquiès*.—V. C. proc. civ., 1036.
(4) N° 134 *quater*; C. proc. civ., *ibid*.
(5) V. n° 134 *ter*.
(6) Rej., 13 nov. 1833, D. 34.1.15.
(7) V. n°ˢ 136 à 138.

par ses héritiers, à raison d'un fait du genre de ceux qui nous occupent en ce moment, n'est donc autre chose que la représentation d'une valeur pécuniaire et d'une partie de leurs biens. Dès lors, il est évident que cette indemnité se confond avec la masse pour être régie d'après les mêmes lois.

471. Aussi, la dette des dommages-intérêts est compensable avec une créance fondée sur une autre cause. On peut voir ce que nous avons dit là-dessus, n° 137.

M. Pigeau, qui enseigne le contraire, s'appuie sur un argument singulier. L'art. 1293, C. Nap., porte que « la com-« pensation a lieu, quelles que soient les causes de l'une ou « l'autre des dettes, excepté dans le cas : 1° de la demande « en restitution d'une chose dont le propriétaire a été injus-« tement dépouillé... » Or, dit M. Pigeau, les dommages-intérêts réclamés par le débiteur sont la restitution d'une chose dont il a été injustement dépouillé, ou du bénéfice qu'il devait avoir : donc, celui qui est condamné aux dommages-intérêts ne peut opposer la compensation (1).

Il est évident que c'est là une interprétation forcée de l'art. 1293, et qui tend à le détourner de son sens naturel. Il ne s'applique qu'aux restitutions de corps certains, lorsqu'on peut les reprendre en nature, parce qu'il serait complétement injuste que le délinquant pût s'approprier la chose d'autrui par voie de fait, et la retenir malgré la volonté du propriétaire, en offrant sa valeur en compensation. Du moment où la main de justice peut saisir la chose détournée, il faut qu'elle soit remise à son propriétaire.

Mais quand la restitution se convertit en dommages-intérêts, faute de pouvoir représenter l'objet en nature, la compensation entre deux dettes de la même espèce, entre deux sommes d'argent, doit nécessairement avoir lieu. C'est ce que prouve la seconde disposition de l'art. 1293, qui interdit limitativement la compensation quand il s'agit de la demande en restitution d'un dépôt ou d'un prêt. Si la compensation ne doit jamais avoir lieu quand on réclame la restitution d'une somme représentative de ce dont on a été dépouillé, en vertu du premier paragraphe du même article, à quoi bon parler spécialement, dans le second, du dépôt et du prêt ?

Du reste, le raisonnement de M. Pigeau ne saurait avoir d'effet quant à la portion des dommages-intérêts qui représente le profit perdu *lucrum cessans*. Pour celle-là il est im-

_____

(1) *Procéd. des trib. de France*, t. 1, p. 532.

possible de soutenir que c'est la restitution de ce dont on a été dépouillé dans le sens de l'art. 1293.

472. En matière de délits purement civils, il n'y a jamais eu de difficulté, quant au droit pour la partie lésée, de transiger et de céder son droit à un tiers. Cette faculté existe incontestablement aujourd'hui, même par rapport aux délits prévus et punis par la loi pénale (1), à plus forte raison existet-elle pour les autres, à l'égard desquels il n'y a point d'action publique dont on ait à se préoccuper.

CHAPITRE III.

DU MODE D'OBLIGATION DES PERSONNES RESPONSABLES D'UN MÊME DÉLIT. — SOLIDARITÉ.

Sommaire.

(1) V. nos 74 et 139.

I.			31

473. Au chapitre 5 du titre précédent, nous avons donné les raisons qui ont fait établir la solidarité entre divers individus condamnés pour un même délit, et cela non-seulement à l'égard des amendes et des frais, mais aussi à l'égard des dommages-intérêts.

Déjà aussi nous avons fait connaître notre opinion sur la question de savoir si, au civil, et lorsque les dommages-intérêts sont dus pour un délit qui n'est pas qualifié par la loi pénale, le même principe devait être admis. Nous nous sommes prononcé pour l'affirmative.

Car les mêmes motifs doivent faire adopter la même solution. La nature des choses conduit nécessairement à ce résultat.

Quand plusieurs personnes ont concouru à un même acte illicite, commis avec intention de nuire, intention qui s'est réalisée, chacune d'elles est réellement coupable du délit dans son entier. La responsabilité d'un pareil fait ne se partage pas. Comment l'un et l'autre s'isolerait-il pour rejeter sur son complice une portion du fardeau ? En prêtant son concours à l'action coupable, il en a accepté toute la moralité et toutes les conséquences. Il a commis la faute, le délit, autant qu'il était en lui, il a causé le dommage tout entier, autant que le concours de tous les auteurs a pu le permettre.

Ainsi, la réparation du dommage entier lui est imposée. Car la loi oblige à cette réparation intégrale *celui qui l'a causé;* et, nous venons de le voir, sous le rapport de la faute commise envers la partie lésée, la division et la répartition de la responsabilité de l'acte préjudiciable commis par plusieurs ne sont guère possibles entre eux. Donc, on ne saurait distinguer non plus la part qui revient à chacun dans la dette des dommages-intérêts. (1)

Dans le système contraire, d'ailleurs, on arriverait à ceci : Supposez que trois personnes aient causé à Paul un dommage d'une valeur de douze cents francs. Deux sont insolvables. Si la créance n'est pas solidaire, le troisième ne doit que quatre cents francs. Par suite, la partie lésée se trouvera incomplétement satisfaite, et sa condition sera pire que si le dommage eût été causé par ce dernier seul. Au contraire, la complicité des deux autres rendra meilleure la condition du délinquant solvable. Ce double résultat est injuste.

474. Pour justifier le principe de la solidarité, il n'est pas même nécessaire de supposer que le délit soit le résultat d'un concert frauduleux, arrêté d'avance et avec préméditation. Comme le remarquent les annotateurs de M. Zachariæ (2), il suffit que les auteurs du délit se trouvent réunis dans une action commune, et que l'on soit dans l'impossibilité de déterminer la part distincte pour laquelle les uns et les autres ont contribué au dommage. Cela suffirait au cas d'un simple quasi-délit (3), à plus forte raison au cas de délit. Les agents du dommage peuvent être unis dans une action commune et par la même pensée coupable sans s'être concertés à l'avance.

Dans tous les cas, les conséquences sont les mêmes : le fait appartient en entier à chacun, il en doit la réparation tout entière.

475. Ainsi, c'est, comme nous le disions tout à l'heure, la nature même des choses qui conduit à prononcer la solidarité contre les coauteurs d'un délit, même purement civil, ou plutôt, cette conséquence découle forcément de l'art. 1382. C'est donc en vain que l'on opposerait à notre système le texte de l'art. 1202, C. Nap., d'après lequel la solidarité n'a lieu, à défaut de stipulation expresse, que quand elle résulte d'une disposition de la loi.

L'art. 1202 est fait surtout en vue des conventions où celui qui réclame la solidarité sans l'avoir stipulée, a toujours à se reprocher de n'en avoir pas fait une condition du contrat (4).

---

(1) Cass., 29 déc. 1852, D. 53.1.49; Nîmes, 7 mars 1853, D. 54.2. 250.

(2) T. 2, p. 262, note 12, et 3e éd., Aubry et Rau, t. 3, p. 17.

(3) Arg., Rej., 1er déc. 1868, S. 69.1.354.

(4) Aix, 14 mai 1825, S. 27.1.236.

Il faut alors que la loi ait suppléé à son silence par une disposition formelle.

Ici, l'on ne peut pas reprocher à la partie lésée un défaut de prévoyance; et, d'un autre côté, l'art. 1382, C. Nap., nous fournit précisément cette disposition de la loi exigée par l'art. 1202. La solidarité a lieu de droit, en vertu de cette disposition : que celui par la faute duquel un dommage arrive, est obligé à le réparer. Chaque délinquant est tenu de tout le dommage causé par sa faute. Or, la faute c'est le délit. Tous les délinquants sont donc tenus de tout le dommage, ils sont donc tenus solidairement (1).

476. Nous disons solidairement, parce qu'en effet, une obligation pareille, où plusieurs personnes sont obligées à une même chose pour le tout, est une obligation solidaire.

« Il y a solidarité de la part des débiteurs, » dit l'art. 1200, « lorsqu'ils sont obligés à une même chose, de manière que « chacun puisse être contraint pour la totalité, et que le « paiement fait par un seul libère les débiteurs. »

A la vérité, le principe de la solidarité, tel qu'il est formulé par le Code Napoléon, entraîne certaines conséquences rigoureuses et qui ne paraissent pas découler aussi naturellement que la seule obligation imposée à chacun de payer toute la dette, de l'idée fondamentale sur laquelle nous nous basons pour déclarer solidaires les coauteurs d'un délit.

Ainsi, l'art. 1206 veut que les poursuites faites contre l'un des débiteurs solidaires interrompent la prescription à l'égard de tous ;

L'art. 1207, que la demande d'intérêts formée contre un seul, fasse courir l'intérêt à l'égard de tous.

Il semble que, pour satisfaire au principe de la réparation, il suffit bien que chacun des délinquants soit tenu à la totalité, *in solidum*, sans être ainsi lié au sort des autres, et associé indéfiniment à toutes leurs destinées. — La dette entière est devenue celle de chacun. Mais pourquoi ne serait-il pas permis à chacun de s'en libérer par tous les moyens qui sont à sa disposition, sans être lié par les actes postérieurs des autres, actes qui lui sont étrangers.

Sans discuter ces objections avec étendue, il nous suffit de répondre que le système de la solidarité des obligations est organisé ainsi par le Code, et que ses dispositions, sur

---

(1) Rej., 4 mai 1859, D. 314.

cette matière, forment un ensemble qu'il n'est pas permis de modifier suivant les circonstances.

Une obligation du genre de celle dont nous parlons est une obligation solidaire. Or, les art. 1200 et suivants ont réglé toutes les conséquences des obligations de cette nature par rapport aux débiteurs. Il faut donc appliquer ces conséquences à toutes les obligations qui relèveront du principe de la solidarité.

Toutefois, une distinction est à faire à cet égard.

L'acte délictif et dommageable oblige sans doute chacun de ceux qui l'ont commis à le réparer pour le tout et, par suite, la partie lésée a droit d'agir pour le tout, *in solidum*, contre chacun. Mais les effets dont nous venons de parler, attachés par les art. 1206 et 1207 à l'obligation solidaire, en général, ne doivent se produire qu'après le jugement qui prononce la condamnation solidaire. Ainsi, l'action dirigée contre un seul des auteurs du dommage pour obtenir cette condamnation n'aurait pas pour effet d'interrompre la prescription à l'égard des autres. En matière criminelle il en est autrement, parce que les actes d'instruction et de poursuite produisent l'interruption de prescription alors même qu'ils ne sont pas dirigés nominativement contre tel ou tel; il suffit qu'ils aient pour objet la recherche du délit (1). — En matière civile, au contraire, les actions n'ont d'effet qu'à l'égard des parties en cause. L'exception établie par l'art. 1206 tient à ce que la solidarité stipulée conventionnellement crée entre les débiteurs solidaires une sorte d'association en vertu de laquelle ils sont représentés les uns par les autres. — Or, ce lien de droit n'est formé dans le cas qui nous occupe que par le jugement. Il n'existe qu'en germe jusque-là ; c'est le jugement qui en déclare l'existence, sur la demande du créancier et après vérification des faits qui autorisent à le prononcer.

Mais une fois la condamnation solidaire intervenue , « toutes les règles relatives au rapport du créancier et des « débiteurs solidaires deviennent applicables » (2) ainsi que nous venons de le dire.

477. Notre démonstration de l'existence de ce lien de droit entre codélinquants ne se réduit pas au raisonnement que nous avons formulé, n° 473. Il est facile de prouver que

_____

(1) C. instr. crim , 637 et 638. V. aussi *suprà*, n° 392.
(2) Aubry et Rau, d'après Zachariæ, 3ᵉ éd., 1856, t. 3, § 298, p. 15, 16, note 24.—*Conf.*, Dalloz, *Oblig.*, n°ˢ 1465 et 1476.

notre système est conforme à la pensée des rédacteurs du Code Napoléon.

Après avoir formulé le principe de la réparation dans l'art. 1382, ils avaient songé à en faciliter l'application par quelques exemples. En conséquence, le projet du Code contenait un article placé après l'art. 1382, et ainsi conçu :

Art. 16. « Si, d'une maison habitée par plusieurs per-
« sonnes, il est jeté sur un passant de l'eau ou quelque chose
« qui cause un dommage, ceux qui habitent l'appartement
« d'où on l'a jetée sont tous *solidairement* responsables, à
« moins que celui qui a jeté ne soit connu, auquel cas il doit
« seul la réparation du dommage. » (1)

Cet article pouvait se rapporter à un simple quasi-délit, à une négligence commise sans intention de nuire. Mais il pouvait aussi se rapporter à un acte commis dans une mauvaise intention, à un véritable délit. Les différents habitants du même appartement peuvent s'entendre pour insulter de la sorte un passant, et lui causer quelque dommage. En pareil cas, et faute de connaître le vrai coupable, la loi établissait une présomption légale de complicité contre tous les habitants de l'appartement, et prononçait contre eux la solidarité (2).

---

(1) Locré, t. 13, p. 15.
(2) C'était la reproduction d'une disposition du Digeste, au titre : *De his qui effuderint vel dejecerint.* La loi 1, § 10, et les lois 2 et 3, portent : *Si plures in eodem cœnaculo habitent, undè dejectum est in quemvis, hæc actio dabitur; cùm sanè impossibile est scire quis dejecisset vel effudisset; et quidem in solidum, sed si cum uno fuerit actum, cæteri liberabuntur.*
On trouve dans d'autres lois des Pandectes et du Code, la trace de la solidarité appliquée aux coauteurs d'un même délit.
Ainsi, dans la loi 14, § 15, et la loi 15, D. *Quod metús causâ,* qui portent : *Secundùm hæc si plures metum adhibuerint, et unus fuerit conventus, si quidem sponte rem antè sententiam restituerit, omnes liberati sunt. Sed etsi id non fecerit, sed ex sententiâ quadruplum restituerit, verius est, etiam sic perimi adversùs cæteros metús causâ actionem. Aut in id dabitur adversùs cæteros actio, quominùs ab illo exactum sit.* Ainsi encore, dans la loi 1, Cod. *De condictione furtivâ : Præses provinciæ sciens furti quidem actione singulos quosque IN SOLIDUM teneri, condictionis vero nummorum furtim substractorum electionem esse; ac tùm demum, si ab uno satisfactum fuerit, cæteros liberari, juri proferre sententiam curabit.*
Elle était également admise dans l'ancien droit. « Ceux qui ont concouru à un délit, » dit Pothier, *Oblig.,* nº 268, « sont tous obligés solidairement à la réparation. Ils ne peuvent opposer aucune exception de discussion ni de division en étant indignes. »
La législation de plusieurs pays étrangers a formellement consacré le

Cette disposition si formelle eût coupé court à toutes les difficultés; mais elle fut retranchée, et l'on s'en demande la raison.

On va voir qu'elle ne porte aucune atteinte à notre doctrine. L'art. 16 avait été voté sans aucune discussion. Mais, en délibérant sur l'art. 17 qui se rattachait à celui-ci, le citoyen *Miot* dit : « Que l'énonciation du principe suffit ; les exemples « doivent être retranchés. »

C'est sur cette observation que les deux articles furent supprimés.

Que faut-il en conclure ?

Dirons-nous, avec M. Toullier (1), que ces articles ne faisant pas partie de la rédaction définitive, ne peuvent être une règle obligatoire ?

Assurément, une loi qui n'existe pas ne saurait être obligatoire. Aussi nous n'indiquons pas ces articles retranchés comme devant être appliqués directement de la même manière que s'ils étaient écrits dans le Code. Mais nous cherchons à savoir comment l'art. 1382 doit être entendu, quand il s'agit de l'appliquer à plusieurs délinquants ; et nous le trouvons interprété par le législateur lui-même. Comment pourrait-on se refuser à accueillir la solution qu'il nous présente ?

Nous reviendrons sur ce point en traitant de la solidarité entre les auteurs d'un quasi-délit ; et ce que nous dirons à cet égard servira à confirmer la doctrine que nous professons ici.

478. Mais constatons que la majorité des auteurs a suivi le système que nous exposons. C'est celui de MM. Delvincourt (2), Merlin (3), Zachariæ (4), Boncenne (5), Pigeau (6), Rauter (7), Rolland de Villargues (8), Larombière (9) ; mais

principe de la solidarité pour les délits civils. Le Code prussien, 1re part., tit. 6, art. 29, porte : « Lorsque le dommage provient du fait de plu- « sieurs, ils répondent *solidairement* en cas de faute grave et inten- « tionnelle. » — Le Code autrichien, art. 1301, reproduit la même disposition. Voy. la *Conf. des Codes*, par M. de Saint-Joseph.
(1) T. 11, n° 149.
(2) T. 3, p. 683.
(3) *Quest.*, v° *Solidarité*, § 2.
(4) T. 2, § 298, p. 262, note 12; éd. Aubry et Rau, 1856, t. 3, § 298, p. 15 à 17.
(5) T. 2, p. 545.
(6) *Proc. civ.*, liv. 2, part. 3, tit. 5, chap. 1, art. 4, p. 532.
(7) *Droit crim.*, t. 1, p. 181.
(8) *Rép. du notar.*, v° *Respons.*, n°s 42 et 49.
(9) *Oblig.*, t. 2, sur l'art. 1202, n° 22.

on cite en sens contraire M. Duranton (1), M. Toullier (2) et
M. Demolombe (3).

479. La jurisprudence aussi s'est définitivement prononcée pour l'affirmative sur cette question délicate. Depuis longtemps, elle n'a pas varié à cet égard.

Ainsi, la Cour de cassation a jugé :

1° Que lorsqu'une vente simulée est déclarée nulle, comme faite en fraude de certains héritiers, les acheteurs qui ont joui des fruits, par l'effet du dol et de la fraude, peuvent être condamnés solidairement à les rapporter (4);

2° Que la solidarité peut être prononcée contre plusieurs individus condamnés à des dommages-intérêts, à raison de troubles causés à la propriété ou à la possession d'un tiers (5);

3° Que si, par une réduction illégale de leurs tarifs, concertée entre deux Compagnies de chemins de fer, un préjudice a été causé à des entreprises de messageries rivales de ces chemins de fer, les deux Compagnies peuvent être condamnées solidairement à réparer le préjudice résultant de leur faute commune (6);

4° Que le concert frauduleux pratiqué entre plusieurs individus pour s'approprier les biens d'une succession dévolue à un héritier du sang, entraîne la solidarité des condamnations prononcées au profit de celui-ci et que l'arrêt qui condamne les défendeurs pour leur part et portion seulement viole l'art. 1382, C. Nap. (7);

5° Enfin, qu'il en est de même en cas de stellionat (8).

Une foule d'autres arrêts ont été rendus dans le même sens; il faut se borner à les indiquer par leurs dates : Rejet, 3 juillet 1817 (9), 3 février 1829 (10), 12 juillet 1837 (11), 12 mars 1839 (12), 29 janvier 1840 (13).

---

(1) T. 11, n° 194.
(2) T. 11, n° 161.
(3) *Tr. des contr.*, t. 3, n°s 291 et suiv.
(4) Rej., 12 fév. 1818, D. 18.1.672, S. 19.1.139.
(5) Rej., 8 nov. 1836, S. 801.
(6) Rej., 10 janv. 1849, S. 191.
(7) Cass., 29 déc. 1852, D. 53.1.49; *adde*, Cass., 14 août 1867, S. 401.
(8) Rej., 29 janv. 1840, S. 369, et 20 juill. 1852, S. 689.
(9) Merlin, *Quest.*, v° *Solidarité*, n° 11, et S. 18.1.338.
(10) D. 129.
(11) S. 969.
(12) S. 483.
(13) S. 369.

Ce dernier statue sur un délit prévu par la loi pénale; mais, dans les considérants, il décide la question d'une manière générale :

« Attendu, en droit, que du rapprochement des art. 1202, 1217, 1218 et 1222, C. Nap., il résulte par cela même que la solidarité doit être expressément stipulée dans les contrats, qu'il ne peut pas en être de même dans le cas où la même solidarité dérive soit de la nature elle-même de l'obligation, soit du délit ou quasi-délit de l'obligé, etc. »

Ajoutez encore : Bordeaux, 16 mars 1832 (1), Nimes, 14 juillet 1846 (2), Nîmes, 7 mars 1853 (3), et tous ceux que nous indiquerons, infrà, n° 706, pour le cas de simple quasi-délit ; car ces arrêts fournissent ici un argument à fortiori.

Quelques-uns seulement ont été rendus en sens contraire ; ainsi : Rejet, 27 février 1827 (4), Nancy, 18 mai 1817 (5), Bordeaux, 16 février 1829 (6), Paris, 26 février 1829 (7).

Dans une hypothèse quelque peu différente, mais dont la solution est fondée sur les mêmes principes, la Cour de cassation a décidé que la condamnation à des RESTITUTIONS pour dol et fraude dans l'exécution des contrats, par exemple, d'un mandat, peut être prononcée solidairement contre chacun des auteurs du dol (8).

480. De même, quand les dépens sont adjugés à titre de dommages-intérêts, ils peuvent l'être solidairement (9).

La Cour de cassation a décidé, en matière de solidarité conventionnelle, que la condamnation solidaire, quant à la dette principale, n'entraînerait pas nécessairement la solidarité quant aux dépens, et qu'elle devait être expressément prononcée (10).

En fait de responsabilité à raison de délits civils, elle va

---

(1) S. 32.2.630.
(2) Comp. du chemin de fer du Gard C. Lamouroux, inédit.
(3) D. 54.2.250.
(4) S. 228.
(5) S. 27.2.229.
(6) S. 29.2 300.
(7) S. 29.2.136.
(8) Rej., 7 août 1837, S. 889.—Adde, Cass., 3 mai 1865, S. 251, et 14 août 1867, S. 401.
(9) Rej., 11 juin 1839, S. 39.601 ; Cass., 17 janv. 1832. S. 687 ; Cass., 28 fév. 1848, S. 311 ; Cass., 14 août 1867, S. 401 ; Caen, 6 août 1829, S. 32.1.307
(10) Cass., 19 avril 1841, S. 631.

plus loin ; non-seulement elle juge que la solidarité prononcée par rapport aux condamnations principales justifie la solidarité quant aux dépens et autorise à la prononcer sans qu'il soit besoin d'exprimer qu'ils sont adjugés eux-mêmes à titre de dommages-intérêts (1), mais elle admet que dans ce cas la solidarité s'étend de plein droit aux dépens, l'accessoire devant suivre le sort du principal (2).

481. En prononçant, suivant la règle que nous développons, le maintien des condamnations solidaires, à raison de dommages-intérêts, la Cour de cassation s'est souvent fondée sur l'*indivisibilité des faits* qui y donnaient lieu.

Cette idée se trouve exprimée notamment dans un rapport sur l'affaire Parquin (3). On lit dans ce rapport : « C'est une maxime d'équité, que de soumettre les auteurs d'un fait indivisible à l'obligation solidaire de réparer les conséquences dommageables de ce fait. »

L'indivisibilité du fait dommageable causé par plusieurs personnes impose, en effet, à chacune d'elles la responsabilité de ce fait tout entier, et par conséquent l'obligation de réparer tout le dommage qui en résulte. La raison d'être de la solidarité se trouve dans cette considération.

Mais on n'a pas toujours exactement exprimé les conséquences de cette idée; et nous devons le dire, la plupart des arrêts rendus sur cette matière, tombant dans une erreur très-grave, ont confondu l'*indivisibilité du fait*, qui produit l'obligation et la rend *solidaire* entre les coauteurs, avec l'*indivisibilité de l'obligation* elle-même.

Or, il faut bien le remarquer, un fait dommageable peut être indivisible et l'obligation de le réparer en entier échoir à chacun de ses auteurs, sans qu'il soit tenu d'effectuer cette réparation d'une manière indivisible. — L'*indivisibilité* des obligations ne doit pas être confondue avec la *solidarité*.

482. Ce sont deux choses essentiellement différentes. L'art. 1219 dit expressément : « La solidarité stipulée ne « donne pas à l'obligation le caractère d'indivisibilité. »

Elles diffèrent à la fois dans leur principe et dans leurs effets.

---

(1) Cass., 3 mai 1865, S. 251 ; 20 avril 1866, D. 69.1.364 ; 1er août 1866, S. 396 ; 14 août 1867, S. 401. — *Adde*, Dijon, 21 janv. 1869, S. 70.2.74.

(2) Rej., 19 fév. 1867, S. 172.

(3) Rej., 29 janv. 1840, S. 369.

Dans leur principe, dans leur essence même : car la solidarité, d'après l'art. 1202, C. Nap., naît d'une convention ou d'une disposition de la loi; tandis que l'indivisibilité est le résultat de la nature même des choses(1), soit que l'objet de l'obligation ne soit pas lui-même susceptible de division ni matérielle ni intellectuelle, comme une servitude (2), soit qu'étant divisible en soi, le rapport sous lequel il est considéré dans l'obligation ne le rende pas susceptible d'exécution partielle (3).

Dans leurs effets :

Car : 1° l'obligation solidaire entre les débiteurs se divise entre leurs héritiers; de telle sorte que chacun des héritiers de l'un des débiteurs solidaires ne doit payer que sa part héréditaire dans le total de la dette. Il en est de même que si leur auteur eût été seul obligé à la dette. C'est la disposition de l'art. 1220 qui est ici applicable ; puisque nous supposons que la dette n'est pas indivisible de sa nature, et qu'aux termes de l'art. 1219, la solidarité stipulée n'a pas suffi pour lui donner ce caractère (4). — Au contraire, si l'obligation est indivisible, chacun des héritiers du débiteur peut être actionné personnellement pour le tout, car la chose due n'est pas susceptible de parties (5).

2° Si l'obligation est solidaire entre plusieurs débiteurs, celui qui est actionné doit satisfaire à l'obligation, sans pouvoir demander un délai afin de mettre en cause les codébiteurs et de les faire condamner pour leur part. Car l'objet principal de l'obligation solidaire est que le tout soit dû par chacun, et que le créancier puisse demander le tout à celui qu'il lui plaît de choisir (6). — Il en est autrement à l'égard des différents débiteurs d'une dette indivisible ; par exemple, des héritiers de celui qui avait contracté une dette de cette nature. Si l'un d'eux est poursuivi, il peut demander un délai pour mettre ses codébiteurs en cause, afin que la condamnation soit divisée entre eux et lui (C. Nap., art. 1225); à

---

(1) Pothier, *Oblig.*, n°s 288 et 324.
(2) C. Nap., 1217; Zachariæ, 2, p. 283 et 284, § 301 ; Duranton, 11, 259 et 260.
(3) C. Nap., 1218.
(4) C. Nap., 1213, 1214, 1220.
(5) C. Nap., 1222, 1223; Pothier, *Oblig.*, n° 324; Zachariæ, p. 285 et 286, § 301 ; M. Duranton, 11, 266.
(6) C. Nap., 1200, 1203.

moins que la dette ne soit de nature à ne pouvoir être acquittée que par lui (1).

3° Si l'obligation est solidaire, la prescription, interrompue vis-à-vis de tous les héritiers de l'un des débiteurs, est également interrompue à l'égard des autres débiteurs et leurs héritiers (C. Nap., art. 1206 et 2249), mais la prescription interrompue vis-à-vis seulement de l'un des héritiers de ce débiteur solidaire n'interrompt la prescription, à l'égard des codébiteurs que pour la part dont cet héritier est tenu (C. Nap., art. 2249). — Si l'obligation est indivisible, il en est autrement. L'interruption pratiquée vis-à-vis d'un seul des héritiers du codébiteur solidaire s'étend à tous les autres héritiers du débiteur. L'interruption ne saurait être partielle puisqu'il s'agit d'une chose qui n'est pas susceptible de se partager (2).

Les art. 709 et 710, C. Nap., nous fournissent une application de ce principe.

Dans sa nature et dans plusieurs de ses effets, la solidarité diffère donc essentiellement de l'indivisibilité, d'où il suit que l'indivisibilité reconnue à l'égard d'une créance, ne peut lui donner les caractères de la solidarité, et s'oppose même à ce que ce caractère lui soit attribué. Si l'obligation est réellement indivisible par sa nature, ou par le rapport sous lequel la chose a été considérée par les contractants eu égard à la prestation, il y a lieu d'appliquer les dispositions de la section comprise entre les art. 1217 et 1225, C. Nap. S'il y a simplement obligation pour les codébiteurs de payer une même chose, de manière que chacun puisse être contraint pour le tout, que le paiement fait par l'un d'eux libère tous les autres, mais que la dette, d'ailleurs, soit susceptible de division matérielle ou intellectuelle, il y a seulement solidarité.

483. Les dommages-intérêts résultant d'un délit sont une chose essentiellement divisible. Ils se résolvent en une somme d'argent qui est, de sa nature, divisible sous tous les rapports (3). Le préjudice souffert dans ses biens par la personne qui réclame des dommages-intérêts, est aussi quelque chose de parfaitement divisible. Ce préjudice peut toujours s'évaluer en chiffres et à une partie aliquote de sa fortune, comme le quart, le cinquième, etc. La dette des dommages-

---

(1) Pothier, n° 304, *Oblig.*; Duranton, 11, 266.
(2) C. Nap., 2249 ; Duranton, 11, 266.
(3) Pothier, *Oblig.*, n° 325 ; Cass., 3 déc. 1827, S. 28.1.161.

intérêts qui est la représentation du préjudice est donc aussi quelque chose de parfaitement divisible ; et le paiement de cette dette ou la réparation du préjudice peut s'effectuer partiellement.

Il en est de même, quand les dommages-intérêts ont pour fondement non plus une diminution des biens de l'offensé, mais une atteinte à l'honneur, ou à la considération. En pareil cas, ils ne sont pas, à proprement parler, l'équivalent du préjudice souffert, mais bien un dédommagement incomplet, tel quel, ne participant point de la nature du tort moral qui a été éprouvé et conservant, au contraire, celle qui appartient primitivement à toute obligation de payer une somme d'argent, c'est-à-dire d'être divisible, à moins qu'il n'apparaisse d'une stipulation contraire (C. Nap., 1218, 1221).

C'est ici la conséquence de ce que nous enseigne Pothier (1), d'après Dumoulin (2), à savoir que, quand même l'obligation primitive serait indivisible, si, par l'inexécution, elle vient à se convertir en une obligation secondaire, comme de payer des dommages-intérêts qui sont quelque chose de divisible, le débiteur n'est plus tenu *totaliter* ou indivisiblement. Mais son obligation devient, au contraire, divisible avec tous les effets de la divisibilité (3).

Ainsi, en matière de dommages-intérêts, il peut y avoir solidarité comme nous l'avons dit, parce que chacun étant l'auteur de tout le dommage doit la réparation pour le tout, et que cette réparation, une fois accomplie par l'un d'eux, rend le créancier indemne, et libère, par conséquent, les autres débiteurs. Mais ceci ne suffit pas pour donner à l'obligation le caractère de l'indivisibilité. Sans doute, entre le créancier et chacun des débiteurs, l'obligation sera exécutée comme si elle était indivisible, aux termes de l'art. 1220 ; mais, vis-à-vis des héritiers, il n'en sera plus de même. Et, en effet, chacun des héritiers de l'auteur du dommage ne doit pas être tenu pour le tout, mais seulement pour sa part héréditaire dans le tout. On ne peut pas dire de lui, comme de

---

(1) *Oblig.*, n° 324.
(2) Part. 3, n° 112.
(3) L'art. 1224, 2e alin., offre une autre application de ce principe général, en disant que chaque héritier du créancier ne peut recevoir seul le *prix* au lieu de la chose. Voy. aussi Zachariæ, p. 286, texte et note 18. — L'art. 1232 est encore la conséquence de la même idée.

son auteur, qu'ayant causé autant qu'il était en lui tout le dommage, il en doit la réparation entière. Il n'est tenu qu'héréditairement pour un fait qui lui est étranger. Il ne doit que sa part.

484. Au surplus, les textes des différents Codes qui ont parlé de l'obligation, pour plusieurs personnes, de réparer le préjudice qu'elles ont causé ou sont présumées avoir causé en commun, ont toujours qualifié cette obligation de solidaire(1), et ceci nous paraît déterminant.

485. Or, comme nous le disions, n° 481, la jurisprudence a souvent confondu l'indivisibilité avec la solidarité, en prononçant des condamnations solidaires pour des obligations qu'elle déclarait indivisibles en matière de dommages-intérêts (2).

C'est ce que l'on remarque dans l'arrêt de rejet du 3 mai 1827 (3), l'un de ceux qui ont fondé la jurisprudence sur ce point important.

Dans l'espèce, le dommage résultait de la combinaison des vapeurs de plusieurs usines qui, en se mélangeant dans les airs, devenaient mortelles pour la végétation des propriétés voisines (4). Le jugement de première instance et l'arrêt de la Cour d'Aix qui le confirma sur l'appel, tombèrent d'abord dans l'étrange confusion que nous signalons. Dans l'impossibilité où se crurent les premiers juges de déterminer la part de chaque usine dans la production des vapeurs nuisibles, et dans l'obligation de réparer le dommage qui en résultait, ils crurent trouver la cause d'une obligation indivisible, et prononcèrent, en conséquence, une condamnation solidaire. « Attendu qu'il est juste de considérer les défendeurs comme *solidaires*, parce qu'il s'agit d'un *fait indivisible* qui engendre nécessairement une obligation *indivisible*. »

Pourvoi en cassation, à l'appui duquel on fit valoir que l'impossibilité prétendue de déterminer la part revenant à chaque

---

(1) C. pén., 55; C. Nap., 395, 396, 1033, 1442, 1734, 1887, 2002.

(2) Bien plus, on lit dans un arrêt, qu'une obligation indivisible de sa nature est toujours solidaire, lors même que la solidarité n'a pas été stipulée. Rej., 11 janv. 1825, S. 285.

(3) D. 2.30.

(4) Ici, comme on le voit, il s'agit d'un dommage résultant d'un simple quasi-délit, mais il est évident que les raisons et les circonstances constitutives de la solidarité sont exactement les mêmes que quand il s'agit d'un délit proprement dit. Le caractère moral du fait diffère seul dans les deux cas. L'espèce était de nature à bien faire comprendre ce que nous voulions dire, nous avons dû la maintenir.

usine dans la production des vapeurs délétères, et par suite, dans le dommage lui-même et la réparation due, n'existait réellement pas. — C'était là un point de fait qui ne paraissait pas de nature à être apprécié par la Cour suprême. — Au reste, le savant magistrat chargé du rapport écartait ce moyen en disant : — « Que si les faits individuels de chaque fabricant pouvaient ne pas être nuisibles, la simultanéité de ces faits devenait une cause de dommage. La cause du dommage était donc indivisible. »

Mais il ajoutait : « C'est la cause elle-même qui rend l'obligation indivisible. Si on reconnaît que l'indivisibilité existait dans la cause de l'obligation, il est inutile de s'occuper de sa nature, etc. »

A la suite de ces observations (1), arrêt ainsi conçu : « Attendu que chacun de ceux qui ont contracté conjointement une dette indivisible en est tenu pour le total, encore que l'obligation n'ait pas été contractée solidairement ; — Que la dette est indivisible, lorsque, à raison des rapports entre le créancier et les débiteurs, elle n'est pas susceptible d'une répartition proportionnelle et d'une prestation particulière ; — Et, attendu qu'il a été reconnu en fait, par l'arrêt attaqué, que les dommages formant la dette en question avait pour cause immédiate l'agglomération simultanée et indivisible de toutes les vapeurs sorties des différentes manufactures des demandeurs, et que leur fait était indivisible ; que, dans ces circonstances, les juges ont pu, sans violer aucune loi, regarder comme *indivisible* la dette des demandeurs et les condamner, en conséquence, *solidairement...* ; — Rejette. »

486. On voit combien cet arrêt est peu juridique dans sa rédaction. D'abord, il confond l'*indivisibilité* de l'*obligation* avec la difficulté, ou, si l'on veut, l'impossibilité d'apprécier la part que chacun des débiteurs peut avoir dans la dette, ou dans les faits qui en sont la cause.

L'erreur dans laquelle tombe l'arrêt à cet égard vient de ce qu'il a cru devoir placer la raison déterminante de l'indivisibilité dans la cause de l'obligation, tandis qu'elle repose véritablement dans la nature de ce qui en fait l'objet.

La cause de l'obligation ne saurait lui imprimer ce caractère, car, par elle-même, la cause y est tout à fait indifférente.

Qu'est-ce, en effet, que la cause des obligations? C'est la

_____

(1) Elles sont rapportées avec l'arrêt. D. 27.1.230.

raison juridiquement déterminante qui fait que l'une des parties s'est engagée ou se trouve engagée envers l'autre. Pothier nous l'explique en ces termes : « Dans les contrats intéressés, la cause de l'engagement que contracte l'une des parties est ce que l'autre partie lui donne ou s'engage de lui donner, ou le risque dont elle se charge. Dans les contrats de bienfaisance, la libéralité que l'une des parties veut exercer envers l'autre est la cause de l'engagement (1). » Dans les obligations résultant des délits, la cause c'est le devoir préexistant, établi par la loi, de réparer le dommage qu'on a occasionné (2).

Cette simple définition fait apercevoir déjà que l'indivisibilité de la cause n'affecte en rien l'*obligation*. Il est même à remarquer que, dans les obligations qui naissent du délit, la *cause* n'est réellement pas susceptible de revêtir le caractère de la divisibilité ou de l'indivisibilité, telle qu'elle est entendue dans les art. 1218 et suivants, C. Nap., car elle consiste dans quelque chose d'abstrait, le devoir juridique dont nous parlions tout à l'heure. Les faits nuisibles constitutifs du délit et le dommage qui en a été la suite, ne sont la cause de l'obligation que par rapport à ce devoir juridique, auquel ils donnent l'occasion de s'exercer.

Mais il est vrai de dire, d'une manière générale, que la cause de l'obligation n'a aucun rapport avec sa divisibilité. Ce qui le prouve encore, c'est que l'obligation pourrait être à son tour d'une chose indivisible, sans que sa cause présentât ce caractère.

Prenons une espèce.

L'obligation de fournir une servitude de passage ou de vue est indivisible. C'est l'exemple choisi d'abord par tous les auteurs, comme donnant l'idée la plus claire et la plus exacte de l'indivisibilité (3).

Si je concède à mon voisin une servitude de passage sur mon champ, moyennant cinq cents francs, je contracte une obligation indivisible, cela n'est pas douteux ; et cependant quelle est la cause de mon obligation ? la somme de cinq cents

---

(1) *Oblig.*, n 42. Voy. aussi Duranton, 10, 326 a 331 ; Zachariæ, 2, p. 474, texte et note 4.

(2) Duranton, 10. 331.

(3) L. 11, D. *de Servitutib.*; L. 72, *Princip.*, et L. 2, § 1, D. *de verbor. oblig.*; L. 80, § 1, D. *Ad. leg. Falcid.*; Dumoulin, *Tractat de div. et indiv.*, part. 1, n° 201 ; Pothier, *Oblig.*, n° 289 ; Zachariæ, 2, p. 283, texte et note 4 ; Duranton, 4, n° 468, et 11, n°ˢ 252, 259, 260.

francs que me donne l'acquéreur de la servitude, chose assurément divisible au suprême degré. Si la cause de l'obligation devait lui imprimer le caractère de la divisibilité ou de l'indivisibilité, l'obligation de souffrir une servitude serait en pareil cas divisible. Or, c'est tout le contraire. Réciproquement, la cause de l'obligation contractée par l'acquéreur, et qui consiste à me donner cinq cents francs, est dans la servitude que je lui concède. Cette cause est un objet indivisible ; cependant, nul ne contestera que l'obligation de donner cinq cents francs ne soit divisible.

487. D'où vient donc que l'obligation de fournir un passage, une servitude de vue, est indivisible? C'est de ce que la servitude en elle-même, le passage, la vue, est quelque chose d'indivisible. On ne peut passer à moitié, on ne peut voir en partie; on passe ou on ne passe pas. Voilà pourquoi l'obligation est indivisible. Mais ici la servitude n'est pas la *cause*, elle est l'*objet* de l'obligation. C'est donc l'objet et non pas la cause qui donne à l'obligation le caractère indivisible.

Au reste, la définition que le Code nous donne des obligations *indivisibles* écarte toute difficulté. Il place la raison de l'indivisibilité expressément dans l'objet de l'obligation, et nullement dans sa cause, ce qui serait tout l'opposé.

« L'obligation est divisible ou indivisible, selon qu'elle a « POUR OBJET ou une chose qui, dans sa *livraison*, ou un fait « qui, dans l'*exécution*, est ou n'est pas susceptible de divi- « sion (C. Nap., art. 1217). »

« L'obligation est indivisible, quoique la chose ou le fait « qui en est l'*objet* soit divisible par sa nature, si le rapport « sous lequel elle est considérée dans l'obligation ne la rend « pas susceptible d'*exécution* partielle (C. Nap., art. 1218). »

Ainsi, l'arrêt du 3 mai 1827 est en contradiction avec l'art. 1217, quand il confond la cause de l'indivisibilité avec la cause de l'obligation, et de la non-divisibilité entre plusieurs des faits dommageables, conclut à l'indivisibilité de la réparation.

Mais il tombe dans une confusion plus grande encore, quand il prononce une condamnation solidaire sur le fondement de cette obligation indivisible, qu'il a cru reconnaître dans l'espèce sur laquelle il doit statuer.

Ceci n'est au reste que la conséquence de la jurisprudence que nous signalions avec étonnement, n° 485 (note 2), et d'après laquelle toute obligation indivisible entraînerait de plein droit la solidarité.

I.   32

Or c'est là manifestement une erreur. En admettant que la dette fût réellement indivisible, à raison des rapports entre les créanciers et les débiteurs, rapports « qui ne la rendaient « pas susceptible d'une répartition proportionnelle et d'une « prestation particulière » (expressions de l'arrêt qui fait allusion à l'art. 1218, C. Nap.), ce n'était pas une condamnation solidaire qui devait en être la conséquence. Il fallait déclarer que les débiteurs seraient tenus chacun pour le total indivisiblement, puisque, comme on l'a vu, la *solidarité* et l'indivisibilité diffèrent essentiellement dans leurs effets.

La même confusion se retrouve dans un arrêt de rejet du 8 novembre 1836 (1), et nous lui adresserons les mêmes critiques.

Ainsi, tout en approuvant au fond les décisions nombreuses qui viennent d'être citées, nous avouons que les motifs étaient mal exprimés, et, dans l'intérêt de la doctrine, nous devions relever ce que nous considérons comme des erreurs.

488. Nous aurions maintenant à traiter des questions de détail qui se rattachent à l'application de la règle que nous venons de poser. Mais nous devons être bref sur ces points secondaires, car ils ont été traités plus haut, n°ˢ 157 et suivants.

Mentionnons cependant la faculté qui appartient toujours à la partie lésée d'agir séparément contre celui des auteurs du délit qu'il lui convient de choisir. Ce droit résulte manifestement pour elle du texte formel de l'art. 1203, C. Nap., et des principes de la matière. On s'étonne qu'il ait pu lui être contesté et que l'on ait soutenu jusques en cassation, qu'elle était tenue d'assigner collectivement tous les responsables. (2)

488 *bis*. Il nous suffit maintenant de rappeler que la solidarité prononcée au profit de la partie lésée, contre les délinquants, n'empêche pas que la dette ne soit divisible entre eux, et que celui qui aurait payé la totalité n'eût un recours contre les autres. L'obligation de payer *in solidum* n'existe que dans les rapports des débiteurs avec le créancier (3).

Le jugement qui prononce la condamnation principale devrait fixer lui-même les portions respectives dont les délinquants seraient tenus, dans le cas où l'on pourrait se rendre

---

(1) S. 801.
(2) Rej., 23 août 1869, S. 395.
(3) Pothier, *Oblig.*, n° 282.

compte de l'étendue de la responsabilité qu'ils encourent les uns vis-à-vis des autres.

La Cour de Nîmes a fait application de ce principe dans un arrêt du 14 juillet 1846, que nous avons cité n° 479. La compagnie du chemin de fer du Gard, et celle du chemin de fer de Montpellier, à Nîmes, s'étaient entendues pour mettre, à la disposition du commerce, des wagons allant directement de Beaucaire à Montpellier, sur tout le parcours des deux lignes. En même temps, les tarifs du transport étaient réduits à des proportions minimes. Divers entrepreneurs de messageries, entre autres un sieur Lamouroux, se trouvèrent gravement lésés par cette brusque modification. Ils intentèrent, contre les deux compagnies coalisées, une action en dommages-intérêts. L'abaissement de tarifs opéré sur les deux lignes de fer fut jugé illégal, et le tribunal de première instance de Nîmes, statuant sur la demande du sieur Lamouroux, condamna les compagnies solidairement à 2,000 francs de dommages-intérêts, « qui seront supportés, ajoutait le jugement, savoir : un tiers par la compagnie d'Alais à Nîmes, et les deux autres tiers par la compagnie du chemin de fer de Montpellier à Nîmes ».

Sur l'appel, ce jugement a été confirmé, la Cour adoptant les motifs des premiers juges; et le pourvoi en cassation, formé par les compagnies, a également été rejeté (1).

Dans le cas où le jugement de condamnation n'aurait pas fixé les parts dont chacun des codélinquants devrait être tenu en définitive, nous avons décidé que celui qui aurait payé la totalité des dommages-intérêts aurait recours contre ses codébiteurs, pour leur part, conformément à l'art. 1213, C. Nap.

489. En matière de délits prévus par la loi pénale, la condamnation solidaire est obligatoire pour le juge, elle a même lieu de plein droit. L'art. 55, C. pén., est formel, impératif.

En matière de délits civils, il n'existe pas de disposition aussi absolue. L'art. 1382, C. Nap., oblige sans doute le juge à prononcer, au profit de la partie lésée, une condamnation qui puisse l'indemniser entièrement du préjudice qu'elle a souffert. Tous les moyens sont donnés au magistrat pour cette fin et, notamment, la faculté de condamner

_____

(1) Rej., 10 janv. 1849, S. 190 et 191 ; *Adde*, Rej., 12 juill. 1837, S. 964 ; et Pigeau, *Proc. civ.*, p. 532.

solidairement les codélinquants. En général, il peut en user ou ne pas en user, suivant les circonstances, sans qu'il y ait, dans son abstention, de violation formelle de la loi (1).

Cependant, au cas où les divers délinquants auraient concouru au dommage de telle manière qu'il n'y eût pas à distinguer la part de chacun, le juge ne pourrait légalement refuser de les condamner pour le tout. Il appartient à la Cour de cassation d'annuler en pareil cas les décisions qui d'après les faits constatés n'auraient pas fait une exacte application de l'art. 1382 (2).

490. Enfin, nous avons décidé, au n° 165, d'une manière générale, que la solidarité ne devait pas être prononcée contre les héritiers d'un des codélinquants, soit qu'ils aient été poursuivis directement en réparation du délit de leur auteur, soit qu'ils aient été seulement appelés en reprise d'instance après son décès, *pendente judicio*. Si la condamnation solidaire a été prononcée contre leur auteur, de son vivant, elle se divise entre ses héritiers. Seulement, ils sont tenus, chacun pour leur part, solidairement avec les autres coauteurs du délit.

CHAPITRE IV.

DE L'EXÉCUTION DES CONDAMNATIONS SUR LES BIENS ET SUR LA PERSONNE.

ARTICLE Ier.

EXÉCUTION SUR LES BIENS.

Sommaire.

491. — Renvoi au titre premier pour les développements généraux.
492. — Droit de préférence accordé aux dommages intérêts de la partie civile, en cas de délit poursuivi devant les tribunaux de répression, qui ne peut pas avoir d'application en matière civile.
493. — Modifications projetées au régime hypothécaire. — Faveur spéciale proposée pour les créances résultant des délits.

491. Au chapitre 6 du titre 1er, nous avons traité de tout ce qui concerne l'exécution des condamnations sur les biens.

---

(1) Cass., 3 déc. 1827, S. 28.1.161.
(2) Cass., 29 déc. 1852, D. 53.1.49.

Nous avons réuni dans le même article ce qui a trait à cette matière, tant lorsqu'il s'agit de condamnations prononcées par les tribunaux de répression que lorsqu'il s'agit de délits civils et de simples quasi-délits. La nature du sujet le voulait ainsi.

Nous avons vu, dans l'article précité, que certaines choses qui font partie de nos biens étaient déclarées inaliénables ou insaisissables, soit par une disposition directe de la loi, soit par la volonté de l'homme dans les cas et suivant les formes déterminés par la loi. Nous avons discuté la question de savoir si l'inaliénabilité et l'insaisissabilité de ces divers objets font obstacle à ce que le créancier, qui demande la réparation d'un dommage causé par un délit ou un quasi-délit commis par leur propriétaire, poursuive son paiement jusque sur ces objets privilégiés, et nous avons résolu cette question par diverses distinctions.

Il n'y a rien à ajouter aux développements que nous avons donnés n°s 167 et suivants. Nous nous bornons à y renvoyer.

492. Remarquons seulement qu'en matière de délits purement civils, et de simples quasi-délits, il ne peut être question du droit de préférence établi par l'art. 54, C. pén. Les dommages-intérêts de la partie lésée ne se trouveront jamais, dans le cas qui nous occupe, en concurrence avec des amendes dues à l'Etat. Ces dommages-intérêts ne jouissent donc d'aucun privilége ni bénéfice particulier quelconque, quant à leur recouvrement, sauf, comme il vient d'être dit, que les principes ordinaires sur l'inaliénabilité ou l'insaisissabilité de certains objets fléchissent quelquefois en leur faveur.

493. Mais, dans un autre ordre d'idées, on a réclamé, pour ces sortes de créances, une faveur particulière.

Lors de la deuxième délibération sur le projet de loi relatif au régime hypothécaire soumis à l'Assemblée législative, en 1850 et 1851, l'hypothèque judiciaire avait été supprimée.

Cependant un membre proposa de la maintenir pour l'exécution des condamnations pour délits et quasi-délits. Il se fondait principalement sur cette considération, que la personne, objet et victime d'un délit, a été dans l'impossibilité de prévoir et de régler d'avance les conséquences de ce délit et de l'obligation qui en résulte à son égard. Il faut donc, disait-on, lui donner les moyens d'empêcher l'effet des dispositions préjudiciables à ses droits et peut-être frauduleuses que le débiteur pourrait faire postérieurement à l'époque où le fait dommageable a été commis. Il faut, en un mot, que la loi fasse, pour lui, ce que le créancier vigilant peut faire lui-même en matière de contrats.

Mais cette proposition, combattue d'ailleurs dans son principe même, fut retirée par son auteur, sur l'assurance donnée par la commission qu'un système de garantie pour ceux qui ont obtenu des jugements avait été organisé dans le projet ; que ce système tendait à empêcher que frauduleusement, et en hypothéquant le bien qui doit servir de garantie au créancier, on ne le lui enlève, et on ne le transporte à d'autres qui n'y ont pas les mêmes droits.

Ce projet, on le sait, n'a pas reçu la sanction d'une troisième délibération ; notre législation n'a encore éprouvé, sur ces divers points, aucune espèce de modification.

ARTICLE II.

EXÉCUTION SUR LA PERSONNE. — CONTRAINTE PAR CORPS. — ABOLITION PRONONCÉE PAR LA LOI DU 22 JUILLET 1867.

Sommaire.

494. L'art. 48 de l'ordonnance de Moulins (1566) portait que toutes condamnations de sommes pécuniaires, pour quelque cause que ce fût, seraient exécutées par corps contre le condamné après les quatre mois de la signification à personne ou domicile.

On avait cherché dans ces moyens rigoureux un remède à des abus et à des désordres nés à la suite de nos longues guerres civiles.

Mais un siècle s'était à peine écoulé que les mœurs et les lois avaient radicalement changé. L'ordonnance de Louis XIV, du mois d'avril 1667, tit. 34, art. 1er, dispose :

« Abrogeons l'usage des contraintes par corps après les

« quatre mois établi par l'art. 48 de l'ordonnance de Mou-
« lins, pour dettes purement civiles, etc.»

Cette voie d'exécution n'est plus alors autorisée que par
exception, et dans des cas spéciaux.

Mais tout aussitôt l'art. 2 du même titre range au nombre
de ces cas spéciaux les dommages-intérêts en matière civile :
« Pourront les contraintes par corps après les quatre mois
« être ordonnées pour les dépens adjugés s'ils montent à
« deux cents livres et au-dessus; ce qui aura lieu pour la
« restitution des fruits, et pour les dommages-intérêts au-
« dessus de deux cents livres. »

La loi du 9 mars 1793 abolit complétement la contrainte
par corps pour dettes civiles. Mais celle du 24 ventôse an 5
la rétablit; et la loi du 15 germinal an 6 l'organisa, en précisant les cas où elle aurait lieu, et les formalités de l'emprisonnement. Le stellionat y est prévu. Mais on ne trouve ni
dans cette loi ni dans le Code civil aucune disposition générale qui autorise la contrainte par corps pour les condamnations obtenues à raison des autres délits.

Vint enfin le Code de procédure qui dispose dans l'art.
126 :
« La contrainte par corps ne sera prononcée que dans les
« cas prévus par la loi : il est néanmoins laissé à la prudence
« des juges de la prononcer : — 1° Pour dommages-inté-
« rêts en matière civile, au-dessus de la somme de trois
« cents francs, etc.»

La loi du 17 avril 1832 et celle du 13 décembre 1848
ont successivement modifié le système établi par le Code
Napoléon et le Code de procédure sur cette matière.

Nous avons fait connaître avec détail, dans la première
édition de cet ouvrage, les innovations introduites par ces
deux lois et qui tendaient à adoucir la position du débiteur.

495. Aujourd'hui, la contrainte par corps est complète-
ment abolie en matière civile et commerciale. Comme nous
l'avons dit plus haut, nos 191 et suivants, la loi du 22 juillet
1867 la maintient seulement en matière criminelle pour les
amendes et les restitutions ou dommages-intérêts prononcés
au profit de l'État ou des particuliers à raison de délits qualifiés (1).

_____

(1) Art. 3, 4 et 5.

L'art. 126 du Code de procédure civile, est donc implicitement abrogé (1).

La plupart des développements dans lesquels nous étions entrés sont devenus, par suite, inutiles.

496. Nous maintenons cependant l'examen d'une question qui peut avoir encore quelque utilité sous l'empire de la nouvelle législation.

L'art. 126, C. proc., comme on vient de le voir, autorisait les juges à prononcer la contrainte par corps en matière civile pour dommages-intérêts au-dessus de 300 francs.

De là naît, disions-nous, une première difficulté.

Ces mots : dommages-intérêts, comprennent-ils les restitutions, c'est-à-dire l'objet même ou les sommes représentatives de l'objet dont on a été dépouillé, ou qui a été détruit ? Faut-il, au contraire, restreindre la faculté de prononcer la contrainte par corps aux condamnations pécuniaires, représentatives du dommage accessoire à la perte ou dégradation de l'objet lui-même, toutes les fois que cette distinction sera possible ?

497. S'il s'agit de la restitution de l'objet même, *in individuo*, dont on a été privé, nous n'hésitons pas à dire que la contrainte n'est pas autorisée.

En matière de contrainte personnelle, tout est de droit rigoureux. Or, la loi n'a point parlé de la restitution, mais seulement des dommages-intérêts qui, dans le droit, sont choses parfaitement distinctes, et que la loi, dans plusieurs dispositions, sépare expressément. — Si l'ordonnance de 1667 mettait sur la même ligne la restitution de fruits et les dommages-intérêts, l'art. 126 ne parle que de ces derniers ; c'est nécessairement avec intention. Les termes de l'ordonnance avaient d'ailleurs un caractère limitatif ; et c'est de la même manière que l'art. 2060, C. Nap., parle de la restitution des fruits pour laquelle il autorise la contrainte, mais au cas seulement de réintégrande pour le délaissement d'un fonds dont le propriétaire a été dépouillé par voie de fait ; c'est encore ainsi que le même article prévoit restrictivement d'autres cas spéciaux de restitution, dans les §§ 1, 3, 4, 6 et 7, tous fondés sur l'existence ou l'analogie d'un dépôt nécessaire.

Remarquez que la loi ne faisant pas de distinction entre

_____

(1) Art. 18.

les dommages-intérêts dus à raison d'un délit ou quasi-délit, et ceux qui sont alloués pour inexécution des conventions, il faudrait étendre la contrainte par corps aux cas de restitution demandés par suite d'un contrat, ce qui bouleverserait toute l'économie de nos Codes en matière d'exécution des engagements conventionnels.

498. Aussi est-ce dans le sens négatif que se sont prononcés plusieurs arrêts. La Cour royale de Nancy a jugé que la contrainte par corps ne pouvait avoir lieu pour la restitution d'une somme indûment perçue, cette restitution étant l'exécution pure et simple de l'obligation principale (1). De même, la Cour de Pau a jugé que s'il s'agit de la simple restitution du prix d'une cession, les juges ne peuvent, en donnant au remboursement ordonné la qualification de dommages-intérêts, autoriser la contrainte par corps ; ce serait éluder l'art. 126, C. de proc. (2).

Telle est encore la doctrine de M. Coin-Delisle, dans son commentaire sur le titre de la contrainte par corps, et de M. Troplong (3), qui réfute avec force un arrêt de Colmar, rendu en sens contraire (4).

499. Mais doit-on décider de même, si la chose détournée ou détruite par le délinquant ne peut plus être restituée *in individuo*, dans sa nature propre? La somme adjugée pour tenir lieu de l'objet ne représente-t-elle pas de véritables dommages-intérêts?

D'après l'art. 1149, C. Nap., dit-on pour l'affirmative, les dommages-intérêts comprennent, et le gain dont on a été privé, et la perte que l'on éprouve : par conséquent, la valeur de l'objet qu'on réclame, et qui n'est pas représenté en nature (5). — Et l'on cite comme ayant décidé la question deux arrêts de la Cour de cassation ; l'un, du 30 juillet 1833, d'après lequel, si, à défaut de restitution d'objets saisis, enlevés par la partie elle-même, celle-ci a été condamnée à payer au gardien sur son action en garantie : 1° une somme équivalente à la valeur des objets saisis ; 2° une certaine somme, à titre de dommages-intérêts, ces deux sommes doivent être consi-

---

(1) Nancy, 18 mai 1827, D. 27.2.199, S. 27.2.226.
(2) Pau, 24 janv. 1837, *J. du Pal.*, t. 2, 1837, p. 254.
(3) *Contr. par corps*, nos 221 à 227, *Vente*, t. 1, n° 503.
(4) Colmar, 7 avril 1821, S. 21.2.239.
(5) M. Coin-Delisle, *Comment. sur le tit. de la contr. par corps*, p. 23, nos 35, 36 et 37.

dérées comme accordées au gardien à titre de dommages-intérêts, et peuvent se réunir pour autoriser la contrainte par corps, bien que la somme qualifiée dommages-intérêts ne soit pas au-dessus de trois cents francs (1). — L'autre, en date du 22 juin 1837, qui a jugé que des individus qui avaient spolié une succession pouvaient être condamnés par corps à restituer vingt-quatre mille francs, somme qui représentait exactement la valeur des objets par eux détournés et ne comprenait rien en sus à titre de dommages-intérêts (2).

500. Mais M. Troplong (3) critique ces arrêts et le système qui les invoque, en se fondant sur la doctrine de Dumoulin dans son traité *De eo quod interest*, doctrine d'après laquelle les dommages-intérêts ne doivent jamais être confondus avec la chose principale qui fait l'objet de l'obligation. Ils ne forment, au contraire, qu'un accessoire, placé en dehors de cette obligation, une sorte de peine résultant d'un retard ou d'une faute dans l'exécution, et la réparation d'un tort extrinsèque à l'obligation : *Sic quod interest stricte non comprehendit rem principalem, nec ejus pretium vel œstimationem, sive principalem ejus ipsam utilitatem, sed tantùm comprehendit damnum vel lucrum occasione culpæ vel moræ emergens vel cessans* EXTRINSECUS, *scilicet prœter rem principalem et ejus causam* (4).

C'est bien là, en effet, la véritable notion des dommages-intérêts.

On pourrait croire cependant qu'elle n'a pas été si nettement comprise et reproduite par les rédacteurs du Code, en lisant, dans l'art. 1142, par exemple, que toute obligation de faire se résout en dommages-intérêts. Or, l'obligation de faire aussi bien que celle de donner, lorsqu'elle est inexécutée, autorise une double réclamation : celle de la chose principale ou de la valeur représentant la chose qui devait être exécutée, et celle de l'accessoire ou de la réparation du préjudice éprouvé au delà de la valeur principale de l'objet de l'obligation. Le Code confond, sous le même nom de dommages-intérêts, ces deux choses que l'on présente comme distinctes. N'est-ce pas dire que toutes les fois que l'exécution de l'obli-

(1) D. 330.
(2) S. 37.1.984 et 985, D. 395.
(3) *Contr. par corps*, nᵒˢ 228 et suiv.
(4) *Tract. de eo quod interest*, nᵒˢ 9, 11 et 13. — *Compar.* Pothier, *Vente*, nᵒ 69.

gation n'a pas lieu directement et en nature, la somme qui en tient lieu constitue de véritables dommages-intérêts?

On ajoutera, peut-être, que les principes de Dumoulin se rapportent tous à une disposition spéciale du droit romain, à la constitution de Justinien qui fixait invariablement au double le montant des dommages-intérêts, quand l'obligation inexécutée était d'une quantité certaine (1). Pour l'application d'une pareille loi, il fallait nécessairement distinguer minutieusement le principal et l'accessoire. Mais le mot de dommages-intérêts ne se prenait pas toujours dans un sens aussi restreint ; Dumoulin lui-même enseigne qu'il s'entend aussi d'une manière large : « *Sive de toto interesse vel utilitate agatur* (2). » Et c'est dans ce sens, dira-t-on, que le Code l'a employé.

501. Je ne pense pas que l'on puisse écarter, par ces raisons, l'autorité de Dumoulin, lorsqu'il s'agit d'obligations conventionnelles. Il ne faut pas oublier que Pothier a suivi Dumoulin en cette matière (3), et que le Code a reproduit intégralement les idées de Pothier (4). C'est donc la doctrine de Dumoulin tout entière qui a passé dans nos lois. Il ne faut pas s'attacher à l'expression complexe de dommages-intérêts qu'emploie l'art. 1142, car le sens de cet article n'est pas que, faute d'être exécutée suivant la convention, l'obligation principale change de nature et se transforme en dommages-intérêts proprement dits avec toutes les conséquences attachées, par la loi, à cette sorte de créance. La loi et Pothier ne veulent pas dire autre chose, si ce n'est que l'obligation de faire se convertit en une somme d'argent, parce que *nemo precisè potest cogi ad factum*. Cette somme, on l'appelle vulgairement dommages-intérêts, mais c'est à la doctrine qu'il appartient de distinguer les éléments différents dont elle se compose, et d'appliquer à chacun les principes qui leur sont particuliers.

Où irait-on dans le système contraire? L'obligation *de donner* elle-même ne se convertit-elle pas quelquefois en dommages-intérêts, lorsqu'elle n'est pas d'un corps certain, propriété du débiteur, et que le créancier puisse se faire délivrer en nature par l'autorité de justice et la main de la force publique?

---

(1) L. *un.* Cod. *de sentent. quæ pro eo quod interest. prof.*
(2) *Tr. de eo quod inter.*, § 8.
(3) *Vente*, n° 69.
(4) *Obligations*, 146, 152, 157, 159.

Il faudrait donc, en pareil cas, décider que la contrainte par corps peut avoir lieu toujours, parce qu'il s'agirait de dommages-intérêts, et, dès lors, cette voie d'exécution deviendrait d'une application universelle pour toutes les obligations civiles, ce qui serait le renversement de notre législation actuelle en cette matière.

502. C'est en partant de ce faux principe que M. Coin-Delisle est conduit à décider que la contrainte a lieu pour dépôt volontaire, quand le dépositaire ne représente pas les espèces mêmes qui lui ont été confiées, passant ainsi un trait de plume sur l'art. 2060, C. Nap., qui n'autorise la contrainte que pour le dépôt nécessaire, à l'exclusion du dépôt volontaire, et sans aucune distinction. C'est ainsi, en effet, que l'art. 2060 est interprété par les meilleurs commentateurs, M. Troplong (1), M. Duvergier (2), M. Duranton (3). Ils sont unanimes à cet égard.

Toutefois, que l'on nous permette, en passant, une observation sur les motifs que donne, à l'appui de cette solution, M. Duvergier. Prévoyant l'objection que l'on peut tirer de l'art. 1945, C. Nap., d'après lequel le dépositaire infidèle n'est pas admis au bénéfice de cession, M. Duvergier explique ce dernier article en disant qu'il trouvera son application quand le dépositaire sera condamné à des *dommages intérêts*, avec contrainte par corps, en vertu de l'art. 126, C. de proc. Mais M. Duranton fait remarquer, avec raison, que le Code de procédure est postérieur au Code Napoléon, et, par conséquent, ne peut servir à concilier les dispositions de ce Code qui paraissent se combattre. L'art. 1945, ajoute M. Duranton, s'explique beaucoup mieux par le principe général consacré par le Code des délits et des peines du 3 brumaire an 4, en vigueur lors de la publication du Code Napoléon, que la contrainte par corps a lieu pour les restitutions et dommages-intérêts dus pour crimes et délits, principe reproduit par le Code pénal actuel (art. 52). L'infidélité du dépositaire est un délit (*ibid.*, art. 408). La contrainte par corps a donc lieu contre lui, en vertu des règles générales du droit pénal, lorsqu'il est poursuivi par la voie criminelle et non par la voie purement civile (V. n° 194). Il ne peut alors se libérer par le bénéfice de cession.

(1) *Dépôt*, n° 181.
(2) T. 21, n° 500.
(3) T. 18, n° 69.

Ainsi s'évanouit l'objection que l'on pourrait tirer, contre notre opinion, de l'art. 1945. Tenons donc pour certain qu'en matière de contrats et de quasi-contrats, les dommages-intérêts ne doivent pas être confondus avec les restitutions principales, et qu'ils comprennent *extrinsecam tantum utilitatem et a re principali distinctam*, suivant les expressions de notre grand jurisconsulte.

503. Maintenant, cette théorie doit-elle être étendue des obligations contractuelles aux obligations qui naissent des délits et des quasi-délits et en dehors de toute convention?

Je ne le pense pas.

Toutes les fois qu'il n'y a pas d'autre cause à la demande en restitution que le délit ou quasi-délit, la somme représentative de la valeur des objets rentre parfaitement dans la notion des dommages-intérêts, considérés uniquement comme la peine d'une faute.

Presque toujours, en matière de délits, qu'il s'agisse de détournements, de destructions ou dégradations, il y a contravention à une obligation de ne pas faire, de laquelle il est éminemment vrai de dire qu'elle se résout en dommages-intérêts, dans le sens exact du mot. — Qu'un voisin malin-tentionné, ou imprudent, abatte mes clôtures, inonde mon héritage; qu'un débiteur frauduleux détourne les objets que j'ai fait régulièrement saisir, et me cause, par là, un dommage plus ou moins grand *propter rem ipsam* et au delà, il doit d'abord me payer la valeur de la chose. C'est la perte intrinsèque, un des éléments du *damnum emergens*, ce que nous avons appelé *restitution*. Mais pourquoi distinguer entre cette portion intégrante de la réparation, et le complément naturel et juridique, le dommage extrinsèque, et le profit, enfin, auquel j'avais droit de prétendre, et dont on doit me tenir compte?

504. C'est précisément en partant de l'idée que les dommages-intérêts, dans leur véritable notion, sont la réparation d'une faute, d'un tort, et d'une perte étrangère à l'objet d'une convention, que nous sommes conduits à comprendre, sous cette dénomination, les indemnités de tout genre qu'entraînent les délits et quasi-délits.

Une chose à remarquer, du reste, c'est que Dumoulin ne parle des dommages-intérêts qui sont dus à raison d'un délit que pour les exclure de la taxation du double. « *Quæro an* « *taxatio hujus legis habeat locum in delictis?... Concludo* « *quod ubicumque dolus malus probatur sive in faciendo*

« *sive in omittendo, etiam in contractibus vel quasi, cessat*
« *beneficium primi responsionis hujus legis...*, *quia per*
« *dolum quis indignus redditur, et* PRIVATUR OMNI LEGUM
« AUXILIO ET BENEFICIO » (1).

Les deux arrêts de la Cour de cassation, cités n° 499 ci-
dessus, nous semblent donc rendus conformément aux principes, et doivent former jurisprudence (2).

505. A plus forte raison la doctrine que nous venons de
formuler est-elle applicable au cas de restitutions ordonnées
au criminel à raison de délits qualifiés. Elles seraient exécutoires aux termes de la loi de 1867 par la voie de la contrainte par corps.

506. Nous rappellerons maintenant en quelques mots
seulement les autres dispositions de la loi en cette matière.
Elles n'ont plus qu'un intérêt historique.

507. Le Code avait prévu différentes espèces de délits
civils pour la réparation desquels il avait admis l'exercice de
la contrainte, dans des conditions spéciales. Tantôt il avait
autorisé cette voie d'exécution, quelle que fût la somme des
dommages-intérêts, tantôt il avait rendu la contrainte obligatoire.

508. Ainsi, en fait de stellionat, l'art. 2059, C. Nap., dit
expressément : « La contrainte par corps a lieu pour le stellionat. » Elle n'était donc pas seulement facultative.

509. Puis l'art. 2060 : « La contrainte par corps *a lieu*
« pareillement......; 2° en cas de réintégrande, pour le dé-
« laissement ordonné par justice d'un fonds dont le pro-
« priétaire a été dépouillé par voie de fait; pour la restitu-
« tion des fruits qui ont été perçus pendant l'indue posses-
« sion, et pour le paiement des dommages-intérêts adjugés
« au propriétaire » (3).

Ici encore, la contrainte est obligatoire; la loi l'établit impérativement. Ainsi, le juge ne pouvait se refuser à la prononcer sans commettre un déni de justice (4).

510. L'art. 2060 s'applique aux jugements rendus au
possessoire; l'art. 2061 prévoit un cas analogue, mais sur
l'action pétitoire.

---

(1) *Tr. de eo quod interest*, n°s 154 et 155.
(2) *Conf.*, Nîmes, 7 mars 1853, D. 54.2.250.
(3) *Compar.* Ordonn. de 1667, tit. 34, art. 4.
(4) MM. Troplong, *Contr. par corps*, n°s 11, 120 et 184; Coin-Delisle, p. 28, n° 1; Duranton, t. 18, n°s 440, 442 et suiv.

« Ceux qui, par un jugement rendu au pétitoire et passé
« en force de chose jugée, ont été condamnés à désemparer
« un fonds, et qui refusent d'obéir, peuvent, par un second
« jugement, être contraints par corps, quinzaine après la
« signification du premier jugement à personne ou domi-
« cile. »

Le refus, par le possesseur condamné, d'obéir aux mandats de justice, avait paru une atteinte assez grave à l'ordre
public pour autoriser cette voie d'exécution. Il y a, dans ce
cas, mauvaise foi et véritable délit. Toutefois, l'emploi de la
contrainte par corps n'est ici que facultatif (1).

Remarquez aussi qu'à la différence du cas de réintégrande,
la loi ne prononce pas la contrainte pour la restitution des
fruits perçus pendant l'indue possession, et les dommages-
intérêts. A l'égard des fruits antérieurs à la demande, le
détenteur pourrait avoir été de bonne foi, et les avoir fait
siens, ce qui ne peut avoir lieu en cas de réintégrande.
Quant aux dommages-intérêts, s'il en était dû pour dégradations commises, soit avant, soit après la demande, le juge
pouvait les allouer en vertu de l'art. 126, C. proc. Mais la
restitution de fruits perçus après la demande n'aurait pas
toujours donné lieu à la contrainte, conformément à ce qui
a été dit *suprà*, nᵒˢ 497 et suivants.

511. L'art. 712, C. proc., est fondé sur le même principe
que l'art. 2061, C. Nap. Il porte que le jugement d'adjudication sur saisie immobilière contiendra injonction à la
partie lésée de délaisser la possession de l'héritage saisi
aussitôt après la signification du jugement, sous peine d'y
être contraint par corps.

512. L'art. 683 du même Code prévoit un délit qui peut
quelquefois entraîner des condamnations pénales :

« Le saisi ne pourra faire (après la dénonciation de la
« saisie) aucune coupe de bois ni dégradation à peine de
« dommages-intérêts auxquels il sera contraint par corps,
« sans préjudice, s'il a lieu, des peines portées dans les
« art. 400 et 434, C. pén. »

Les deux art. 712 et 683 sont impératifs; ils rendaient la
contrainte obligatoire.

513. La contrainte par corps peut encore être prononcée,
dit l'art. 213, C. proc., pour les dommages-intérêts dus par
celui qui a dénié une pièce, lorsque la dénégation a été

---

(1) Duranton, nᵒ 463.

jugée mal fondée. La contrainte était alors facultative, car ce n'était là qu'une application de l'art. 126.

514. Il en est autrement dans l'hypothèse prévue par l'art. 264. Les témoins assignés pour être entendus dans une enquête sont réassignés, et s'ils sont une seconde fois défaillants, ils *seront* condamnés, dit la loi, et par corps, à une amende de cent francs. C'est ici une véritable peine, quoique prononcée par un juge civil. L'article ajoute que le juge-commissaire peut décerner contre eux un mandat d'amener.

515. On peut se demander si cette disposition spéciale n'a pas été maintenue par la loi de 1867. Le caractère pénal de l'amende pourrait le faire supposer. Mais cette loi n'admet la contrainte que pour les condamnations prononcées par les tribunaux de répression en matière criminelle, correctionnelle ou de police.

Les dommages-intérêts dus à raison d'un délit qualifié ne peuvent être garantis par la contrainte par corps qu'autant que le délit a préalablement donné lieu à une condamnation prononcée par ces tribunaux (1).

Enfin l'art. 18 de la loi du 22 juillet 1867, qui abroge toutes les dispositions contraires des lois antérieures, déclare qu'il n'est point dérogé aux art. 80, 157, 171 et autres, C. instr. crim., qui prononcent la contrainte par corps contre les témoins défaillants devant les tribunaux criminels. Or, bien que suivant l'expression de l'exposé des motifs, il ne s'agisse pas là de contrainte par corps proprement dite, mais d'un moyen de forcer le témoin à comparaître devant la justice, et que ce mode de coaction eût pu être conservé en matière d'enquêtes civiles, le législateur ne semble pas s'en être occupé. Il a nettement séparé le domaine des tribunaux de répression de celui des juges ordinaires, et ses expressions limitatives nous semblent trop formelles pour autoriser une interprétation différente.

Mais la justice ne reste pas absolument désarmée, puisque l'art. 264, C. proc., autorise le juge-commissaire à décerner contre le témoin un mandat d'amener s'il refuse de comparaître. Or, la loi de 1867 n'atteint, en aucune façon, cette seconde disposition.

516. L'art. 126, C. proc., avec ses conditions spéciales, que nous venons de faire connaître, était applicable, quand les dommages-intérêts étaient prononcés par les tribunaux

_____

(1) V. *suprá*, n° 196.

de commerce, à raison des délits et quasi-délits dont ils peuvent connaître incidemment à une action commerciale portée devant eux, ou en vertu d'une loi spéciale (1).

517. Les juges de paix avaient aussi la faculté de prononcer la contrainte par corps pour dommages-intérêts au-dessus de trois cents francs.

518. En matière de dommages-intérêts pour délits civils, il n'existait aucune dérogation au principe établi par les art. 2064 et 2066, C. Nap., d'après lesquels la contrainte n'est pas autorisée contre les mineurs, ni contre les septuagénaires et les femmes ou filles, hors le cas de stellionat de la part de ces dernières seulement (2).

519. Elle ne pouvait jamais être prononcée ni exécutée contre le condamné au profit : 1° de son mari ni de sa femme; 2° de ses ascendants, descendants, frères ou sœurs, ou alliés aux mêmes degrés (3); 3° de l'oncle ou de la tante, du grand-oncle ou de la grand'tante, du neveu ou du petit-neveu, de la nièce ou petite-nièce, ni des alliés au même degré (4); enfin, elle ne pouvait être exercée contre le mari et contre la femme simultanément, soit pour la même dette (5), soit pour dettes différentes (6).

520. Quant à la durée de la contrainte, elle était indéfinie dans l'ancien droit, aussi bien au civil qu'au criminel. L'ordonnance de 1667 elle-même n'avait établi aucune limitation de temps.

La loi du 15 germinal an 6 se montra plus favorable à la liberté individuelle. L'art. 18 de cette loi porte que toute « personne légalement incarcérée pourra obtenir son élar- « gissement...; 6° de plein droit, par le laps de cinq années « consécutives de détention. »

Mais l'art. 800, C. proc., en ne reproduisant pas, dans l'énumération des moyens donnés au débiteur de recouvrer sa liberté, l'expiration d'un délai plus ou moins prolongé avait abrogé cette disposition de la loi de l'an 6 (7).

---

(1) M. Pardessus, t. 6, n° 1504 ; Rej., 2 août 1827, S. 28.1.18 ; D. 440 ; Arg. Cass., 30 déc. 1828, D. 29.1.84 ; S. 29.1.156. — V. *infrà*, n° 580.

(2) M. Troplong, n° 304 ; Cass., 17 janv. 1832, D. 79 ; Ord. de 1667, tit. 34, art. 8 et 9.

(3) L. 17 avril 1832, art. 19.
(4) L. 13 déc. 1848, art. 10.
(5) L. 17 avril 1832, art. 21.
(6) L. 13 déc. 1848, art. 11.
(7) *Conf.*, MM. Duranton, n° 481 ; Troplong, n° 430.

Le débiteur pouvait donc être indéfiniment retenu.

Cet état de choses avait cessé par l'effet de la loi de 1832, qui a rétabli un délai de libération encore abrégé par la loi de 1848.

521. L'art. 7 de la loi du 17 avril 1832 portait :

« Dans tous les cas où la contrainte par corps a lieu en « matière civile ordinaire, la durée en sera fixée par le ju- « gement de condamnation ; elle sera d'un an au moins, et « de dix ans au plus. Néanmoins, s'il s'agit de fermages de « biens ruraux, au cas prévu par l'art. 2062, C. Nap., ou de « l'exécution des condamnations intervenues dans le cas où « la contrainte par corps n'est pas obligée, et où la loi attri- « bue seulement aux juges la faculté de la prononcer, la « durée de la contrainte ne sera que d'un an au moins, et « de cinq ans au plus. »

Ainsi, d'après cette loi, le juge peut toujours se mouvoir entre certaines limites, minimum et maximum, mais dans lesquelles il doit déterminer, par le jugement qui la prononce, la durée de la contrainte.

522. La loi du 13 décembre 1848 a modifié ces divers points (1). L'art. 12, placé sous ce titre : *Dispositions géné- rales*, et qui remplaçait l'art. 7 de la précédente loi, est ainsi conçu :

« Dans tous les cas où la durée de la contrainte par corps « n'est pas déterminée par la loi, elle sera fixée par le juge- « ment de condamnation dans les limites de six mois à cinq « ans. Néanmoins, les lois spéciales qui assignent à la con- « trainte une durée moindre continueront d'être obser- « vées. »

Ainsi, plus de distinction entre la contrainte obligatoire ou facultative ; la durée de la détention est toujours la même, et le juge doit la déterminer dans les limites réduites de six mois à cinq ans.

La loi commandait expressément au juge de fixer lui-même la durée de la contrainte. A défaut de cette fixation, il y aurait eu nullité sur ce chef et ouverture à cassation (2).

523. D'après l'art. 24 de la loi de 1832, si la contrainte a lieu pour dette civile, le débiteur obtiendra son élargissement en payant ou consignant le tiers du principal de la

(1) Rapport de M. Durand à l'Assemblée nationale, le 23 oct. 1848, *Monit.* du 28.

(2) MM. Chauveau et Carré, *Sur l'art.* 126, *quest.* 540 *bis.*

dette et de ses accessoires, et en donnant, pour le surplus, une caution acceptée par le créancier ou reçue par le tribunal civil, dans le ressort duquel le débiteur sera détenu.

524. Le débiteur qui a obtenu son élargissement de plein droit, après l'expiration des délais fixés dans les limites de l'art. 7 de la loi de 1832, modifié par l'art. 12 de la loi de 1848, ne peut plus être détenu ni arrêté pour dettes contractées antérieurement à son arrestation et échues au moment de son élargissement, à moins que ces dettes n'entraînent, par leur nature et leur quotité, une contrainte plus longue que celle qu'il aura subie, et qui, dans ce dernier cas, lui sera toujours comptée pour la durée de la nouvelle incarcération. Telle est la disposition de l'art. 27 de la loi de 1832.

Comment cette disposition doit-elle être appliquée, disions-nous, aux dettes de dommages-intérêts résultant des délits? La dette devra-t-elle être considérée comme échue antérieurement à l'élargissement, par cela seul que le délit aura été commis avant cette époque, ou faudra-t-il que le jugement de condamnation ait été prononcé?

Rendons-nous bien compte d'abord des motifs de la loi.

Pour qu'un débiteur ne fût pas indéfiniment détenu pour des dettes multiples, l'on a réuni toutes les causes de contrainte antérieures à l'arrestation, et l'on a dit qu'elles seraient purgées par l'expiration du délai le plus long qu'elles pourraient l'une ou l'autre comporter. L'expiration de ce délai est une présomption d'insolvabilité. Mais il faut pour cela que la dette nouvelle, à raison de laquelle un créancier voudrait reprendre la contrainte, soit contractée et échue avant l'élargissement; car si elle n'était échue qu'après cette époque, on pourrait supposer qu'il est survenu des ressources nouvelles au débiteur, et qu'il est utile de reprendre l'exercice de la contrainte (1).

Ceci posé, quand le délit a été commis antérieurement à l'arrestation, on peut bien dire que l'obligation est contractée dès cette époque; mais tant qu'il n'est pas intervenu de jugement qui fixe et liquide le montant des réparations, il nous semble peu conforme à l'esprit de la loi que nous expliquons de considérer la dette comme échue et exigible : jusqu'à ce que les tribunaux aient prononcé, on ne sait pas encore exactement *an et quantùm debitum erit;* le créancier pourrait

_____

(1) M. Troplong, n°⁵ 575 à 578.

avoir des prétentions exorbitantes, et l'auteur du dommage des raisons légitimes de ne pas y accéder immédiatement. Or, la dette n'étant pas exigible et échue avant l'expiration du délai, cette épreuve que le débiteur a subie n'a pas d'effet à son égard.

Il suffirait donc, selon nous, que le jugement définitif qui détermine l'existence et la quotité de la créance des dommages-intérêts eût été rendu après l'élargissement du débiteur, pour que celui-ci pût être repris conformément à l'art. 27.

525. Ces observations ont encore leur utilité sous l'empire de la loi de 1867. Nous avons dit plus haut (1) que l'art. 12 de cette loi avait reproduit le principe posé dans l'art. 27 de la loi de 1832, en l'appliquant aux condamnations pour l'exécution desquelles la contrainte est maintenue. Nous renvoyons au chapitre VI du titre Ier pour les développements relatifs à ce point et aux autres questions que peut faire naître la règle du nouvel art. 12.

526. Les formalités de l'emprisonnement pour dettes civiles étaient réglées par le Code de procédure, art. 780 à 805. Ces dispositions sont désormais sans application.

527. L'abolition de la contrainte par corps en matière civile a été l'objet de sérieuses critiques. On peut s'étonner, en effet, que le législateur qui la maintient pour les réparations dues à raison de délits qualifiés ne l'ait pas conservée de même pour les condamnations à des dommages-intérêts prononcées en cas de fraude et de dol ou à raison des délits civils et quasi-délits commis en dehors de toute convention.— Nous pensons qu'on aurait pu, dans ces limites, réserver aux tribunaux la faculté de la prononcer conformément à l'art. 126, C. de proc. Ils n'en auraient fait usage que dans des cas exceptionnels où l'acte préjudiciable, bien que restant en dehors des faits prévus par les lois pénales, s'en rapproche essentiellement par la gravité et la nature de la faute commise. L'emploi de la contrainte se justifie tout aussi bien dans ces circonstances qu'au cas de délit qualifié. Car l'agent du dommage ne saurait invoquer la faveur qui s'attache à un débiteur malheureux et de bonne foi : quant à celui qui en est victime, on ne peut en général lui reprocher, comme en ce qui concerne les obligations contractuelles, d'avoir manqué de vigilance et de soin dans l'administration de ses affaires.

_____

(1) Nos 211 *bis*, 211 *ter*, 211 *quater*.

Or, la contrainte serait quelquefois le seul moyen efficace
de parvenir au paiement d'une condamnation à laquelle un
débiteur artificieux et animé de mauvaises intentions chercherait à échapper.

CHAPITRE V.

COMPÉTENCE. — FORMES DE PROCÉDURE.

ARTICLE I⁰ʳ.

COMPÉTENCE.

Sommaire.

a pour objet une somme d'argent à titre de dommages-intérêts, bien que le délit ait été commis sur un immeuble, et que
la demande suppose l'existence d'un droit réel immobilier.

546. — Quand le droit de propriété est contesté, et lorsqu'il est nécessaire d'interpréter des titres et contrats, le juge de paix
devient incompétent.

547. — La demande en restitution d'effets mobiliers dont on a été
privé par suite d'un délit est purement personnelle.

548. — La compétence du juge de paix est déterminée par le montant
de la demande.

549. — Le chiffre des dommages-intérêts doit s'ajouter à la valeur des
objets dont on réclame la restitution.

550. — L'évaluation de ces objets est faite par le demandeur.

551. — Le juge de paix cesse d'être compétent quand la demande est
d'une valeur indéterminée.

552. — Transition aux actions en responsabilité à raison de délits
spéciaux attribués aux juges de paix. — Art. 2 de la loi du
25 mai 1838. — Renvoi.

553. — Dans les cas prévus par cet article la demande doit être déterminée dans les limites de quinze cents francs.

554. — Au delà de cette somme le juge de paix n'est plus compétent.

554 *bis*. — *Quid* si la demande inférieure à quinze cents francs avait été
portée au tribunal civil ou au tribunal de commerce? — De-
vraient-ils se dessaisir? — Distinction.

555. — Texte de l'art. 4.

556. — Texte de l'art. 5. — Dans les cas qu'il prévoit, la demande peut
être indéterminée.

557. — Actions pour dommages aux champs, fruits et récoltes. — En
quoi consistent les dommages dans le sens de cet article.

558. — Est-il vrai que l'on ne doit entendre par là que des atteintes à
la chose, non suivies de détournement?

559. — Indication des cas de dommage les plus fréquents.

560. — Du jugement des questions préjudicielles.

561. — Le juge de paix doit surseoir, et non se dessaisir du principal.

562. — Une simple allégation du droit de propriété ne suffit pas pour
que le juge de paix prononce le sursis. — Il faut que le droit
paraisse fondé.

562 *bis*. — Il faut, en outre, que le défendeur excipe d'un droit qui lui
soit personnel.

563. — Quand l'exception est fondée sur la simple possession, le juge
de paix est compétent pour en connaître.

564. — Actions pour diffamation verbale et pour injures commises autrement que par la voie de la presse. — Les faits de diffamation et d'injure sont punis par la loi pénale.

565. — Compétence pour l'action publique et l'action civile quand elles
sont réunies.

§ 2.

Compétence quant aux personnes et au territoire.

§ 3.

Compétence en ce qui concerne le premier et le dernier ressort.

528. On doit considérer la compétence des tribunaux sous un triple rapport :

1° Celui que j'appellerai d'attribution, c'est-à-dire des règles qui déterminent la matière dont tel juge doit connaître ;

2° Celui de la juridiction, quant aux personnes et au territoire, c'est-à-dire des règles qui déterminent le tribunal devant lequel le défendeur doit être assigné, parmi les tribunaux du même ordre et du même degré ;

3° Celui de la juridiction quant au droit de statuer en premier ou en dernier ressort.

Il faut donc étudier les lois de la compétence en ce qui

touche les actions en responsabilité pour délits civils, à ces trois différents points de vue.

§ 1.

Compétence d'attribution.

529. Considérée en elle-même, l'action en responsabilité à raison des délits dont nous nous occupons est purement civile, personnelle et mobilière. En règle générale, elle doit donc être portée devant les tribunaux civils, soit aux tribunaux de première instance ou d'arrondissement (1), soit aux juges de paix jugeant civilement, dans les cas prévus par la loi (2).

530. Les tribunaux civils d'arrondissement forment la juridiction de droit commun.

Ils connaissent de toutes les actions qui ne sont pas dévolues à d'autres juges par une loi spéciale. Ces derniers sont des juges d'exception, dont la compétence est déterminée par les dispositions formelles de la loi, et restreinte aux matières qui leur sont expressément dévolues : tels sont les juges de paix, les tribunaux de commerce, les conseils de prud'hommes, les conseils de préfecture.

Nous n'aurons donc à procéder ici que par voie d'énumération des matières attribuées spécialement à telle ou telle de ces juridictions extraordinaires. Il nous suffira d'ajouter que toutes autres actions en réparation de délits civils, fondées sur une cause quelconque, appartiennent aux tribunaux d'arrondissement.

531. Nous avons même à nous demander si les tribunaux civils d'arrondissement ne connaissent pas valablement des actions dévolues aux juges de paix et aux tribunaux de commerce quand elles sont portées devant eux, et que les parties ne déclinent pas leur compétence.

La question n'existe pas à l'égard des matières dévolues aux tribunaux administratifs, car l'incompétence des tribunaux civils est alors fondée sur le principe constitutionnel de la séparation des pouvoirs, qui est d'ordre public. Les limites du pouvoir des tribunaux civils sont ici celles de l'autorité judiciaire elle-même. Comme on l'a dit avec beaucoup de jus-

---

(1) L. 11 avril 1838, art. 1.
(2) L. 25 mai 1838, art. 1.

tesse, ce n'est pas qu'à cet égard leur compétence soit restreinte. C'est qu'elle ne s'est jamais étendue jusque-là (1).

Elle n'existe pas non plus pour le cas où l'une des parties a décliné la compétence, conformément à l'art. 169, C. de proc. Le tribunal qui aurait retenu la cause aurait violé d'une manière formelle la loi qui déférait la cause à la juridiction exceptionnelle.

Mais, dans le cas contraire, il y a doute et doute fort grave ; la jurisprudence et les auteurs sont divisés sur la question.

532. Dans un premier système, on dit :

Les tribunaux d'exception ne sont que des démembrements des tribunaux ordinaires. C'est un fait historique universellement admis.

En France, les tribunaux primitifs qui, après avoir existé sous différentes modifications, étaient connus depuis la fin du treizième siècle, sous les qualifications de bailliages, sénéchaussées et prévôtés, étaient toujours considérés comme ayant la plénitude du pouvoir judiciaire, malgré les nombreuses distractions faites en faveur des juridictions spéciales, telles que les bureaux des trésoriers de France, élections, greniers à sel, traites foraines, amirauté, connétablie, cour des monnaies, tribunaux des juges de commerce, table de marbre des eaux et forêts.

La juridiction des premiers embrassait tout, à l'exception des cas qui leur étaient soustraits par une loi formelle. « Nous tenons en France, » dit Loiseau (2), « qu'outre les officiers des Cours souveraines extraordinaires, il n'y a que ceux de la justice ordinaire qui soient vrais magistrats, ayant seuls... juridiction entière... et justice régulièrement et universellement sur toutes les personnes et les choses qui sont dans leur territoire, de laquelle justice les autres justices extraordinaires et extravagantes sont démembrées; *et extrà ordinem utilitatis causâ constitutæ.* » Et Domat : « La première distinction à faire est celle des officiers qui connaissent de toutes matières civiles, criminelles et de toutes autres indistinctement, à l'exception de quelques-unes qui ont été attribuées à d'autres juges, et c'est par cette raison que l'on appelle cette juridiction ordinaire, pour la distinguer de celle de ces autres juges que l'on appelle pour cette raison extra-

---

(1) Henrion de Pansey, *Compét. des juges de paix,* chap. 4, p. 37. Ceci ne doit s'entendre que depuis 1790. V. nos 532 et suiv.

(2) *Des Offices,* liv. 1, chap. 6, n° 48.

ordinaire. Ainsi, les parlements, les baillifs, les sénéchaux, exercent la juridiction ordinaire (1) ; et les autres qui connaissent des finances, des tailles, des aides, des gabelles, des monnaies et d'autres matières distraites de la juridiction ordinaire, sont censées des juridictions extraordinaires » (2).

En appliquant ces notions au régime actuel, on voit que nous avons, comme dans l'ancien, des juridictions ordinaires et des juridictions extraordinaires. Les tribunaux d'arrondissement forment la première classe.

C'est ce qui résulte clairement de l'art. 4 du titre IV de la loi du 24 août 1790 :

« Les juges de districts connaîtront, en première instance,
« de toutes les affaires personnelles, réelles et mixtes, en
« toutes matières, excepté seulement celles qui ont été dé-
« clarées de la compétence des juges de paix, les affaires de
« commerce dans les districts où il y aura des tribunaux de
« commerce établis, et le contentieux de la police munici-
« pale. »

Il suffit de jeter les yeux sur cette disposition, pour sentir que les tribunaux d'arrondissement, subrogés aujourd'hui à ceux de district, ont, suivant les expressions de Domat, la connaissance de toutes matières, sans autres exceptions que celles qui ont été attribuées expressément à d'autres juges. Ils sont, en un mot, les juges ordinaires.

Or, la différence qui existe entre les juges ordinaires et les juges extraordinaires, c'est que ces derniers n'ayant qu'une autorité partielle et d'exception et sans influence directe sur les personnes, ne peuvent statuer que sur les contestations dont la connaissance leur est déférée nominativement par une loi spéciale, et toutes les fois que l'objet litigieux n'est pas dans leurs attributions, ils doivent se déclarer incompétents.

Le juge ordinaire et territorial a bien une autre sphère d'activité. Tout dans son territoire est soumis à sa juridiction, Un domicile étranger peut seul le rendre incompétent à raison des personnes, et quant aux choses, son pouvoir n'a d'autres limites que celles de l'autorité judiciaire elle-même. Il n'existe pas pour lui d'incompétence *ratione materiæ*, et il connaîtrait légalement d'une affaire de commerce, et de

---

(1) Ajoutons : et les juges des seigneurs hauts-justiciers. Jousse, *Tr. de l'adm. de la just.* (in-4°), t. 1, p. 167.

(2) Part. 2, liv. 2, tit. 1, sect. 2. V. Jousse, *loc. cit.*

toute autre attribuée aux tribunaux extraordinaires qui serait portée devant lui, *et dont le renvoi ne lui serait pas demandé.*

Telle est la théorie de cette matière (1).

Ainsi, l'obligation de recourir au juge du domicile n'avait d'abord été imposée qu'au demandeur, les juges n'étant établis que pour l'avantage des justiciables. Le défendeur pouvait donc renoncer à son droit (2).

Il est vrai que nos anciennes lois avaient modifié ce principe, parce que les justices des seigneurs étant patrimoniales, et dans les siéges royaux, les émoluments de la justice appartenant aux magistrats dont les offices étaient vénaux, il se rattachait à la juridiction l'idée d'une sorte de propriété. Mais la suppression des justices seigneuriales et de la vénalité des offices royaux, en écartant l'obstacle qui s'opposait à l'application des principes que nous venons d'exposer, devait naturellement leur rendre l'autorité qu'ils n'auraient jamais dû perdre (3).

533. Cependant une difficulté s'élève ; elle résulte de la manière dont nous avons réorganisé notre ordre judiciaire. En 1790, les réformateurs ont fait table rase ; ils ont, d'un seul jet et par la même loi, créé toutes les juridictions que nous voyons aujourd'hui. A la vérité, les innovations ont plus porté sur les mots et sur les circonscriptions que sur les choses ; et nous avons, comme auparavant, des tribunaux ordinaires et extraordinaires. Mais ne faut-il pas reconnaître que si les premiers ont toujours un titre universel, cette universalité n'est plus qu'une théorie et n'a jamais existé de fait, puisqu'il n'y a jamais eu d'époque où ces nouvelles justices, quoique investies de la juridiction ordinaire, aient eu, dans leurs attributions, les affaires dont la connaissance est déférée aux juges extraordinaires ?

A cette objection, on répond : que « la circonstance que les diverses juridictions civiles qui existent aujourd'hui ont

---

(1) On verra tout à l'heure si cette théorie est bien exacte. Nous remarquerons seulement en passant que M. Laferrière (*Hist. du droit franç.*, t. 2, p. 69, édit. de 1838), partisan comme nous de l'opinion contraire, admet néanmoins que, dans les anciens principes, l'incompétence de la juridiction ordinaire n'était pas réputée matérielle, mais personnelle. Or, nous citerons tout à l'heure, n° 539, un passage de Pothier qui établit le contraire.

(2) Nous ne faisons ici que citer, on appréciera l'exactitude des arguments que l'on a employés à l'appui de ce premier système.

(3) Henrion de Pansey, chap. 3 et 4.

été créées simultanément n'empêche point que la loi qui les
a instituées n'ait pu, en même temps qu'elle leur assignait
leurs attributions respectives, conférer à chacune d'elles,
conformément à l'ancien état de choses, le caractère de juridiction ordinaire, et aux autres le caractère de juridictions
exceptionnelles. Or, ce que la loi pouvait faire, elle l'a fait
virtuellement, puisqu'il est unanimement reconnu que
toutes les contestations qui n'ont point été formellement déférées aux juges de paix ou de commerce rentrent de plein
droit dans les attributions des tribunaux civils d'arrondissement, sans qu'il soit nécessaire que ceux-ci en soient particulièrement investis par une disposition expresse. Il y a évidemment une différence profonde entre une juridiction qui
s'étend naturellement à toutes les affaires que la loi n'en a
pas nommément distraites, et des juridictions rigoureusement restreintes aux affaires que la loi leur a spécialement
attribuées. Cette différence devient encore plus sensible,
quand on réfléchit qu'il appartient aux tribunaux d'arrondissement de connaître de l'exécution de leurs jugements
tandis que le même pouvoir est refusé aux juges de paix et
aux tribunaux commerciaux. En présence de ces attributions
si générales d'un côté, si sévèrement limitées de l'autre,
n'est-il pas manifeste que la loi de 1790 et les lois subsé-
quentes ont entendu conserver la distinction précédemment
établie entre les juges ordinaires et les juges exceptionnels ;
qu'elles ont reconnu aux uns la plénitude de juridiction, et
n'ont considéré les attributions qu'elles déféraient aux autres
que comme un démembrement de celles appartenant aux
premiers?

« Maintenant, dans quelle vue ce démembrement a-t-il été
opéré? — Dans la vue de rendre plus facile, plus prompte et
moins dispendieuse la solution de certaines sortes d'affaires.
— Or, ces motifs sont-ils de telle nature que l'on doive considérer comme portant atteinte à une loi d'ordre public les
parties qui consentent à soumettre au juge ordinaire une
action dont elles pouvaient saisir un juge d'exception? —
On ne saurait le penser : car en quoi importe-t-il à l'ordre
public que, dans une contestation où ne se débattent que
des intérêts privés, il soit interdit aux parties de renoncer
au bénéfice d'une procédure plus expéditive et d'un jugement moins coûteux? N'est-ce pas plutôt le cas d'appliquer
ici la maxime : *Omnes licentiam habent his quæ pro se in-
troducta sunt renuntiare?*

« Enfin, les lumières présumées des juges qui composent les tribunaux d'arrondissement, le caractère général de leur juridiction, la disposition de la loi qui leur donne la connaissance des affaires commerciales dans les arrondissements où il n'existe pas de tribunaux de commerce, le droit de prorogation accordé aux parties, dans un cas bien moins favorable, par l'art. 7, C. proc., l'utilité qu'il y a à ne pas multiplier les procès en donnant à la partie condamnée la faculté d'attaquer, sous prétexte d'incompétence, la décision d'un juge qu'elle avait d'abord choisi ou accepté, toutes ces raisons doivent faire considérer comme purement personnelle l'incompétence des tribunaux d'arrondissement, relative aux matières commerciales et à celles attribuées aux justices de paix » (1).

534. Il résulterait de là que l'exception fondée sur cette incompétence, serait de nature à être couverte par le silence des parties et devrait être proposée *in limine litis*, conformément aux art. 168 et 169, C. proc. civ., et non pas en tout état de cause, comme l'art. 170 le permet pour l'exception fondée sur l'incompétence *ratione materiæ*.

A plus forte raison, ne pourrait-on fonder sur cette incompétence un moyen de cassation, si elle n'avait été proposée devant les juges du fond.

535. Ce premier système a pour lui la jurisprudence. Il a été consacré d'abord par un arrêt de la chambre civile de la Cour de cassation, du 10 juillet 1816 (2), par deux arrêts de la chambre des requêtes, l'un du 24 avril 1834, l'autre du 9 janvier 1838 (3), et plusieurs arrêts de Cours d'appel (4), tous calqués sur celui du 10 juillet 1816.

536. Passons maintenant à l'exposé de la théorie contraire, à laquelle, nous devons le déclarer tout d'abord, nous n'hésitons pas à nous rallier.

On dit, à l'appui de ce second système :

Ce n'est point dans un ordre de choses aboli qu'il faut

---

(1) Dall., *Comp.*, p. 277, 1re éd., et Arm. Dall., *Dict. gén. de jur.*, v° *Comp. civ.*, n° 51, et *Suppl.*, *ibid.*; *Junge*, Favard, *Rép.*, v° *Exception*, § 2, n° 1 ; Merlin, *Rép.*, v° *Trib. de comm.*, n° 5; Pigeau, *Proc. civ.*, t. 1, p. 105, 1re part., lit. 2, chap. 1, sect. 4.
(2) Dall., *Comp.*, p. 374, 1re éd.; Sirey, 16.1.334.
(3) D. 34.209 et 38.156.
(4) Nancy, 30 juin et 5 juill. 1837, D. 38.2.218, et 39.2.28; Douai, 10 juill. 1837, D. 39.2.29 ; Bordeaux, 1er fév. 1831, D. 33.2.5; Poitiers, 12 juill. 1833, D. 33.2.235.

puiser les moyens de décider la question. Quelle que fût la théorie des juridictions antérieures à 1790, il faut considérer qu'à cette dernière époque on a tout détruit; et, comme on l'a déjà dit, toutes les juridictions actuelles ont été créées d'un seul jet, simultanément. Voici le texte de la loi des 16-24 août, qui est décisif :

« Les juges de district connaîtront en première instance « de toutes les affaires personnelles, réelles et mixtes, en « toutes matières, *excepté* seulement celles qui ont été dé- « clarées de la compétence des juges de paix, les affaires de « commerce, dans les districts où il y aura des tribunaux « de commerce établis, et le contentieux de la police muni- « cipale. »

Que l'on pèse bien les expressions du législateur qui crée et qui organise : « Ils connaîtront de toutes les matières ci- viles, « *excepté* seulement de celles qui sont attribuées aux « tribunaux de commerce et aux juges de paix, etc., » et l'on reconnaîtra aisément quelle a été sa pensée. On en in- duira nécessairement qu'il n'a entendu conférer aux juges de district aucune attribution directe sur les matières réser- vées aux juridictions exceptionnelles qu'il désigne.

C'est donc mal à propos que l'on soutient encore que les juridictions spéciales sont un démembrement opéré au pré- judice de la juridiction ordinaire, et que le retour à l'état primitif est toujours favorable. Il n'y a plus aujourd'hui ni état primitif ni état postérieur. L'origine de nos tribunaux est une. Il n'y a plus de gradation dans leur organisation(1). Il n'y a donc pas de raison sérieuse à puiser dans les prin- cipes de l'ancien droit, sur lesquels se fonde pourtant, comme sur sa base la plus solide, la théorie contraire (2).

537. Les motifs accessoires sur lesquels elle s'appuie sup- portent-ils mieux l'examen?

Quels sont ceux qui ont déterminé la jurisprudence?

On les trouve tout entiers dans l'arrêt de cassation du 10 juillet 1816, qui porte :

« Considérant que ce n'est pas à raison de la matière que « les tribunaux ordinaires sont incompétents pour con- « naître des affaires de commerce; que, si ces sortes d'af-

---

(1) M. Laferrière, *Hist. du droit franç.*, t. 2, p. 70.
(2) MM. Henrion de Pansey, chap. 4, *in fine;* Boncenne, *Th. de la proc. civ.*, t. 1, p. 328; Benech, *Tr. des just. de paix*, t. 2, p. 70; Foucher, *Comment. des lois des 25 mai et 11 avril* 1838, p. 23 et suiv.

« faires ont été distraites de leur juridiction, c'est unique-
« ment dans l'intérêt des commerçants, dans la vue de faire
« juger plus promptement et à moins de frais les contesta-
« tions qui les concernent ; qu'il suit de là, qu'en matière
« de commerce, l'incompétence des tribunaux ordinaires
« n'est pas absolue, mais seulement relative, etc. »

Et le raisonnement que la Cour fait ici, par rapport aux
affaires commerciales, on l'a employé pour les affaires dévolues au juge de paix (1).

Ce raisonnement repose sur une idée fausse. S'il est vrai
que les juridictions spéciales aient été créées dans l'intérêt
des justiciables, il n'est point vrai que ce soit uniquement
dans leur intérêt, en les considérant individuellement, et en
ce sens que chacun pourra librement déroger à l'ordre établi.
Une pensée toute différente a été exprimée par les auteurs de
la loi. La commission chargée de la rédaction du projet du
Code de commerce disait, en discutant les observations des
tribunaux sur les art. 631 et suivants : « C'est le commerce,
ce sont les transactions commerciales que nous avons dû
régler. Les commerçants ne forment pas dans l'Etat une corporation particulière et privilégiée. Si la législation se compose de lois d'exception, ce n'est pas pour l'avantage des
commerçants qu'elles sont faites ; c'est pour l'intérêt de tous,
parce que la richesse publique, l'aisance et le bonheur des
citoyens sont attachés à la prospérité du commerce (2). »

Et de plus, que l'on ne s'y trompe pas, ce n'est pas seulement pour que la marche de la justice fût plus rapide et
moins coûteuse que les tribunaux spéciaux ont été créés.
C'est aussi pour qu'elle fût plus éclairée et plus sûre (3). Les
tribunaux consulaires sont composés de commerçants dont
les connaissances pratiques ont été reconnues utiles pour bien
juger des affaires qui leur sont dévolues. Les juges de paix
sont plus rapprochés des lieux ; ils en connaissent les usages
et peuvent s'y transporter facilement. Ils entendent, avec
plus de facilité, les explications personnelles des parties, fort
utiles dans la décision de beaucoup de causes.

Il n'est donc pas non plus exact de dire que les garanties
données par les lumières supérieures et plus générales que

---

(1) V. l'arrêt de Nancy, du 30 juin 1837, D. 37.2.218.
(2) V. les extraits du rapport de la commission, dans Locré, *Esprit du
Code de comm.*, t. 8, p. 355 ; Benech, p. 40 et 41.
(3) Benech, *loc. cit.*

I.   34

suppose, chez les membres des tribunaux ordinaires, notre organisation elle-même, doivent rendre favorable le recours volontaire à leur juridiction, au détriment des juridictions spéciales. Loin de là, l'ensemble de cette organisation doit être rigoureusement respecté, et c'est aller manifestement contre le but du législateur, que d'autoriser les volontés particulières à y déroger librement, surtout lorsqu'on fait résulter la dérogation d'un consentement tacite et présumé, tandis que le silence de la partie intéressée est souvent l'effet d'une erreur involontaire.

538. La loi, dit-on, semble donner la solution de la question, quand elle dispose que, dans les arrondissements où il n'y aura pas de tribunaux de commerce, les juges du tribunal civil en exerceront les fonctions (1).

Il suffit, pour détruire cet argument, de faire remarquer que le tribunal d'arrondissement ne connaît pas des affaires commerciales comme tribunal civil, mais comme tribunal de commerce; il change alors de caractère; comme lorsqu'il juge les causes correctionnelles, il n'est plus tribunal civil, mais tribunal criminel; aussi, les formes de la procédure sont différentes, et les jugements ainsi rendus produisent tous les effets attachés aux jugements des tribunaux de commerce (2). Et puis à quelles conditions le tribunal civil connaît-il des affaires commerciales ? A la condition qu'il n'existera pas de tribunal de commerce dans l'arrondissement. Donc, s'il existe un tribunal de commerce, le tribunal civil est incompétent pour connaître de ces sortes de causes, et c'est bien là une incompétence *ratione materiæ*.

L'incompétence *ratione personæ* présente de tout autres caractères. Elle existe quand un individu est traduit devant un tribunal dont il n'est pas justiciable à raison de son domicile. Il est clair que, dans cette hypothèse, l'ordre public n'est nullement intéressé au renvoi. La nature des objets dont les deux tribunaux doivent connaître, la forme de procéder, tout est identique. L'obligation d'assigner devant le juge du domicile du défendeur est certainement établie dans l'intérêt exclusif de ce dernier; il est tout simple qu'il puisse y renoncer, même tacitement. S'il comparaît et se défend, on peut conclure que l'inconvénient que la loi a voulu lui éviter n'existe pas. Mais on ne peut en dire autant quand l'in-

---

(1) L. du 24 août 1790, tit. 12, art. 13 ; C. comm., 640.
(2) C. proc. civ., 414 à 442 ; C. comm., 641, 642.

compétence est matérielle, soit parce que l'ordre public est
engagé, soit parce que l'erreur du défendeur sur ses droits
est plus facilement supposable.

539. Que l'on nous permette d'insister sur le véritable caractère de l'incompétence dont il s'agit, car enfin, ce caractère étant une fois bien déterminé, la question est résolue
par l'art. 170, C. de proc.

Or, quand nous disons qu'il s'agit ici d'une incompétence
ratione materiæ, nous sommes en accord parfait avec les principes consacrés bien avant 1790.

L'art. 1er du titre 6 de l'ordonnance de 1667 portait :

« Défendons à tous nos juges, comme aussi aux juges ec-
« clésiastiques et des seigneurs, de retenir aucune cause
« dont la connaissance ne leur appartient ; mais leur enjoi-
« gnons de renvoyer les parties par-devant les juges qui doi-
« vent en connaître, ou d'ordonner qu'elles se pourvoiront,
« à peine de nullité des jugements ; et, en cas de contraven-
« tion, pourront les juges être intimés et pris à partie. »

Or, Rodier, commentateur de l'ordonnance, établit ainsi
qu'il suit la distinction de l'incompétence *ratione personæ*
et *ratione materiæ*.

« La première espèce de fin de non-procéder, indiquée
par la dénomination de *renvoi*, c'est lorsqu'on oppose que la
cause doit être renvoyée devant un autre juge, soit à raison
du domicile du défendeur, soit à raison de la situation des
biens, soit à raison de la litispendance... La seconde espèce,...
indiquée par le nom d'*incompétence*, c'est lorsque la *matière*
à raison de laquelle on est assigné devant un juge n'est pas
de sa compétence, comme, par exemple, si on assignait quelqu'un pour un fait des eaux et forêts devant un juge ordinaire..., si on assignait quelqu'un devant les juges-consuls
pour un fait qui ne fût pas de commerce, et *vice versâ*...
Dans tous ces cas on doit accorder le renvoi, parce qu'il ne
faut pas confondre les juridictions qui sont distinctes et séparées *ratione materiæ*. » (1)

Plus loin, il répète encore : « Quand on prétend que le
juge devant lequel on est assigné est incompétent *ratione
materiæ*, comme si, pour une affaire d'eaux et forêts, on
était assigné devant un juge ordinaire (2)..., etc. »

Puis, il termine en disant : « Les fins de non-procéder

____

(1) *Première quest. sur l'art.* 1er, tit. 6.
(2) *Troisième quest., ibid.,* p. 67.

comprises dans la première classe doivent être proposées *in limine litis*... Quant aux fins de non-procéder de la deuxième classe..., à raison de la qualité de la matière, elles peuvent être proposées en tout état de cause, parce que, quoiqu'une partie ait contesté ou par erreur, ou volontairement, devant un juge qui ne peut connaître de la matière, elle peut toujours se raviser et décliner sa juridiction... » (1)

Pothier dit d'une manière tout aussi formelle : « Il y a incompétence *ratione materiæ*, non-seulement lorsque la demande est donnée devant un juge d'attribution, sur quelque matière qui ne lui est point attribuée, mais même lorsqu'elle est donnée devant le juge ordinaire sur une matière qui, suivant les ordonnances et édits, a été distraite de la juridiction ordinaire et attribuée à quelque juge d'attribution, comme si l'on formait une demande devant le juge ordinaire sur une matière d'eaux et forêts ou sur une matière consulaire » (2).

Tels étaient les principes constants dans le dernier état du droit. On ne prétendra pas que la loi du 24 août 1790 y ait changé la moindre chose. Ils sont restés en vigueur jusqu'à la promulgation du Code de procédure ; et l'on ne peut douter que les rédacteurs de ce Code ne les aient entièrement adoptés, quand on compare les art. 168, 169 et 170 avec les passages que nous venons de citer et sur lesquels ils semblent avoir été copiés.

540. Voici une dernière considération qui nous paraît avoir de l'importance.

Le système que nous combattons n'est pas complet. On est obligé de reconnaître que certaines actions sont de la compétence exclusive des juges d'exception, notamment les actions possessoires déférées aux juges de paix. La Cour de cassation a jugé plusieurs fois qu'à cet égard l'incompétence des tribunaux de première instance est matérielle, absolue et proposable en tout état de cause. On peut citer les arrêts du 28 juin 1825 et du 16 mars 1841 (3).

Or, nous le demandons, la loi, quand elle dispose que les actions possessoires seront portées devant les juges de paix, est-elle donc plus impérative, plus formelle que lorsqu'elle détermine les autres matières de leur compétence et celles

---

(1) *Troisième quest.*, *ibid.*, p. 68.
(2) *Procéd. civ.*, 1re part., chap. 2, sect. 4, § 2.
(3) D. 25.350, et D. 41.179; S. 41.196.

de la compétence des tribunaux de commerce? Pour ne parler que des premiers, comment peut-on établir une distinction entre l'action en réintégrande, et l'action pour dommages aux champs, fruits et récoltes, celle pour rixes et voies de fait (1); en un mot, toutes les autres énumérées par la loi du 25 mai 1838? Le juge de paix n'est-il pas spécialement et par suite exclusivement chargé des unes et des autres? Bien plus, il ne connaît des actions possessoires qu'à charge d'appel (2), par conséquent, le tribunal civil n'est incompétent que pour l'instance du premier degré. Cependant on admet que cette incompétence est matérielle. Dans les autres cas, le juge de paix peut statuer en premier et dernier ressort, si la demande est déterminée à une valeur de cent francs, et l'on voudrait que l'incompétence du tribunal civil ne fût que personnelle! ceci nous paraît inadmissible.

541. Ainsi, bien que la plupart des tribunaux se soient prononcés en faveur du premier système, nous le croyons tout à fait contraire au véritable esprit de la loi, et les attaques nombreuses dont il a été récemment l'objet nous font espérer que la jurisprudence finira par l'abandonner. Déjà la Cour de Paris est entrée dans cette voie quand elle a décidé que les contestations relatives aux engagements des gens de travail, étant de la compétence du juge de paix (3), ne peuvent être portées au tribunal civil ; que celui-ci doit se déclarer d'office incompétent, alors même que les parties ont plaidé au fond (4).

542. Les limites de la juridiction respective des tribunaux civils d'arrondissement, ou tribunaux ordinaires, et des juridictions spéciales ou d'exception étant ainsi déterminées, entrons dans l'examen des matières déférées à ces dernières, et qui se rapportent à notre sujet.

MATIÈRES ATTRIBUÉES AUX JUGES DE PAIX.

543. La loi du 25 mai 1838 contient l'énumération complète de toutes les matières attribuées à la juridiction ordinaire des juges de paix. Nous disons : à la juridiction ordi-

---

(1) L. 25 mai 1838, art. 5 et 6.
(2) V. n° 596.
(3) L. 24 août 1790; L. 25 mai 1838, art. 5, 3°.
(4) 16 août 1833, S. 34.2.135. — *Conf.*, Bastia, 3 juill. 1862, D. 62. 2.144. V. aussi *infrà*, n° 554 *bis*.

naire, car si les juges de paix sont, par rapport aux tribunaux d'arrondissement, et dans le sens indiqué n° 532, des tribunaux extraordinaires, ils ont, dans les limites de leur propre compétence, des attributions ordinaires et extraordinaires (1). Ceci expliqué, nous allons suivre, dans les divers articles de cette loi, les dispositions qui se rapportent à notre sujet.

544. Art. 1er. « Les juges de paix connaissent de toutes « actions purement personnelles ou mobilières, en dernier « ressort jusqu'à la valeur de cent francs, et à charge d'appel, « jusqu'à la valeur de deux cents francs. »

Ce premier article régit toutes les actions en dommages-intérêts, à raison de délits civils qui ne font pas l'objet d'une des dispositions spéciales des articles suivants, pourvu que le taux de la demande ne s'élève qu'à deux cents francs au plus.

545. La compétence du juge de paix est restreinte par ce texte aux actions purement personnelles et aux actions mobilières.

Nous n'entrerons pas ici dans de longs détails sur la matière difficile de la distinction des actions. Nous supposons connus les principes généraux du droit. Mais, tout en nous renfermant dans notre sujet, nous rappellerons que la demande est purement personnelle et mobilière, quand elle se borne au paiement d'une somme à titre de dommages-intérêts, bien que le délit qui donne naissance à l'obligation soit relatif à un objet immobilier et présuppose chez le demandeur ou le défendeur un droit réel immobilier, pourvu que ce droit ne soit pas contesté.

546. Mais s'il est nécessaire, pour décider le procès, de statuer sur l'existence de ce droit réel, d'apprécier la validité et le sens d'un contrat, d'un titre quelconque, invoqués à l'appui, soit de la demande, soit de l'exception du défendeur, le juge de paix est incompétent, il doit se dessaisir (2).

547. L'action en responsabilité comprend à la fois les dommages-intérêts proprement dits (3) et les restitutions qui ont pour but la remise en possession des corps certains dont le demandeur a pu être privé.

Ceci ne peut s'appliquer qu'aux objets mobiliers; et l'action, par conséquent, reste mobilière.

---

(1) V. M. Curasson, t. 1, p. 20.
(2) Curasson, *Comp. des juges de paix*, t. 1, p. 226 et suiv.; M. Benech, *Tr. des just. de paix*, t. 1, p. 35. V. cependant *infrà*, n° 561.
(3) V. n°s 496 et suiv.

Mais est-elle encore personnelle? N'est-elle pas, au contraire, mobilière-réelle, puisque la revendication de l'objet se fonde sur le droit de propriété?

On peut répondre que l'action serait sans doute réelle, quoique mobilière, si la demande était uniquement fondée sur le droit à la propriété de la chose, *jus in re*. Mais dans l'action en responsabilité, la cause principale de la demande se trouve dans l'obligation qui résulte du délit; c'est en vertu de cette obligation que le défendeur est tenu de restituer l'objet, comme il serait tenu de le réparer à ses frais en cas de dégradations, comme il est tenu de payer les dommages-intérêts résultant de la détention illicite : à ce point de vue, l'action demeure purement personnelle.

Au reste, le juge de paix serait compétent quelle que fût la cause de l'action, puisque la loi lui attribue la connaissance de toutes les actions mobilières.

548. La loi restreint la compétence générale du juge de paix aux demandes dont la valeur ne dépasse pas deux cents francs. Or, l'on sait que ce n'est pas la valeur primitive de l'obligation, mais le taux de la demande qui détermine la compétence. Il en est ici de la compétence d'attribution comme de la compétence en premier ou dernier ressort. C'est une règle qu'Ulpien a formulée dans la loi 19, § 1, D. de *Juridictione*. « *Quoties de quantitate ad judicem pertinente quæritur, semper quantùm petatur quærendum est, non quantùm debeatur.* » (1)

L'art. 9 de la loi prévoit le cas où plusieurs demandes formées par la même partie sont réunies dans une même instance : le juge de paix est incompétent sur le tout si ces demandes excèdent par leur réunion les limites de sa juridiction.

549. Quand les dommages-intérêts sont l'objet unique de la demande, c'est la quotité des dommages réclamés qui détermine la compétence du juge de paix.

Quand ils sont demandés concurremment avec un autre objet, par exemple, si l'on revendique un meuble dont on a été dépouillé par voie de fait, et si l'on conclut en outre à des dommages-intérêts, la valeur de l'objet et le montant des dommages doivent être réunis pour déterminer la compétence.

---

(1) V. n° 588; M. Carou, t. 1, n°ˢ 103, 104 et 391; Henrion de Pansey, p. 96.

Toutefois, il y a une distinction à faire entre les dommages-intérêts dont la cause est antérieure à la demande, et ceux dont la cause est postérieure. Les premiers forment, comme on vient de le dire, une demande distincte, et qui se réunit à celle du principal pour déterminer la compétence du juge. Les seconds ne sont qu'un accessoire de la demande principale. Ils suivent donc le même sort, et ne peuvent modifier la compétence qui est déterminée dès le principe, au moment où le juge est saisi. D'un autre côté, cette demande accessoire ne doit pas être séparée de la première; on ne peut pas en faire l'objet d'une instance particulière qui serait portée séparément soit devant le même juge, soit devant le tribunal civil; car il y a connexité entre elles, elles doivent être jugées simultanément (1).

Par la même raison, quand les dommages-intérêts ne sont que l'accessoire d'une demande principale pour laquelle le juge de paix est seul compétent, comme une action possessoire, le juge de paix doit en connaître quel que soit le chiffre de ces dommages-intérêts (2).

550. Lorsqu'il s'agit de corps certains, d'objets mobiliers, l'évaluation que leur donne le demandeur détermine la compétence du juge, soit que le demandeur ait conclu au paiement pur et simple de la somme représentative, soit qu'il ait conclu à la restitution de l'objet en nature, avec l'alternative pour le défendeur de payer une somme déterminée (3). Cette alternative équivaut à l'évaluation de la chose.

551. Le juge de paix n'est compétent pour connaître des actions dont il est saisi, en vertu de l'art. 1er de la loi, qu'autant que la demande est déterminée, puisqu'il faut nécessairement savoir, au moment même où elle est formée, si elle n'est pas supérieure à deux cents francs. Le juge de paix est donc incompétent si la valeur de l'objet qu'on réclame n'est pas indiquée et si l'on se borne à conclure à des dommages-intérêts à donner par état, à liquider ou à arbitrer.

Nous verrons que la loi fait exception à cette règle dans

---

(1) M. Carou, p. 118. V. *infrà*, n° 593 *bis*.
(2) Arg. Loi du 25 mai 1838, art. 6, dernier paragraphe. — Cass., 15 avril 1857, D. 165.
(3) MM. Henrion, chap. 16; Curasson, p. 260; Benech, p. 46.

des cas spéciaux qu'elle défère au juge de paix, à quelque valeur que la demande puisse monter.

552. L'art. 1er de la loi du 25 mai 1838 contient la règle générale qui détermine la compétence d'attribution des juges de paix. Nous passons au détail des actions en responsabilité pour des objets spéciaux dont la connaissance leur est donnée, avec certaines modifications au principe fondamental formulé dans cet article.

Art. 2. « Les juges de paix prononcent sans appel, jus-
« qu'à la valeur de cent francs et à charge d'appel, jusqu'au
« taux de la compétence en dernier ressort des tribunaux de
« première instance (1).

« Sur les contestations entre les hôteliers, aubergistes ou
« logeurs, et les voyageurs ou locataires en garni, pour dé-
« pense d'hôtellerie, et perte ou avarie d'effets déposés dans
« l'auberge ou dans l'hôtel ;

« Entre les voyageurs et les voituriers ou bateliers, pour
« retard, frais de route et pertes ou avaries d'effets accompa-
« gnant les voyageurs, etc. »

Nous traiterons avec étendue, dans un chapitre spécial, de la responsabilité du voiturier et de celle de l'aubergiste. On y verra le détail des cas de pertes ou avaries d'effets et retards dans le transport, dont la connaissance est ici attribuée aux juges de paix (nos 930 et suiv., 972 et suiv., 1028).

Il nous suffit d'observer que notre article n'attribue juridiction au tribunal de paix que pour les contestations de l'aubergiste avec un voyageur ou locataire en garni, à l'exclusion de celles qu'il pourrait avoir avec une autre personne qui, n'étant point descendue chez lui, prétendrait lui avoir remis des objets avec une destination quelconque. Il s'agirait alors d'un mandat ou dépôt d'une autre sorte ; et le juge de paix ne serait compétent que si la demande était inférieure à deux cents francs, et conformément aux règles générales qui se rattachent à l'art. 1er.

De même, en ce qui concerne les voituriers et bateliers, il faut que le délit ait été commis à l'occasion d'un transport de personnes et d'effets. Ainsi, les entrepreneurs de voitures publiques sont évidemment responsables des injures et voies de fait dont un conducteur, ou autre de leurs employés, se serait rendu coupable envers un voyageur. Mais le juge de

(1) V. infrà, n° 557.

paix ne serait compétent pour connaître de l'action dirigée contre eux ou contre le conducteur, que dans les limites de l'art. 1er (1), à moins que ces injures ou voies de fait ne rentrassent dans les cas prévus par l'art. 5, § 5.

553. Ici, comme dans tous les autres cas prévus par cette loi, et dans lesquels le juge de paix ne peut connaître de l'action que jusqu'à concurrence d'une certaine somme, la demande doit être déterminée, sans cela elle ne peut être portée qu'au tribunal civil (2). Mais le taux de la compétence en premier ressort s'élève à quinze cents francs (3).

554. Au delà de cette somme, l'action n'appartient plus au juge de paix. La règle ordinaire reprend son empire. Ce serait par conséquent au tribunal civil ou au tribunal de commerce que l'on devrait porter la demande (4).

554 bis. Mais que faut-il décider si, étant inférieur à 1,500 fr., elle avait été portée au tribunal de commerce ou au tribunal civil?— Cette question est controversée; mais en ce qui concerne les tribunaux civils, les motifs que nous avons donnés, n° 536 ci-dessus, pour démontrer que l'attribution faite par la loi de certaines matières à telle ou telle juridiction spéciale rendait les autres incompétentes pour en connaître, nous servent à la résoudre. Nous n'hésitons pas à déclarer qu'en pareil cas la cause doit être renvoyée au juge de paix.

Si, au contraire, la demande est portée devant le tribunal de commerce, nous pensons que celui-ci est également compétent.

L'aubergiste, comme le voiturier et le batelier, en recevant ou en transportant le voyageur fait acte de commerce. (Comm. 631, 632.)

Le particulier non commerçant qui a traité avec eux a, d'après une jurisprudence constante, le choix de porter la demande au tribunal de commerce aussi bien qu'au tribunal de l'ordre civil (5). Or, cette faculté ne doit pas lui être enlevée, la loi de 1838 ayant eu précisément pour but de faciliter

---

(1) Curasson, t. 1, p. 291, n° 23; Benech, p. 69.
(2) Curasson, t. 1, p. 269, n° 1.
(3) V. L. 11 avril 1838, art. 1; *infrà*, n° 587.
(4) V. le n° suivant et Paris, 13 fév. 1864, D. 64.2.224.
(5) Rej., 12 déc. 1836, D. 37.1.194; Cass., 6 nov. 1843, D. 476; Rej., 22 fév. 1859, D. 268; Aix, 21 juill. 1859, D. 60.2.3; Pardessus, t. 6, n° 1347; M. Bourbeau, *De la Just. de paix*, p. 221.

au voyageur la solution des contestations qui peuvent naître en pareil cas (1).

À plus forte raison, doit-on le décider ainsi au cas où le demandeur étant lui-même commerçant, le litige est exclusivement commercial, et où le voyageur peut avoir un intérêt considérable à invoquer les règles de compétence *ratione loci* établies par l'art. 420 du Code de procédure (2).

555. Art. 4. « Les juges de paix connaissent sans appel « jusqu'à la valeur de cent francs, et, à charge d'appel jus- « qu'au taux de la compétence en dernier ressort des tribu- « naux de première instance :

« 1° Des indemnités réclamées par le locataire ou fermier, « pour non-jouissance provenant du fait du propriétaire, lors- « que le droit à une indemnité n'est pas contesté ;

« 2° Des dégradations et pertes, dans les cas prévus par « les art. 1732 et 1735, C. Nap.

« Néanmoins, le juge de paix ne connaît des pertes causées « par incendie ou inondation, que dans les limites posées par « l'art. 1er de la présente loi. »

Les actions tendant au paiement des indemnités que peuvent se demander respectivement les bailleurs et preneurs, aux termes de notre article, sont fondées primitivement sur un contrat. Elles restent donc en dehors de notre sujet. Nous dirons seulement que si, dans une hypothèse particulière, l'action pouvait être fondée sur un fait qui présentât princi- palement le caractère d'un délit de la part de l'une ou de l'autre des parties, la compétence serait la même et soumise aux mêmes conditions.

556. Art. 5. « Les juges de paix connaissent également, « sans appel, jusqu'à la valeur de cent francs, et, à charge « d'appel, à quelque valeur que la demande puisse s'élever :

« 1° Des actions pour dommages faits aux champs, fruits « et récoltes, soit par l'homme, soit par les animaux......, « lorsque les droits de propriété ou de servitude ne sont pas « contestés.

« . . . .

(1) Aix, 27 juin 1868, S. 69.2.120.
(2) *Conf.*, Caen, 25 mars 1846, D. 46.4.82, et Dall., *Comp. civ. des jug. de paix*, n° 200 ; Angers, 3 mai 1855, D. 55.2.205 ; Poitiers, 12 fév. 1861, D. 61.2.60 ; Rej., 4 nov. 1863, D. 473 ; Metz, 28 mars 1867, D. 67.2.79 ; Bourbeau, *loc. cit.* — *Contrà*, Limoges, 2 mai 1862, D. 62.2. 137 ; Paris, 20 juin 1863, D. 63.2.177, et 9 déc. 1864, D. 65.2.28 ; Dall., *Voirie par ch. de fer*, n° 496.

« 5° Des actions civiles, pour diffamation verbale et pour
« injures publiques verbales ou par écrit, autrement que par
« la voie de la presse; des mêmes actions, pour rixes ou
« voies de fait. Le tout lorsque les parties ne se sont pas
« pourvues par la voie criminelle. »

Pour les actions dont s'occupe cet article, il n'est pas nécessaire que la demande soit déterminée, puisque le juge de
paix est compétent pour en connaître, à quelque valeur
qu'elle puisse s'élever. La valeur de la demande n'a d'effet
que pour la détermination du premier ou du dernier ressort.

Après cette observation générale, voyons quels sont exactement les faits dont parlent les deux paragraphes ci-dessus
transcrits.

557. 1° *Dommages aux champs, fruits et récoltes.*

Il s'agit ici des dégradations, dégâts ou détériorations causés à des terrains productifs de toute espèce, et à leurs récoltes; que le dommage provienne d'un délit purement civil
ou d'un délit prévu par la loi pénale, si la réparation en est
poursuivie séparément de l'action publique (1).

On ne considère pas non plus, quant à l'origine du dommage, s'il est le résultat d'un fait actuel et immédiat de
l'homme, comme lorsqu'un individu coupe et dévaste les blés
de son voisin, lorsqu'il y fait entrer ses bœufs ou ses mou-
tons, lorsqu'il inonde son pré et cause la perte de ses foins
en tenant baissée, dans un temps de pluie, la vanne d'un
barrage dont il se sert lui-même pour l'irrigation ; ou si, au
contraire, le dommage est le résultat d'un état de choses per-
manent, ayant une destination licite, et qui n'est préjudiciable qu'à raison des circonstances, comme de l'établissement d'une usine, dont les vapeurs et émanations sont funestes à la végétation dans un certain rayon. — Tout fait de
l'homme qui porte dommage aux fruits et récoltes rentre
dans les attributions de la justice de paix, que le dommage
soit le résultat médiat ou immédiat de ce fait (2).

558. Plusieurs auteurs s'accordent pour reconnaître que
le dommage dont il est ici question doit consister dans une
atteinte à la chose même, aux champs ou à leurs fruits et ré-

---

(1) Curasson, t. 1, p. 461, n° 12.
(2) Cass., 19 juill. 1826, D. 424 et suiv.; Rej., 26 janv. 1847, S. 145.
Adde, Rej., 24 janv. 1866, D. 275; Arg., Rej., 27 avril 1853, D. 146;
Dall., *Comp. civ. des trib. de paix*, n° 111; Carou, t. 1, p. 281,
n° 302; Curasson, t. 1, p. 465, n°s 15 et suiv.; M. Benech, *Tr. des just.
de paix*, t. 1, p. 163; Henrion de Pansey, *Comp.*, chap. 21.

coltes, par exemple, des mutilations, des coupes de blés en vert. L'attribution particulière faite ici au juge de paix ne comprend pas toute espèce de préjudice causé au propriétaire ou possesseur, à l'occasion du terrain ou de ses fruits. Le mot *dégâts*, dit-on, ne peut s'entendre que dans cette acception limitative.

Ainsi, suivant M. Carou, l'individu qui cueille mes fruits et les enlève, qui coupe mes récoltes et s'en empare, qui abat un arbre sur mon champ et l'emporte, cet individu me cause un préjudice assurément ; mais ces divers faits, cependant, ne constituent pas le dommage aux champs, fruits ou récoltes : ce sont des vols, pas autre chose, et de là ne peut résulter que l'action directe *in factum*; mais cette action n'est pas la même que l'action pour dommages aux champs, fruits ou récoltes, et le juge de paix n'en pourrait connaître que jusqu'à la valeur de deux cents francs(1).

M. Curasson est exactement du même avis (2).

« Celui qui commet un délit forestier, dit-il, peut dégrader la forêt ; mais la demande en dommages-intérêts a moins pour but la réparation du dégât que la restitution de la valeur des arbres coupés... Si la réparation civile des délits forestiers, dont la valeur est au-dessus de 200 francs, était attribuée aux juges de paix, il en résulterait que les récolements de coupes devraient lui être soumis dans les bois des particuliers (dans les bois de l'Etat et des communes, c'est devant les tribunaux correctionnels que les contraventions sont poursuivies); ce serait donner beaucoup trop d'extension à la compétence déjà assez considérable que confère l'art. 5 aux juges de paix. »

De même, l'usurpation de la propriété, « qu'elle ait lieu par erreur ou de mauvaise foi, peut aussi faire éprouver un grand préjudice au propriétaire ; mais les dommages-intérêts qui en résultent ne peuvent être que l'objet d'une action ordinaire»(3).

Assurément, il est impossible de confondre l'usurpation de la propriété avec un dommage causé aux champs, fruits et récoltes. Il n'y a aucune relation entre ces deux faits.

Mais la première distinction établie par les auteurs que l'on vient de citer n'est-elle pas plus subtile que vraie.

D'abord, elle n'est pas fondée sur la nature des choses. Pourquoi cette différence profonde, quant à la compétence

(1) T. 1, p. 287, n° 304.
(2) T. 1, p. 461 et 462, n° 12.
(3) M. Curasson, p. 460, n° 11.

entre le cas où un individu aura coupé et enlevé des arbres croissant sur mon terrain, et qui ont peut-être une valeur de deux cent cinquante francs, et le cas où mon voisin aura méchamment mutilé et coupé ces arbres sans les enlever, ou bien aura fait périr sur pied, par inondation ou autrement, la récolte de ma prairie, qui vaut peut-être quatre ou cinq mille francs? Dans le premier cas, il faudra que je m'adresse au tribunal civil; dans le second, je devrai poursuivre devant le juge de paix. Cela n'est pas rationnel. Et quant au texte de la loi, fait-il une différence entre le dommage qui ne consiste que dans la destruction de la chose même, et celui qui consiste dans la destruction suivie de détournement plus ou moins frauduleux?

La raison de distinguer n'est pas non plus dans ce fait que le détournement qui a suivi le dommage constituerait un délit *sui generis*, un vol par exemple, puisque l'on reconnaît le juge de paix compétent pour l'action civile résultant des dommages punis par les art. 434, 444, 445, 446, 447 et 448 du Code pénal, c'est-à-dire la coupe et mutilation d'arbres dans le dessein de nuire, la destruction des greffes, et même de ceux que punissent les art. 28 et 33 de la loi du 6 octobre 1791, c'est-à-dire l'enlèvement des fumiers, marnes et autres engrais placés sur les terres(1), qui constitue un vol très-bien caractérisé.

Quant à l'objection tirée de ce qu'il faudrait, dans ce système, attribuer aux juges de paix les récolements de coupes dans les bois des particuliers, elle se réfute par une double considération. D'une part, la loi aurait pu s'étendre à ce cas, puisqu'elle ne fait pas acception de la valeur dans l'art. 5, et le dommage résultant de la dévastation d'un bois par le feu, ou autrement, peut s'élever aussi haut que celui résultant des abus d'un adjudicataire de coupes. Mais, d'autre part, et en réalité, les récolements de coupes n'appartiendront jamais au juge de paix, attendu qu'il s'agit là de l'exécution d'un contrat, passé entre l'adjudicataire et le propriétaire, et que l'interprétation des contrats et des titres qui les consacrent, est soustraite à la compétence du juge de paix dans tous les cas (2). Il en est de ceci comme des usurpations de propriété dont il vient d'être parlé.

(1) M. Curasson, p. 461 et 462; M. Foucher, n° 194.
(2) Ainsi, quand l'action en réparation des dommages causés aux champs par des lapins est réclamée non en vertu de l'art. 1382, mais en

A notre avis, pour l'application du § 1er de l'art. 5, il faut uniquement s'attacher à ce fait : y a-t-il eu dommage causé au fonds par détérioration du sol même (1), ou de ses produits encore pendants, ou bien enfin dommage aux fruits et récoltes détachés du sol, mais y séjournant encore ? En ce cas, la compétence appartient aux juges de paix. Mais si les récoltes étant détachées du sol, un malfaiteur s'en empare, ce n'est plus un dommage aux champs, c'est un vol pur et simple au préjudice du propriétaire. La compétence pour l'action civile est alors déterminée par l'art. 1er comme pour toute action personnelle ou mobilière.

Du reste, il est bien clair que le juge de paix ne doit pas connaître, en vertu de notre article, de certains dégâts causés à des produits du sol qui sont soumis à un mode de poursuite spécial et déférés à une autre juridiction d'une manière expresse ; ainsi des indemnités réclamées par les propriétaires de la surface contre les concessionnaires de mines pour dommages causés par leur exploitation. Le tribunal civil est appelé à en connaître aux termes de la loi du 21 avril 1810 (2) ; ainsi encore des délits forestiers poursuivis à la requête de l'administration, et dont la connaissance est dévolue exclusivement aux tribunaux correctionnels par l'art. 171, C. for., et l'art. 179, C. instr. crim.

De même, le tribunal civil sera seul compétent si le dommage consiste en une atteinte à la propriété même de l'immeuble indépendamment des cultures ou des fruits qu'il peut porter, ou à un droit réel qui lui appartient, tel qu'une servitude à laquelle il aurait été mis obstacle. Car les droits

---

vertu d'un bail, elle n'est plus de la compétence du juge de paix. Rej., 17 déc. 1861, D. 62.1.480.—V. encore Cass., 11 mars 1868, S. 390.

(1) Rej., ch. civ., 26 janv. 1847, D. 149 ; S. 145, et 27 avril 1853, D. 146. Mais plusieurs autres arrêts décident que si l'action est fondée sur un dommage causé au fonds indépendamment de sa nature de champ et par altération de sa valeur propre, les tribunaux civils sont seuls compétents. (Rej., ch. req., 3 mai 1827, Dalloz. *Comp. des trib. de paix*, n° 114 ; 24 janv. 1866, D. 275, S. 170 ; et ch. civ., 25 août 1869, D. 432, S. 473.) Cette distinction n'est pas clairement écrite dans la loi, et la jurisprudence qui tend à la consacrer nous paraît fort critiquable. Il est bien certain, toutefois, que le tribunal civil est seul compétent quand l'action tend, non plus seulement à une *indemnité* pour préjudice causé, mais à la destruction d'un ouvrage nuisible, surtout lorsqu'une question de servitude est soulevée. (Rej., 15 mars 1858, D. 201.)

(2) Art. 87, 88, 89 ; Dijon, 28 janv. et 21 août 1856, D. 57.2,6 et 7 ; Rej., 14 janv. 1857, D. 154.

de ce genre ne peuvent être, en cas de contestation, reconnus et fixés que par les tribunaux civils (1).

559. Les dommages dont le juge de paix aura le plus fréquemment à connaître, en vertu de l'art. 5, seront : la destruction de quelques parties de grains foulées aux pieds des hommes et des chevaux et par les voitures; les plaies faites aux arbres, l'écorcement, les cassures de branches; les dégradations des fossés et clôtures; les dégâts causés par l'introduction des bestiaux ; la coupe et l'enlèvement de perches, baguettes et autres menus bois.

560. Si l'auteur du dommage auquel on en demande réparation oppose, pour sa défense, qu'il est propriétaire du fonds sur lequel ont été commis les actes nuisibles, ou qu'il en a la jouissance comme usufruitier, qu'il y exerce un droit de servitude, et même qu'il en a la simple possession annale, en un mot s'il invoque un droit réel qui légitimerait le fait incriminé, c'est une question préjudicielle à vider. Elle doit être renvoyée aux tribunaux civils (2).

561. Mais le juge de paix doit-il alors se dessaisir entièrement aussi bien de la demande en réparation du dommage que de l'exception tirée du défaut de propriété ou de jouissance? doit-il, au contraire, surseoir simplement au jugement de l'action principale, jusqu'à ce que la partie la plus diligente ait fait statuer sur la question préjudicielle?

La difficulté vient de ces mots qui terminent le premier paragraphe de notre article : « si les droits de propriété ou de servitude ne sont pas contestés ». Il semble en résulter que la loi n'attribue juridiction au juge de paix qu'autant que cette contestation n'existe pas. S'il eût été dans l'intention du législateur de ne renvoyer aux tribunaux ordinaires que la question de propriété, n'aurait-il pas dit que le juge de paix surseoirait en pareil cas jusqu'à ce qu'il eût été statué sur la question préjudicielle, comme cela est prescrit en matière correctionnelle ou de police (3)? Or, il ne l'a pas fait et c'est, dit-on, par une bonne raison. Quand, sur la poursuite d'un délit, il s'élève une question de propriété, le concours des deux juridictions est forcé, le tribunal civil ne pouvant être saisi que de la question de propriété et nullement de l'action en répression. Le tribunal criminel ne peut

---

(1) Cass., 15 mars 1858, D. 201.
(2) Cass., 5 mars 1861, D. 177.
(3) C. for., 182; Cass., 18 déc. 1840, D. 41.1.375.

que surseoir en restant saisi de la poursuite. Mais il s'agit ici d'une attribution extraordinaire faite par la loi au juge de paix en la limitant au cas où le droit immobilier n'est pas contesté, et le tribunal civil auquel la question préjudicielle est renvoyée est parfaitement compétent pour connaître de la cause entière. Il doit donc être nanti du tout. Telle est l'opinion de M. Curasson (1) vers laquelle incline M. Dalloz (2).

Nous pensons, au contraire, qu'il n'y a lieu, en pareil cas, qu'à un simple sursis. Nous ne dirons pas, comme un autre commentateur de la loi de 1838, que ces derniers mots du paragraphe : « lorsque les droits de propriété ou de servitude ne seront pas contestés, » se rapportent uniquement aux actions relatives à l'élagage des arbres et au curage des fossés (3). On ne s'expliquerait pas cette différence. La loi n'a fait qu'exprimer ici l'effet d'un principe parfaitement constant, l'incompétence du juge de paix, pour statuer sur des questions de propriété, qu'elles s'élèvent à l'occasion d'une action en dommages ou d'une action en élagage. Il ne faut pas chercher une autre pensée dans la loi.

Aussi nous disons que le juge de paix doit simplement surseoir jusqu'au jugement de la question préjudicielle, parce que telle est la règle générale contenue dans l'art. 182, C. for., que la Cour de cassation déclare devoir être suivie dans toutes les matières susceptibles de son application (4). Il est vrai qu'il n'y a pas absolument la même raison que quand la propriété est contestée devant un tribunal criminel, parce que l'action publique, qui est la cause principale, ne peut pas être alors renvoyée, avec la question préjudicielle, au tribunal civil. Mais cela ne fait pas qu'on puisse déroger, sans nécessité, à la règle établie qui d'ailleurs se justifie parfaitement par la raison que voici : c'est que le juge compétent ne doit pas être arbitrairement dessaisi par une exception, peut-être mal fondée, du défendeur. Il ne doit pas dépendre de ce dernier de porter la cause entière devant un tribunal d'un autre ordre, où le déplacement et les frais plus considérables pourraient engager le demandeur à ne pas le suivre et à abandonner son action pour éviter ces inconvénients.

---

(1) T. 1, p. 455 et 456.
(2) *Comp. civ. des trib. de paix,* n° 126.
(3) M. Carou, n° 347.
(4) V. n° 240.

I.

Dès que la question préjudicielle peut être jugée à part, et cela n'est pas contestable, le juge de paix doit retenir le fond du litige, c'est-à-dire la connaissance du dommage causé. Il doit même, conformément à l'art. 182, C. for., fixer un bref délai dans lequel la partie qui aura élevé la question préjudicielle devra saisir le tribunal compétent et justifier de sa diligence; sinon, il doit passer outre (1).

562. Remarquez qu'une simple allégation ne suffit pas pour que le juge de paix se déclare incompétent et prononce le renvoi et le sursis; il faut qu'il apparaisse un titre sérieux. C'est ce que nous avons déjà dit en parlant des actions portées devant les tribunaux de répression. Il en est de même, à plus forte raison, à l'égard du tribunal de paix (2).

562 *bis*. Il faut, en outre, que le défendeur excipe d'un droit qui lui soit personnel. S'il se bornait à prétendre, par exemple, que le terrain où le dommage a été commis est une dépendance du domaine public, il n'y aurait pas lieu à dessaisissement (3). On ne peut pas dire en ce cas que la propriété est contestée, puisque la partie qui invoque ce moyen n'a pas qualité pour faire juger la question et que sa prétention, quand même elle serait fondée, ne serait pas de nature à faire tomber l'action.

563. Puis, dans le cas où l'exception préjudicielle est fondée sur la simple possession, il est clair que le juge de paix n'est pas obligé de renvoyer à un autre tribunal, comme le serait, en pareil cas, un tribunal correctionnel. Les actions possessoires sont précisément de son domaine. Il doit donc simplement statuer sur l'incident, sans autres formalités, et sans qu'il soit besoin d'une assignation nouvelle (4).

564. 2° *Actions civiles pour diffamation verbale et pour injures qui ont lieu autrement que par la voie de la presse.*

La loi du 17 mai 1819, art. 13, donne une définition très-précise de la diffamation et de l'injure : « Toute *allégation* ou *imputation d'un fait* qui porte atteinte à l'honneur ou à la considération de la personne ou du corps auquel le fait est imputé, est une *diffamation*. Toute expression outrageante, terme de mépris ou invective,

---

(1) *Junge*, M. Carou, *loc. cit.*
(2) N° 240; *Junge*, MM. Curasson, t. 1, p. 454, n° 5; Carou, t. 1, p. 298, n° 318; Dalloz, *Comp. civ. des trib. de paix*, n° 125.
(3) Rej., 2 août 1859, D. 319.
(4) M. Curasson, t. 1, p. 458, n° 7; M. Carou, t. 1, p. 299, n° 319.

« *qui ne renferme l'imputation d'aucun fait*, est une in-
« *jure*. »

Or, la diffamation, même verbale (1), et l'injure publique
ou non publique (2), verbale ou par écrit (3), sont des faits
que la loi frappe tous de peines proprement dites.

L'explication du § 5 de l'art. 5 de la loi du 25 mai 1838
aurait donc pu prendre place dans le titre 1er de ce livre.
Mais, pour ne point diviser la matière des actions dévolues
au juge de paix et rompre l'enchaînement des idées qui se
rattachent à la même théorie, nous avons cru devoir présenter ici nos développements sur ce point.

565. L'action civile, si elle est poursuivie conjointement
à l'action publique, est portée devant les tribunaux chargés
d'appliquer la peine, savoir :

1° Pour la diffamation ou imputation d'un fait déterminé
verbalement et avec publicité, devant les tribunaux correctionnels (4) ;

2° Pour la diffamation qui n'aurait pas eu lieu publiquement, et qui se confond alors avec l'injure, devant les tribunaux de simple police (5) ;

3° Pour l'injure qui renferme l'imputation d'un vice déterminé, et qui a été commise publiquement, mais contre
de simples particuliers, devant les tribunaux correctionnels (6) ;

4° Pour l'injure contre un fonctionnaire public, et en général contre tout agent ou dépositaire de l'autorité publique,
devant la Cour d'assises d'après la législation de 1819 et
d'après celle de 1852 (7), devant le tribunal correctionnel,

---

(1) L. 17 mai 1819, art. 1, 13 et 14 combinés.
(2) L. 17 mai 1819, art. 1, 14 et 20 ; C. pén., 376, 471, 11°.
(3) L. 17 mai 1819, art. 1, 14 et 20 ; C. pén., 376, 471, 11°.
(4) L. 26 mai 1819, art. 14 ; Rej., 3 août 1850, S. 51.1.294 ; L. 15
avril 1871, art. 2.
(5) L. 17 mai 1819, art. 1, 14, 20 ; C. pén., 376 ; Cass., 10 juill.
1834, D. 436 ; M. Chassan, *Délits et contraventions de la par. et de la
presse*, p. 370 ; M. Parant, *Lois de la presse*, p. 89, n° 2 ; M. de Grattier, *Comment. sur les lois de la presse*, t. 1, p. 221, n° 5 ; Rapport de
M. Amilhau, 6 avril 1838, *Monit.* du 9 ; Dall., *Presse*, n° 872. — La
diffamation verbale non publique ne se confond avec l'injure que quant
à la peine, car elle s'en distingue par ses caractères essentiels.
(6) L. 17 mai 1819, art. 19 et 20 combinés ; C. pén., 376 ; L. 26 mai
1819, art. 14 ; L. 8 oct. 1830, art. 2 ; L. 15 avril 1871, art. 2 ; de Grattier, p. 219 ; Curasson, t. 1, p. 601, n° 10.
(7) La loi du 15 avril 1871 (art. 1er) rétablit la compétence du jury

si elle a été commise par un des modes de publication
énumérés dans l'article 1ᵉʳ de la loi du 17 mai 1819, autre
que la parole (1);

5° Pour l'injure qui ne renferme pas l'imputation d'un
vice déterminé, même quand elle aurait eu lieu publiquement, et pour toutes injures non publiques, devant les tribunaux de simple police (2), quelle que soit la qualité de la
personne.

566. Et la publicité existe pour la diffamation verbale
quand elle a eu lieu dans des lieux ou réunions publics, aux
termes de l'art. 1ᵉʳ de la loi du 17 mai 1819; pour l'injure
par écrit, lorsque l'écrit a été distribué, exposé ou mis en
vente dans des lieux ou réunions publics; et, pour l'injure
verbale, quand elle a été proférée dans les mêmes circonstances.

Remarquez les expressions de la loi : *lieux ou réunions
publics*. Il en résulte que la publicité peut exister, quoique
la réunion ait eu lieu dans un endroit qui n'est pas considéré
comme public, si cette réunion est assez nombreuse, et si,
d'ailleurs, elle était formée de personnes admises dans ce
lieu indistinctement, avec ou sans rétribution, avec ou sans
conditions d'admissibilité les mêmes pour tous (3). A l'inverse, les injures ou propos diffamatoires, quoique tenus
dans un lieu public par sa destination, ne doivent pas être
considérés comme proférés publiquement s'il n'y avait pas
de réunion dans ce lieu (4), ou si, par une circonstance
accidentelle, cette réunion n'était pas publique.

Telles sont les règles de la compétence par rapport à l'action publique et à l'action civile qui s'y trouve jointe, telles
que ces règles résultaient de la législation antérieure à 1852.
Il n'y a point été dérogé par le décret du 31 décembre 1851,
qui défère aux tribunaux de police correctionnelle la connais-

---

et l'étend aux délits de diffamation *verbale* contre les fonctionnaires
(art. 2, § 2 et 3).

(1) L. 6 oct. 1830, art. 1 et 2; L. 26 mai 1819, art. 14 ; Décr. du
17 fév. 1852.—V. n° 566.

(2) L. 17 mai 1819, art. 19 et 20 ; C. pén., 376 et 471, 11° ; M. Chassan, *Dél. de la presse*, p. 369; M. de Grattier, p. 219 et 220; M. Curasson, t. 1, p. 599, nᵒˢ 8 et 9; Cass., 10 nov. 1826, D. 33, p. 279, ou
26, 209.

(3) V. M. Parant, p. 69; M. Chassan, p. 43 et 44; Rej., 26 janv.
1826, D. 209.

(4) Cass., 4 août 1832, D. 33.1.347.

sance de tous les délits prévus par les lois sur la presse et commis au moyen de la parole, car ce décret n'a eu pour but, comme l'exprime ses considérants, que d'enlever aux Cours d'assises les délits de la parole que leur caractère politique faisait attribuer à cette juridiction, en vertu de l'art. 83 de la constitution de 1848.

Le décret organique sur la presse, du 17 février 1852, avait rendu aux tribunaux correctionnels « la connaissance « de tous les délits commis par la voie de la presse, et des « autres moyens de publication mentionnés dans l'art. 1ᵉʳ « de la loi du 17 mai 1819, et qui avaient été attribués, par « les lois antérieures, à la compétence des Cours d'as- « sises (1). » Ainsi, l'injure publique et non verbale di- rigée contre un fonctionnaire était, d'après ce décret, comme nous le disions à l'instant, de la compétence du tribunal correctionnel. Mais il a été abrogé lui-même par la loi du 15 avril 1871.

Cette loi, qui remet en vigueur celles du 26 mai 1819 et du 27 juillet 1849 quant à la compétence du jury pour les délits de presse, introduit cette disposition nouvelle que, en cas d'imputation contre les dépositaires ou agents de l'autorité publique à l'occasion de faits relatifs à leurs fonctions, ou contre toute personne ayant agi dans un ca- ractère public, à l'occasion de ces actes, l'action civile ne pourra, sauf dans le cas de décès de l'auteur du fait incri- miné ou d'amnistie, être poursuivie séparément de l'action publique (art. 3 et 4).

567. Quoi qu'il en soit, lorsque l'action civile est poursui- vie isolément, la compétence est déterminée suivant une règle uniforme pour les divers ordres de faits ci-dessus, par l'art. 5 de la loi du 25 mai 1838.

« Les juges de paix connaissent, sans appel, jusqu'à la « valeur de cent francs, et, à charge d'appel, à quelque valeur « que la demande puisse s'élever :.... 5° des actions civiles « pour diffamation verbale, et pour injures publiques et « non publiques, verbales ou par écrit, autrement que par la « voie de la presse,... le tout lorsque les parties ne se sont pas « pourvues par la voie criminelle. »

Ainsi le juge de paix est compétent, quelle que soit la valeur de la demande, quelle que soit la qualité de la personne, fonc-

_____

(1) Art. 25.

tionnaire public ou simple particulier, quel que soit aussi le tribunal appelé à statuer sur l'action publique, pourvu que la diffamation soit purement verbale (1), et, quand il s'agit d'injures, quel que soit le mode sous lequel elle a été produite, publique ou non publique, verbale ou par écrit, pourvu que ce ne soit point *par la voie de la presse* (2).

Le rapporteur de la loi du 25 mai, à la Chambre des députés, expliquait en ces termes l'exception faite pour les injures commises par la voie de la presse : « Les injures faites par cette voie ne sont comparables à aucune autre. Que si l'on s'occupe de la gravité du délit, il est nécessairement plus considérable que si l'injure avait été faite par des écrits à la main ; il a plus de portée, prouve plus de malice, et produit un plus fâcheux résultat... Les injures adressées par un tel moyen ne peuvent être renvoyées devant un degré de juridiction aussi inférieur (3). »

La loi est absolue, quant à l'exception établie pour les injures adressées par la voie de la presse et les diffamations *verbales*. — Il en résultera donc cette conséquence assez bizarre, que le juge de paix ne pourra connaître, comme juge civil, d'actions en dommages-intérêts sur lesquelles il pourrait statuer comme juge de police, accessoirement à l'action publique portée devant lui, par exemple, à raison d'injures qui ne contiendraient l'imputation d'aucun vice déterminé, ou de faits de diffamation par écrit, sans publicité, se confondant dès lors avec l'injure quant à la peine (4).

568. Cependant, même pour diffamation écrite, et pour injure commise par la voie de la presse, le juge de paix serait compétent pour connaître de l'action civile exercée isolément, si la demande ne s'élevait pas au-dessus de deux cents francs, et qu'elle fût formée par un simple particulier (5).

D'une part, en effet, l'attribution faite par l'art. 5, § 5, de la loi du 25 mai 1838, n'est restreinte, quant à la matière, qu'en tant que la valeur de la demande est illimitée,

(1) Cass., 31 mai 1864, D. 361.—Mais nous venons de voir (n° 565) que la loi de 1838 est modifiée implicitement par celle du 15 avril 1871.
(2) De Grattier, t. 1, p. 304, note 1 ; Carou, p. 362, n° 388, et p. 364, n° 390 ; Curasson, p. 603, n° 12, et 610, n° 16 ; Dalloz, *Comp. civ. des juges de paix*, n° 189.
(3) *Monit.*, 24 avril 1838.
(4) Rej., 22 nov. 1866, D. 251 ; Bordeaux, 22 fév. 1866, D. 66.2.244.
(5) Rej., 14 janv. 1861, D. 372, et l'arrêt de Bordeaux à la note précédente.

et cette disposition ne déroge point à l'art. 1er de la même loi (1). D'autre part, les art. 83 et 84 de la constitution de 1848, qui attribuaient exclusivement au jury la connaissance des demandes en dommages-intérêts pour faits et délits de la presse, ne disposaient ainsi qu'à l'égard des fonctionnaires publics. L'art. 83 avait renvoyé à la loi organique le soin de déterminer la compétence en matière de délit d'injure et de diffamation envers les particuliers, et cette loi n'a jamais été faite. La constitution de 1848 elle-même n'existe plus et la loi du 15 avril 1871 n'oblige à porter devant le jury que les actions en réparation de délits de diffamation proprement dite contre les fonctionnaires ou autres personnes ayant agi dans un caractère public (art. 3 et 4 combinés).

569. En outre de l'injure et de la diffamation, nos lois distinguent une troisième classe d'attaques contre les personnes, qui peut avoir lieu par parole ou par écrit, et qui prend le nom particulier d'*outrage*. L'outrage consiste dans toute expression qui tend à inculper l'honneur et la délicatesse de celui à qui il s'adresse, et généralement dans toute expression diffamatoire ou injurieuse (2). Mais ce qui distingue l'outrage de la diffamation et de l'injure, avec lesquelles il se confond sous tous les autres rapports, c'est 1° qu'il ne concerne jamais que les fonctionnaires publics proprement dits, pris isolément ou collectivement, et les particuliers qui ont agi dans un caractère public, comme celui de membre d'une assemblée législative, de juré, de ministre du culte, d'officier ministériel, ou dans l'exercice d'un acte commandé par la loi, par exemple, si un individu est attaqué à raison d'un témoignage en justice; 2° qu'il doit être fait publiquement, lorsqu'il est poursuivi en vertu de l'art. 6 de la loi du 25 mai 1822.

Or, les actions civiles pour l'outrage verbal, et pour l'outrage même par écrit, public ou non public, qui ne présenterait, au fond, que les caractères de l'injure, et n'aurait pas été commis par la voie de la presse, pourraient-elles rentrer dans la compétence des juges de paix, en vertu de la loi que nous expliquons?

Nous ne le pensons pas. Les raisons qui ont fait écarter les

___

(1) V. l'opinion de M. Lavielle, dans la discussion. *Monit.*, 24 avril 1838.

(2) C. pén., 222; L. 25 mars 1822, art. 6; Décr. 11 août 1848, art. 5; M. Chassan, p. 366; M. de Grattier, t. 2, p. 51.

actions civiles pour injures commises par la voie de la presse nous paraissent applicables à l'outrage. Nous dirons, en répétant les expressions du rapporteur, citées n° 567, que l'*outrage* tire de la qualité ou du caractère des personnes auxquelles il s'adresse une gravité plus considérable que celle des autres injures et paroles diffamatoires. Si le législateur de 1838 n'a pas voulu que des faits de ce genre, lorsqu'ils auraient une certaine importance, à raison de la publicité qui leur serait donnée par la voie de la presse, fussent l'objet d'une action devant un tribunal inférieur, même à l'égard de particuliers, à plus forte raison l'a-t-il voulu pour l'*outrage*, qui intéresse toujours, à un degré éminent, l'ordre social. D'ailleurs, comme les mots *diffamation, injure, outrage*, ont chacun un sens juridique très-bien défini, et que la loi sur les juges de paix n'a parlé que des deux premières classes de délits, c'est qu'elle a voulu exclure la troisième.

Remarquons seulement que les attaques qui prennent le nom d'*outrages*, quand elles réunissent toutes les conditions exprimées par l'art. 6 de la loi de 1822, et par les art. 222 et suivants du Code pénal, pourraient, quoique dirigées contre des personnes de la qualité dont il s'agit dans ces dispositions, ne constituer que de simples injures ou diffamations verbales, en l'absence de quelques-unes de ces conditions essentielles. Par exemple, l'injure contre un juré, qui ne serait pas publique, ne constituerait pas un *outrage* dans le sens de l'art. 6 de la loi de 1822. Elle ne serait alors susceptible que des poursuites autorisées pour l'injure contre un particulier, et l'action civile exercée isolément devrait être portée devant le juge de paix.

570. 3° *Actions civiles pour rixes et voies de fait.*

Les limites de la compétence du juge de paix sont ici quelque peu difficiles à déterminer, car l'on n'est pas d'accord sur le sens et la portée légale des mots : rixes et voies de fait.

On peut définir la rixe une querelle entre deux ou plusieurs personnes, accompagnée de violences plus ou moins graves.

Le mot de voies de fait, dans un sens large, comprend presque tous les actes physiques qui blessent « une personne dans son corps, dans son honneur, ses biens, ou seulement ses prétentions, comme violences, dommages, méfaits injurieux, mauvais traitements, construction ou destruction d'ouvrages, dégradations, etc. (1). » Mais on prend aussi le mot voies de fait dans un sens plus restreint, et, d'ordinaire, il désigne les actes de violence légère exercés contre les personnes (2).

571. A notre avis, c'est dans ce dernier sens que notre article l'emploie : car, si toute violence est voie de fait, les violences graves, qui dégénèrent en coups et blessures, et peuvent même causer la mort, ont un nom particulier ou des caractères bien définis par la loi pénale (3), et l'action civile qu'elles engendrent est presque invariablement, dans la pratique, déférée aux tribunaux de répression, concurremment avec l'action publique qui leur est toujours attachée. Le législateur n'avait donc aucun motif de s'occuper spécialement de ces actions civiles considérées à part, comme s'exerçant en dehors de l'action publique, et de les déférer aux tribunaux de paix. D'un autre côté, il est clair qu'il ne s'agit point ici d'atteintes contre les propriétés, puisque la compétence du juge de paix, à l'égard des actions civiles qui en résultent, est réglée d'une manière générale par l'art. 1er, et d'une manière spéciale par d'autres articles de la loi du 25 mai 1838, notamment par le 1er paragraphe de l'art. 5 que nous avons expliqué n° 557.

572. Les violences occasionnées par une rixe, et qui donnent lieu à l'action civile déférée ici au juge de paix, ne sont également que des violences légères, car les deux dispositions de notre article sont évidemment conçues dans le même ordre d'idées.

Notre opinion, sur ces deux points, se justifie par l'exposé des phases de la législation de 1790 à 1838.

La loi du 24 août 1790 portait, titre 3, art. 10 :

« Le juge de paix connaît, sans appel, jusqu'à cinquante « livres, et à la charge d'appel, à quelque valeur que la de-« mande puisse monter...... 6° des actions... pour rixes et « voies de fait pour lesquelles les parties ne se seront pas « pourvues par la voie criminelle. »

---

(1) Merlin, *Rép.*, v° *Voies de fait.*
(2) V. sur tout ceci, outre Merlin, MM. Carré, *Comp.*, t. 2, p. 395 ; Henrion de Pansey, *Code des juges de paix*, chap. 19 ; Carou, t. 1, p. 368 ; Curasson, t. 1, p. 630. Nous n'avons adopté les définitions données par aucun de ces auteurs. Le lecteur, en comparant, se rendra compte de la difficulté et jugera.
(3) C. pén., art. 295, 296, 309, 310, 311, 316, 311, 354 et suiv., etc.

Celle du 19-22 juillet 1791, sur l'organisation de la police correctionnelle et municipale, rangeait au nombre des contraventions de police les cas de *voies de fait ou violences légères* dans les assemblées et les lieux publics, ou les bruits et attroupements nocturnes (art. 19).

Vint ensuite le Code des délits et des peines, du 3 brumaire an 4, dont l'art. 151 confia aux juges de paix la répression des contraventions de police; et l'art. 605, § 8, de ce Code, punit des peines de simple police « les auteurs de « rixes et attroupements injurieux ou nocturnes, *voies de fait* « *ou violences légères*, pourvu qu'ils n'aient blessé ou frappé « personne ».

Ces dispositions présentaient un système complet et bien ordonné. Les rixes, voies de fait et violences légères donnaient lieu à des peines que le tribunal de police, tenu, en dernier lieu, par le juge de paix, était chargé d'appliquer. Les mêmes faits, quand l'action civile était exercée séparément de l'action publique, étaient déférés au juge de paix jugeant civilement. Et, sous l'empire de cette législation, il était impossible de ne pas circonscrire la compétence civile de ce tribunal inférieur dans des limites analogues à celles de la compétence criminelle comprenant uniquement les voies de fait ou violences légères, commises, soit à l'occasion, soit en dehors d'une rixe. Les actions civiles pour coups et blessures graves appartenaient évidemment aux tribunaux de première instance, comme l'action publique aux tribunaux correctionnels.

Le Code des délits et des peines a été remplacé par le Code pénal en 1810. — Voici les articles qui s'occupent des rixes et voies de fait autres que celles ayant occasionné la mort.

Art. 309 : « Sera puni de la réclusion, tout individu qui « aura fait des blessures ou porté des coups, s'il est résulté « de ces actes de violence une maladie ou incapacité de tra- « vail personnel pendant plus de vingt jours. »

Art. 310. « Si le crime mentionné au précédent article a « été commis avec préméditation ou guet-apens, la peine sera « celle des travaux forcés à temps. »

Art. 311. « Lorsque les blessures ou les coups n'auront « occasionné aucune maladie ni incapacité de travail per- « sonnel, de l'espèce mentionnée en l'art. 309, le coupable « sera puni d'un emprisonnement d'un mois à deux ans et « d'une amende de seize à deux cents francs. S'il y a eu

« préméditation ou guet-apens, l'emprisonnement sera de
« deux à cinq ans, et l'amende de cinquante francs à cinq
« cents francs (1). »

Art. 471. « Seront punis d'une amende depuis un franc
« jusqu'à cinq francs…, 12° ceux qui, imprudemment, au-
« ront jeté des immondices sur quelque personne. »

Art. 475. « Seront punis d'une amende depuis six francs
« jusqu'à dix francs inclusivement, ceux qui, volontaire-
« ment, auraient jeté des corps durs ou des immondices sur
« quelqu'un. »

Art. 479. « Seront punis d'une amende depuis onze francs
« jusqu'à quinze francs inclusivement, les auteurs ou com-
« plices de bruits, ou tapages injurieux ou nocturnes, trou-
« blant la tranquillité des habitants. »

Art. 279. « Tout mendiant ou vagabond qui aura exercé
« *quelque acte de violence que ce soit* envers les personnes,
« sera puni de la réclusion, sans préjudice de peines plus
« fortes, s'il y a lieu, à raison du genre et des circonstances
« de la violence. »

Ainsi, le Code pénal prévoit et punit les coups et blessures
proprement dits, et le fait d'avoir jeté des immondices ou
des corps durs sur quelqu'un. Mais il ne parle point des rixes
et des voies de fait ou violences légères que punissait l'art.
605 du Code de brumaire. De là on avait conclu généralement que ces voies de fait ne pouvaient plus donner lieu
qu'à des actions purement civiles, quand elles ne consistaient
pas dans le jet d'immondices ou de corps durs, et qu'elles
n'avaient pas été commises par des mendiants ou vagabonds.
Des actes de ce genre ne pouvant compromettre, ni la sûreté des individus, ni la tranquillité publique, n'ont pas été
jugés assez graves pour donner lieu à une peine (2); mais

_____

(1) V. encore art. 316, 341, 354.
(2) Ce système était en opposition avec la jurisprudence de la Cour de
cassation, qui a toujours décidé que l'art. 605 du Code de brumaire était
encore en vigueur, malgré la promulgation du Code pénal. Cependant,
l'art. 484 ne maintient que les lois et règlements particuliers sur des
matières non réglées par le Code. Or, il est impossible de considérer le
Code des délits et des peines de l'an 4 comme une loi particulière :
aussi le système de la Cour de cassation était-il généralement critiqué.
V. Cass., 14 avril 1821, Devill., *Collect. nouv.*, 6.1.418, et 30 mars
1832, S. 656; et *comparez* Toullier, t. 11, p. 185, n° 139; Merlin, *Rép.*,
v° *Offense à la loi*, et v° *Quest. préjud.*, n° 7, 3°; Henrion de Pansey,
Comp. des juges de paix, chap. 19; M. Carou, n° 405; M. Curasson,
p. 632 et 633.

s'il en est résulté, disait-on, un dommage quelconque, la voie civile est ouverte à la partie lésée, qui doit alors se pourvoir devant le juge de paix, quelle que soit la valeur de sa demande. Et, quant aux violences plus graves, aux coups et blessures qui sont punis par le Code pénal, comme ils l'étaient par la loi de l'an 4, la compétence est restée la même.

Ainsi, le juge de paix est demeuré compétent en vertu de la loi de 1790 :

1° Pour les actions civiles résultant de faits quelconques, quand la demande est déterminée à cent francs et au-dessous;

2° Pour les actions civiles résultant de faits qui seraient de sa compétence comme juge de police, quelle que fût la valeur de la demande.

« Dans le texte de la loi du 24 août 1790 (1), le mot criminelle est employé comme synonyme de police : il en résulte que tout ce que l'on appelle communément rixe et voie de fait peut être porté devant la justice de paix par la voie civile, lorsque la partie lésée ne juge pas à propos de se pourvoir en police, ou, ce qui revient au même, lorsqu'elle ne le peut pas. Conséquemment, celui qui se plaint d'une rixe ou d'une voie de fait que le Code pénal n'a rangée, ni dans la classe des délits, ni dans celle des contraventions, peut demander aux juges de paix, comme juges civils, les dommages et intérêts auxquels il croit avoir droit de prétendre (2). »

573. Voilà comment la compétence du juge de paix était déterminée avant la loi du 25 mai 1838.

Or, celle-ci n'a entendu rien innover à cet égard, car elle n'a fait que reproduire le texte de la loi de 1790, et le rapporteur de la commission, à la Chambre des députés, a clairement exprimé cette pensée, en disant : « Déjà les injures, les rixes et voies de fait étaient, quant à l'action civile, de la compétence du juge de paix : le projet ajoute l'injure écrite et la diffamation verbale. » Ainsi, en attribuant aux juges de paix les actions pour rixes et voies de fait, le législateur de 1838 a entendu parler des actions dont il pouvait déjà connaître sous l'empire de la précédente loi, c'est-à-dire des actions pour les voies de fait qui rentrent dans les con-

---

(1) Tit. 3, art. 10.
(2) Henrion de Pansey, chap. 19, *in fine*.

traventions de simple police, ou qui ne sont frappées d'aucune peine (1).

A la vérité, les art. 309 et 311, C. pén., modifiés par la loi du 13 mai 1863, mettent aujourd'hui sur la même ligne et punissent de la même peine les blessures, coups et toute autre violence ou *voie de fait*. Mais c'est là une innovation qui ne peut changer le sens que présentent les mots voies de fait dans la loi du 25 mai 1838, où ils s'expliquent par leur relation avec la législation en vigueur à cette époque (2). Nous maintenons donc complétement ce qui précède et la doctrine que nous avions formulée dans notre première édition (3).

574. Peu importe que les voies de fait aient été commises avec préméditation et par une seule des parties, ou qu'elles soient le résultat d'une rixe où l'on échange les injures et les coups. La loi comprend les unes et les autres dans la même disposition, et c'est là, du reste, toute sa portée. On a cependant voulu conclure de l'emploi de ces deux mots, rixes et voies de fait, qu'il y avait une distinction à faire : que les voies de fait pures et simples ne devaient s'entendre que des violences légères exercées sur les personnes, et qui ne sont pas de nature à occasionner des douleurs physiques, à constituer les coups et blessures proprement dits : mais que si les voies de fait sont le résultat d'une rixe, quelque graves que soient les violences et les coups, l'action en réparation civile ne peut être portée que devant le juge de paix (4). Ainsi, dans ce système, la compétence du juge de paix s'étendrait jusqu'aux actions pour blessures qualifiées de crimes par la loi, et pour le meurtre même, pourvu qu'il fût la suite d'une rixe.

C'est ce qu'on ne peut admettre, quand on sait que l'esprit de la loi a été de soustraire au juge de paix les actions dont la nature présente une certaine gravité (5). Et qu'importe, dès lors, que les voies de fait soient ou non la conséquence d'une rixe? C'est le fait en lui-même, et nullement les circonstances au milieu desquelles il a pris naissance, qui détermine la com-

---

(1) M. Curasson, t. 1, p. 630 et suiv.

(2) V. sur le sens de l'art. 311, C. pén., revisé en 1832, F. Hélie, *Th. C. pén.*, 1re éd., t. 5, p. 380 et 381, et *Comm. de la loi du 13 mai 1863*, p. 90.

(3) *Conf.*, Bourbeau, *Just. de paix*, p. 378. — *Contrà*, Benech, *Tr. des just. de paix*, p. 222.

(4) M. Carou, t. 1, nos 396 et 400.

(5) V. nos 567, 568 et 569.

pétence quand la rixe a occasionné des blessures graves; ce
sont les blessures dont il s'agit d'obtenir réparation; il ne
s'agit plus alors de la simple querelle considérée en elle-même;
tout le dommage qu'elle a pu causer et qui donne ouverture
à l'action civile se résume dans les coups portés et les blessures faites, la mort même qui a pu être donnée. L'existence
de la rixe ne peut servir de fondement à une semblable distinction. M. Benech en propose une autre entre les voies de fait
qui présenteraient les caractères d'un crime et celles qui ne
constituent que de simples délits ou contraventions. Mais les
mêmes raisons font voir qu'elle n'est pas plus exacte que
celle de M. Carou ; elle n'a pas même en sa faveur le texte
de la loi.

La jurisprudence n'a pas encore été fréquemment appelée
à se prononcer sur cette question. Mais on remarquera que
deux arrêts de Cours d'appel, les seuls, à notre connaissance, qui l'aient résolue, consacrent l'opinion que nous
venons d'établir. L'un est de la Cour de Nancy et à la date
du 6 août 1842 ; l'autre, de la Cour de Limoges, à la date du
26 août 1845 (1).

575. Enfin, la loi du 25 mai 1838 porte dans l'art. 6 :
« Les juges de paix connaissent, en outre, à charge d'appel,
« 1° des entreprises commises, dans l'année, sur les cours
« d'eau servant à l'irrigation des propriétés et au mouvement
« des usines et moulins, sans préjudice des attributions de
« l'autorité administrative dans les cas prévus par les lois et
« par les règlements; des dénonciations de nouvel œuvre,
« complaintes, actions en réintégrande et autres actions pos-
« sessoires, fondées sur des faits également commis dans
« l'année, etc. »

Les entreprises sur les cours d'eau peuvent constituer de
véritables délits, à raison desquels le juge de paix est appelé
à prononcer non-seulement la maintenue de l'état des choses
conforme à la possession du demandeur, mais des réparations
civiles s'il y a lieu. Par exemple, au mépris de l'art. 640, C.
Nap., le propriétaire supérieur pourrait exécuter des travaux
qui rendraient plus onéreuse, pour l'héritage inférieur, la
servitude de l'écoulement des eaux. Et, réciproquement, le
propriétaire inférieur pourrait faire des ouvrages qui nuiraient
au fonds supérieur en arrêtant le cours de l'eau. De même,

_____

(1) S. 43.2.68, et 46.2.263.

une portion du volume des eaux pourrait être détournée à son passage, contrairement aux droits des riverains, résultant de l'art. 644, C. Nap. En général, tous les faits qui donnent lieu aux actions en complainte et en réintégrande peuvent offrir le caractère de délits, lorsqu'ils ont été faits sans droit et avec l'intention de nuire (1).

Dans tous les cas, si le juge de paix estime que le dommage n'est pas suffisamment réparé par la déclaration qu'il rend sur le possessoire, et l'ordre qu'il donne de remettre ou maintenir les choses dans l'état conforme à la possession du demandeur, il doit allouer, en outre, la somme d'argent réclamée à titre de dommages-intérêts.

Nous avons vu (2), qu'en ce cas, les dommages-intérêts n'étant que l'accessoire de la demande principale pour laquelle le juge de paix a une compétence exclusive, il en connaît également quelle que soit leur importance.

576. Ce qu'il importe même de remarquer ici, comme ayant trait à la compétence d'attribution, c'est que si l'action possessoire, complainte ou réintégrande, se déguisait sous la forme d'une action en dommages-intérêts, de manière que le demandeur en saisît le tribunal civil de première instance, celui-ci devrait se déclarer incompétent et renvoyer la cause au juge de paix qui seul doit en connaître en première instance (3).

577. Il résulte du texte même de l'art. 6 que les jugements sur les actions possessoires sont toujours sujets à l'appel. La demande est toujours considérée comme indéterminée. Les dommages-intérêts qui peuvent être accessoirement réclamés n'ont aucune influence sur la compétence.

578. Comme nous l'avons indiqué, n° 284, les juges de paix ont reçu, en matière de douanes, des attributions spéciales. D'après la loi du 14 fructidor an 3, art. 3, ils sont juges ordinaires des contraventions aux lois relatives aux importations et exportations tant sur mer que sur terre.

La loi du 28 avril 1816, titre 5, art. 41, leur a retiré, pour l'attribuer aux tribunaux de police correctionnelle, toute importation par terre d'objets prohibés, et toute introduction frauduleuse d'objets tarifés, dont le droit serait de vingt

---

(1) V. l'espèce d'un arrêt du 16 mars 1841, S. 41.1.196, D. 41.1.179.
(2) N° 549.
(3) V. l'arrêt cité à la note 2 de la page précédente.

francs par quintal métrique et au-dessus. La même loi
(art. 48) déférait aux Cours prévôtales, remplacées aujour-
d'hui par les tribunaux correctionnels (1), les prévenus de
toute importation prohibée ou frauduleuse, si, étant à cheval,
ils sont au nombre de trois, ou plus, et si, étant à pied, ils
sont en nombre supérieur à six ; ainsi que les faits de contrebande commis par des préposés de l'administration des
douanes (art. 55). Mais la loi du 27 mars 1817, art. 12 et
suiv., remettant en vigueur l'art. 15 de la loi du 17 décembre
1814, donne aux juges de paix la connaissance en premier
ressort des introductions par terre ou par mer des marchandises prohibées. Seulement, il y a lieu à l'emprisonnement,
et les tribunaux correctionnels sont compétents, si l'introduction a été faite par une réunion de trois individus (2).

579. Les art. 7, 8 et 9 de la loi du 25 mai 1838, renferment des règles générales applicables à tous les genres de
demandes attribuées aux juges de paix par les dispositions
précédentes. Elles servent à déterminer à la fois la compétence d'attribution et la compétence en premier et dernier
ressort, car l'une et l'autre dépendent de la valeur de la de-.
mande. Pour éviter des répétitions inutiles, nous renvoyons
l'explication complète de ces articles aux n°s 597 et suivants,
où nous traitons de la compétence quant au ressort.

MATIÈRES ATTRIBUÉES AUX TRIBUNAUX DE COMMERCE.

580. En droit, les tribunaux de commerce n'ont pas reçu
d'attribution générale pour connaître des actions en responsabilité résultant des délits civils proprement dits.

En fait, les actions en dommages-intérêts dont ils peuvent
être saisis sont presque toujours la suite d'engagements nés
de contrats ou quasi-contrats relatifs aux opérations commerciales. Par exemple, un marchand vend son fonds de
commerce. Plus tard il ouvre, dans la même rue, un établissement rival de celui de son successeur. L'action en
dommages-intérêts formée par celui-ci sera de la compétence
du tribunal de commerce (3), parce que, à vrai dire, il y a,
dans ce fait, moins un délit proprement dit qu'une violation
du contrat intervenu entre le vendeur et l'acheteur.

---

(1) L. du 21 avril 1818, art. 37.
(2) V. pour les développements sur cette matière toute spéciale,
MM. Carou, t. 1, p. 381 et suiv., et Curasson, t. 1, p. 22.
(3) Nouguier, *Comp. des trib. de comm.*, t. 2, p. 354.

Un aubergiste reçoit un voiturier avec ses chariots chargés de marchandises. Pendant la nuit, un incendie se déclare et détruit les voitures avec leur chargement. Le tribunal de commerce est compétent pour connaître de l'action en responsabilité dirigée par le voiturier contre le maître de l'auberge, car l'obligation contractée par ce dernier envers le messagiste constitue un engagement commercial qui le soumet, pour toutes ses suites et tout ce qui concerne son exécution, à la juridiction consulaire (1).

Nous avons dit aussi, n° 554 *bis*, que le tribunal de commerce était encore compétent concurremment avec le juge de paix pour les actions formées par les voyageurs contre les hôteliers ou les voituriers dans les cas prévus par l'art. 2 de la loi du 25 mai 1838. Et il en serait ainsi même en cas de soustraction d'effets et autres cas de fraude.

Enfin leur compétence exclusive n'est pas douteuse en ce qui concerne les actions en responsabilité du même genre toutes les fois que le taux de la demande excède celui que détermine cette loi de 1838 (2).

Mais en outre nous avons déjà vu que ces tribunaux pouvaient avoir quelquefois à statuer sur des délits civils, incidemment à des contestations d'un autre genre portées devant eux (3). Les principes de la compétence, à raison de la connexité, le veulent ainsi. C'est pourquoi l'on a jugé que le tribunal de commerce était compétent pour connaître de l'action intentée par un voiturier contre l'expéditeur des *marchandises* qui lui avaient été confiées, à raison du préjudice que lui avait causé la saisie d'objets de contrebande mêlés à ces marchandises (4).

Au reste, la loi leur attribue expressément la connaissance des actions reconventionnelles en dommages-intérêts fondées sur la demande principale (5), qui constitue quelquefois un véritable délit civil.

Ainsi, supposez qu'un créancier demande au tribunal de commerce une déclaration de faillite contre son débiteur. Cette demande est mal fondée; le débiteur la fait rejeter.

___

(1) Colmar, 7 juin 1853, et Rej., 27 fév. 1854, D. 54.1.98. — *Cons.* sur la question, Poitiers, 28 juin 1854, D. 55.2.93.
(2) Paris, 21 août 1855, D. 55.2.305.
(3) V. n° 515 et les notes.
(4) Montpellier, 12 juill. 1828, D. 28.2.199. — *Cons.* Bordeaux, 12 août 1856, D. 57.2.201.
(5) C. comm., art. 639.

I.

Mais cette demande, formée dans de certaines circonstances, a pu porter le plus grand préjudice à ses affaires, et c'était avec une intention malveillante qu'elle était formée ; la demande en dommages-intérêts que le débiteur introduira à son tour contre le créancier sera valablement jugée par le tribunal de commerce.

D'autres actions sont réservées par les dispositions expresses au tribunal de commerce.

Telles sont, au cas de faillite, les demandes en nullité des conventions faites par un créancier, soit avec le failli, soit avec toutes autres personnes, et tendant à procurer à ce créancier des avantages particuliers à raison de son vote dans les délibérations de la faillite, ou bien un avantage à la charge de l'actif de la faillite. L'art. 597, C. comm., punit ce fait de l'emprisonnement et de l'amende ; l'art. 598 déclare que les conventions seront, en outre, déclarées nulles, et le créancier sera tenu de rapporter, à qui de droit, les sommes ou valeurs qu'il aura reçues, en vertu des conventions annulées. Enfin, l'art. 599 dit que, « dans le cas où « l'annulation des conventions serait poursuivie par la voie « civile, l'action sera portée devant les tribunaux de com- « merce. »

Ces derniers seraient donc compétents si l'annulation des conventions et la restitution des sommes reçues étaient poursuivies, abstraction faite du caractère criminel qui s'attache à ces actes, et comme simples délits civils. Or, c'est là une poursuite dont l'origine réside dans une convention régie par les principes du droit commercial ; cette poursuite d'ailleurs dérivant de la faillite, la juridiction consulaire est saisie de l'action par la nature des choses.

Nous en dirons autant des actions relatives aux faits prévus par les art. 593, 594 et 596, C. comm., dans le cas où, n'ayant pas paru au ministère public présenter tous les caractères d'un délit punissable, la poursuite n'aurait lieu que par la voie purement civile.

Mais, en dehors de ces cas déterminés, lorsque les dommages-intérêts sont réclamés par action principale, en dehors de toute convention, et par suite d'un fait qui présenterait les caractères d'un délit civil ou d'un quasi-délit, les tribunaux de commerce doivent se déclarer incompétents. Ce sont des tribunaux d'exception. Leurs attributions sont définies d'une manière limitative par les art. 631, 634 et 635, C. comm. L'art. 631, qui renferme le principe géné-

ral, porte que les tribunaux de commerce « connaîtront :
« 1° de toutes contestations relatives aux *engagements* et
« transactions entre négociants, marchands et banquiers;—
« 2° entre toutes personnes, des contestations relatives aux
« actes de commerce. » Or, suivant nous, on ne peut rattacher ni à la première ni à la seconde de ces dispositions le
système qui attribuerait aux tribunaux de commerce les
actions en responsabilité, à raison de délits civils ou de quasi-délits commis en dehors de l'exécution d'un contrat, quand
bien même ils se produiraient à la suite ou à l'occasion de
l'accomplissement d'un acte commercial, ou dans l'exercice
de la profession de commerçant.

D'abord le fait en lui-même, délit ou quasi-délit, ne constitue point un acte de commerce, cela est évident (1).

En second lieu, l'attribution de juridiction ne découle pas
ici de la qualité des personnes : car l'obligation elle-même
n'emprunte point à cette qualité le caractère commercial
qui, dans l'esprit de la loi, détermine la compétence.

Quand l'art. 631 parle des contestations relatives aux *engagements* entre commerçants, il n'entend point, par ce mot,
toutes les obligations quelconques résultant d'un fait de nature à produire le lien de droit, et notamment de tous les
engagements qui peuvent se former sans convention, aux
termes de l'art. 1370, C. Nap. (2). La loi n'a voulu parler
que des engagements qui se rapportent à l'exercice même
du commerce, qui ont pour objet direct l'accomplissement
des actes commerciaux. Si, dans certains cas, des négocia-
tions, qui ne constituent point en elles-mêmes des actes de
commerce, sont réputées avoir un caractère commercial, par
cela seul qu'elles émanent de commerçants, c'est parce
qu'une présomption légale les fait considérer comme des
actes de la profession de ceux qui les ont accomplies, comme
se rattachant à l'exercice de leur commerce, tant que le contraire n'est pas prouvé (3). Or, dans notre hypothèse, la
preuve contraire résulte de la nature même du fait. Le délit
ou le quasi-délit, la faute, en un mot, qui donne ouverture
à la responsabilité, n'a pas de relation avec l'exercice du
commerce; et ce caractère commercial qu'elle ne tient pas

---

(1) M. Pardessus, *Cours de droit comm.*, t. 1, n°s 53 et 192. V. aussi
Etienne Blanc, *Tr. de la contref.*, p. 233 et 447.
(2) *Conf.*, Rej., 11 mai 1868, D. 69.1.368.
(3) M. Pardessus, t. 1, n° 48.

de sa nature, elle ne peut l'emprunter à la qualité de son
auteur (1).

M. Pardessus fait sur tout ceci une distinction très-juste :
« Un délit ou un quasi-délit, commis par un commerçant, même à l'égard d'un autre, *ne rendrait pas commerciales les condamnations qui en seraient le résultat*. Par
exemple, si un commerçant en poursuivait un autre, pour
lui rendre des marchandises enlevées par celui-ci sans aucun
droit ; s'il exerçait contre lui une demande en restitution de
marchandises que ce commerçant aurait frauduleusement
reçues d'un voleur ou d'un dépositaire infidèle, *une telle
action ne serait pas de la compétence commerciale*, même
quand on se bornerait à réclamer la marchandise ou le prix,
sans dommages-intérêts.

. . . .

Mais si un commissionnaire, abusant de la confiance de son
commettant, se prétendait propriétaire de ce que ce dernier
lui a confié, la contestation qui en résulterait serait commerciale, parce que le seul engagement intervenu entre les parties est la commission, acte commercial de sa nature, dont
l'exécution et les suites seraient précisément l'objet de la
contestation (2). »

La Cour de cassation a consacré cette doctrine par un arrêt du 11 vendémiaire an 13 (3). Des marchandises vendues
par un sieur Vassy, et livrées au sieur Bonnefonds, furent
ensuite enlevées furtivement des chantiers ou magasins de
l'acheteur par Vassy lui-même. Bonnefonds l'assigne devant
le tribunal de commerce et Vassy est condamné à restituer
les objets ou à en payer la valeur. Mais Vassy interjette
appel, pour cause d'incompétence. Le 30 prairial an 10, la
Cour de Bordeaux infirme par ce motif. — Pourvoi de Bonnefonds.

Mais, la Cour : « Attendu que les tribunaux de commerce
ne doivent connaître, d'après les lois de leur établissement,
que des affaires de commerce entre négociants et marchands
pour fait de marchandises, et nullement de tous les diffé-
rends quelconques qui peuvent s'élever entre commerçants ;
que, dans l'espèce, il ne s'agissait que d'un enlèvement
d'objets mobiliers, qui, entre particuliers, de quelque pro-

---

(1) *Conf.*, M. Orillard, *Comp. des trib. de comm.*, n° 203.
(2) T. I, n° 53.
(3) Dall., *Comp.*, p. 360, et *Rec. périod.*, 5.2.21. — *Conf.*, Bastia,
11 fév. 1852, D. 52.2.202.

fession qu'ils soient, ne peut donner lieu qu'à une action civile, de la compétence des tribunaux ordinaires..... Rejette. »

Les Cours d'appel ont décidé, par les mêmes principes, une question qui s'est présentée plusieurs fois devant elles.

Un bateau servant à la navigation fluviale, pour le transport des personnes ou des marchandises, rencontre un autre bateau servant à la même destination, et lui cause des avaries. Le propriétaire du bateau avarié poursuit le propriétaire de l'autre bateau en dommages-intérêts, en prétendant que l'*abordage* a eu lieu par la faute du capitaine et de l'équipage de ce dernier bateau. L'assignation est donnée devant le tribunal de commerce. On oppose l'incompétence. Ce moyen est-il fondé?

L'affirmative a été admise par deux arrêts, l'un de la Cour d'appel d'Aix (1), et l'autre de celle de Montpellier (2). Nous citons en entier les considérants du premier :

« Attendu que la juridiction du tribunal de commerce est exceptionnelle et de droit étroit; que si les entreprises de transport par terre et par eau sont déclarées commerciales par la loi, cela signifie seulement que tous les contrats, marchés et obligations qui se rattachent à une entreprise de ce genre sont de nature commerciale; mais cela ne peut s'entendre du quasi-délit par lequel un bateau servant au transport cause du dommage à un autre;

« Que, s'il en est autrement en matière d'abordage maritime, c'est par suite des anciens principes consignés dans l'ordonnance de la marine, qui attribuaient expressément l'abordage aux tribunaux de l'amirauté, et qui ont conduit à interpréter dans ce sens l'art. 633, C. comm., lequel attribue aux tribunaux de commerce tout ce qui concerne les expéditions maritimes; c'est encore par suite et en vertu de l'art. 407 du même Code, qui sans déclarer le fait d'abordage maritime soumis à la compétence commerciale, le suppose tel.

« Mais, attendu que ces raisons de décider sont tirées de

_____

(1) Arrêt du 16 juin 1841, *J. du Pal.*, t. 2 de 1841, p. 305.
(2) Arrêt du 15 mai 1847, *J. du Pal.*, t. 2 de 1847, p. 313, D. 47.2. 155. Ajoutez un arrêt de la Cour de Liége, du 18 janv. 1816, rapporté par M. Dalloz, *Comp. comm.*, n° 126. — *Cons.* Cass., 16 mars 1858, D. 130, et Paris, 10 mars 1854, D. 56.2.237 ; Lyon, 6 mars 1855, D. 56. 5.93; Lyon, 5 juin 1862, D. 63.1.348. — *Contrà*, Cass., 24 août 1863, *ibid.*

règles toutes spéciales et concernant exclusivement la navigation maritime ; que si on voulait les étendre à la navigation fluviale, on serait forcé de les appliquer aussi aux accidents qui peuvent avoir lieu sur les routes et aux différents dommages qui pourraient être causés par les voitures servant au commerce ;

« Que ce serait là en effet une conséquence rigoureuse de l'assimilation parfaite établie par la loi entre les deux modes de transport par terre et par eau ; et que le résultat, évidemment inadmissible pour l'un de ces modes, ne peut être accepté pour l'autre..... ; annule pour cause d'incompétence, etc. »

Selon nous, on devrait décider de même dans tous les cas où la contestation naît entre commerçants et d'actes illicites qui se manifestent bien dans l'exercice de la profession de commerçant, mais qui n'en sont pas moins étrangers au commerce dans leur propre nature ; telle serait l'action d'un marchand contre un autre, tendant à faire interdire à celui-ci, sous peine de dommages-intérêts, la vente de ses marchandises aux enchères, et par l'entremise d'un commissaire-priseur (1) ; et la classe nombreuse des poursuites en réparations civiles pour usurpation de noms, d'enseignes, de titres commerciaux, et de propriétés industrielles ou littéraires (2).

Nous sommes ici d'accord avec l'auteur du *Traité de la contrefaçon* (3). Nous devons avouer cependant que la jurisprudence, encore assez incertaine sur l'ensemble de la question, nous est généralement contraire sur ce dernier point (4).

MATIÈRES ATTRIBUÉES AUX TRIBUNAUX DE L'ORDRE ADMINISTRATIF.

581. Nous aurions maintenant à parler de la compétence des tribunaux administratifs, auxquels est attribuée une

---

(1) *Contrà*, Grenoble, 16 mars 1837, D. 38.2.18.
(2) V. dans ce sens, Rouen, 13 avril 1853, D. 53.2.114.
(3) M. Etienne Blanc, p. 233 et 447.
(4) V. Rej., 26 fév. 1845, D. 191 ; Aix, 3 juin 1863, D. 64.2.207 ; Paris, 24 janv. et 28 avril 1866, D. 66.2.196 et 128 ; Douai, 11 juin 1868, D. 69.2.18 ; Nouguier, *Tr. comm.*, t. 2, p. 354 ; Massé, *Droit comm.*, 2e éd., t. 4, n° 2613, et M. Orillard, *Comp. des trib. de comm.*, n° 205. *Analog.*, Règl. de juges, 4 mars 1845, D. 46.1.208 ; Bourges, 23 fév. 1844, D. 45.4.101.

classe importante d'actions en dommages-intérêts. Mais ce sujet sera plus convenablement placé au livre II, où nous traitons des quasi-délits. En effet, les actions auxquelles nous faisons allusion, fondées sur les torts et dommages qu'éprouvent des particuliers par suite de l'exécution des travaux publics, ont pour cause des faits qui ne peuvent guère présenter d'autre caractère que celui de simples quasi-délits (1). On verra qu'il en est ainsi, soit que les torts et dommages proviennent du fait direct de l'administration, soit qu'ils proviennent du fait des entrepreneurs. Nous nous bornerons donc, pour le moment, à cette indication; nous renvoyons pour les développements au chapitre 5 du livre II.

§ 2.

Compétence quant aux personnes et au territoire.

582. Nous comprenons sous ce titre les règles qui servent à déterminer devant quel tribunal le défendeur doit être assigné. A cet égard, il y a des distinctions à faire, suivant que l'action en responsabilité est attribuée au tribunal civil de première instance ou à un juge d'exception.

583. Quand la demande est portée au tribunal de première instance, il faut appliquer la règle contenue dans l'art. 59, C. proc. civ., qui dispose que toute action personnelle ou mobilière doit être exercée devant le tribunal du domicile du défendeur, ou devant le tribunal de sa résidence, s'il n'a pas de domicile. S'il y a plusieurs défendeurs, ils sont tous assignés devant le tribunal du domicile de l'un d'eux, au choix du demandeur, à cause de l'unité de l'instance (2).

Le défendeur devrait être assigné devant le tribunal de son domicile, alors même que l'action en responsabilité aurait pour base un délit commis sur un immeuble, car l'action ne cesserait pas d'être pour cela personnelle et mobilière, puisqu'elle ne tendrait qu'au paiement d'une somme d'argent ou à des prestations personnelles toujours résolubles en condamnations pécuniaires.

584. L'instance une fois engagée, si le défendeur opposait incidemment et préjudiciellement un droit de propriété ou autre droit réel qu'il prétendrait lui appartenir, il faudrait,

---

(1) V. aussi *suprà*, n° 426.
(2) C. proc., 59, §§ 1 et 2; Boncenne, *Th. de la pr*, t. 2, p. 246 et 247.

sans doute, statuer sur ce point. Mais le tribunal saisi ne serait pas obligé de surseoir et de renvoyer la cause au tribunal de la situation de l'immeuble (1) : car, n'étant pas incompétent à raison de la matière, c'est le cas d'appliquer la règle que le juge de l'action est le juge de l'exception.

585. Si le défendeur avait été assigné devant un tribunal qui ne serait pas celui de son domicile ou de sa résidence, il pourrait demander le renvoi, mais l'exception devrait être proposé *in limine litis*, conformément à l'art. 169, C. proc., car l'incompétence n'est ici que relative ou personnelle.

586. Quand il s'agit d'une demande attribuée au juge de paix, conformément à ce que nous avons vu dans le § 1er, les règles ne sont plus les mêmes. Les actions principales en dommages-intérêts, à raison des diverses causes énumérées ci-dessus, sont toutes purement personnelles, et néanmoins elles sont quelquefois déférées au juge de la situation des lieux.

C'est ce que prescrit l'art. 3, C. proc. civ., pour les actions en réparation de dommages aux champs, fruits et récoltes, ainsi que pour les contestations relatives aux locations de maisons et biens ruraux. Dans ce cas, l'objet litigieux dont la situation sert à déterminer la compétence est le fonds qui a éprouvé le dommage et non le fonds d'où le dommage provient. Par exemple, si les dégâts proviennent de la rupture des digues d'un étang, le juge compétent est celui du lieu où se trouve le fonds endommagé, et non pas celui du lieu où l'étang est situé (2).

Cette dérogation aux règles générales, établie par l'art. 3, C. proc., s'explique si l'on considère que la décision du litige dépend, dans la plupart de ces affaires, de la connaissance des lieux, de vérifications que le juge de la situation est plus à portée de faire, sans perte de temps et à moindres frais.

En outre, quand les dommages-intérêts sont réclamés accessoirement à une demande réelle immobilière de la compétence du juge de paix, c'est-à-dire à une action possessoire, elle suit naturellement le sort de la demande principale et appartient au même juge (3).

Dans tous les autres cas, où l'action est purement personnelle et mobilière, c'est devant le juge de paix du domicile

(1) C. proc. civ., 59, § 3.
(2) Rej., 26 janv. 1847, D. 149.
(3) C. proc. civ., art. 3, 2°.

du défendeur qu'elle doit être portée (1), et s'il y a plusieurs défendeurs, devant le juge du domicile de l'un d'eux au choix du demandeur, conformément à la règle ordinaire(2).

587. Devant les tribunaux de commerce, si l'action en responsabilité, à raison des délits, se présente incidemment et accessoirement à une contestation commerciale portée devant eux, il est clair que la compétence est déterminée par l'action principale, dont la demande accessoire en dommages-intérêts ne peut être séparée.

Il en est de même si elle se rattache à une obligation commerciale donnant lieu à une attribution spéciale de juridiction. Par exemple, l'action en réduction de prix formée par l'acheteur contre son vendeur pour avaries éprouvées par les marchandises pendant le transport, avaries qu'il impute à la faute du vendeur, peut être portée au tribunal de commerce du lieu où le paiement devait être effectué conformément au § 3, art. 420, C. comm. (3).

S'il s'agissait de la demande formée par un voyageur contre un entrepreneur de voitures publiques pour perte de ses bagages, le tribunal du lieu de l'arrivée serait compétent aux termes de ce même article, si le prix était payable à la destination.

Un arrêt de la Cour d'Angers, du 29 juillet 1853 (4), a reconnu compétence au tribunal du lieu de l'arrivée, sans faire cette restriction, et en se fondant sur ce que ce lieu est celui de la livraison des effets. Cette décision est sujette à controverse. Nous l'examinerons plus loin (n° 1055). On verra les raisons qui nous la font adopter.

Au surplus, la sentence se justifiait au fond par d'autres raisons. Le voyageur en pareil cas n'est pas ordinairement obligé de plaider dans un tribunal éloigné, les principales gares des chemins de fer étant considérées comme des succursales du siége de la société (V. n°s 1048 et suiv.).

Dans le cas de banqueroute, et lorsqu'il s'agit d'actions dirigées contre des créanciers de la faillite, ou contre des syndics, le tribunal compétent est celui qui a connu des autres opérations de la faillite (V. *suprà*, n° 580).

(1) C. proc. civ., art. 2.
(2) C. proc. civ., art. 59; Curasson, t. 1, p. 5 et 6.
(3) Rej., 20 juin 1854, D. 229, et 15 mai 1854, D. 249.
(4) D. 54.2.198. — *Conf.* Paris, 31 juillet 1850, D. 51.2.111; Poitiers, 12 fév. 1861, D. 61.2.59; S. 61.2.332.

587 *bis*. Les règles de compétence exposées dans ce chapitre s'appliquent aux actions en responsabilité dirigées contre des étrangers aussi bien qu'à celles formées contre des regnicoles. Car aux termes de l'art. 14, C. Nap., l'étranger même, non résidant en France, peut être cité devant les tribunaux français pour l'exécution des obligations contractées soit en France, soit même à l'étranger avec un Français, et l'on admet généralement que ceci s'entend de toute espèce d'obligations, aussi bien celles résultant des délits et quasi-délits que des contrats (1).

En pareil cas, si l'étranger habitait en France, il serait assigné devant le tribunal de son domicile ou de sa résidence. Dans le cas contraire, on procéderait conformément aux dispositions de l'art. 69, §§ 8 et 9, C. proc.;—sauf, dans toutes les hypothèses, les règles spéciales sur la compétence (2).

Réciproquement l'étranger peut toujours citer un Français devant les tribunaux de France à raison des obligations contractées par ce Français, soit à l'étranger (3), soit, à plus forte raison, sur le territoire français (4), et notamment pour réparation de délits ou quasi-délits (5). Seulement l'étranger sera tenu de fournir la caution *judicatum solvi* (6).

Quant aux contestations qui naissent entre étrangers, les tribunaux français peuvent en connaître, si le défendeur ne décline pas la compétence (7). Le tribunal devrait même repousser cette exception et retenir la cause, s'il s'agissait d'une action en dommages-intérêts à raison de délits commis en France, car les lois de police et de sûreté obligent tous ceux qui résident sur le territoire (C. civ., art. 3). Or, l'action civile est le complément de l'action pénale à laquelle ils sont soumis en cas d'infraction à ces lois. — Nous pensons même avec M. Demolombe (8) que ce droit appartient à l'étranger lésé par un délit purement civil ou un quasi-délit. L'action est alors la conséquence, non d'une conven-

---

(1) Merlin, v° *Etranger*, § 4 ; Pardessus, *Dr. comm.*, n° 1478 ; Demolombe, t. 1, n° 250 ; Dalloz, *Dr. civ.*, n° 264 ; Rej., 13 déc. 1842, D. 43.1.15 ; Aix, 12 mai 1857, D. 58.2.13.

(2) V. n°ˢ 543-581 et suiv.

(3) C. Nap., art. 15.

(4) Dalloz, *Droit civil*, n°ˢ 242 et 251.

(5) *Ibid.*

(6) C. Nap., 16 ; Demolombe, t. 1, n°ˢ 254 et s.

(7) Cass., 29 mai 1833, D. 250 ; Dalloz, *Droit civil*, n°ˢ 310 et suiv. ; Demolombe, t. 1, n° 261, p. 317.

(8) T. 1, n° 261, p. 315.

tion dont l'étranger eût pu s'abstenir, mais d'un fait indépendant de sa volonté et contre lequel il doit trouver une protection devant la justice de la France.

Les tribunaux français seraient d'ailleurs compétents :

1° Si l'une des parties avait été autorisée à établir son domicile en France (1), car l'étranger est alors assimilé aux Français (C. Nap. art. 13).

2° Si l'étranger résidant en France, quoique sans autorisation régulière d'y établir son domicile, ne justifiait pas qu'il en eût un autre à l'étranger. Alors surtout que les faits qui servent de base à la demande se sont passés sur le territoire français (2).

§ 3.

Compétence en ce qui concerne le premier et le dernier ressort.

588. Toujours fidèle à l'ordre que nous avons adopté, nous allons voir d'abord comment la loi a déterminé les limites du premier et du dernier ressort pour les tribunaux civils de première instance.

La loi du 11 avril 1838 porte :

Art. 1er. « Les tribunaux civils de première instance con« naîtront, en dernier ressort, des actions personnelles et « mobilières, jusqu'à la valeur de quinze cents francs de « principal, et des actions immobilières jusqu'à soixante « francs de revenu, déterminé, soit en rentes, soit par prix « de bail. — Ces actions seront instruites et jugées comme « en matière sommaire.

Art. 2. « Lorsqu'une demande reconventionnelle ou en « compensation aura été formée dans les limites de la com« pétence des tribunaux civils de première instance en der« nier ressort, il sera statué sur le tout sans qu'il y ait lieu à « appel. — Si l'une des demandes s'élève au-dessus des « limites ci-dessus indiquées, le tribunal ne prononcera, « sur toutes les demandes, qu'en premier ressort. — Néan« moins, il sera statué, en dernier ressort, sur les demandes « en dommages-intérêts lorsqu'elles seront fondées exclusi« vement sur la demande principale elle-même. »

---

(1) Rennes, 27 avril 1847, D. 47.2.170.
(2) Rej., 8 avril 1851, D. 137.

588 bis. En appliquant ces dispositions et les principes généraux de la compétence à la matière qui nous occupe, nous arriverons à formuler les règles suivantes :

Comme toutes les actions personnelles et mobilières, les demandes en dommages-intérêts seront jugées, en dernier ressort, par les tribunaux de première instance, quand elles n'excéderont pas la valeur de quinze cents francs en principal. Cette valeur se déterminera par les conclusions du demandeur et par celles du défendeur, lorsque celui-ci aura formé une demande reconventionnelle ou en compensation. Et remarquez que les parties, ayant toujours le droit de modifier leurs conclusions dans le cours de l'instance, c'est aux dernières conclusions prises qu'il faut s'attacher, mais ce n'est jamais à la condamnation prononcée (1).

Si plusieurs demandes, même provenant de causes différentes, sont réunies dans une même instance, le tribunal ne peut statuer qu'en premier ressort, si leur valeur totale s'élève au-dessus de quinze cents francs, lors même que les unes ou les autres ne s'élèveraient pas à cette somme. C'est ce que prescrit formellement l'art. 9 de la loi du 25 mai 1838, pour les actions portées devant les justices de paix. Il est naturel d'appliquer la même règle devant les tribunaux civils (2).

589. Nous venons de supposer plusieurs demandes formées simultanément par la même personne ; si elles le sont par des personnes différentes, la règle n'est plus la même. Il y a autant d'actions distinctes que de créanciers ; on ne doit s'attacher qu'au montant de la demande de chacun.

A l'inverse, si plusieurs défendeurs sont actionnés par la même personne,—ou la cause de chaque action est distincte des autres ; la valeur de la demande formée contre chacun doit être alors considérée isolément ; — ou l'action, au contraire, a sa base dans un fait commun aux défendeurs ; dans ce cas, il faut encore distinguer si elle n'est dirigée contre chacun d'eux que pour sa part, auquel cas la valeur de chaque fraction doit seule être prise en considération (3) : mais si le créancier agit pour la totalité de l'obligation contre chacun

---

(1) M. Benech, t. 2, p. 78 et 79 ; Arg. Metz, 18 mai 1855, D. 55.2.307.

(2) M. Benech, p. 87 ; Rej., 12 nov. 1855, D. 56.1.162.

(3) M. Benech, p. 153.

d'eux, et demande la condamnation solidaire, dans cette hypothèse, on doit considérer la valeur totale de la demande.

590. La faculté de l'appel est la règle générale, et les tribunaux ne jugent en dernier ressort que les actions ayant pour objet une somme de quinze cents francs et au-dessous. Il suit de là que si la demande est indéterminée, par exemple, s'il s'agit de dommages-intérêts à donner par état, à liquider, à arbitrer, ou pour lesquels on se rapporte à la sagesse du tribunal, celui-ci ne juge qu'en premier ressort (1), sauf au demandeur à restreindre sa demande dans les limites de quinze cents francs avant le jugement.

Il en est de même si la demande en dommages-intérêts, même réduite à quinze cents francs, soulève une question de propriété ou de servitude d'une valeur indéterminée, comme, par exemple, celle de la mitoyenneté d'un mur contre lequel une des parties aurait élevé certains ouvrages que l'autre prétendrait lui être nuisibles ou contraires à son droit exclusif de propriété du mur (2).

591. On vient de voir que, d'après l'art. 2, ce n'est pas la demande originaire seule qui détermine toujours la compétence en dernier ressort. Le premier paragraphe de cet article consacre une règle antérieurement admise par la doctrine, savoir : que si, des demandes originaire et reconventionnelle, l'une ou l'autre s'élève au-dessus des limites de la compétence en dernier ressort, il ne sera statué sur le tout qu'à charge d'appel; mais que si chacune de ces demandes, considérée isolément, est inférieure au taux du dernier ressort, l'une et l'autre seront jugées sans appel. Cette règle s'applique notamment aux demandes en dommages-intérêts fondées sur une cause différente de la demande principale et antérieure à celle-ci. Ceci résulte des explications données par le rapporteur de la loi à la Chambre des députés (3) et de ces paroles de M. Parant : « Il faut qu'il soit bien entendu que par les expressions de la loi, demandes reconventionnelles et en compensation, nous avons voulu parler de toutes les demandes formées incidemment par le défendeur contre le demandeur principal. »

592. Dans le dernier paragraphe, la loi fait exception à

(1) M. Benech, p. 135.
(2) Rej., 14 juill. 1857, D. 398.—Conf., Cass., 16 mars 1836, Dall., Degrés de jur., n° 229.—V. suprà, n° 546.
(3) Monit. du 24 fév. 1838.

cette règle, par rapport aux demandes reconventionnelles en dommages-intérêts fondées exclusivement sur la demande principale elle-même. Elles seront toujours jugées comme la demande principale dont on les considère comme l'accessoire.

Par exemple, vous m'assignez en paiement d'une somme de quinze cents francs. Je demande que vous soyez déclaré non recevable et mal fondé, et, de plus, attendu que votre poursuite est vexatoire, injuste, qu'elle me cause un tort pécuniaire et moral, par exemple, en donnant mal à propos des inquiétudes à mes créanciers, en ébranlant ou paralysant mon crédit, en arrêtant mes opérations commerciales, je conclus à trois ou quatre mille francs de dommages-intérêts. C'est, de ma part, une demande reconventionnelle; elle est fondée exclusivement sur la demande principale; elle sera jugée en dernier ressort comme celle-ci.

Il n'est pas toujours aussi facile de savoir si une demande en dommages-intérêts doit être considérée comme fondée sur une demande originaire et principale, et doit en être considérée comme l'accessoire, ou si l'on doit, au contraire, y voir une demande qui a son individualité propre. Ainsi, lorsqu'un créancier dirige des poursuites contre son débiteur, en vertu d'un titre exécutoire, et que celui-ci, formant opposition au commandement ou à la saisie, forme en même temps une demande en dommages-intérêts à raison de ces poursuites, est-ce la poursuite même que l'on doit considérer comme la demande principale et la cause de la poursuite qui déterminera le dernier ressort? La demande du débiteur est-elle, au contraire, la demande dont on doive uniquement se préoccuper pour fixer la compétence du tribunal?

La Cour de cassation a décidé, sous l'empire de l'art. 5, titre 4, de la loi du 24 août 1790, qu'il fallait s'attacher uniquement à la cause de la poursuite; que celle-ci constituait seule la demande principale, et que les dommages-intérêts réclamés par l'opposant ne sont qu'un accessoire qui ne sert point à déterminer la compétence. Sa jurisprudence, qui n'a jamais varié sur ce point, est consacrée par un très-grand nombre d'arrêts (1). Cette jurisprudence a pour effet de ré-

---

(1) Rej , 30 juin 1807, S. 7.2.897; 22 oct. 1807, S. 8.1.74; 3 août 1820, S. 21.1.183; 28 fév. 1821, S. 22.1.295; 19 avril 1830, S. 190; Cass., 11 mai 1813, S. 332.

primer l'abus des demandes reconventionnelles en dommages-intérêts, qui seraient hors de toute proportion avec l'objet principal, et qui n'auraient pour but que d'éluder les règles sur la compétence en dernier ressort. L'esprit général de la loi de 1838, et les termes dans lesquels est conçu l'art. 2, n'ont pu certainement que consacrer ce système. Les commentateurs de cette loi sont d'accord à cet égard (1), bien qu'on paraisse, dans la discussion à la tribune de la Chambre des députés, avoir méconnu l'état véritable de la question ; et depuis, la Cour suprême a rendu de nouveaux arrêts dans ce sens (2).

592 *bis*. La demande reconventionnelle du défendeur donne lieu quelquefois à une seconde demande reconventionnelle du demandeur originaire. En ce cas, celle du défendeur devient demande principale par rapport à la dernière. On n'a donc pas à se préoccuper du taux de celle-ci ; elle est jugée en dernier ressort, comme fondée exclusivement sur la demande principale (3) ; ce n'est qu'autant que la demande originaire ou la demande reconventionnelle du défendeur, fondée sur une cause distincte, excéderaient le taux de la compétence en dernier ressort, qu'il y aurait ouverture à l'appel sur le tout.

593. La loi du 11 mai 1838, dans le dernier paragraphe de l'art. 2, ne s'occupe que des demandes reconventionnelles, c'est-à-dire formées par l'une des parties, ordinairement le défendeur (4), comme moyen de repousser ou d'atténuer l'effet de la demande principale et d'obtenir la réparation du préjudice qu'elle a pu lui causer. On ne peut entendre d'une autre manière les mots : *demandes en dommages-intérêts fondées exclusivement sur la demande principale.* C'est en

---

(1) M. Benech, t. 2, p. 404 ; M. Foucher, p. 557, en note. V. aussi, Bourges, 29 mai 1840, S. 40.2.498 ; Montpellier, 15 fév. 1851, S. 51.2. 175.

(2) Cass., 8 août 1860, D. 327. — *Adde*, Montpellier, 15 fév. 1851, D. 52.2.256 ; Paris, 26 avril 1851, D. 52.2.257. Ce dernier arrêt admet en réalité la même doctrine que les précédents, bien qu'il qualifie de demandeur le tiers saisi qui devait être au contraire considéré comme défendeur à la poursuite principale.

(3) Metz, 18 mai 1855, D. 55.2.307.

(4) Nous disons ordinairement le défendeur, car on vient de voir au numéro qui précède que le demandeur lui-même peut quelquefois former à son tour une reconvention. Mais le caractère de ces demandes est toujours le même dans cette double hypothèse.

vue de cette hypothèse seule qu'a été présenté l'amendement, qui est devenu depuis le troisième paragraphe de l'art. 2.

Cependant, la Cour de Rouen avait accueilli une interprétation erronée, d'après laquelle on ne devrait pas compter, pour la fixation du dernier ressort, les dommages-intérêts réclamés par le demandeur lui-même, accessoirement à l'objet principal, et pour une cause antérieure à la demande (1). Mais cette Cour s'est rétractée elle-même (2), et le véritable sens de la loi a été consacré par plusieurs autres décisions (3).

593 *bis.* Il arrive assez fréquemment qu'au cours de l'instance, le demandeur ajoute à ses conclusions principales et originaires une réclamation de dommages-intérêts pour préjudice éprouvé postérieurement à sa demande, soit que le retard du défendeur à exécuter son obligation exige une réparation, soit que le mode de défense même adopté par lui présente un caractère dommageable pour son adversaire.

Bien qu'il ne s'agisse pas là du cas prévu par le dernier paragraphe de l'art. 2 de la loi de 1838, comme on l'a écrit dans certains arrêts (4), nous pensons, conformément à une jurisprudence assez établie, que ces sortes de demandes ne doivent pas entrer dans le calcul qui sert de base à la compétence en dernier ressort. — Il n'est pas exact de dire qu'elles sont fondées sur la demande principale elle-même, dans le sens de la loi, mais elles n'en sont qu'un accessoire et, comme telles, elles en suivent le sort (5). Le même juge doit connaître de l'une et de l'autre avec la même étendue de juridiction ; car ces sortes de demandes n'ajoutent rien, en général, à l'importance du litige principal et dès lors ne doivent pas entraîner de modification quant à la compétence.

---

(1) Rouen, 18 mars 1840, S. 41.2.62.

(2) Rouen, 19 nov. 1840, S. *ibid.*, et 13 août 1852, D. 52.2.256.

(3) Bordeaux, 10 mai 1843, S. 43.2.489 ; Bourges, 15 juill. 1843, S. 44.2.464 ; Limoges, 30 janv. 1847, S. 47.2 223 ; Montpellier, 22 nov. 1847, S. 48.2.668 ; Rej., 12 nov. 1855, D. 56.1.162 ; Bourges, 22 déc. 1855, D. 56.5.134 ; Besançon, 1er août 1856, D. 56.5.133. — *Conf.,* Dalloz, *Degrés de jurid.,* n° 200. V. cependant, Rouen, 8 fév. 1866, D. 67.2.63 ;

(4) Notamment, Paris, 26 avril 1851, D. 52.2.257 ; Rouen, 8 fév. 1866, D. 67.2.63.

(5) V. *suprà,* n° 549 ; *Addc,* Orléans, 10 juin 1851, D. 52.2.256 ; Bourges, 22 déc. 1855, D. 56.5.134 ; Rouen, 8 fév. 1866, D. 67.2.63 ; Rej., 13 déc. 1864, D. 65.1.113. — *Conf.,* Dalloz, *Degrés de jurid.,* n° 200. — *Contrà,* Rej., ch civ., 22 juill. 1867, D. 339.

594. Pour terminer ce qui concerne les tribunaux de première instance, il nous reste à faire connaître une disposition de la loi du 24 août 1790. L'art. 6 du titre 4 porte :
« En toutes matières personnelles, réelles ou mixtes, à quel-
« que somme ou valeur que l'objet de la contestation puisse
« monter, les parties seront tenues de déclarer, au com-
« mencement de la procédure, si elles consentent à être
« jugées sans appel, et auront encore, pendant le cours de
« l'instruction, la faculté d'en convenir, auquel cas les juges
« de district prononceront en premier et dernier ressort. »
Cet article n'a été abrogé par aucune loi postérieure. Cependant l'obligation qu'il imposait aux parties de déclarer, au commencement de la procédure, si elles entendaient être jugées sans appel, et qui était, du reste, complétement dénuée de sanction, est tombée en désuétude. Mais la faculté qu'il donne aux plaideurs de proroger conventionnellement la juridiction du tribunal n'en subsiste pas moins.

595. Les règles de la compétence des juges de paix, quant au droit de juger en dernier ressort, varient suivant la nature des actions portées devant eux.

Ils connaissent de toutes les actions personnelles ou mobilières en général, en dernier ressort, jusqu'à la valeur de cent francs, et à charge d'appel, jusqu'à la valeur de deux cents francs (1).

Dans toutes les autres, leur compétence en dernier ressort est également fixée à la valeur de cent francs.

Mais ils statuent à la charge d'appel jusqu'au taux de la compétence en dernier ressort des tribunaux de première instance : 1° sur les contestations entre les aubergistes, logeurs, voituriers et bateliers, et les voyageurs ou locataires dans les cas expliqués ci-dessus (2); 2° sur les contestations entre propriétaires et fermiers ou locataires, pour les indemnités prétendues, comme il est dit n° 555 (3).

De plus, ils statuent, à charge d'appel, sans limitation de sommes, sur les actions pour dommages aux champs (4), pour diffamation verbale et injures, rixes et voies de fait (5).

596. Enfin ils statuent, à charge d'appel, à quelque valeur

---

(1) L. 25 mai 1838, art. 1.
(2) L. 25 mai 1838, art. 2. V. n° 553.
(3) Art. 4.
(4) L. 25 mai 1838, art. 5, § 1. V. *suprà*, n°s 556, 557 et suiv.
(5) L. 25 mai 1838, art. 5, § 5. V. *suprà*, n°s 556, 564 et suiv.

I.　　　　　　　　　　　　　　　　　　　37

que s'élève la demande, sur les actions possessoires de toute nature, sans que leur jugement soit jamais en dernier ressort (1). La demande est toujours considérée comme d'une valeur indéterminée, lors même qu'elle comprend une somme à titre de dommages-intérêts.

597. Les art. 7, 8 et 9 de la loi du 25 mai 1838 contiennent les règles générales, complément des articles précédents.

Aux termes de l'art. 9 : « Lorsque plusieurs demandes « formées par la même partie seront réunies dans une même « instance, le juge de paix ne prononcera qu'en premier « ressort, si leur valeur totale s'élève au-dessus de cent « francs, lors même que quelqu'une de ces demandes serait « inférieure à cette somme. Il sera incompétent sur le tout, « si ces demandes excèdent, par leur réunion, les limites de « sa juridiction. » Ainsi je réclame contre Paul une somme de cent francs, montant d'une obligation, plus une somme de cent cinquante francs, pour réparation d'un dommage qu'il m'a causé. Les deux sommes réunies s'élevant à deux cent cinquante francs, le juge de paix est incompétent.

Mais que faut-il décider si cette seconde demande est de la nature de celles dont le juge de paix connaît, jusqu'à la valeur de quinze cents francs ou même indéfiniment, par exemple, si c'est une demande en responsabilité contre un voiturier pour pertes et avaries d'effets, ou bien contre une autre personne, pour dommages aux champs, pour injures verbales? Dans ce cas, on ne peut pas dire que les deux demandes réunies excèdent la compétence du juge. Il connaît valablement de la première, en vertu de l'art. 1er; il connaît valablement de la seconde, en vertu des art. 2 ou 5. Leur réunion n'apporte aucun changement à cette compétence.

Cependant, si la demande que régit l'art. 1er était supérieure à deux cents francs, nous pensons que le juge serait incompétent, bien que, réunie à la seconde, elle fût encore inférieure à quinze cents francs. Car cette réunion n'a pas pour effet d'étendre la compétence, d'après l'esprit de l'art. 9. La première demande ne change pas de nature pour être réunie à celle dont le juge de paix connaît, jusqu'à quinze cents francs. Celui-ci devrait alors se déclarer incompétent sur le tout. Il ne pourrait retenir la seconde demande et

_____

(1) L. 25 mai 1838, art. 6; M. Curasson, t. 2, p. 47 et 413.

renvoyer sur la première au tribunal civil, puisque le demandeur les a réunies dans le même exploit. C'est la disposition formelle de notre article (1).

Il faudrait décider de même si, la première demande étant de moins de deux cents francs, c'était la seconde qui s'élevât au-dessus de quinze cents francs, et si, d'ailleurs, elle rentrait dans la nature de celles dont le juge de paix ne connaît que jusqu'à concurrence de cette somme.

598. L'art. 7 reproduit, quant à la compétence limitée des juges de paix, le système de l'art. 2 de la loi du 11 avril 1838, sur la compétence en dernier ressort des tribunaux de première instance :

« Les juges de paix connaissent de toutes les demandes « reconventionnelles ou en compensation, qui, par leur na- « ture ou leur valeur, sont dans les limites de leur compé- « tence, lors même que, dans les cas prévus par l'art. 1er, « ces demandes réunies à la demande principale s'élève- « raient au-dessus de deux cents francs. — Ils connaissent « en outre, à quelques sommes qu'elles puissent monter, « des demandes reconventionnelles en dommages-intérêts, « fondées exclusivement sur la demande principale elle- « même. »

Il faut ajouter immédiatement à ceci le dernier paragraphe de l'art. 8, qui porte : « Si la demande reconventionnelle ou « en compensation excède les limites de sa compétence, il « pourra, soit retenir le jugement de la demande principale, « soit renvoyer sur le tout les parties à se pourvoir devant « le tribunal de première instance, sans préliminaire de « conciliation. »

La loi fait donc une exception au principe que la demande reconventionnelle doit être jugée avec la demande principale, lorsque la première excède le taux de la compétence du juge de paix. Elle n'ordonne pas de renvoyer dans tous les cas les deux demandes au tribunal de première instance, parce qu'un défendeur de mauvaise foi pourrait à son gré dessaisir le juge de paix, au moyen d'une demande reconventionnelle en dommages-intérêts qui ne serait pas fondée et n'aurait d'autre but que d'effrayer le demandeur par le changement de juridiction. Dans le cas même où la demande reconventionnelle est sérieuse, elle pourrait entraîner des difficultés et des longueurs telles qu'il serait injuste de faire subir le

_____

(1) M. Curasson, t. 2, p. 543.

retard qu'elles occasionneraient à la demande originaire. La loi autorise en conséquence le juge de paix à séparer les deux causes et à retenir le jugement de la demande principale, en renvoyant au tribunal civil pour faire statuer sur la demande reconventionnelle. Et cependant, comme il peut être quelquefois nécessaire de les juger simultanément, elle donne au juge de paix la faculté de se dessaisir de l'une et de l'autre, afin que toutes les deux soient soumises au tribunal civil.

599. Les deux premiers paragraphes de l'art. 8 appliquent les principes ci-dessus à la fixation du dernier ressort.

« Lorsque chacune des demandes principale, reconven-« tionnelle ou en compensation, sera dans les limites de la « compétence du juge de paix *en dernier ressort*, il pronon-« cera sans qu'il y ait lieu à appel. — Si l'une de ces de-« mandes n'est susceptible d'être jugée qu'à charge d'appel, « le juge de paix ne prononcera sur toutes qu'en premier « ressort. »

Ainsi, le juge de paix ne pourra statuer sans appel, qu'autant que chacune des demandes sera déterminée dans les limites de cent francs et au-dessous, car sa compétence en dernier ressort ne s'étend jamais au delà de cette somme.

600. *Quid*, cependant, si la demande principale étant de moins de cent francs, la demande reconventionnelle en dommages-intérêts, qui dépasse cette somme, est exclusivement fondée sur la demande principale? Ne doit-elle pas être jugée en dernier ressort?

La loi du 25 mai n'a pas expressément reproduit la disposition finale de l'art. 2 de la loi du 11 avril, qui le décide affirmativement pour les tribunaux de première instance ; mais suivant plusieurs auteurs, on devrait admettre qu'il en est de même dans l'esprit de la loi du 25 mai. D'où vient, en effet, dit-on, que celle-ci attribue au juge de paix la connaissance de ces sortes de demandes, à quelque valeur qu'elles puissent monter, lors même qu'elles excèdent le taux de sa compétence? De ce que la demande reconventionnelle en dommages-intérêts, exclusivement fondée sur la demande principale, n'est qu'un accessoire à cette demande dont elle doit suivre le sort. Elle doit donc être jugée comme elle en dernier ressort, si la demande originaire en était susceptible (1).

---

(1) M. Benech, p. 337; M. Curasson, t. 2, p. 538.

Mais le texte de la loi ne comporte aucune distinction de ce genre. Loin de là, le deuxième paragraphe de l'art. 8 indique clairement que le législateur n'a pas assimilé en pareille matière le juge de paix et le tribunal de première instance qui a la plénitude de la juridiction. —Aussi la Cour de cassation s'est-elle, à plusieurs reprises, prononcée contre cette doctrine (1).

601. Comme celle des tribunaux de première instance(2), la juridiction des juges de paix peut être prorogée, quant au ressort. Aux termes de l'art. 7, C. proc., le juge de paix, quand les parties l'y autorisent, peut juger leur différend en dernier ressort, quelle que soit la valeur des demandes respectives.

Il résulte même de cette disposition que le juge de paix peut être valablement saisi, par le consentement des parties, de la connaissance d'actions qui, en l'absence de toute convention, sortiraient entièrement de sa compétence. C'est ainsi que l'art. 7 est interprété par tous les auteurs. Il est de principe, en droit, que si l'on ne peut étendre la compétence d'un juge de *re ad rem*, on peut, au contraire, la proroger de *quantitate ad quantitatem*. Or, tout en respectant ce principe, on doit reconnaître au moins que l'art. 7 ne fait aucune distinction entre les demandes qui sortent, par leur valeur, de la compétence en premier ressort des juges de paix, et celles qui sont comprises dans les limites de cette compétence. « Les parties pourront toujours se présenter « volontairement devant un juge de paix, *auquel cas il ju-* « *gera leur différend*, soit en dernier ressort, si les lois ou « les parties l'y autorisent, soit à la charge de l'appel.... » Ainsi, lorsque l'action est personnelle ou mobilière, les parties peuvent non-seulement renoncer à l'appel, mais investir le juge du droit d'y statuer, quelle qu'en soit la valeur, dans les cas mêmes où sa compétence est limitée, soit à deux cents francs, soit à quinze cents francs (3).

602. La compétence des tribunaux de commerce est réglée

---

(1) Cass., 16 janv. 1847, D. 297; 27 juill. 1858, D. 317; Rej., 10 mai 1865, D. 334. — *Conf.*, Bourbeau, *Just. de paix*, n° 78.

(2) *Suprà*, n° 594.

(3) Merlin, v° *Prorog.*, *add.*, t. 15, p. 349, et *Hypoth.*, S. 2, § 2, art. 4; Carré, *Lois de la comp.*, t. 1, p. 581, n° 259; Boncenne, *Proc. civ.*, t. 1, p. 94; Henrion de Pansey, chap. 7; Curasson, t. 1, p. 40 et suiv.; Rej., 10 janv. 1809, S. 170. — *Contrà*, Carou, t. 1, p. 36.

d'une manière analogue à celle des tribunaux civils de première instance. L'art. 639, C. comm., rectifié par la loi du 3 mars 1840, porte :

« Les tribunaux de commerce jugeront en dernier ressort :
« — 1° Toutes les demandes dans lesquelles les parties jus-
« ticiables de ces tribunaux, et usant de leurs droits, auront
« déclaré vouloir être jugées définitivement et sans appel ;
« — 2° Toutes les demandes dont le principal n'excédera
« pas la valeur de quinze cents francs ; — 3° les demandes
« reconventionnelles ou en compensation, lors même que,
« réunies à la demande principale, elles excéderaient quinze
« cents francs. Si l'une des demandes, principale ou recon-
« ventionnelle, s'élève au-dessus des limites ci-dessus in-
« diquées, le tribunal ne prononcera sur toutes qu'en pre-
« mier ressort ; — néanmoins, il sera statué en dernier
« ressort sur les demandes en dommages-intérêts, lors-
« qu'elles seront fondées exclusivement sur la demande
« principale elle-même. »

ARTICLE II.

FORMES DE PROCÉDURE.

Sommaire.

603. — Les formes de procédure à suivre sont celles déterminées par la loi pour toutes les actions personnelles et mobilières portées devant les diverses juridictions.

603. En suivant l'ordre des matières que nous avons adopté dans le titre 1er, nous aurions à nous occuper, maintenant, des formes de procéder devant les divers tribunaux dont nous venons de faire connaître la compétence, par rapport aux actions en responsabilité. Mais comme les formalités sont absolument les mêmes que celles de toutes les actions personnelles et mobilières ordinaires, intentées devant ces différentes juridictions, et que, pour donner le détail de toutes les règles applicables aux actions qui nous occupent, il faudrait un traité complet sur la procédure devant les tribunaux de paix, de première instance et de commerce, ce qui est tout à fait en dehors de notre sujet, nous nous bornons à renvoyer aux textes du Code de procédure, du Code de commerce, et des lois spéciales, ainsi qu'aux ouvrages qui ont traité de ces matières.

CHAPITRE VI.

DE LA PREUVE.

Sommaire.

604. Nous avons à examiner ici quelle est la partie qui doit faire la preuve, et quels moyens elle peut employer pour l'administrer. Notre tâche est fort abrégée, car nous avons déjà parlé, n°s 333 et suivants, de la matière des

preuves. Nous n'avons guère qu'à renvoyer au titre précédent.

605. Pas plus que les fautes incriminées par la loi pénale, les délits civils ne se présument. C'est donc au demandeur à faire la preuve, et du délit, et du dommage, contre celui à qui il en demande réparation (1), et les juges doivent également se montrer exigeants pour la démonstration, car il s'agit de dol et de fraude : ce sont toujours de graves imputations.

606. Réciproquement, c'est au défendeur à prouver les faits qu'il allègue pour sa défense, à justifier, en un mot, son exception (2) ; par exemple, son droit de propriété, quand il invoque ce moyen.

607. Quant au mode de preuve, comme la victime d'un délit civil n'a pas, plus que la partie lésée par un délit criminel, les moyens de s'en procurer d'avance une preuve écrite, elle est admise à faire la preuve du délit et de la lésion par tous les moyens admis par la loi (3). Ceci résulte de l'art. 1348, C. Nap., et de l'art. 1353, qui autorise formellement la preuve tirée des présomptions de l'homme, toutes les fois que les actes sont attaqués pour cause de fraude ou de dol, et, par conséquent, dans toutes les autres circonstances où le dol et la fraude se rencontrent et ont besoin d'être prouvés. Le demandeur a donc, pour faire constater l'existence du délit, la nature et l'étendue du dommage qu'il en ressent, la faculté d'employer tous les modes de preuve des obligations énumérés par le Code Napoléon. Ainsi :

608. 1° La preuve littérale, conformément aux art. 1317 à 1340, C. Nap., pour certains faits de nature à être prouvés de cette manière ;

609. 2° La preuve par témoins, au moyen des enquêtes, suivant les formes tracées par le Code de procédure, dans les art. 25, 34 à 40, 252 à 294 et 432.

Toutefois, il faut se rappeler que la preuve testimoniale ne peut être employée pour justifier de l'existence d'un contrat que supposerait le prétendu délit. Toute convention dont la valeur excède cent cinquante francs doit être prouvée par écrit, aux termes de l'art. 1341, C. Nap. Les témoins ne pourraient donc être entendus que pour prouver l'inexé-

---

(1) C. Nap., 1315.
(2) C. Nap., 1315, § 2.
(3) Merlin, *Rép.*, v° *Preuve*, sect. 2, § 3, art. 1, n° 23, 3°.

cution du contrat ou l'étendue du dommage qui en résulte
(V. *suprà*, n° 345);

610. 3° Les présomptions légales, et principalement celle
résultant de l'autorité de la chose jugée (1), de l'aveu de la
partie et du serment.

On connaît la théorie de la chose jugée; elle n'a d'autorité, d'après l'art. 1351, C. Nap., qu'à l'égard de ce qui a
fait l'objet du premier jugement. Il faut que la chose demandée soit la même, que la demande soit fondée sur la même
cause, que la demande soit entre les mêmes parties, et formée par elles ou contre elles en la même qualité. Des difficultés particulières s'élèvent sur l'application de ces principes
à l'effet des jugements criminels sur les actions civiles. Nous
avons donné des développements étendus sur ces questions,
n°˙ 349 et suivants.

611. L'aveu de la partie est judiciaire ou extrajudiciaire.

L'aveu judiciaire (2) peut être obtenu au moyen de l'interrogatoire sur faits et articles (3), ou par une simple comparution personnelle. Ce dernier mode d'instruction est
particulièrement établi pour les affaires portées devant les
tribunaux de commerce (4). Mais il n'est pas douteux que le
tribunal civil et le juge de paix aient aussi la faculté d'inter-
roger les parties à l'audience, soit d'office, soit sur la réquisition de l'une d'elles, sans exiger le serment, qui ne peut
être déféré que dans des conditions spéciales.

L'aveu judiciaire peut également consister dans une déclaration faite spontanément à l'audience, ou dans les défenses écrites des parties. Lorsque la partie adverse en demande acte, et que l'aveu est, par suite, authentiquement
constaté par jugement, il en résulte un contrat judiciaire
qui forme preuve irréfragable. Dans tous les cas, le juge
apprécie, à sa valeur, la réalité et la portée de l'aveu émané
de celui à qui on l'oppose.

612. L'aveu extrajudiciaire peut avoir été fait, soit verbalement, soit par écrit. La preuve testimoniale est admise
pour l'aveu verbal comme pour le fait à prouver lui-
même (5).

---

(1) C. Nap., 1350 à 1352.
(2) C. Nap., 1354 à 1356.
(3) C. proc. civ., 324 à 336.
(4) C. proc. civ., 428.
(5) C. Nap., 1354 et 1355; Duranton, t. 13, n° 537.

613. L'aveu fait pleine foi contre celui qui l'a fait. — Il
ne peut être divisé contre lui (1). — Cette dernière règle
doit être invariablement suivie en matière civile, à la différence des matières criminelles dans lesquelles le juge doit
chercher, parmi les réponses de l'accusé, celles qui lui paraissent contenir la vérité. Mais il n'est jamais obligé de les
accepter dans leur entier et peut rejeter celles qui lui paraissent mensongères.

Le principe de l'indivisibilité de l'aveu ne peut guère s'appliquer à l'ensemble des réponses données sur un interrogatoire sur faits et articles. Sans cela, ce mode d'instruction
aurait peu d'utilité, car il est rare que celui qui est interrogé de la sorte, forcé d'avouer certains faits et certaines circonstances, ne persiste à nier le fait principal. Mais ce que
l'on cherche dans un semblable interrogatoire, ce n'est pas
toujours un aveu complet sur le fait constitutif de l'obligation, c'est la découverte de la vérité sur ce fait par celle des
circonstances environnantes accessoires. Du rapprochement
des réponses sur ces divers points, on peut tirer un commencement de preuves et des présomptions qui servent à
décider sur le litige. On peut donc tenir pour constant l'un
des faits avoués, quand même il y aurait dénégation sur
d'autres qu'il doit servir à prouver.

614. Le serment judiciaire est de deux espèces : 1° celui
qu'une partie défère à l'autre pour en faire dépendre le
jugement de la cause : il est appelé *décisoire ;* — 2° celui
qui est déféré d'office par le juge à l'une ou l'autre des parties (2).

615. Le serment décisoire peut être déféré sur quelque
espèce de contestation que ce soit (3), et en tout état de
cause (4), pourvu qu'il porte sur un fait personnel à celui à
qui il est déféré (5).

616. D'après l'art. 1365, le serment fait ne forme preuve
qu'au profit de celui qui l'a déféré, ou contre lui et au profit
de ses héritiers ou ayants cause, ou contre eux. — Le serment déféré à l'un des débiteurs solidaires profite aux codé-

---

(1) C. Nap., 1356.
(2) C. Nap., 1357.
(3) C. Nap., 1358.
(4) C. Nap., 1360.
(5) C. Nap., 1359, 1362.

biteurs, s'il a été déféré sur la dette même et non sur le fait de la solidarité seulement.

Nous ferons remarquer que cet article ne doit s'appliquer que dans le cas où la solidarité résulte d'un contrat, et où le serment porte sur l'existence d'une dette à laquelle le demandeur prouve que les débiteurs sont déjà tenus en commun, sous l'influence de ce lien de droit.

Il ne doit pas s'appliquer au cas où la solidarité ne résulte que du jugement de condamnation, par exemple, vis-à-vis de plusieurs codélinquants qui ont pris part au même fait. Le serment déféré à l'un d'eux sur l'existence du délit auquel on prétend qu'il a participé, et du dommage dont il devrait réparation solidaire si cette participation était prouvée, ne peut avoir d'effet qu'à son égard. Comme la solidarité ne résultera que de la preuve de cette participation, ce serait mettre l'effet avant la cause que de considérer l'acte isolé de ce défendeur comme ayant une influence quelconque sur l'obligation des autres. En pareil cas, le serment est déféré sur le fait de la solidarité, plutôt que sur l'existence ou l'extinction de la dette solidaire. Ses effets sont donc limités à la personne de celui qui l'a prêté, conformément au principe résultant de la dernière partie de l'article.

617. D'après les art. 1366 et 1367, le serment supplétoire peut être déféré par le juge. ou pour en faire dépendre la décision de la cause, ou seulement pour fixer le montant de la condamnation. Mais il faut que la demande ou l'exception ne soit pas pleinement justifiée, sans être cependant dénuée de preuves. Hors ces deux cas, le juge doit adjuger ou rejeter purement et simplement la demande.

618. C'est surtout lorsqu'il s'agira de fixer le montant de la condamnation aux dommages-intérêts que le juge pourra faire usage du serment supplétoire.—Quand le délit est constant, mais que le dommage ne peut être évalué autrement(1), le juge peut déférer le serment au demandeur. Mais il faut qu'il lui soit réellement impossible d'arriver par une autre voie à cette évaluation. Il doit même, en ce cas, déterminer la somme jusqu'à concurrence de laquelle le demandeur en sera cru sur son serment (2).

619. Dans l'évaluation de cette somme, ne doit point en-

_____

(1) C. Nap., 1369.
(2) *Ibid.*

trer le prix d'affection que la chose détournée ou détériorée par l'effet du délit pouvait avoir pour le demandeur. Nous avons eu déjà l'occasion de dire que la valeur réelle devait seule entrer dans la composition des dommages-intérêts.

Le droit romain faisait exception à cette règle dans le cas où la chose ne pouvait être remise en la possession du demandeur par le dol de son adversaire. Celui-ci devait être condamné à payer la somme à laquelle le demandeur estimait la chose par serment (1), même au delà de sa valeur intrinsèque. *Cùm vero dolus aut contumacia non restituentis, quanti in litem æstimaverit actor (æstimatur).... Non enim res pluris fit per hoc, sed ex contumaciâ æstimatur* ULTRA REI PRETIUM (2). Les interprètes du droit romain nomment ce serment *juramentum affectionis.* Il résultait de là, qu'un homme de mauvaise foi ne pouvait, en s'emparant injustement d'un objet auquel le propriétaire attachait un grand prix et en s'obstinant à le retenir, contraindre son adversaire, par une voie détournée, à le lui céder pour le prix vénal et ordinaire. Toutefois, dans ce cas même, le juge pouvait fixer les limites, *taxationem,* dans lesquelles le demandeur en serait cru sur son serment... *ut intrà certam quantitatem juretur, ne, arreptâ occasione, in* IMMENSUM *juretur* (3). Mais ces règles n'avaient pas été admises dans notre jurisprudence française, et nous ne connaissons que le serment sur la valeur réelle de la chose, *juramentum veritatis* (4).

Ce qui n'exclut pas le droit de demander, outre cette valeur, le montant des dommages-intérêts que sa perte a pu faire éprouver. La loi admet parfaitement qu'il peut en être dû au delà du prix vénal de l'objet dont on a été privé (5). C'est le *damnum emergens extrinsecùs* de Dumoulin (6).

620. 4° Les présomptions graves, précises et concordantes abandonnées à la prudence et aux lumières du magistrat, conformément à l'art. 1353.

621. Il existe un moyen d'instruction qui tient, par certains côtés, de la preuve testimoniale, c'est l'expertise ; le

---

(1) L. 64, D. *de Judiciis.*
(2) LL. 1 et 2, D. *de in litem Jurando.*
(3) L. 4, § 2, D. *de in litem Jurando* ; Toullier, t. 10, n° 436.
(4) M. Duranton, t. 13, n° 627 ; M. Toullier, n° 437.
(5) C. Nap., 1205.
(6) *Tract. de eo quod interest* ; Duranton, *ibid.*—V. n° 497.

juge peut en employer, dans certains cas, un autre qui consiste également dans une vérification matérielle, c'est la visite des lieux. L'un et l'autre servent à former ces *présomptions* dont parle l'art. 1353.

La visite des lieux, ou descente sur les lieux, consiste dans le transport du juge ou de l'un des juges du tribunal, assisté du greffier, sur les lieux contentieux, pour les examiner et recueillir dans un procès-verbal le résultat de ses observations (1). L'expertise est l'opération confiée par le juge (2), ou d'office, ou sur la demande et choix des parties, à des gens expérimentés dans un métier, un art ou une science, ou possédant des notions sur certains faits, afin d'obtenir d'eux des renseignements dont il croit avoir besoin pour la décision du litige, et qu'il ne peut se procurer par lui-même (3).

622. Le tribunal ne doit ordonner une descente sur les lieux, quand la vérification peut se faire au moyen d'un simple rapport d'experts, que s'il en est positivement requis par une des parties (4). Mais il est arbitre à peu près souverain de la question de savoir si l'une ou l'autre de ces mesures est nécessaire. Toutefois, il est clair qu'il ne doit point se livrer par lui-même aux opérations techniques et aux appréciations qui exigent des connaissances spéciales dans une science ou dans un art. Il faut alors recourir à une expertise (5). Les formalités à suivre pour les visites de lieux et les expertises, varient suivant que ces mesures d'instruction sont ordonnées dans une cause portée devant le tribunal de première instance (6), le tribunal de commerce (7) ou le juge de paix (8).

623. Mais une règle admise de tout temps et devant tous les tribunaux, c'est que le juge n'est jamais astreint à suivre l'avis des experts quand sa conviction s'y oppose (9).

Un procès-verbal de visite des lieux ou la visite même,

---

(1) C. proc. civ., 41, et 295 à 301.
(2) C. proc. civ., 42 et 302.
(3) Dall., *Expertise*, p. 656, 1re éd.
(4) C. proc. civ., 295.
(5) C. proc civ., 42.
(6) C. proc. civ., 295 à 323.
(7) C. proc. civ., 429, 430, 431.
(8) C. proc. civ., 41, 42, 43.
(9) C. proc. civ., 323.

quand il n'y a pas lieu de dresser de procès-verbal, ne servent également qu'à former la conviction du magistrat.

Les mesures dont nous venons de parler ne sont donc que des voies d'instruction et non des preuves proprement dites. C'est ainsi, du reste, qu'il faut distinguer la preuve testimoniale de l'enquête, mode de procédure à suivre pour y arriver.

624. Il faut enfin savoir que la constatation expresse du préjudice causé, de sa nature et de son étendue, dans le jugement qui alloue des dommages-intérêts, n'est pas un élément constitutif et nécessaire de sa validité. Il suffit que l'existence du préjudice résulte d'un mode de preuve admis par la loi (1).

CHAPITRE VII.

EXTINCTION DE L'ACTION EN RESPONSABILITÉ A RAISON DES DÉLITS CIVILS.

Sommaire.

_____

(1) Rej., 11 juill. 1826; Rigaud, D. 425.

625. L'action en responsabilité, à raison d'un délit civil, s'éteint par la renonciation de la partie lésée. Cette renonciation est expresse ou tacite. Elle est présumée par la loi quand le temps requis pour prescrire est accompli.

626. La renonciation expresse et volontaire peut être le résultat d'une transaction, ou bien d'un abandon pur et simple de l'action. Dans l'un et l'autre cas, elle est l'effet d'un contrat (1), et la volonté des parties, telle que ce contrat la révèle, détermine la portée de la renonciation.

627. L'abandon de l'action, quand elle était déjà en exercice et portée devant les tribunaux, prend le nom particulier de désistement. C'est toujours un contrat, mais soumis à quelques règles particulières.

628. « Le désistement, lorsqu'il aura été accepté, porte « l'art. 403, C. proc. civ., emportera, de plein droit, con- « sentement que les choses soient remises, de part et d'autre, « au même état qu'elles étaient avant la demande. »

Il semble résulter de là que le désistement n'éteint que l'instance, la procédure. Mais il est clair que la volonté des parties peut aller plus loin, et que, si le demandeur a manifesté positivement l'intention de renoncer au droit lui-même, la convention doit recevoir tout son effet (2).

629. Le désistement est extrajudiciaire ou judiciaire. Dans le premier cas, il résulte de tout acte de nature à constater légalement la volonté de celui qui le donne, et n'est assujetti à aucune formalité particulière.

630. L'art. 402, C. proc. civ., indique, en ces termes, comment doit être fait le désistement judiciaire : « Le dé- « sistement peut être fait et accepté par de simples actes, « signés des parties ou de leurs mandataires, et signifiés « d'avoué à avoué. » Ajoutons que, bien que le désistement soit parfait par le seul consentement des parties, ainsi que toute convention, il est prudent de le faire constater par le tribunal devant lequel la cause est pendante. Le défen-

---

(1) L'abandon pur et simple de l'action est cependant plutôt *distractus quàm contractus*. Mais voyez n° 631.
(2) Dalloz, *Désistement*, n° 164; Rej., 12 fév. 1849, D. 49.1.213.

deur doit en demander acte au tribunal, qui ne peut le lui refuser (1).

631. L'art. 402 paraît supposer que le désistement doit être accepté. Cependant, il ne fait pas, de l'acceptation, une condition nécessaire de la validité du désistement. Aussi, n'est-on pas d'accord sur la question de savoir si le désistement peut être rétracté tant qu'il n'a pas été accepté par le défendeur ; puis, si ce dernier peut le refuser et s'opposer à ce qu'il en soit donné acte par le tribunal en demandant à être jugé. — A notre avis, le désistement n'a pas pour effet d'anéantir le fond du droit, ni même l'instance, tant qu'il ne constitue qu'une déclaration de la part du demandeur seul. Celui-ci peut, en conséquence, le rétracter ; car il ne s'agit pas précisément de former un contrat, qui pourrait être considéré comme unilatéral et comme parfait, par le seul consentement du demandeur. Selon nous, il s'agit, au contraire, de résoudre le quasi-contrat judiciaire qui s'est antérieurement formé. Pour cela, le concours des deux volontés est nécessaire. Par conséquent, avant que ce concours ait eu lieu, la volonté de celui qui a fait l'offre n'est pas liée.

632. Par la même raison, nous pensons que le défendeur peut refuser le désistement et s'opposer à ce qu'il en soit donné acte.

Si le désistement ne porte que sur l'action, le défendeur a intérêt de faire juger la contestation pour ne pas retomber dans un nouveau procès. « S'il suffisait de la volonté du demandeur, dit Pigeau, un homme de mauvaise foi pourrait, à la veille du jugement, se désister, sauf à payer les frais, puis recommencer le procès autant de fois qu'il le voudrait, et obliger à la fin son adversaire à acheter son repos par le sacrifice de tout ou partie de ses droits (2). » Cette hypothèse se présentera sans doute rarement, mais on peut cependant la redouter. Le défendeur aurait aussi, dans certains cas, un intérêt d'honneur à faire juger le procès, à ne pas rester sous le coup d'une imputation fâcheuse. Et, comme le demandeur, tout en conservant le droit de renouveler l'action, ne serait cependant pas forcé de la porter de nouveau devant la justice, son adversaire doit pouvoir exiger qu'elle y soit retenue.

---

(1) Amiens, 2 juin 1821, etc., Dall., *ibid.*, n° 156.
(2) T. 1, p. 479.

La même raison peut le porter à refuser le désistement dans le cas où il porterait sur l'action. Ce cas est plus favorable à la validité du désistement, et cependant l'intérêt moral qui ferait agir le défendeur nous paraît suffisant pour motiver son refus.

633. S'il paraît néanmoins que le demandeur a une raison valable de se désister de l'instance, par exemple, en ce qu'il a été commis une nullité de forme qui entraînerait la perte du fond du droit, et que le défendeur, ne renonçant pas à s'en prévaloir, refuse le désistement pour faire tomber l'action de son adversaire par le moyen de forme, en évitant le débat sur le droit même; dans ce cas, le tribunal n'a-t-il pas le pouvoir d'examiner s'il doit être ou non donné acte au demandeur de son désistement? Nous avons décidé cette question pour l'affirmative, au n° 322 ci-dessus, en traitant du désistement de l'action portée devant les tribunaux de répression. Il n'y a pas de raison de modifier cette solution lorsque la matière est purement civile. Un refus pur et simple du défendeur de donner son acceptation, refus qui sera peut-être dénué de motifs, ne peut paralyser le droit donné à son adversaire de se désister. Or, du moment où il y a contestation à cet égard, les tribunaux doivent décider, leur pouvoir discrétionnaire est reconnu par la jurisprudence (1). Il est certain qu'en jugeant qu'un désistement non accepté est cependant valable, et doit produire ses effets, un tribunal ne viole aucune loi.

634. Le désistement d'une instance d'appel n'est pas soumis à la nécessité de l'acceptation, car il ne constitue qu'un acquiescement à la sentence qui avait été l'objet de l'appel. Or, l'acquiescement à une demande n'a pas besoin d'acceptation pour produire tous ses effets; le concours des volontés a lieu par le fait même. Ceci est particulièrement vrai en ce qui concerne l'acquiescement à une sentence judiciaire; celui qui l'a obtenue avait, en la provoquant, manifesté son intention, et l'appelant, en renonçant à son appel, manifeste celle d'exécuter ce qu'ordonne le jugement; ainsi la convention se forme par le seul fait de son désistement (2).

635. La péremption a de l'analogie avec le désistement.

---

(1) Cass., 12 déc. 1820, *J. du Pal.*, p. 232, S. 21.1.137 ; Paris, 11 janv. 1832, *J. du Pal.*, p. 558 ; Chauveau et Carré, quest. 1459.
(2) Merlin, *Rép.*, v° *Désistement d'appel* ; Cass., 18 mars 1811 et 21 déc. 1819, *J. du Pal.*, à leurs dates.

I.

38

C'est un désistement tacite, présumé par la loi pour mettre fin aux procès, et pour qu'ils ne demeurent pas trop longtemps en suspens.

« Toute instance, dit l'art. 397, C. proc., sera éteinte par « discontinuation de poursuites pendant trois ans. »

L'art. 401 ajoute : « La péremption n'éteint pas l'action; « elle emporte seulement extinction de la procédure, sans « qu'on puisse, dans aucun cas, opposer aucun des actes de « la procédure éteinte, ni s'en prévaloir. »

On peut donc, malgré la péremption acquise et déclarée, renouveler son action, et, sous ce rapport, la péremption ne devrait pas être rangée au nombre des moyens par lesquels s'éteignent les actions. Mais si elle ne produit pas cet effet d'une manière directe, elle peut le produire indirectement dans le cas où la prescription se serait accomplie pendant le cours du procès tombé en péremption, car l'instance périmée n'a pas interrompu la prescription d'après la disposition même de l'art. 401 que nous venons de transcrire et les termes formels de l'art. 2247, C. Nap. En pareil cas, la forme aurait emporté le fond. La demande ne pourrait plus être formée valablement.

636. Un mot maintenant sur la prescription proprement dite. Les art. 2262 et 2264, C. Nap., sont ainsi conçus :

« Toutes les actions, tant réelles que personnelles, sont « prescrites par trente ans, sans que celui qui allègue cette « prescription soit obligé d'en rapporter un titre, ou qu'on « puisse lui opposer l'exception déduite de la mauvaise « foi. »

« Les règles de la prescription, sur d'autres objets que « ceux mentionnés dans ce présent titre, sont expliquées « dans les titres qui leur sont propres. »

Or, nous avons vu que l'action civile, qui naît des délits incriminés par la loi pénale, est soumise, quant à la prescription, à des règles spéciales (1). Mais, quand l'action naît d'un délit purement civil, elle n'est régie par aucune loi particulière, elle tombe sous l'application de l'art. 2262 et ne se prescrit, en conséquence, que par trente ans, à dater du jour où le fait dommageable s'est accompli. Tant que le dommage causé peut être constaté, et qu'il n'a pas été mis à couvert de l'action en réparation par ce laps de temps,

---

(1) Nos 373 et suiv.

celui qui l'a souffert peut en poursuivre l'indemnité, quelque long qu'ait été son silence (1).

637. Nous venons de dire que le délai de la prescription court du jour où le fait dommageable s'est accompli. Il faut cependant modifier ceci, en ajoutant que le dommage doit s'être manifesté. Le fait qui y donne lieu pourrait ne pas avoir produit instantanément son effet. Celui qui en souffre n'est obligé d'agir que lorsqu'il a pu le découvrir; jusque-là il est à l'abri derrière la maxime : *Contrà non valentem agere non currit præscriptio*. L'application de cette règle dépend de circonstances de fait que les tribunaux sont chargés d'apprécier.

638. Si les faits dommageables, ou si le dommage lui-même ne se sont produits que successivement, il faut distinguer différents cas dans lesquels le principe de la prescription peut ne pas être le même.

Si l'on peut reconnaître séparément les effets de chacun des actes nuisibles dont le demandeur a souffert, il existe, en quelque sorte, autant d'actions distinctes que de faits particuliers, le délai de la prescription doit courir, pour chacun d'eux, du jour où le dommage qu'il a causé s'est manifesté.

Dans le cas contraire, c'est-à-dire si le dommage ne s'est réalisé que par l'accumulation des effets successifs et insensibles de la même cause ou de causes différentes, le point de départ de la prescription doit se placer au moment où le préjudice est devenu appréciable, de manière que la partie lésée fût moralement mise en demeure d'en demander réparation. En pareil cas, il faut faire une large part à la tolérance qui aurait porté cette partie à souffrir quelque temps, sans se plaindre, une perte qu'elle pouvait considérer comme légère, comme transitoire, peut-être aussi comme ne valant pas les frais d'un procès. Mais il est clair que si elle avait laissé subsister sans se plaindre, pendant trente ans, un état de choses constituant, à son égard, une cause permanente de dommage caractérisé, elle ne pourrait, au bout de ce laps de temps, en demander la suppression.

639. Elle ne pourrait même plus alors demander réparation du dommage éprouvé depuis moins de trente ans, et antérieurement à l'acquisition de la prescription. Car celle-ci, une fois accomplie, a un effet rétroactif au moment où elle

(1) Rej., 19 juill. 1826, D. 424, 2ᵉ esp.

a commencé, puisqu'elle est fondée sur une présomption de renonciation à l'action ou d'acquiescement au droit d'autrui dont le laps de temps n'est que la preuve (1). Les actes faits dans l'intervalle ne peuvent donc plus être considérés comme accomplis *sans droit* de la part du défendeur. On ne pourrait donc plus lui imputer aucune responsabilité à leur égard.

640. L'action dont nous nous occupons est soumise à toutes les règles de la prescription trentenaire en matière civile, et qui déterminent les causes qui l'empêchent, la suspendent ou l'interrompent, comme aussi la manière suivant laquelle elle peut être opposée ou prévenue. Il n'est pas de notre plan d'entrer dans ces détails qui font l'objet des traités et commentaires spéciaux sur la prescription. Nous nous bornons à renvoyer aux articles du Code qui régissent la matière, et aux ouvrages qui en contiennent l'explication.

LIVRE II

RESPONSABILITÉ RÉSULTANT DES QUASI-DÉLITS.

CHAPITRE Ier.

DES ÉLÉMENTS CONSTITUTIFS DES QUASI-DÉLITS ET DES CONDITIONS ESSENTIELLES DE L'ACTION EN RESPONSABILITÉ.

Sommaire.

(1) M. Troplong, *Prescript.*, n° 826.

641. Nous ne nous occuperons ici que des quasi-délits qui consistent en un fait personnel à celui contre qui l'on en poursuit la réparation.

C'est dans la deuxième partie que nous traitons de la responsabilité du fait d'autrui. La faute d'omission qui consiste à n'avoir pas empêché le dommage causé par les personnes dont nous avons la surveillance rentre ordinairement dans la classe des quasi-délits; mais elle pourrait aussi présenter les caractères d'un délit; et d'ailleurs cette matière exige des développements spéciaux, nous avons dû la traiter à part.

642. Nous appelons quasi-délit tout fait illicite d'omission ou de commission non prévu par la loi pénale, qui cause à autrui un préjudice, mais qui a eu lieu sans intention de nuire (1).

L'absence d'intention coupable ou de dol est ce qui distingue le quasi-délit du délit civil proprement dit, car sous les autres rapports et dans leurs éléments constitutifs, ils sont parfaitement identiques.

643. Ainsi les faits doivent être *illicites*, ce qui ne veut pas dire qu'ils doivent être réprimés par la loi pénale. Cela signifie seulement qu'ils ne constituent pas l'accomplissement d'un devoir imposé ou l'exercice d'un droit reconnu

_____

(1) Merlin, *Rép.*, v° *Quasi-délit.*

par la loi (1). Hors ces deux cas, il y a, dans l'accomplissement de l'acte dommageable, faute d'imprudence ou de négligence. Par conséquent, obligation d'en réparer les suites
nuisibles, aux termes de l'art. 1383, C. Nap.

Au livre précédent (2), nous avons traité d'une manière
générale tout ce qui se rapporte à la détermination des actes
que l'on a droit de faire. Il faut se reporter à ce que nous
avons dit alors sur les actes que la loi autorise sans les commander (3), sur la limite de nos droits en général (4); sur
les effets de la persuasion où l'on serait que l'on a exercé
son droit alors qu'en réalité on n'en avait aucun (5); enfin
sur les circonstances dans lesquelles une simple omission
d'empêcher le mal dont on n'est pas l'agent originaire peut
constituer une faute entraînant la responsabilité (6).

Mais il convient en outre de faire observer ici qu'une action qui n'est pas illicite en elle-même peut causer à autrui
un dommage et constituer alors un quasi-délit qui entraîne
responsabilité, si les conséquences nuisibles d'un tel acte
sont dues à l'imprudence ou à la négligence de l'agent qui
l'accomplit, et non pas à la nature des choses que l'homme
ne peut réformer. M. Proudhon reconnaît comme nous le
principe de la responsabilité pour cette hypothèse. Seulement il refuse à la *faute* commise en pareil cas le nom de
quasi-délit (7). Nous ne voyons pas de raison ni d'intérêt à
cette distinction.

Il faut remarquer en second lieu que les conséquences du
choix que l'on peut faire entre plusieurs manières d'exercer
son droit, dont l'une est préjudiciable et l'autre ne l'est pas,
sont différentes suivant que le choix du mode nuisible est
fait avec intention ou sans intention. Dans le premier cas
nous avons décidé qu'il pouvait y avoir délit, donnant lieu à
responsabilité (8). Mais si l'acte licite d'où résulte le dommage n'a pas été accompli dans l'intention de nuire à celui
qui se plaint; si l'on reproche seulement à l'agent d'avoir
choisi sans motif telle manière d'exercer son droit au lieu

---

(1) V. nos 419, 420, 421 et suiv.
(2) Nos 421 et suiv.
(3) *Ibidem.*
(4) No 440.
(5) No 441.
(6) No 442.
(7) *Usufr.*, t. 3, no 1484.
(8) No 439.

de telle autre moins préjudiciable, nous ne trouvons plus aussi clairement dans de pareilles circonstances les éléments de la *responsabilité*. C'est plutôt le cas d'appliquer dans sa rigueur la règle de Paul : *Nemo damnum facit, nisi qui id fecit quod facere jus non habet* (1).

644. Les développements que nous avons donnés sur l'imputabilité des actions relativement à ceux qui n'ont pas la plénitude de leur raison sont également applicables ici. Bien que le consentement de l'agent au dommage qui doit résulter d'un quasi-délit ne soit pas une condition de la responsabilité, il faut qu'il y ait *faute* de sa part, et cette faute ne peut se concevoir que chez celui qui a conscience de ses actes et qui ne subit pas l'empire d'un cas fortuit ou d'une force majeure (2).

645. Le cas fortuit et la force majeure sont en effet également exclusifs de la faute qui sert de fondement à la responsabilité.

On entend par cas fortuit et force majeure (3) tout accident provenant d'une cause étrangère à l'obligé, indépendante de sa volonté et qu'il n'a pu empêcher (4) ni éviter (5). On doit ranger dans cette catégorie les accidents de la nature et le fait des personnes ou des choses dont nous ne sommes pas responsables.

La loi 23, *D. Reg. juris*, donne les exemples suivants de cas fortuits ou de force majeure : *Animalium verò casus, mortes, quæque sine culpâ accidunt, fugæ servorum qui custodiri non solent, rapinæ, tumultus, incendia, aquarum magnitudines, impetus prædonum, à nullo præstantur*. Ainsi une tuile poussée par le vent se détache et tombe du toit sur un passant qu'elle blesse, c'est un cas fortuit (6).

Le Code civil fournit plusieurs exemples d'événements de ce genre. Il considère comme tels l'incendie d'une maison qui ne nous appartient pas, résultant d'un vice de construction, ou du feu communiqué par une maison voisine (7).

---

(1) L. 151, D. *de Reg. jur.*
(2) Merlin, *Rép.*, v° *Quasi-délit*, § 12.
(3) *Vis divina*, dit la loi 24, D. *de Damno infecto. Vis major cui resisti non potest*, L. 15, D. *Locati*.
(4) *Fortuitus casus est cui non potest resisti et cui præcaveri non potest. Cæsaregis*, disc. 23, n° 38.
(5) Domat, liv. 2, tit. 9, *introd.*; Toullier, t. 6, p. 223; Zachariæ, t. 2, p. 322.
(6) L. 5, § 2, D. *Ad leg. Aquil.*
(7) C. Nap., 1733.

Pour les locataires, le vice de construction est un cas fortuit, car ils ne sont pas capables d'en juger, il leur est tout à fait inconnu, ils n'en sont aucunement responsables.

Si le feu a commencé dans l'habitation de l'un d'eux (1), ce fait est pour les autres un cas fortuit, car ils n'ont pu le prévoir ni l'empêcher, ils y sont totalement étrangers.

L'art. 1754 range dans les cas de force majeure la grêle qui brise les vitres d'une maison ou d'un appartement. Il en est de même de tous les fléaux de la nature, du vent qui enlèverait une toiture ou ferait tomber une cheminée, de la foudre qui mettrait le feu à une maison.

On regarde aussi comme tels les vols faits à main armée (2), et généralement ceux commis par des personnes dont on n'est pas responsable.

646. Le dommage qui en résulte est appelé par Ulpien *damnum fatale* (3) ; il arrive fatalement, il ne peut être imputé à l'homme.

De là l'art. 1148, C. Nap. :

« Il n'y a lieu à aucuns dommages-intérêts lorsque, par « suite d'une force majeure ou d'un cas fortuit, le débiteur « a été empêché de donner ou de faire ce à quoi il était « obligé, ou a fait ce qui lui était interdit. »

Cet article prouve qu'il n'y a pas à distinguer le cas où le dommage résulte immédiatement du fait naturel ou extérieur, comme lorsque la foudre met le feu à une maison isolée et la consume, du cas où un acte de la volonté de l'homme est venu s'y joindre. Il suffit pour faire disparaître la responsabilité que cette volonté n'ait pas été libre; que l'on ait été, comme le dit l'art. 1148, contraint de faire ce qui était interdit.

Domat fournit deux exemples remarquables de dommages que l'on est contraint par cas fortuit de causer à autrui, et où par conséquent la responsabilité cesse :

« Si un coup de vent jette un vaisseau sur les cordes des ancres d'un autre vaisseau, et que le capitaine, ne pouvant se dégager autrement, fasse couper les cordes, il ne sera pas tenu de ce dommage qu'un cas fortuit a rendu nécessaire (4).

---

(1) C. Nap., 1734.
(2) C. Nap., 1954.
(3) L. 3, D. *Nautæ, caupones.*
(4) L. 29, § 3, D. *Ad leg. Aquil.* — V. dans ce sens, Lyon, 15 fév. 1850 et Rej., 14 janv. 1851, D. 52.1.134.

« Il en est de même de ceux qui dans un incendie, ne pouvant sauver une maison où le feu va prendre, abattent cette maison pour sauver les autres.

« Car dans ces sortes d'événements, c'est le cas fortuit qui cause la perte, et chacun en souffre ce qui les regarde. Mais cette licence suppose une nécessité pour le bien public dont un particulier ne doit pas être le juge (1). Dans ce cas, il y est pourvu par les officiers de la police, ou par la multitude qui, voyant le péril, a droit d'y pourvoir (2). »

647. Les actes de la puissance publique, que les anciens docteurs qualifient en général *fait du prince*, constituent des cas de force majeure, en supposant que l'on ne doive pas toujours les considérer comme l'exercice d'une autorité légitime qui oblige nécessairement à l'obéissance.

En conséquence, un jugement du tribunal de la Seine a déclaré qu'il y avait eu force majeure dans les circonstances que voici :

Un sieur C..., créancier du sieur M..., représentant du peuple à l'Assemblée nationale législative, le fit incarcérer en vertu de jugement prononçant la contrainte par corps. Au moment de l'arrestation, le débiteur prétendant être inviolable à raison de sa qualité de représentant du peuple (3), introduisit un référé afin de faire ordonner sa mise en liberté. Le référé fut renvoyé à l'audience et le tribunal rejeta la prétention du sieur M... Celui-ci fut en conséquence écroué dans la prison pour dettes et confié à la garde du directeur de la prison, aux charges de droit.

Cependant l'Assemblée s'émut de cette arrestation opérée contre l'un de ses membres, sans même que l'on eût requis son autorisation. Par un ordre du jour motivé, elle prononça la mise en liberté immédiate. Le président de l'Assemblée signa un ordre d'élargissement que l'un des questeurs, accompagné d'un huissier de la Chambre, fut chargé d'aller signifier au directeur de la prison et de faire mettre à exécution. Le directeur refusa d'abord en se fondant sur l'absence de décision judiciaire. Mais le délégué de l'Assemblée le somma d'exécuter ses ordres souverains, et déclara qu'il

---

(1) V. cependant, L. 49, § 1, D. *Ad. leg. Aquil.*; L. 3, § 7, D. *de Incendio.*— Ces dispositions ne seraient certainement pas suivies dans notre droit, à moins de circonstances exceptionnelles.
(2) Liv. 2, tit. 8, sect. 4, § 7.
(3) Constit. de 1848, art. 36 et 37.

allait immédiatement requérir des forces considérables et faire au besoin briser les portes de la prison. Le débiteur fut mis en liberté.

Le créancier assigna alors le directeur de la prison pour dettes :

« Attendu qu'en opérant irrégulièrement la mise en liberté du sieur M... sans y être autorisé par une décision de justice, seule compétente pour l'ordonner, il a causé au requérant un préjudice dont il lui doit la réparation, et qu'il a mis en péril les droits du créancier ; que le préjudice peut, sans exagération, être évalué à trois mille francs ; s'entendre condamner à trois mille francs de dommages-intérêts, etc. »

Mais la première chambre du tribunal, à l'audience du 15 janvier 1851, accueillit les conclusions du défendeur qui invoquait la force majeure :

« Attendu que le directeur de la prison pour dettes a d'abord refusé l'exécution de l'ordre qui lui était présenté ; qu'il n'a cédé qu'à la menace de l'emploi de la force publique ; déclare C... non recevable, etc. »

648. Pour que le cas fortuit ou la force majeure soient exclusifs de la responsabilité, il faut qu'ils n'aient pas eux-mêmes été précédés d'une *faute* de la part de celui qui les subit, de telle sorte qu'il s'y soit exposé, on peut dire volontairement(1). Par exemple le voiturier attaqué par des malfaiteurs et dépouillé des marchandises qu'il transportait, a-t-il choisi un chemin détourné et connu pour être souvent le théâtre d'attaques nocturnes, lorsqu'il en pouvait prendre un autre, il sera responsable de la perte des effets. L'aubergiste, qui n'est pas responsable des effets des voyageurs descendus chez lui quand ils sont enlevés par suite de vols faits à main armée, est, au contraire, tenu d'en payer la valeur quand le vol a été commis par ses domestiques ou gens allant et venant dans l'hôtellerie. Il aurait dû exercer une surveillance plus rigoureuse (2).

Il y a imprudence donnant lieu à responsabilité dans le fait de porter un fusil chargé, dans une direction telle que, s'il vient à partir, même par un événement imprévu, il puisse atteindre les tiers (3). Il en est de même, si l'explosion involontaire avait pu être empêchée ou prévue par l'examen plus

_____

(1) V. C. Nap., art. 1807, 1881, 1882 ; Toullier, t. 6, n° 228.
(2) C. Nap., 1953 et 1954 ; Zachariæ, 2, 322.
(3) Bordeaux, 14 fév. 1831, D. 32.2.92.

attentif que le chasseur aurait fait de son arme. Supposons l'accident arrivé dans les circonstances les plus favorables pour le défendeur, un chasseur au milieu d'un bois, dans l'attente du départ du gibier, et se croyant absolument seul. Par un accident presque impossible à prévoir dans l'isolement où il se trouve, le fusil part et va frapper un passant que le chasseur n'avait point aperçu. Celui-ci n'en est pas moins responsable de l'accident (1). Il y a eu, en réalité, double faute de sa part. La première, de donner à son arme une direction qui pouvait être dangereuse pour quelqu'un ; la seconde, de ne pas s'être assuré du bon état de l'arme et de l'impossibilité qu'elle fît explosion à son insu.

On conçoit cependant qu'un cas fortuit peut être la cause de l'accident. Par exemple, un tiers survenant inopinément et avec précipitation aurait pu changer brusquement la direction du fusil et le faire partir par un mouvement que celui qui le porte n'a pu ni prévoir ni empêcher.

648 *bis*. L'accident de force majeure peut encore faire encourir une responsabilité plus ou moins étendue à celui qui, par sa faute, aurait aggravé le dommage qui en résulte. Des causes diverses se combinent alors pour constituer le préjudice, et chacune doit être appréciée avec ses conséquences spéciales (2).

649. C'est à l'auteur du dommage de prouver le cas fortuit ou la force majeure qu'il allègue (et cette preuve lui suffit pour écarter la responsabilité qu'il aurait encourue). C'est à celui qui se prétend lésé de prouver la faute qu'il impute à l'agent (3).

650. La responsabilité est donc inséparable de l'idée d'une faute, soit que cette faute ait pour objet direct l'accomplissement du dommage en lui-même comme dans les délits et les quasi-délits de commission par imprudence, soit qu'elle ait consisté seulement à ne point le prévenir ou l'empêcher, comme dans les faits d'omission ou de négligence qui peuvent être commis en accomplissant un acte qui serait licite par lui-même, soit, enfin, qu'elle ait préparé ou facilité le dommage résultant d'un cas fortuit.

Par suite, le jugement qui condamne l'agent à une répa-

---

(1) M. A. Dalloz, *Dict. gén.*, v° *Responsabilité*, n° 90.
(2) V. l'espèce d'un décret du Conseil d'Etat du 4 juill. 1860, D. 60. 3.50.
(3) Arg. C. Nap., 1808.

ration doit constater l'existence de cette faute, sinon d'une manière expresse, au moins implicitement. Il faut qu'il n'existe pas de doute à cet égard, sans quoi la condamnation ne porterait pas avec elle sa justification, elle ne serait pas juridique, et donnerait ouverture à cassation.

651. Mais revenons à l'appréciation de la faute en elle-même. Nous n'avons pas épuisé ce sujet. Que faut-il entendre par faute? Comment, à quels caractères reconnaître et saisir ce principe de l'imputabilité des actions humaines? Quel sera le type auquel nous le rapporterons, le point de comparaison qui servira à le mesurer à ces différents degrés?

652. La question de l'existence et de l'étendue des fautes, au point de vue de la responsabilité qu'elles entraînent, ce qu'on appelle la prestation des fautes, a été examinée et discutée avec développement par les auteurs anciens et modernes, en tant que les fautes sont commises dans l'exécution des contrats et quasi-contrats (1).

Parmi les modernes, les opinions les plus divergentes se sont produites sur le point de savoir si la division tripartite des fautes, admise généralement par les interprètes du droit romain et de l'ancien droit français, notamment par Pothier, a été maintenue par le Code. — Les uns adoptent intégralement la doctrine des anciens interprètes, d'après laquelle les personnes qui s'obligent gratuitement, comme le dépositaire, ne sont tenues que du dol et de la faute grave; celles qui retirent du contrat un avantage qui est commun à l'autre partie, comme cela a lieu dans la vente, la société, sont tenues de la faute légère; enfin, celles qui tirent du contrat un avantage exclusif, par exemple, le commodataire, sont tenues à la diligence la plus exacte ou à la prestation de la faute très-légère. — Les autres ne reconnaissent que deux espèces de fautes : la faute lourde comparable au dol, et la faute légère. Seulement celle-ci, dans certains contrats, s'apprécie plus rigoureusement. — On revient donc toujours, à peu de chose

---

(1) Consultez sur ce point : Vinnius, *Sur le* § 2, *Quib. mod. re contrah. obl., Instit.*; Heineccius, *Elem. jur. civ.*, §§ 783 et suiv., édit. de Dupin, t. 2, p. 188; Malapert, *De la prest. des fautes;* Pothier, *Oblig.*, n° 142, et *Observ. gén.*, à la suite du *Traité des Obligations*; Lebrun, *Essai sur la prestat. des fautes;* Ducaurroy, *Instit. expliq.*, t. 2, p. 209, 6ᵉ édit.; MM. Toullier, 6, 230 et suiv.; Duranton, 10, 397; Proudhon, 3, 1494 et suiv.; Zachariæ, 2, p. 318, notes 17 et 18; Troplong, *Vente*, nᵒˢ 361 et suiv., *Revue de législation*, t. 2 (1835), p. 269 et 342, dissert.; M. Blondeau, *Thémis*, t. 2, p. 349.

près, à la distinction de trois natures de fautes. Mais ce qui distingue essentiellement ce second système du premier, c'est que l'appréciation de la faute n'est plus systématiquement basée sur l'étendue des avantages que le contrat procure à celui qu'il s'agit de déclarer responsable.

653. Nous ne voulons pas aborder, à notre tour, cette discussion; mais nous dirons simplement que ce qui nous paraît certain, comme résultant du texte de l'art. 1137, § 1, de l'exposé des motifs présenté par M. Bigot-Préameneu (1) et du rapport fait au Tribunat par M. Favard (2), c'est que les rédacteurs du Code ont voulu abroger la doctrine systématique et absolue des anciens commentateurs et la division des fautes en trois classes, à savoir, la faute *lourde*, la faute *légère*, la faute *très-légère*, qui correspondaient à trois classes différentes de contrats (3).

Ils ont établi en principe général, dans l'art. 1137, § 1, que le débiteur est obligé de donner à l'accomplissement du fait qu'il est chargé d'exécuter, ou à la garde de la chose qu'il est tenu de conserver, tous les soins d'un bon père de famille, c'est-à-dire toute la diligence qu'un homme soigneux et intelligent apporte dans l'administration de ses affaires (4). Le bon père de famille est un type auquel la loi veut que l'on compare les différents actes de l'homme dont il s'agit d'apprécier la responsabilité.

La diligence doit ainsi s'apprécier *in abstracto* (5).

Cette règle, formulée d'une manière générale, doit être suivie toutes les fois qu'il n'y a pas été expressément dérogé. C'est ainsi que nous concilions la deuxième partie de l'art. 1137 avec la première (6).

Or, les dérogations sont assez nombreuses dans le Code, et presque toutes, elles tendent à tempérer la rigueur de la règle formulée par l'art. 1137 (7).

Il en est cependant qui obligent le détenteur de la chose

---

(1) Locré, *Législ.*, 12, p. 326, n° 32.

(2) Locré, *ibid.*, p. 431, n° 2.

(3) Ce système avait été combattu par Lebrun comme n'étant pas celui de la loi romaine sainement entendue. V. son *Essai sur la prestat. des fautes.*

(4) Zachariæ, 2, p. 319; Troplong, *loc. cit.*, n° 361.

(5) Zachariæ, p. 320, note 19 ; Troplong, n° 392; *Revue de législat.*, p. 346 et 349.

(6) V. la critique que fait de la rédaction de cette deuxième partie M. Troplong, *loc. cit.*, n° 363.

(7) V. art. 804, 1374, 1927, 1992.

à une diligence tellement exacte, qu'elle ne s'arrête qu'en
présence du cas fortuit ou de force majeure, et comprend,
par conséquent, toute espèce de faute. Tels sont les art. 1733,
1734, 1784 et 1954. Ici nous différons de M. Troplong, qui
n'admet pas l'existence de la faute très-légère dans les principes du Code civil. Mais dans la démonstration de ce système, ce savant magistrat passe complétement sous silence
les trois premiers articles que nous venons de citer, tandis
qu'il énumère et discute longuement tous ceux qui viennent à son appui. Nous sommes loin de nier que la tendance
générale du Code ne soit telle que la signale M. Troplong.
Nous croyons seulement qu'il la formule d'une manière
trop absolue. Les dispositions auxquelles nous faisons ici
allusion ont pour effet, ce nous semble, de faire disparaître les apparentes contradictions que l'on signale dans
l'art. 1137.

Ajoutons que le caractère exceptionnel des art. 1733,
1734, 1784 et 1954, est parfaitement justifié par la gravité
des obligations auxquelles ils s'appliquent et des intérêts
qu'ils ont pour but de garantir, car ils sortent, jusqu'à un
certain point, du domaine purement privé.

654. L'ensemble du système adopté par le Code, tel que
nous venons de l'exposer, est certainement rationnel.

« Dans les contrats l'on suit la foi du débiteur. C'est volontairement qu'on lui livre ou qu'on lui laisse la chose
dont il est constitué gardien... il ne la détient que par la
confiance du créancier : ce créancier a su avec qui il trai-
tait; il a pu faire la loi, dicter les conditions, imposer une
responsabilité plus ou moins grande. N'ayant rien stipulé
de particulier à cet égard, il faut supposer qu'il n'a compté
que sur les précautions que suggère la prudence commune
et ordinaire aux hommes rangés et attentifs, et qu'il n'a pas
exigé de ses co-contractants cette prudence extrême et inso-
lite, que la nature a refusée au commun des hommes. S'il
avait voulu plus que l'exactitude du bon père de famille, il
aurait fallu qu'il en fît l'objet d'une stipulation expresse. Son
silence est une preuve qu'il n'a rien désiré d'extraordinaire
et de trop onéreux (1). »

655. Mais on comprend que ces distinctions sont inap-
plicables aux délits et quasi-délits (2). Ici le principe de la

_____

(1) M. Troplong, n° 373.
(2) *Conf.*, M. Larombière, *Oblig.*, t. 5, p. 689.

responsabilité est toujours le même, à savoir : une atteinte aux droits d'autrui qui n'a pu être ni prévue, ni empêchée par celui qui en souffre, puisqu'elle n'est pas la conséquence de relations volontairement formées comme dans les contrats. L'acte est toujours illicite, et aucune atténuation de la faute ne résulte, pour celui qui l'a commise, de la nature des relations établies entre lui et la personne qui a souffert du dommage.

Si l'on compare même le quasi-délit avec les quasi-contrats, où la partie lésée n'a pas à s'imputer d'avoir donné lieu, par un acte de sa volonté, aux relations dont nous venons de parler, on verra que la justice exigeait encore que la responsabilité de l'auteur d'une faute, dans l'exécution du quasi-contrat, fût atténuée, bien loin d'être rendue plus rigoureuse. Ce n'est plus, comme dans les contrats, à cause du choix volontaire que la partie lésée a fait de l'agent qui s'est rendu coupable de la faute, mais c'est par suite de considérations tirées de la position faite à cet agent par les circonstances ou par la loi.

Tantôt, comme le tuteur, il remplit un mandat onéreux qui lui est imposé sans compensation, et qu'il n'a pu refuser. On ne peut lui demander plus que la vigilance d'un bon père de famille (1). Tantôt, comme le *negotiorum gestor*, il s'est exposé pour vous rendre service, il a donné son temps, ses soins, et tout cela gratuitement. Vous ne pouvez lui demander plus qu'au commun des hommes diligents (2), plus que ce que vous eussiez fait probablement vous-même.

L'héritier bénéficiaire est une espèce de *negotiorum gestor*, en ce qu'il administre souvent sans intérêt personnel. Il est même plus favorable que ce dernier, parce que sa qualité d'héritier l'a conduit naturellement à accepter cette charge, et lui en a fait, en quelque sorte, un devoir. Il est juste de ne lui demander que les soins qu'il donnerait à sa propre chose (3). — Enfin, le communiste qui n'a pas choisi son copropriétaire administre réellement sa chose en s'occupant de la propriété indivise. Son intérêt est un garant de sa vigilance. Si cela ne suffit pas, s'il est peu soigneux de sa nature, il est toujours facile de s'en débarrasser en demandant le partage ou la licitation.

---

(1) C. Nap., 450.
(2) C. Nap., 1374.
(3) C. Nap., 804.

I.   39

Ces motifs d'atténuation, nous le répétons, n'existent pas en matière de délits ou quasi-délits, mais il y a d'autres distinctions fondées sur la nature des choses.

Un acte illicite commis avec intention de nuire, un délit proprement dit, constituera toujours une faute grave. Il n'existe aucun doute à cet égard. Quand, au contraire, il s'agira d'un dommage causé par l'effet d'une simple imprudence, ou d'une omission constituant une négligence coupable, suivant les distinctions établies *suprà*, n° 442, on comprend parfaitement que la faute peut être plus ou moins grave. Entre l'imprudence grossière de celui qui, sans connaître aucune des règles de l'équitation et sans y être poussé par aucune nécessité, veut parcourir, sur un cheval fougueux, les rues d'une ville populeuse, où mille choses peuvent effrayer son cheval et amener les plus graves accidents, et l'inadvertance commise par un écuyer habile, qui, bien capable de maîtriser l'animal, subit néanmoins, de sa part, quelques mouvements impétueux qui blessent un passant, il y a une énorme différence et des degrés nombreux de culpabilité.

Or, de ce que la faute sera très-légère, faut-il conclure que l'auteur du dommage pourra être dispensé de le réparer?

L'art. 1382 ne fait aucune distinction, différant en cela de l'art. 1137. Il dit, d'une manière absolue : Tout fait quelconque de l'homme qui cause à autrui un dommage oblige celui par la faute duquel il est arrivé à le réparer.

Tout *fait quelconque*. Ainsi, la participation au dommage, si légère qu'elle soit, si peu importante qu'elle paraisse, pourvu qu'elle en soit la cause *directe* et *immédiate*, comme nous l'avons expliqué ci-dessus (1), oblige à réparer le préjudice causé, s'il y a faute de la part de l'agent.

L'art. 1383 continue la même pensée en prononçant, d'une manière tout aussi générale, que chacun est responsable du dommage qu'il a causé, non-seulement par son fait positif, mais par sa négligence ou son imprudence. — Toutes les pertes, dit Domat, tous les dommages qui peuvent arriver par le fait de quelque personne, soit imprudence, légèreté, ignorance *de ce qu'on doit savoir*, ou autres fautes semblables, *si légères qu'elles puissent être*, doivent être

_____

(1) N°s 32, 42 à 45, 447 et 449.

réparées par celui dont l'imprudence y a donné lieu (1). »
In lege Aquiliâ et levissima culpa venit(2). La Cour de
Liége a fait application de ce principe dans l'espèce sui-
vante :

656. Le sieur Verviers, tonnelier et marchand de la ville
de Verviers, s'était rendu, sur l'invitation du sieur Constant,
négociant, dans les magasins de celui-ci, pour réparer des
tonneaux d'huile endommagés.

En sortant des magasins, Verviers fut atteint d'une énorme
balle de laine, lancée des croisées supérieures par le commis
et la domestique du sieur Constant. Le coup fut mortel.
Verviers expira deux heures après.

Sa veuve et ses enfants ont demandé des dédommagements du sieur Constant; ils les ont calculés, et d'après les
avantages que retirait Verviers de son industrie, et sur ce
qu'il pouvait espérer d'acquérir à l'âge où il est mort, et dans
la situation où il se trouvait; ils ont porté, en résultat, ces
dédommagements à la somme de cinquante mille francs.

Mais leur demande a été rejetée par le tribunal de Mal-
medy.

Appel. — Arrêt.

« La Cour, attendu qu'il résulte des débats que l'intimé
avait fait venir le sieur Verviers pour réparer des tonneaux
qui se trouvaient dans un portique au-dessous d'un magasin
de laine; qu'il en résulte aussi que pendant que Verviers
travaillait dans ledit portique, la servante et le commis de
l'intimé sont montés au magasin pour y jeter une balle de
laine dans la cour par la croisée, près du portique; que, pour
être à l'abri de tout reproche de négligence, l'on aurait dû
prendre toutes les précautions possibles pour mettre Verviers
à couvert de l'accident qui pouvait résulter, et qui, malheu-
reusement, est arrivé par le jet de la balle au moment de
la sortie de celui-ci de dessous le portique; — Attendu que
l'intimé n'a pas suffisamment prouvé que toutes les précautions nécessaires eussent été prises; — Attendu, néanmoins,
que le malheur arrivé n'étant que le résultat d'une imprudence légère qui se rapproche beaucoup du cas fortuit, il y a
lieu d'arbitrer les dommages-intérêts à une somme modique;
— Met l'appellation et ce dont est appel au néant; émendant,
condamne l'intimé à payer à la partie appelante une somme

(1) Domat, liv. 2, tit. 8, sect. 4; Toullier, 11, 153.
(2) L. 44, D. *Ad leg. Aquil.*

de deux mille francs pour tous dommages-intérêts, ainsi qu'aux dépens des deux instances (1). »

657. La faute doit incontestablement s'apprécier *in abstracto*, il ne peut être question d'examiner quel est le soin que l'auteur du dommage met ordinairement à s'en garantir lui-même, ou à préserver ses biens des atteintes qui pourraient leur être portées.

De quel droit, en effet, viendrait-il imposer à des tiers les effets funestes de son indolence habituelle? comment leurs personnes et leurs propriétés seraient-elles soumises aux suites de son défaut d'activité ou de réflexion?

Il peut en être ainsi dans certains contrats, parce que celui dont il s'agit d'apprécier la faute n'a promis, ou est censé n'avoir promis d'apporter à l'exécution de l'obligation que les soins qu'il donne à ses propres affaires.

Une pareille supposition ne peut avoir lieu quand il s'agit d'une faute commise en dehors de toute convention. Entre l'auteur du dommage qui a commis une faute, même légère, et la victime de cette faute qui n'a rien à se reprocher, le choix ne saurait être douteux, la perte doit retomber sur celui qui est en faute. On n'a pas traité avec lui, on n'a pas été le chercher pour établir avec lui des relations qu'on était le maître de nouer avec d'autres. La sévérité de la loi doit être ici d'autant plus grande qu'elle aura pour effet de prévenir des dommages de ce genre que la partie n'a pu éviter par elle-même. Elle a dû, par conséquent, statuer par des dispositions toutes différentes de celles qui régissent l'appréciation des fautes dans les contrats.

658. Cependant, la faute doit être considérée *in concreto* sous un certain rapport. Les facultés intellectuelles de l'agent rendent la faute plus ou moins grave à son égard. S'il y a absence complète de volonté, on reconnaît qu'il n'est pas obligé; de même si elle n'est qu'imparfaite. En s'en tenant à la rigueur absolue des art. 1382 et 1383, on consacrerait souvent l'injustice.

659. D'un autre côté, malgré la généralité des principes que nous venons de poser au n° 655, malgré le caractère absolu que paraissent avoir les dispositions des art. 1382 et 1383, faut-il dire que toute espèce de faute, même la plus

---

(1) Liége, 20 fév. 1810, Dall., *Oblig.*, p. 791, n° 1, 1ʳᵉ édit. — Voy. comme *anal.*, Décr. Cons. d'Etat, 11 mai 1834, D. 54.3.58, et 29 mars 1855, D. 55.3.81.

légère, du moment qu'elle eût pu être évitée par une prudence plus raffinée, par des prévisions résultant d'un examen plus attentif, d'une réflexion plus profonde et plus soutenue, enfin, dès que le dommage n'est pas uniquement le
résultat de la force majeure ou d'un cas fortuit, faut-il dire
que cette faute entraînera toujours une responsabilité pleine
et entière? Le juge, toutes les fois qu'il aura pu saisir et
constater l'existence d'une faute quelconque, devra-t-il nécessairement condamner l'agent à la réparation complète du
dommage? faudra-t-il que ses regards soient uniquement fixés
sur l'étendue du préjudice, pour y proportionner toujours,
d'une manière exacte et absolue, la valeur des dommages-
intérêts?

Nous penchons à croire qu'il faut admettre quelques tempéraments. La faiblesse de la nature humaine a aussi des
droits auxquels il faut faire une certaine part, sous peine
de se mettre en contradiction avec la conscience elle-même,
et de commettre une injustice sous prétexte d'en réparer une
autre.

Il y a, d'une part, des fautes dont les suites dommageables sont si peu importantes que l'on peut assurément les
considérer comme nulles et sans intérêt. Nous avons dit
plusieurs fois déjà que les tribunaux avaient, à cet égard, un
pouvoir discrétionnaire.

Mais, d'autre part, et c'est ici qu'est la difficulté, un dommage réel et même grave est quelquefois le résultat d'une
omission bien légère, d'une imprudence que l'homme très-
diligent aurait pu lui-même commettre, mais que la raison
humaine, avec ses seules forces, était cependant capable d'é-
viter. Il y a donc faute, mais faute extrêmement légère,
presque inappréciable : entraîne-t-elle nécessairement l'obligation de réparer le préjudice?

Ce n'est assurément pas par exception, et bien rarement,
que l'on pourrait admettre des tempéraments à la règle des
art. 1382 et 1383 (1).

Mais il paraît qu'on doit le faire dans certains cas où la
faute, par sa ténuité, devient tout à fait excusable, car, selon
l'expression de Proudhon, on ne doit pas faire le procès à la
fragilité humaine (2). La faute, comme le remarque le même

_____

(1) Voyez-en un exemple dans l'arrêt de la Cour de Liége, rapporté
ci-dessus, n° 656.
(2) 3, 1513.

auteur, par cela seul qu'elle est faute, ne peut être justifiée, ni devenir une faute légitime, mais elle peut quelquefois être excusable. Il faut bien tenir compte, dans l'administration de la justice, de ces conditions de notre nature, et ne pas imposer aux autres des fardeaux qu'ils ne peuvent porter. En droit, l'absolu n'est presque toujours qu'une erreur, et, dans le fait, une chimère impossible à atteindre.

Aussi, les art. 1382 et 1383 n'exigent pas, dans l'appréciation de la faute, cette rigueur inflexible, qui ne s'adoucirait devant aucune considération. Ces articles nous disent bien que tout fait quelconque de l'homme qui cause à autrui un dommage oblige celui par la faute duquel il est arrivé à le réparer, qu'il y ait fait positif, négligence ou imprudence. « Mais ils n'ont pas eu pour but de qualifier la faute et de déterminer celle qui doit être considérée comme suffisante, ou celle qui doit être considérée comme insuffisante pour mériter la peine des dommages-intérêts. Pour faire à chaque cas l'application du principe général, il faut toujours en revenir à l'estimation de la faute (1). »

A cet égard, la conscience est notre seul guide, car il est impossible d'établir *à priori* des règles qui servent utilement à nous diriger dans l'appréciation de chaque cas particulier. Les circonstances de chaque espèce seront déterminantes. Ainsi, tantôt, et ce sera l'hypothèse la plus ordinaire, le juge devra condamner à la réparation de tout le dommage, bien que la faute soit légère ; tantôt il lui sera permis, à cause de la ténuité du délit, de modérer les dommages-intérêts, de manière qu'ils deviennent une satisfaction morale plutôt qu'une réparation matérielle.

Seulement, n'oublions pas que la plus grande réserve doit être apportée par le juge dans l'exercice du pouvoir que nous lui reconnaissons ici, et qu'il serait facile, par une tolérance trop grande et une indulgence mal à propos appliquée, d'altérer gravement le principe tutélaire de la responsabilité.

660. Si la partie lésée a elle-même offert occasion au dommage par une faute personnelle, elle est non recevable à s'en plaindre.

Si cette faute n'est qu'une imprudence, il est naturel d'en opérer la compensation avec la faute de même nature commise par l'agent immédiat du dommage.

Si, surtout, il y avait eu atteinte volontaire au droit d'au-

---

(1) Proudhon, 1317.

trui, celui qui s'en serait rendu coupable serait, et à bien plus forte raison, non recevable à invoquer, contre l'auteur du quasi-délit, le principe de la responsabilité.

Dans l'un et l'autre cas, il est toujours vrai de dire que celui qui s'est mis le premier en faute vis-à-vis d'un autre, a perdu ses droits à l'application des principes de la sociabilité, et des lois protectrices du droit de chacun.

Il n'en est plus ici comme dans l'hypothèse 'd'un délit. Celui qui, dans une intention malveillante, commet un acte dommageable en est responsable, alors même que le dommage serait aggravé par une faute de la partie lésée (1). Mais les conséquences d'une simple imprudence peuvent être absorbées complétement par celles de l'imprudence plus grave, de la faute lourde et surtout du délit commis par la partie lésée, imprudence ou délit qui ont offert l'occasion au dommage.

A cet égard, les faits de chaque espèce seront déterminants.

Une diligence rencontra sur une grande route le cabriolet du sieur Varin. Le choc renversa le cabriolet, et le sieur Varin fut blessé. Il forma une demande en dommages-intérêts contre le postillon. Celui-ci répondit que le dommage ne pouvait être imputé à son imprudence ou à sa maladresse, mais bien à la négligence du sieur Varin lui-même, qui, n'ayant pas éclairé sa voiture, avait mis les voituriers, venant en sens opposé, dans l'impossibilité de l'apercevoir et, par suite, de lui céder la moitié du pavé, conformément aux règlements ; qu'il était donc sans droit pour réclamer des dommages-intérêts, à raison d'un préjudice dont il était lui-même la cause. Sa demande fut rejetée, et avec raison (2).

Voici une autre espèce, où la faute commune était mieux caractérisée encore.

Un sieur Brossier se présenta au bureau d'une voiture publique pour y obtenir une place. Elle était complète, la place lui fut refusée. Cependant, le sieur Brossier s'entendit avec le conducteur, prit les devants, et, à quelque distance, monta sur l'impériale. La voiture était en mauvais état, ce qui, joint à l'excès de chargement, la fit verser dans la route. Plusieurs voyageurs, Brossier entre autres, furent blessés. Ils formèrent une action en dommages-intérêts contre l'entrepreneur de la voiture et le conducteur.

---

(1) V. suprà, nº 461.
(2) Douai, 14 déc. 1846, S. 542.

En ce qui concerne l'action du sieur Brossier contre l'entrepreneur, la Cour de Lyon a statué en ces termes :

« Attendu que Brossier n'était pas compris sur la feuille des voyageurs remise par Séguin à son conducteur Baraille ; qu'il paraît constant qu'il s'était présenté au bureau, et qu'une place lui avait été refusée ; — Que si, sur la route, Brossier s'est fait admettre au nombre des voyageurs, il ne pouvait ignorer que la voiture était complète ; qu'il n'a pu l'ignorer au moment où il est monté sur la voiture ; *que, s'il y a eu imprudence et contravention aux règlements, Brossier est complice de l'imprudence et de la contravention ;* que, dès lors, il n'est pas fondé à réclamer des dommages-intérêts pour un fait qui lui est personnel, etc. (1). »

Cette décision a été rendue au profit de l'entrepreneur, dont la faute ne consistait qu'à avoir laissé marcher une voiture en mauvais état et peut-être avec un excès de chargement, indépendant de la présence du sieur Brossier sur cette voiture. Mais les raisons données par l'arrêt étaient parfaitement applicables à l'action de Brossier contre le conducteur qui l'avait laissé monter. Si ce dernier eût, comme l'entrepreneur, interjeté appel du jugement de première instance qui les avait tous deux condamnés, il en aurait, sans aucun doute, également obtenu la réformation.

661. Que l'on nous permette d'indiquer encore quelques applications de notre règle.

Nul ne doit s'introduire sur l'héritage d'autrui sans son consentement. En le faisant, on s'expose à toutes les conséquences des accidents qu'on peut y rencontrer. Ainsi, je m'introduis dans une propriété close, même sans l'intention

---

(1) Lyon, 17 janv. 1844, S. 44.2.401. — *Conf.*, Turin, 26 août 1809, S. 10.2.138 ; Lyon, 16 fév. 1826, D. 26.2.186. — La Cour de Riom a cependant décidé dans une espèce semblable que les dommages-intérêts devaient être sans doute modérés à raison de l'imprudence du voyageur, mais que la faute de l'entrepreneur de messageries n'en subsistait pas moins et motivait une condamnation (Riom, 11 mars 1851, D. 53.2.76). — *Adde*, Lyon, 16 janv. 1862, D. 63.5.329. — M. Larombière (t. 5, p. 709) enseigne aussi que l'accident se rattachant à une infraction, par le conducteur de la voiture, à des règlements pris dans un intérêt public, il doit demeurer responsable. — Nous persistons à penser, néanmoins, que si la faute de la victime est grave et caractérisée, elle peut constituer une fin de non-recevoir. L'arrêt de Riom n'est qu'un arrêt d'espèce qui peut se justifier par les circonstances du fait, aussi bien qu'un arrêt de rejet du 16 juin 1864 (D. 63.1.198), qu'on peut consulter comme exemple d'analogie.

d'y voler ou d'y commettre tout autre délit, mais peut-être seulement pour éviter un circuit de la route qui m'obligerait à tourner autour des murs, tandis que je puis traverser en ligne droite. Le propriétaire y chasse ou s'exerce au tir du pistolet. Un coup de feu dans l'épaisseur du bois m'atteint et me blesse. La faute est tout entière de mon côté. On ne devait point soupçonner ma présence en cet endroit.

Il en serait encore ainsi, quand même la propriété ne serait point close, si, d'ailleurs, il n'existait pas au travers un chemin public ou habituellement fréquenté par suite de la tolérance du propriétaire.

Supposez encore que le propriétaire, étant dans sa maison, jette par la fenêtre, sans y regarder, un corps dur qui me blesse; il n'est coupable d'aucune faute, si le terrain adjacent, qui lui appartient, n'est soumis à aucune servitude de passage, soit public, soit privé. Il avait le droit de jeter sur son propre terrain, et n'avait pas de raison de soupçonner qu'un étranger, qui n'avait pas le droit de s'y introduire, s'y trouverait. Celui-ci s'est constitué en faute, il est non recevable à se plaindre (1).

Il en serait tout autrement, si l'objet nuisible avait été jeté sur la voie publique. L'habitant de la maison qui, en le jetant sans précaution, aurait blessé un passant en serait responsable. Ce cas est même prévu par le Code pénal (2).

Mais que faut-il décider, si le jet n'a été fait que sur un terrain privé appartenant à autrui?

M. Proudhon (3) dit que la personne blessée n'aurait aucun recours contre l'auteur du mal. Qu'à la vérité, celui-ci serait tenu de tout le dommage qu'il aurait causé dans le fonds même, parce qu'il aurait dû le prévoir; mais non de celui qu'il aurait causé à la personne blessée, puisqu'il n'en pouvait deviner la présence en cet endroit. En effet, celui qui jette sur le terrain d'autrui une chose qui peut nuire par sa chute, est certainement en faute, et commet une chose illicite. Il doit répondre de ses suites immédiates et directes, même quand il n'aurait pu les prévoir. Mais la responsabilité cesse, si celui qui a souffert du dommage était sans droit à s'introduire sur ce terrain.

M. Proudhon cite, à l'appui de sa solution, la loi 31, *in*

(1) Proudhon, 3, 1487.
(2) Art. 471, 6° et 12°.
(3) 3, 1488.

fine, D. *ad. leg. Aquil.*, qui prévoit une hypothèse analogue. Un homme taille les branches d'un arbre ; un rameau
qui tombe blesse un passant. Si cet arbre était planté sur un
terrain particulier où il n'existe aucun passage, et que le
dommage n'ait pas été causé volontairement, il n'y a lieu à
aucune responsabilité. *Quod si nullum iter erit, dolum dum-
taxat præstare debet,... nam culpa ab eo exigenda non
est : cùm divinare non potuerit, an per eum locum aliquis
transiturus sit.*

On voit qu'ici le *putator* peut même être considéré comme
à l'abri de tout reproche, car il travaille sur son terrain ou
pour le compte et avec le consentement du propriétaire.

Mais celui qui jette sur le terrain d'autrui, sans nécessité,
sans être dans l'exercice d'un travail qui l'exige, un corps
qui peut nuire au fonds lui-même, doit, en principe, réparer
et le dommage causé au fonds, et, à plus forte raison, le
dommage causé aux personnes qui s'y trouvent, mais il faut
au moins que leur présence y soit autorisée, qu'elles ne s'y
soient pas introduites dans une intention malfaisante, ou
contrairement à la volonté du propriétaire.

662. Lorsqu'il y a faute à la fois de la part de l'auteur du
dommage et de la partie lésée, la question de responsabilité
est abandonnée au pouvoir discrétionnaire des tribunaux (1).
C'est à eux d'examiner si la faute imputable à la partie lésée
est seulement de nature à atténuer la responsabilité de l'agent,
ou si elle est assez grave pour rendre la partie lésée complétement irrecevable à se plaindre du dommage éprouvé.

662 *bis*. Ainsi le dommage, résultant de la participation
volontaire et concertée de deux ou plusieurs personnes à un
même fait, peut être laissé à la charge de celle des parties
sur laquelle il tombe en définitive. Par exemple, lorsqu'une
dissimulation de valeurs a été commise dans un acte, la
condamnation, au double droit d'enregistrement prononcée
contre l'un des contractants, n'ouvre pas nécessairement en
sa faveur une action contre l'autre partie pour être rembour-
sée par celle-ci (2). L'autre n'a fait qu'acquitter une dette
qui lui est personnelle et dont elle est tenue pour le tout. —
On voit en quoi cette hypothèse diffère de celle où une condamnation solidaire a été prononcée contre les deux délin-

_____

(1) M. F. Taulier, *Th. du C. civ.*, t. 4, p. 589.
(2) Rej., 20 nov. 1867, D. 448.

quants. Nous l'avons examinée n°ˢ 158, 159 et 488, et nous avons admis le recours.

662 *ter*. L'art. 131 du Code de procédure qui permet aux juges de compenser les dépens en tout ou en partie si les parties succombent respectivement sur quelques chefs, n'est qu'une application des règles ci-dessus.

Mais notez qu'elle ne doit avoir lieu que s'il y a faute respective dans le litige même, c'est-à-dire si chacune des parties a soutenu certaines prétentions reconnues mal fondées; mais on ne saurait retourner cette disposition contre le plaideur qui fait constater son droit, sous prétexte que le procès a surgi à la suite d'un agissement plus ou moins illicite auquel les deux adversaires ont pris part dans l'origine. Ainsi le traité secret intervenu entre le titulaire d'un office et son cessionnaire n'est point une faute commune du procès en restitution du supplément de prix intenté par ce dernier contre son prédécesseur.

Lorsque le titulaire nouveau justifie qu'il a payé ce supplément et obtient condamnation contre son cédant, celui-ci doit supporter les dépens en entier. C'est l'art. 130 et non pas l'art. 131 qui doit être appliqué (1).

662 *quater*. A cette théorie se rattache une question qu'il convient d'examiner avec quelques développements, celle de la séduction.

L'exception de la faute commune peut-elle être opposée à l'action en dommages-intérêts formée par une fille contre son séducteur? La jurisprudence s'est prononcée dans le sens négatif par d'assez nombreux arrêts. Elle a consacré en faveur de la femme délaissée le droit d'obtenir des réparations pécuniaires non-seulement à raison du préjudice matériel qui lui aurait été causé, mais pour le préjudice moral résultant de la grossesse et de son déshonneur; puis enfin à une indemnité pour l'entretien et l'éducation de ses enfants.

Ces différents points ont été vivement débattus et le sont encore. Essayons de les résoudre en les précisant.

Au premier coup d'œil, on aperçoit que la solution dépend en grande partie des circonstances de fait et qu'elle peut varier avec les espèces.

Ainsi deux premières hypothèses sont en dehors de toute

----

(1) Metz, 25 janv. 1865, D. 65.2.104.

contestation : celles du viol et de l'attentat à la pudeur avec violence.

Dans les deux cas, il existe évidemment un coupable et une victime. La volonté de celle-ci a été manifestement contrainte, c'est même ici l'élément essentiel du crime. L'attentat, d'ailleurs, est réprimé par la loi pénale avec une juste sévérité, car il est à la fois préjudiciable et immoral au suprême degré.

Quand même on supposerait que la fille qui en a été l'objet ne serait pas innocente, qu'elle aurait été trouvée dans un lieu suspect, que, par son attitude, par des démarches imprudentes, elle aurait dans une certaine mesure occasionné le fait dont elle se plaint maintenant, ce seraient là des circonstances atténuantes que l'accusé pourrait faire valoir devant le jury, mais qui ne feraient disparaître ni le crime proprement dit, ni la *faute*, élément essentiel de l'action en dommages-intérêts.

Si, au contraire, les relations coupables qui se sont établies entre un homme et une jeune fille sont le résultat de l'immoralité de l'un et de l'autre, d'un entraînement des sens plus ou moins combattu, d'une passion réciproque à laquelle la volonté a succombé par suite de sa propre faiblesse, on ne saurait méconnaître que les torts aussi sont les mêmes de part et d'autre, que la honte est commune et que si l'une des parties en éprouve un préjudice plus sensible, il est le résultat direct de sa propre faute et ne saurait engendrer un droit à des réparations.

Une demande formée dans de semblables conditions ne sera jamais accueillie par les tribunaux (1). La plus grande sévérité à cet égard leur est commandée par le respect des bonnes mœurs, les inconvénients du scandale qu'entraînent toujours de semblables débats, le danger de voir des actions de ce genre se multiplier et des décisions surprises à la justice fournir une prime à des désordres qui ne craindraient pas d'avoir à se montrer au grand jour de l'audience.

Mais la séduction n'est-elle pas quelquefois entourée de circonstances qui rendent la situation toute différente?

Quand une fille n'a cédé qu'à des manœuvres, à des artifices de nature à la tromper, ou bien encore à une pression

---

(1) Rouen, 7 déc. 1825, D. 26.2.87; Caen, 6 mars 1850, D. 55.5.589; Bastia, 28 août 1854, D. 56.2.16 ; Paris, 19 janv. 1865, D. 65.2.222, 223 ; Angers, 2 déc. 1868, D. 69.2.241.

abusive exercée par une personne dont elle dépendait, soit que sa volonté ait été surprise par une intrigue et par une sorte de *dol* pratiqué à son égard, soit qu'elle ait succombé à une violence plus ou moins caractérisée, sa faute s'atténue visiblement, tandis que celle du séducteur s'aggrave avec la responsabilité. La culpabilité de ce dernier ne peut-elle pas, alors, devenir telle qu'elle engendre très-légalement une action en dommages-intérêts?

La jurisprudence a souvent accueilli des demandes de cette nature fondées sur une promesse de mariage dont s'était servi le séducteur comme moyen de vaincre la résistance et de surprendre le consentement de sa victime (1).

Cette jurisprudence a été vivement combattue, et nous ne nous dissimulons pas la force des considérations que l'on a fait valoir en sens contraire.

Nos lois actuelles, a-t-on dit (2), ne permettent plus les procès de séduction qui, dans l'ancienne jurisprudence, avaient donné lieu à tant de scandales.

Le Code pénal ne punit pas ce fait, parce qu'il est difficile de définir tous les éléments de la séduction, et de marquer la limite où elle devient criminelle. De même, au point de vue de l'action civile, il est presque impossible de la distinguer de l'abandon volontaire. Dans tous les cas, pour juger de pareils faits, il faudrait entrer dans la vie privée, soulever d'odieux scandales, troubler par cet examen la sécurité des relations sociales et la paix des familles.

On n'est donc point admis à rechercher et à invoquer des faits de ce genre.

Quand même on rapporterait des preuves écrites de la séduction, quand il y aurait aveu, quand il y aurait engagement pris de réparer le dommage causé à la victime prétendue, cet engagement serait nul aux termes des art. 1131 et

---

(1) Rej., 17 août 1814, S. 15.1.18 ; Rej., 24 mars 1845, S. 45.1.539 ; Toulouse, 5 juill. 1843, *ibid.* ; Bordeaux, 5 janv. 1848, *J. du Pal.*, t. 1, 1848, p. 679 ; Bordeaux, 23 nov. 1852, et Douai, 3 déc. 1853, *J. du Pal.*, t. 2, 1854, p. 369 ; Caen, 24 avril et 6 juin 1850, D. 55.2.177 et 178 ; Montpellier, 10 mai 1851, D. 55.2.178.—*Adde*, Colmar, 24 mars 1813, S. 14.2.2 ; Merlin, *Rép.*, v° *Fornication* ; Demolombe, t. 3, n° 30.
(2) V. notamment un article de M. Bertauld (*Revue critique*, t. 21, p. 1 et suiv.), et sa consultation dans l'affaire jugée par arrêt de la Cour de Caen du 10 juin 1862 (D. 62.2.129). Nous n'avons fait en quelque sorte que résumer ici sa discussion si vigoureuse et si complète.

1133, C. Nap., comme ayant une cause illicite et contraire aux mœurs (1).

La preuve ne serait même pas admissible, car une fin de non-recevoir s'élèverait contre le principe de l'action. Cette femme qui s'est donnée, qui s'est vendue peut-être pendant plusieurs années, en face d'une famille légitime dont elle a fait le désespoir et la honte, elle viendrait réclamer de la justice le prix de ses turpitudes? Mais les bonnes mœurs ne sont pas moins affermies, qu'il s'agisse de provoquer ou de rémunérer leur violation.

Pourquoi les donations entre concubins ne sont-elles plus défendues comme elles l'étaient dans l'ancien droit? Parce qu'on a voulu prévenir des perquisitions qui pourraient être injustes, odieuses, ou tout au moins scandaleuses ; ... parce qu'il y a des cas où la réparation du mal est plus dangereuse que le mal lui-même. (M. Troplong, *Donations*, n° 569.)

Eh bien, les perquisitions qu'il n'est plus permis de faire pour obtenir la nullité d'une donation, on les fera donc pour obtenir la rémunération de ces coupables faiblesses, on pourra demander aux tribunaux de fouiller dans ces faits honteux pour y trouver le germe d'une action en indemnité? C'est une étrange contradiction qu'on ne peut supposer dans l'économie de la loi.

Ce n'est pas tout.

La femme qui se prétend abusée ne vient pas seule, en général, réclamer une réparation. Elle se présente entourée de ses enfants, elle compte ses grossesses, et plus elles sont nombreuses, plus elle se montre exigeante. Elle pourra donc à son gré leur choisir un père d'après la fortune, d'après la position et, s'il lui plaît, aller le chercher dans les rangs élevés de la société?

Ainsi la *recherche de paternité* interdite aux enfants irresponsables de la faute dont ils sont nés serait permise aux filles mères, aux auteurs mêmes de la faute? Effaçons donc du Code l'art. 340. Mais tant qu'il subsiste, la preuve de la filiation ne pourra résulter vis-à-vis du père que d'une reconnaissance authentique. Une reconnaissance sous seing privé, non-seulement ne donne pas aux enfants droit au nom et à une part de la fortune de l'auteur de cette reconnaissance ;

_____

(1) Rej., 2 fév. 1853, D. 57 ; Riom, 11 août 1846, D. 46.2.179 ; Besançon, 19 mars 1862, D. 62.2.58.

mais elle ne leur confère pas même un titre à une pension alimentaire. Toutes les promesses, tous les aveux contenus dans une correspondance, même dans des actes sous signatures privées, ne peuvent donc ni créer un lien de droit, ni faire *preuve* suffisante d'une obligation naturelle, même pour servir de base à une demande d'aliments. Sans valeur aucune aux yeux de la loi, ces reconnaissances demeurent sans effet.

Mais voici quelque chose de plus. Une reconnaissance, même authentique, serait sans effet si elle n'établissait qu'une paternité adultérine ou incestueuse, et l'on admettra la preuve de relations adultères, on la puisera dans des lettres, dans les dépositions d'une enquête, pour en faire sortir une condamnation à des dommages-intérêts ! !

Ainsi, l'on efface encore l'art. 335. On arrive par une voie détournée au but que la loi ne permet pas d'atteindre directement. Il suffit pour cela d'employer une langue nouvelle et convenue. Les hommes que les femmes perdues choisissent pour doter et nourrir leurs enfants, elles se garderont bien de leur donner le nom de PÈRES, mais elles les appelleront simplement : *auteurs de dommages.*

Et les tribunaux sanctionneront de semblables prétentions sous prétexte de morale et de justice ?

Mais que l'on y réfléchisse donc ! N'importe-t-il pas surtout à la morale, aux bonnes mœurs, que la femme qui veut vivre comme épouse, sans en avoir le titre, ait devant elle, avec la menace d'un abandon, la perspective du dénûment et de la misère ? Gardons-nous surtout d'offrir une prime au vice, de faire appel à la cupidité et de montrer, comme encouragement à l'inconduite, des filles mères rentées, entretenues par la justice (1), et réhabilitées par ses arrêts en qualité de victimes comme elles le sont dans les romans d'une certaine école.

Certes, au point de vue philosophique et moral, l'argumentation que je viens de résumer est puissante, et je m'empresse de reconnaître qu'elle devra prévaloir dans un grand nombre de cas. Je l'ai dit plus haut, la femme qui succombe à l'entraînement des passions commet une faute qui lui est commune avec le complice de ses désordres, et n'est pas recevable à en demander réparation.

Mais cette solution doit-elle être absolue ? Les principes

---

(1) M. Bertauld, *Consultation.*

juridiques ne laissent-ils place eux-mêmes à aucune exception, ainsi qu'on l'affirme? C'est ce que nous ne pensons pas.

N'est-il pas possible dans certains cas de distinguer la séduction proprement dite de l'abandon volontaire? Est-il bien
vrai qu'on ne puisse, comme on l'a dit, « reconnaître l'agres-
« seur dans un combat où le vainqueur et le vaincu sont
« moins ennemis que complices? »

Ce sont là les cas ordinaires. Mais le combat est quelquefois sérieux et l'agression coupable bien caractérisée. N'a-
tion pas vu de jeunes filles entraînées au désordre dès le
plus jeune âge, éloignées de leur famille et livrées sans défense à des hommes que leur fortune mettait à même de
soudoyer les artifices du plus dangereux proxénétisme;
d'autres vendues par leurs parents eux-mêmes, par un père,
une mère indigne de ce nom (1)?

Un chef d'industrie, un homme riche et haut placé, s'il
abuse de sa position vis-à-vis d'une femme qui se trouve
dans sa dépendance, qui cède à ses obsessions parce qu'il tient
dans ses mains son sort et peut-être celui de toute sa famille,
n'exerce-t-il pas sur sa victime une pression qui altère au
suprême degré la volonté de celle-ci ; une violence qui, pour
être purement morale, n'en constitue pas moins une
atteinte profonde à sa liberté?

Les manœuvres de tout genre, les artifices coupables pour
arriver à ce but criminel n'entrent-ils pas dans les prévisions
du législateur? Qu'on se reporte aux art. 354, 355 et 356,
C. pén., on y verra la peine de la réclusion appliquée au détournement de mineurs opéré par *fraude* ou *violence*. Celle
des travaux forcés est prononcée contre l'individu qui a enlevé ainsi une fille au-dessous de seize ans, car le but du ravisseur est toujours, en pareil cas, d'abuser de sa personne
ou de forcer ses parents à consentir à un mariage (2).

Par cela seul d'ailleurs qu'une fille de cet âge se trouve à
la discrétion d'un homme qui a eu l'audace de s'en emparer
par de semblables moyens, il est évident que son honneur
et son innocence courent les plus grands dangers, et cette
considération suffit pour justifier la disposition de la loi.

L'art. 355, comme l'art. 354, suppose la violence ou la
fraude, c'est-à-dire des machinations coupables, « des pro-

---

(1) Voir l'espèce d'un arrêt de la Cour de cassation du 10 nov. 1860,
S. 61.1.198.
(2) Faustin Hélie, t. 6, p. 398, Exposé des motifs du Code pénal.

« messes fallacieuses, des piéges tendus à l'inexpérience de
« la jeunesse, la corruption pratiquée à l'égard de ceux aux-
« quels la jeune fille est confiée, pour se la faire livrer. » (1)

Mais aux termes de l'art. 356, cette peine serait encore
applicable quand même la fille au-dessous de seize ans aurait
consenti à son enlèvement ou suivi volontairement le ravisseur, si ce dernier est majeur de vingt et un ans.

C'est ici le cas de séduction personnelle accompagnée des
faits d'enlèvement et de détournement. Mais à raison du
jeune âge de la victime, la loi ne tient aucun compte de ce
consentement. Il est aussi arraché à la timidité, ou surpris à
la crédulité, aux illusions qu'il est si facile de faire naître
dans de jeunes esprits.

Or nous le demandons, ces *fraudes* employées vis-à-vis
d'une mineure, la séduction et l'enlèvement dans les conditions prévues par l'art. 356, donneront-elles ouverture à l'action publique seulement, pour l'application de la peine, et la
malheureuse fille déshonorée par un audacieux libertin,
n'aura-t-elle droit à aucune réparation, si dans un moment
de faiblesse et d'oubli elle a cédé d'une manière plus ou
moins libre et spontanée aux obsessions de son séducteur?

La jurisprudence trouve dans une promesse de mariage
qui n'a pas été tenue un fait constitutif de cette espèce de
fraude et donnant droit à réclamer l'application de l'art. 1382.

C'est aller bien loin peut-être que d'accorder à une simple promesse des effets aussi étendus et de généraliser en
quelque sorte le principe de l'action comme semblent le faire
aujourd'hui les tribunaux.

Une promesse de mariage n'est pas le mariage, et quelles
que soient sa jeunesse et son inexpérience, la fille qui s'abandonne avant le temps à celui qui n'est pas encore son époux,
que mille événements indépendants de sa volonté peuvent
empêcher de le devenir, cette fille qui fait bon marché de
sa pudeur, est assurément coupable aux yeux de la loi civile
comme de la morale et de la religion. Si des moyens plus
sérieux n'ont pas été mis en œuvre pour la tromper et l'engager dans une voie fatale où elle doit presque nécessairement succomber, il est difficile de voir en elle une victime
irresponsable. Le piége est grossier, ou plutôt, en admettant même la sincérité de la promesse au moment où elle a

_____

(1) Faustin Hélie, *Th. du C. pén.*, t. 6, p. 374.

été faite, en admettant que la personne à laquelle elle est adressée ait eu les motifs les plus plausibles pour croire à sa réalisation, l'espoir et la volonté du mariage subséquent ne nous semblent pas de nature à couvrir suffisamment la *faute* de la femme abusée. Faut-il donc venir à son secours, consacrer les conséquences de ses désordres et lui permettre d'exploiter en quelque sorte sa faute pour s'assurer les moyens d'une existence plus ou moins facile?

Il faut à mon sens quelque chose de plus qu'une promesse pure et simple de mariage. Il faut des manœuvres assez caractérisées pour constituer un *dol*, pour que l'oubli des lois de la pudeur par la fille séduite ne puisse pas être considéré comme libre et spontané. Autrement, sa participation à la faute la rendrait non recevable à s'en plaindre; on lui dirait avec raison : *Volenti non fit injuria.*

Au contraire, dans des espèces semblables à celles que nous posions tout à l'heure, en présence de ces manœuvres odieuses, de cette pression puissante d'autant plus irrésistible qu'elle s'exerce sur un être plus jeune et plus dépourvu d'expérience, comment mettre en parallèle la faute du libertin et celle de sa victime, les balancer l'une par l'autre et répondre encore à la demande d'indemnité formée par celle-ci : « Vous l'avez voulu ? »

N'est-ce pas outrer la sévérité que de rejeter inévitablement dans l'abîme de la misère et de la honte celle qu'un habile roué, un égoïste et froid calculateur aura fait tomber dans ses piéges et qu'il abandonne sans regret pour passer à l'objet d'un nouveau caprice? Sans doute, il faut que le désordre ait son châtiment, mais dans des proportions équitables, et des faits exceptionnels exigent une dérogation aux règles générales.

Ce que nous contestons, c'est qu'il y ait une fin de nonrecevoir absolue à une action de ce genre.

La morale n'est-elle donc à l'usage que du sexe le plus faible?

Les mœurs publiques n'auraient-elles pas aussi quelque chose à gagner, si l'on pouvait moins facilement se faire un jeu de l'innocence d'une femme? Nous sommes de ceux qui le pensent ainsi.

Pour nous, il est certain qu'on hésiterait souvent à établir ces coupables liaisons si l'on savait que le déshonneur de la jeune fille que l'on entraîne au désordre, les charges, la misère peut-être qu'on lui impose en la rendant mère, en la détournant d'un travail honnête et régulier, ne se paieront pas seulement avec des largesses volontaires dont on se fatigue bien vite, mais pourront lui donner droit à des réparations sérieuses.

La vie privée, dit-on, ne doit pas être si facilement exposée au grand jour. Il faut laisser faire ce qu'on ne peut empêcher sans compromettre les intérêts sociaux et la moralité publique.

D'accord. Il faut éviter tout scandale inutile; c'est aussi ce qu'a voulu la loi. C'est pour cela qu'elle s'abstient de prononcer une peine contre la simple séduction, contre l'outrage à la pudeur dépourvu de publicité et d'autres actes de débauche que des poursuites criminelles ne parviendraient pas ordinairement à atteindre et surtout à réprimer efficacement; c'est par cette raison encore qu'elle ne prononce pas la nullité des donations entre concubins, car l'intérêt social n'y est pas suffisamment engagé.

Elle interdit enfin la recherche de la paternité, parce que la preuve n'en peut être faite avec assez de certitude.

Les moyens de preuve auxquels il faudrait recourir dans ces différentes hypothèses auraient plus d'inconvénients que la preuve acquise, dans quelques cas, ne présenterait d'avantages.

Mais quand un résultat juste, important, sérieux, peut être acquis avec certitude, le législateur ne s'effraye pas du scandale. C'est alors un mal nécessaire que l'on subit, mais devant lequel il n'y a pas lieu de reculer.

Ainsi le viol, l'adultère, le proxénétisme sont des délits trop graves pour être impunis; la loi en ordonne la poursuite. La maternité est un fait que l'on peut constater, elle autorise la recherche de la maternité sous la condition d'un commencement de preuve par écrit (art. 341); elle déclare même qu'en cas d'enlèvement, le ravisseur pourra être déclaré père de l'enfant quand la date de la conception se rapportera à celle de cet enlèvement, et ce que le texte de l'article 340 dit formellement du cas d'enlèvement s'applique évidemment au viol, sorte d'enlèvement momentané (1).

La *séduction* est un fait aussi que l'on peut saisir, dont la preuve dès lors ne se confond pas avec une *recherche de pa-*

_____

(1) Demolombe, t. 5, n° 491 ; Delvincourt, t. 1, p. 89, note 7; Toullier, t. 2, n° 941 ; Marcadé, t. 2, art. 340, n° 2 ; Valette sur Proudhon, t. 2, p. 139, note *a*.

ternité pure et simple. La preuve peut donc aussi en être faite, et le scandale n'est pas plus un obstacle en pareille hypothèse que dans les autres cas dont nous venons de parler.

Nous respectons autant que les partisans de l'opinion adverse le principe des art. 335 et 340.

Mais entendons-nous bien sur la portée de ces dispositions.

Sans aucun doute, la recherche de la paternité est interdite, et l'on ne peut, ni directement, ni indirectement établir à l'aide d'une enquête ou d'autres preuves qui constitueraient une recherche de ce genre, des rapports de filiation et des obligations de paternité.

Une reconnaissance même formelle par correspondance ou par acte sous seing privé, l'engagement de subvenir aux besoins des enfants, à leur nourriture, à leur éducation, ne vaudront pas comme preuve de la paternité, comme obligation alimentaire dans le sens de l'art. 762. Cet engagement serait même nul s'il n'était qu'une rémunération de complaisances coupables, un moyen peut-être d'en obtenir des nouvelles; sa cause alors serait illicite et contraire aux bonnes mœurs (art. 1131-1133).

Mais un préjudice a été causé par la séduction, par les relations criminelles qui s'en sont suivies, par leurs conséquences que le défendeur s'attribue. Lui était-il donc interdit de réparer ce préjudice, de s'obliger à cette réparation, de reconnaître l'exactitude des faits qui donnent un droit à l'indemnité?

Ce n'est pas aux enfants que cette indemnité est accordée; c'est à la mère, et par conséquent les règles des successions ne sont pas plus méconnues que celles de la preuve en matière de filiation.

Où donc est la disposition de la loi qui déclare irrecevables une demande en dommages-intérêts et la preuve sur laquelle elle se base?

Comme l'a dit M. Demolombe avec beaucoup de précision et de justesse (1) : « autre chose est la recherche de la pa- « ternité formée par l'*enfant* ou en son nom afin de faire « constater sa filiation et d'en obtenir les effets contre « l'homme qu'il prétend être son père, — autre chose l'ac-

(1) *Recueil des arrêts de la Cour de Caen*, t. 14, p. 586.

« tion en dommages-intérêts formée par la femme pour la
« réparation du préjudice qui lui a été causé. Ces deux ac-
« tions diffèrent sous le double rapport : — 1° des per-
« sonnes qui y figurent : dans l'une, l'enfant seulement
« sans la femme ; dans l'autre, au contraire, la femme,
« sans l'enfant ; — 2° des intérêts qui se débattent : la pre-
« mière ne concerne que *l'état de l'enfant* ; la deuxième,
« tout à fait indépendante de l'état de l'enfant, ne concerne
« que les dommages-intérêts de la femme.

« La première action, sans doute, est défendue par l'art.
« 340, mais la seconde est permise par l'art. 1382 (1). »

C'est ce qu'a jugé la Cour de cassation le 3 janvier 1848 (2),
en décidant que l'aveu fait par un homme qu'une femme
est grosse de ses œuvres et l'obligation de payer une somme
d'argent, soit pour indemniser la femme, soit pour subvenir
aux besoins de l'enfant, ne peuvent être considérés comme
une *reconnaissance* de l'état de l'enfant, mais seulement
comme une convention relative à des intérêts purement
pécuniaires.

C'est ce que la Cour de Caen établit aussi dans son arrêt
du 6 juin 1850.

Si l'on devait s'arrêter à cette crainte d'une déclaration
indirecte de paternité, il faudrait aller jusqu'à soutenir que
la femme, victime d'un viol, ne peut comprendre dans les
réparations qu'elle réclame contre le coupable les conséquences de sa grossesse.

Et pourtant, soit qu'on ne réclame pas pour l'enfant le
bénéfice de l'art. 340 entendu comme nous le faisons (3) et
la déclaration d'une paternité qui aurait sa cause dans un
crime odieux ; soit qu'il fallût décider en droit que l'enfant
né dans de pareilles circonstances n'est rattaché par un lien
juridique de filiation qu'à sa mère seulement s'il n'intervient une reconnaissance régulière de l'auteur du viol,
comment dans tous les cas ne pas tenir compte de la naissance de cet enfant dans les réparations accordées à raison
du crime ?

Ainsi l'objection que l'on tire des art. 335 et 340 n'a
qu'une valeur apparente ; elle ne résiste pas à un examen
approfondi. Dès lors que reste-t-il à l'appui du système con-

---

(1) *Recueil des arrêts de la Cour de Caen*, t. 14, p. 586.
(2) S. 100.
(3) *Suprà*, p. 627. Voir les autorités que nous avons citées.

traire que nous combattons, et comment échapper à l'application de l'art. 1382?

En résumé, l'action en dommages-intérêts formée par la victime d'une séduction nous paraît recevable et fondée, quand il est constaté que l'abandon n'a pas été purement volontaire, qu'il a été le fruit de la surprise, d'une contrainte physique ou morale dont les juges apprécieront la force et la gravité (1). En pareil cas, l'exception de la faute commune ne saurait être légitimement invoquée et former obstacle à la demande.

663. Voilà les règles générales sur l'existence de l'action. Entrons maintenant dans l'examen de quelques-uns des faits qui présentent le caractère d'un quasi-délit et entraînent la responsabilité.

Ces faits sont innombrables et offrent la plus grande variété. Il en est quelques-uns cependant qui se présentent plus fréquemment et qui méritent une attention particulière. Parlons d'abord de faits positifs, de fautes commises par imprudence.

La dénonciation d'un citoyen à l'autorité, comme coupable de quelque crime ou délit, est évidemment l'un des faits les plus préjudiciables pour celui qui en est l'objet, car elle entache l'honneur et peut blesser gravement les intérêts matériels. Si donc elle est reconnue fausse, celui qui en est l'auteur et qui l'a portée avec légèreté, sans examiner de près les imputations qu'il dirigeait, sans s'assurer de leur sincérité, celui-là doit une réparation civile.

Aux termes de l'art. 482, C. comm., lorsqu'une faillite a été déclarée, les syndics, dans la quinzaine de leur entrée ou de leur maintien en fonctions, sont tenus de remettre au juge-commissaire un rapport sur l'état de la faillite, ses principales causes et circonstances et les caractères qu'elle paraît avoir. Dans la faillite d'un sieur N..., les syndics, par suite d'erreurs graves et d'opinions inconsidérées émises sur le caractère de ses opérations, avaient occasionné et provoqué des poursuites criminelles en banqueroute frauduleuse contre le débiteur. Celui-ci fut ensuite acquitté. Il actionna alors

---

(1) *Conf.*, Dijon, 16 avril 1861, D. 61.5.423; Caen, 10 juin 1862, D. 62.2.129; Rej., 26 juill. 1864, D. 64.1.347; Colmar, 31 déc. 1863, D. 65.2.21; Grenoble, 18 mars 1864, D. *ibid.*

ses syndics et les fit condamner envers lui à des dommages-intérêts (1).

Si un individu est arrêté sur la clameur publique, et non plus sur la dénonciation de la victime du délit, il ne peut, dans le cas où il serait acquitté, réclamer contre celle-ci des dommages-intérêts (2). Il n'y a jusqu'ici aucun fait imputable à cette partie.

Supposons maintenant que ce même individu soit mis en accusation et en jugement, et que la partie lésée, figurant au procès comme partie civile, prenne contre lui des conclusions à fin de réparations civiles ; devra-t-elle, dans tous les cas où il y aura acquittement, être condamnée à des dommages-intérêts ?

Le Code d'instruction criminelle en déclarant qu'au cas d'acquittement, le tribunal ou la Cour statueront sur les dommages-intérêts respectivement prétendus, ajoute toujours *s'il y a lieu* (3). Ceci s'applique aussi bien à la demande du prévenu ou accusé qu'à celle de la partie civile. Celle-ci peut n'avoir commis aucune espèce de faute dont l'accusé acquitté puisse se prévaloir. Par exemple, si elle s'est bornée à conclure à fins civiles, pour le cas où l'accusé serait reconnu coupable, s'en rapportant d'ailleurs à la prudence du tribunal sur la question de culpabilité, l'accusé ne peut prétendre qu'il y ait eu dans la poursuite, imprudence, légèreté. Il n'a même éprouvé réellement aucun dommage de la présence, aux débats, de la partie civile. Il n'a donc aucune raison de réclamer des réparations.

664. Une action en justice devant les tribunaux civils, peut, comme les poursuites au criminel, donner lieu à dommages-intérêts, si elle cause un préjudice appréciable, et si elle est reconnue mal fondée.

Ainsi, un huissier a été chargé d'opérer le recouvrement de différentes sommes. Une action en reddition de compte est dirigée contre lui au bout de plusieurs années. On prétend qu'il a négligé ces recouvrements et, dans tous les cas, qu'il n'en a pas justifié à la partie. Cependant l'instruction démontre que le mandat a été fidèlement accompli, que ce compte a été rendu, apuré et soldé. L'huissier a le droit incontestable de réclamer des dommages-intérêts à raison de

---

(1) Rej., 14 déc. 1825, D. 26.1.53.
(2) Paris, 2 mai 1808, Dall., *Oblig.*, p. 783, n° 13, 1re édit.
(3) Art. 159, 191, 212, 229, 366.

cette poursuite légèrement intentée. Elle était de nature à jeter du doute sur sa probité, sur son exactitude, à diminuer la confiance que le public avait en lui ; elle peut éloigner une partie de sa clientèle ; elle a pu surtout lui occasionner un trouble grave dans l'exercice de ses fonctions, l'obliger à des démarches et recherches nombreuses pour arriver à sa justification.

D'un autre côté, il y a eu imprudence et faute de la part du demandeur qui a intenté l'action sans s'être bien assuré de l'exactitude des faits (1).

De même une saisie inutile et frustratoire, qui entrave les opérations du débiteur et nuit à son crédit, donne lieu à une action en réparation (2) ; surtout s'il y a mauvaise foi de la part du créancier et abus caractérisé dans la rigueur des poursuites (3).

Les tribunaux se décideront à cet égard suivant les circonstances qui établiraient l'existence de la faute et celle d'un dommage sérieux (4).

Mais, en règle générale, le fait seul d'avoir soutenu une prétention mal fondée n'entraîne pas d'autre conséquence que la condamnation aux dépens (5). C'est la peine naturelle édictée par la loi contre le plaideur téméraire, ou qui du moins est jugé en définitive s'être trompé sur l'existence de son droit (6), mais qui, après tout, a usé légitimement de la faculté donnée à tous de saisir les tribunaux de leurs contestations.

665. Pour avoir triomphé devant une juridiction inférieure, on n'est pas toujours en droit de se prévaloir de la décision, sans encourir aucune responsabilité. Celui qui a obtenu un jugement de première instance exécutoire par provision n'agit qu'à ses risques et périls, s'il le fait exécuter en présence d'un appel déjà interjeté. La possibilité d'une réformation qui est déjà demandée, doit l'engager à suspendre des poursuites qui seront peut-être reconnues mal fon-

---

(1) V. *anal.* Rej., 23 nov. 1857, D. 58.1.173.
(2) Rej., 16 fév. 1858, D. 128.—*Adde*, Rej., 1er fév. 1864, D. 135.
(3) Rej., 11 nov. 1861, D. 465.
(4) Rej., 23 juin 1857, D. 58.1.106.
(5) Metz, 26 juill. 1866, D. 66.2.229. — *Conf. impl.*, Bordeaux, 6 août 1853, D. 54.2.14 ; Rouen, 21 juin 1856, D. 57.2.102, et Rej., 23 juin 1857, D. 58.1.106.
(6) C. proc., 130.

dées. Si donc le jugement vient à être réformé par des juges supérieurs, il est passible de dommages-intérêts. (1).

Il est vrai que le jugement ayant été déclaré exécutoire par provision, les juges lui ayant donné la faculté de poursuivre immédiatement, cette poursuite, au premier abord, ne paraît pas téméraire.

Mais par cela même qu'il n'a reçu qu'une *faculté* et qu'il lui est permis de s'abstenir, il doit le faire lorsque le jugement est remis en question par un appel dont le résultat est toujours incertain. C'est à lui du moins à peser sérieusement son droit et à subir les conséquences de l'exécution qu'il va consommer. Nul en effet n'est censé ignorer son droit, et celui qui succombe est considéré comme plaideur téméraire.

Il serait cependant rigoureux de condamner dans tous les cas le porteur d'un jugement exécutoire par provision aux dommages-intérêts, pour en avoir fait usage pendant l'instance d'appel. Les circonstances peuvent être exclusives de faute. D'abord y avait-il péril grave en la demeure, pour le cas où le jugement aurait été confirmé, et, au contraire, l'exécution du jugement n'entraînerait-elle qu'un médiocre préjudice pour l'appelant? L'intimé est en grande partie excusable. Puis la question pouvait être très-douteuse, et même paraître résolue par la loi en faveur de celui-ci dans des circonstances telles qu'il a dû être de bonne foi, qu'il a pu légitimement compter sur un succès en appel, car la réformation du jugement n'est peut-être due qu'à l'apparition de documents nouveaux inconnus jusque-là. Des considérations de ce genre peuvent faire disparaître l'imprudence sans laquelle il n'y a pas lieu à responsabilité.

Il en sera de même, à bien plus forte raison, si l'exécution a eu lieu dans les délais de l'appel, mais avant qu'il ait été interjeté, et lorsqu'il était incertain si le jugement de première instance ne serait pas définitif et acquiescé (2).

666. Que faut-il décider à l'égard de celui qui a obtenu un jugement en dernier ressort ou un arrêt souverain, attaqué en cassation, et qui le fait exécuter? Si l'arrêt vient à être cassé, le défendeur au pourvoi peut-il être condamné à des

(1) Bruxelles, 2 juin 1814, Dall., *Oblig.*, p. 791, n° 3, 1re édit.; Rej., 26 avril 1864, D. 303. — *Conf.*, en cas de jugement par défaut, Rej., 3 fév. 1863, D. 163.
(2) V. cependant les deux derniers arrêts cités à la note précédente.

dommages-intérêts pour réparation du préjudice qu'a occasionné l'exécution de l'arrêt.

On comprend qu'ici la situation est très-différente de ce qu'elle était dans l'hypothèse précédente. Celui qui est jugé en dernier ressort et souverainement a tout sujet de se croire bien fondé dans ses poursuites. La loi l'autorise à les exercer, puisque le pourvoi en cassation n'est pas *suspensif*. Le recours en cassation est une voie extraordinaire pour attaquer les jugements, une voie toujours longue et difficile. Il y aurait grand inconvénient dans beaucoup de cas, même pour la partie qui a succombé, à ce que son adversaire laissât sommeiller les droits qui résultent pour lui de l'arrêt souverain qu'il a obtenu.

Aussi les règlements de la Cour de cassation n'autorisent pas formellement l'allocation de dommages-intérêts en faveur du demandeur qui obtient gain de cause.

Mais la signification de l'arrêt d'admission avec assignation devant la chambre civile de la Cour de cassation modifie cette situation. Elle fait suffisamment connaître au défendeur les vices de l'arrêt qu'il a obtenu, et l'on décide dès lors qu'il ne peut plus faire d'actes d'exécution qu'à ses risques et périls. Il est donc exposé, au cas où la cassation serait prononcée, non-seulement à la restitution des sommes principales qu'il se serait fait payer, mais à celle des intérêts du jour de cette notification (1), et, suivant les cas, il pourrait être soumis à de plus amples réparations.

667. Quant au défendeur qui fait rejeter le pourvoi, il obtient contre le demandeur qui succombe, soit qu'il se désiste, soit qu'on le déclare non recevable ou mal fondé, une condamnation à cent cinquante francs d'indemnité, si l'arrêt attaqué était contradictoire, et à soixante-quinze francs s'il était par défaut. En matière criminelle, la partie civile qui succombe dans son pourvoi est également condamnée à l'indemnité de cent cinquante francs (2).

667 *bis*. Le Code de procédure renferme des dispositions semblables en matière de requête civile.

Art. 494. « La requête civile d'aucune partie autre que « celle qui stipule les intérêts de l'État, ne sera reçue, si, « avant que cette requête ait été présentée, il n'a été consi-

---

(1) Cass., 29 avril 1839, D. 160.—*Conf.*, Cass., 8 août 1843, D. 392.
(2) Règl. du 28 juin 1738, art. 35 ; C. instr. crim., 436 ; M. Tarbé, *Lois et régl. à l'usage de la Cour de cass.*, p. 117, 119, 132.

« gné une somme de trois cents francs pour amende et cent
« cinquante francs pour les dommages-intérêts de la partie,
« sans préjudice de plus amples dommages-intérêts s'il y a
« lieu. »

Art. 500. « Le jugement qui rejettera la requête civile,
« condamnera le demandeur à l'amende et aux dommages-
« intérêts ci-dessus fixés, sans préjudice de plus amples
« dommages-intérêts s'il y a lieu. »

667 *ter*. Le bénéfice de l'assistance judiciaire ne dispense
pas l'assisté de la portion de ces consignations établies dans
l'intérêt de la partie adverse. Aux termes de l'art. 14 de la
loi du 22 janvier 1851, il est seulement affranchi des droits
de timbre, d'enregistrement et de greffe et de toute consignation d'amende, ces droits étant établis au profit du Trésor. Mais cette loi ne porte aucune atteinte aux garanties
données au défendeur par rapport à ses dommages-intérêts
éventuels, pour lesquels l'art. 494 exige une consignation de
cent cinquante francs (1).

668. Passons à des fautes de négligence ou d'omission.

Il y a faute de négligence toutes les fois qu'un dommage
est arrivé par l'absence d'une précaution imposée à quelqu'un, soit par la loi ou les règlements de l'autorité, soit par
les règles de sa profession et de son art, soit par celles de la
seule prudence humaine, en supposant, bien entendu, que
cette personne fût tenue de prévenir ou d'empêcher le dommage, comme nous l'avons vu aux numéros 442 et 643 (2).

669. Par la loi et les règlements :

Ainsi, celui qui, ayant construit une forge ou un four
contre le mur de la maison voisine, sans laisser la distance
ou faire les ouvrages intermédiaires prescrits par l'art. 674,
C. Nap., aurait communiqué le feu à cette maison par l'usage
du fourneau mal construit, serait responsable de l'incendie.

Ainsi, le voiturier qui, contrairement à un arrêté pris par
l'autorité, tient la gauche d'une route en marchant dans
l'obscurité, est responsable des accidents qu'il cause (3).

Et de même le changeur astreint par le décret de l'Assemblée constituante du 21 mai 1791 (art. 5, chap. 9, tit. 3), de

_____

(1) Rej., 6 août 1863, D. 462.
(2) *Actiones ab alio patratæ non possunt alteri imputari, nisi quatenus ille potest et tenetur eas moderari.* Puffendorf, *de Off. hom. et
civ.*, liv. 1, chap. 1, § 18 ; Burlamaqui, *Princip. du droit de la nature
et des gens*, 2e part., chap. 10, § 10, nos 1 et 2, t. 2, p. 33.
(3) Cass., 5 juill. 1843, S. 906.

porter sur un double registre tous les articles de sa recette et
les noms des propriétaires des espèces et matières, contrevient à cette disposition lorsqu'il n'inscrit pas un effet au
porteur, par exemple un billet de banque, dont il effectue le
change. Par suite, si ce billet a été volé, cette faute qui le met
vis-à-vis du propriétaire dans l'impossibilité de faire connaître la personne de laquelle il tient cette valeur, engage sa
responsabilité et peut entraîner contre lui, à titre de dommages-intérêts, une condamnation au paiement d'une somme
égale au montant du billet souscrit (1).

670. Par les règles de sa profession ou de son art, soit
qu'il y ait négligence accidentelle ou que l'omission soit le
résultat de l'ignorance de ce que l'on doit savoir.

Ainsi, les maçons, les charpentiers et autres qui élèvent
des matériaux au moyen de machines, doivent avertir les
personnes que leur ouvrage pourrait mettre en péril (2), et
cela quand même ils travailleraient dans une propriété particulière, qui ne joindrait pas la voie publique, pourvu que
l'entrée du lieu où ils travaillent ne fût pas interdite aux
étrangers.—Les couvreurs, quand ils travaillent à un toit,
sont obligés de mettre dans la rue des *défenses* qui avertis-
sent les passants de leur présence (3).

Les adjudicataires de travaux qui s'exécutent dans des rivières navigables, doivent les signaler par des balises placées
de manière à indiquer leur étendue sous les eaux.—En 1808,
les constructeurs du pont d'Austerlitz, dont les piles encore
inachevées avaient été couvertes par les eaux, furent déclarés
responsables de la perte d'un bateau, naufragé contre une de
ces piles, parce qu'elles n'avaient pas été suffisamment signa-
lées aux navigateurs (4).

671. C'est sur le principe posé au numéro précédent qu'est
fondée la responsabilité des entrepreneurs de constructions et
des architectes.

Leurs rapports avec les propriétaires qui font bâtir dérivent d'un contrat dont les suites sont réglées par les stipulations des parties. A défaut de stipulations expresses, la loi,
dans les art. 1792 et 2270, C. Nap., les fixe de la manière
suivante :

---

(1) Rej., 17 nov. 1856, D. 393.
(2) Domat, liv. 2, t. 8, sect. 4, n° 4.
(3) Merlin, vis *Couvreur* et *Blessé*, § 3, n° 1.
(4) Décr. du Cons. d'Etat, 24 juin 1808, S. 16.2.357.

Art. 1792. « Si l'édifice construit à prix fait, périt en tout
« ou en partie, par le vice de la construction, même par le
« vice du sol, les architectes et entrepreneurs en sont respon-
« sables pendant dix ans. »

Art. 2270. « Après dix ans, l'architecte et les entrepre-
« neurs sont déchargés de la garantie des gros ouvrages
« qu'ils ont faits ou dirigés. »

671 *bis*. Ces deux articles ne renferment au fond qu'une
application des principes généraux posés dans les art. 1382
et 1383, et aussi dans l'art. 1142, C. Nap. Ils ont principalement pour objet de fixer la durée de la responsabilité ; cependant ils apportent une certaine extension aux règles ordinaires sur le fond.

Aux termes du premier, les constructeurs répondent pendant dix ans de la ruine de l'édifice construit *à prix fait*,
lorsqu'elle résulte des vices du sol ou de ceux de la construction. Puis l'art. 2270 complète l'art. 1792 en déclarant que
la même garantie s'étend aux gros ouvrages que les architectes et entrepreneurs ont faits ou dirigés.—Il ne reproduit
pas les mots *à prix fait;* ainsi, peu importe qu'il s'agisse
d'un édifice construit moyennant une somme déterminée,
ou dont le prix se règle par l'étendue des travaux ; peu importe encore qu'il s'agisse d'un bâtiment entier ou de travaux partiels, pourvu qu'ils soient assez importants pour recevoir la qualification de *gros ouvrages*, des parties de mur,
un puits, un canal (1), par exemple, ou même de simples re-
constructions (2), si elles portent sur les parties maîtresses de
l'œuvre ; (3) quand la ruine ou les désordres qui se manifestent proviennent d'une faute du constructeur, il en doit
garantie pendant dix ans. La réception des travaux ne suffit
pas pour l'en affranchir (4).

671 *ter*. La responsabilité dans tous les cas suppose, comme
nous venons de le rappeler, une faute du constructeur. Toutefois une distinction est à faire ; elle résulte du texte de l'art.

---

(1) Paris, 2 juill. 1828, S. 28.2.316 ; Rej., 1er fév. 1830, D. 128 ;
Cass., 19 mai 1851, S. 393. *Conf.*, pour un pont, Dijon, 13 mai 1862, S.
62.2.548, et pour une machine hydraulique, dans une usine, Rej., 10
mai 1869, S. 317 ; Troplong, *Louage*, nos 1000 et suiv. ; Duvergier,
Louage, t. 2, no 353.

(2) Troplong, no 1000.

(3) Amiens, 29 mai 1871, *Droit* du 7 juin. V. C. Nap., 606.

(4) V. no 675 et aussi nos 745 et 746, quant à la durée de l'action vis-
à-vis des tiers.

1792 rapproché de celui de l'art. 2270 et de la nature même des choses.

S'il s'agit d'un édifice construit à prix fait, la responsabilité de l'architecte ou de l'entrepreneur a lieu de plein droit en vertu de l'art. 1792. D'après l'interprétation que donne à cette disposition la jurisprudence, le propriétaire n'est point tenu de prouver l'existence d'une faute de leur part ; cette faute est présumée par la loi (1), et le constructeur ne peut s'exonérer qu'en démontrant que la ruine de l'édifice résulte d'un cas de force majeure (2).

Si maintenant la construction a eu lieu en régie, à la tâche ou à la journée, avec des matériaux fournis ou non par le propriétaire, en un mot quand il n'existe pas de *marché à forfait* entre ce dernier et l'entrepreneur, c'est le cas de l'art. 2270. La responsabilité des vices du sol, du plan ou de la construction pèse sans doute encore sur l'architecte et l'entrepreneur (3), mais la faute de l'un ou de l'autre doit être prouvée contre lui suivant le droit commun (4).

La raison de cette différence se conçoit facilement. Lorsque l'édifice est construit à prix fait, l'entrepreneur est intéressé à économiser le plus possible sur les fournitures et la main-d'œuvre. Il est donc porté à commettre des mal-façons, des fraudes ou du moins des imprudences dans la construction. Le vice du sol lui-même est mis à sa charge parce que c'est à l'homme de l'art qu'il appartient de le constater et d'éclairer à cet égard le propriétaire (5), et qu'il pourrait au contraire chercher à lui faire illusion et l'engager à bâtir au grand danger de ses intérêts et même du public.

Ces inconvénients sont moins à craindre quand le constructeur travaille en régie, et qu'il est payé d'après l'étendue des travaux. Aussi dans cette hypothèse, à laquelle se réfère l'art. 2270, le droit commun conserve son empire ; c'est au

---

(1) Rej., 12 nov. 1844, S. 45.1.180; Cass , 15 juin 1863, S. 409; Paris, 29 avril 1864, S. 64.2.153. — *Conf.*, M. Bourguignat, notes à la suite de ces deux derniers arrêts et sur un arrêt de rej., ch. des req., 1er déc. 1868, S. 69.1.97.

(2) Voyez en un exemple dans l'espèce d'un arrêt de Paris du 29 avril 1864, S 64.2.153.

(3) Cass., 20 nov. 1817, S. 19.1.102 et *Coll. nouv.*, 5.1.386; Pau, 13 mars 1845, S. 45.2.408; Rej . 12 fév. 1850, S. 51.1.97, D. 50.1.311.

(4) Mêmes arrêts; Rej., 12 nov. 1844, et Cass., 15 juin 1863, cités note 1.—*Contrà*, M. Troplong, n° 1005.

(5) M. Troplong. n°s 994 à 996.

demandeur à prouver la faute de celui dont il invoque la responsabilité.

672. La faute du constructeur peut se manifester dans deux ordres de faits :

1° L'inobservation des règles de l'art, ce qui embrasse tous les défauts de construction, vices du sol, vices du plan, malfaçons ;

2° L'inobservation des lois et règlements du voisinage, par exemple, le fait d'avoir bâti contre la propriété d'autrui sans avoir pris les précautions indiquées par l'art. 674, C. Nap., ou surchargé outre mesure un mur mitoyen (1).

La responsabilité a lieu dans les deux cas. Les auteurs sont unanimes sur ce point (2).

673. Cette responsabilité s'applique à tout constructeur qui n'est pas l'agent passif du propriétaire ou de celui qui le remplace. A la vérité, l'art. 1792 parle d'un entrepreneur de profession et d'un architecte qui construit également à l'entreprise ; mais nous avons vu, il n'y a qu'un instant, que cette disposition trouve son complément dans celle de l'art. 2270, quant à la nature du contrat ou des ouvrages, et que toutes deux ont leur source dans les art. 1382, 1383 et les principes généraux des obligations contractuelles (3) ; l'article 1792 établissant seulement, au cas spécial qu'il prévoit, une présomption contre le constructeur qui n'existe pas de plein droit dans les autres.

Ainsi la preuve de la faute étant supposée faite, ce serait assez que le plan de l'architecte eût été suivi pour le rendre responsable, encore qu'il n'ait pas été chargé d'en surveiller l'exécution, si c'était le plan lui-même qui fût défectueux et qui eût donné lieu au dommage (4).

L'architecte pourrait être ainsi tenu des infractions aux lois de police et du voisinage qui résulteraient des plans. — Ce ne serait pas l'entrepreneur qui encourrait la responsabilité, car il ne doit que suivre fidèlement les plans et n'a pas mission de les rectifier (5).

673 bis. Il chercherait en vain à se mettre à l'abri en

(1) Bordeaux, 21 avril 1864, S. 64 2.219.
(2) Lepage, *Lois des bâtim.*, t. 2, p. 15 et suiv. ; MM. Fremy de Ligneville, *Législ. des bâtim.*, t. 1, p. 91 ; Zachariæ, t. 3, p. 48 ; Troplong, *Louage*, t. 3, n° 1012 ; Duvergier, *Louage*, t. 2, n° 361.
(3) Rej., 1er fév. 1830, D. 128.
(4) M. Troplong, *Louage*, n° 1002.
(5) Paris, 29 avril 1864, S. 64.2.153.

alléguant qu'il n'a fait que se conformer aux instructions et
même aux ordres exprès du propriétaire. Le constructeur,
ayant des connaissances spéciales, doit éclairer le propriétaire, et si ce dernier persistait à vouloir bâtir dans de mauvaises conditions, lui refuser son concours. — Cette obligation du constructeur a été formellement constatée lors de la
discussion au Conseil d'Etat de l'art. 1792 (115 du projet).
Cet article, dans sa rédaction primitive, était ainsi conçu :
« Si l'édifice donné à prix fait périt par le vice du sol, l'ar-
« chitecte en est responsable, *à moins qu'il ne prouve avoir*
« *fait au maître les représentations convenables pour le*
« *dissuader d'y bâtir.* »
Mais la section de législation du Conseil d'Etat retrancha,
après examen, ces derniers mots, et dans la séance du 14 nivôse an 12, M. Tronchet en donna la raison en disant : « c'est
que l'architecte ne doit pas suivre les caprices d'un propriétaire assez insensé pour compromettre sa sûreté personnelle
en même temps que la sûreté publique. »
Sur l'insistance du consul Cambacérès, « M. Réal observe
que les architectes, pour déterminer les propriétaires à construire, cherchent ordinairement à leur persuader que la dé-
pense sera modique. Peut-être y a-t-il lieu de craindre, si on
leur fournit un moyen de ne pas répondre des mauvaises
constructions, qu'ils ne prennent plus aucun soin de rendre
les édifices solides. — M. Treilhard dit qu'il n'y a aucun inconvénient à être sévère à l'égard de l'architecte, car le propriétaire ne connaît pas les règles de la construction ; c'est à
l'architecte à l'en instruire et à ne pas s'en écarter par une
complaisance condamnable. » (1)
Il y a donc ici un principe établi dans un intérêt général
et qui touche à l'ordre public, des conséquences duquel le
constructeur ne peut s'affranchir même par une stipulation
expresse (2).
673 *ter.* Il demeure donc responsable encore bien que le
propriétaire ait lui-même pris part à la direction des travaux,
fourni tout ou partie des matériaux, indiqué l'emploi de telle

---

(1) Fenet, *Trav. prép. du C. Nap.*, t. 14, p. 263. — V. aussi t. 4,
p. 211 et 616.—Locré, *Lég. civ.*, t. 14, p. 363 et s.; Troplong, *Louage*,
nos 995 et s.; Duvergier, t. 2, no 351 ; Zachariæ, Ed. Aubry et Rau, t. 3,
no 374 ; Bourguignat, note sous Rej., 1er déc. 1868, S. 69.S.97 ; Rej.,
10 fév. 1835, D. 130, S. 174; Paris, 5 mars 1863, S. 63.2.92.
(2) M. Troplong, no 995.

pierre ou de tel métal (1). Son devoir est de résister à ce que M. Tronchet appelait les caprices insensés du maître.

La Cour de cassation a néanmoins jugé, à la date du 1ᵉʳ décembre 1868, que la responsabilité pouvait, en pareil cas, se diviser, si la construction n'avait pas lieu à *prix fait*. De cette circonstance, suivant l'arrêt, il résulterait que l'art. 1792, *non plus que l'art.* 2270, n'étaient applicables à l'espèce et que les parties restaient soumises au droit commun de l'art. 1382 du même Code. Et attendu qu'il était constaté en fait que les vices de construction étaient imputables partie à la faute des propriétaires, partie à celle des architectes, la chambre des requêtes maintint la décision qui répartissait entre eux les condamnations (2).

Cet arrêt a été critiqué (3), et avec juste raison selon nous. Nous avons dit plus haut en quoi l'art. 1792, qui régit les entreprises à forfait, diffère de l'art. 2270, lequel prévoit tous les autres marchés. Le premier établit une présomption légale de faute contre le constructeur, qui n'existe pas dans l'hypothèse prévue par le second. — Mais quand la faute est constatée, les vices du plan et de la construction restent à la charge exclusive du constructeur. Nous venons d'en donner les raisons; elles s'appliquent avec la même force dans les deux cas. L'homme de l'art ne doit pas accepter la direction erronée du propriétaire, et la loi ne l'admet pas à faire valoir une pareille excuse. — La chambre des requêtes avait d'autant moins de raison de s'écarter de la jurisprudence antérieure consacrée par les arrêts cités plus haut (n° 671 *ter*), que, dans l'espèce, les travaux avaient été faits et dirigés par un architecte proprement dit et non par un simple entrepreneur.

Car nous admettrions que, dans certaines circonstances spéciales, alors que le propriétaire posséderait les connaissances nécessaires pour faire les fonctions d'architecte et que l'entrepreneur ne serait qu'un simple artisan, travaillant d'après ses plans et sous ses ordres, la solution fût différente. En ce cas, on serait réellement en dehors des prévisions de la loi, et les rapports du constructeur avec le maître seraient ceux de l'entrepreneur ou du tâcheron avec l'archi-

---

(1) Bourges, 13 août 1841, D. 42.2.56; Paris, 5 mars 1863, S.63.2.92; Bastia, 7 mars 1854, S. 54.2.165, *J. du Pal.*, 54.2.341.
(2) Rej., 1ᵉʳ déc. 1868, S. 69.1.97.
(3) V. les notes à la suite de cet arrêt, Sir., *loc. cit.*

tecte, auquel il est subordonné, l'un répondant seulement de
la main-d'œuvre, l'autre des plans et de l'observation des
règles de l'art.

674. Si l'architecte est chargé de présider à l'exécution,
de surveiller le travail de l'entrepreneur, il peut être tenu de
toutes les suites de la négligence qu'il apporterait dans ses
fonctions. Ainsi, soit que le plan n'ait pas été fidèlement
exécuté, et qu'il en soit résulté des vices de construction, soit
que l'entrepreneur ait fourni de mauvais matériaux, soit
qu'il existe des malfaçons, ceux qui souffrent des inconvénients qui en résultent ont action contre l'architecte.

Nous pensons, toutefois, que la responsabilité de celui-ci
n'est pas absolue, comme on pourrait l'induire des expressions de l'art. 2270.

Dès qu'il s'agit de faits qui sont personnels à l'entrepreneur ou à ses ouvriers, ce qui est la même chose, l'architecte n'étant tenu qu'à l'inspection et à la surveillance générales, il faut rechercher s'il a exercé convenablement cette
surveillance. A-t-il donné les ordres nécessaires pour éviter
les malfaçons, a-t-il signalé le vice des matériaux au propriétaire, sa responsabilité doit être à couvert.

Dans le cas contraire, elle est engagée, mais non d'une
manière complète et principale.

L'obligé principal, c'est l'agent direct du dommage, c'est
l'entrepreneur, l'ouvrier qui, par fraude ou négligence, aura
mal exécuté l'ouvrage qui lui était confié. La cause immédiate du dommage, c'est son fait. C'est donc lui qui doit en
fournir la réparation. La négligence de l'architecte n'est
qu'une chose secondaire et accessoire. Il ne doit donc être
tenu que subsidiairement, comme une caution, et en cas
d'insolvabilité du débiteur principal (1).

Les circonstances, néanmoins, peuvent modifier cette solution. Les faits constitutifs de la faute peuvent être tellement
indivisibles qu'il y ait lieu de prononcer contre l'architecte et
l'entrepreneur une condamnation solidaire (2).

En cela, nous n'allons pas aussi loin que l'auteur du
Traité de la législation des bâtiments, d'après lequel la solidarité devrait toujours être prononcée. « Il y a, dit-il, faute
de direction de la part de l'un, et faute d'exécution de la part

---

(1) *Conf.*, Ord. Cons. d'Etat, 20 juin 1837, D. 38.3.82, et Décr. Cons.
d'Etat, 9 mars 1854, D. 54.3.61.
(2) Décr. Cons. d'Etat, 11 mai 1854, D. 54.3.61, 2ᵉ esp.

de l'autre. Chacun est l'auteur de la totalité du dommage, en ce qu'il pouvait l'empêcher en s'y opposant. Le propriétaire peut en demander compte à l'un ou à l'autre, ou à tous les deux à la fois ; dès lors la responsabilité est solidaire. La solidarité ressort ici de la nature même du fait, qui est indivisible, imputable en entier à chacun, et qui est un quasi-délit » (1).

Cette décision nous paraît exagérer la portée d'application d'un principe vrai, que nous avons adopté et développé nous-même dans plusieurs chapitres de cet ouvrage.

La solidarité en matière de délits et quasi-délits a lieu, en effet, quand le même fait est imputable à plusieurs d'une manière indivisible (2).

Mais est-il vrai que le fait de l'entrepreneur qui a commis des malfaçons ou employé sciemment de mauvais matériaux, et le fait de l'architecte qui ne l'a pas suffisamment surveillé soient indivisibles ; que la cause du dommage se trouve indifféremment, et au même degré, dans le fait de l'un et de l'autre, sans que l'on puisse établir auquel des deux il se rapporte, et dans quelle proportion ? Nous ne le pensons pas ; et c'est pourtant ce qu'il faudrait établir pour qu'il y eût, dans tous les cas, solidarité.

Chacun, dit-on, est l'auteur de la totalité du dommage, en ce qu'il pouvait l'empêcher en s'y opposant.

Oui, sans doute ; aussi admettons-nous que l'architecte sera tenu pour le tout en cas d'insolvabilité de l'entrepreneur.

Mais n'y a-t-il pas un auteur principal du dommage qui est l'entrepreneur, dont le fait est parfaitement distinct, parfaitement divisible de celui de l'architecte, dont l'obligation peut être mesurée dans toute son étendue, indépendamment de celle qui incombe à ce dernier ?

Assurément, on ne le niera pas. L'entrepreneur est l'agent direct, immédiat du dommage, et du dommage entier. L'architecte a seulement omis de l'empêcher en exerçant une surveillance plus exacte. L'un doit encourir la responsabilité principale, l'autre une responsabilité subsidiaire et accessoire.

Qu'on lise attentivement les arrêts de la Cour de cassa-

---

(1) T. 1, p. 106, n° 111.
(2) V. n°ˢ 473 et suiv., 704 et suiv.

tion, invoqués par l'estimable auteur que nous combattons, et sur lesquels nous nous appuyons nous-même dans les deux chapitres où nous traitons de la solidarité, et l'on verra qu'ils ne conduisent pas à la solution rigoureuse que nous repoussons.

Au reste, qu'il y ait ou non solidarité, l'architecte aurait incontestablement son recours contre l'entrepreneur qui serait l'auteur principal et direct des vices de construction. Mais il est évident qu'il y a un grand intérêt pour l'architecte à ne pas être condamné solidairement, à cause des conséquences exceptionnelles qui résultent de ce mode d'obligation (1).

674 *bis*. Réciproquement l'entrepreneur, bien que les art. 1792 et 2270 semblent les mettre sur la même ligne, ne sera pas toujours tenu comme l'architecte et avec lui. Si l'entrepreneur agit seul et remplit à la fois le double rôle de l'auteur des plans et de maître de l'œuvre, il encourt une responsabilité pleine et entière, suivant les distinctions indiquées nᵒˢ 671 à 671 *ter*. Mais en dehors de cette hypothèse, chacun de ceux qui concourent à une construction ne répond que dans la mesure de ses obligations.

Ainsi l'entrepreneur, quand il est subordonné à un architecte et ne fait qu'exécuter ses plans, n'est pas en général responsable du vice des plans, ainsi que nous l'avons déjà dit (2).

La Cour de cassation a cependant jugé, le 4 mars 1839 (3), qu'en pareil cas un entrepreneur avait pu être déclaré garant. Mais pourquoi? Parce que, dans l'espèce, connaissant les défauts du plan, il avait cependant consenti à l'exécuter sans modification et qu'ainsi il se l'était réellement approprié. — Il en est alors comme du cas où un architecte se chargerait de diriger l'exécution du plan vicieux dressé par un autre.

Mais nous supposons, au contraire, un entrepreneur qui n'agit que sous la direction qui lui est donnée, sans pouvoir apprécier les questions d'art.

A plus forte raison, doit-on déclarer un simple surveillant

---

(1) V. C. Nap., 1206 et 1207.
(2) V. nᵒ 673; Paris, 29 avril 1864, S. 64.2.153.
(3) S. 1839.1.180.

de travaux responsable seulement de la main-d'œuvre et de la bonne exécution des détails (1).

675. Ce n'est pas seulement vis-à-vis du propriétaire qui les emploie que les auteurs d'une construction encourent la responsabilité de leur œuvre ; c'est encore vis-à-vis des tiers avec lesquels ils n'ont pas contracté. Par exemple, qu'un incendie se déclare dans une maison par suite du vice de construction d'une cheminée, nul doute que le locataire incendié n'ait une action directe contre l'architecte par la faute de qui ce sinistre est arrivé. Il n'est pas tenu de s'adresser d'abord au propriétaire. Il a droit d'invoquer les art. 1382 et 1383 contre l'auteur primitif du dommage (2).

La faute de celui-ci ne peut pas être, en pareil cas, appréciée d'une façon moins rigoureuse que s'il avait à se défendre de l'action du propriétaire. C'est plutôt le contraire qui serait vrai (3). Par conséquent les tiers peuvent, sans difficulté, invoquer les dispositions des art. 1792 et 2270, bien qu'ils aient été édictés spécialement en vue des propriétaires. Il y a même raison dans les deux cas.

675 *bis*. Le constructeur ne peut se mettre à l'abri de l'action des tiers en alléguant qu'il n'a fait que se conformer aux ordres du propriétaire, lorsqu'il s'agit d'une contravention aux règles de l'art et aux règlements de police relatifs à la solidité et à la sécurité des bâtiments, en un mot à tout ce qui intéresse l'ordre public. Un architecte doit se refuser à exécuter des ordres pareils, nous l'avons dit en ce qui concerne ses rapports avec le propriétaire lui-même (4).

S'il s'agit d'une infraction aux lois du voisinage, qui n'intéresse que l'ordre privé, comme si une fosse d'aisances a été construite contre le mur du voisin ; si une fenêtre a été ouverte sur son héritage plus près que la loi ne le permet, le constructeur peut se faire décharger même vis-à-vis du voisin, en prouvant que le propriétaire lui a donné des ordres exprès en se chargeant de la responsabilité, car celui-ci peut transiger avec le réclamant, et peut-être aussi a-t-il à faire valoir un droit de servitude qui rendrait légitime cette dérogation à la loi (5).

---

(1) Rej., 1ᵉʳ fév. 1830, D. 128.
(2) V. M. Frémy de Ligneville, *Lég. des bâtim.*, t. 1, p. 89.
(3) V. *suprà*, n° 655.
(4) V. n° 675 *bis*, et *Cons.* Bordeaux, 21 avril 1864, S. 64.2.219.
(5) *Conf.*, M. Frémy de Ligneville, p. 92 et 93.

675 *ter*. Sous le nom d'architecte il faut comprendre tous ceux qui, à un titre quelconque, en remplissent les fonctions.

Ainsi les ingénieurs des ponts et chaussées peuvent être chargés, sur la demande du préfet et avec l'autorisation du directeur général, d'exécuter ou de diriger des travaux étrangers au service des ponts et chaussées proprement dit, mais dépendant de l'administration publique, de celle des départements et des communes (1). En pareil cas, l'ingénieur remplissant effectivement les fonctions d'architecte pour le plan et la direction des travaux, doit encourir la même responsabilité. Les règles ci-dessus lui sont applicables (2).

Il faut même remarquer que l'approbation donnée aux plans par l'autorité administrative ne déchargerait pas toujours leur auteur de la garantie qui lui est imposée. Cette approbation peut avoir été donnée seulement au point de vue monumental et économique (3). La solution dépendra ici des faits particuliers.

675 *quater*. Toute responsabilité disparaît devant la force majeure. L'architecte sera déchargé s'il démontre que la ruine ou les désordres de l'édifice tiennent à des causes qu'il ne pouvait ni prévoir ni empêcher. On l'a décidé ainsi dans une espèce où il fut reconnu que d'anciennes carrières inconnues, dont rien ne rappelait l'existence, se trouvaient à proximité des constructions, plus bas que le banc de roche sur lequel elles étaient assises, et avaient été la cause des dégradations (4).

675 *quinquiès*. En ce qui concerne la nature des travaux, les art. 1792 et 2270 restreignent la garantie du constructeur aux édifices proprement dits et aux gros ouvrages de construction ou reconstruction (5).

Il ne faudrait pas en conclure que le constructeur est affranchi de la responsabilité à l'égard de tout autre travail. D'abord, les art. 1792 et 2270 sont faits principalement pour régler les rapports de l'ouvrier avec celui qui l'emploie; ils ne peuvent modifier l'application réclamée par les tiers des principes sur les engagements qui se forment sans conven-

---

(1) Décret du 7 fructidor an 12, art. 13.
(2) M. Cotelle, *Dr. adm.*, 3ᵉ éd., t. 4, p. 623, nᵒ 1159; *Arg.* Cons. d'État, 30 juill. 1863, D. 64.3.107.
(3) *Arg.* Rej., 8 mars 1867, D. 461.
(4) Paris, 29 avril 1864, S. 64.2.153.
(5) M. Troplong, *Louage*, nᵒ 1000; et *suprà*, nᵒ 671 *bis*.

tion. Puis remarquez qu'ils ont pour but de définir les travaux soumis à la garantie particulière de dix ans. C'est surtout en vue de cette garantie et de la prescription décennale qui lui est propre, que ces deux articles s'occupent de la nature des travaux. Vis-à-vis du propriétaire comme vis-à-vis de tout autre, l'ouvrier ou l'architecte est assurément responsable de tout ce qu'il a exécuté ou dirigé. Mais pour les menus ouvrages, la garantie ne se prolonge pas pendant dix ans. Elle est purgée par la réception des travaux (1).

Cette réception, chacun le conçoit aisément, n'est encore que la suite du contrat intervenu entre les constructeurs et le propriétaire. Elle n'a point d'effet vis-à-vis des tiers.

Dans tous les cas, il est certain que les restrictions de l'art. 2270, quant à la nature des travaux dont les constructeurs sont déclarés garants, n'ont aucune influence sur les réclamations de ceux qui ont souffert un préjudice à raison de ces travaux, et qui demandent une indemnité en dehors de toute convention.

Aussi, la jurisprudence n'a pas hésité à faire application de l'art. 1383 combiné avec ceux que renferme le titre du louage et à en déduire la responsabilité du constructeur, toutes les fois que son œuvre avait été, pour les tiers, l'occasion d'un dommage, à raison des défauts dont elle était entachée. Par exemple, un ouvrier qui, chargé de construire une forge dans une boutique, n'avait pas suivi les règles de l'art, a été déclaré passible des dommages-intérêts réclamés par un voisin qui avait souffert de l'incendie causé par le feu de cette forge (2).

676. La loi romaine donne pour exemple de la faute consistant dans la négligence ou dans l'ignorance de ce que l'on devait savoir, celle du médecin qui aurait causé la mort d'un esclave pour lui avoir mal fait une amputation, ou pour lui avoir administré un remède mal à propos (3).

Cette application du principe de la responsabilité est tout

---

(1) C. Nap., art. 1791.
(2) Paris, 21 déc. 1812, Dall., *Louage.* p. 918, 1ʳᵉ édit.
(3) L. 9, § 5, D. *Locati*; L. 7, § *ult.* et L. 8, D. *Ad leg. Aquil.* — Il y a négligence coupable, engageant la responsabilité, de la part du médecin qui, donnant des soins à un enfant nouveau-né, laisse ignorer à la nourrice de cet enfant la nature contagieuse du mal dont il est atteint, lequel s'est en effet communiqué à la nourrice malgré le traitement prescrit à la fois pour elle et pour l'enfant. Dijon, 14 mai 1868, D. 69. 2.195.

à fait conforme à notre droit. Elle s'étend aux médecins, chirurgiens et sages-femmes (1).

677. La loi du 19 ventôse an 11, sur l'exercice de la médecine, renferme des dispositions spéciales à cet égard.

L'art. 29 porte :

« Les officiers de santé ne pourront pratiquer les grandes
« opérations chirurgicales que sous la surveillance et l'in-
« spection d'un docteur, dans les lieux où celui-ci sera éta-
« bli. Dans le cas d'accidents graves arrivés à la suite d'une
« opération exécutée hors de la surveillance et de l'inspec-
« tion prescrites ci-dessus, il y aura recours en indemnité
« contre l'officier de santé qui s'en sera rendu coupable. »

Il ne résulte pas de là que l'officier de santé qui aurait agi hors de la présence du docteur, dût nécessairement être condamné aux dommages-intérêts, quand même il serait bien prouvé qu'il a pris toutes les précautions nécessaires et qu'il a exécuté l'opération suivant les règles de l'art.

Il n'en résulte pas non plus que celui qui aurait agi avec le concours d'un docteur et le docteur personnellement, soient affranchis de toute responsabilité.

La loi établit ici une présomption de faute contre l'officier de santé qui a procédé seul. En cas d'accidents graves, la partie lésée n'a rien à prouver ; c'est à l'officier d'établir qu'il n'a rien omis, rien négligé. Cette présomption n'existe pas dans la seconde hypothèse. Mais on peut être admis à prouver que le docteur ou l'officier de santé qui agissait de concert avec lui, ont méconnu les règles de l'art et les procédés les plus sûrs.

Lorsque des actions de ce genre sont portées devant les tribunaux, il est évident que ceux-ci ne doivent pas s'ingérer dans l'appréciation des systèmes et des méthodes scientifiques (2). Le médecin qui exerce en vertu du droit que lui confère la loi, après justification de ses études et de sa capacité, doit agir avec indépendance suivant ses lumières et sa conscience. Les juges d'ailleurs seraient le plus souvent dans l'impossibilité de décider ces sortes de questions. — Mais ils peuvent toujours reconnaître s'il y a eu, de la part du médecin, négligence caractérisée, oubli des précautions que la

(1) Frédéric Taulier, *Th. du Code civ.*, t. 4, p. 588 ; Merlin, *Rép.*, v° *Blessé*, § 3, n° 2.
(2) F. Hélie, *Th. C. pén.*, t. 5, p. 481, 1re éd.; Colmar, 10 juill. 1850, D. 52.2.196 ; Rej., 21 juill. 1862, D. 419.

prudence ordinaire commande (1), des règles admises par tous comme certaines, abandon du malade, etc.

677 *bis*. Mais faut-il restreindre, comme l'a fait un arrêt(2), la responsabilité du médecin au cas de faute lourde constatée à sa charge ? — Cette limitation ne se trouve pas dans la loi. Elle n'est pas écrite dans les art. 1382 et 1383, ainsi que nous l'avons déjà dit (3). — Si l'on veut des analogies, on rencontrera la règle posée dans l'art. 1992 à l'égard du mandataire qui est tenu de la faute légère *in abstracto*. Cependant, on peut dire du mandataire, comme du médecin, qu'il rend avant tout un service, par sentiment d'humanité principalement, d'amitié quelquefois, et que si ce service n'est pas ordinairement gratuit, une rémunération pécuniaire n'en est pas l'équivalent complet. — Le médecin peut donc être tenu, lui aussi, même de la faute légère, mais il faut qu'elle soit certaine et caractérisée. On sait aussi que dans l'appréciation une assez grande latitude est laissée aux tribunaux (4).

677 *ter*. Le médecin peut même être condamné au criminel par application des art. 319 et 320, C. pén., dans certaines circonstances graves (5).

Un médecin traçait la formule d'une ordonnance tout en causant avec plusieurs personnes qui se trouvaient près du malade. Il écrivit par une distraction, suite naturelle de l'entretien : 10 grammes au lieu de 10 gouttes de laudanum. Le malade fut empoisonné. Il y avait assurément là homicide par imprudence.

678. L'art. 33 de la loi du 19 ventôse an 11 dispose, à l'égard des sages-femmes, que, dans les accouchements laborieux, elles ne pourront employer les instruments sans appeler un docteur, ou un médecin ou chirurgien anciennement reçu.

Cette mesure est analogue à celle que renferme l'art. 29 à 'égard des officiers de santé. Elle donne lieu aux mêmes observations.

Il est évident, du reste, que cette responsabilité cesse en cas de force majeure.

(1) Mêmes arrêts.
(2) Metz, 21 mai 1867, D. 67.2.110.
(3) *Suprà*, n° 655.
(4) M. Troplong, *Mandat*, n°s 390, 393.—V. aussi *suprà*, n° 653,
(5) F. Hélie, t. 5, p. 477 et suiv.; Colmar, 10 juill. 1850, D. 52.2.196.

679. C'est sur les mêmes principes qu'on fonde la jurisprudence qui a déclaré les notaires, avoués, huissiers et autres, responsables des négligences et fautes d'ignorance commises dans les actes de leur ministère. La responsabilité de ces officiers est un point fort important, que nous nous proposons de traiter avec étendue dans la suite de cet ouvrage. C'est pourquoi nous ne faisons que l'indiquer ici.

679 *bis*. Que doit-on décider à l'égard des experts?

À Rome, le préteur donnait une action contre l'arpenteur chargé de mesurer les champs, soit pour décider un litige, soit pour fixer le prix d'une vente, ou délimiter le terrain suivant la contenance que le vendeur s'était obligé à fournir à l'acheteur. C'était une action *in factum,* car le contrat intervenant entre l'arpenteur et celui qui l'employait n'était pas considéré comme un louage proprement dit; l'agissement de l'arpenteur constituait un service rendu (1) à raison duquel il recevait un honoraire et non le salaire d'un locateur.

En conséquence, l'arpenteur n'était tenu que de son dol ou de sa faute lourde qui est assimilée au dol (2). Cette responsabilité était jugée suffisante à l'égard d'une personne qui n'était pas obligée par un contrat du droit civil (3). — S'il y avait seulement négligence ou impéritie, la partie devait s'imputer à elle-même d'avoir choisi un expert indolent ou inhabile (4).

Toutefois, la responsabilité n'était pas plus étendue quand l'arpenteur avait été nommé par le juge à l'occasion d'un débat judiciaire (5).

Du reste, l'action dont il s'agit se donnait par analogie contre les architectes et autres personnes chargées de mesurer un ouvrage ou des denrées quelconques, comme du blé, du vin, etc. (6).

Ces solutions ne peuvent être admises purement et simplement dans notre droit. Les experts qui reçoivent des parties une mission en dehors de tout débat judiciaire sont des

---

(1) *Crediderunt veteres.... magis operam beneficii præberi.* L. 1, *Princ.*, ff. *Si mensor falsum mod. dixer.*

(2) L. 1, § 1, D. *Si mensor*, etc.; L. 32, *Princ.* D. *Depositi*; L, 1, § 5, D. *De oblig. et action.*

(3) L. 1, § 1, D. *ibid.*

(4) *Ibid.*

(5) Pomponius, L. 3, § 4, *eod. tit.*

(6) L. 5, § 2, 1. 6; L. 7, *eod tit.*; Pothier, *ad Pand., hoc. tit.*, § 2, n° 6.

mandataires responsables dans les termes du droit commun. L'art. 1992 leur est donc applicable. — L'immunité qui leur était accordée à Rome pour la faute légère, fondée sur la distinction entre le droit civil et le droit prétorien, n'a plus de raison d'être; seulement on sait quels tempéraments le juge peut admettre suivant les circonstances (1).

Le Code forestier renferme sur cette matière une disposition spéciale qu'il faut noter. On sait qu'après les délais fixés pour la vidange des coupes, il est procédé au réarpentage des ventes afin de s'assurer que les adjudicataires n'ont pas dépassé les limites qui leur étaient fixées. Ces derniers ont le droit d'appeler un arpenteur de leur choix pour assister aux opérations (2). Or, aux termes de l'art. 52, C. for., les arpenteurs seront passibles de tous dommages-intérêts par suite des erreurs qu'ils auront commises, lorsqu'il en résultera une différence d'un vingtième de l'étendue de la coupe; — sans préjudice de l'application, s'il y a lieu, des dispositions de l'art. 207, c'est-à-dire des poursuites qui pourraient être dirigées contre eux au criminel, pour malversation, concussion ou abus de pouvoir.

Quant aux experts commis par justice dans le cours d'un procès, en cas de retard ou de refus de déposer leur rapport, ils peuvent être contraints, *même par corps*, aux termes de l'art. 320, C. proc., à faire ledit dépôt. La contrainte par corps est abolie, en matière civile par l'article 1er de la loi du 22 juillet 1867, mais elle n'était qu'une voie d'exécution et des condamnations aux dommages-intérêts pouvaient et peuvent toujours être prononcées.

En ce qui concerne les inexactitudes de leurs opérations, on admet sans difficulté qu'ils en sont responsables quand elles sont le résultat du dol et de la fraude.

On décide même généralement qu'ils sont tenus de la faute lourde, qui est ordinairement assimilée au dol, conformément au droit romain (3).

Quant à la faute simple, faut-il les en décharger? Nous

---

(1) V. nos 653 et 659.
(2) C. for., 47 et 49.
(3) Duparc-Poullain, *Principes,* t. 9, p. 484; Demiau, p. 231; Pigeau, *Comm.,* p. 576 et 577; Chauveau sur Carré, quest. 1216; Dalloz, vo *Expert,* no 122; Rennes, 16 juill. 1812, cité par Chauveau; Dijon, 25 juill. 1854, D. 54.2.249.— *Contrà,* Carré, q. 1216; Favard, t. 4, p. 707, no 1; Pau, 30 déc. 1863, D. 64.2.63. Toutefois la doctrine de cet arrêt n'est pas nettement formulée.

n'en voyons pas la raison. Les experts ne sont pas obligés
d'accepter la mission qui leur est confiée. S'ils s'en chargent,
ils assument la responsabilité de ce mandat. Qu'on leur applique les art. 1382 et 1383 ou l'art. 1992, la conséquence
est la même. Or, ils ne peuvent se soustraire à l'une ou l'autre
disposition, surtout si l'on considère que le plus souvent les
personnes désignées par les tribunaux ont sollicité ces fonctions qui sont honorables et lucratives. — On a dit que l'expert participait aux fonctions du juge et devait être couvert
par les mêmes immunités (1), c'est-à-dire n'être tenu que
du dol et de la fraude (C. proc., 505). Mais ce n'est là qu'une
allégation qui n'est appuyée sur aucune disposition de la loi.
L'expert d'ailleurs diffère complétement du magistrat. Il
donne un avis sur un objet particulier qui rentre dans ses
connaissances spéciales, après un examen qu'il doit faire lui-
même avec la maturité nécessaire et dont, nous le répétons,
il n'est pas forcé de se charger. — Il n'est pas dans la situation du juge qui doit nécessairement statuer, quelle que soit
la difficulté du litige qui lui est soumis, (C. proc., 505 et
suiv.) et qui s'abrite, par suite, derrière une disposition formelle du Code. — Le juge, lui-même, dans certains cas est
responsable même de sa faute; par exemple, en cas de nullité commise dans une enquête (C. proc., 292). A plus forte
raison, l'expert si son expertise est annulée et doit être re-
commencée, peut être condamné aux frais de la nouvelle
expertise, et même à des dommages-intérêts (V. C. proc.,
293).

Il y a toutefois une distinction faite par quelques arrêts.
Si le rapport a été homologué par jugement passé en force
de chose jugée, il n'est plus temps, a-t-on dit, de le critiquer!
Le tribunal se l'est approprié, il fait en quelque sorte partie
du jugement, et l'on ne peut pas plus l'attaquer que la décision elle-même. Ce serait revenir indirectement sur la chose
définitivement jugée (2). Sauf pourtant les cas de dol et de
fraude, qui font exception aux règles ordinaires.

Nous ne croyons pas que cette jurisprudence soit fondée.
Le rapport n'est qu'un acte d'instruction étranger à la sentence ou du moins parfaitement distinct. C'est un document
dont le juge se sert pour décider le procès, mais il n'est pas

---

(1) Carré, loc. cit.
(2) Dijon, 25 juill. 1854, D. 54.2.249 ; Pau, 30 déc. 1863, D. 64.2.
63. V. encore Besançon, 4 mars 1856, D. 57.2.25.

l'objet du procès. La faute des experts n'est donc pas couverte par la chose jugée sur ce premier litige, et l'action en responsabilité dirigée contre eux n'est point arrêtée par ce jugement, qui est *res inter alios*. A la vérité, si la partie qui se plaint avait découvert ou pu découvrir le vice du rapport pendant l'instance, elle est en faute par elle ou par ses conseils de ne l'avoir point attaqué alors, et les juges pourront repousser sa demande comme tardive ou par les principes de la faute commune. Mais dans le cas contraire, comment écarterait-on son action ? Pourquoi distinguer le cas de dol et de fraude du cas de faute simple, si cette faute n'a été connue qu'après le jugement rendu ? A la vérité, le dol est un moyen de requête civile. Mais si les délais de la requête civile sont expirés (C. proc., 480, 483 et suiv.), la partie lésée, victime de la mauvaise foi d'un expert et qui n'a pu s'en défendre au cours de l'instance, serait privée de tout recours. Nous n'en voyons pas la raison, et nous pensons qu'une action en responsabilité lui est ouverte dans les termes du droit commun.

680. Enfin, l'on est tenu, avons-nous dit, du dommage arrivé par l'omission des précautions qu'indiquait la prudence humaine, dans toutes les circonstances où l'on a pu se trouver placé.

Ceci comprend une multitude infinie d'objets et de cas différents. La règle, en effet, s'étend d'une manière générale aux suites de toutes les négligences et omissions dommageables qu'il était au pouvoir de l'agent d'éviter, par une attention scrupuleuse, une diligence exacte et soutenue dans l'accomplissement des actes les plus légitimes.

Il est vrai que « s'il arrive quelque dommage par une suite imprévue d'un fait innocent, sans qu'on puisse imputer de faute à l'auteur de ce fait, il ne sera pas tenu d'une telle suite ; car cet événement aura quelque autre cause jointe à ce fait, soit l'imprudence de celui qui aura souffert le dommage, soit quelque cas fortuit. Et c'est à cette imprudence ou à ce cas fortuit que le dommage doit être imputé (1). » Mais si c'est par la faute de l'agent que l'acte, innocent d'abord, tourne au préjudice des tiers, il devient réellement illicite, et constitue un abus du droit, d'où naît une obligation *quasi ex delicto*.

La loi 30, § 3, D. *ad legem Aquiliam*, nous en offre un

_____

(1) Domat, l. 2, t. 8, sect. 4, n° 3.

exemple. Un individu allume du feu dans les champs, dans un but légitime, pour brûler des épines ou de mauvaises herbes; il en a le droit. S'il l'allume par un temps calme, et s'il s'est mis à une distance convenable des champs voisins, dont les récoltes sont encore sur pied, et qu'un coup de vent subit porte la flamme dans la moisson ou dans la vigne d'à côté, il n'est aucunement responsable.

Mais, s'il faisait déjà du vent quand cet homme allumait son feu, s'il s'était placé trop près des épis mûrs, si, enfin, il n'a pas pris toutes les précautions possibles pour arrêter les suites de l'accident, il est coupable.

Si quis in stipulam suam, vel spinam, comburendæ ejus causâ ignem immiserit; et ulteriùs evagatus et progressus ignis alienam segetem vel vineam læserit; requiramus nùm imperitiâ id accidit. Nam si die ventoso id fecit culpæ reus est, *Nam et qui occasionem præstat damnum fecisse videtur. In eodem crimine est et qui non observavit, ne ignis longiùs procederet; at si omnia quæ oportuit observavit; vel subita vis venti longiùs ignem produxit : caret culpâ.*

Domat rejette même cette dernière distinction et n'admet point l'excuse.

« Il semble, dit-il, que l'événement devait être prévu, et « qu'on pouvait même le prévenir, en arrachant au large « tout ce qui pouvait joindre la moisson voisine, ou remet- « tant même de brûler ce chaume jusqu'après la récolte. Et « qu'enfin, en de pareils cas, où l'on ne peut s'engager sans « prendre les précautions nécessaires pour prévenir le dom- « mage que d'autres personnes en pourraient souffrir, on « doit ou s'abstenir de ce qui peut causer du dommage, ou « se charger de l'événement, si on s'y expose. Et aussi la loi « divine semble, dans ce cas, obliger indistinctement celui « qui a mis le feu à réparer le dommage qui en sera suivi. « *Si egressus ignis invenerit spinas et comprehenderit acer-* « *vos frugum, sive stantes segetes in agris, reddet damnum* « *qui ignem succenderit.* Exod., 22, 6 (1). »

Terminons en observant que ce soin, ces précautions doivent être apportés dans l'accomplissement de tous les actes humains qui peuvent rejaillir sur des tiers, aussi bien quand il s'agit d'opérations intellectuelles, que quand il s'agit d'actes purement physiques.

---

(1) Domat, liv. 2, t. 8, p. 9, *in fine*, note, p. 136.

681. Tels sont les éléments du quasi-délit et de la responsabilité, considérés au point de vue moral ou personnel, que nous avons appelé subjectif.

En les considérant au point de vue objectif, en ce qui concerne la nature et la réalité du dommage éprouvé par la partie qui se plaint, nous trouverons que tous les principes posés ci-dessus, en traitant des délits proprement dits, sont encore applicables ici.

Les conditions essentielles à l'exercice de l'action en réparation, qui se rapportent à l'existence d'un préjudice réel pour le demandeur, ne peuvent être moins rigoureuses quand la lésion résulte d'un simple quasi-délit, que lorsqu'elle résulte d'un fait commis avec intention de nuire.

682. Ainsi le demandeur doit, pour pouvoir agir, justifier qu'il a été lésé dans un *droit acquis* (1) ; et que le dommage dont il se plaint est *actuel, certain* et *direct* (2).

En expliquant ce qu'il fallait entendre par dommage actuel et certain, nous avons fait remarquer, numéro 448, que ces deux conditions ont entre elles un lien d'affinité tel, que le préjudice, lorsqu'il est certain, d'une certitude nécessaire, comme la conséquence prochaine et inévitable de tels ou tels actes, doit être considéré comme réalisé, comme ayant une existence actuelle, et peut donner ouverture à l'action en dommages-intérêts, s'il est d'ailleurs appréciable.

683. Nous trouvons l'application de cette théorie dans une affaire dont nous avons été appelé à nous occuper.

Voici l'espèce :

La compagnie des mines de la Loire exploitait une couche de houille sous la propriété de M. Perret-Lallier. Par suite des excavations souterraines, le sol éprouva à sa surface des affaissement qui portèrent un très-grand préjudice à la culture, et compromirent la solidité des bâtiments construits à la superficie. Un compromis intervint entre le propriétaire et la compagnie pour régler l'indemnité due au premier. Les arbitres experts reconnurent que l'enlèvement du sous-sol, les éboulements souterrains et les affaissements de la surface ne se produisaient que successivement; mais de la marche bien connue de ces mouvements de terrains, ils crurent pou-

(1) V. n° 444.
(2) V. n° 447. L'espèce d'un arrêt de rej. du 27 nov. 1856, D. 57.1.57, fournit un exemple d'une faute occasionnant un préjudice direct et immédiat.

voir conclure que les désordres survenus au moment de l'arbitrage dans les constructions qui existaient sur la propriété, tels que tassements, lézardes, surplombs, déjà manifestés à cette époque, ne devaient pas s'arrêter au point où on les voyait; qu'il en résulterait nécessairement un ébranlement plus considérable, et qu'au lieu de simples réparations qui auraient suffi si les choses fussent restées dans le même état, une reconstruction totale était absolument indispensable. En conséquence, ils allouèrent une somme représentative du dommage entier, actuellement connu et prévu.

C'est en vain que la compagnie a cherché à faire infirmer leur sentence sous prétexte qu'elle portait condamnation à la réparation d'un dommage futur et éventuel.

La Cour de Lyon jugea (1) que la sentence arbitrale n'avait point violé les principes de la matière en allouant une indemnité pour un préjudice reconnu prochain et inévitable quoique non entièrement manifesté; et le pourvoi formé contre son arrêt a été rejeté (2).

684. L'action résultant des quasi-délits se transmet aux héritiers comme celle qui résulte des délits civils et criminels et suivant les mêmes distinctions.

Nous rappellerons ici une question longuement discutée aux n°s 60 à 70 ci-dessus, et qui, d'après la solution que nous avons donnée, se rattache à la matière que nous traitons présentement. Nous voulons parler de la question de savoir si les héritiers ont une action à raison de la diffamation et de l'outrage dirigés contre la mémoire de leur auteur.

Nous avons décidé que si la diffamation ne s'attaquait réellement qu'à la mémoire du défunt, sans que l'intention de l'écrivain ait été de la diriger contre ses héritiers personnellement, ceux-ci n'avaient pas sans doute le droit de porter plainte et de soulever l'action publique, ni de porter une demande en réparations civiles devant les tribunaux de répression, parce qu'aucune peine n'a été prononcée par la loi pour un fait de ce genre; mais que du moins, l'action en dommages-intérêts devant les tribunaux civils leur était ouverte, s'ils ressentaient un préjudice de la diffamation. Celle-ci constitue alors un quasi-délit à leur égard.

685. L'action en responsabilité à raison des quasi-délits peut être exercée par les créanciers de la partie lésée, au nom

_____

(1) Le 15 mai 1849.
(2) Par arrêt de la Chambre des requêtes, en date du 29 mai 1850.

et du chef de leur débiteur, suivant les distinctions établies nᵒˢ 53 et suiv., et rappelées nᵒ 451.

Elle peut aussi être cédée (1). Tout a déjà été dit à cet égard.

686. Cette action étant purement civile se donne et contre l'auteur du dommage et contre ses héritiers (2). Peu importe qu'elle ait ou n'ait pas été intentée du vivant de leur auteur.

687. Quant à l'action à diriger contre une tierce personne, responsable du quasi-délit d'autrui, nous en parlons dans la deuxième partie de cet ouvrage.

CHAPITRE II.

ÉTENDUE DE LA RESPONSABILITÉ. — NATURE DE LA RÉPARATION.

Sommaire.

_____

(1) V. nᵒˢ 73 et 452.
(2) V. nᵒ 453.

I.   42

688. Dans le chapitre qui précède, nous avons exposé ce qui touche à la nature des quasi-délits, aux circonstances dans lesquelles ils entraînent la responsabilité civile, et aux personnes qui peuvent encourir cette responsabilité.

Nous aurions à nous expliquer maintenant sur l'étendue de cette responsabilité et la nature des réparations qui en sont la suite, mais il nous reste peu de chose à dire à cet égard.

D'une part, nous avons approfondi ce sujet à l'occasion des délits (1). Or, les principes sont à peu près les mêmes en ce qui concerne les quasi-délits. Nous n'avons que de courtes observations à ajouter aux développements déjà donnés. Il s'agit de les compléter, non de les modifier.

689. D'autre part, nous avons été conduit par l'ordre des idées, dans le chapitre précédent, à examiner l'influence de la faute, et de sa gravité qui peut être fort différente suivant les cas, sur l'étendue de la responsabilité.

690. Sous la réserve des modifications indiquées nᵒˢ 658 et suivants, nous rappelons qu'en principe général, le dommage causé par imprudence ou négligence, aussi bien que le dommage causé par un délit, doit être réparé dans son entier. L'indemnité doit toujours comprendre *lucrum cessans et damnum emergens.*

Mais on sait que ce principe a besoin d'être déterminé dans son application, et, quand on veut arriver à ce but, on rencontre les mêmes difficultés que nous avons déjà étudiées dans la matière des délits.

A notre avis, la règle qui sert à les résoudre doit être encore celle que nous avons toujours appliquée, savoir : que la réparation ne doit comprendre que le dommage qui est une suite *immédiate* et *directe* du quasi-délit, conformément à l'art. 1151, C. Nap.

On admettra sans peine que la responsabilité, dans le cas qui nous occupe, ne peut aller au delà. On ne saurait se mon-

---

(1) V. nᵒˢ 454 et suiv.

trer plus sévère pour les quasi-délits que pour les délits, qui, par leur nature, sont des fautes plus graves dans l'ordre moral.

On pourra seulement contester que l'art. 1151 soit la règle de la matière, parce qu'il donnerait à la responsabilité des limites trop étendues, et qu'on en trouverait l'application trop sévère.

691. Nous pensons, au contraire, que cette règle est juste, et qu'elle seule peut nous guider dans la limitation du principe résultant des art. 1382 et 1383 combinés, qui exigent la réparation du dommage entier.

A quelle autre formule écrite dans la loi pourrait-on se rattacher? Ce n'est pas, nous l'avons déjà dit (1), à l'art. 1150. On ne peut point ici établir de distinction entre les suites de l'inexécution de l'obligation prévues au moment où elle s'est formée, et celles qui ne l'ont pas été. La partie lésée n'a point suivi la foi du débiteur, elle ne s'est pas exposée volontairement au dommage, comme celui qui contracte avec une autre personne. Elle n'avait point, comme celui-ci, le moyen de lier son débiteur par des stipulations, combinées de manière à prévenir ou diminuer le dommage. On ne peut pas dire que les suites du fait dommageables aient été prévues à un degré quelconque par la partie lésée, puisque le dommage est causé en dehors de toute convention et de toute participation, et cela suffit pour écarter l'art. 1150.

En définitive, le plaignant n'a pu se garantir du dommage par sa prévoyance, et la loi doit venir à son secours d'une manière efficace. Or, ce n'est pas trop de comprendre, dans l'indemnité, toutes les suites immédiates et directes de la faute.

692. Et cela, quand même il ne s'agit point d'une de ces fautes grossières, évidentes et inexcusables qui sont assimilées au dol, mais encore de fautes légères.

Nous reconnaissons bien « qu'il se trouve, dans cet événement, un mélange de choses produites par l'imprudence de l'homme et par le hasard qui diminue la responsabilité de celui sur qui doit tomber la réparation (2) ».

Mais prenons garde de confondre ici l'appréciation de la faute en elle-même avec le principe qui détermine l'étendue de la responsabilité.

---

(1) V. nᵒˢ 105 à 107.
(2) Merlin, *Rép.*, vᵒ *Quasi-délit*, nᵒ 1.

Lorsqu'il s'agira de savoir si tel ou tel dommage est la suite immédiate et directe du quasi-délit, le juge aura à faire la part des événements extérieurs, ou, comme l'on dit, du hasard, de ces circonstances concomitantes à la faute, qui diminuent ou aggravent le dommage, mais qui ne se relient pas à la cause de la responsabilité. Il ne fera, en cela, que suivre la règle tracée par l'art. 1151 lui-même, qui, nous le répétons, est la seule à laquelle nous puissions nous attacher (1).

693. Quant à la question de savoir comment doit s'interpréter cette règle, nous renvoyons au livre 1er, nos 105 à 107, où elle a été examinée en détail.

Seulement, aux exemples déjà donnés pour faire bien saisir ce qu'il faut entendre par : dommages qui sont la suite immédiate et directe du délit ou quasi-délit, ajoutons celui-ci, qui se rapporte directement à la matière actuellement traitée.

Un propriétaire qui répare sa maison, laisse, pendant la nuit, des matériaux, échelles et autres instruments sur la voie publique, de manière à l'encombrer et à causer des accidents. Une voiture, arrivant dans l'obscurité, rencontre ces obstacles et se brise, le cheval, le conducteur sont blessés. Le propriétaire imprudent en est responsable. Le dommage est évidemment la suite directe de son fait.

Mais, supposez que des malfaiteurs s'emparent d'un outil, par exemple, d'une échelle ainsi abandonnée, pour commettre un vol en franchissant une clôture, on ne peut pas faire remonter la responsabilité du vol, et peut-être d'un meurtre commis à la suite, jusqu'au propriétaire de l'échelle. Cette espèce de dommage ne se rattache à son acte propre que d'une manière éloignée et indirecte. Le voleur se fût procuré ailleurs une échelle s'il n'eût pas trouvé celle-là; il eût escaladé le mur d'une autre façon; dans tous les cas, c'est de sa volonté et de son fait que naît immédiatement le dommage. On ne peut établir de relation précise entre ce dommage et

---

(1) On trouve dans la législation étrangère, et nous avons déjà eu l'occasion de les citer, des exemples d'une distinction entre les fautes graves et les fautes légères, quant à l'étendue de la réparation. Ainsi, d'après le Code prussien, « celui qui offense un individu avec intention « ou par faute grave ou par omission d'un devoir, lui doit une satisfac- « tion complète, c'est-à-dire la réparation du dommage éprouvé et du « profit perdu. Quand il s'agit d'une faute moins grave, on ne doit que « l'indemnité du dommage réel » (tit. 6, art. 7. 10 et 12). Mais le Code civil français n'admet pas cette différence.

la négligence du propriétaire de l'échelle. Celui-ci ne doit donc pas en être tenu.

694. Nous avons déjà parlé du pouvoir discrétionnaire des tribunaux, pour constater l'existence du dommage, et pour fixer le montant de la réparation. Nous avons dit, n° 464, qu'en matière civile, il n'existe pas de loi qui ordonne impérativement de prononcer, dans tel ou tel cas, des dommages-intérêts sans que le juge puisse examiner s'il y a eu préjudice causé, ni même qui en fixe la quotité *à priori*, d'une manière fixe ou proportionnelle.

Les dispositions de droit purement civil qui défendent certains faits, sous peine de dommages-intérêts, laissent toujours à l'appréciation du magistrat le point de savoir s'il y a préjudice, et quelle en est l'étendue.

C'est ainsi qu'il faut entendre, par exemple, les art. 29 et 33 de la loi du 19 ventôse an 11, rapportés n°s 677 et 678.

De même, les nullités d'actes commises par un officier ministériel peuvent être reconnues sans conséquences sérieuses pour la partie. Par suite de l'irrégularité d'un exploit, la péremption d'un jugement de défaut se trouve acquise; mais il est prouvé ensuite que le droit de celui qui avait obtenu cette condamnation était éteint avant qu'il formât sa demande, et que le défendeur, en formant opposition, aurait fait rejeter celle-ci; l'huissier ne doit pas être condamné à payer au demandeur l'équivalent de la condamnation par lui obtenue; il supportera seulement le taux des actes nuls et tout ou partie, suivant les circonstances, des frais des procédures auxquelles cette nullité a donné lieu (1).

695. On doit observer que certaines questions spéciales qui auraient pu trouver ici leur place ont été examinées ailleurs. Ainsi, en traitant, au chapitre précédent, de la responsabilité des architectes et entrepreneurs de constructions, nous en avons fait connaître l'étendue; nous n'avons point à y revenir (2).

696. Pour terminer sur cette première partie de notre chapitre, il nous reste à dire un mot des dépens.

Ici, comme dans toutes les autres matières, la condamnation aux dépens est la peine du plaideur téméraire, et fait partie de l'indemnité due à raison de l'injuste procès.

Cependant, la jurisprudence administrative a introduit, en

_____

(1) Colmar, 15 juin 1857, D. 58.2.173.
(2) V. n°s 671 et suiv.

faveur de l'Etat, une dérogation à ce principe général fondé
sur la plus évidente équité. Tandis qu'entre particuliers ou
communes, établissements publics et corporations, on applique, soit devant les conseils de préfecture, soit devant le
Conseil d'Etat, la règle des art. 130 et 131, C. proc. (1), on
décide, en ce qui concerne les affaires dans lesquelles les
ministres, ou les administrations publiques qui dépendent
des différents ministères, plaident, même contre des particuliers, qu'aucune condamnation de dépens ne peut être
prononcée, soit au profit, soit à la charge de l'Etat. « Considérant qu'aucune disposition de lois ni règlements n'autorise à prononcer des dépens au profit ou à la charge des
administrations publiques, qui procèdent devant nous par
la voie contentieuse. » Telle est la formule laconique que
reproduisent invariablement les nombreux arrêts rendus sur
ce point (2).

La loi organique du Conseil d'Etat, du 15 janvier 1849,
était venue modifier cette jurisprudence. L'art. 42 était ainsi
rédigé :

« Sont applicables à la section du contentieux, les dispo-
« sitions des art. 88 et suiv., C. proc. civ., sur la police

---

(1) Article 130. « Toute partie qui succombera sera condamnée aux
dépens.

Article 131. « Pourront, néanmoins, les dépens être compensés en
« tout ou en partie, entre conjoints, ascendants, descendants, frères et
« sœurs ou alliés au même degré. Les juges pourront aussi compenser
« les dépens en tout ou en partie, si les parties succombent respective-
« ment sur quelques chefs. »

(2) 28 janv. 1841, Lebon, t. 11, p. 20 et 21 ; 8 janv., 26 avr. et 14
mai 1847, Lebon, 17, p. 33, 245, 305 ; 27 févr. et 5 mars 1852, Lebon,
p. 12 et 25 ; 12 avr. 1855, cité par M. Serrigny, t. 3, n° 1282, 2° édit.
— Sans doute, comme le remarque cet auteur (t. 1, n° 362). le silence
du législateur et la jurisprudence qui en découle peuvent s'expliquer
par cette raison que l'Etat, dans les innombrables procès qu'il soutient
en matière administrative, plaide sans frais par l'organe des fonctionnaires publics, tandis que les parties adverses ont recours à des conseils
et font des actes pour leur défense qui entraînent des conséquences pécuniaires assez importantes La situation ne serait donc pas égale, l'Etat
devant supporter ces derniers frais lorsqu'il succombe, tandis que ses
adversaires n'auraient rien à payer de son chef.

Mais on répondrait victorieusement que si l'Etat soutient une contestation mal fondée, la partie est toujours obligée de recourir à ces moyens
de défense, et doit en être indemnisée. Ajoutez que dans un grand
nombre d'affaires l'Etat profite de droits de timbre et d'enregistrement
qu'il est de toute justice qu'il restitue s'il succombe.

« des audiences, et l'art. 130, relatif à la condamnation aux
« dépens. »

Ces derniers mots : « l'art. 130 relatif à la condamnation
aux dépens », avaient été ajoutés par la commission, et
M. Martin (de Strasbourg) l'expliquait en disant : « Cette
disposition était nécessaire, parce que, jusqu'ici, le Conseil
d'État ne se croyait pas autorisé à appliquer le droit commun
quand un particulier plaidait contre l'État. Quand, dans une
contestation, l'État avait obligé un particulier à se défendre,
et que ce particulier avait été obligé à des déboursés souvent
considérables, l'État, succombant, n'était pas condamné aux
dépens, parce qu'il n'existait aucune disposition. Nous demandons d'appliquer à l'administration, pour le contentieux
administratif, l'art. 130, C. proc. civ.

Le sens de la loi étant ainsi déterminé, elle reçut son application sans aucune difficulté, si ce n'est dans les matières
où le conseil exerce la juridiction répressive, par exemple,
celles de grande voirie.

Mais la loi du 15 janvier 1849 a été abrogée par l'art. 27
du décret organique du Conseil d'État, du 25 janvier 1852.
En outre, le décret du 30 janvier, même année, portant règlement sur le service intérieur du conseil, déclare applicables à la tenue des séances publiques les art. 88 et suiv., C.
proc. civ., sur la tenue des audiences ; il ne rappelle pas l'art.
130 du même Code, concernant les dépens (1). L'auteur du
règlement du 30 janvier 1852 a semblé, par là, vouloir faire
retour à l'état de choses antérieur à la loi de 1849, et le
nouveau conseil a formellement consacré la jurisprudence
de l'ancien en reproduisant la même formule (2).

Mais ce système a subi de graves objections dans le sein
même du Conseil d'État. La question a été reprise dans ses
fondements (3). Il a fallu, sans doute, toute l'autorité résultant de l'interprétation donnée, pendant vingt ans et plus, à
l'art. 41 du règlement du 22 juillet 1806, pour décider le
conseil à y persister.

Plus récemment, une nouvelle modification s'est produite.

---

(1) Article 19.
(2) V. les deux décisions du 27 fév. et du 5 mars 1852, à la note 2
de la page précédente.
(3) V. l'analyse des conclusions de M. Reverchon, maître des requêtes,
faisant fonctions de commissaire du Gouvernement, affaire *Niocel*, dans
le *Recueil des arrêts du conseil*, 1852, p. 12.

Le décret du 2 novembre 1864 sur la procédure devant le Conseil d'État en matière contentieuse, porte, art. 2 : « Les « art. 130 et 131, C. proc. civ., sont applicables dans les « contestations où l'administration agit comme représentant « le domaine de l'État et dans celles qui sont relatives soit « aux marchés de fournitures, soit à l'exécution des tra- « vaux publics, aux cas prévus par l'art. 4 de la loi du 28 « pluviôse an 8. »

En ce qui concerne les conseils de préfecture, la loi du 21 juin 1865 porte, art. 14, qu'un règlement d'administra- tion publique « déterminera provisoirement : ... 3° ce qui concerne les dépens, et qu'il sera statué par une loi dans le délai de 5 ans ». Ce règlement n'a pas encore paru, mais nous pensons, comme M. Chauveau (1), que le décret du 2 novembre 1864 doit être appliqué devant les conseils de préfecture aussi bien que devant le Conseil d'État. Les rai- sons d'équité sont évidentes et militent avec la même force devant les deux juridictions.

En tout cas, le conseil de préfecture, saisi d'une demande en indemnité pour dommages occasionnés par des travaux publics, peut condamner l'administration à payer, à titre d'*indemnité*, tous les frais de l'expertise nécessaire pour l'é- valuation du dommage (2).

697. Parlons maintenant de la nature de la réparation.

Celle-ci ne peut, en principe, consister que dans l'alloca- tion d'une somme d'argent (3).

698. Quand le litige est entre particuliers, les tribunaux peuvent aussi ordonner la suppression des objets et travaux nuisibles, soit par le défendeur personnellement, soit par le demandeur aux frais de son adversaire. Et l'on peut recourir à la force publique pour exécuter cette suppression en cas de résistance.

699. Mais quand le litige est entre un particulier, une commune ou un établissement public, d'une part, et l'État, représenté par les différentes administrations, d'autre part, il y a exception à cette règle.

Le principe constitutionnel de la séparation des pouvoirs ne permet pas aux tribunaux de prononcer la suppression des

---

(1) Procédure admin., 3ᵉ édit., t. 2, p. 75, n° 882 *bis*.
(2) Décr. du Cons. d'État, 5 janv. et 13 avril 1850, cités par M. Serri- gny ; *De l'org. et de la comp.*, t. 3, p. 167, n° 1282 (2ᵉ édit.).
(3) V. n° 468.

travaux prescrits, la cessation d'actes commandés par l'autorité administrative (1), ni leur suspension, même provisoire et conditionnelle (2).

Lorsqu'il s'agit spécialement de l'exécution de travaux publics, il y a, comme nous le verrons n° 714, une autre raison qui s'oppose à ce que les tribunaux prononcent le maintien ou la suppression des ouvrages nuisibles : c'est que la connaissance des contestations entre les particuliers qui se plaignent de torts et dommages causés par ces travaux, et l'administration ou les entrepreneurs qui les exécutent en son lieu et place et par ses ordres, est de la compétence administrative. Les lois spéciales qui ont enlevé aux tribunaux de l'ordre judiciaire la connaissance de cette nature d'actions en responsabilité, s'opposent donc à ce qu'ils prononcent aussi bien sur les chefs de demande qui tendraient à la cessation des travaux que sur ceux qui n'ont pour objet que le paiement d'une indemnité pécuniaire (3).

700. Entre particuliers, les tribunaux peuvent encore ordonner l'exécution de tels ou tels actes de réparation sur les biens du défendeur ou du demandeur, la remise en état des choses détériorées ou modifiées d'une manière quelconque. Seulement, en cas de refus par le condamné d'exécuter personnellement ou de faire exécuter directement ces travaux, il ne peut y être contraint *manu militari ;* la nature des choses s'y oppose. L'obligation et la condamnation se résolvent nécessairement en indemnité pécuniaire.

Quand le litige est entre des particuliers et l'administration, les tribunaux ne peuvent pas ordonner à celle-ci l'exécution d'actes quelconques, même sous l'alternative du paiement d'une indemnité en argent. C'est toujours la suite du même principe. Permettre aux tribunaux d'ordonner tels ou tels actes, ce serait leur permettre d'administrer ; ce serait aussi violer les lois qui attribuent à l'autorité administrative la connaissance de certaines actions, lesquelles donnent lieu précisément à ces demandes de réparation ou remise en état des lieux contentieux (4).

701. Ce n'est pas tout. Dans l'ordre administratif lui-

---

(1) Ordonn. du Cons. d'Etat, 30 déc. 1842, Lebon, *Rec. des arrêts du cons.*, t. 12 (1842), p. 549 et 550.
(2) Ordonn. du Cons. d'Etat. 2 mai 1845, Lebon, t. 15, p. 242.
(3) Ordonn. du Cons. d'Etat, 4 juill. 1845, Lebon, t. 15, p. 381.
(4) Ordonn. du Cons. d'Etat, 27 août 1846, Lebon, t. 16, p. 455.

même, les attributions contentieuses sont distinctes des attributions administratives pures. Le jugement est séparé de l'exécution.

Il en résulte que les tribunaux de cet ordre, les conseils de préfecture et le Conseil d'Etat ne peuvent, pas plus que les tribunaux de l'ordre judiciaire, prescrire directement à l'administration l'exécution de tels ou tels travaux. Comme ils devraient porter sur des dépendances du domaine public, et tendraient à modifier un état de choses organisé en vue de l'intérêt public, on comprend aisément que l'administration seule doit en apprécier, en toute liberté, la convenance et l'utilité, les inconvénients et les dangers, en un mot, les conséquences de toute espèce, soit à raison de leur nature, soit à raison du mode d'exécution qui serait adopté.

Un conseil de préfecture ne peut donc, ni décider que les raccordements d'un chemin public avec les remblais d'un chemin de fer auront telle largeur et telle inclinaison (1), ni ordonner que les bords extérieurs des contre-fossés d'un canal de navigation seront élevés de manière à empêcher les inondations d'une prairie qu'ils traversent (2).

Dans ces hypothèses et autres semblables, ils doivent se borner à l'allocation d'une somme d'argent à titre de dommages-intérêts.

On comprend, du reste, que les mêmes raisons s'opposent à ce qu'ils prescrivent la destruction des ouvrages, et même leur simple suspension.

Toutefois, si l'administration, en réponse à une demande d'indemnité, offre elle-même d'exécuter des travaux qui feraient cesser le préjudice, le tribunal saisi, le conseil de préfecture, par exemple, peut donner acte de ces offres et déclarer que leur exécution constituera une réparation suffisante (3).

702. On doit appliquer ici ce que nous avons dit (4), quant à la nécessité de procurer une réparation effective du dommage, qui ne consiste pas seulement dans une sorte d'abandon noxal de la chose qui a été l'occasion ou l'instru-

---

(1) Ordonn. du Cons. d'Etat, 28 nov. 1845, Lebon, t. 15, p. 514.
(2) Ordonn. du Cons. d'Etat, 10 janv. 1845, p. 14; Décr. du Cons. d'Etat, 6 juill. 1854, D. 55.3.10. — V. aussi M. Armand Husson, *Tr. de la législat. des trav. publ.*, p. 348.
(3) Décr. du Cons. d'Etat du 5 fév. 1857, D. 57.3.74.
(4) V. nos 468 et 469.

ment du quasi-délit, et aussi quant à l'allocation d'une provision au cours du procès (1), enfin, quant au droit qui appartient aux tribunaux d'ordonner l'impression et l'affiche
de leurs jugements (2).

703. Il faut encore se reporter aux n°ˢ 470 et suivants
pour tout ce qui a trait à la dévolution aux héritiers des sommes obtenues par leur auteur, à titre de dommages-intérêts ;
à la faculté de compenser la dette des dommages-intérêts
avec les créances d'une autre nature ; enfin, au droit de'transaction et de cession.

CHAPITRE III.

DU MODE D'OBLIGATION DES PERSONNES RESPONSABLES DU MÊME QUASI-DÉLIT. — SOLIDARITÉ.

Sommaire.

704. — La solidarité entre les auteurs d'un même quasi-délit est admise
       comme en matière de délits.
705. — Les preuves tirées de la discussion préparatoire du Code civil
       ont un rapport particulier avec la matière des quasi-délits.
706. — Opinion des auteurs. — Jurisprudence.
707. — Observations critiques sur la rédaction de certains arrêts.
708. — La solidarité peut-elle être prononcée pour les dépens?

704. L'indivisibilité des actes dommageables commis par
plusieurs personnes, l'impossibilité de distinguer la part que
chacune d'elles y a prise, doivent produire les mêmes effets
par rapport à la manière dont elles seront tenues à la réparation, soit que le fait constitue un délit civil proprement
dit, soit qu'il ne constitue qu'un quasi-délit (3).

Le dommage est résulté du concours de plusieurs fautes
d'imprudence et de négligence ; il a sa source ou est présumé
l'avoir dans toutes et dans chacune d'elles à la fois. Donc
chacun de ceux qui ont commis la faute est tenu à la réparation de tout le dommage en vertu de l'art. 1383, C. Nap..

Il y a donc une obligation solidaire entre eux, et cette so-

(1) N° 467.
(2) N°ˢ 134 *quater* et 468 *bis*.
(3) V. n°ˢ 473 à 475.

lidarité naît de la loi. L'art. 1202, C. Nap., est en harmonie parfaite avec cette théorie.

705. Les preuves que nous avons puisées (1) dans les travaux préparatoires du Code sur l'admission du principe de la solidarité en matière civile, viennent même directement à l'appui de notre thèse actuelle. Car l'art. 16 du projet, qui contenait une application expresse de ce principe, prévoyait le cas d'un quasi-délit, plutôt encore que d'un délit, bien que les faits qu'il avait en vue pussent également revêtir l'un et l'autre caractère.

706. Aussi n'a-t-on jamais fait aucune différence à cet égard. Les auteurs que nous avons cités n° 478 professent la même doctrine tant en ce qui concerne les quasi-délits qu'en ce qui concerne les délits proprement dits.

La jurisprudence est tout aussi positive à cet égard.

La Cour de cassation décide que la solidarité doit être prononcée quand le dommage qui résulte de la faute successive (2) ou simultanée (3) de deux personnes différentes est un, ou indivisible ; soit qu'il procède tout entier de la faute de chaque coauteur, à cause de l'identité des actes qui leur sont imputables ; soit en ce sens qu'il est impossible de déterminer la part que chacun a prise aux actes qui en sont la cause (4).

La Cour de cassation, par deux arrêts, a même étendu cette doctrine jusqu'au point d'admettre que le dommage causé par la réunion ou la simultanéité de plusieurs faits dont les résultats préjudiciables sont indivisibles, devait être réparé solidairement par les auteurs du dommage, bien qu'à considérer isolément les actes de chacun, on pût dire qu'ils ne constituaient pas un quasi-délit (5).

Dans l'espèce de ces arrêts, il s'agissait de réclamations dirigées contre des propriétaires de fabriques à raison du dommage que les vapeurs délétères émanées de leurs usines causaient aux propriétés situées dans le voisinage. — Il fut reconnu que les actes individuels de chaque propriétaire d'usine pouvaient ne pas être nuisibles, mais la simultanéité de

---

(1) V. n° 477.
(2) Rej., 29 fév. 1836, S. 293.
(3) Rej., 12 juill. 1837, S. 964, et 10 janv. 1849, S. 189, 2° esp.
(4) Rej., 8 nov. 1836, S. 801, et les arrêts cités à la note suivante.
(5) Rej., 11 juill. 1826, D. 26.1.424, S. 27.1.236, et 3 mai 1827, D. 27.1.228, S. 435.

ces actes et leur combinaison devenaient la cause immédiate du dommage et elle avait paru indivisible. Une agglomération moins considérable de vapeurs émanant des usines qui appartenaient aux divers défendeurs aurait pu ne pas produire les mêmes résultats; mais il n'avait pas semblé possible de déterminer la part qui revenait à chacun dans la production, ni le moment où commençait la combinaison préjudiciable.

Le dommage tout entier pouvait donc être réputé la suite du fait de chacun, et c'est avec raison qu'une condamnation solidaire fut prononcée.

Voici les motifs de l'arrêt de la Cour royale d'Aix, du 14 mai 1825, sur lequel est intervenu l'arrêt de rejet du 11 juillet 1827 :

« Considérant pour ce qui est de la solidarité, qu'elle est la conséquence en fait et en droit du dommage causé à la partie de Martin par la faute des parties de Tassy; qu'en effet ce quasi-délit de leur part ne consiste pas dans l'établissement autorisé de leurs fabriques, mais dans la manière abusive de les exploiter au préjudice du sieur Bourguignon; qu'il est le fait commun de tous les fabricants et le fait particulier de chacun d'eux;

« Qu'il est évident que s'il n'existait qu'un moindre nombre de fabriques ou une seule, le dommage serait moins important et peut-être nul; que le dommage est augmenté ou même s'opère seulement par la réunion des vapeurs de différentes fabriques;

« Considérant que si, par la manière indivisible dont le dommage s'effectue et par le résultat d'une faute particulière et commune, le fait de chacun des fabricants devenant le fait de tous, et le fait de tous étant le fait de chacun, la réparation est due par tous et par chacun, *per totum et totaliter ;*

« Cette solidarité est conforme aux principes du droit ; car, puisqu'un mandataire qui a fait volontairement des avances dans l'intérêt de plusieurs mandants et pour une affaire commune à ceux-ci, peut les répéter solidairement contre eux, à plus forte raison celui qui, malgré lui, éprouve un dommage, doit-il pouvoir en demander solidairement la réparation contre les personnes qui l'ont solidairement occasionné ;

« Considérant que le principe que la solidarité ne se présume pas, n'est applicable qu'aux conventions où celui qui la réclame sans l'avoir stipulée a toujours à se reprocher de n'en avoir pas fait une condition expresse du contrat ; que la solidarité est au contraire de droit dans les délits contre tous ceux qui, même sans concert prémédité entre eux, concourent à l'action, quels que soient d'ailleurs le degré de culpabilité respective et les circonstances qui modifient cette culpabilité ;

« Considérant qu'en matière de quasi-délit, il en est de même qu'en matière de délit, puisque le quasi-délit repose, comme le délit, sur un fait illicite, prohibé, et qui n'est pas susceptible de stipulation, à l'instant où il a lieu, de la part de celui qui en est victime, et que, dans l'un comme dans l'autre cas, la solidarité résulte de la nature et de la force des choses, etc. »

Et de même, il a été décidé par la Cour de cassation, que les membres d'une association religieuse non autorisée, obligés à restituer une somme qui a été versée dans la communauté, peuvent être condamnés solidairement lorsqu'il est impossible de déterminer la part dont chacun a profité, le fait de la participation à la jouissance de ces sommes étant indivisible (1).

Si, au contraire, l'on peut déterminer d'une manière distincte l'influence que les causes diverses du dommage ont exercée, si le préjudice résultant de chacune d'elles est constaté et se trouve seulement aggravé par leur concours dans une proportion saisissable, la réparation devient elle-même divisible et la solidarité n'existe plus. — C'est ce qu'a jugé le tribunal d'Amiens à la date du 24 février 1864. La décision est intéressante à noter : « Attendu qu'en droit, dans le concours de diverses causes à un même quasi-délit, l'obligation qu'il engendre cesse d'être indivisible et chacun de ceux qui l'ont contractée cesse d'en être tenu pour le total, lorsque la part d'influence de chacune des causes peut être déterminée ; — Qu'en fait..., la responsabilité a été déclarée divisible par les experts et que la demoiselle Digeon conclut contre chacune des parties en cause ; — Qu'il résulte de l'expertise que le dommage causé aux arbres et plantations de son jardin provient pour partie des gaz émanés de l'usine Kulman et pour partie du noir de fumée et des gaz qui sortent de l'usine dirigée par Duroselle ; —Qu'il y a lieu de fixer

---

(1) Rej., 4 mai 1859, D. 314.

à moitié pour chacun des deux défendeurs la part des dommages-intérêts dont il doit être tenu envers la demanderesse... Fixe à 474 fr. l'indemnité... Condamne les deux
défendeurs à la payer conjointement et sans solidarité, chacun pour moitié, etc. »

707. On doit se rappeler ici que nous avons présenté ci-
dessus (1) quelques observations critiques sur une confusion
dans laquelle sont tombés certains arrêts, entre les obligations indivisibles et les obligations solidaires.

Cette confusion s'est reproduite dans quelques-uns de
ceux que nous avons cités dans ce chapitre (2). Nous les acceptons donc avec les mêmes réserves que nous avons déjà
faites.

708. Le principe de la solidarité en matière de dommages-intérêts à raison des simples quasi-délits est aujourd'hui
tellement établi, que la condamnation aux dépens peut,
d'après la jurisprudence, être prononcée solidairement contre
plusieurs parties, quand elle a lieu expressément à titre de
dommages-intérêts. Ainsi l'a décidé la chambre civile de la
Cour de cassation, dans un arrêt qui ne permet plus de
doutes sur l'ensemble de la question (3).

Et plus récemment, la chambre des requêtes a admis que
la solidarité prononcée quant aux condamnations principales
pouvait être considérée comme s'appliquant virtuellement
aux dépens qui en sont l'accessoire (4).

CHAPITRE IV.

DE L'EXÉCUTION DES CONDAMNATIONS.

Sommaire.

---

(1) V. nos 481 et suiv.
(2) Notamment dans celui du 11 novembre 1836, S. 801.
(3) Cass., 28 févr. 1848, S. 311 ; V. dans le même sens, Cass., 11 juin
1839, S. 601 ; et Caen, 6 août 1829, S. 32.1.307 ; rej., 13 juill. 1857,
D. 58.1.348 ; rej., 14 déc. 1859, D. 60.1.191 ; Toulouse, 29 juin 1864,
D. 64.2.174.
(4) Rej., 19 fév. 1867, D. 306.

711. — Abolition de la contrainte par corps par la loi du 22 juill. 1867.

709. Tout ce qui concerne l'exécution sur les biens a été traité dans le premier livre (1), où nous avons réuni ce qui touche à cette matière, tant par rapport aux quasi-délits qu'aux délits civils et aux délits punis par le Code pénal. Nous nous bornons à y renvoyer.

710. Quant aux voies d'exécution sur la personne, c'est-à-dire à l'exercice de la contrainte par corps, les règles étaient ici les mêmes que pour les délits civils (2).

Le principe général était posé dans l'article 126 du Code de procédure civile, qui porte que les juges pourront prononcer la contrainte par corps en matière civile pour dommages-intérêts au-dessus de trois cents francs.

711. Mais, comme nous l'avons dit n° 495, la contrainte par corps est abolie en matière civile par la loi du 22 juillet 1867. L'art. 126 est donc abrogé (3). L'exécution des condamnations en dommages-intérêts pour quasi-délits ne peut plus être poursuivi que par les voies ordinaires.

CHAPITRE V.

COMPÉTENCE. — PREUVES.

ARTICLE Ier.

COMPÉTENCE.

§ 1. — *Compétence judiciaire.*

Sommaire.

712. — Les règles de la compétence pour les actions dérivant des quasi-délits sont les mêmes que pour les actions qui naissent des délits civils. — Renvoi.

712. L'action en responsabilité qui naît des quasi-délits est de la même nature que l'action résultant des délits civils.

---

(1) Nos 167 et suiv.
(2) V. nos 494 et suiv.
(3) V. les art. 1 et 18 de la loi du 22 juill. 1867.

La compétence des tribunaux de l'ordre judiciaire, que nous avons fait connaître par rapport à celle-ci, n'est aucunement modifiée à l'égard de la première.

Pour ce qui concerne la compétence d'attribution, la compétence territoriale et la compétence en premier ou en dernier ressort des tribunaux civils de première instance, nous renvoyons purement et simplement aux nᵒˢ 530 et suivants ci-dessus.

Nous y renvoyons également pour ce qui regarde les actions de la compétence du juge de paix.

Parmi les actions spéciales déférées à ce magistrat par la loi du 25 mai 1838, il en est qui ont pour base les faits susceptibles de revêtir, tantôt le caractère des délits civils, tantôt celui des simples quasi-délits. Cette observation s'applique particulièrement aux contestations entre les voyageurs et les hôteliers ou voituriers, ainsi qu'aux actions pour dommages aux champs, fruits et récoltes.

Il est bien clair que, dans tous les cas, ces actions, quant à la compétence, sont régies par les articles 2 et suivants de cette loi.

Enfin, à l'égard de la compétence des tribunaux de commerce, nous n'avons rien à ajouter à ce qui a été dit dans ce même chapitre.

§ 2. — *Compétence administrative.*

Sommaire.

713. — Texte de l'art. 4 de la loi du 28 pluviôse an 8, sur la compétence des conseils de préfecture.

714. — Actions dirigées contre les entrepreneurs de travaux publics. — Double origine des torts et dommages qui donnent ouverture à ces actions.

715. — Fautes qui doivent être considérées comme des quasi-délits.

716. — L'attribution faite au conseil de préfecture se rattache au principe de la séparation des pouvoirs.

716 *bis*. — L'incompétence des tribunaux ordinaires est d'ordre public. Elle doit être prononcée même d'office.

717. — Que doit-on comprendre sous la dénomination de torts et dommages procédant du fait des entrepreneurs?

718. — La compétence administrative cesse quand il s'agit d'actes étrangers aux travaux, ou dérogatoires au cahier des charges et aux instructions données à l'entrepreneur.

719. — Mais elle a toujours lieu pour la question préjudicielle de savoir

I.   43

si l'entrepreneur s'est conformé aux ordres de l'administration, dans les actes qui lui sont imputés.

719 *bis.* — Les tribunaux ordinaires sont seuls compétents lorsque l'action en indemnité se rattache à un contrat intervenu entre le propriétaire et l'entrepreneur , ou dépend de l'application d'une règle du droit civil à ses rapports avec les tiers ; enfin d'une question de propriété.

719 *ter.* — Il en est de même si elle a pour base un crime ou un délit de l'entrepreneur.

720. — Et aussi par rapport aux demandes formées par les entrepreneurs contre des particuliers, pour trouble apporté à leurs travaux.

721. — Sous le nom d'entrepreneurs sont compris tous les concessionnaires et détenteurs d'ouvrages publics.

721 *bis.* — Mais il faut distinguer les faits d'exploitation commerciale, de ceux qui se produisent à l'occasion de l'exécution des travaux.

722. — Les tribunaux administratifs sont-ils encore compétents quand il s'agit de torts et dommages procédant directement du fait de l'administration ?

723. — Comment la responsabilité de l'Etat peut être engagée directement.

724. — La compétence en pareil cas est également attribuée au conseil de préfecture.

725. — Distinction entre les dommages temporaires et les dommages permanents. — Jurisprudence primitive de la Cour de cassation.

726. — Objections contre ce système.

727. — Véritable portée des lois qui ont rendu aux tribunaux de l'ordre judiciaire le règlement des indemnités dues à raison de l'expropriation pour cause d'utilité publique.

728. — Contradiction entre l'ensemble des dispositions de ces lois et l'application partielle qu'on veut en faire au règlement des simples dommages.

729. — Il n'y a pas corrélation nécessaire entre le droit de connaître des indemnités pour expropriation, et celui de connaître des indemnités pour simples dommages.

730. — La question est aujourd'hui définitivement résolue par les décisions du tribunal des conflits.

731. — *Quid* lorsqu'il y a suppression d'une servitude.

731 *bis.* — L'occupation définitive de l'immeuble constitue un cas réel d'expropriation.

732. — Quand les dommages sont la conséquence de faits étrangers aux travaux, on rentre dans le droit commun.

733. — La question préjudicielle appartient seule à l'autorité admi-

nistrative. — Examen critique d'une décision du tribunal des conflits.

734. — En résumé, les tribunaux ordinaires ne sont compétents que si l'administration ne couvre pas son agent, et si la personnalité de celui-ci reste seule en cause.

735. — Dans ce dernier cas, peuvent-ils également juger la question de savoir si l'État est civilement responsable de son agent? — Renvoi.

736. — La compétence est-elle la même, qu'il s'agisse de dommages aux propriétés ou d'accidents causés aux personnes? — Variations de la jurisprudence du Conseil d'État.

737. — Les travaux qui s'exécutent dans l'intérêt des communes et des départements ont le caractère de travaux publics. — Conséquences quant à la juridiction.

737 bis. — Notamment, en ce qui concerne les actions en responsabilité contre les architectes, les agents-voyers et les ingénieurs chargés de la direction de ces travaux.

738. — Toutes les actions qui, d'après les règles ci-dessus, appartiennent à la compétence administrative, doivent être portées directement au conseil de préfecture.

739. — Attributions spéciales du Conseil d'État, en matière de dommages-intérêts. — Dommage en matière de grande voirie.

740. — En dehors des cas spéciaux indiqués ci-dessus, les tribunaux administratifs sont-ils compétents pour prononcer des dommages-intérêts. — Distinction.

713. La réparation du dommage causé, soit aux personnes, soit aux propriétés, par certains quasi-délits, ne peut être demandée qu'aux tribunaux administratifs. C'est une exception aux règles générales de la compétence, qui résulte de lois spéciales que nous allons faire connaître.

La loi du 28 pluviôse an 8, art. 4, §§ 3 et 4, défère aux conseils de préfecture la connaissance, « des réclamations « des particuliers qui se plaindront des torts et dommages, « procédant du fait personnel des entrepreneurs de travaux « publics, et non du fait de l'administration, et des demandes « et contestations concernant les indemnités dues aux par- « ticuliers, à raison des terrains pris ou fouillés pour la « confection des chemins, canaux et autres ouvrages pu- « blics. »

Nous rechercherons plus loin si, malgré les restrictions que semble contenir cet article, l'attribution de compétence est la même quand la demande est dirigée contre l'administration directement, soit à raison des dommages dont il est ici question, soit à raison de tous autres (1). Mais voyons d'abord comment il faut entendre la disposition relative aux entrepreneurs.

714. Les torts et dommages causés aux propriétés de tout genre par l'exécution des travaux publics peuvent avoir une double origine.

Tantôt ils résultent du fait même de cette exécution, des actes commandés par l'administration dans la limite de ses pouvoirs, et de la faculté qui lui appartient de disposer, dans une certaine mesure, de la propriété des particuliers.

Tantôt ils résultent de fautes et, particulièrement, d'imprudences ou de négligences de la part des entrepreneurs et des agents de tout degré, dans la préparation ou l'exécution des travaux.

Au premier cas, l'obligation imposée à l'Etat ou aux entrepreneurs qui le représentent, d'indemniser les propriétaires lésés, ne dérive point du principe de la responsabilité contenu dans les art. 1382 et suiv., C. Nap., car les torts et dommages ne sont point alors le résultat d'une faute. L'administration use, en pareil cas, du droit supérieur qui lui appartient toujours d'exécuter, sans obstacles, les grandes mesures d'utilité publique. Elle peut même invoquer, le plus souvent, des lois positives qui lui confèrent des facultés spéciales.

L'obligation où elle se trouve de donner des indemnités dérive alors du principe développé n° 430, d'après lequel l'Etat doit réparation des atteintes portées, dans l'intérêt public, à la fortune d'autrui, pourvu que le dommage soit *direct* et *matériel*. Nous avons expliqué le sens de ces mots.

Cette obligation dérive aussi des lois spéciales qui, en conférant à l'administration le droit d'user de telle ou telle manière de la propriété des particuliers, lui ont expressément imposé l'obligation de payer des indemnités, dont elles ont quelquefois fixé les bases.

Ainsi, l'arrêt du conseil du 7 septembre 1755 et l'ordonnance royale du 17 juillet 1781 autorisent les entrepreneurs à prendre la pierre, le grès, le sable et autres matériaux, pour l'exécution des ouvrages ordonnés pour les ponts et chaussées du royaume, dans tous les lieux qui leur seront indiqués. Le décret du 12-28 juillet 1791, et le Code rural,

---

(1) V. *infrà*, n°ˢ 722 et 1235.

ou loi des 28 septembre-6 octobre même année, ont maintenu cette faculté à l'administration et à ses agents.

Or, la loi du 16 septembre 1807, art. 55, règle ainsi qu'il
suit, le droit des propriétaires à l'indemnité.

« Les terrains occupés pour prendre les matériaux néces-
« saires aux routes et aux constructions publiques pourront
« être payés aux propriétaires, comme s'ils eussent été pris
« pour la route même. Il n'y aura à faire entrer dans l'esti-
« mation la valeur des matériaux à extraire, que dans le cas
« où l'on s'emparerait d'une carrière déjà en exploitation.
« Alors lesdits matériaux seront évalués d'après leurs prix
« courants, abstraction faite de l'existence ou des besoins
« de la route pour laquelle ils seraient pris, ou des construc-
« tions auxquelles on les destine. »

715. La seconde hypothèse, celle où les dommages résultent d'une faute commise dans la préparation ou l'exécution
des travaux, par les agents de l'administration ou les entrepreneurs, rentre complétement dans notre matière actuelle.

Car ces fautes ne peuvent guère constituer que des quasi-
délits. La nature des choses s'oppose à ce qu'il y ait ici intention de nuire, l'intérêt privé des agents n'étant pas engagé, et cette intention ne pouvant se supposer de la part de
l'administration supérieure et dirigeante.

Quoi qu'il en soit, la nature et l'existence de la faute
n'ont qu'une influence secondaire sur le principe de l'indemnité, car celle-ci peut avoir lieu dans les cas mêmes où l'administration n'a fait qu'user de son droit.

Et, quant à la compétence, elle est aussi réglée de la
même manière dans tous les cas. La loi du 28 pluviôse an 8,
déjà citée, ne fait aucune distinction. On va voir cependant (1)
que les fautes de l'entrepreneur, dans l'exécution des travaux, ont des conséquences particulières à cet égard.

716. La disposition de la loi du 28 pluviôse an 8, qui défère à la juridiction administrative les réclamations des particuliers qui se plaignent des torts et dommages procédant
du fait des entrepreneurs, se rattache au principe constitutionnel de la séparation des pouvoirs.

La loi des 16-24 août 1790, titre 2, art. 13 et celle du
16 fructidor an 3 défendent aux tribunaux de connaître des
actes d'administration et de troubler les opérations des corps
administratifs, de quelque manière que ce soit.

_____

(1) N° 718.

En conséquence, le règlement des indemnités dues pour atteintes de tous genres portées à la propriété, par suite de l'exécution des travaux publics, fut d'abord attribué à l'autorité administrative, aux directoires de département et de district (1).

A cette époque, l'*action* et le *jugement* étaient concentrés dans les mains des mêmes fonctionnaires. Ils ont été séparés par la loi du 28 pluviôse an 8 (2); mais les conseils de préfecture, auxquels a été remise la connaissance du contentieux, appartiennent toujours à l'ordre administratif. Le principe est resté intact.

Il importait, d'ailleurs, que rien n'entravât la prompte exécution des travaux, que les difficultés qu'ils occasionneraient reçussent une solution rapide. Il fallait écarter les entraves naissant des lenteurs et des complications de la procédure civile (3). Or, si l'administration ne doit pas être justiciable des tribunaux pour ses actes directs, et entravée dans ses opérations par des actions portées devant la juridiction ordinaire, elle ne peut être conduite indirectement à ce résultat, au moyen des actions que les particuliers pourraient diriger contre les entrepreneurs, pour le dommage que le fait de ceux-ci leur causerait.

Les entrepreneurs devaient donc être, eux aussi, soustraits à la juridiction ordinaire. Sans cela, lorsqu'ils auraient appelé l'administration en garantie, en disant que, préposés, agents de l'Etat, dans l'exécution de leurs travaux, n'ayant fait qu'accomplir les prescriptions de l'autorité supérieure, les dommages qui en résultent doivent être supportés par l'Etat; dans ce cas, disons-nous, l'administration aurait vu ses actes soumis au contrôle de l'autorité judiciaire, ce que l'on voulait éviter (4).

De là l'attribution faite aux conseils de préfecture par la loi du 28 pluviôse.

716 *bis*. Les actions dont il s'agit sont, par leur nature même, et en vertu des principes que nous venons d'indiquer, en dehors de la compétence des tribunaux de l'ordre judiciaire. Cette règle est d'ordre public. Ainsi le déclinatoire

---

(1) L. des 6 et 7 sept. 1790, art. 4.
(2) M. Cotelle, *Cours de droit admin.*, t. 2, p. 467 et suiv., 2ᵉ édit.
(3) M. Dufour, *Tr. de droit admin. appl.*, t. 4, n° 2875.
(4) M. Serrigny *Tr. de l'organisation, de la comp. et de la procéd. en matière contentieuse administr.*, t. 1, p. 581.

peut être proposé en tout état de cause et le renvoi devrait même être prononcé d'office (1).

717. Par ces mots : *Torts et dommages procédant du fait personnel des entrepreneurs,* la loi se réfère à tous les dommages qui peuvent résulter, soit de la mauvaise exécution des travaux, ce qui a lieu, par exemple, lorsqu'un mur mal construit s'écroule, et entraîne un éboulement de terre ou de matériaux sur une propriété voisine (2) ; lorsqu'une digue destinée à retenir les eaux les laisse filtrer ou déborder et occasionne une perte de récoltes ; — soit des imprudences et négligences d'une nature quelconque, commises dans l'exécution des ouvrages, et qui amènent des accidents pour les personnes, leur causent des blessures, ou leur donnent la mort (3) ; — soit aussi de l'imprudence ou de la négligence des ouvriers de l'entrepreneur, dans l'exécution de leurs travaux, car il en est responsable, comme tout maître, patron et commettant (4).

718. La compétence administrative ne doit plus protéger l'entrepreneur quand il s'agit d'actes étrangers aux travaux déterminés par son cahier des charges et par les ordres subséquents de l'administration, ou dérogatoires à ses instructions.

Dès qu'il s'écarte des limites de son mandat, il n'est plus censé le représentant de l'administration, il n'agit plus dans la qualité attributive de la juridiction des tribunaux administratifs.

La loi ne leur a déféré que les actes des entrepreneurs qui constituent l'exécution même des travaux, puisque c'étaient les travaux seuls dont il importait d'assurer l'exécution, et non la personne de l'entrepreneur que l'on voulait protéger contre toute espèce de réclamation.

L'entrepreneur est donc justiciable des tribunaux de droit commun, toutes les fois qu'il est sorti des bornes que lui traçait son marché (5), et surtout quand il s'agit de quasi-délits,

(1) Paris, 27 janv. 1855, D. 56.2.52.
(2) Ordonn. du Cons. d'Etat, 27 mai 1839, *Meriet.,* Lebon, p. 306.
(3) M. Dufour, n° 2877.
(4) C. Nap., 1384 ; Ordonn. du Cons. d'Etat., 19 oct. 1825, Magne ; *Rec. des arr. du conseil,* par M. Macarel, t. 7, p. 602 ; Décr. du Cons. d'Etat, 13 déc. 1855, D. 59.3.6.
(5) Rej., 25 avril 1866, D. 475 ; 28 mai 1868, S. 69.2.187 ; Ordonn. du Cons. d'Etat, 30 août 1842, S. 43.2.43 ; Déc. du Cons. d'Etat, 15 mai 1856, D. 57.3.12 et 25 mai 1861, D. 61.2.86.

c'est-à-dire de dommages qui ne sont pas la suite immédiate
d'actes d'exécution des ouvrages : comme s'il a fait pacager
ses chevaux dans une prairie (1); ou bien enlevé les ouvriers
d'une manufacture, sans s'assurer qu'ils avaient leur congé
d'acquit, conformément à la loi du 22 germinal an 11 (2);
ou si encore, après la construction d'un pont sur une rivière
navigable, il a laissé des pieux autour de l'une des piles, ce
qui a occasionné la perte d'un bateau (3).

719. C'est toujours, néanmoins, au conseil de préfecture
à statuer sur la question préjudicielle de savoir si l'entrepreneur s'est ou non conformé à son marché, et aux ordres qui
lui ont été donnés par l'administration (4).

719 bis. Mais la compétence administrative s'efface nécessairement lorsque l'action en indemnité se rattache à un
contrat civil intervenu entre le propriétaire réclamant et l'entrepreneur (5); et encore lorsqu'elle implique non l'appréciation du cahier des charges de l'entrepreneur et les droits
qu'il tient des lois et règlements spéciaux de la matière,
mais l'application des règles du droit commun à ses rapports
avec des tiers, par exemple, lorsqu'elle tend à le faire déclarer
civilement responsable du fait de l'un de ses agents, auteur
personnel du dommage. C'est ce que le Conseil d'Etat a reconnu dans une affaire Boisseau, où le conflit qui avait été
élevé par le préfet de la Seine a été annulé en ces termes :
« Attendu que le sieur Farina, entrepreneur des travaux, a
« été condamné correctionnellement comme coupable d'ho
« micide par imprudence, à raison de l'accident qui a causé
« la mort du sieur Boisseau ; qu'ainsi la demande de la dame
« Boisseau a pour objet de faire condamner la Compagnie
« du chemin de fer du Nord *comme responsable* de la né
« gligence et de la faute du sieur Farina ; que cette contes-

(1) Ordonn. du 30 juin 1824, *Jugla*, Lebon, t. 3, p. 94 ; *adde* Besançon, 21 juin 1864, D. 64.2.147.
(2) Ordonn. 22 nov. 1826, *Rec. des arr. du conseil*, par MM. Roche
et Lebon, t. 4, p. 121.
(3) Ordonn. du Cons. d'Etat, 21 août 1845, S. 46.2.94; V. anal.,
Décr. du Cons. d'Etat, 23 juin 1848, S. 48.2.765.
(4) Cass., 21 oct. 1841, S. 948 ; Ordonn. du Cons. d'Etat, 9 déc. 1843,
S. 44.2.137; Décis. du trib. des confl., 8 mai 1850, Lebon, *Rec. des
arr. du cons. et des décis. du trib. des confl.*, vol. 1850, p. 436 ; Décr.
du Cons. d'Etat, 18 nov. 1853, D. 54.3.63.
(5) Décr. du Cons. d'Etat, 10 mai 1860, D. 60.3.55, et 25 mai 1861,
D. 61.3.67. — Grenoble, 7 fév. 1861, D. 61.2.86.

« tation n'est pas de celles qui peuvent être décidées par ap-
« plication des clauses du cahier des charges de l'entreprise,
« et dont il appartient au conseil de préfecture de connaître,
« en vertu de la loi du 28 pluviôse an 8. » (1).

Il en est de même lorsque le droit à indemnité dépend de
la solution préalable d'une question de propriété ; il est évident que les tribunaux de l'ordre judiciaire sont d'abord
appelés à la résoudre (2).

719 ter. Enfin, il est encore constant que les entrepreneurs et leurs agents ne peuvent invoquer la compétence
administrative lorsque le fait qui leur est imputé constitue
un crime, un délit ou une contravention réprimés par la loi
pénale. En pareil cas, les tribunaux criminels saisis de la
poursuite sont à la fois compétents pour prononcer la peine
et pour statuer accessoirement sur les réparations civiles
dues à raison du délit (3).

720. On a plusieurs fois décidé que le conseil de préfecture cesse d'être compétent quand il s'agit de statuer sur les
demandes en dommages-intérêts formées par les entrepreneurs de travaux publics à raison du trouble que des particuliers pourraient apporter à leurs travaux (4).

Il semble cependant qu'en pareil cas la loi aurait dû assurer
à l'entrepreneur le bénéfice des formes rapides de la juridiction administrative.

Mais elle n'a pas prévu cette hypothèse ; l'art. 4 de la loi
du 28 pluviôse n'attribue aux conseils de préfecture que la
connaissance des réclamations formées par les particuliers
contre les entrepreneurs, et non celles des entrepreneurs
contre les particuliers. L'interprétation n'a pu suppléer à ce
silence des textes.

Néanmoins, dans ce cas, comme dans le précédent, si le
particulier récalcitrant soutenait, comme moyen de défense,
que l'entrepreneur, au moment où il a rencontré opposition,
n'agissait pas dans les bornes de son mandat, ce serait encore

---

(1) Décr. du Cons. d'État, 13 nov. 1863 ; *Droit* du 2 fév. 1864. V.
aussi l'arrêt de la Cour de Paris, rendu dans la même affaire le 23 juin
1863, D. 63.2.131. Sa rédaction prête à la critique, car elle ne fait pas
ressortir la distinction très-justement établie par le Conseil d'Etat.
(2) Décr. du Cons. d'Etat, 27 mai 1865, D. 66.3.4.
(3) Rej. 16 fév. 1855, D. 350; et 23 juin 1859, D. 329.
(4) Ordonn. du Cons. d'Etat, 30 mai 1844, S. 44.2.510, et 10 déc.
1846, S. 47.2.187; *Adde* Décr. du Cons. d'Etat, 31 août 1861, D.
61.5.500.

un point à renvoyer préalablement à la décision du tribunal administratif.

721. Sous le nom général d'entrepreneurs, il faut ici comprendre tous les concessionnaires et détenteurs d'ouvrages dépendant des travaux publics à l'occasion desquels une indemnité pourrait être réclamée. — Ainsi, que les propriétaires riverains d'un canal se plaignent d'infiltrations qui inondent leurs terrains, et qui proviennent de la négligence qui se remarque dans l'entretien des digues, l'indemnité sera poursuivie contre la compagnie concessionnaire du canal, et chargée de sa construction et de son entretien.

Sont aussi de véritables entrepreneurs de travaux publics, au point de vue qui nous occupe, les particuliers qui se chargent de la construction, à leurs frais, d'une église communale, s'ils doivent l'exécuter suivant un marché passé régulièrement avec l'administration (1). Cette décision a été rendue à l'occasion d'un litige existant entre les individus qui avaient pris la charge de cette construction et l'administration (2); mais le principe posé relativement à la compétence recevrait son application à l'égard des tiers dans les cas prévus par les §§ 3 et 4 de la loi de pluviôse.

721 bis. Mais il faut distinguer les dommages causés par l'exécution des travaux de ceux qui résultent simplement de l'exploitation des ouvrages, tels que les canaux, les chemins de fer, une fois qu'ils sont achevés. Les concessionnaires n'agissent plus alors que dans leur intérêt privé, à un titre tout différent de celui qu'ils avaient comme constructeurs.

Le dommage résultant de leurs agissements dans le cours de cette exploitation est comme toute atteinte causée par un particulier à un autre, soumis aux tribunaux ordinaires (3). Ainsi, les tribunaux ordinaires sont compétents pour apprécier la demande en indemnité formée par le propriétaire d'une maison voisine de la gare d'un chemin de fer, près de laquelle s'opère le déchargement de matières poudreuses, qui rendent cette maison inhabitable (4), ou par un usinier, à raison d'une prise d'eau exécutée par la compagnie pour le service de ses locomotives, sur la rivière qui fait mouvoir

---

(1) Rej., 31 déc. 1860, D. 61.1.395.
(2) L. 28 pluv. an 8, art. 4, § 2.
(3) Rej., 17 nov. 1858, D. 469.
(4) Rej., 1er août 1860, D. 329.

l'usine (1), pourvu que cette appréciation ne soulève pas l'interprétation d'un acte administratif.

Car dans cette dernière hypothèse, comme aussi, au cas où le dommage résulterait soit de l'exécution directe des travaux, soit des prescriptions imposées par l'administration au concessionnaire, le principe de la séparation des pouvoirs obligerait les tribunaux de l'ordre judiciaire à se dessaisir. (2)

722. L'art. 4, § 3 de la loi du 28 pluviôse an 8 se sert de termes en apparence restrictifs : « ... torts et dommages « procédant du fait personnel des entrepreneurs, *et non du* « *fait de l'administration.* » Cependant, nous avons fait pressentir, n° 715, que les actions dirigées contre l'Etat, pour des faits du même genre et pour les imprudences et négligences commises par ses agents dans l'exécution des travaux, n'appartiennent pas aux tribunaux.

Avant d'entrer dans l'examen approfondi de cette question, nous avons une observation à faire, c'est que les actions en dommages-intérêts dirigées contre l'Etat sont toujours fondées sur les principes de la responsabilité civile du fait d'autrui, dont nous traitons dans la deuxième partie de cet ouvrage. L'Etat, personnalité morale ou intellectuelle, ne peut être l'auteur immédiat de faits nuisibles d'aucune nature.

Mais qu'il s'agisse de faits dommageables commis directement ou d'une responsabilité encourue à raison du fait d'autrui, les règles de la compétence en matière civile sont toujours les mêmes. Nous sommes donc autorisé à ranger la discussion du point qui nous occupe sous le titre de la compétence en matière de quasi-délits. Toutefois, nous y reviendrons en traitant, d'une manière générale, de la responsabilité de l'Etat, à raison du fait de ses agents dans toutes les branches du service administratif, nos 1235 et suivants.

723. Les actions en indemnité peuvent être formées directement contre l'administration, encore bien que les travaux aient été exécutés par un entrepreneur : 1° si le dommage résulte de la nature des ouvrages tels qu'ils ont été projetés et arrêtés (3) ; l'entrepreneur n'est alors qu'un agent

_____

(1) Rej., 10 août 1864, D. 482.
(2) Arg. Rej., 16 fév. 1855, D. 350 ; B. crim., n° 45.
(3) Décr. du Cons. d'Etat, 14 fév. 1861, D. 61.3.65.

intermédiaire; la responsabilité remonte jusqu'à l'administration ; 2° si les poursuites dirigées contre l'entrepreneur sont inefficaces par la faute de l'administration, car, dans ce cas, il y a lieu à une demande en garantie contre celle-ci. Ainsi, un particulier qui a souffert des actes de l'entrepreneur obtient contre lui une condamnation, mais l'entrepreneur est insolvable. Ce particulier se tournera alors contre l'Etat et soutiendra qu'il doit être garanti des conséquences de cette insolvabilité, à cause de la faute commise par les agents de l'administration qui n'ont pas convenablement surveillé l'entreprise (1).

Enfin, les travaux s'exécutent aussi en régie par des ouvriers sous les ordres immédiats de l'administration. Les réclamations ne peuvent être, en pareil cas, dirigées que contre elle.

724. Les actions de ce genre sont, disons-nous, de la compétence des conseils de préfecture.

Les art. 3, 4 et 5 de la loi des 6, 7 et 11 septembre 1790, établissaient un mode général de règlement des indemnités dues pour les atteintes à la propriété résultant de travaux publics. Elles étaient toutes réglées par les directoires de district et de département, remplacés depuis par les sous-préfets et les préfets.

La loi du 28 pluviôse an 8, qui créa les conseils de préfecture et leur attribua le jugement du contentieux administratif, reproduisit presque littéralement, dans son art. 4, les art. 4 et 5 de la loi de 1790, et fut appliquée de même à toutes les indemnités dues par suite de préjudices causés à la propriété par les travaux publics, sans distinction entre les dommages qui procèdent du fait personnel des entrepreneurs, et ceux qui résultent directement du fait de l'administration.

La loi du 16 septembre 1807, art. 48 et suivants, est conçue d'après les mêmes principes, auxquels il n'a jamais été dérogé.

En effet, l'attribution à la juridiction administrative, admise vis-à-vis de l'entrepreneur, n'est fondée que sur l'intérêt de l'administration. Il serait absurde de supposer que la loi protège l'indépendance de celle-ci contre les attaques par

---

(1) Ordonn. du Cons. d'État. 27 mai 1839, *Meriet*. ; M. Cotelle, t. 2, p. 493, 2ᵉ édit., et t. 2, p. 41, 3ᵉ édit.

voie indirecte, et qu'elle la laisse exposée à celles qui ont lieu directement.

725. La compétence des tribunaux civils n'a, du reste, été sérieusement réclamée qu'en ce qui concerne les dommages *permanents* que la jurisprudence des Cours a longtemps assimilés à des faits d'expropriation pour cause d'utilité publique, et qu'elle a revendiqués en vertu de la loi qui avait rendu la connaissance de cette matière aux tribunaux de l'ordre judiciaire (1).

« Attendu, portent les arrêts de la Cour de cassation, que toutes les questions relatives à la propriété des citoyens sont essentiellement de la compétence de l'autorité judiciaire ; que la propriété est le droit de jouir et de disposer des choses de la manière la plus absolue (art. 544, C. Nap.), et que nul ne peut être contraint de céder sa propriété, si ce n'est pour cause d'utilité publique et moyennant une juste et préalable indemnité ; que la jouissance est une portion essentielle de la propriété ; que la modification ou l'altération permanente et perpétuelle de la jouissance modifie ou altère évidemment la propriété, etc. (2). »

Cette jurisprudence laissait, au contraire, dans le domaine des tribunaux administratifs, la connaissance des réclamations pour dommages temporaires, qu'aucune disposition, applicable même par simple analogie, n'était venue soustraire à la compétence administrative.

Dans ce système, on mettait au nombre des dommages temporaires les occupations de terrains pour dépôts de matériaux ou formations d'ateliers, les pertes de fruits et récoltes causées par le passage des voitures, le chômage des usines, par suite d'un détournement momentané des eaux.

On rangeait, au contraire, dans la classe des dommages permanents, la privation de tout ou partie de la force motrice d'une usine par le détournement définitif du cours d'eau, les effets de l'abaissement ou de l'exhaussement du sol de la voie publique qui, tantôt obstrue les jours et issues d'une maison, tantôt rend l'accès de la propriété riveraine plus ou moins difficile et compromet la solidité des constructions.

Cette jurisprudence a été consacrée par un grand nombre d'arrêts (3).

---

(1) V. L. du 8 mars 1810, art. 13 et 16.
(2) Rej., 30 avril 1838, S. 456.
(3) Rej., 23 nov. 1836, S. 890 ; Rej., 23 avril 1838, S. p. 454, et 30

726. Mais ce système nous semble proscrit par les considérations suivantes.

D'après la législation en vigueur, depuis 1790 jusqu'à 1810, l'autorité administrative était seule compétente pour le règlement des indemnités dues pour dommages de toute nature, permanents ou non, résultant de l'exécution des travaux publics. On a vu, n° 716, que cette législation avait sa base dans un principe constitutionnel, celui de la séparation des pouvoirs.

Le décret des 6, 7 et 11 septembre 1790, attribuait au directoire de district et à celui de département en dernier ressort les contestations sur le règlement des indemnités pour terrains, *pris* ou fouillés pour la confection des chemins, canaux ou autres ouvrages publics (1).

Ainsi, les indemnités pour expropriation complète étaient de la compétence administrative. Il en devait être de même, à plus forte raison, pour toute espèce d'indemnités concernant des atteintes portées à la jouissance et pour une dépréciation, soit temporaire, soit à toujours, c'est-à-dire pour des modifications de la propriété beaucoup moins importantes (2).

La loi du 28 pluviôse an 2 reproduisit, dans le paragraphe 4 de son article 4, les dispositions du décret des 6 et 7 septembre 1790.

« Le conseil de préfecture prononcera... sur les demandes
« et contestations concernant les indemnités dues aux par-
« ticuliers, à raison des terrains, *pris* ou fouillés pour la
« confection des chemins, canaux et autres ouvrages pu-
« blics. »

La loi du 16 septembre 1807 (3) maintint les mêmes principes ; elle appliqua, au cas d'expropriation et au cas de dommages quelconques, les mêmes règles pour arriver à la fixation de l'indemnité et la même compétence, celle du conseil de préfecture.

727. Les lois du 8 mars 1810, du 7 juillet 1833 et du 3

---

avril 1838, S. p. 486.—Toulouse, 24 févr. 1844, S. 44.2.557 ; Rouen, 17 juill. 1843, S. 43.2.485 ; Dijon, 17 août 1837, S. 38.2.19 ; Lyon, 1er mars 1838, S. 39.2.470 ; Riom, 23 mai 1838, S. 39.2.305.

(1) Article 4.
(2) M. Cotelle, t. 2, p. 468 ; M. de Lalleau, *Tr. de l'expropr. pour cause d'utilité publique*, t. 1, n° 165.
(3) Art. 48, 49, 55, 56, 57.

mai 1841, sont venues établir une juridiction différente, mais
en ce qui touche l'expropriation *pour cause d'utilité publique*
seulement. Les conseils de préfecture sont donc restés seuls
compétents pour tous les dommages qui ne sont pas constitutifs de l'*expropriation* dans le sens rigoureux du mot. Or,
de l'ensemble de ces lois il résulte évidemment qu'il n'y a
expropriation qu'autant qu'il s'effectue translation du droit
de propriété au profit de l'Etat (1), et qu'elles ont eu seulement pour but de réaliser efficacement le principe écrit dans
l'art. 545, C. Nap., et dans nos trois dernières constitutions,
que nul n'est tenu de céder sa propriété pour cause d'utilité
publique, sans une juste et préalable indemnité.

Peu importe dès lors qu'il s'agisse de dommages, dégradations ou dépréciations permanentes, de modifications défi-
nitives apportés à la jouissance. Tout cela reste en dehors
du cas unique que ces dernières lois ont eu en vue, et la compétence par conséquent n'a pas changé.

728. Les lois sur l'expropriation sont si peu faites pour le
règlement des torts et dommages dont il s'agit, que dans le
système opposé, l'on a été conduit à scinder leurs dispositions sur la manière de procéder à ce règlement. La loi du
8 mars 1810 avait, il est vrai, confié ce soin aux tribunaux,
mais les lois de 1833 et 1841 l'ont attribué au jury. Néanmoins, les tribunaux ont voulu retenir la connaissance des
demandes en indemnités pour simples dommages.

Pour arriver à ce résultat, on est obligé de s'attacher au
principe abstrait que l'expropriation s'opère par autorité de
justice (2), en l'isolant de toutes les dispositions qui ont pour
objet d'en organiser la mise en exécution. On restreint la
compétence du jury au cas d'expropriation complète et
directe.

« Attendu que le jury spécial, constitué par la loi du 7
juillet 1833, n'est appelé à connaître que du règlement de
l'indemnité préalable à payer en cas d'expropriation de la
propriété privée pour cause d'utilité publique ; qu'aucune des
conditions nombreuses qui doivent précéder la convocation
de ce jury spécial, ne se rencontre dans les cas d'appréciation
d'un simple dommage qui dès lors restait dans les termes

---

(1) M. de Lalleau, t. 1, n°s 172 et suiv.; M. Serrigny, t. 1, p. 600,
M. Cotelle, *loc. cit.*, et 3e édit., t. 2, n°s 129 et suiv.
(2) L. 8 mars 1810, art. 1; L. 7 juill. 1833, art. 1; L. 3 mai 1841,
art. 1.

du droit commun et dans la compétence des tribunaux ordinaires (1). »

Or, donner au principe que l'expropriation s'opère par autorité de justice, de pareilles conséquences, c'est évidemment
le fausser, puisque, dans l'hypothèse dont il s'agit, le dommage auquel on donne le nom d'expropriation est déjà consommé par l'exécution des travaux au moment où l'on réclame l'intervention de la justice qui ne peut plus être appelée
qu'à fixer l'indemnité due, sans pouvoir arrêter ni modifier
ces mêmes travaux et les entreprises sur la propriété qui en
sont la conséquence. L'art. 16 de la loi de 1810 lui-même, qui
autorisait le tribunal à fixer l'indemnité *si l'expropriation
était jugée ou reconnue légitime*, se référait, dans ces derniers mots, par une liaison nécessaire, aux articles précédents (2), qui ne s'appliquent qu'au cas d'expropriation directe précédée des formes régulières destinées à conduire au
règlement *préalable* de l'indemnité.

Enfin, on ne peut même pas prétendre que les principes
établis par la loi du 18 mars 1810 subsistent pour tout ce qui
ne constituera pas l'expropriation par voie principale ou préalable, car l'art. 67 de la loi du 7 juillet 1833 porte que la loi
du 8 mars 1810 est abrogée. Impossible donc de rattacher
le droit que s'attribuaient les tribunaux de l'ordre judiciaire
à cet acte législatif qui doit être considéré aujourd'hui comme
n'existant plus.

729. Un arrêt de Lyon, du 1er mars 1838, cité au numéro
qui précède, s'est appuyé pour décider en faveur de la compétence judiciaire, sur ce que les conseils de préfecture te-
naient de la loi du 16 septembre 1807 le droit de prononcer
sur les dommages comme une conséquence du droit de régler
l'indemnité en cas d'expropriation, et que la loi de 1810
ayant transféré cette dernière attribution aux tribunaux,
leur avait, par cela seul, implicitement donné le droit de prononcer sur les dommages.

Rien n'est plus faux que cette idée sur l'origine de la
compétence des conseils de préfecture. La loi du 28 pluviôse
an 8 leur avait attribué bien avant la loi du 16 septembre
1807, et d'une manière formelle, la connaissance des torts
et dommages de toute nature autres que l'expropriation.

Or, la loi du 8 mars 1810, si elle a innové, sous le rapport

---

(1) V. un arrêt de Lyon, du 1er mars 1838, S. 39.2.470.
(2) Art. 13, 14 et 15.

de l'expropriation, à la loi de 1807, n'a pas touché à la loi du 28 pluviôse an 8. Le domaine de cette loi est donc resté intact.

Puis remarquez qu'un effet aussi grave ne se produit pas d'une manière implicite. On ne peut faire prévaloir de pareilles inductions contre des textes précis.

A la vérité, dans le système de la loi du 3 mai 1841, le jury est appelé à prononcer sur les indemnités dues pour certaines causes de dommages qui ne consistent pas en une expropriation telle que nous l'entendons ici, c'est-à-dire une translation du droit de propriété : ainsi, sur les indemnités réclamées par les locataires et fermiers et ceux qui possèdent sur l'immeuble exproprié des droits de servitude (1). Il y a même, dans l'évaluation de l'indemnité due au propriétaire exproprié, deux éléments à considérer : 1° la valeur du sol ; 2° la dépréciation du surplus de la propriété quand l'expropriation est partielle. Or, tout ce qui est dû aux fermiers, locataires et autres ayants droit, ainsi que la somme due pour dépréciation, ne représente, à vrai dire, que des dommages dans le sens où nous prenons ici ce mot. Cependant c'est au jury que la loi en défère le règlement et non pas au conseil de préfecture. N'est-ce pas, pourrait-on dire, à raison de leur affinité avec l'expropriation, et n'en doit-il pas être de même dans tous les cas qui peuvent être assimilés à l'expropriation ?

Les dispositions de la loi du 3 mai 1841, qui viennent d'être citées, ne peuvent conduire à de pareilles conséquences. Elles sont fondées sur un motif tout autre que celui qui vient d'être donné. Si l'art. 39 appelle le jury à statuer sur des dommages autres que l'expropriation dans le sens rigoureux du mot, c'est uniquement parce que ces dommages sont, dans le cas prévu, l'accessoire de l'expropriation, de la translation de propriété qui s'effectue au profit de l'Etat, et que le règlement des indemnités accessoires ne peut être séparé du principal. Il serait absurde et contraire à toutes les règles d'une bonne et prompte administration de la justice, d'appeler le jury à statuer sur la fixation de la valeur du sol, et de renvoyer au conseil de préfecture pour l'évaluation du dommage souffert par le fermier et les ayants droit à des servitudes et autres. Mais il n'y a rien à conclure de là au

----

(1) L. 3 mai 1841, art. 21 et 39.

I.   44

cas où l'indemnité du dommage est réclamée par voie principale et en dehors de toute expropriation.

730. La discussion à laquelle nous venons de nous livrer peut paraître aujourd'hui à peu près inutile, car la lutte établie sur ce point entre l'autorité judiciaire et l'autorité administrative a dû enfin cesser par l'intervention répétée du pouvoir supérieur chargé de vider les conflits de juridiction.

Déjà, avant l'institution du tribunal mixte établi par la Constitution de 1848, l'autorité administrative avait revendiqué la connaissance de presque toutes les réclamations de ce genre portées devant les tribunaux, et un très-grand nombre d'ordonnances rendues en Conseil d'Etat, confirmant des conflits, avaient invariablement et souverainement consacré la compétence des conseils de préfecture (1). Cette jurisprudence a été pleinement adoptée par le tribunal des conflits, et l'autorité qui résultait soit des hautes lumières de ce tribunal, soit du principe même de son organisation, a dû couper court à toute espèce de discussion sur ce point.

Par exemple, sur des réclamations formées par des propriétaires de maisons pour dommages résultant de l'abaissement du sol de la voie publique, deux décisions portent :

« Considérant que les lois des 28 pluviôse an 8 et 16 septembre 1807 chargent l'autorité administrative de prononcer sur les réclamations des particuliers pour tous les torts et dommages résultant de l'exécution de travaux publics, jusques et y compris l'expropriation des immeubles ; que les lois des 8 mars 1810, 7 juillet 1833, et 3 mai 1841, n'ont enlevé à ladite autorité que la connaissance des actions en indemnité pour expropriation totale ou partielle... L'arrêté de conflit est confirmé (2). »

Ainsi le principe a été consacré, et la décision eût été la même pour toute espèce de dommages permanents fondés sur une cause quelconque.

Aujourd'hui, le Conseil d'Etat a repris ses anciennes at-

---

(1) Ordonn. du Cons. d'État, 24 févr. 1842, S. 42.2.276, Lebon, Rec. des arr. du cons., p. 72; 2 juin 1843, Lebon, p. 263; 12 janv. 1844, S. 44.2.190; 21 août 1845, S. 46.2.92; 28 mai 1846, S. 46.2.544, Lebon, vol. de 1846, p. 320; 27 févr. 1849, Lebon, vol. de 1849, p. 127.
(2) Décis. du trib. des confl., du 29 mars 1850, Lebon, Rec. des arr. du cons., t. de 1850, p. 321, 322, 324; Id., 16 déc. 1850, D. 51.3.21.

tributions en cette matière, et ses précédentes décisions conservent toute leur vigueur et toute leur autorité.

Enfin, la Cour de cassation et les Cours impériales ont aussi définitivement adopté la solution dont nous venons de démontrer l'exactitude. La jurisprudence est maintenant fixée à cet égard (1); et le doute serait d'autant moins permis aujourd'hui que des lois récentes ont nettement consacré la distinction ci-dessus entre l'expropriation proprement dite et les simples dommages. — En effet la loi du 15 juillet 1845, sur la police des chemins de fer, porte, art. 10, que si la sûreté publique l'exige, l'administration pourra faire supprimer les *constructions*, plantations, excavations, couvertures en chaume, amas de matériaux combustibles ou autres existant près de la voie, dans une zone déterminée;— « l'indemnité sera réglée, pour la suppression des *construc-* « *tions*, conformément à la loi du 3 mai 1841, et pour tous « les autres cas, conformément à la loi du 16 septembre « 1807 ». — La suppression des constructions est donc assimilée à une expropriation et déférée au jury; mais toute autre atteinte à la propriété ne constitue, d'après l'article ci-dessus, qu'un dommage de la compétence du conseil de préfecture.— Des dispositions semblables ont été édictées depuis par l'art. 3 de la loi du 22 juin 1854, qui établit des servitudes du même genre autour des magasins à poudre.

731. La discussion qui précède nous conduit à rechercher quelle est l'autorité compétente pour régler l'indemnité due pour suppression d'une servitude.

Cette question ne peut se résoudre que par des distinctions :

1° Si l'administration exproprie régulièrement le terrain sur lequel la servitude est assise, les art. 21 et 39 de la loi du 3 mai 1841 déterminent les formalités à remplir. Le propriétaire est tenu d'appeler et de faire connaître à l'administration les fermiers, locataires, ceux qui ont des droits ..... de servitudes ..... sur l'immeuble exproprié; le jury prononce des indemnités distinctes en faveur de ces derniers.

2° En cas de cession amiable par le propriétaire du fonds servant, si les locataires, fermiers, ou ceux qui ont un droit de servitude ne consentent pas à aliéner leurs droits, l'admi-

---

(1) Cass., 29 mars 1852, S. 52.1.410; Cass., 14 août 1854, D. 344; Cass., 26 avril 1865, D. 166; Agen, 22 nov. 1861, D.62.2.16. — *Conf.*, M. Serrigny, 2° édit., t. 2, n° 709; M. Cotelle, 3° édit., t. 2, p. 84.

nistration doit avoir recours aux formalités d'expropriation indiquées par cette même loi (1).

3° Lorsque la servitude résulte d'un contrat passé avec l'administration et repose sur le sol même affecté au service public, par exemple lorsqu'un droit de passage a été réservé à un riverain sur une ligne de fer, au moment de la construction de la voie; si les besoins du service exigent un changement à cet ordre de choses, on doit procéder comme dans les deux cas qui précèdent. Les tribunaux de l'ordre judiciaire sont seuls compétents pour constater l'existence de la servitude en appréciant le contrat, et pour régler l'indemnité au cas où l'administration n'aurait pas recours aux formalités d'expropriation (2).

4° Enfin la servitude peut être supprimée par suite de travaux exécutés sur le fonds servant, tels que fouilles et extractions, qui, en changeant la configuration du sol, rendent l'exercice de la servitude impossible, mais qui ne constituent pas expropriation de ce fonds.

Supposons, par exemple, que le fonds A étant assujetti à un droit de passage au profit du fonds B, des emprunts de terre aient lieu sur le fonds A pour la construction d'une route, que des carrières y soient ouvertes et que les excavations opérées rendent le passage impraticable.

Dans ce cas, qui diffère sensiblement de ceux que nous venons d'examiner, le conseil de préfecture nous paraît seul compétent.

La modification apportée aux avantages dont jouissait l'héritage dominant ne constitue qu'un dommage dans le sens de la loi du 28 pluviôse an VIII. — Que ce fonds soit enclavé de fait par l'obstacle apporté au passage dont il jouissait, il n'y a là rien qui diffère des autres cas prévus par cette loi; l'atteinte à la propriété n'est pas d'une nature plus grave que celles qui résulteraient de fouilles exercées sur le fonds dominant lui-même, pour en extraire les matériaux, et qui auraient pour résultat d'enlever la terre cultivable pour ne laisser qu'une roche improductive; de miner les constructions ou d'en détourner les eaux, ou, au contraire, de les y faire refluer (3). — Bref, il n'y a pas là translation de la

_____

(1) Décr. du Cons. d'Etat, 18 août 1849, Lebon, p. 528, et 19 janv. 1850, Lebon, p. 77; M. Serrigny, 2ᵉ édit., t. 2, p. 218.
(2) Rej., 2 fév. 1859, D. 262.
(3) V. décr. du Cons. d'Etat, 12 juill. 1855, D. 56.3.14; Lebon, p. 517.

propriété ou un fait qui soit assimilé à l'expropriation comme
la suppression des constructions dont parle l'art. 10 de la loi
du 15 juillet 1845 que nous avons cité n° 730 ; pas davantage
suppression du droit de servitude par l'expropriation du terrain sur lequel elle s'exerçait, cas prévu par la loi de 1841.

Cette dernière n'attribue au jury le droit de fixer des indemnités en faveur de ceux qui réclament des droits de servitude que comme accessoire de l'indemnité due pour l'expropriation du fonds servant, et parce que cette expropriation,
par sa nature et par son but, tend à anéantir dans son principe même la servitude avec laquelle devient incompatible
la nouvelle destination des terrains. Dans notre dernière
hypothèse, au contraire, on ne trouve qu'une voie de fait, ne
s'attaquant pas au droit considéré en lui-même, un obstacle
plus ou moins complet et durable à l'exercice de ce droit et,
par conséquent, un de ces torts et dommages à la propriété
ou à ses démembrements, pour le règlement desquels les tribunaux administratifs sont compétents.

731 *bis.* Tout ce qui vient d'être dit ne s'applique, on l'a
suffisamment expliqué, qu'aux indemnités réclamées pour
simples atteintes et altérations de la chose, diminuant son
utilité et sa valeur. Mais s'il y a dépossession de l'immeuble
lui-même, occupation définitive qui opère de fait translation
de la propriété, incorporation au domaine public, l'autorité
judiciaire est compétente. Elle est appelée d'abord à prononcer soit sur l'action possessoire, soit, au fond, sur la question
de propriété s'il y a contestation à cet égard, et à régler
l'indemnité dans les formes prescrites par les lois sur l'expropriation pour cause d'utilité publique (1).

732. Les motifs par lesquels nous avons expliqué et justifié l'attribution de compétence faite aux tribunaux administratifs par la loi du 28 pluviôse an VIII, pour les dommages causés aux particuliers, par le fait des agents de
l'administration dans la confection des travaux publics, en
déterminent et circonscrivent la portée. Il faut que les dommages dont on se plaint soient une conséquence de ces travaux ou de la manière dont ils sont exécutés, pour que les
actions en responsabilité rentrent sous l'application de la loi
de l'an 8.

(1) Décr. du Cons. d'Etat, 15 avril 1857, D. 58.3.3 ; 1er mai, 15 mai
et 26 août 1858, D. 59.3.35.36 et 37 ; 30 déc. 1858, D. 59.3.49 ; Décr. du
Cons. d'Etat, 12 août 1863, D. 64.3.106.—*Conf.*, Paris, 24 juill. 1857
58.2.214.

Déjà, nous avons appliqué ceci aux entrepreneurs, et nous avons dit, n° 718, qu'ils n'étaient justiciables que des tribunaux ordinaires, quand l'acte dommageable était étranger à leur mandat, sauf à l'autorité administrative à décider cette question préjudicielle (1).

La solution doit être identique quand l'administration est poursuivie à raison du fait de ses agents immédiats. Par exemple, qu'un des ouvriers, par suite d'infraction aux règlements, ait causé à un particulier des blessures, peut-être la mort, en un mot, un tort quelconque, si l'Etat ou la commune qui fait exécuter les travaux sont actionnés comme civilement responsables, c'est aux tribunaux de l'ordre judiciaire à statuer, d'après les règles du droit commun. Il ne s'agit plus alors d'apprécier les conséquences ou d'assurer l'exécution d'un travail public, la loi spéciale est sans application.

733. Ce point avait été très-nettement décidé par le Conseil d'Etat, dans un arrêt du 23 juin 1848 (2). — Le tribunal des conflits, appelé à statuer sur la même question, n'a pas aussi fermement posé les vrais principes dans les motifs de sa décision. Voici dans quelles circonstances elle est intervenue.

Un atelier national avait été établi, en 1848, dans le département du Rhône. Les ouvriers de cet atelier pénétrèrent dans une propriété particulière, où ils commirent des dégradations, en coupant des baliveaux pour se construire des cabanes, afin de s'abriter contre le soleil. Le fermier du domaine assigna l'Etat en dommages-intérêts, devant le tribunal civil. Celui-ci retint la cause, « attendu que les dégâts commis par les ouvriers, constituent des faits étrangers aux travaux ». La Cour de Lyon confirma le jugement.

Un conflit fut alors élevé par le préfet du Rhône, fondé sur ce que, « dans l'espèce, il s'agit de faire déclarer et constater entre l'administration et le sieur Chalandre, la qualité litigieuse d'un dommage que ce dernier prétend avoir éprouvé du fait des ouvriers de l'administration ; que cette appréciation ne saurait, dans aucun cas, être demandée aux tribunaux ordinaires, qui ne sont pas compétents pour con-

---

(1) Elle dépend en effet de l'interprétation d'actes administratifs, savoir : les instructions données à l'entrepreneur, son cahier des charges, etc.
(2) Lebon, vol. 1848, p. 425, S. 48.2.765.

naître de l'exécution des actes de l'administration.... ; que l'Etat est en droit d'invoquer l'art. 4 de la loi du 28 pluviôse an 8, qui réserve à l'autorité administrative le règlement des indemnités pour dommages causés par suite de l'exécution de travaux publics, *sans établir de distinction entre les dommages qui sont la conséquence forcée des ouvrages, et ceux qui sont occasionnés par l'imprudence ou la faute des ouvriers employés*, etc. ».

Le conflit a été confirmé en ces termes : « Considérant que l'action en responsabilité, intentée par Chalandre contre l'Etat, n'a eu et n'a pu avoir pour base que les faits allégués contre des ouvriers ou préposés des ateliers nationaux de la digue des Brotteaux, dans l'exercice des fonctions auxquelles ils ont été employés, puisque l'art. 1384, C. civ., ne met que dans ce cas, à la charge du commettant, la responsabilité du dommage causé ; qu'aux termes de l'art. 4 de la loi du 28 pluviôse an 8, les tribunaux civils sont incompétents pour connaître des demandes en réparation des torts et dommages qui procèdent du fait des entrepreneurs ou agents de l'administration... »

Ainsi, la décision n'est pas fondée uniquement sur ce qu'il se serait agi de savoir si le fait dommageable se rattachait par un lien administratif aux travaux ordonnés par l'administration. L'attribution à l'autorité administrative eût alors été parfaitement juridique. Elle n'est pas, non plus, fondée sur ce que tout fait émané des agents de l'administration doit relever de la compétence administrative. Cette proposition, dans sa généralité, eût été contraire aux principes. — Le tribunal paraît s'être attaché à cette idée, que, s'agissant d'une action en responsabilité civile, fondée sur l'art. 1384, C. civ., la demande impliquait nécessairement reconnaissance que les faits avaient été commis dans l'exercice des fonctions auxquelles étaient employés les délinquants.

Ceci est vrai.

Mais fallait-il en conclure que ces faits dépendaient de l'exécution des travaux commandés par l'administration, que c'était pour l'accomplissement de l'ouvrage public auquel les ouvriers étaient employés que les actes dommageables avaient été commis, auquel cas, seulement, le conseil de préfecture était compétent ?

Non assurément. — C'était là le point à juger préalablement ; c'était la question préjudicielle qu'il fallait revendiquer pour l'autorité administrative; mais, en réservant le renvoi aux tribunaux ordinaires, pour le cas où il serait reconnu que les actes dommageables étaient étrangers à l'exécution des travaux. Car ces actes pouvaient avoir été commis dans l'accomplissement des travaux, au milieu de l'exercice des fonctions des ouvriers, et la responsabilité rejaillir sur l'administration en vertu de l'art. 1384, C. civ., sans que ces actes fussent la conséquence de l'exécution des travaux. La question de responsabilité civile, en un mot, n'était pas liée indissolublement à la question de compétence.

C'est ce qui n'a pas été clairement établi dans cette décision (1).

734. De ce qui précède, on doit conclure que la juridiction ordinaire n'est pas ici circonscrite dans des bornes parfaitement déterminées et invariables. Il dépend, jusqu'à un certain point, de l'administration de les étendre ou de les restreindre.

Je m'explique. — Lorsque la personnalité de l'agent est seule en cause, les tribunaux ordinaires sont compétents. — Mais l'administration peut, le plus souvent, couvrir son agent de sa responsabilité propre, qui entraîne la compétence administrative. Toutes les fois qu'elle aura déclaré que l'agent n'a fait qu'exécuter les plans, projets, ordres et instructions qu'elle lui aura donnés, l'action en dommages-intérêts découlant, soit du vice de ces plans et instructions, soit de la faute de l'agent dans leur exécution, appartiendra à l'autorité administrative (2). Et n'oublions pas que c'est à cette même autorité de statuer sur la question préjudicielle.

735. Quant à la question de savoir si l'État doit être condamné comme civilement responsable du fait de l'agent dont la faute personnelle a été reconnue et appréciée, elle se résout par des principes différents. Nous y reviendrons plus loin, car elle appartient à la deuxième partie de cet ouvrage (3).

736. L'autorité administrative est-elle compétente, d'après les règles et les distinctions ci-dessus établies, pour statuer sur les actions en responsabilité, non-seulement à rai-

_____

(1) Du 30 mai 1850, Lebon, vol. 1850, p. 511. V. au reste, nos 1248 et suiv.

(2) Ordonn. du Cons. d'Etat, 26 avril 1847, S. 47.2.493.

(3) V. infrà, nos 1198 et 1265.

son des dommages causés aux propriétés, mais encore des accidents qui atteignent les personnes. Les auteurs et la jurisprudence ont pendant longtemps décidé cette question affirmativement (1).

Nous l'avions résolue en ce sens dans notre première édition.

Mais depuis, une interprétation différente de la loi du 28 pluviôse a été admise par le Conseil d'État. De nombreux arrêts, dont le premier remonte à 1856 (2), ont déclaré que les demandes en réparations pour blessures et autres accidents causés aux ouvriers, ou à des tiers, par la faute, soit de l'entrepreneur lui-même et de ses préposés (3), soit par les agents d'une commune (4), et, par conséquent, aussi d'une administration départementale, chargés de l'exécution de travaux publics, sont de la compétence des tribunaux ordinaires.

Après un nouvel examen de la difficulté, nous croyons devoir adopter cette opinion.

La loi du 28 pluviôse an 8, comme celle des 7 et 11 septembre 1790, qui renfermait des dispositions semblables, mais mieux coordonnées, nous paraît avoir eu surtout en vue les dommages causés à la propriété par les travaux publics. C'est ce qu'exprime avec évidence le § 4 de l'art. 4, lorsqu'il défère au conseil de préfecture les demandes en indemnités pour terrains pris ou fouillés, etc. — Les torts et dommages dont parle le § 3 sont incontestablement des atteintes de la même nature, et c'est ce qui résulte plus clairement encore des art. 4 et 5 de la loi de 1790, qui s'occupent séparément des réclamations dirigées contre l'administration, et de celles qui naissent du fait personnel des entrepreneurs, mais par ce seul motif qu'une juridiction différente était établie pour ces dernières. — Les réclamations contre les entrepreneurs étaient soumises au direc-

---

(1) M. Cotelle, t. 2, p. 492, 2ᵉ édit.; M. Dufour, t. 4, nᵒ 2877. Ordonn. du Cons. d'Etat, 19 déc. 1839, Loemlé, Lebon, t. 9, p. 593, et argum. de l'ordonn. du 26 avril 1847, S. 47.2.493; Trib. des confl., 27 avril 1851, S. 51.2.577.

(2) Décr. du Cons. d'Etat, 11 déc. 1856, D. 57.3.48, S. 57.2.650.

(3) Décr. du Cons. d'Etat, 4 févr. 1858, D. 59.3.4, S. 59.2.124, et 16 août 1860, D. 61.3.21, S. 61.2.318; 22 nov. 1863, D. 64.3.5, S. 63.2.270.

(4) Cons. d'Etat, 15 déc. 1865, S. 66.2.334; 13 déc. 1866, D. 67.3. 57, S. 67.2.336; 15 avril 1868, S. 69.2.125.

toire de district, et celles qui remontaient à l'administration devaient être portées au directoire de département. La loi de pluviôse an 8, par un vice de rédaction regrettable, a maintenu une division apparente entre ces deux ordres d'actions, tandis qu'elle attribuait compétence au conseil de préfecture pour connaître des unes comme des autres.

Une seconde raison nous paraît encore décisive. La compétence de l'administration a été établie en cette matière pour empêcher les tribunaux de la troubler dans ses opérations, et de mettre des entraves à l'exécution rapide des travaux d'utilité générale en accueillant trop facilement les réclamations des propriétaires intéressés ; en retardant, par l'accomplissement de toutes les formalités qu'entraîne la procédure ordinaire, la solution de ces litiges (V. *suprà*, n° 716).

Or, ces inconvénients ne sont point à craindre quand il s'agit de statuer sur les dommages-intérêts dus pour accidents personnels. Il n'y a rien dans de pareils procès qui puisse entraver ni retarder les entreprises.

Dans le doute enfin, les tribunaux ordinaires doivent être reconnus compétents (1), sauf l'interprétation du cahier des charges et des autres actes administratifs, si elle était nécessaire au cas où l'entrepreneur alléguerait, pour sa décharge, qu'il n'a fait que de se conformer aux ordres qui lui étaient donnés (2).

737. C'est aussi un point désormais fixé par la jurisprudence du Conseil d'État et du tribunal des conflits que les travaux exécutés par les communes, dans un but d'utilité communale, ont le caractère de travaux publics, comme ceux qui s'exécutent dans l'intérêt des départements et de l'État, et que les règles de compétence établies par la loi du 28 pluviôse an 8, relativement aux dommages causés par ces travaux, sont exactement les mêmes (3).

737 *bis*. En conséquence, on décide également que les actions en responsabilité, dirigées contre les architectes chargés de travaux communaux à raison des vices de plan

---

(1) Conf., Paris, 19 mai 1866, S. 67.2.221 ; Angers, 22 nov. 1866. S. *ibid.*, D. 66.2.221 ; Agen, 14 juin 1866, D. 66.2.240 ; *Contrà*, M. Serrigny, 2ᵉ édit., t. 2, n° 716.
(2) *Conf.*, M. Cotelle, 3ᵉ édit., t. 2, p. 40.
(3) Décis. du trib. des confl., 24 avril 1850, Lebon, t. de 1850, p. 392 et Cons. d'État, 19 juin 1856, D. 57.3.6 ; Cass., 28 juin 1853, D. 296. V. MM. Serrigny, 2ᵉ édit., t. 2, p. 169, Cotelle, t. 2, p. 8 et 9, 3ᵉ édit.

et de construction (V. n° 671), sont de la compétence du conseil de préfecture. « Attendu que la disposition de « l'art. 4 de la loi du 28 pluviôse an 8 est générale; qu'elle « s'applique à toutes les difficultés qui peuvent s'élever « entre les entrepreneurs de travaux publics et l'adminis- « tration sur le sens et l'exécution de leurs marchés (1). » En effet, la disposition dont il s'agit ne doit pas s'entendre d'une manière restrictive, car la compétence spéciale qu'elle établit tient à la nature même des travaux (2).

Il faut donc ranger, sous la qualification d'entrepreneurs, tous les constructeurs dont la responsabilité peut être enga- gée envers l'administration et les tiers, tels que les agents voyers (3) et les ingénieurs des ponts et chaussées (4), lors- qu'ils sont chargés de semblables opérations.

738. Dans tous les cas indiqués ci-dessus, comme ren- trant dans la compétence administrative, la loi du 28 plu- viôse an 8 défère les contestations au conseil de préfecture. Elles doivent donc être portées directement devant lui.

Il arrive quelquefois que les parties lésées se méprennent sur la marche à suivre. Elles adressent d'abord leurs plaintes à l'entrepreneur ou au préfet, et ensuite au ministre. Puis, quand il s'agit de travaux exécutés par l'État, on considère le refus, exprimé par le ministre, d'accorder l'indemnité réclamée, comme une décision dans le sens juridique du mot, qui doit être attaquée devant le Conseil d'État.

« L'erreur, » dit justement un auteur, « provient du dé- faut de règles pour tout ce qui tient à la forme des actes ministériels. Les parties craignent que des mesures, dont les caractères extérieurs sont précisément ceux qui se ren- contrent dans les actes émis à titre de décisions, ne soient invoquées et acceptées comme telles du moment que le délai pour les attaquer sera expiré. Leur crainte se fortifie bien souvent de cette circonstance que les conseillers de préfec- ture tombent fréquemment dans la confusion, et croient devoir s'arrêter devant la réponse du ministre à la demande portée devant lui, et font ainsi du recours une nécessité. Le Conseil d'État se contente alors, en rejetant la requête, de déclarer comme motif que l'acte attaqué n'était pas de

---

(1) Décr. du Cons. d'Etat, 18 juin 1852, Lebon, p. 244, et 16 mars 1856, D. 57.3.83.
(2) M. Serrigny (2ᵉ édit.), t. 2, n° 690.
(3) Décr. du Cons. d'Etat, 22 nov. 1851, Lebon, p. 685.
(4) Décr. du Cons. d'Etat, 30 juill. 1863, cité par Serrigny, p. 187.

nature à mettre obstacle à la réclamation par la voie juridique (1). Cette déclaration suffit pour ménager cette voie aux parties, qui ont dû renoncer à l'espoir d'un arrangement amiable (2). »

739. La loi du 28 pluviôse an 8, n'est pas la seule qui attribue à la juridiction administrative la connaissance d'actions spéciales en dommages-intérêts. Ainsi l'art. 38 du règlement du Conseil d'État (décret du 22 juillet 1806) porte que la partie qui succombera dans la tierce opposition par elle formée à une décision du Conseil d'État en matière contentieuse, sera condamnée à cent cinquante francs d'amende, sans préjudice des dommages-intérêts de la partie adverse, s'il y a lieu.

Il est bien évident que c'est le Conseil d'État lui-même qui doit prononcer sur les dommages-intérêts qui sont la conséquence et l'accessoire d'une action portée devant lui, comme l'amende et les dépens (3). On s'étonne que M. de Cormenin (4) ait pu écrire que c'est aux tribunaux seuls à prononcer s'il y a lieu, dans ce cas comme dans tous les autres, sur les dommages-intérêts.

Ainsi encore, la loi du 22 avril 1806, art. 21, § 2, porte :

« Le Conseil d'État prononcera définitivement, et sans
« recours, entre la Banque de France et les membres de
« son conseil général, ses agents ou employés, toute con-
« damnation civile, y compris les dommages-intérêts, et
« même, soit la destitution, soit la cessation des fonc-
« tions. »

En matière de contravention de grande voirie, le conseil de préfecture et le Conseil d'État, en appel, ont une compétence exclusive pour faire cesser les dommages et dégradations causés aux routes, canaux, fleuves et rivières navigables (5), et la jurisprudence en conclut qu'il peut aussi prononcer sur les réparations pécuniaires dues à l'État (6).

740. Dans les cas particuliers que nous venons de passer en revue, la loi attribue expressément juridiction aux tribu-

---

(1) Ordonn. du Cons. d'Etat, 20 mars 1838, Lebon, p. 179.
(2) M. Dufour, Tr. gén. de droit adm. appliqué, t. 4, n° 2874.
(3) Ordonn. du Cons. d'Etat, 31 oct. 1821, Lebon, t. 3, p. 127;
M. Serrigny, Tr. de l'organ. et de la compét., t. 1, n° 351.
(4) Quest., t. 1, p. 79.
(5) L. du 29 floréal an 10, art. 1, 3 et 4.
(6) Décr. du Cons. d'Etat, 18 août 1862, D. 63.3.75, et 27 fév. 1862,
D. 63.3.76.

naux administratifs, pour prononcer sur les dommages-intérêts, à raison des quasi-délits qui rentrent dans les hypothèses prévues. Mais c'est une question de savoir si, en dehors de ces dispositions, les conseils de préfecture et le
Conseil d'État sont compétents pour prononcer des dommages-intérêts.

M. Macarel, dans ses *Éléments de jurisprudence administrative* (1), enseigne que les tribunaux seuls ont le pouvoir de prononcer sur les dommages-intérêts réclamés par
les parties devant ces deux conseils, et se fonde sur deux
décisions, l'une du 3 mai 1810 (2), l'autre du 22 juillet 1818 (3).

Selon nous, cette solution n'est pas exacte. Il faut, du
moins, faire ici une distinction que nous avons déjà signalée (4).

Lorsque la question de dommages-intérêts, qui se rattache
à un litige administratif, ne concerne que des intérêts *privés*,
elle doit être renvoyée aux tribunaux (5).

C'est dans ces conditions que le renvoi a été prononcé par
les deux arrêts que l'on vient de citer. Dans l'espèce du
premier, un adjudicataire de coupes dans les bois de l'État
avait dépassé les limites de la vente et abattu les arbres d'un
particulier voisin. Le Conseil d'État a décidé que l'autorité
administrative, compétente pour fixer les limites de la coupe
vendue, ne l'était pas pour fixer l'indemnité due au voisin,
à raison de l'abatage de ces arbres. Dans l'espèce du second, les propriétaires d'un navire capturé par les Anglais
et revendu à un tiers, avaient formé une saisie-revendication entre les mains de ce dernier. Le conseil jugea que la
capture ayant été régulière, la saisie-revendication était
nulle; mais il renvoya les parties devant les tribunaux pour
statuer sur les dommages occasionnés par la saisie. — Dans
ces deux cas, l'action en responsabilité ne touchait qu'à des
intérêts privés (6). — On remarquera, de plus, qu'elle ne
découlait directement d'aucun acte de l'administration, que
ce n'était point contre ces actes que la réclamation était di-

---

(1) T. 1, p. 91.
(2) Lebon, t. 1, p. 219, Ravier.
(3) *Ibid.*, t. 2, p. 389, Vaucresson.
(4) V. n° 216.
(5) *Junge* Proudhon, *Dom. publ.*, t. 3, n° 832.
(6) M. Serrigny, t. 1, n° 359.

rigée, et qu'ainsi la question de responsabilité ne rentrait pas dans la nature du contentieux administratif.

Enfin, il a été jugé, plus récemment dans ce sens, que la compétence des conseils de préfecture en matière de grande voirie, que nous venons d'indiquer au numéro précédent, ne s'étend pas aux dommages-intérêts réclamés par des tiers, tels que des usiniers, à raison des chômages ou autres pertes que leur auraient occasionnées les contraventions (1).

Quand l'action en responsabilité, au contraire, prend directement sa source dans un acte administratif, dans l'exécution des ordres de l'administration, l'intérêt public est engagé, la réclamation des tiers qui se prétendent lésés participe de la nature du contentieux administratif; les conseils de préfecture et le Conseil d'État sont compétents pour en connaître.

ARTICLE II.

PREUVES.

Sommaire.

741. — Renvoi à un précédent chapitre.

741. En traitant des délits, nous avons fait un chapitre à part pour la matière des preuves. Mais ici nous ne pourrions que répéter ce qui a été dit à l'égard des actions fondées sur les délits civils, nᵒˢ 333, 605 et suivants.

Les règles qui y sont exposées se résument à peu près dans ces deux points :

1° Tous les genres de preuves reconnus par la loi sont admis pour prouver l'existence du fait dommageable;

2° C'est au demandeur à faire cette preuve. C'est ensuite au défendeur à justifier de ceux sur lesquels il fonde sa défense ou sa libération.

---

(1) Décr. du Cons. d'État, 11 mars 1862, D. 63.3.77.

CHAPITRE VI.

EXTINCTION DE L'ACTION EN RESPONSABILITÉ RÉSULTANT DES QUASI-DÉLITS.
— PRESCRIPTION.

Sommaire.

742. En ce qui concerne l'extinction de l'action et notamment la prescription, les règles générales sont les mêmes pour l'action résultant des quasi-délits que pour celle qui naît des délits civils.

Il n'y a ici, de particulier, que les dispositions du Code relatives à la responsabilité des architectes.

743. Les art. 1792 et 2270, C. Nap., sont ainsi conçus :

Art. 1792. « Si l'édifice construit à prix fait, périt en « tout ou en partie par le vice de la construction, même « par le vice du sol, les architecte et entrepreneur en sont « responsables pendant dix ans. »

Art. 2270. « Après dix ans, l'architecte et les entrepre- « neurs sont déchargés de la garantie des gros ouvrages « qu'ils ont faits ou dirigés. »

Ce délai de dix ans n'est fixé que pour les édifices entiers et les gros ouvrages.

Quant aux réparations ou aux ouvrages légers et de peu d'importance, la responsabilité cesse après la réception des travaux (1).

A l'égard des entreprises de travaux publics, il existe des règles particulières. Aux termes de l'art. 35 du cahier des clauses et conditions générales du marché des entrepreneurs, immédiatement après l'achèvement des travaux, il sera procédé à la réception provisoire et la réception définitive n'aura lieu qu'après l'expiration du délai de garantie, qui est, pour les ouvrages d'art, d'un ou deux ans suivant les stipulations du devis (2). Le paiement a lieu après cette réception définitive. — Mais ni l'expiration du délai de garantie, ni la réception, n'affranchissent l'entrepreneur de la responsabilité de droit commun édictée par les art. 1792 et 2270. Ce délai n'est qu'un temps d'épreuve spécial pendant lequel l'entrepreneur est tenu de l'entretien des ouvrages et des réparations que peut rendre nécessaire le premier usage des constructions. Quant aux vices et aux désordres qui se manifesteraient ultérieurement, et pendant le cours de dix années après la réception, l'entrepreneur en serait responsable comme vis-à-vis d'un particulier (3).

744. Cette prescription s'applique-t-elle aux actions en responsabilité dirigées contre les architectes par des tiers qui ont souffert des accidents ou d'autres dommages causés par les fautes commises dans la construction, hypothèse que nous avons prévue, n⁰ˢ 671 et suiv.?

La raison de douter serait que la loi semble avoir eu principalement en vue, dans ces deux articles, de régler les rapports de l'architecte ou de l'entrepreneur avec le propriétaire qui l'emploie, et ne s'être pas occupée de ses rapports avec les tiers. L'art. 1792, notamment, est placé au titre du louage. Il se réfère donc à l'exécution du contrat intervenu entre le propriétaire et l'architecte; et l'art. 2270 semble n'être que la répétition et le complément de l'art. 1792. Les dispositions de l'un et de l'autre article paraissent donc

---

(1) C. Nap., 1788, 1791 ; Troplong, *Prescr.*, n⁰ 941 ; *suprà*, n⁰ 671 *bis*.

(2) V. Ord., 4 déc. 1836, M. Cotelle ; *Cours de dr. adm.*, 3ᵉ édit., t. 3, p. 635 et 645.

(3) M. Cotelle, *ibid*, p. 160, 165 et 169 ; Décr. du Cons. d'Etat, 21 juill. 1853, D. 54.3.75 ; 12 juill. 1855, Lebon, p. 516 ; 3 févr. 1859, D. 60.3.4.

étrangères aux tiers qui n'ont pas contracté avec le constructeur, et qui invoquent contre lui les principes généraux de la responsabilité.

745. Nous pensons, malgré cela, que les art. 1792 et 2270 ne doivent pas être restreints d'une manière aussi absolue. Il y a une distinction à faire.

S'agit-il de réparer les suites d'un vice de construction et du défaut de solidité en général, la responsabilité de l'architecte doit être limitée à dix ans. C'est un temps d'épreuve, passé lequel la loi suppose que l'édifice a été bien construit, s'il ne s'est pas manifesté d'accident pendant sa durée (1). Cette présomption existe à l'égard de tous ; elle met le constructeur à l'abri du recours de quelque part qu'il vienne.

Ainsi, le locataire ou le voisin qui ont éprouvé des pertes, par suite de l'incendie ou de la ruine de l'édifice, ne sont pas admis à poursuivre l'architecte, sous prétexte que le sinistre vient du vice de la construction, si l'incendie ou la ruine ne se sont manifestés qu'après l'expiration des dix ans. Ils n'ont d'action que contre le propriétaire (2).

Mais, si l'accident a lieu dans l'intervalle de dix ans, l'action en garantie s'ouvre. Et remarquez que cette action dure trente ans. C'est l'avis presque unanime des auteurs (3). Il se fonde sur ce que le délai de dix années n'est établi que pour limiter la durée de la garantie (4), c'est-à-dire le temps pendant lequel les faits qui y donnent lieu devront se produire. L'action en garantie, au contraire, qui s'ouvre par l'événement du dommage dans les dix ans, n'est limitée par aucune disposition particulière. Sa durée est donc de trente ans, à dater du fait qui y donne lieu, conformément aux art. 2262 et 2257, C. Nap.

C'est donc à tort que la Cour de Paris persiste à juger que l'action est limitée à dix ans et doit être intentée dans ce même délai à compter de la réception (5).

---

(1) V. la discuss. du Cons. d'Etat, opinion de M. Bérenger, Fenet, 14, p. 262 ; Lepage, *Lois des bâtim.*, t. 2, p. 3 ; M. Troplong, *Louage*, n° 998.

(2) C. Nap., 1386, et *infrà*, n° 748.

(3) Lepage, p. 13 ; M. Duranton, 17, n° 255.

(4) M. Troplong, n° 1007 ; Marcadé, sur l'art. 1792, n° 1 ; Dal'oz, *Louage d'ind.*, n° 1551 ; Aubry et Rau, sur Zachariæ, t. 3, § 374, p. 47, note 13.

(5) Paris, 15 nov. 1836, D. 38.2.159 ; 17 févr. 1853, D. 53.2.133 ; 20 juin 1857, D. 58.2.88.

I.   45

745 *bis*. Enfin remarquons que la règle des art. 1792 et 2270 reçoit exception en cas de fraude. S'il était constaté qu'un entrepreneur de mauvaise foi avait rempli l'intérieur de gros murs de sable, bois ou autres substances, au lieu de pierre ou de briques, ce vice étant d'ailleurs demeuré caché, l'action en responsabilité ne s'éteindrait que par trente ans du jour de la réception, alors même que la ruine de l'édifice se serait manifestée après la période décennale (1).

745 *ter*. Le délai de dix ans court contre toutes personnes. C'est un temps d'épreuve pendant lequel les vices doivent se manifester, sinon il y a présomption légale que la construction a été conduite suivant les règles (2).

Mais si les désordres se manifestent dans ce délai, et que l'action en garantie prenne naissance, puisqu'elle est soumise à la prescription ordinaire de trente ans, les règles du droit commun sur la suspension, comme sur l'interruption de la prescription, deviennent applicables. Il ne s'agit plus d'une de ces courtes prescriptions qui courent contre toutes personnes. Elle serait donc suspendue pendant la minorité ou l'interdiction du propriétaire.

746. S'agit-il d'une action en responsabilité fondée sur une contravention aux lois et règlements du voisinage, nous pensons que l'action dure trente ans.

Par exemple, une fosse d'aisances a été construite près d'un mur mitoyen ou non, sans laisser la distance prescrite par les règlements ou usages locaux, et contrairement à l'art. 674, C. Nap. Si le voisin vient à en souffrir, il pourra demander réparation du dommage pendant trente ans. De même, si une cheminée, forge, four ou fourneau, avait été adossée à un pan de bois appartenant au voisin, et que le feu lui eût été par là communiqué, même après les dix ans. — Ces hypothèses ne sont plus de celles prévues par l'art. 1792 et l'art. 2270, qui ne considèrent que la construction en elle-même, sous le rapport de la solidité, de l'observation des règles de l'art (3).

Voilà ce qui concerne la durée de la responsabilité.

747. Maintenant quel sera le point de départ de la prescription?

---

(1) Caen, 1er avril 1848, D. 50.2.176 ; M. Cotelle, *Droit adm.*, t. 3, p. 179, n° 315.

(2) Arg¹ de l'art. 2278, C. Nap., Dalloz, *Louage d'ind.*, n° 153.

(3) Lepage, t. 2, p. 19.

Celle de dix ans, qui décharge le constructeur de la garantie touchant la solidité et la sécurité du bâtiment, court du jour de la réception des travaux, ou du jour où le propriétaire a été mis en demeure de les recevoir; car, jusque-là, le constructeur est censé n'avoir pas terminé l'ouvrage (1), et cette présomption est la même vis-à-vis de tous.

Quand il s'agit de contraventions aux lois du voisinage et aux règlements de police, le point de départ de l'action trentenaire contre l'architecte est le même que celui de l'action contre le propriétaire de l'édifice.—Si la contravention est ostensible, ou particulièrement connue du propriétaire voisin, la prescription court du jour même de la contravention accomplie par l'exécution de l'ouvrage nuisible. — Si cet ouvrage était de telle nature que son existence n'ait pu être révélée au voisin que par ses suites, la prescription n'a couru, contre lui, que du jour où le dommage s'est manifesté; jusque-là, il était à l'abri de la règle : *Contrà non valentem agere non currit præscriptio.*

748. Dans tous les cas qui viennent d'être indiqués, l'action des tiers peut être dirigée contre le propriétaire comme responsable de la chose qui donne lieu au dommage. C'est ce qui aura lieu le plus ordinairement, parce qu'on connaîtra plutôt le propriétaire que l'architecte.

Toutefois, l'action directe contre l'architecte ou l'entrepreneur n'est pas sans utilité. Le propriétaire pourrait être insolvable. La maison qui s'est écroulée ou qui a été brûlée n'offre plus un gage suffisant pour la réparation du dommage; et, quand il s'agirait simplement de contraventions aux lois du voisinage, il pourrait en être de même; si l'immeuble, par exemple, était déjà grevé d'hypothèques qui en absorberaient la valeur.

De toute manière, la partie lésée fera prudemment de mettre en cause le propriétaire et le constructeur, quand cela sera possible.

749. Mais le constructeur échappera à la responsabilité, et même au recours du propriétaire, dans des circonstances où celui-ci devra être condamné. C'est ce qui aura lieu quand le vice de construction ne se sera manifesté qu'après les dix ans. Le détenteur de l'immeuble est toujours responsable

---

( ) MM. Troplong, n° 999 ; Duranton, 17, n° 255 Zachariæ, t. 3

vis-à-vis des tiers, mais le constructeur est déchargé envers lui par l'expiration du délai de garantie.

Si le propriétaire est condamné par suite d'une infraction aux lois du voisinage, il doit avoir son recours contre l'architecte, même quand il n'aurait été inquiété que au delà des dix ans. Son action contre l'architecte doit être déterminée, quant à sa durée, par les mêmes principes que celle des tiers (1).

Seulement, le point de départ de la prescription pourrait ne pas être le même vis-à-vis du propriétaire et vis-à-vis des tiers. Il faut le placer au moment où celui qui intente l'action a eu connaissance du vice dont il a à se plaindre (2). Il peut donc varier avec la personne qui intente l'action.

---

(1) V. n° 746. — *Contrà*, M. Troplong, n° 1014.
(2) Lepage, p. 19, 21 et 24.

FIN DU TOME PREMIER.

APPENDICE

I

ADDITION AUX NUMÉROS 67 A 70.

Le projet de loi sur la Presse, que nous avons mentionné au n° 69 *bis*, n'a pas reçu la sanction définitive des pouvoirs alors existants, par suite des changements survenus en 1870 dans l'ordre politique, et qui, joints aux événements de la guerre, avaient interrompu l'impression de cet ouvrage ; mais le système admis par le projet dont il s'agit a été repris et consacré par la loi adoptée par l'Assemblée nationale à la date du 15 avril 1871.

Après avoir déclaré (art. 3) que : « En cas d'imputation « contre les dépositaires ou agents de l'autorité publique, « à l'occasion de faits relatifs à leurs fonctions, ou contre « toute personne ayant agi dans un caractère public, à « l'occasion de ses actes, la preuve des faits diffamatoires « pourra être faite devant le jury, » elle ajoute (art. 4) :

« L'action civile résultant des délits à l'occasion desquels « la preuve est permise par l'article ci-dessus, ne pourra, « sauf dans le cas de décès de l'auteur du fait incriminé « ou d'amnistie, être poursuivie séparément de l'action pu- « blique. Dans les autres cas, elle s'éteindra de plein droit « par le seul fait de l'extinction de cette action. » (Voir au surplus ce qui est dit, n° 566.)

II

ADDITION AUX NUMÉROS 373 ET SUIVANTS.

Comme exception aux règles ordinaires de la prescription pour l'action civile résultant des délits, il faut encore noter la loi du 12 mai 1871, relative aux biens meubles ou immeubles soustraits ou mis sous le séquestre... par la prétendue

Commune de Paris... insurgée contre l'Assemblée nationale.

L'art. 3 porte « que l'action *civile* ne sera prescrite que
« par le laps de 30 ans, depuis la cessation officiellement
« constatée de l'insurrection, et ce, sans préjudice de toute
« interruption et suspension de droit. »

Ainsi l'on a voulu écarter ici l'article 3 du Code d'instruction criminelle et porter de 10 ou 3 ans à 30 ans, la durée
de l'action civile qui résulterait des crimes et délits définis
ou rappelés par cette loi contre les auteurs de ces crimes ou
de ces délits.

Mais on a voulu en outre interdire l'application, aux tiers
acquéreurs, des articles 2279 et 2280 du Code civil. Il eût
été facile à des spéculateurs peu scrupuleux qui auraient
acheté, souvent à vil prix, les objets provenant de ces spo-
liations, de s'abriter derrière les dispositions de ces articles
faits pour les cas ordinaires, mais qui ne doivent pas s'appliquer à des circonstances exceptionnelles, comme celles
que nous venons de traverser.

Les acheteurs des objets pillés et enlevés dans ces circonstances devront s'enquérir de leur origine. Ils ne pourront
s'abriter derrière une vague allégation de leur bonne foi ou
exciper de ce simple fait qu'ils ont acheté l'objet chez un
marchand vendant des choses pareilles.

Il s'agit en effet, le plus souvent, d'objets spéciaux dont
la provenance doit être généralement indiquée à l'acheteur
par leur nature même.

C'est ce qui explique et justifie les dispositions de la loi à
cet égard, qui est ainsi conçue :

Art. 1er. — « Sont déclarés inaliénables jusqu'à leur
« retour aux mains du propriétaire, tous biens meubles et
« immeubles de l'État, du département de la Seine et de la
« ville de Paris et des communes suburbaines, des établis-
« sements publics, des fabriques, des églises, des sociétés
« civiles, commerciales ou savantes, des corporations, des
« communautés, des particuliers, qui auraient été soustraits,
« saisis, mis sous le séquestre ou détenus d'une manière
« quelconque, depuis le 18 mars 1871, au nom ou par les
« ordres d'un prétendu Comité central, Comité de salut
« public, d'une soi-disant Commune de Paris, ou de tout
« autre pouvoir insurrectionnel, par leurs agents, par toute
« personne s'autorisant de ces ordres, ou par tout individu
« ayant agi, même sans ordres, à la faveur de la sédition. »

Art. 2. « Les aliénations frappées de nullité par l'ar-
« ticle 1ᵉʳ, ne pourront, pour les ..... meubles, donner lieu
« à l'application des articles 2279 et 2280 du Code civil. »
(V. au surplus la discussion de la loi au *Journal officiel* du
13 mai 1870.)

Quant au point de départ de la prescription, fixée par l'article 3, le Gouvernement a déclaré, par une note publiée le
10 juillet au *Journal officiel*, que l'insurrection à Paris a
cessé le 7 juin 1871, date à laquelle le rétablissement du
cours de la justice dans le département de la Seine a été
annoncé officiellement.

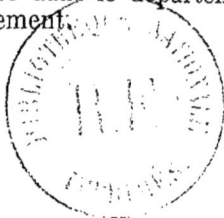

FIN DE L'APPENDICE.

TABLE DES MATIÈRES

CONTENUES DANS LE PREMIER VOLUME.

TITRE II.

RESPONSABILITÉ RÉSULTANT DES DÉLITS QUI NE SONT PAS ATTEINTS PAR UNE LOI PÉNALE.

LIVRE II.

RESPONSABILITÉ RÉSULTANT DES QUASI-DÉLITS.

APPENDICE.

FIN DE LA TABLE DES MATIÈRES.

Paris. — Imprimerie de J. DUMAINE, rue Christine, 2.

www.ingramcontent.com/pod-product-compliance
Lightning Source LLC
Chambersburg PA
CBHW031539210326
41599CB00015B/1949